読書案内

「昭和」を知る本
①政治
軍国主義から敗戦、そして戦後民主主義まで

日外アソシエーツ

Guide to Books of Showa Era

vol.1 Politics

Compiled by
Nichigai Associates, Inc.

©2006 by Nichigai Associates, Inc.
Printed in Japan

本書はディジタルデータでご利用いただくことができます。詳細はお問い合わせください。

●編集担当● 城谷 浩
カバーイラスト：浅海 亜矢子

刊行にあたって

　「読書案内」シリーズは、手軽に使えるハンディなブックガイドとして発刊した。利用者のニーズに対応した細やかなテーマごとに調査の手がかりを提供しようとするもので、これまでに「伝記編」7点、「作品編」4点、「紀行編」3点、「知る本」8点を刊行してきた。その中で「知る本」シリーズは、大事件、ものの歴史、明治時代、国宝など各冊ごとに、そのテーマを知るための事項・人物・団体などのキーワードを選定し、キーワードの解説と、より深く知るための参考図書リストを提示するスタイルのブックガイドである。

　今回、新たに『「昭和」を知る本』として、「①政治」「②社会」「③文化」の3冊を刊行する。本巻「①政治」では、昭和時代の政治、外交、そして戦争と平和に関する出来事、法律・制度、戦争・事変、事件、人物、機関・団体など218のキーワードと参考図書7,098点を収録する。

　大正15(1926)年12月25日、大正天皇が崩御し、元号が昭和と改められた。「昭和」は中国の古典『書経』にある「百姓昭明、万邦協和」に由来し、君臣一致と世界平和を意味している。しかし、昭和64(1989)年1月7日の昭和天皇の崩御まで足かけ64年におよぶ昭和時代は、元号にこめられた願いとはうらはらに激動の時代であった。金融恐慌、世界恐慌と続く経済の混乱、農村の疲弊を経て、日本は軍国主義の時代に入り、日中戦争、太平洋戦争へと突入する。敗戦後は明治維新以来となる大きな政治・社会改革が行われ、日本国憲法とともに新生日本が誕生する。戦後復興、高度成長を通じて日本は経済大国となった。また、市民層の増加から新しく生まれた都市文化、ラジオ・テレビのマスメディアの発達は、今日に通じる日本文化を形作っていった。団塊の世代、新人類など時代を特徴づける世代も生まれた。

昭和が幕を閉じてから17年、現在、昭和時代が再び注目を浴びている。昭和の生活・文化・文物が、シニア世代のみならず若い世代の間でも"昭和レトロ"としてブームを呼び、技術者・創業者など昭和を築いた人物がテレビ番組で数多く採り上げられた。一方、政治・経済システム、憲法、教育など、昭和に作られた諸制度は見直しが唱えられている。また、戦前・戦中世代が年々少なくなり、昭和の戦争体験を後世に伝えることの必要性も叫ばれている。

　本書は、こうした多方面からの昭和時代への関心に応え、調査の第一歩のツールを目指して編集し、昭和時代を象徴するキーワードと参考図書を選定収録した。なお、大きなテーマでは参考図書の数が膨大になるため、そのテーマ全体を扱った概説書、歴史的な視点による図書、入手しやすい図書を中心に、主要な図書を選んで収録した。本書が昭和という時代への理解を深めるためのツールとして、既刊の「読書案内」シリーズと同様に広く活用されることを願っている。

　　2006年7月

　　　　　　　　　　　　　　　　　　　　　　　日外アソシエーツ

凡　例

1. **本書の内容**

   本書は、昭和時代の政治を知るための218のテーマを設け、それぞれのテーマを解説するとともに、より深く学ぶための参考図書リストを付したものである。

2. **見出し**

   1) 全体を「政治」「外交」「戦争と平和」の3分野に分け、大見出しとした。これとは別に、昭和時代全体に関わるものは「昭和時代全般」として先頭に配した。
   2) 各分野ごとに、昭和時代を象徴する事項、人物、機関・団体などを選び、テーマ見出しとした。テーマの排列は、各分野の下でおおむね年代順とした。
   3) いずれのテーマにも、その概要を示す解説を付した。

3. **参考図書リスト**

   1) それぞれのテーマについて、より深く学ぶための参考図書を示した。収録点数は7,098点である。
   2) 参考図書は、入手しやすい最近の出来事を優先することとし、刊行年の新しいものから排列した。

4. **事項名索引（巻末）**

   本文の見出し項目、その中に含まれている関連テーマなどを五十音順に排列し、その見出しの掲載頁を示した。

目　次

昭和時代全般 ……………………… 1
　昭和天皇 ……………………………… 15

政　治

　普通選挙 ……………………………… 22
　中選挙区制 …………………………… 22
　国会議事堂 …………………………… 22
　立憲政友会 …………………………… 23
　立憲民政党 …………………………… 24
　無産政党 ……………………………… 24
　山本 宣治 …………………………… 25
　日本共産党 …………………………… 25
　治安維持法 …………………………… 26
　特別高等警察 ………………………… 28
　三・一五事件 ………………………… 30
　転　向 ………………………………… 30
　若槻 礼次郎 ………………………… 31
　田中 義一 …………………………… 31
　浜口 雄幸 …………………………… 32
　井上 準之助 ………………………… 33
　金解禁 ………………………………… 34
　血盟団事件 …………………………… 35
　ファシズム …………………………… 35
　三月事件・十月事件 ………………… 38
　犬養 毅 ……………………………… 38
　五・一五事件 ………………………… 40
　斎藤 実 ……………………………… 41
　滝川事件 ……………………………… 42
　天皇機関説 …………………………… 42
　二・二六事件 ………………………… 43
　北 一輝 ……………………………… 48
　大川 周明 …………………………… 50
　岡田 啓介 …………………………… 51

　高橋 是清 …………………………… 51
　広田 弘毅 …………………………… 53
　林 銑十郎 …………………………… 54
　近衛 文麿 …………………………… 54
　平沼 騏一郎 ………………………… 56
　枢密院 ………………………………… 57
　阿部 信行 …………………………… 57
　米内 光政 …………………………… 57
　斎藤 隆夫 …………………………… 59
　国家総動員法 ………………………… 60
　大政翼賛会 …………………………… 61
　八紘一宇 ……………………………… 62
　西園寺 公望 ………………………… 63
　木戸 幸一 …………………………… 65
　紀元2600年 …………………………… 66
　東条 英機 …………………………… 66
　中野 正剛 …………………………… 69
　翼賛選挙 ……………………………… 70
　尾崎 行雄 …………………………… 70
　小磯 国昭 …………………………… 71
　横浜事件 ……………………………… 72
　強制連行 ……………………………… 73
　花岡事件 ……………………………… 80
　鈴木 貫太郎 ………………………… 81
　東久邇宮 稔彦王 …………………… 82
　GHQ …………………………………… 83
　マッカーサー ………………………… 93
　幣原 喜重郎 ………………………… 95
　婦人参政権 …………………………… 96
　加藤 シヅエ ………………………… 97
　市川 房枝 …………………………… 98
　公職追放 ……………………………… 99
　吉田 茂 ……………………………… 100
　天皇人間宣言 ………………………… 103
　食糧メーデー ………………………… 104

(6)

片山 哲 …………………… 104	石油ショック …………………… 152
芦田 均 …………………… 105	三木 武夫 …………………… 153
昭電疑獄 …………………… 105	ロッキード事件 …………………… 154
日本国憲法 …………………… 106	児玉 誉士夫 …………………… 158
金森 徳次郎 …………………… 113	新自由クラブ …………………… 159
衆議院 …………………… 114	赤字国債 …………………… 160
貴族院 …………………… 115	福田 赳夫 …………………… 160
参議院 …………………… 115	大平 正芳 …………………… 161
日本自由党 …………………… 117	ダグラス・グラマン疑惑 …………………… 163
日本民主党 …………………… 117	鈴木 善幸 …………………… 163
シャウプ勧告 …………………… 117	中曽根 康弘 …………………… 164
逆コース …………………… 118	第二臨調 …………………… 167
レッド・パージ …………………… 118	国鉄分割・民営化 …………………… 169
徳田 球一 …………………… 119	第三セクター …………………… 170
破壊活動防止法 …………………… 120	政教分離 …………………… 171
菅生事件 …………………… 121	指紋押捺制度 …………………… 171
大須事件 …………………… 121	後藤田 正晴 …………………… 172
造船疑獄 …………………… 122	宮沢 喜一 …………………… 173
鳩山 一郎 …………………… 122	竹下 登 …………………… 173
憲法改正問題 …………………… 123	安倍 晋太郎 …………………… 175
日の丸・君が代問題 …………………… 126	リクルート事件 …………………… 176
緒方 竹虎 …………………… 131	土井 たか子 …………………… 177
55年体制 …………………… 131	**外 交**
自由民主党 …………………… 132	
日本社会党 …………………… 134	国際連盟 …………………… 179
石橋 湛山 …………………… 135	パリ不戦条約 …………………… 180
岸 信介 …………………… 137	幣原外交 …………………… 180
浅沼稲次郎刺殺事件 …………………… 138	ロンドン海軍軍縮条約 …………………… 180
民主社会党 …………………… 139	日独伊三国同盟 …………………… 181
池田 勇人 …………………… 140	日ソ中立条約 …………………… 182
三無事件 …………………… 141	松岡 洋右 …………………… 183
佐藤 栄作 …………………… 141	重光 葵 …………………… 184
河野 一郎 …………………… 143	ゾルゲ事件 …………………… 185
松村 謙三 …………………… 143	国際連合 …………………… 188
美濃部都政 …………………… 144	東西冷戦 …………………… 190
蜷川府政 …………………… 145	サンフランシスコ平和条約 …………………… 191
公明党 …………………… 145	日米安全保障条約 …………………… 194
ドル・ショック …………………… 147	日米地位協定 …………………… 197
田中 角栄 …………………… 147	琉球政府 …………………… 198
日本列島改造論 …………………… 152	日ソ共同宣言 …………………… 199

(7)

北方領土 …………………… 200
ライシャワー ………………… 203
日韓基本条約 ………………… 204
外務省機密漏洩事件 ………… 205
沖縄返還 ……………………… 205
金大中事件 …………………… 207
日中国交回復 ………………… 208
日中平和友好条約 …………… 209
サミット ……………………… 210
ジャパン・バッシング ……… 211

戦争と平和

靖国神社 ……………………… 212
大本営 ………………………… 216
関東軍 ………………………… 217
張作霖爆殺事件 ……………… 219
統帥権干犯 …………………… 220
満州事変 ……………………… 220
満州国 ………………………… 222
石原 莞爾 …………………… 234
溥 儀 ………………………… 237
川島 芳子 …………………… 238
上海事件 ……………………… 239
日中戦争 ……………………… 240
南京大虐殺 …………………… 246
従軍慰安婦 …………………… 250
張鼓峰事件 …………………… 257
ノモンハン事件 ……………… 258
辻 政信 ……………………… 261
皇道派・統制派 ……………… 262
荒木 貞夫 …………………… 262
真崎 甚三郎 ………………… 263
板垣 征四郎 ………………… 263
宇垣 一成 …………………… 264
軍部大臣現役武官制 ………… 265
戦陣訓 ………………………… 265
野村 吉三郎 ………………… 265
ハル・ノート ………………… 266

太平洋戦争 …………………… 267
真珠湾攻撃 …………………… 279
ミッドウェー海戦 …………… 282
連合艦隊 ……………………… 284
山本 五十六 ………………… 287
山下 奉文 …………………… 289
井上 成美 …………………… 290
731部隊 ……………………… 291
召集令状 ……………………… 294
学徒出陣 ……………………… 295
特攻隊 ………………………… 296
本土空襲 ……………………… 303
東京大空襲 …………………… 304
沖縄戦 ………………………… 308
戦艦大和 ……………………… 313
原子爆弾 ……………………… 315
御前会議 ……………………… 320
ポツダム宣言 ………………… 321
阿南 惟幾 …………………… 326
戦争犯罪 ……………………… 327
東京裁判 ……………………… 328
BC級戦犯 …………………… 332
引き揚げ ……………………… 334
シベリア抑留 ………………… 338
戦災孤児 ……………………… 341
傷痍軍人 ……………………… 341
朝鮮戦争 ……………………… 343
自衛隊 ………………………… 346
専守防衛 ……………………… 350
在日米軍基地 ………………… 350
砂川事件 ……………………… 351
原水爆禁止運動 ……………… 351
非核三原則 …………………… 352
GNP1％枠 …………………… 352
非武装中立論 ………………… 353
横井 庄一 …………………… 354
小野田 寛郎 ………………… 354
中国残留日本人 ……………… 355
有事法制 ……………………… 357

(8)

昭和時代全般

◇昭和史20の争点日本人の常識　秦郁彦編　文藝春秋　2003.10　287p　19cm　〈年表あり〉　1429円　ⓘ4-16-365340-6

◇歴史を動かした昭和史の真相200—激動と波乱の時代の真相を抉る！　保阪正康著　日本文芸社　2003.9　246p　18cm　（日文新書）　705円　ⓘ4-537-25170-0

◇二つの昭和史—老後に歴史を学ぶ　後藤一雄,田村裕美編著,坂野潤治監修　光芒社　2002.11　240p　19cm　1600円　ⓘ4-89542-199-6

◇威風堂々うかれ昭和史　小松左京著　中央公論新社　2001.4　544p　20cm　2800円　ⓘ4-12-003134-9

◇画報現代史　1　1945年8月—1947年7月　日本近代史研究会編　日本図書センター　2000.1　226p　31cm　〈国際文化情報社昭和29年刊の複製　折り込3枚〉　ⓘ4-8205-6546-X

◇画報現代史　2　1947年7月—1949年6月　日本近代史研究会編　日本図書センター　2000.1　p227-434　31cm　〈国際文化情報社昭和29年刊の複製　折り込3枚〉　ⓘ4-8205-6547-8

◇画報現代史　3　1949年7月—1950年12月　日本近代史研究会編　日本図書センター　2000.1　p435-646　31cm　〈国際文化情報社昭和29-30年刊の複製　折り込3枚〉　ⓘ4-8205-6548-6

◇画報現代史　4　1951年1月—1952年7月　日本近代史研究会編　日本図書センター　2000.1　p647-856　31cm　〈国際文化情報社昭和30年刊の複製　折り込3枚〉　ⓘ4-8205-6549-4

◇画報現代史　5　1952年7月—1956年12月　日本近代史研究会編　日本図書センター　2000.1　p859-1072　31cm　〈国際文化情報社昭和30-33年刊の複製　折り込3枚〉　ⓘ4-8205-6550-8

◇戦後史開封　昭和50年代以降編　産経新聞「戦後史開封」取材班編　産経新聞ニュースサービス　1999.8　234p　16cm（扶桑社文庫）　〈東京 扶桑社（発売）〉　648円　ⓘ4-594-02742-3

◇戦後史開封　昭和40年代編　産経新聞「戦後史開封」取材班編　産経新聞ニュースサービス　1999.7　432p　16cm　（扶桑社文庫）　〈東京 扶桑社（発売）〉　667円　ⓘ4-594-02709-1

◇空白の昭和史—写真ドキュメント　第1巻　空白の昭和史刊行委員会企画・編集　エムティ出版　1999.6　126p　31cm　〈撮影：GHQ通信隊・米国陸海軍・戦略爆撃調査団〉　ⓘ4-89614-806-1

◇空白の昭和史—写真ドキュメント　第2巻　空白の昭和史刊行委員会企画・編集　エムティ出版　1999.6　126p　31cm　〈撮影：GHQ通信隊・米国陸海軍・戦略爆撃調査団〉　ⓘ4-89614-806-1

◇空白の昭和史—写真ドキュメント　第3巻　空白の昭和史刊行委員会企画・編集　エムティ出版　1999.6　124p　31cm　〈撮影：GHQ通信隊・米国陸海軍・戦略爆撃調査団〉　ⓘ4-89614-806-1

◇空白の昭和史—写真ドキュメント　第4巻　空白の昭和史刊行委員会企画・編集　エムティ出版　1999.6　126p　31cm　〈撮影：GHQ通信隊・米国陸海軍・戦略爆撃調査団〉　ⓘ4-89614-806-1

◇空白の昭和史—写真ドキュメント　第5巻　空白の昭和史刊行委員会企画・編集　エムティ出版　1999.6　126p　31cm　〈撮影：GHQ通信隊・米国陸海軍・戦略爆撃調査団〉　ⓘ4-89614-806-1

昭和時代全般

◇空白の昭和史—写真ドキュメント　第6巻　空白の昭和史刊行委員会企画・編集　エムティ出版　1999.6　126p　31cm　〈撮影：GHQ通信隊・米国陸海軍・戦略爆撃調査団〉　①4-89614-806-1

◇空白の昭和史—写真ドキュメント　第7巻　空白の昭和史刊行委員会企画・編集　エムティ出版　1999.6　126p　31cm　〈撮影：GHQ通信隊・米国陸海軍・戦略爆撃調査団〉　①4-89614-806-1

◇空白の昭和史—写真ドキュメント　第8巻　空白の昭和史刊行委員会企画・編集　エムティ出版　1999.6　126p　31cm　〈撮影：GHQ通信隊・米国陸海軍・戦略爆撃調査団〉　①4-89614-806-1

◇空白の昭和史—写真ドキュメント　第9巻　空白の昭和史刊行委員会企画・編集　エムティ出版　1999.6　126p　31cm　〈撮影：GHQ通信隊・米国陸海軍・戦略爆撃調査団〉　①4-89614-806-1

◇空白の昭和史—写真ドキュメント　第10巻　空白の昭和史刊行委員会企画・編集　エムティ出版　1999.6　126p　31cm　〈撮影：GHQ通信隊・米国陸海軍・戦略爆撃調査団〉　①4-89614-806-1

◇空白の昭和史—写真ドキュメント　第11巻　空白の昭和史刊行委員会企画・編集　エムティ出版　1999.6　124p　31cm　〈撮影：GHQ通信隊・米国陸海軍・戦略爆撃調査団〉　①4-89614-806-1

◇空白の昭和史—写真ドキュメント　第12巻　空白の昭和史刊行委員会企画・編集　エムティ出版　1999.6　126p　31cm　〈撮影：GHQ通信隊・米国陸海軍・戦略爆撃調査団〉　①4-89614-806-1

◇空白の昭和史—写真ドキュメント　第13巻　空白の昭和史刊行委員会企画・編集　エムティ出版　1999.6　126p　31cm　〈撮影：GHQ通信隊・米国陸海軍・戦略爆撃調査団〉　①4-89614-806-1

◇空白の昭和史—写真ドキュメント　第14巻　空白の昭和史刊行委員会企画・編集　エムティ出版　1999.6　126p　31cm　〈撮影：GHQ通信隊・米国陸海軍・戦略爆撃調査団〉　①4-89614-806-1

◇空白の昭和史—写真ドキュメント　第15巻　空白の昭和史刊行委員会企画・編集　エムティ出版　1999.6　126p　31cm　〈撮影：GHQ通信隊・米国陸海軍・戦略爆撃調査団〉　①4-89614-806-1

◇空白の昭和史—写真ドキュメント　第16巻　空白の昭和史刊行委員会企画・編集　エムティ出版　1999.6　126p　31cm　〈撮影：GHQ通信隊・米国陸海軍・戦略爆撃調査団〉　①4-89614-806-1

◇空白の昭和史—写真ドキュメント　第17巻　空白の昭和史刊行委員会企画・編集　エムティ出版　1999.6　126p　31cm　〈撮影：GHQ通信隊・米国陸海軍・戦略爆撃調査団〉　①4-89614-806-1

◇空白の昭和史—写真ドキュメント　第18巻　空白の昭和史刊行委員会企画・編集　エムティ出版　1999.6　126p　31cm　〈撮影：GHQ通信隊・米国陸海軍・戦略爆撃調査団〉　①4-89614-806-1

◇空白の昭和史—写真ドキュメント　第19巻　空白の昭和史刊行委員会企画・編集　エムティ出版　1999.6　126p　31cm　〈撮影：GHQ通信隊・米国陸海軍・戦略爆撃調査団〉　①4-89614-806-1

◇空白の昭和史—写真ドキュメント　第20巻　空白の昭和史刊行委員会企画・編集　エムティ出版　1999.6　126p　31cm　〈撮影：GHQ通信隊・米国陸海軍・戦略爆撃調査団〉　①4-89614-806-1

◇空白の昭和史—写真ドキュメント　第21巻　空白の昭和史刊行委員会企画・編集　エムティ出版　1999.6　126p　31cm　〈撮影：GHQ通信隊・米国陸海軍・戦略爆撃調査団〉　①4-89614-806-1

◇空白の昭和史—写真ドキュメント　第22巻　空白の昭和史刊行委員会企画・編集　エムティ出版　1999.6　126p　31cm　〈撮影：GHQ通信隊・米国陸海軍・戦略爆撃調査団〉　①4-89614-806-1

◇空白の昭和史—写真ドキュメント　第23巻　空白の昭和史刊行委員会企画・編集　エムティ出版　1999.6　126p　31cm

◇〈撮影：GHQ通信隊・米国陸海軍・戦略爆撃調査団〉　①4-89614-806-1
◇空白の昭和史―写真ドキュメント　第24巻　空白の昭和史刊行委員会企画・編集　エムティ出版　1999.6　126p　31cm　〈撮影：GHQ通信隊・米国陸海軍・戦略爆撃調査団〉　①4-89614-806-1
◇空白の昭和史―写真ドキュメント　第25巻　空白の昭和史刊行委員会企画・編集　エムティ出版　1999.6　126p　31cm　〈撮影：GHQ通信隊・米国陸海軍・戦略爆撃調査団〉　①4-89614-806-1
◇戦後史開封　昭和30年代　産経新聞「戦後史開封」取材班編　産経新聞ニュースサービス　1999.6　382p　16cm　（扶桑社文庫）〈東京 扶桑社（発売）〉　667円　①4-594-02721-0
◇戦後史開封　昭和20年代編　産経新聞「戦後史開封」取材班編　産経新聞ニュースサービス　1999.4　573p　16cm　（扶桑社文庫）〈東京 扶桑社（発売）〉　810円　①4-594-02694-X
◇「昭和」という国家　司馬遼太郎著　日本放送出版協会　1999.3　315p　19cm　（NHKブックス）　1160円　①4-14-001856-9
◇父が子に語る昭和史　保阪正康著　双葉社　1998.8　340p　18cm　（ふたばらいふ新書）〈PHP研究所1990年刊の増訂〉　848円　①4-575-15253-6
◇A History of Showa Japan,1926-1989　中村隆英著, Edwin Whenmouth訳　東京大学出版会　〔1998.5〕　510p　21cm　〈本文：英文〉　9000円　①4-13-047065-5
◇昭和・平成年表　平凡社編　平凡社　1997.12　210p　30cm　3500円　①4-582-48540-5
◇「号外」昭和史―1936―1945　羽島知之編　大空社　1997.8　2冊　43cm　〈複製〉　全40000円　①4-7568-0569-8
◇昭和・平成・現代史年表―大正12年9月1日―平成8年12月31日　神田文人編著　小学館　1997.6　207p　21cm　1300円　①4-09-626073-8

◇「号外」昭和史―1926-1935　羽島知之編　大空社　1996.4　3冊　43cm　〈複製〉　①4-7568-0216-8
◇激動の昭和・回顧とその終焉　稲生綱政著　大統書房　1995.12　134p　16cm
◇「文芸春秋」にみる昭和史　第3巻　文芸春秋編　文芸春秋　1995.8　597p　16cm　（文春文庫）〈監修：半藤一利〉　660円　①4-16-721752-X
◇「文芸春秋」にみる昭和史　第4巻　文芸春秋編　文芸春秋　1995.8　577,20p　16cm　（文春文庫）〈監修：半藤一利〉　660円　①4-16-721753-8
◇「文芸春秋」にみる昭和史　第1巻　文芸春秋編　文芸春秋　1995.7　581p　16cm　（文春文庫）〈監修：半藤一利〉　660円　①4-16-721750-3
◇「文芸春秋」にみる昭和史　第2巻　文芸春秋編　文芸春秋　1995.7　565p　16cm　（文春文庫）〈監修：半藤一利〉　660円　①4-16-721751-1
◇昭和の歴史　9　講和から高度成長へ　柴垣和夫著　小学館　1994.12　397p　16cm　（小学館ライブラリー）〈新装版〉　980円　①4-09-461029-4
◇昭和の歴史　10　経済大国　宮本憲一著　小学館　1994.12　509p　16cm　（小学館ライブラリー）〈新装版〉　980円　①4-09-461030-8
◇昭和の歴史　8　占領と民主主義　神田文人著　小学館　1994.10　461p　16cm　（小学館ライブラリー）〈新装版〉　980円　①4-09-461028-6
◇昭和ニュース事典　第7巻　昭和14年～昭和16年　昭和ニュース事典編纂委員会, 毎日コミュニケーションズ編集製作　毎日コミュニケーションズ　1994.6　143,800,125p　29cm　〈監修：内川芳美, 松尾尊兊〉　35000円　①4-89563-252-0
◇昭和ニュース事典　第8巻　昭和17年～昭和20年　昭和ニュース事典編纂委員会, 毎日コミュニケーションズ編集製作　毎日コミュニケーションズ　1994.6

昭和時代全般

143,800,126p 29cm 〈監修：内川芳美, 松尾尊兌〉 35000円 ①4-89563-253-9

◇昭和ニュース事典 総索引 昭和ニュース事典編纂委員会, 毎日コミュニケーションズ編集製作 毎日コミュニケーションズ 1994.6 510p 29cm 〈監修：内川芳美, 松尾尊兌〉 17500円 ①4-89563-254-7

◇昭和東京私史 安田武著 朝文社 1994.3 227p 20cm 〈新潮社1982年刊の再刊〉 2500円 ①4-88695-110-4

◇昭和史への証言 第5巻 安藤良雄編著 原書房 1993.12 305,18p 20cm 2800円 ①4-562-02430-5

◇昭和史への証言 第4巻 安藤良雄編著 原書房 1993.10 302,18p 20cm 2800円 ①4-562-02429-1

◇昭和史への証言 第3巻 安藤良雄編著 原書房 1993.8 317,21p 20cm 2800円 ①4-562-02428-3

◇昭和史への証言 第2巻 安藤良雄編著 原書房 1993.6 307,20p 20cm 2800円 ①4-562-02427-5

◇昭和史への証言 第1巻 安藤良雄編著 原書房 1993.5 287,15p 20cm 2800円 ①4-562-02426-7

◇昭和ニュース事典 第5巻 昭和10年～昭和11年 昭和ニュース事典編纂委員会, 毎日コミュニケーションズ編集製作 毎日コミュニケーションズ 1992.6 144,784,141p 29cm 〈監修：内川芳美, 松尾尊兌〉 32500円 ①4-89563-190-7

◇昭和ニュース事典 第6巻 昭和12年～昭和13年 昭和ニュース事典編纂委員会, 毎日コミュニケーションズ編集製作 毎日コミュニケーションズ 1992.6 144,800,125p 29cm 〈監修：内川芳美, 松尾尊兌〉 32500円 ①4-89563-191-5

◇私の昭和史—体験手記IBCノンフィクション大賞 11 岩手放送株式会社編 盛岡 熊谷印刷出版部 1992.5 259p 19cm 1340円

◇新聞集成昭和史の証言 第27巻 昭和二十七年—国際関係復活・破防法 SBB出版会 1992.3 549p 27cm 25750円 ①4-89329-090-8

◇新聞集成昭和史の証言 第26巻 昭和二十六年—講和条約・日米安保 SBB出版会 1991.12 585p 27cm 25750円 ①4-89329-089-4

◇「昭和」の履歴書 勝田龍夫著 文芸春秋 1991.11 197p 19cm 1200円 ①4-16-345780-1

◇新聞集成昭和史の証言 第11巻 蘆溝橋事件・三国同盟—昭和十二年 SBB出版会 1991.11(第2刷) 598p 27cm 〈編纂委員：入江徳郎ほか〉 ①4-89329-043-6

◇新聞集成昭和史の証言 第12巻 統制経済・スフ代用品時代—昭和十三年 SBB出版会 1991.11(第2刷) 559p 27cm 〈編纂委員：入江徳郎ほか〉 ①4-89329-044-4

◇新聞集成昭和史の証言 第13巻 第二次大戦・暗い青春—昭和十四年 SBB出版会 1991.11(第2刷) 559p 27cm 〈編纂委員：入江徳郎ほか〉 ①4-89329-045-2

◇新聞集成昭和史の証言 第14巻 大政翼賛・紀元二千六百年—昭和十五年 SBB出版会 1991.11(第2刷) 563p 27cm 〈編纂委員：入江徳郎ほか〉 ①4-89329-046-0

◇新聞集成昭和史の証言 第15巻 太平洋戦争・一億総決起—昭和十六年 SBB出版会 1991.11(第2刷) 560p 27cm 〈編纂委員：入江徳郎ほか〉 ①4-89329-047-9

◇新聞集成昭和史の証言 第16巻 東京初空襲・戦況下降線—昭和十七年 SBB出版会 1991.10(第3刷) 539p 27cm 〈編纂委員：入江徳郎ほか〉 ①4-89329-048-7

◇新聞集成昭和史の証言 第17巻 玉砕・竹ヤリ・学徒出陣—昭和十八年 SBB出版会 1991.10(第3刷) 542p 27cm 〈編纂委員：入江徳郎ほか〉 ①4-89329-049-5

昭和時代全般

◇新聞集成昭和史の証言　第18巻　神風特攻・本土決戦―昭和十九年　SBB出版会　1991.10（第3刷）　513p　27cm　〈編纂委員：入江徳郎ほか〉　①4-89329-050-9

◇新聞集成昭和史の証言　第19巻　原爆・降伏・旧体制崩壊―昭和二十年　SBB出版会　1991.10（第3刷）　505p　27cm　〈編纂委員：入江徳郎ほか〉　①4-89329-051-7

◇新聞集成昭和史の証言　第1巻　金融恐慌・大陸出兵―昭和元・二年　SBB出版会　1991.9（第2刷）　503p　27cm　〈編纂委員：入江徳郎ほか〉　①4-89329-033-9

◇新聞集成昭和史の証言　第2巻　初の普選・思想弾圧―昭和三年　SBB出版会　1991.9（第2刷）　468p　27cm　〈編纂委員：入江徳郎ほか〉　①4-89329-034-7

◇新聞集成昭和史の証言　第3巻　緊縮・軍縮・疑獄―昭和四年　SBB出版会　1991.9（第2刷）　467p　27cm　〈編纂委員：入江徳郎ほか〉　①4-89329-035-5

◇新聞集成昭和史の証言　第4巻　金解禁・募る不景気―昭和五年　SBB出版会　1991.9（第2刷）　463p　27cm　〈編纂委員：入江徳郎ほか〉　①4-89329-036-3

◇新聞集成昭和史の証言　第5巻　満州事変・軍ファッショ―昭和六年　SBB出版会　1991.9（第2刷）　460p　27cm　〈編纂委員：入江徳郎ほか〉　①4-89329-037-1

◇一冊で昭和の重要100場面を見る　友人社編集部編　友人社　1991.8　223p　19cm　（1冊で100シリーズ　15）　1240円　①4-946447-17-2

◇新聞集成昭和史の証言　第24巻　昭和二十四年―経済転機・占領政策転換　SBB出版会　1991.8　458p　27cm　25750円　①4-89329-086-X

◇新聞集成昭和史の証言　第25巻　昭和二十五年―朝鮮戦争勃発/レッド・パージ　SBB出版会　1991.8　612p　27cm　25750円　①4-89329-087-8

◇激動の昭和史　岡部貞一著　厚木　岡部貞一　1991.6　52p　21cm

◇昭和ニュース事典　第3巻　昭和6年～昭和7年　昭和ニュース事典編纂委員会，毎日コミュニケーションズ編集製作　毎日コミュニケーションズ　1991.6　143,800,125p　29cm　〈監修：内川芳美，松尾尊兌〉　32500円　①4-89563-154-0

◇昭和ニュース事典　第4巻　昭和8年～昭和9年　昭和ニュース事典編纂委員会，毎日コミュニケーションズ編集製作　毎日コミュニケーションズ　1991.6　142,800,126p　29cm　〈監修：内川芳美，松尾尊兌〉　32500円　①4-89563-155-9

◇新聞集成昭和史の証言　第22巻　昭和二十二年―二・一スト/制度の改革　SBB出版会　1991.5　470p　27cm　25750円　①4-89329-084-3

◇新聞集成昭和史の証言　第23巻　昭和二十三年―東京裁判・インフレ収束　SBB出版会　1991.5　659p　27cm　25750円　①4-89329-085-1

◇私の昭和史―体験手記IBCノンフィクション大賞　10　岩手放送株式会社編　盛岡　熊谷印刷出版部　1991.5　254p　19cm　1340円

◇昭和―二万日の全記録　第19巻　昭和から平成へ―昭和63年～64年　講談社編　講談社　1991.2　210,140p　27cm　〈付・全資料総索引〉　2880円　①4-06-194369-3

◇昭和を生きて　沢地久枝，本島等著　岩波書店　1991.2　62p　21cm　（岩波ブックレット　NO.184）　350円　①4-00-003124-4

◇新聞集成昭和史の証言　第21巻　昭和二十一年―新憲法公布・食糧危機　SBB出版会　1991.2　544p　27cm　〈第20巻までの出版者：本邦書籍〉　25750円　①4-89329-083-5

◇昭和―二万日の全記録　第18巻　世界のなかの日本―昭和59年～62年　講談社編　講談社　1990.12　318,8p　27cm　2880円　①4-06-194368-5

◇昭和―二万日の全記録　第17巻　経済大国の試練―昭和55年～58年　講談社編

昭和時代全般

講談社　1990.11　318,8p　27cm　2880円　①4-06-194367-7

◇新聞集成昭和史の証言　第6巻　五・一五事件・テロ横行—昭和七年　本邦書籍　1990.10（2刷）　571p　27cm　〈編纂委員：山崎英祐ほか〉　①4-89329-038-X

◇新聞集成昭和史の証言　第7巻　国際連盟脱退・世界の孤児—昭和八年　本邦書籍　1990.10（2刷）　565p　27cm　〈編纂委員：山崎英祐ほか〉　①4-89329-039-8

◇新聞集成昭和史の証言　第8巻　財界腐敗・農村疲弊—昭和九年　本邦書籍　1990.10（2刷）　564p　27cm　〈編纂委員：山崎英祐ほか〉　①4-89329-040-1

◇新聞集成昭和史の証言　第9巻　天皇機関説・老学者抹殺—昭和十年　本邦書籍　1990.10（2刷）　561p　27cm　〈編纂委員：山崎英祐ほか〉　①4-89329-041-X

◇新聞集成昭和史の証言　第10巻　天下大乱,二・二六事件—昭和十一年　本邦書籍　1990.10（2刷）　542p　27cm　〈編纂委員：山崎英祐ほか〉　①4-89329-042-8

◇語りつぐ昭和史　3　保科善四郎〔ほか〕著　朝日新聞社　1990.9　357p　15cm　（朝日文庫　か9-3）　573円　①4-02-260610-X

◇昭和—二万日の全記録　第16巻　日本株式会社の素顔—昭和51年～54年　講談社編　講談社　1990.9　318,8p　27cm　2880円　①4-06-194366-9

◇語りつぐ昭和史　2　加瀬俊一〔ほか〕著　朝日新聞社　1990.8　393p　15cm　（朝日文庫　か9-2）　573円　①4-02-260609-6

◇サン写真新聞"戦後にっぽん"　第9集　昭和29年（1954・甲午）　毎日新聞社　1990.8　161p　28cm　（毎日グラフ別冊）　900円

◇昭和—二万日の全記録　第15巻　石油危機を超えて—昭和47年～50年　講談社編　講談社　1990.8　326,8p　27cm　2880円　①4-06-194365-0

◇語りつぐ昭和史　1　伊藤隆〔ほか〕著　朝日新聞社　1990.7　323p　15cm　（朝日文庫　か9-1）　515円　①4-02-260434-4

◇サン写真新聞"戦後にっぽん"　第8集　昭和28年（1953・癸巳）　毎日新聞社　1990.7　161p　28cm　（毎日グラフ別冊）　900円

◇昭和—二万日の全記録　第14巻　揺れる昭和元禄—昭和43年～46年　講談社編　講談社　1990.7　318,8p　27cm　2880円　①4-06-194364-2

◇悪夢の章—崩壊の昭和史　深田薫著　五月書房　1990.6　214p　20cm　〈新装版〉　1900円　①4-7727-0082-X

◇NHK聞き書き庶民が生きた昭和　3　向井承子〔ほか〕著　日本放送出版協会　1990.6　264p　20cm　1600円　①4-14-008698-X

◇サン写真新聞"戦後にっぽん"　第7集　昭和27年（1952・壬辰）　毎日新聞社　1990.6　161p　28cm　（毎日グラフ別冊）　900円

◇昭和—二万日の全記録　第13巻　東京オリンピックと新幹線—昭和39年～42年　講談社編　講談社　1990.6　326,8p　27cm　2880円　①4-06-194363-4

◇昭和ニュース事典　第1巻　昭和1年-昭和3年　毎日コミュニケーションズ編集　毎日コミュニケーションズ　1990.6　784,127p　29cm　〈監修：内川芳美,松尾尊兌〉　32500円　①4-89563-137-0

◇昭和ニュース事典　第2巻　昭和4年-昭和5年　毎日コミュニケーションズ編集　毎日コミュニケーションズ　1990.6　784,141p　29cm　〈監修：内川芳美,松尾尊兌〉　32500円　①4-89563-138-9

◇私の昭和史—体験手記IBCノンフィクション大賞　9　岩手放送株式会社編　盛岡熊谷印刷出版部　1990.6　239p　19cm　1340円

◇昭和—二万日の全記録　第12巻　安保と高度成長—昭和35年～38年　講談社編　講談社　1990.5　326,8p　27cm　2880円　①4-06-194362-6

◇NHK聞き書き庶民が生きた昭和　2　森山軍治郎〔ほか〕著　日本放送出版協会

昭和時代全般

1990.4 275p 20cm 1553円 ⓣ4-14-008697-1
◇サン写真新聞"戦後にっぽん" 第6集 昭和26年(1951・辛卯) 毎日新聞社 1990.4 161p 28cm （毎日グラフ別冊） 900円
◇昭和東京ものがたり 1 山本七平著 読売新聞社 1990.4 299p 20cm 1400円 ⓣ4-643-90032-6
◇昭和東京ものがたり 2 山本七平著 読売新聞社 1990.4 262p 20cm 1400円 ⓣ4-643-90033-4
◇昭和―二万日の全記録 第11巻 技術革新の展開―昭和31年～34年 講談社編 講談社 1990.3 318,8p 27cm 2880円 ⓣ4-06-194361-8
◇NHK聞き書き庶民が生きた昭和 1 森崎和江〔ほか〕著 日本放送出版協会 1990.2 277p 20cm 1600円 ⓣ4-14-008696-3
◇サン写真新聞"戦後にっぽん" 第5集 昭和25年(1950・庚寅) 毎日新聞社 1990.2 161p 28cm （毎日グラフ別冊） 900円
◇サン写真新聞"戦後にっぽん" 第4集 昭和24年(1949・己丑) 毎日新聞社 1990.1 161p 28cm （毎日グラフ別冊） 900円
◇昭和―二万日の全記録 第6巻 太平洋戦争―昭和16年～19年 講談社編 講談社 1990.1 374,8p 27cm 2880円 ⓣ4-06-194356-1
◇サン写真新聞"戦後にっぽん" 第3集 昭和23年(1948・戊子) 毎日新聞社 1989.12 161p 28cm （毎日グラフ別冊） 900円
◇サン写真新聞"戦後にっぽん" 第2集 昭和22年(1947・丁亥) 毎日新聞社 1989.11 161p 28cm （毎日グラフ別冊） 900円
◇昭和―二万日の全記録 第5巻 一億の「新体制」―昭和13年～15年 講談社編 講談社 1989.11 326,8p 27cm 2880円 ⓣ4-06-194355-3
◇話しておきたい昭和―昭和グラフィティ365 朝日生命広報室企画編集 共同通信社 1989.11 1冊（頁付なし） 22cm 2500円 ⓣ4-7641-0229-3
◇〈激写〉昭和 毎日新聞社東京本社写真部OB会編 平河出版社 1989.10 635p 26cm 5000円 ⓣ4-89203-172-0
◇サン写真新聞"戦後にっぽん" 第1集 昭和21年(1946・丙戌) 毎日新聞社 1989.10 161p 28cm （毎日グラフ別冊） 900円
◇昭和―二万日の全記録 第4巻 日中戦争への道―昭和10年～12年 講談社編 講談社 1989.10 318,8p 27cm 2880円 ⓣ4-06-194354-5
◇昭和史―国民のなかの波瀾と激動の半世紀 金原左門,竹前栄治編 増補版 有斐閣 1989.10 519p 19cm （有斐閣選書） 2678円 ⓣ4-641-18123-3
◇昭和―二万日の全記録 第3巻 非常時日本―昭和7年～9年 講談社編 講談社 1989.9 318,8p 27cm 2880円 ⓣ4-06-194353-7
◇昭和―二万日の全記録 第2巻 大陸にあがる戦火―昭和4年～6年 講談社編 講談社 1989.7 326,8p 27cm 2880円 ⓣ4-06-194352-9
◇昭和―二万日の全記録 第1巻 昭和への期待―昭和元年～3年 講談社編 講談社 1989.6 312,6p 27cm 2880円 ⓣ4-06-194351-0
◇昭和のことば 続 雑喉潤〔ほか〕著 朝日ソノラマ 1989.6 398,15p 20cm 〈続の副書名：キーワードでたどる私たちの昭和史〉 1600円 ⓣ4-257-03267-7
◇昭和―二万日の全記録 第9巻 独立―冷戦の谷間で―昭和25年～27年 講談社編 講談社 1989.5 318,8p 27cm 2880円 ⓣ4-06-194359-6
◇目で見る昭和全史―昭和元年～64年 読売新聞社編 読売新聞社 1989.5 421p 31cm 5150円 ⓣ4-643-89028-2
◇朝日新聞記者の見た昭和史 中野五郎著 光人社 1989.3 326p 20cm 〈新装版〉 1500円

昭和時代全般

◇昭和を読む―知識人26氏の人生と考察　読売新聞社文化部編　読売新聞社　1989.3　293p　20cm　1200円　ⓣ4-643-89021-5

◇昭和ってなんだ大百科　昭和時代資料研究会編　ロングセラーズ　1989.3　228p　19cm　1000円　ⓣ4-8454-1050-8

◇昭和「発言」の記録　日本ジャーナリズム研究会編　東急エージェンシー出版事業部　1989.3　220p　22cm　1500円　ⓣ4-924664-56-1

◇昭和―二万日の全記録　第7巻　廃墟からの出発―昭和20年～21年　講談社編　講談社　1989.2　340,6p　27cm　2800円　ⓣ4-06-194357-X

◇昭和から平成へ―写真集　「昭和から平成へ」写真集編集委員会編　東京写真専門学校　1989.2　86p　26cm

◇昭和時代　日本経済新聞社編　日本経済新聞社　1989.2　242p　19cm　1000円　ⓣ4-532-08880-1

◇昭和史を語る　3　木村時夫著　早稲田大学出版部　1988.12　384,9p　19cm　（早稲田選書　5）　1500円　ⓣ4-657-88038-1

◇昭和語録―名セリフ365　赤沢信次郎著　ぎょうせい　1988.10　264p　19cm　1200円　ⓣ4-324-01412-4

◇昭和のことば―キーワードでたどる私たちの現代史　雑喉潤〔ほか〕著　朝日ソノラマ　1988.9　386,14p　20cm　1500円　ⓣ4-257-03255-3

◇昭和の歴史　3　天皇の軍隊　藤原彰〔ほか〕編　大江志乃夫著　小学館　1988.9　430p　15cm　600円　ⓣ4-09-401103-X

◇昭和の歴史　4　十五年戦争の開幕　藤原彰〔ほか〕編　江口圭一著　小学館　1988.9　430p　15cm　600円　ⓣ4-09-401104-8

◇新聞集成昭和史の証言　第20巻　全索引　入江徳郎〔ほか〕編　本邦書籍　1988.7　406p　27cm　15000円

◇私の昭和史―体験手記IBCノンフィクション大賞　7　岩手放送株式会社編　盛岡熊谷印刷出版部　1988.6　238p　19cm　1300円

◇昭和史を読む50のポイント　保阪正康著　PHP研究所　1988.2　236p　19cm　980円　ⓣ4-569-22181-5

◇青春の昭和史―疾走の構図　上之郷利昭著，スコラ編　スコラ　1987.10　264p　20cm　〈共同刊行・発売：講談社〉　1300円　ⓣ4-06-203629-0

◇実録昭和史―激動の軌跡　6　世界調和へ模索の時代―昭和51年～現在　塚原政秀責任編集　ぎょうせい　1987.9　199p　27cm　〈監修：林健太郎〉　3000円　ⓣ4-324-00674-1

◇実録昭和史―激動の軌跡　5　技術革新と経済大国の時代―昭和41年～昭和50年　三ケ野大典責任編集　ぎょうせい　1987.7　199p　27cm　〈監修：林健太郎〉　3000円　ⓣ4-324-00673-3

◇実録昭和史―激動の軌跡　3　日本再建の時代―昭和21年～昭和30年　高橋紘責任編集　ぎょうせい　1987.6　199p　27cm　〈監修：林健太郎〉　3000円　ⓣ4-324-00671-7

◇実録昭和史―激動の軌跡　4　高度経済成長の時代―昭和31年～昭和40年　田中理責任編集　ぎょうせい　1987.6　199p　27cm　〈監修：林健太郎〉　3000円　ⓣ4-324-00672-5

◇私の昭和史―体験手記IBCノンフィクション大賞　6　岩手放送株式会社編　盛岡熊谷印刷出版部　1987.6　261p　19cm　1300円

◇昭和史を語る　2　木村時夫著　早稲田大学出版部　1987.5　320,6p　19cm　（早稲田選書　5）　1500円　ⓣ4-657-87306-7

◇実録昭和史―激動の軌跡　2　戦火拡大・破局の時代―昭和11年…昭和20年　三ヶ野大典責任編集　ぎょうせい　1987.4　199p　27cm　〈監修：林健太郎　2.戦火拡大・破局の時代：昭和11年…昭和20年　三ヶ野大典責任編集　執筆：三ヶ野大典〔ほか13名〕〉　3000円　ⓣ4-324-00670-9

◇ドキュメント昭和—世界への登場 9 ヒトラーのシグナル—ドイツに傾斜した日 NHK〔日本放送協会〕"ドキュメント昭和"取材班編 角川書店 1987.3 248,〔1〕p 22cm 〈9.ヒトラーのシグナル：ドイツに傾斜した日 巻末：年表 付：参考文献 執筆：中田整一〔ほか2名〕 肖像：ヒトラー〔ほか〕 図版(肖像を含む)〉 1700円 ⓘ4-04-521609-X

◇ドキュメント昭和—世界への登場 8 十字架上の日本—国際連盟との訣別 NHK〔日本放送協会〕"ドキュメント昭和"取材班編 角川書店 1987.2 253,〔1〕p 22cm 〈8.十字架の日本：国際連盟との訣別 巻末：年表 付：参考文献 執筆：諏訪秀樹,岡村純一 肖像：芳沢謙吉〔ほか〕 筆跡：マッコイ〔ほか〕 図版(肖像,筆跡を含む)〉 1700円 ⓘ4-04-521608-1

◇ドキュメント昭和—世界への登場 7 皇帝の密約—埋もれた「満州国」最高機密 NHK〔日本放送協会〕"ドキュメント昭和"取材班編 角川書店 1987.1 247,〔1〕p 22cm 〈7.皇帝の密約：埋もれた「満州国」最高機密 巻末：年表 付：参考文献 執筆：中田整一〔ほか2名〕 肖像：溥儀〔ほか〕 筆跡：溥儀 図版(肖像,筆跡を含む)〉 1700円 ⓘ4-04-521607-3

◇ドキュメント昭和—世界への登場 6 潰え去ったシナリオ—ウォール街からの衝撃 NHK"ドキュメント昭和"取材班編 角川書店 1986.11 250p 図版16枚 22cm 1700円 ⓘ4-04-521606-5

◇ドキュメント昭和—世界への登場 5 オレンジ作戦—軍縮下の日米太平洋戦略 NHK"ドキュメント昭和"取材班編 角川書店 1986.10 225p 図版16枚 22cm 1700円 ⓘ4-04-521605-7

◇ドキュメント昭和—世界への登場 4 トーキーは世界をめざす—国策としての映画 NHK"ドキュメント昭和"取材班編 角川書店 1986.9 230p 図版16枚 22cm 1700円 ⓘ4-04-521604-9

◇昭和同時代を生きる—それぞれの戦後 内山秀夫,栗原彬編 有斐閣 1986.6 294p 19cm （有斐閣選書） 1600円 ⓘ4-641-18013-X

◇ドキュメント昭和—世界への登場 2 上海共同租界—事変前夜 NHK"ドキュメント昭和"取材班編 角川書店 1986.5 232p 図版16枚 22cm 1700円 ⓘ4-04-521602-2

◇最新昭和史事典 毎日新聞社編 毎日新聞社 1986.4 926p 図版14枚 22cm 7500円

◇ドキュメント昭和—世界への登場 1 ベルサイユの日章旗——等国ニッポン NHK"ドキュメント昭和"取材班編 角川書店 1986.4 253p 図版16枚 22cm 1700円 ⓘ4-04-521601-4

◇昭和史を騒がせた人びと 保阪正康著 グラフ社 1986.2 205p 19cm 980円

◇昭和史を語る 1 木村時夫著 早稲田大学出版部 1985.12 269,8p 19cm （早稲田選書 5） 1500円 ⓘ4-657-85028-8

◇私の昭和史—体験手記IBCノンフィクション大賞 5 岩手放送株式会社編 盛岡熊谷印刷出版部 1985.12 222p 19cm 1300円

◇昭和の精神史 竹山道雄著 講談社 1985.7 362p 15cm （講談社学術文庫） 880円 ⓘ4-06-158696-3

◇目で見る昭和の60年 読売新聞社編 読売新聞社 1985.7 2冊 31cm 各2500円 ⓘ4-643-54450-3

◇それぞれの昭和 朝日新聞社会部編著 朝日新聞社 1985.3 245p 19cm 920円 ⓘ4-02-255335-9

◇写真記録昭和の歴史 6 経済大国の明と暗 小学館 1984.12 175p 27cm 〈監修：松本清張ほか〉 1800円 ⓘ4-09-570006-8

◇激動の日本—あの日あの時そして今…見る昭和史 昭和史研究会編 竜渓書舎 1984.11 1冊 26cm 〈おもに図〉 1200円

◇写真記録昭和の歴史 5 成長の三十年代 小学館 1984.11 175p 27cm 〈監

昭和時代全般

修：松本清張ほか〉　1800円　ⓒ4-09-570005-X
◇写真記録昭和の歴史　4　民主主義の時代　小学館　1984.10　183p　27cm　〈監修：松本清張ほか〉　1800円　ⓒ4-09-570004-1
◇昭和史を縦走する──柳条溝事件から教科書問題まで　秦郁彦著　グラフ社　1984.8　402,2p　19cm　1300円　ⓒ4-7662-0068-3
◇写真記録昭和の歴史　3　太平洋戦争と進駐軍　小学館　1984.6　199p　27cm　〈監修：松本清張ほか〉　1800円　ⓒ4-09-570003-3
◇反昭和史　菅孝行著　第三文明社　1983.12　256,14p　20cm　1900円　ⓒ4-476-03105-6
◇私の昭和史──体験手記IBCノンフィクション大賞　3　岩手放送株式会社編　盛岡熊谷印刷出版部　1983.12　223p　19cm　1300円
◇一九三〇年代を生きる　牧瀬菊枝著　思想の科学社　1983.11　265,4p　20cm　1600円
◇ドキュメント昭和史　別巻　昭和史ハンドブック　平凡社編　平凡社　1983.11　351p　19cm　〈普及版〉　880円
◇昭和の歴史　別巻　昭和の世相　原田勝正編著　小学館　1983.9　363p　20cm　1200円　ⓒ4-09-376011-X
◇ドキュメント昭和史　6　占領から講和へ　相良竜介編　平凡社　1983.9　351p　19cm　〈普及版〉　880円
◇現代史──戦争と平和の昭和史　藤原彰，功刀俊洋著　東研出版　1983.7　198p　19cm　〈高校生のための現代社会　4〉　1000円
◇ドキュメント昭和史　1　恐慌から軍国化へ　林茂編　平凡社　1983.3　330p　19cm　〈普及版 1.恐慌から軍国化へ　林茂編　巻末：文献案内　初版：1975（昭和50）〉　880円
◇昭和の歴史　1　昭和への胎動　金原左門著　小学館　1983.2　339p　20cm　〈編集：藤原彰〔ほか〕 1.昭和への胎動　金原左門著　巻末：年表　付録：関東大震災による被害と警戒態勢,都市と産業の発展1枚（折込み）　図版〉　1200円　ⓒ4-09-376001-2
◇私の昭和史──体験手記IBCノンフィクション大賞　2　岩手放送株式会社編　盛岡熊谷印刷出版部　1982.12　224p　19cm　〈出版者：1は北日本書房〉　1300円
◇昭和の歴史　3　天皇の軍隊　大江志乃夫著　小学館　1982.9　355p　20cm　〈編集：藤原彰〔ほか〕 3.天皇の軍隊　大江志乃夫著　巻末：年表　付録：満州事変開始時の陸軍管区・海軍区,師図の隷属一覧表1枚（折込み）　図版〉　1200円
◇昭和の歴史　2　昭和の恐慌　中村政則著　小学館　1982.6　339p　20cm　〈編集：藤原彰〔ほか〕 2.昭和の恐慌　巻末：年表　付録：昭和初期の世界と海軍力,日本主要貿易国と貿易品〈1930年〉1枚（折込み）　図版〉　1200円
◇素顔の昭和　戦後　戸川猪佐武著　角川書店　1982.1　366p　15cm　（角川文庫）　420円
◇一億人の昭和史　日本人 6　三代の若者たち　毎日新聞社　1981.12　258p　28cm　1500円
◇素顔の昭和　戦前　戸川猪佐武著　角川書店　1981.12　334p　15cm　（角川文庫）　380円
◇私の昭和史──体験手記IBCノンフィクション大賞　岩手放送株式会社編　〔盛岡〕北日本書房　1981.12　217p　19cm　〈発売：熊谷印刷〉　1300円
◇一億人の昭和史　日本人 5　三代の男たち　下 昭和編　毎日新聞社　1981.10　258p　28cm　1500円
◇一億人の昭和史　日本人 3　三代の女たち　下 昭和・戦後編　毎日新聞社　1981.6　258p　28cm　1500円
◇危ない昭和史──事件臨場記者の遺言　岡田益吉著　光人社　1981.4　2冊　20cm　各1200円　ⓒ4-7698-0139-4

昭和時代全般

◇1億人の昭和史 16 不確実・多様化への旅立ち―昭和51年～55年 毎日新聞社 1980.12 258p 28cm 1500円

◇昭和史事典―金融恐慌からインベーダー・ゲームまで 毎日新聞社 1980.5 513p 28cm 〈『別冊一億人の昭和史』第22号〉 2300円

◇「昭和」の終わり―80年代の日本人 犬田充,藤竹暁著 講談社 1980.5 310p 20cm 1200円

◇近きより 1 正木ひろし著 旺文社 1979.8 452p 16cm （旺文社文庫） 540円

◇近きより 2 正木ひろし著 旺文社 1979.8 423p 16cm （旺文社文庫） 500円

◇近きより 3 正木ひろし著 旺文社 1979.8 389p 16cm （旺文社文庫） 480円

◇近きより 4 正木ひろし著 旺文社 1979.8 405p 16cm （旺文社文庫） 480円

◇近きより 5 正木ひろし著 旺文社 1979.8 501p 16cm （旺文社文庫） 600円

◇昭和史発掘 5 松本清張著 文芸春秋 1978.9 270p 16cm （文春文庫） 280円

◇昭和史発掘 6 松本清張著 文芸春秋 1978.9 315p 16cm （文春文庫） 340円

◇ある昭和史―自分史の試み 色川大吉著 中央公論社 1978.8 384p 15cm （中公文庫） 380円

◇昭和史発掘 3 松本清張著 文芸春秋 1978.8 252p 16cm （文春文庫） 260円

◇昭和史発掘 4 松本清張著 文芸春秋 1978.8 318p 16cm （文春文庫） 340円

◇昭和史発掘 1 松本清張著 文芸春秋 1978.7 195p 16cm （文春文庫） 220円

◇昭和史発掘 2 松本清張著 文芸春秋 1978.7 295p 16cm （文春文庫） 320円

◇父が子におくる1億人の昭和史 毎日新聞社 1978.3 6冊（別巻共） 21cm 〈監修：野口雄一郎 別巻：人名辞典〉 各780円

◇朝日新聞に見る日本の歩み 昭和46年―昭和47年（経済大国のジレンマ3） 朝日新聞社編 朝日新聞社 1977.11 271p 29cm 〈昭和46,47年の「朝日新聞」（東京本社発行最終版）から253面を選び,縮刷したもの〉 1400円

◇朝日新聞に見る日本の歩み 昭和44年―45年（経済大国のジレンマ2） 朝日新聞社編 朝日新聞社 1977.10 271p 29cm 〈昭和44,45年の『朝日新聞』（東京本社発行最終版）から253面を選び,縮刷したもの〉 1400円

◇朝日新聞に見る日本の歩み 昭和42―43年（経済大国のジレンマ1） 朝日新聞社編 朝日新聞社 1977.9 271p 29cm 〈昭和42,43年の「朝日新聞」（東京本社発行最終版）から253面を選び．縮刷したもの〉 1400円

◇朝日新聞に見る日本の歩み 昭和40年―41年（高度成長への信仰3） 朝日新聞社編 朝日新聞社 1977.5 271p 29cm 〈昭和40,41年の「朝日新聞」（東京本社発行最終版）から253面を選び縮刷したもの〉 1400円

◇朝日新聞に見る日本の歩み 昭和38年―39年（高度成長への信仰2） 朝日新聞社編 朝日新聞社 1977.4 271p 29cm 〈昭和38,39年の「朝日新聞」（東京本社発行最終版）から253面を選び縮刷したもの〉 1400円

◇朝日新聞に見る日本の歩み 昭和36年―37年（高度成長への信仰1） 朝日新聞社編 朝日新聞社 1977.3 271p 29cm 〈昭和36,37年の「朝日新聞」（東京本社発行最終版）から253面を選び,縮刷したもの〉 1400円

◇1億人の昭和史 10 不許可写真史 毎日新聞社 1977.1 258p（おもに図） 28cm 1000円

◇1億人の昭和史 9 金権が生んだ汚職列島―昭和47年―51年 毎日新聞社 1976.10 258p（おもに図） 28cm 1000円

昭和時代全般

◇1億人の昭和史　8　日本株式会社の功罪—昭和40年—47年　毎日新聞社　1976.9　258p（おもに図）　28cm　1000円

◇1億人の昭和史　7　高度成長の軌跡—昭和35年—39年　毎日新聞社　1976.7　258p（おもに図）　28cm　1000円

◇1億人の昭和史　6　独立—自立への苦悩—昭和27年—35年　毎日新聞社　1976.5　258p（おもに図）　28cm　1000円

◇昭和の戦後史　第3巻　逆流と抵抗　家永三郎〔ほか〕編集　松浦総三編　汐文社　1976.4　292p　19cm　980円

◇アサヒグラフに見る昭和の世相　6（昭和21年—22年）　朝日新聞社編　朝日新聞社　1976　272p　31cm　1500円

◇アサヒグラフに見る昭和の世相　7（昭和23・24年）　朝日新聞社編　朝日新聞社　1976　269p　31cm　1500円

◇アサヒグラフに見る昭和の世相　8（昭和25年—26年）　朝日新聞社編　朝日新聞社　1976　271p　35cm　1500円

◇アサヒグラフに見る昭和の世相　9（昭和27年—28年）　朝日新聞社編　朝日新聞社　1976　271p　31cm　1500円

◇アサヒグラフに見る昭和の世相　10（昭和29年—30年）　朝日新聞社編　朝日新聞社　1976　271p　35cm　1500円

◇アサヒグラフに見る昭和の世相　11（昭和31年—32年）　朝日新聞社編　朝日新聞社　1976　271p　31cm　1500円

◇アサヒグラフに見る昭和の世相　12（昭和33年—34年）　朝日新聞社編　朝日新聞社　1976　271p　35cm　1500円

◇アサヒグラフに見る昭和の世相　13（昭和35年）　朝日新聞社編　朝日新聞社　1976　271p　35cm　1500円

◇朝日新聞に見る日本の歩み　昭和26年—27年（安保体制下の国造り1）　朝日新聞社編　朝日新聞社　1976　271p　29cm　〈昭和26,27年の『朝日新聞』（東京本社発行最終版）から253面を選び、縮刷したもの〉　1400円

◇朝日新聞に見る日本の歩み　昭和28年—29年（安保体制下の国造り2）　朝日新聞社編　朝日新聞社　1976　271p　29cm　〈昭和28、29年の『朝日新聞』（東京本社発行最終版）から253面を選び、縮刷したもの〉　1400円

◇朝日新聞に見る日本の歩み　昭和30年—31年（安保体制下の国造り3）　朝日新聞社編　朝日新聞社　1976　271p　29cm　〈昭和30,31年の『朝日新聞』（東京本社発行最終版）から253面を選び、縮刷したもの〉　1400円

◇朝日新聞に見る日本の歩み　昭和32年—33年（安保体制下の国造り4）　朝日新聞社編　朝日新聞社　1976　271p　29cm　〈昭和32,33年の『朝日新聞』（東京本社発行最終版）から253面を選び、縮刷したもの〉　1400円

◇朝日新聞に見る日本の歩み　昭和34年—35年（安保体制下の国造り5）　朝日新聞社編　朝日新聞社　1976　271p　29cm　〈昭和34,35年の「朝日新聞」（東京本社発行最終版）から253面を選び、縮刷したもの〉　1400円

◇昭和群像　毎日新聞社編　毎日新聞社　1976　237p　20cm　〈『毎日新聞』に昭和50年1月から約9ヵ月間、毎日連載されたもの〉　960円

◇昭和の戦後史　第1巻　占領と再生　家永三郎〔等〕編　鈴木安蔵〔等〕著　汐文社　1976　288p　19cm　980円

◇昭和の戦後史　第2巻　暗転と従属　家永三郎〔等〕編　矢田喜美雄〔等〕著　汐文社　1976　292p　19cm　980円

◇昭和の戦後史　第4巻　高度成長と試練　家永三郎〔等〕編　津田達夫〔等〕著　汐文社　1976　274p　19cm　980円

◇昭和の戦後史　第5巻　激動と変革　家永三郎〔等〕編　尾崎秀樹〔等〕著　汐文社　1976　326p　19cm　980円

◇1億人の昭和史　1　満州事変前後　昭和元年・10年　毎日新聞社　1975　258p（おもに図）　28cm　1000円

◇1億人の昭和史　2　二・二六事件と日中戦争　昭和11年・16年　毎日新聞社　1975　258p（おもに図）　28cm　1000円

昭和時代全般

- ◇1億人の昭和史 4 空襲・敗戦・引揚 昭和20年 毎日新聞社 1975 258p(おもに図) 28cm 1000円
- ◇1億人の昭和史 5 占領から講和へ 昭和21年—27年 毎日新聞社 1975 258p(おもに図) 28cm 1000円
- ◇写真昭和50年史—あるカメラマンの半生記 影山光洋著 講談社 1975 167p(おもに図) 30cm 3400円
- ◇昭和の横顔—数字でたのしむ50年 読売新聞社,電通PRセンター編 読売新聞社 1975 270p 19cm 〈企画:安田信託銀行〉 800円
- ◇ドキュメント昭和史 6 占領時代 相良竜介編 平凡社 1975 348p 20cm 1000円
- ◇ドキュメント昭和史 8 問われる戦後 伊東光晴編 平凡社 1975 354p 20cm 1000円
- ◇朝日新聞に見る日本の歩み 昭和元年-5年(暗い谷間の恐慌・侵略1) 朝日新聞社編 朝日新聞社 1974 271p 29cm 〈昭和元年から5年までの『朝日新聞』(東京本社発行最終版)から251面を選び、縮刷したもの〉 1200円
- ◇朝日新聞に見る日本の歩み 昭和6年-8年(暗い谷間の恐慌・侵略2) 朝日新聞社編 朝日新聞社 1974 271p 29cm 〈昭和6年から8年までの『朝日新聞』(東京本社発行最終版、一部大阪本社発行最終版)から253面を選び、縮刷したもの〉 1200円
- ◇朝日新聞に見る日本の歩み 昭和9年-11年(暗い谷間の恐慌・侵略3) 朝日新聞社編 朝日新聞社 1974 271p 29cm 〈昭和9年から11年までの『朝日新聞』(東京本社発行最終版、一部大阪本社発行最終版)から251面を選び、縮刷したもの〉 1200円
- ◇朝日新聞に見る日本の歩み 昭和12年-14年(破滅への軍国主義1) 朝日新聞社編 朝日新聞社 1974 271p 29cm 〈昭和12年-14年までの『朝日新聞』(主として東京本社発行最終版)から253面を選び、縮刷したもの〉 1200円
- ◇朝日新聞に見る日本の歩み 昭和15年-16年(破滅への軍国主義2) 朝日新聞社編 朝日新聞社 1974 263p 29cm 〈昭和15,16年の『朝日新聞』(東京本社発行最終版)から247面を選び,縮刷したもの〉 1200円
- ◇朝日新聞に見る日本の歩み 昭和17年-19年(破滅への軍国主義3) 朝日新聞社編 朝日新聞社 1974 271p 29cm 〈昭和17年-19年までの『朝日新聞』(主として東京本社最終版)から253面を選び、縮刷したもの〉 1200円
- ◇昭和史の瞬間 上 朝日ジャーナル編 朝日新聞社 1974 343p 19cm (朝日選書 11) 〈『朝日ジャーナル』に1965年から66年にかけて連載されたものを収録〉 780円
- ◇昭和史の瞬間 下 朝日ジャーナル編 朝日新聞社 1974 306,4p 19cm (朝日選書 12) 〈『朝日ジャーナル』に1965年から66年にかけて連載されたものを収録〉 780円
- ◇朝日新聞に見る日本の歩み 昭和20年—21年(焦土に築く民主主義1) 朝日新聞社編 朝日新聞社 1973 271p 29cm 〈昭和20、21年の『朝日新聞』(東京本社最終版)から253面を選び、縮刷したもの〉 1000円
- ◇朝日新聞に見る日本の歩み 昭和22年—23年(焦土に築く民主主義2) 朝日新聞社編 朝日新聞社 1973 271p 29cm 〈昭和22、23年の『朝日新聞』(東京本社発行最終版)から251面を選び、縮刷したもの〉 1000円
- ◇朝日新聞に見る日本の歩み 昭和24年—25年(焦土に築く民主主義3) 朝日新聞社編 朝日新聞社 1973 271p 29cm 〈昭和24、25年の『朝日新聞』(東京本社発行最終版)から251面を選び、縮刷したもの〉 1000円
- ◇眼で見る昭和 下巻 21年—47年 朝日新聞社編 朝日新聞社 1973 206p 26cm 980円

13

昭和時代全般

◇眼で見る昭和　上巻　元年‐20年　朝日新聞社編　朝日新聞社　1972　214p　26cm　980円

◇昭和言論史　角家文雄著　学陽書房　1971　266p　19cm　680円

◇日本現代史　第6　ねず・まさし著　三一書房　1970　304p　18cm　（三一新書）350円

◇日本現代史　第7　ねず・まさし著　三一書房　1970　310p　18cm　（三一新書）350円

◇日本現代史　第5　ねず・まさし著　三一書房　1969　315p　18cm　（三一新書）350円

◇日本現代史　第4　ねず・まさし著　三一書房　1968　300p　18cm　（三一新書）

◇日本現代史　第2　ねず・まさし著　三一書房　1967　271p　18cm　（三一新書）

◇日本現代史　第3　ねず・まさし著　三一書房　1967　305p　18cm　（三一新書）

◇日本現代史　第1　ねず・まさし著　三一書房　1966　238p　18cm　（三一新書）

◇ふたりの昭和史　山下肇, 加太こうじ著　文芸春秋新社　1964　286p　18cm　（ポケット文春）

◇ドキュメント昭和外史―戦争と謀略の内側　神崎清著　アサヒ芸能出版　1963　219p　18cm　（平和新書）

◇昭和三十年史―嵐の中の日本　釈尾東邦著　笠岡　黄薇出版社　1961　2版　509p　19cm

◇画報現代史―戦後の世界と日本　第8集　1950年1-6月　日本近代史研究会編　国際文化情報社　1955　図版74p（解説共）31cm

◇画報現代史―戦後の世界と日本　第9集　1950年6月―1950年12月　日本近代史研究会編　国際文化情報社　1955　68p　図版　31cm

◇画報現代史―戦後の世界と日本　第10集　1951年1月―6月　日本近代史研究会編　国際文化情報社　1955　70p　図版　31cm

◇画報現代史―戦後の世界と日本　第11集　1951年7月―12月　日本近代史研究会編　国際文化情報社　1955　図版70p（解説共）図版　31cm

◇画報現代史―戦後の世界と日本　第12集　1952年1-7月　日本近代史研究会編　国際文化情報社　1955　70p　図版　31cm

◇画報現代史―戦後の世界と日本　第13集　1952年7月―1953年1月　日本近代史研究会編　国際文化情報社　1955　72p　図版　31cm

◇画報現代史―戦後の世界と日本　第14集　1953年1-7月　日本近代史研究会編　国際文化情報社　1955　図版68p（解説共）図版　31cm

◇画報現代史―戦後の世界と日本　第1集　1945年8月―1946年1月　日本近代史研究会編　国際文化情報社　1954　80p　図版　31cm

◇画報現代史―戦後の世界と日本　第2集　1946年1月―1946年8月　日本近代史研究会編　国際文化情報社　1954　72p　図版　31cm

◇画報現代史―戦後の世界と日本　第3集　1946.8-1947.7　日本近代史研究会編　国際文化情報社　1954　図版74p　31cm　〈折込図版1枚〉

◇画報現代史―戦後の世界と日本　第4集　1947年7月―1948年4月　日本近代史研究会編　国際文化情報社　1954　図版68p　31cm　〈折り込図版1枚〉

◇画報現代史―戦後の世界と日本　第5集　1948年4月―1948年11月　日本近代史研究会編　国際文化情報社　1954　70p　図版（折込）　31cm

◇画報現代史―戦後の世界と日本　第6集　1948年12月―1949年6月　日本近代史研究会編　国際文化情報社　1954　70p　図版　31cm

◇画報現代史―戦後の世界と日本　第7集　1949年7月―1949年12月　日本近代史研究会編　国際文化情報社　1954　70p　図版　31cm

昭和天皇

明治34(1901).4.29〜昭和64(1989).1.7　第124代天皇。大正天皇の第一皇子、母は貞明皇后。諱は裕仁。大正5年立太子。10年ヨーロッパ諸国を歴訪後、摂政となる。15年12月25日、大正天皇の崩御により践祚。戦前は大日本帝国の統治者の立場にあった。昭和20年8月、太平洋戦争終結の聖断を下す。翌21年元日の年頭の詔書で天皇の神格を否定(人間宣言)、22年施行の日本国憲法により国民統合の象徴となる。戦後は日本各地を行幸、またヨーロッパ、アメリカなど各国を訪問した。生物学者としても知られ『那須の植物』などの著作がある。十二指腸乳頭周囲癌のため崩御。87歳の生涯は生没年が確認されている歴代天皇の中で最長寿、64年の在位期間も最長であった。墓所は武蔵野陵。昭和天皇と諡された。没後に『昭和天皇独白録』や富田宮内庁長官のメモにより、直接的に政治に関与しない天皇の肉声に近い発言が明らかになり、大きな議論をよんだ。

◇昭和天皇　保阪正康著　中央公論新社　2005.11　558p　20cm　〈文献あり　年譜あり〉　3200円　①4-12-003669-3

◇昭和天皇—戦争を終結させ、国民を救った日本の元首　明成社　2005.4　29p　21cm　(まほろばシリーズ　1)　〈年譜あり〉　400円　①4-944219-34-2

◇米従軍記者の見た昭和天皇　ポール・マニング著, 青木洋一訳, 近現代史研究会監訳　マルジュ社　2005.2　288,7p　20cm　2000円　①4-89616-141-6

◇昭和天皇の料理番—日本人の食の原点　谷部金次郎著　講談社　2004.8　184p　18cm　(講談社+α新書)　781円　①4-06-272270-4

◇天皇の戦争責任　井上清著　岩波書店　2004.2　325p　15cm　(岩波現代文庫 学術)　〈下位シリーズの責任表示:井上清/著　年譜あり〉　1200円　①4-00-600114-2

◇昭和天皇「謝罪詔勅草稿」の発見　加藤恭子著　文芸春秋　2003.12　253p　20cm　〈文献あり〉　1600円　①4-16-365530-1

◇昭和天皇とその時代　河原敏明著　文芸春秋　2003.7　493p　16cm　(文春文庫)　〈「天皇裕仁の昭和史」(昭和61年刊)の増訂　文献あり〉　629円　①4-16-741605-0

◇天皇の戦争責任・再考　池田清彦ほか著　洋泉社　2003.7　189p　18cm　(新書y)　720円　①4-89691-745-6

◇昭和天皇と近現代日本　後藤致人著　吉川弘文館　2003.6　288,7p　22cm　7000円　①4-642-03754-3

◇昭和天皇発言記録集成　上巻(皇太子・摂政時代—昭和15年)　防衛庁防衛研究所戦史部監修, 中尾裕次編　芙蓉書房出版　2003.1　501p　22cm　〈文献あり〉　①4-8295-0326-2

◇昭和天皇発言記録集成　下巻(昭和16-60年)　防衛庁防衛研究所戦史部監修, 中尾裕次編　芙蓉書房出版　2003.1　505p　22cm　〈年表あり〉　①4-8295-0326-2

◇昭和天皇　下　ハーバート・ビックス著, 吉田裕監修, 岡部牧夫, 川島高峰, 永井均訳　講談社　2002.11　365p　22cm　2300円　①4-06-210591-8

◇昭和天皇　上　ハーバート・ビックス著, 吉田裕監修, 岡部牧夫, 川島高峰訳　講談社　2002.7　355p　22cm　2300円　①4-06-210590-X

昭和時代全般

◇昭和天皇―ご生誕100年記念　出雲井晶著　産経新聞ニュースサービス　2001.4　209p　20cm　〈東京　扶桑社（発売）〉　952円　①4-594-03128-5

◇天皇の戦争責任　加藤典洋，橋爪大三郎，竹田青嗣著　径書房　2000.11　558p　20cm　〈他言語標題：Hirohito's war responsibility〉　2900円　①4-7705-0176-5

◇マッカーサー元帥と昭和天皇　榊原夏著　集英社　2000.1　238p　18cm　（集英社新書）　680円　①4-08-720013-2

◇側近通訳25年昭和天皇の思い出　真崎秀樹談，読売新聞社編　中央公論新社　1999.12　308p　16cm　（中公文庫）　724円　①4-12-203553-8

◇昭和天皇　小堀桂一郎著　PHP研究所　1999.8　363p　18cm　（PHP新書）　857円　①4-569-60702-0

◇昭和天皇と秋刀魚　草柳大蔵著　中央公論新社　1999.7　266p　16cm　（中公文庫）　686円　①4-12-203456-6

◇昭和天皇二つの「独白録」　東野真著　日本放送出版協会　1998.7　284p　19cm　（NHKスペシャルセレクション）　1700円　①4-14-080381-9

◇昭和天皇とその時代　升味準之輔著　山川出版社　1998.5　388,5p　19cm　2600円　①4-634-60650-X

◇裕仁皇太子ヨーロッパ外遊記　波多野勝著　草思社　1998.5　270p　20cm　1800円　①4-7942-0821-9

◇昭和天皇に魅せられて―天皇番記者の秘話　稲生雅亮著　三心堂出版社　1997.11　303p　20cm　1800円　①4-88342-159-7

◇侍従長の遺言―昭和天皇との50年　徳川義寛著，岩井克己聞き書き・解説　朝日新聞社　1997.2　222p　19cm　1854円　①4-02-257057-1

◇素顔の昭和天皇―宮内庁蔵版　吉岡専造撮影　朝日新聞社　1996.10　157p　26×27cm　3107円　①4-02-258625-7

◇昭和天皇戦後　第3巻　新憲法制定　児島襄著　小学館　1996.5　405p　20cm　〈昭和天皇の肖像あり〉　2000円　①4-09-361103-3

◇昭和天皇　出雲井晶編著　日本教文社　1996.4　469p　22cm　〈監修：昭和聖徳記念財団　昭和天皇の肖像あり〉　3000円　①4-531-06282-5

◇昭和天皇戦後　第2巻　国民の中へ　児島襄著　小学館　1996.3　349p　20cm　〈昭和天皇の肖像あり〉　1800円　①4-09-361102-5

◇昭和天皇戦後　第1巻　人間宣言　児島襄著　小学館　1995.9　349p　20cm　〈昭和天皇の肖像あり〉　1800円　①4-09-361101-7

◇陛下の御質問―昭和天皇と戦後政治　岩見隆夫著　徳間書店　1995.8　217p　16cm　（徳間文庫）　460円　①4-19-890356-5

◇昭和天皇独白録　寺崎英成，マリコ・テラサキ・ミラー著　文芸春秋　1995.7　262p　16cm　（文春文庫）　450円　①4-16-719803-7

◇昭和天皇の研究―その実像を探る　山本七平著　祥伝社　1995.7　408p　16cm　（ノン・ポシェット）　700円　①4-396-31064-1

◇入江相政日記　第11巻　朝日新聞社編　朝日新聞社　1995.3　385p　15cm　（朝日文庫）　〈監修：入江為年〉　690円　①4-02-261051-4

◇入江相政日記　第12巻　朝日新聞社編　朝日新聞社　1995.3　365p　15cm　（朝日文庫）　〈監修：入江為年〉　690円　①4-02-261052-2

◇入江相政日記　第9巻　朝日新聞社編　朝日新聞社　1995.2　386p　15cm　（朝日文庫）　〈監修：入江為年〉　690円　①4-02-261049-2

◇入江相政日記　第10巻　朝日新聞社編　朝日新聞社　1995.2　376p　15cm　（朝

昭和時代全般

◇入江相政日記 第7巻 朝日新聞社編 朝日新聞社 1995.1 326p 15cm （朝日文庫）〈監修：入江為年〉 630円 ①4-02-261047-6

◇入江相政日記 第8巻 朝日新聞社編 朝日新聞社 1995.1 327p 15cm （朝日文庫）〈監修：入江為年〉 630円 ①4-02-261048-4

◇入江相政日記 第5巻 入江相政著、朝日新聞社編 朝日新聞社 1994.12 324p 15cm （朝日文庫 い19-6）〈監修：入江為年〉 612円 ①4-02-261045-X

◇入江相政日記 第6巻 入江相政著、朝日新聞社編 朝日新聞社 1994.12 347p 15cm （朝日文庫 い19-7）〈監修：入江為年〉 660円 ①4-02-261046-8

◇入江相政日記 第3巻 入江相政著、朝日新聞社編 朝日新聞社 1994.11 318p 15cm （朝日文庫 い19-4）〈監修：入江為年〉 612円 ①4-02-261043-3

◇入江相政日記 第4巻 入江相政著、朝日新聞社編 朝日新聞社 1994.11 360p 15cm （朝日文庫 い19-5）〈監修：入江為年〉 670円 ①4-02-261044-1

◇入江相政日記 第1巻 朝日新聞社編 朝日新聞社 1994.10 354p 15cm （朝日文庫）〈監修：入江為年〉 690円 ①4-02-261041-7

◇入江相政日記 第2巻 朝日新聞社編 朝日新聞社 1994.10 397p 15cm （朝日文庫）〈監修：入江為年〉 760円 ①4-02-261042-5

◇昭和初期の天皇と宮中―侍従次長河井弥八日記 第6巻 河井弥八著、高橋紘〔ほか〕編 岩波書店 1994.9 282,20p 22cm 4200円 ①4-00-003746-3

◇昭和天皇の謎―神として、人として 鹿島昇著 新国民社 1994.6 233p 19cm 980円 ①4-915157-79-2

◇昭和天皇五つの決断 秦郁彦著 文芸春秋 1994.5 327p 16cm （文春文庫）460円 ①4-16-745302-9

◇昭和初期の天皇と宮中―侍従次長河井弥八日記 第5巻 河井弥八著、高橋紘〔ほか〕編 岩波書店 1994.3 268p 22cm 4000円 ①4-00-003745-5

◇昭和初期の天皇と宮中―侍従次長河井弥八日記 第4巻 河井弥八著、高橋紘〔ほか〕編 岩波書店 1994.1 265p 22cm 4000円 ①4-00-003744-7

◇昭和初期の天皇と宮中―侍従次長河井弥八日記 第3巻 河井弥八著、高橋紘〔ほか〕編 岩波書店 1993.11 269p 22cm 〈著者の肖像あり〉 4000円 ①4-00-003743-9

◇天皇の昭和 三浦朱門著 PHP研究所 1993.10 448p 15cm （PHP文庫）680円 ①4-569-56585-9

◇昭和初期の天皇と宮中―侍従次長河井弥八日記 第2巻 河井弥八著、高橋紘〔ほか〕編 岩波書店 1993.9 277p 22cm 〈著者の肖像あり〉 4000円 ①4-00-003742-0

◇昭和初期の天皇と宮中―侍従次長河井弥八日記 第1巻 河井弥八著、高橋紘〔ほか〕編 岩波書店 1993.6 325p 22cm 〈著者の肖像あり〉 4200円 ①4-00-003741-2

◇世界史の中の昭和天皇―「ヒロヒト」のどこが偉大だったか エドウィン・ホイト著、樋口清之監訳 クレスト社 1993.5 314p 20cm （Crest）2000円 ①4-87712-005-X

◇昭和天皇大喪儀記録 宮内庁 1993.3 476p 図版20枚 27cm 〈昭和天皇の肖像あり〉

◇ドキュメント昭和天皇 第8巻 象徴 田中伸尚著 緑風出版 1993.3 509p 20cm 3600円 ①4-8461-9364-0

◇昭和天皇の思い出―側近通訳25年 真崎秀樹談、読売新聞社編 読売新聞社 1992.12 265,7p 20cm 1600円 ①4-643-92098-X

17

昭和時代全般

◇昭和天皇伝説—たった一人のたたかい　松本健一著　河出書房新社　1992.4　212p　20cm　1800円　Ⓢ4-309-00758-9

◇昭和天皇と私—八十年間お側に仕えて　永積寅彦著　学習研究社　1992.4　282p　図版12枚　22cm　〈昭和天皇の肖像あり〉　2500円　Ⓢ4-05-106218-X

◇ドキュメント昭和天皇　第7巻　延命　田中伸尚著　緑風出版　1992.2　342p　20cm　2500円

◇天皇崩御—岐路に立つ日本　トーマス・クランプ著，駐文館編集部訳　岡山　駐文館　1991.9　351p　22cm　〈背・表紙の書名：The death of an emperor　発売：星雲社（東京）〉　2800円　ⓈQ4-7952-5662-4

◇ミカドの肖像—プリンスホテルの謎　猪瀬直樹著　小学館　1991.8　332p　16cm　（小学館ライブラリー　1）　840円　Ⓢ4-09-460001-9

◇徹底検証・昭和天皇「独白録」　藤原彰〔ほか〕著　大月書店　1991.3　178p　20cm　1340円　ⓈQ4-272-52022-9

◇天皇と戦争責任　児島襄著　文芸春秋　1991.1　395p　16cm　（文春文庫）　480円　ⓈQ4-16-714135-3

◇ドキュメント昭和天皇　第6巻　占領　田中伸尚著　緑風出版　1990.10　274p　20cm　2060円

◇ある侍従の回想記—激動時代の昭和天皇　岡部長章著　朝日ソノラマ　1990.2　249p　20cm　1400円　ⓈQ4-257-03282-0

◇昭和天皇とっておきの話　河原敏明著　文芸春秋　1990.1　265p　16cm　（文春文庫）　〈『天皇陛下とっておきの話』（サンケイ出版1984年刊）の改題〉　380円　ⓈQ4-16-741602-6

◇昭和天皇のご幼少時代—知られざる養育記録から　原敬関係文書研究会〔編〕　日本放送出版協会　1990.1　215p　20cm　〈昭和天皇の肖像あり〉　1000円　ⓈQ4-14-008694-7

◇昭和天皇—紙面に見る誕生から崩御まで　復刻毎日新聞　毎日新聞社　〔1990〕　98p　37cm　〈昭和天皇の肖像あり〉

◇思い出の昭和天皇—おそばで拝見した素顔の陛下　秩父宮勢津子，高松宮喜久子，寛仁親王，池田厚子，東久邇信彦，壬生基博著　光文社　1989.12　187p　18cm　（カッパ・ブックス）　850円　ⓈQ4-334-00490-3

◇昭和天皇と日本人　牛島秀彦著　河出書房新社　1989.12　236p　15cm　（河出文庫）　500円　ⓈQ4-309-47186-2

◇昭和天皇—Hirohito the Emperor of Japan　特別写真集　学習研究社　1989.11　317p　38cm　〈『天皇陛下』（1980年刊）の増補　昭和天皇の肖像あり　箱入〉　23000円　ⓈQ4-05-103283-3

◇長崎市長への7300通の手紙—天皇の戦争責任をめぐって　増補版　径書房　1989.9　158,16p　25cm

◇昭和天皇発言録—大正9年～昭和64年の真実　高橋紘編著　小学館　1989.8　327p　20cm　1500円　ⓈQ4-09-379371-9

◇天皇とその時代　江藤淳著　PHP研究所　1989.7　216p　20cm　1300円　ⓈQ4-569-52496-6

◇昭和天皇—全記録　山本七平〔ほか〕著　講談社　1989.5　279p　22cm　〈昭和天皇の肖像あり〉　1800円　ⓈQ4-06-203764-5

◇昭和天皇—陛下の思い出　時事通信社　1989.4　211p　38cm　〈昭和天皇の肖像あり　箱入〉　30000円　ⓈQ4-7887-8911-6

◇昭和天皇と日本　読売新聞社編　読売新聞社　1989.4　272p　38cm　〈昭和天皇の肖像あり　箱入〉　18000円　ⓈQ4-643-88099-6

◇天皇さまの還暦　入江相政著　朝日新聞社　1989.4　302p　15cm　（朝日文庫）　430円　ⓈQ4-02-260557-X

◇天皇そして昭和—日本人の天皇観　朝日新聞テーマ談話室編　朝日新聞社　1989.4　462p　20cm　1350円　ⓈQ4-02-256015-0

昭和時代全般

◇天皇百話　上の巻　鶴見俊輔, 中川六平編　筑摩書房　1989.4　782p　15cm（ちくま文庫）1100円　①4-480-02288-0

◇天皇百話　下の巻　鶴見俊輔, 中川六平編　筑摩書房　1989.4　830p　15cm（ちくま文庫）1200円　①4-480-02289-9

◇私たちの昭和天皇　学習研究社　1989.4　319p　31cm　〈『私たちの天皇陛下』(1986年刊)の改訂版〉　4017円　①4-05-103188-8

◇昭和天皇画帳―イラストで綴る昭和の歴史　ノーベル書房編集部構成　ノーベル書房　1989.3　248p　38cm　〈昭和天皇の肖像あり〉　28840円

◇昭和天皇とマッカーサー―戦後日本を救った二人　菊池久著　泰流社　1989.3　290p　20cm　1400円　①4-88470-682-X

◇昭和天皇の悲劇―日本人は何を失ったか　小室直樹著　光文社　1989.2　194p　18cm（カッパ・ビジネス）700円　①4-334-01230-2

◇天皇陛下とマッカーサー　菊池久著　河出書房新社　1989.2　259p　15cm（河出文庫）450円　①4-309-47151-X

◇写真集 昭和天皇　朝日新聞社編　朝日新聞社　1989.1　126p　30cm　2000円　①4-02-255809-1

◇昭和天皇―写真集　朝日新聞社編　朝日新聞社　1989.1　126p　31cm　2000円　①4-02-255809-1

◇昭和天皇―摘録「天声人語」　朝日新聞社編　朝日新聞社　1989.1　250p　20cm　1000円　①4-02-255810-5

◇昭和の天皇　東京新聞出版局　1989.1　1冊（頁付なし）　30cm　〈昭和天皇の肖像あり〉　1500円　①4-8083-0261-6

◇陛下の旅―背広とカンカン帽の昭和史　広済堂出版　1988.12　190p　26×21cm　4300円　①4-331-45017-1

◇上着をぬいだ天皇　岩川隆著　角川書店　1988.10　326p　15cm（角川文庫）460円　①4-04-171401-X

◇ドキュメント昭和天皇　第5巻　敗戦 下　田中伸尚著　緑風出版　1988.5　618p　19cm　3200円

◇陛下、お尋ね申し上げます―記者会見全記録と人間天皇の軌跡　高橋紘著　文芸春秋　1988.3　419p　16cm（文春文庫）〈天皇陛下の肖像あり〉　480円　①4-16-747201-5

◇侍従長の回想　藤島尚徳著　中央公論社　1987.5　232p　15cm（中公文庫）〈解説：高橋紘〉　360円　①4-12-201423-9

◇ドキュメント昭和天皇　第4巻　敗戦 上　田中伸尚著　緑風出版　1987.4　542p　20cm　2800円

◇天皇語録　天皇陛下〔述〕, 黒田勝弘, 畑好秀編　講談社　1986.4　364p　15cm（講談社文庫）480円　①4-06-183731-1

◇天皇裕仁の昭和史　河原敏明著　文芸春秋　1986.4　456p　16cm（文春文庫）500円　①4-16-741601-8

◇天皇陛下　猪木正道著　ティビーエス・ブリタニカ　1986.4　298p　20cm　〈天皇陛下の肖像あり〉　1600円　①4-484-86212-3

◇ドキュメント昭和天皇　第3巻　崩壊　田中伸尚著　緑風出版　1986.1　454p　20cm　2400円

◇君は天皇を見たか―「テンノウヘイカバンザイ」の現場検証　児玉隆也著　講談社　1985.6　312p　15cm（講談社文庫）420円　①4-06-183527-0

◇ドキュメント昭和天皇　第2巻　開戦　田中伸尚著　緑風出版　1985.4　406p　20cm　2200円

◇ドキュメント昭和天皇　第1巻　侵略　田中伸尚著　緑風出版　1984.7　350p　20cm　1900円

◇昭和史の天皇　28　大重砲兵戦　読売新聞社編　読売新聞社　1981.5　351p　22cm　〈愛蔵版〉　2000円

◇昭和史の天皇　29　大命は下る　読売新聞社編　読売新聞社　1981.5　419p

19

昭和時代全般

◇昭和史の天皇　30　実りなき日米交渉　読売新聞社編　読売新聞社　1981.5　406,31p　22cm　〈愛蔵版〉　2000円

◇昭和史の天皇　25　第一次ノモンハン事件　読売新聞社編　読売新聞社　1981.4　321p　22cm　〈愛蔵版〉　2000円

◇昭和史の天皇　26　第二次ノモンハン事件　読売新聞社編　読売新聞社　1981.4　341p　22cm　〈愛蔵版〉　2000円

◇昭和史の天皇　27　ハルハ河の死闘　読売新聞社編　読売新聞社　1981.4　341p　22cm　〈愛蔵版〉　2000円

◇昭和史の天皇　22　日・独・伊の関係　読売新聞社編　読売新聞社　1981.3　368p　22cm　〈愛蔵版〉　2000円

◇昭和史の天皇　23　陛下の念書　読売新聞社編　読売新聞社　1981.3　389p　22cm　〈愛蔵版〉　2000円

◇昭和史の天皇　24　防共強化の挫折　読売新聞社編　読売新聞社　1981.3　342p　22cm　〈愛蔵版〉　2000円

◇昭和史の天皇　19　ニューディール計画　読売新聞社編　読売新聞社　1981.2　413p　22cm　〈愛蔵版〉　2000円

◇昭和史の天皇　20　日独防共協定　読売新聞社編　読売新聞社　1981.2　410p　22cm　〈愛蔵版〉　2000円

◇昭和史の天皇　21　踊る五相会議　読売新聞社編　読売新聞社　1981.2　419p　22cm　〈愛蔵版〉　2000円

◇昭和史の天皇　16　"物動"の序幕　読売新聞社編　読売新聞社　1981.1　430p　22cm　〈愛蔵版〉　2000円

◇昭和史の天皇　17　企画院の誕生　読売新聞社編　読売新聞社　1981.1　374p　22cm　〈愛蔵版〉　2000円

◇昭和史の天皇　18　ナチスの台頭　読売新聞社編　読売新聞社　1981.1　394p　22cm　〈愛蔵版〉　2000円

◇昭和史の天皇　13　比島の壊滅　読売新聞社編　読売新聞社　1980.12　418p　22cm　〈愛蔵版〉　2000円

◇昭和史の天皇　14　日本への亡命者　読売新聞社編　読売新聞社　1980.12　405p　22cm　〈愛蔵版〉　2000円

◇昭和史の天皇　15　長城と長江と　読売新聞社編　読売新聞社　1980.12　385p　22cm　〈愛蔵版〉　2000円

◇昭和史の天皇　10　ボースとラウレル　読売新聞社編　読売新聞社　1980.11　402p　22cm　〈愛蔵版〉　2000円

◇昭和史の天皇　11　捷一号作戦　読売新聞社編　読売新聞社　1980.11　396p　22cm　〈愛蔵版〉　2000円

◇昭和史の天皇　12　レイテ決戦　読売新聞社編　読売新聞社　1980.11　390p　22cm　〈愛蔵版〉　2000円

◇昭和史の天皇　7　北方領土　読売新聞社編　読売新聞社　1980.10　438p　22cm　〈愛蔵版〉　2000円

◇昭和史の天皇　8　バー・モウの亡命　読売新聞社編　読売新聞社　1980.10　453p　22cm　〈愛蔵版〉　2000円

◇昭和史の天皇　9　インパール作戦　読売新聞社編　読売新聞社　1980.10　382p　22cm　〈愛蔵版〉　2000円

◇昭和史の天皇　4　広島からの第一報　読売新聞社編　読売新聞社　1980.9　404p　22cm　〈愛蔵版〉　2000円

◇昭和史の天皇　5　流亡の民　読売新聞社編　読売新聞社　1980.9　414p　22cm　〈愛蔵版〉　2000円

◇昭和史の天皇　6　樺太での戦い　読売新聞社編　読売新聞社　1980.9　427p　22cm　〈愛蔵版〉　2000円

◇昭和史の天皇　1　終戦への長い道　読売新聞社編　読売新聞社　1980.8　396p　22cm　〈愛蔵版〉　2000円

◇昭和史の天皇　2　沖縄、玉砕す　読売新聞社編　読売新聞社　1980.8　411p　22cm　〈愛蔵版〉　2000円

◇昭和史の天皇　3　ポツダム前夜　読売新聞社編　読売新聞社　1980.8　430p　22cm　〈愛蔵版〉　2000円

◇昭和史の天皇　7　本土決戦秘録　読売新聞社編　読売新聞社　1980.7　340p　19cm　〈ゴールド版〉　850円

◇昭和史の天皇　6　ああ北方領土　読売新聞社編　読売新聞社　1980.6　268p　19cm　〈ゴールド版〉　850円

◇昭和史の天皇　4　関東軍壊滅す　読売新聞社編　読売新聞社　1980.5　286p　19cm　〈ゴールド版〉　850円

◇昭和史の天皇　5　満蒙開拓団の悲劇　読売新聞社編　読売新聞社　1980.5　304p　19cm　〈ゴールド版〉　850円

◇昭和史の天皇　1　陛下と特攻隊　読売新聞社編　読売新聞社　1980.3　325p　19cm　〈ゴールド版〉　850円

◇昭和史の天皇　2　戦艦大和の最期　読売新聞社編　読売新聞社　1980.3　286p　19cm　〈ゴールド版〉　850円

◇昭和史の天皇　3　沖縄玉砕　読売新聞社編　読売新聞社　1980.3　306p　19cm　〈ゴールド版〉　850円

◇児島襄戦史著作集　vol.3　天皇　3　児島襄著　文芸春秋　1979.9　445p　20cm　1700円

◇児島襄戦史著作集　vol.2　天皇　2　児島襄著　文芸春秋　1979.7　451p　20cm　1700円

◇児島襄戦史著作集　vol.1　天皇　1　児島襄著　文芸春秋　1979.5　443p　20cm　1700円

政　治

普通選挙

　財産(納税額)・身分・教育制度などによって選挙権に制限を設けない選挙制度。日本では明治中期から普通選挙を求める動きが起こり、大正時代に支持を広げ、大正14年、護憲三派の加藤高明内閣により普通選挙法が成立した。これにより満25歳以上の全ての成年男子に選挙権が与えられ、有権者は300万人から1240万人に増加した。しかし女性には依然選挙権はなく、太平洋戦争後の昭和20年にようやく完全普通選挙が実現した。

◇憲政の常道—天皇の国の民主主義　小路田泰直著　青木書店　1995.11　217p　20cm　(Aoki library)　2266円　①4-250-95051-4
◇日本選挙制度史—普通選挙法から公職選挙法まで　杣正夫著　福岡　九州大学出版会　1992.4　320,10p　21cm　3296円　①4-87378-132-9
◇普通選挙制度成立史の研究　松尾尊兌著　岩波書店　1989.7　479,23p　22cm　7200円　①4-00-002011-0
◇日本選挙制度史—普通選挙法から公職選挙法まで　杣正夫著　福岡　九州大学出版会　1986.4　320,10p　21cm　3000円
◇社会政策と普選運動—菊地茂著作集第2巻　斉藤英子編　早稲田大学出版部　1979.12　469,18p　19cm　4500円

中選挙区制

　一つの選挙区から3～5人の議員を選出する選挙制度。日本では初の普通選挙である昭和3年から平成5年までの衆議院選挙において、21年を例外として中選挙区制で選出された。普通選挙を実現した護憲三派内閣が、与党三派から当選者を出せるように採用したといわれる。同一政党が過半数を獲得するためには、1選挙区で2人以上当選者を出す必要があるため、自民党政権の派閥分立の温床となった。

＊　　　＊　　　＊

◇日本の総選挙1946-2003　田中善一郎著　東京大学出版会　2005.1　324p　22cm　〈文献あり〉　5800円　①4-13-030136-5
◇選挙制度と政党システム　川人貞史著　木鐸社　2004.1　289p　22cm　4000円　①4-8332-2347-3
◇近代日本政治の諸相—時代による展開と考察　中村勝範編著　慶応通信　1989.5　638p　22cm　7200円　①4-7664-0423-8

国会議事堂

　日本の立法機関である国会の議場となる建物。明治23年の国会開設以来、3代目にあたる現在の国会議事堂は、大正9年に原敬首相の下で着工、17年を経て昭和11年8月竣工、広田弘毅首相が参列し落成式が行われた。設計は公募され1等となった宮内技手の渡辺福三の案を大蔵省の矢橋賢吉らが大幅に改訂した。鉄骨鉄筋コンクリート造、地上3階(中央塔4階)、地下1階。正面左側が衆議院、右側が貴族院(のち参議院)の議場となっている。昭和前期を代表する建築物であり、日本の議会政治のシンボル。議事堂のある永田町は政界の代名詞となっている。

＊　　　＊　　　＊

◇国会議事堂大図鑑—政治の現場が見える　建物と中の人たちの役割がよくわかる!　PHP研究所編　PHP研究所　2005.

政治

11　79p　29cm　2800円　①4-569-68568-4
◇「日本国」の謎—国会議事堂の地下通路からおにぎりの化石まで　日本雑学能力協会編著　新講社　2002.2　254p　19cm　1238円　①4-915872-74-2
◇国会議事堂　白谷達也写真　朝日新聞社　1990.4　104p　22cm　1550円　①4-02-256117-3
◇国会議事堂は何を見たか—議会政治・激動の半世紀　岸本弘一著　PHP研究所　1986.6　251p　19cm　1100円　①4-569-21779-6
◇国会議事堂は何を見たか—議会政治・激動の半世紀　岸本弘一著　PHP研究所　1986.6　251p　19cm　1100円　①4-569-21779-6

立憲政友会

　明治から昭和戦前期の政党。立憲民政党とともに戦前期を代表する2大政党の一つ。明治33年に旧自由党系の憲政党と伊藤博文系の官僚が合同して結党された。伊藤は初代総裁となり第4次伊藤内閣を組閣。伊藤の後の西園寺公望総裁の下では桂太郎と交互に政権を担当し桂園時代とよばれた。第3代総裁の原敬が大正7年に首相となり、本格的な政党政治の時代を実現した。議会の多数派が政権を担った"憲政の常道"の下で立憲民政党と並ぶ二大政党となり、昭和期は田中義一・犬養毅が政友会内閣を組織したが、犬養の暗殺後は政党政治が断絶、昭和14年に分裂の後、15年、大政翼賛会に合流し解党した。

　　　　＊　　　＊　　　＊

◇昭和戦前期立憲政友会の研究—党内派閥の分析を中心に　奥健太郎著　慶応義塾大学出版会　2004.7　289,6p　22cm　4600円　①4-7664-1092-0
◇立憲政友会功労者追遠録　青野権右衛門編　日本図書センター　2003.11　513p　図20枚　22cm　（政治家人名資料事典第3巻）〈安久社昭和8年刊の複製　肖像あり〉　①4-8205-8891-5
◇近代日本の政党と官僚　山本四郎編　東京創元社　1991.11　551,6p　22cm　8500円　①4-488-00604-3
◇立憲政友会史　第1巻　伊藤博文総裁時代　小林雄吾編　補訂版　山本四郎校訂　日本図書センター　1990.2　303p　22cm　〈立憲政友会史編纂部刊の複製〉　①4-8205-5287-2
◇立憲政友会史　第2巻　西園寺公望総裁時代　前編　小林雄吾編　補訂版　山本四郎校訂　日本図書センター　1990.2　590p　22cm　〈立憲政友会史出版局刊の複製〉　①4-8205-5288-0
◇立憲政友会史　第3巻　西園寺公望総裁時代　後編　小林雄吾編　補訂版　山本四郎校訂　日本図書センター　1990.2　909p　22cm　〈立憲政友会史出版局刊の複製〉　①4-8205-5289-9
◇立憲政友会史　第4巻　原敬総裁時代　小林雄吾編　補訂版　山本四郎校訂　日本図書センター　1990.2　797,2p　22cm　〈立憲政友会史出版局刊の複製〉　①4-8205-5290-2
◇立憲政友会史　第5巻　高橋是清総裁時代　菊池悟郎編　補訂版　山本四郎校訂　日本図書センター　1990.2　464p　22cm　〈立憲政友会史編纂部刊の複製〉　①4-8205-5291-0
◇立憲政友会史　第6巻　田中義一総裁時代　菊池悟郎編　補訂版　山本四郎校訂　日本図書センター　1990.2　738p　22cm　〈立憲政友会史編纂部刊の複製〉　①4-8205-5292-9
◇立憲政友会史　第7巻　犬養毅総裁時代　菊池悟郎編　補訂版　山本四郎校訂　日本図書センター　1990.2　856p　22cm　〈立憲政友会史編纂部刊の複製〉　①4-8205-5293-7
◇立憲政友会史　第8巻　鈴木喜三郎総裁時代　山本熊太郎編　補訂版　山本四郎校訂　日本図書センター　1990.2　467p

政治

22cm 〈立憲政友会史編纂部刊の複製〉
①4-8205-5294-5
◇立憲政友会史　第9巻　代行委員時代　山本熊太郎編　補訂版　山本四郎校訂　日本図書センター　1990.2　395p　22cm　〈立憲政友会史編纂部刊の複製〉　①4-8205-5295-3
◇立憲政友会史　第10巻　中島知久平総裁時代　山本熊太郎編　補訂版　山本四郎校訂　日本図書センター　1990.2　494p　22cm　〈立憲政友会史編纂部刊の複製〉　①4-8205-5296-1
◇立憲政友会史　別巻　解説　山本四郎編　補訂版　山本四郎校訂　日本図書センター　1990.2　326p　22cm　①4-8205-5286-4
◇日本政治史　3　政党の凋落、総力戦体制　升味準之輔著　東京大学出版会　1988.7　339,5p　19cm　1900円　①4-13-033043-8
◇立憲政友会報国史　上巻　立憲政友会報国史編纂部編　原書房　1973　993p　肖像　22cm　〈明治百年史叢書〉　〈昭和6年刊の複製　背・奥付には菊池悟郎編とあり〉　6500円

立憲民政党

昭和戦前期の政党。大正期に立憲政友会と並ぶ政党であった憲政会と、政友会から分裂した政友本党が合同、昭和2年6月に結党された。初代総裁は浜口雄幸。議会の多数派が政権を担った"憲政の常道"の下で立憲政友会と並ぶ二大政党となり、浜口雄幸、若槻礼次郎が内閣を組織した。外交では英米諸国と協調する幣原外交を推進した。第2次若槻内閣が昭和6年に総辞職、翌7年には五・一五事件で起こり政党内閣は断絶。大政翼賛会に合流し15年8月に解党した。

＊　　　＊　　　＊

◇近代農民運動と政党政治―農民運動先進地香川県の分析　横関至著　御茶の水書房　1999.6　288,14p　22cm　（法政大学大原社会問題研究所叢書）　5000円　①4-275-01761-7
◇昭和の歴史　6　昭和の政党　粟屋憲太郎著　小学館　1994.8　429p　16cm　（小学館ライブラリー）　〈新装版〉　980円　①4-09-461026-X
◇シリーズ日本近現代史―構造と変動　3　現代社会への転形　坂野潤治〔ほか〕編　岩波書店　1993.7　392p　22cm　〈背の書名：日本近現代史〉　4300円　①4-00-003713-7
◇日本政治史　3　政党の凋落、総力戦体制　升味準之輔著　東京大学出版会　1988.7　339,5p　19cm　1900円　①4-13-033043-8
◇立憲民政党史　塚田昌夫編纂　原書房　1973　2冊　22cm　（明治百年史叢書）　〈監修：加藤政之助　立憲民政党史編纂局　昭和10年刊の複製〉　各5000円

無産政党

戦前期の合法的社会主義政党の総称。吉野作造が大正8年にプロレタリアートの訳語として「無産階級」の語を用い、無産階級の利益擁護を目指す政党は無産政党と称された。普通選挙実施を前に大正15年に労働農民党が結党される。同年末に極右派の農民労働党、右翼の社会民衆党、中道の日本労農党、左翼の労働農民党などに分裂。以後も離合集散が続く。昭和7年に合同し社会大衆党を結成。委員長は安部磯雄。統一無産政党として衆議院選挙で一時34の議席を得る。その後は陸軍の一部や革新官僚勢力と接近し、戦争遂行に協力。国家総動員法を支持し、15年に近衛新体制運動に参加し7月に自発的に解党した。

＊　　　＊　　　＊

◇日本社会運動史料―原資料篇　〔第7巻〕　労働農民党―無産政党資料　6　法政大学大原社会問題研究所編　法政大学出版局　1995.3　361,45p　22cm　33990円　①4-588-91205-4

◇戦前社会思想事典 第2巻 無産政党の沿革・現勢 リポート社編 大空社 1992.3 466p 22cm（シリーズ戦時下参考図書 昭和2年〜昭和20年）〈監修：馬場万夫 リポート社昭和4年刊の複製 折り込6枚〉 ①4-87236-234-9

◇日本無産政党論 吉野作造著 みすず書房 1988.8 365p 20cm（Misuzu reprints 14）〈一元社昭和4年刊の複製 付（11,5p 19cm）：学生と思想犯〉 2800円 ①4-622-02684-8

◇昭和期の社会運動 近代日本研究会編 山川出版社 1983.10 365p 21cm（年報・近代日本研究 5） 3500円

◇日本社会運動史料—原資料篇〔第2巻〕労働農民党—無産政党資料 1 法政大学大原社会問題研究所編 法政大学出版局 1976.11 458p 22cm

◇荒畑寒村著作集 3 社会運動 昭和前期 平凡社 1976 501p 図 肖像 20cm 2200円

◇講座・日本社会思想史 第3 昭和の反体制思想 増補版 住谷悦治等編 芳賀書店 1970 359p 20cm 850円

◇無産政党の研究—戦前日本の社会民主主義 増島宏、高橋彦博、大野節子著 法政大学出版局 1969 477p 22cm 1500円

山本 宣治

明治22(1889).5.28〜昭和4(1929).3.5

生物学者・政治家。京都府生まれ。園芸家を志し明治40年にカナダへ留学、『共産党宣言』『種の起源』などを学ぶ。帰国後、同志社大学、京都帝国大学の講師となり、産児制限運動を推進。その中で左翼運動に関わり、昭和2年の第1回普通選挙で労働農民党候補として立候補し当選、初の社会主義系の代議士となった。4年、治安維持法改定反対を訴える討論を行う予定の日に強行採決で演説が不可能となり、その夜に労働者と偽って常宿を訪れた右翼の黒田保久二に刺殺された。

＊　　＊　　＊

◇山本宣治の性教育論—性教育本流の源泉を探る 山本直英著 明石書店 1999.8 233p 20cm 2500円 ①4-7503-1188-X

◇山本宣治 上 佐々木敏二著 改訂版 不二出版 1998.10 354p 20cm〈初版：汐文社1974年刊〉 3000円 ①4-938303-00-0

◇山本宣治 下 佐々木敏二著 改訂版 不二出版 1998.10 406p 20cm〈初版：汐文社1974年刊 年譜あり〉 3500円 ①4-938303-01-9

◇山本宣治全集 第7巻 書簡集 佐々木敏二, 小田切明徳編 汐文社 1979.12 613p 22cm 8000円

◇山本宣治全集 第6巻 日記・書簡集 佐々木敏二, 小田切明徳編 汐文社 1979.10 561p 22cm 8000円

◇山本宣治写真集 佐々木敏二ほか編 汐文社 1979.1 104p 27cm 3000円

◇山本宣治—白色テロは生きている 田村敬男編 大阪 室賀書店 1964 286p 18cm

◇山本宣治は議会で如何に闘ったか 市川義雄著 三一書房 1949

◇闘うヒューマニスト—近代日本の革命的人間像 学生書房編集部編 学生書房 1948 215p 18cm

日本共産党

日本の社会主義政党の一つ。大正11(1922)年結党で、現在国会に議席を持つ政党では最も長い歴史を持つ。社会主義革命の実現をめざし、天皇制・封建的土地所有制などを当面の目標とした。昭和3年に機関紙『赤旗』を創刊。同年の総選挙で労働農民党から候補者を出したが、三・一五事件の弾圧で大きな打撃を受ける。治安維持法の下でたびたび弾圧を受け、小林多喜二、野呂栄太郎らが死亡、指導者のほとんどが投獄され昭和10年には組織が壊滅した。戦後、GHQ指令で政治犯が釈放され、合法政党とな

政治

り、労働運動の高まりなどを背景に活動を広げたが、25年の朝鮮戦争勃発とともにレッド・パージで弾圧を受ける。その後、組織分裂の後、国会を通じて対米従属と大企業支配の打破をめざす活動に代わり、現在に至る。

    * * *

◇がんばれ最後の野党・共産党　沢田洋太郎著　エール出版社　1996.9　179p　19cm　1400円　①4-7539-1547-6

◇戦後日本共産党私記　安東仁兵衛著　文芸春秋　1995.5　427p　16cm　（文春文庫）　550円　①4-16-724403-9

◇日本共産党の73年の歴史は科学的社会主義の発展—宮本議長・不破委員長'95新春インタビュー　宮本顕治,不破哲三〔述〕　日本共産党中央委員会出版局　1995.1　48p　21cm　250円　①4-530-01482-7

◇日本共産党の七十年　上　日本共産党中央委員会著　新日本出版社　1994.5　474p　21cm　1300円　①4-406-02254-6

◇日本共産党の七十年　下　日本共産党中央委員会著　新日本出版社　1994.5　446p　21cm　1300円　①4-406-02255-4

◇日本共産党の七十年　党史年表　日本共産党中央委員会著　新日本出版社　1994.5　397p　21cm　900円　①4-406-02256-2

◇「赤旗」の六十年　日本共産党中央委員会出版局　1988.7　159p　19cm　800円　①4-530-04258-8

◇日本共産党論　小田実著　日本はこれでいいのか市民連合　1983.12　36p　21cm　（パンフレット日本はこれでいいのか市民講座　3）　200円

◇日本共産党の六十年　党史年表　日本共産党著　新日本出版社　1983.11　237p　15cm　（新日本文庫）　420円

◇日本共産党の研究　3　立花隆著　講談社　1983.7　362p　15cm　（講談社文庫）　460円　①4-06-183043-0

◇日本共産党の研究　2　立花隆著　講談社　1983.6　381p　15cm　（講談社文庫）　460円　①4-06-183042-2

◇日本共産党の研究　1　立花隆著　講談社　1983.5　448p　15cm　（講談社文庫）　480円　①4-06-183041-4

◇日本共産党の60年—1922-1982　写真記録集　日本共産党中央委員会出版局　1983.5　231p　30cm　3300円

◇日本共産党の60年—1922〜1982　日本共産党中央委員会出版局　1982.12　78p　40cm　250円

◇日本共産党の六十年—1922〜1982　日本共産党中央委員会出版局　1982.12　737p　21cm　2600円

◇戦後秘史　4　赤旗とGHQ　大森実著　講談社　1981.8　350p　15cm　（講談社文庫）　400円

◇「日本共産党の研究」の研究—その歴史と今日的課題　犬丸義一〔ほか〕著　現代史出版会　1980.6　264p　20cm　〈発売：徳間書店〉　1400円

◇日本共産党の半世紀—写真集　創立から74年参院選での躍進まで　日本共産党中央委員会出版局　1974　105p（おもに図）　30cm　1200円

◇日本共産党論　向坂逸郎編著　社会主義協会　1974　352p　19cm　1400円

◇日本共産党の45年　日本共産党中央委員会出版部　1967　139p　図版　19cm　100円

◇日本共産党の40年　日本共産党中央委員会出版部　1962 2版　126p　図版　19cm

治安維持法

思想・言論の取締りを目的とした法律。大正14年、普通選挙法と同時期に制定され、昭和3年の第1回普通選挙後の三・一五事件で全面的に発動された。同年の改正で最高刑を死刑とし、16年に予防拘禁制を新設した。当初は共産主義運動弾圧を目的としていたが、取締り対象は宗教、自由主義、民主主義へと拡大していっ

政治

た。終戦後、三木清の獄死を機にGHQから廃止を命じられたが東久邇宮内閣はこれを実施できず総辞職。幣原内閣の下で20年10月に廃止された。

＊　　＊　　＊

◇地下水、その噴き出ずるを願って—熊本の治安維持法犠牲者、その名簿と足跡　梶原定義編　熊本　治安維持法国賠要求同盟熊本県本部　2005.8　204p　19cm　〈年表あり　文献あり〉　1400円

◇神奈川県下の治安維持法犠牲者—その足跡と名簿　治安維持法犠牲者国家賠償要求同盟神奈川県本部創立二〇周年記念　冨矢信男編　藤沢　治安維持法犠牲者国家賠償要求同盟神奈川県本部　2003.6　183p　26cm　〈年表あり〉　1000円

◇治安維持法下に生きて—高沖陽造の証言　高沖陽造述，太田哲男ほか編　影書房　2003.6　251p　20cm　〈肖像，年譜，年表，著作目録あり〉　2500円　①4-87714-303-3

◇治安維持法下の青春　中西三洋著　光陽出版社　2002.3　199p　18cm　952円　①4-87662-306-6

◇真実の歴史を21世紀に—治安維持法の時代と滋賀の人びと　「真実の歴史を21世紀に」編集委員会編　大津　治安維持法犠牲者国家賠償要求同盟滋賀県本部　2001.8　127p　21cm　600円

◇讃岐民主化の先駆者たち—治安維持法をめぐって　1集・2集合本版　〔三野町（香川県）〕　治安維持法犠牲者国家賠償要求同盟香川県本部　1999.7　104p　21cm　1000円

◇讃岐民主化の先駆者たち—治安維持法をめぐって　第2集　〔三野町（香川県）〕　治安維持法犠牲者国家賠償要求同盟香川県本部　1998.11　57p　21cm　500円

◇許すことなどできようか—治安維持法犠牲者に国家賠償を！　村山ひで著　駒草出版　1998.8　165p　19cm　1500円　①4-906082-47-5

◇讃岐民主化の先駆者たち—治安維持法をめぐって　第1集　〔三野町（香川県）〕　治安維持法犠牲者国家賠償要求同盟香川県本部　1998.1　61p　21cm　500円

◇夢に駆けた—治安維持法下の青春　上羽修文・写真　青木書店　1996.4　260p　20cm　2575円　①4-250-96011-0

◇治安維持法関係資料集　第4巻　荻野富士夫編　新日本出版社　1996.3　771p　22cm　30000円　①4-406-02429-8

◇時をこえて—治安維持法の迫害に時効はない1994年春の歴史セミナー講演集　旭川　治安維持法犠牲者国家賠償要求同盟道北支部　1995.3　136p　26cm

◇夜明けをめざして—治安維持法下にたたかう神奈川の女性たち　治安維持法犠牲者国家賠償要求同盟神奈川県本部編　藤沢　治安維持法犠牲者国家賠償要求同盟神奈川県本部　1994.12　72p　26cm　〈『不屈』神奈川版1994年特別号第5集〉

◇栃木県治安維持法犠牲者列伝—戦争と戦った人びと　浜野清著　宇都宮　落合書店　1988.10　126p　19cm　1000円　①4-87129-147-2

◇治安維持法と戦争の時代　江口圭一，木坂順一郎著　岩波書店　1986.6　71p　21cm　（岩波ブックレット）　250円　①4-00-003004-3

◇治安維持法と戦争の時代　江口圭一，木坂順一郎著　岩波書店　1986.6　71p　21cm　（岩波ブックレット　no.64）　250円　①4-00-003004-3

◇昭和裁判史論—治安維持法と法律家たち　上田誠吉著　大月書店　1983.10　270p　20cm　1700円

◇歴史への証言—「2・4事件」と治安維持法　長野　治安維持法犠牲者国家賠償要求同盟長野県支部　1983.2　63p　21cm

◇治安維持法獄中史料　赤嶋秀雄編　叢文社　1982.6　260p　22cm　〈限定版〉　6000円　①4-7947-0054-7

政治

◇治安維持法と特高警察　松尾洋著　〔東村山〕　教育社　1979.4　231p　18cm　（教育社歴史新書）　600円

◇治安維持法小史　奥平康弘著　筑摩書房　1977.10　272p　図　19cm　1800円

◇抵抗の群像　治安維持法犠牲者国家賠償要求同盟編　白石書院　1976　217p　19cm　（昭和史の発掘）　780円

◇歴史の真実に立って―治安維持法・スパイ挑発との闘争　小林栄三著　新日本出版社　1976　242p　17cm　（新日本新書）　480円

◇治安維持法―弾圧と抵抗の歴史　松尾洋著　新日本出版社　1971　234p　18cm　（新日本新書）　320円

特別高等警察

反体制思想の弾圧を任務とした秘密警察。特高（とっこう）と略される。大逆事件を受けて明治44年に警視庁に設置、のち各地の警察に置かれ、治安維持法の取締り部隊となり、昭和3年の三・一五事件後、7月3日に特高警察網が全国に張り巡らされた。内務省警保局の中央統制の下、密告・スパイを用いた情報収集、拷問をともなう苛酷な取り調べで恐れられた。終戦後のGHQ指令により昭和20年10月に廃止された。

　　　　＊　　　＊　　　＊

◇続・現代史資料　7　特高と思想検事　加藤敬事編　みすず書房　2004.12　39,740p　22cm　〈1989年刊（第2刷）を原本としたオンデマンド版〉　15000円　①4-622-06153-8

◇特高警察関係資料集成　第35巻　特高関係重要資料　荻野富士夫編　不二出版　2004.12　304p　31cm　〈複製〉　①4-8350-5371-0,4-8350-5370-2

◇特高警察関係資料集成　第36巻　特高関係重要資料　荻野富士夫編　不二出版　2004.12　418p　31cm　〈複製〉　①4-8350-5372-9,4-8350-5370-2

◇特高警察関係資料集成　第37巻　特高関係重要資料　荻野富士夫編　不二出版　2004.12　424p　31cm　〈複製〉　①4-8350-5373-7,4-8350-5370-2

◇特高警察関係資料集成　第38巻　特高関係重要資料・特高関係各種会議・特高関係逐次刊行物　荻野富士夫編・解題　不二出版　2004.12　488,61p　31cm　〈複製　折り込み1枚　年表あり〉　①4-8350-5374-5,4-8350-5370-2

◇特高警察関係資料集成　第31巻　〈共産主義運動〉〈労働運動〉〈農民運動〉　荻野富士夫編　不二出版　2004.6　416p　31cm　〈複製〉　①4-8350-5366-4,4-8350-5365-6

◇特高警察関係資料集成　第32巻　〈水平運動・在日朝鮮人運動〉〈国家主義運動〉　荻野富士夫編　不二出版　2004.6　396p　31cm　〈複製〉　①4-8350-5367-2,4-8350-5365-6

◇特高警察関係資料集成　第33巻　〈国家主義運動〉〈外事警察関係〉　荻野富士夫編　不二出版　2004.6　328p　31cm　〈複製〉　①4-8350-5368-0,4-8350-5365-6

◇特高警察関係資料集成　第34巻　〈出版警察関係〉〈特高関係重要資料〉　荻野富士夫編　不二出版　2004.6　355p　31cm　〈複製〉　①4-8350-5369-9,4-8350-5365-6

◇生還者の証言―伊藤律書簡集　渡部富哉監修, 伊藤律書簡集刊行委員会編　五月書房　1999.10　410p　19cm　3800円　①4-7727-0306-3

◇特高Sの時代―山形県社会運動史のプロフィール　高島真著　新風舎　1999.9　379p　19cm　1800円　①4-7974-1054-X

◇特高警察関係資料解説　荻野富士夫著　不二出版　1995.3　340,24p　27cm　〈『特高警察関係資料集成　全30巻』の解題と索引等〉　25750円

◇特高警察関係資料集成　第28巻　特高関係逐次刊行物　荻野富士夫編・解題　不二出版　1994.6　568p　31cm　〈複製〉　25000円

◇特高警察関係資料集成　第29巻　特高関係逐次刊行物　荻野富士夫編・解題　不二出版　1994.6　644p　31cm　〈複製〉25000円

◇特高警察関係資料集成　第30巻　特高関係逐次刊行物　荻野富士夫編・解題　不二出版　1994.6　523p　31cm　〈複製〉25000円

◇特高警察関係資料集成　第25巻　特高関係各種会議　荻野富士夫編・解題　不二出版　1993.12　529p　31cm　〈複製〉25000円

◇特高警察関係資料集成　第26巻　特高関係各種会議　荻野富士夫編・解題　不二出版　1993.12　385p　31cm　〈複製〉25000円

◇特高警察関係資料集成　第27巻　特高関係逐次刊行物　荻野富士夫編・解題　不二出版　1993.12　420p　31cm　〈複製〉25000円

◇昭和天皇と治安体制　荻野富士夫著　新日本出版社　1993.7　219p　20cm　2500円　①4-406-02191-4

◇特高警察関係資料集成　第9〜12、15、18〜21巻　荻野富士夫編・解題　不二出版　1991.12〜1993.6　9冊　31cm　〈複製　折り込図3枚〉　25000円

◇北の特高警察　荻野富士夫著　新日本出版社　1991.10　259p　20cm　1800円　①4-406-02014-4

◇特高警察体制史—社会運動抑圧取締の構造と実態　荻野富士夫著　増補新装版　せきた書房　1988.11　492,7p　22cm　8900円

◇特高文書資料集　1　特別要視察人其ノ他状勢調査　漆間瑞雄〔編〕　二本松　漆間瑞雄　1988.11　1冊　25cm　（雑草文庫・復刻叢書　第8巻）

◇天皇制警察と民衆　大日方純夫著　日本評論社　1987.7　278p　19cm　（日評選書）　2000円　①4-535-01143-5

◇証言特高警察　「赤旗」社会部編　新日本出版社　1981.8　202p　18cm　（新日本新書）　540円

◇治安維持法と特高警察　松尾洋著　〔東村山〕　教育社　1979.4　231p　18cm　（教育社歴史新書）　600円

◇特高警察官の手記　大橋秀雄著　大橋秀雄　1978.10　88p　18cm　〈付：著作目録〉

◇特高の回想—ある時代の証言　宮下弘ほか編著　田畑書店　1978.6　329p　20cm　1500円

◇昭和特高弾圧史　8　朝鮮人にたいする弾圧　下　1943-1945年　明石博隆, 松浦総三編　太平出版社　1976　334p　20cm　1800円

◇特別要視察人ニ関スル状勢調—復刻・極秘特高資料　兵庫県警察部特別高等課編　神戸　兵庫部落問題研究所　1976　1冊　27cm　〈兵庫県特高課編『特別要視察人ニ関スル状勢調』の複製〉　14000円

◇昭和特高弾圧史　1　知識人にたいする弾圧　上　1930-1941年　明石博隆, 松浦総三編　太平出版社　1975　321p　図　20cm　1800円

◇昭和特高弾圧史　2　知識人にたいする弾圧　下　1942-1945年　明石博隆, 松浦総三編　太平出版社　1975　314p　図　20cm　1800円

◇昭和特高弾圧史　3　宗教人にたいする弾圧　上　1935-1941年　明石博隆, 松浦総三編　太平出版社　1975　316p　図　20cm　1800円

◇昭和特高弾圧史　4　宗教人にたいする弾圧　下　1942-1945年　明石博隆, 松浦総三編　太平出版社　1975　320p　図　20cm　1800円

◇昭和特高弾圧史　5　庶民にたいする弾圧　1936-1945年　明石博隆, 松浦総三編　太平出版社　1975　340p　図　20cm　1800円

◇昭和特高弾圧史　6　朝鮮人にたいする弾圧　上　1930-1939年　明石博隆, 松浦総三

政治

編　太平出版社　1975　342p　図　20cm　1800円
◇昭和特高弾圧史　7　朝鮮人にたいする弾圧　中　1940-1942年　明石博隆, 松浦総三編　太平出版社　1975　334p　図　20cm　1800円
◇特高　小坂慶助著　啓友社　1953.7　188p　19cm　〈著者の肖像あり〉
◇特高　小坂慶助著　啓友社　1953.7　188p　19cm　〈著者の肖像あり〉
◇特高警察秘録　小林五郎著　生活新社　1952　379p　19cm

三・一五事件

昭和3年3月15日に行われた、社会主義者・共産主義者への弾圧事件。同年2月の第1回普通選挙で社会主義政党が議席を得たことに危機感を感じた田中義一内閣が、治安維持法違反容疑で1600人以上を一斉に検挙し、社会主義運動は大きな打撃を受けた。労農党代議士・山本宣治はこの弾圧での拷問を糾弾、小林多喜二は弾圧・拷問ぶりを『一九二八年三月十五日』に発表した。この後、社会主義団体への弾圧が相次ぎ、治安維持法が改定された。

＊　　＊　　＊

◇治安維持法下に生きて—高沖陽造の証言　高沖陽造述, 太田哲男ほか編　影書房　2003.6　251p　20cm　〈肖像, 年譜, 年表, 著作目録あり〉　2500円　①4-87714-303-3
◇思想検事　荻野富士夫著　岩波書店　2000.9　218,7p　18cm　（岩波新書）　660円　①4-00-430689-2
◇侵略の歴史と日本政治の戦後　吉岡吉典著　新日本出版社　1993.1　222p　19cm　2200円　①4-406-02154-X
◇昭和史の瞬間　上　朝日ジャーナル編　朝日新聞社　1974　343p　19cm　（朝日選書　11）　〈『朝日ジャーナル』に1965年から66年にかけて連載されたものを収録〉　780円

転　向

共産主義者・社会主義者が弾圧を受けて主義・主張を放棄すること。もともとは方向を変えることを指す。三・一五事件で検挙された日本共産党幹部の佐野学・鍋山貞親が昭和8年6月に獄中から連名で「転向上申書」を提出したことに始まる。その後、検挙された活動家の4分の3が転向したとされ、日本共産党で最後まで非転向を貫いたのは徳田球一など少数だった。転向者は刑が軽減された。三・一五事件で検挙され、のち転向した島木健作の小説『生活の探究』は転向問題をテーマとしている。

＊　　＊　　＊

◇戦争が遺したもの—鶴見俊輔に戦後世代が聞く　鶴見俊輔, 上野千鶴子, 小熊英二著　新曜社　2004.3　403p　19cm　2800円　①4-7885-0887-7
◇転向再論　鶴見俊輔, 鈴木正, いいだもも著　平凡社　2001.4　268p　20cm　2000円　①4-582-70231-7
◇転向—共同研究　上　思想の科学研究会編　改訂増補版復刊　平凡社　2000.7　387p　22cm　〈付属資料：4p(20cm)〉①4-582-70000-4
◇転向—共同研究　中　思想の科学研究会編　改訂増補版復刊　平凡社　2000.7　510p　22cm　〈付属資料：4p(20cm)〉①4-582-70000-4
◇転向—共同研究　下　思想の科学研究会編　改訂増補版復刊　平凡社　2000.7　591p,26p　22cm　〈付属資料：2p(20cm)〉　①4-582-70000-4
◇「転向」の明暗—「昭和十年前後」の文学　長谷川啓編　インパクト出版会, イザラ書房〔発売〕　1999.5　352p　21cm　（文学史を読みかえる　3）　2800円　①4-7554-0084-8
◇〈転向〉の明暗—「昭和十年前後」の文学　長谷川啓責任編集, 池田浩士〔ほか〕

◇編　インパクト出版会　1999.5　352p　21cm　（文学史を読みかえる　3）〈〔東京〕イザラ書房（発売）〉　2800円　①4-7554-0084-8

◇転向の思想史的研究　藤田省三著　みすず書房　1997.6　362p　20cm　（藤田省三著作集　2）4000円　①4-622-03102-7

◇昭和史の瞬間　上　朝日ジャーナル編　朝日新聞社　1974　343p　19cm　（朝日選書　11）〈『朝日ジャーナル』に1965年から66年にかけて連載されたものを収録〉　780円

◇転向の論理　松原新一著　講談社　1970　254p　20cm　520円

◇転向十五年　鍋山貞親,佐野学共著　労働出版社　1949　153p　18cm　（労働民主シリーズ　第7集）

若槻　礼次郎

慶応2(1866).2.5〜昭和24(1949).11.20
政治家。出雲松江藩士の子に生まれる。東京帝国大学卒業後、大蔵省に入る。第3次桂内閣、第2次大隈内閣で蔵相を務めた後、憲政会に入党、加藤内閣の内相となる。加藤首相死去にともない憲政会総裁となり大正15年1月第1次内閣を組織する。翌年金融恐慌への対応を巡り枢密院と対立し総辞職。昭和5年のロンドン海軍軍縮会議では首席全権を務める。昭和6年4月、凶弾に倒れた浜口首相の辞任を受け立憲民政党総裁となり第2次内閣を組織。満州事変では不拡大方針をとるが、安達内相が軍部に協力する立場をとり、閣内不統一で総辞職した。太平洋戦争中は重臣の立場にあり、戦後、東京裁判では満州事変について証言した。著書に『古風庵回顧録』がある。

*　　*　　*　　*

◇自分史　若槻礼次郎,若槻美代子著　〔松江〕〔若槻礼次郎〕　1991.9　40p　27cm　〈著者の肖像あり〉

◇宰相・若槻礼次郎—ロンドン軍縮会議首席全権　豊田穣著　講談社　1990.9　436p　19cm　1600円　①4-06-204890-6

◇日本宰相列伝　11　若槻礼次郎/浜口雄幸　青木得三著　時事通信社　1986.1　238p　19cm　〈監修：細川隆元　三代宰相列伝(昭和33年刊)の改題新装版　若槻礼次郎および浜口雄幸の肖像あり〉　1400円　①4-7887-8561-7

◇明治・大正・昭和政界秘史—古風庵回顧録　若槻礼次郎著　講談社　1983.10　492p　15cm　（講談社学術文庫）　1200円　①4-06-158619-X

◇古風庵回顧録　若槻礼次郎著　改訂版　読売新聞社　1975　538,5p　20cm　〈初版：昭和25年刊〉　2000円

◇若槻礼次郎　浜口雄幸　青木得三著　時事通信社　1958　238p　図版　18cm　（三代宰相列伝）

◇若槻礼次郎自伝　古風庵回顧録　明治.大正.昭和政界秘史　若槻礼次郎著　3版　読売新聞社　1950　469p　図版　19cm

田中　義一

元治元(1864).6.22〜昭和4(1929).9.29
軍人・政治家。萩藩士の子に生まれる。陸軍大学卒。大正10年陸軍大将。14年立憲政友会総裁に就任し、昭和2年、第1次若槻内閣の総辞職後に内閣を組織。対外的には、憲政会内閣の協調外交を転換し対中国強硬政策を進め、内政では昭和3年の第1回普通選挙の後、共産主義者・社会主義者の弾圧を行い、治安維持法を改定した。長州閥の陸軍出身者であったが、6月の張作霖爆殺事件では容疑者を厳罰に処すことができず、天皇の叱責を受け、4年内閣総辞職、同年9月に死去した。「オラが」が口癖で「オラが宰相」と呼ばれた。

*　　*　　*　　*

◇私の人生録　田中義一著　新生出版　2005.5　131p　20cm　①4-86128-984-X

政治

◇田中義一/近代日本政軍関係の分水嶺　高橋正則著　草の根国防研究会　2002.11　217p　19cm　〈東京　丸善出版サービスセンター（製作）　背のタイトル：近代日本政軍関係の分水嶺〉　680円　①4-89630-073-4

◇田中義一関係文書―書類の部　山口県文書館所蔵　岩壁義光,小林和幸,広瀬順晧編修　〔マイクロ資料〕　北泉社　2001.2　マイクロフィルムリール26巻　35mm　（近代日本政治史料集成　2）〈付属資料：目録(200p ; 22cm)〉　630000円

◇立憲政友会史　第6巻　田中義一総裁時代　菊池悟郎編　補訂版　山本四郎校訂　日本図書センター　1990.2　738p　22cm　〈立憲政友会史編纂部刊の複製〉　①4-8205-5292-9

◇近代日本の政軍関係―軍人政治家田中義一の軌跡　纐纈厚著　大学教育社　1987.1　292p　22cm　〈発売：桜楓社〉　8800円　①4-924376-06-X

◇日本宰相伝　12　田中義一　細川隆元著　時事通信社　1986.1　238p　19cm　〈監修：細川隆元　三代宰相列伝（昭和33年刊）の改題新装版　田中義一の肖像あり〉　1400円　①4-7887-8562-5

◇田中義一伝記　田中義一伝記刊行会編　原書房　1981.2　2冊　22cm　（明治百年史叢書）〈昭和33年刊の複製〉　各12000円　①4-562-01099-1

◇田中義一伝記　上巻　高倉徹一編　原書房　1981.2　749,〔158〕p　22cm　（明治百年史叢書　299）〈付：写真帳158p　復刻版　原版：1958(昭和33)　図版(肖像,筆跡を含む)〉　12000円　①4-562-01099-1

◇田中義一伝記　下巻　高倉徹一編　原書房　1981.2　12,1088p　22cm　（明治百年史叢書　300）〈巻末：田中義一略年譜　復刻版　原版：1958(昭和33)〉　12000円　①4-562-01100-9

◇評伝田中義一―十五年戦争の原点　田崎末松著　調布　平和戦略綜合研究所　1981.2　2冊　23cm　全22000円

◇田中義一追憶集―没後五十年　目で見るおらが大将　萩　元総理大臣田中義一顕彰会　1978.9　62p　27cm　〈田中義一の肖像あり〉

◇人物・日本の歴史　第14　戦争の時代　林茂編　読売新聞社　1966　320p　19cm

◇田中義一　細川隆元著　時事通信社　1958　238p　図版　18cm　（三代宰相列伝）

浜口　雄幸

明治3(1870).4.1～昭和6(1931).8.26
　政治家。高知県生まれ。東京帝国大学卒業後、大蔵省に入る。大正4年立憲同志会に入党し衆議院議員となる。13年加藤内閣の蔵相、15年若槻内閣の内相を歴任。昭和2年民政党総裁となり、翌年の第1回普通選挙で大勝し内閣を組織する。明治生まれの最初の首相であり、謹厳実直な人柄と独特の風貌から「ライオン宰相」と親しまれた。緊縮財政と金解禁を断行し、ロンドン海軍軍縮条約を調印するが、軍部や野党から統帥権干犯と攻撃される。5年東京駅ホームで右翼の佐郷屋留雄に狙撃され辞職。軍部と妥協せず命を狙われたことを「男子の本懐」と述懐した。

　　　　＊　　　　＊　　　　＊

◇激動昭和と浜口雄幸　川田稔著　吉川弘文館　2004.9　209p　19cm　（歴史文化ライブラリー　180）　1700円　①4-642-05580-0

◇浜口雄幸集　議会演説篇　浜口雄幸〔述〕,川田稔編　未来社　2004.5　756p　22cm　25000円　①4-624-30101-3

◇浜口雄幸集　論述・講演篇　浜口雄幸〔述〕,川田稔編　未来社　2000.2　634p　22cm　15000円　①4-624-30096-3

◇運命の児―日本宰相伝　2　三好徹著　徳間書店　1997.8　334p　15cm　（徳間文庫）　552円　①4-19-890742-0

◇浜口雄幸伝―伝記・浜口雄幸　小柳津五郎編　大空社　1995.6　662,13p　22cm

32

政治

（伝記叢書 178）〈浜口雄幸伝刊行会昭和6年刊の複製 取扱い：柳原書店〉 18447円 ⓘ4-87236-477-5

◇ライオン宰相 吉良川文張著 かたりべ舎 1993.5 159p 19cm 〈発売：飛鳥（高知）〉 880円

◇浜口雄幸―政党政治の試験時代 波多野勝著 中央公論社 1993.1 224p 18cm （中公新書） 680円 ⓘ4-12-101115-5

◇浜口雄幸 日記・随感録 浜口雄幸著, 池井優, 波多野勝, 黒沢文貴編 みすず書房 1991.3 636p 19cm 6180円 ⓘ4-622-03349-6

◇日本宰相列伝 11 若槻礼次郎/浜口雄幸 青木得三著 時事通信社 1986.1 238p 19cm 〈監修：細川隆元 三代宰相列伝(昭和33年刊)の改題新装版 若槻礼次郎および浜口雄幸の肖像あり〉 1400円 ⓘ4-7887-8561-7

◇若槻礼次郎 浜口雄幸 青木得三著 時事通信社 1958 238p 図版 18cm （三代宰相列伝）

井上 準之助

明治2(1869).3.25～昭和7(1932).2.9
　財政家・政治家。豊後国の造り酒屋に生まれる。東京帝国大学卒業後、日銀に入る。大正8年日銀生え抜きとして初の総裁に就任。虎ノ門事件で下野の後、昭和2年日銀総裁に再任され金融恐慌後の収拾に努める。4年浜口内閣の蔵相となり、緊縮財政を推進、禁輸出を解禁したが、世界恐慌に直面し政策は行き詰まる。辞職後、民政党総務として選挙運動中に血盟団員の小沼正に射殺された。

　　　　＊　　＊　　＊

◇財界の政治経済史―井上準之助・郷誠之助・池田成彬の時代 松浦正孝著 東京大学出版会 2002.10 248,13p 22cm 5800円 ⓘ4-13-036211-9

◇いま学ぶべき井上準之助の景況観―第9・第11代日本銀行総裁 井上準之助の講演記録より 日本信用調査 1993.5 98p 21cm 900円 ⓘ4-930909-27-9

◇いま学ぶべき井上準之助の景況観―第9・第11代日本銀行総裁井上準之助の講演記録より 井上準之助〔述〕 日本信用調査出版部 1993.5 98p 22cm 〈著者の肖像あり〉 900円 ⓘ4-930909-27-9

◇凛の人 井上準之助 秋田博著 講談社 1993.5 477p 19cm 2400円 ⓘ4-06-204132-4

◇1930年代の日本―大恐慌より戦争へ 小島恒久編 京都 法律文化社 1989.2 277p 19cm 2500円 ⓘ4-589-01434-3

◇井上準之助 5 伝記 井上準之助論叢編纂会編 青木得三著 原書房 1983.3 904,18p 22cm （明治百年史叢書）〈『井上準之助伝』（井上準之助論叢編纂会昭和10年刊）の改題複製 井上準之助の肖像あり〉 12000円 ⓘ4-562-01299-4

◇井上準之助 4 論叢 4 井上準之助論叢編纂会編 井上準之助著 原書房 1982.12 560p 22cm （明治百年史叢書）〈『井上準之助論叢』（井上準之助論叢編纂会昭和10年刊）の改題複製〉 12000円 ⓘ4-562-01298-6

◇井上準之助 3 論叢 3 井上準之助論叢編纂会編 井上準之助著 原書房 1982.11 591p 22cm （明治百年史叢書）〈『井上準之助論叢』（井上準之助論叢編纂会昭和10年刊）の改題複製〉 12000円 ⓘ4-562-01297-8

◇井上準之助 2 論叢 2 井上準之助論叢編纂会編 井上準之助著 原書房 1982.10 591p 22cm （明治百年史叢書）〈『井上準之助論叢』（井上準之助論叢編纂会昭和10年刊）の改題複製〉 12000円 ⓘ4-562-01296-X

◇井上準之助 1 論叢 1 井上準之助論叢編纂会編 井上準之助著 原書房 1982.9 653p 22cm （明治百年史叢書）〈『井上準之助論叢』（井上準之助論叢編纂会昭和10年刊）の改題複製 井上準之助の肖像あり〉 12000円 ⓘ4-562-01295-1

政治

◇日本財界人物列伝　第1巻　青潮出版株式会社編　青潮出版　1963　1171p 図版　26cm

◇続 財界回顧—故人今人　池田成彬著, 柳沢健編　三笠書房　1953　217p 16cm（三笠文庫）

金解禁

　金輸出解禁の略。日本は明治30年に金本位制を採用した。第一次大戦の混乱で各国は金の輸出入を禁止する。大戦後、欧米各国は金輸出を解禁し金本位制に復帰したが、日本は戦後恐慌、関東大震災、金融恐慌と続く経済的混乱で金解禁が遅れていた。昭和4年浜口内閣は井上準之助を蔵相に起用し、国民に緊縮・節約を呼びかけ、11月に金解禁を断行した。しかし世界恐慌に直面し国内は深刻な不景気に陥り、6年犬養内閣は金輸出を再禁止した。

＊　　＊　　＊

◇部落と金解禁　金子洋文著　ゆまに書房　2004.6　212,6p 22cm　（新・プロレタリア文学精選集　12）〈塩川書房昭和5年刊の複製　著作目録あり〉　8000円　①4-8433-1191-X

◇昭和恐慌をめぐる経済政策と政策思想—金解禁論争を中心として　若田部昌澄著　Tokyo　内閣府経済社会総合研究所　2003.6　31p 30cm（ESRI discussion paper series no.39）

◇戦間期日本の経済政策史的研究　三和良一著　東京大学出版会　2003.1　372p 22cm　7200円　①4-13-040195-5

◇日本銀行金融政策史　石井寛治編　東京大学出版会　2001.2　258p 22cm　4400円　①4-13-040176-9

◇覚書金輸出解禁論争史—東洋経済の新平価解禁論をめぐって　金森東一郎著　流山　金森東一郎　1999.11　231p 20cm

◇金輸出禁止史—解禁問題の理論と実際　伊藤由三郎編　大空社　1998.8　384p 22cm　（戦間期日本金融問題資料叢書 第8巻）〈銀行問題研究会昭和4年刊の複製〉　①4-7568-0522-1

◇昭和の歴史　第2巻　昭和の恐慌　中村政則著　小学館　1994.4　415p 16cm（小学館ライブラリー）〈新装版〉　980円　①4-09-461022-7

◇円でたどる経済史　荒木信義著　丸善　1991.10　202p 18cm（丸善ライブラリー　26）　640円　①4-621-05026-5

◇新聞集成昭和史の証言　第4巻　金解禁・募る不景気—昭和五年　SBB出版会　1991.9（第2刷）　463p 27cm〈編纂委員：入江徳郎ほか〉　①4-89329-036-3

◇兜町盛衰記　第3巻　狂乱の時代と相場　長谷川光太郎著　図書出版社　1991.1　360p 20cm 1957円　①4-8099-0157-2

◇戦間期日本資本主義と経済政策—金解禁問題をめぐる国家と経済　山本義彦著　柏書房　1989.2　419p 22cm　5800円　①4-7601-0458-5

◇昭和恐慌—その歴史的意義と全体像　隅谷三喜男編　有斐閣　1974　356,11p 19cm（有斐閣選書）　1100円

◇日本経済政策史論　上　安藤良雄編　東京大学出版会　1973　329p 22cm（東京大学産業経済研究叢書）

◇日本金融史資料　昭和編 第23巻　金輸出解禁・再禁止関係資料　第4　日本銀行調査局編　大蔵省印刷局　1969　778,28p 27cm　2000円

◇日本金融史資料　昭和編 第20巻　金輸出解禁・再禁止関係資料　日本銀行調査局編　大蔵省印刷局　1968　752p 27cm

◇日本金融史資料　昭和編 第21巻　金輸出解禁・再禁止関係資料　第2　日本銀行調査局編　大蔵省印刷局　1968　793p 27cm　2000円

◇日本金融史資料　昭和編 第22巻　金輸出解禁・再禁止関係資料　第3　日本銀行調査局編　大蔵省印刷局　1968　802p 27cm　2000円

血盟団事件

　昭和7年2月～3月に発生した連続テロ事件。昭和7年2月9日、前蔵相の井上準之助が東京本郷の駒本小学校で車を降りたところを小沼正にピストルで射殺された、翌3月5日、三井財閥（三井合名理事長）の團琢磨が三井本館玄関で菱沼五郎に射殺された。2件の暗殺は、日蓮宗僧侶の井上日召を中心に"一人一殺"を指令とする血盟団の組織的犯行と判明、3月11日に日召が自首し、関係者14名が一斉逮捕された。同年5月の五・一五事件に先立つ要人テロ事件となった。

　　　　＊　　　＊　　　＊

◇昭和帝国の暗殺政治—テロとクーデタの時代　ヒュー・バイアス著、内山秀夫, 増田修代訳　刀水書房　2004.4　343p　20cm　（刀水歴史全書　69）　2500円　①4-88708-314-9

◇化城の昭和史—二・二六事件への道と日蓮主義者　上　寺内大吉著　中央公論社　1996.10　427p　16cm　（中公文庫）　960円　①4-12-202717-9

◇昭和の蹉跌—血盟団と五・一五事件　粉川幸男著　西田書店　1995.8　305p　20cm　2000円　①4-88866-232-0

◇昭和暗殺史　森川哲郎著　毎日新聞社　1994.3　237p　18cm　（ミューブックス）〈『現代暗殺史』（三一書房刊）の改題〉　780円　①4-620-72082-8

◇近代日本の政治精神　吉田博司著　芦書房　1993.1　317p　20cm　（RFP叢書　2）　3500円　①4-7556-1092-3

◇血盟団事件—井上日召の生涯　岡村青著　三一書房　1989.12　342p　20cm　2800円　①4-380-89250-6

◇右翼思想犯罪事件の綜合的研究—血盟団事件より二・二六事件まで　昭和13年度思想特別研究員　斎藤三郎著　京都　東洋文化社　1975　414p　22cm　（社会問題資料叢書　第1輯　社会問題資料研究会編）〈司法省刑事局『思想研究資料』特輯第53号昭和14年序刊の複製〉　6500円

◇昭和史探訪　1　昭和初期　インタビューアー・編者:三国一朗　番町書房　1975　257p　図　22cm　1500円

◇講座日蓮　4　日本近代と日蓮主義　編集:田村芳朗, 宮崎英修　春秋社　1972　262p　22cm　〈監修:坂本日深〉　1000円

◇昭和の原点—1人1殺に生きた井上日召　横地尚著　行政通信社出版部　1971　310p　19cm　（人物史考シリーズ　1）　630円

ファシズム

　第一次大戦後におこった国家主義的政治形態。もとはイタリアのムッソリーニのファシスト党の運動を指す。自由主義・共産主義への反対・弾圧、熱狂的な全体主義、独裁的指導者を特徴とし、ドイツのナチズムやスペインのフランコ体制なども含む。日本のファシズムは天皇中心の国家体制を強化したことから天皇制ファシズムとも呼ばれるが、軍部が政治を支配したため軍国主義と呼ばれることが多い。また軍部の急進派や右翼を中心にテロによる国家革新を求める動きでは昭和維新の標語が用いられたが、テロの後の体制の具体像は持たなかった。

　　　　＊　　　＊　　　＊

◇日本帝国主義と社会運動—日本ファシズム形成の前提　掛谷宰平著, 掛谷宰平氏遺稿集編集委員会編　京都　文理閣　2005.4　407p　22cm　〈肖像あり　著作目録あり　年譜あり〉　4300円　①4-89259-479-2

◇超国家主義の心理と行動—昭和帝国のナショナリズム　リチャード・ストーリィ著, 内山秀夫訳　日本経済評論社　2003.6　380p　20cm　2800円　①4-8188-1529-2

◇丸山真男論—主体的作為、ファシズム、市民社会　小林正弥編　東京大学出版会　2003.2　274p　22cm　（公共哲学叢書　2）　3400円　①4-13-030129-3

政治

◇戦時期日本の精神史―1931～1945年　鶴見俊輔著　岩波書店　2001.4　296p　15cm　（岩波現代文庫　学術）　1100円　①4-00-600050-2

◇強制された健康―日本ファシズム下の生命と身体　藤野豊著　吉川弘文館　2000.8　219p　19cm　（歴史文化ライブラリー）　1700円　①4-642-05500-2

◇戦争と教科書―国民総マインド・コントロールの謎　小柴昌子著　京都　かもがわ出版　2000.4　63p　21cm　（かもがわブックレット　131）　571円　①4-87699-516-8

◇日本ファシズムとその時代―天皇制・軍部・戦争・民衆　須崎慎一著　大月書店　1998.12　382p　21cm　7500円　①4-272-52055-5

◇激動の世紀に生きる―天皇制ファシズムの深奥を抉る　前島省三著　彩流社　1998.8　307p　19cm　2000円　①4-88202-468-3

◇日本ファシズムと優生思想　藤野豊著　京都　かもがわ出版　1998.4　527p　20cm　6800円　①4-87699-377-7

◇総力戦・ファシズムと現代史　赤沢史朗, 粟屋憲太郎, 豊下楢彦, 森武麿, 吉田裕編　現代史料出版, 東出版〔発売〕　1997.8　310p　21cm　（年報・日本現代史　第3号（1997））　3000円　①4-906642-22-5

◇日本ファシズム体制史論　池田順著　校倉書房　1997.5　364p　22cm　（歴史科学叢書）　9000円　①4-7517-2700-1

◇近代日本政治構造の研究　石田雄著　未来社　1996.11　329p　22cm　〈1956年刊の再刊〉　4326円　①4-624-30092-0

◇日本ファシズム論　安部博純著　影書房　1996.6　456,14p　21cm　8240円　①4-87714-223-1

◇日本ファシズム論　安部博純著　影書房　1996.6　456,14p　22cm　8240円　①4-87714-223-1

◇日本ファシズム研究序説　安部博純著　未来社　1995.6　413,13p　22cm　〈新装版〉　4944円　①4-624-30086-6

◇戦時教学と浄土真宗―ファシズム下の仏教思想　大西修編　社会評論社　1995.3　221p　20cm　2575円　①4-7845-0480-X

◇昭和恐慌―日本ファシズム前夜　長幸男著　岩波書店　1994.6　315p　16cm　（同時代ライブラリー　188）　950円　①4-00-260188-9

◇昭和ナショナリズムの諸相　橋川文三著, 筒井清忠編・解説　名古屋　名古屋大学出版会　1994.6　291p　22cm　5150円　①4-8158-0234-3

◇文化とファシズム―戦時期日本における文化の光芒　赤沢史朗, 北河賢三編　日本経済評論社　1993.12　354p　20cm　3605円　①4-8188-0696-X

◇近代日本の政治精神　吉田博司著　芦書房　1993.1　317p　20cm　（RFP叢書　2）　3500円　①4-7556-1092-3

◇天皇制ファシズム論　野見讓著　連帯社　1992.6　298p　22cm　〈著者の肖像あり〉　2500円

◇天皇制の政治思想史　岩間一雄著　未来社　1991.5　273p　20cm　2575円　①4-624-30068-8

◇日本ファシズムと「国家改造」論　小松和生著　世界書院　1991.4　384p　22cm　4017円

◇現代史の断面・日本のファシズム　ねず・まさし著　校倉書房　1991.1　361p　20cm　3090円　①4-7517-2060-0

◇ファシズムと戦争の時代―青年たちはどう生きたか　下巻　藤谷俊雄著　白石書店　1988.7　221p　19cm　2300円　①4-7866-0213-2

◇日本ファシズムと労働運動　三輪泰史著　校倉書房　1988.2　294p　21cm　（歴史科学叢書）　6000円　①4-7517-1840-1

◇草の根のファシズム―日本民衆の戦争体験　吉見義明著　東京大学出版会　1987.7　302,8p　19cm　（新しい世界史　7）　1800円　①4-13-925071-X

政治

◇日本ファシズム下の体育思想 入江克己著 不昧堂出版 1986.9 268p 21cm 2600円 ①4-8293-0206-2

◇陸軍ファシズムと天皇 田口利介著 国書刊行会 1986.6 215p 20cm 2500円

◇口笛と軍靴—天皇制ファシズムの相貌 京都大学新聞社編 社会評論社 1985.12 303p 20cm （天皇制論叢 2）〈巻末：参考文献 執筆：久野収〔ほか14名〕〉 2300円

◇昭和ファシストの群像 小林英夫著 校倉書房 1984.9 262p 20cm 2500円 ①4-7517-1620-4

◇日本ファシズムの対外侵略 松沢哲成著 三一書房 1983.8 374,11,27p 23cm 7000円

◇日本ファシズム 2 国民統合と大衆動員 日本現代史研究会編 大月書店 1982.7 238p 20cm 2000円

◇日本ファシズム 1 国家と社会 日本現代史研究会編 大月書店 1981.11 253p 20cm 2000円

◇日本のファシズム 栄沢幸二著 〔東村山〕 教育社 1981.10 225p 18cm （教育社歴史新書） 800円

◇ファシズム期の国家と社会 8 運動と抵抗 下 東京大学社会科学研究所編 東京大学出版会 1980.3 323p 22cm 3200円

◇軍ファシズム運動史 秦郁彦著 原書房 1980.1 432,23p 22cm 〈新装版〉 2800円

◇日本のファシズム 河原宏〔ほか〕著 有斐閣 1979.7 286,3p 19cm （有斐閣選書） 1300円

◇ファシズム期の国家と社会 2 戦時日本経済 東京大学社会科学研究所編 東京大学出版会 1979.6 377p 22cm 3800円

◇ファシズム期の国家と社会 6 運動と抵抗 上 東京大学社会科学研究所編 東京大学出版会 1979.4 315p 22cm 3200円

◇ファシズム期の国家と社会 1 昭和恐慌 東京大学社会科学研究所編 東京大学出版会 1978.12 366p 22cm 3600円

◇日本のファシズム 3 崩壊期の研究 早稲田大学社会科学研究所ファシズム研究部会編 早稲田大学出版部 1978.7 316p 22cm 2800円

◇日本ファシズムの形成と農村 大江志乃夫編 校倉書房 1978.6 396p 22cm （歴史科学叢書） 5000円

◇日本ファシズムと東アジア—現代史シンポジウム 藤原彰, 野沢豊編 青木書店 1977.7 218p 21cm 1800円

◇日本ファシズム史論 松尾章一著 法政大学出版局 1977.6 298p 20cm （叢書・現代の社会科学） 1600円

◇歴史科学大系 第12巻 「日本ファシズム」論 歴史科学協議会編 江口圭一編集・解説 校倉書房 1977.5 316p 22cm 〈監修：石母田正〔等〕〉 2500円

◇日本ファシズム下の宗教 市川白弦著 エスエス出版会 1975 322p 22cm 6200円

◇昭和軍閥の時代—日本ファシズムの形成過程 前島省三著 新版 京都 ミネルヴァ書房 1974 277,9p 22cm 2600円

◇日本のファシズム 2（戦争と国民） 早稲田大学社会科学研究所ファシズム研究部会編 早稲田大学出版部 1974 304p 22cm 2600円

◇日本ファシズム史 田中惣五郎著 河出書房新社 1972 344p 22cm 1500円

◇日本のファシズム—形成期の研究 早稲田大学社会科学研究所プレ・ファシズム研究部会編 早稲田大学出版部 1970 339p 22cm 1500円

◇日本ファシズム教育政策史 久保義三著 明治図書 1969 386p 22cm 1500円

◇天皇制ファシズム論 中村菊男著 原書房 1967 353p 21cm 900円

政治

◇日本ファシズムと議会—その史的究明　前島省三著　京都　法律文化社　1956　564p　22cm
◇軍閥・官僚・ファッショ　石川三郎, 富田泰次共著　高山書院　1946　44p　B6　2円

三月事件・十月事件

　昭和6年に起きたクーデター未遂事件。昭和5年、陸軍参謀本部の橋本欣五郎中佐らを中心に、国家改造を目的とする桜会が結成され、陸軍の中堅将校百余名が参加した。翌6年3月、首相官邸等を襲撃し宇垣一成陸相を首班とする軍部内閣を樹立する計画が画策されたが、直前の3月17日に撤回された（三月事件）。宇垣がクーデターに反対したためと言われる。陸軍首脳が関与していたため事件は隠蔽された。桜会は同年10月にも十月事件を起こし解散する。

＊　　＊　　＊

◇昭和史発掘　3　松本清張著　新装版　文芸春秋　2005.5　456p　16cm　（文春文庫）　829円　ⓘ4-16-769702-5
◇宇垣一成とその時代—大正・昭和前期の軍部・政党・官僚　堀真清編著　新評論　1999.3　440p　22cm　6000円　ⓘ4-7948-0435-0
◇舞廠造機部の昭和史　岡本孝太郎編　西宮　鶴桜会　1989.7　337p　21cm　1800円
◇動乱昭和史よもやま物語　富沢繁著　光人社　1989.5　238p　19cm　（イラスト・エッセイシリーズ　64）　1030円　ⓘ4-7698-0435-0
◇昭和初期政治・外交史研究—十月事件と政局　刈田徹著　増補改訂版　人間の科学社　1989.2　458p　21cm　2900円
◇昭和初期政治・外交史研究—十月事件と政局　刈田徹著　人間の科学社　1981.4　448p　21cm　〈普及版〉　2800円
◇昭和初期政治・外交史研究—十月事件と政局　刈田徹著　人間の科学社　1978.3　448p　22cm　7000円

◇昭和史の原点　2　満州事変と十月事件　中野雅夫著　講談社　1973　279p　図　肖像　20cm　550円

犬養　毅

安政2(1855).4.20～昭和7(1932).5.15
　政治家。備中国の大庄屋の二男として生まれる。慶応義塾中退。明治15年立憲改進党の結成に加わり、23年第1回衆議院議員選挙で当選、以後18回連続当選。憲政擁護運動、普選運動を進め、尾崎行雄とともに"憲政の神様"と呼ばれた。長く小政党を率いた後、昭和4年立憲政友会総裁となり、6年内閣を組織する。高橋是清を蔵相に起用し禁輸出を再禁止し深刻な不況を脱したが、満州事変の対応で陸軍と対立、五・一五事件で凶弾に倒れた。

＊　　＊　　＊

◇犬養毅—その魅力と実像　時任英人著　岡山　山陽新聞社　2002.5　239p　20cm　1500円　ⓘ4-88197-702-4
◇岡義武著作集　第4巻　近代日本の政治家　岡義武著　岩波書店　2001.10　281p　21cm　7200円　ⓘ4-00-091754-4
◇人間の運命　小島直記著　致知出版社　1999.6　271p　19cm　1500円　ⓘ4-88474-567-1
◇運命の児—日本宰相伝　2　三好徹著　徳間書店　1997.8　334p　15cm　（徳間文庫）　552円　ⓘ4-19-890742-0
◇明治期の犬養毅　時任英人著　芙蓉書房出版　1996.8　319p　20cm　2500円　ⓘ4-8295-0168-5
◇犬養木堂書簡集　鷲尾義直編　岡山　岡山県郷土文化財団　1992.5　602p　22cm　〈人文閣昭和15年刊の複製　著者の肖像あり〉
◇犬養毅—リベラリズムとナショナリズムの相剋　時任英人著　論創社　1991.10　270p　19cm　2575円

政治

◇犬養先生のおもいで—上田丹崖、柚木玉邨画伯などとの交遊　豊田穣著　大阪　新風書房　1991.7　82p　19cm　〈発売：新聞印刷出版事業部〉

◇犬養毅と尾崎行雄特別展展示目録　憲政記念館編　憲政記念館　1991.3　69p　21cm　〈会期：平成3年3月7日〜26日〉

◇木堂先生から少年への書簡　国友弘行著, 岡山県郷土文化財団編　岡山　岡山県郷土文化財団　1990.12　148p　21cm　〈犬養毅の肖像あり〉

◇近代日本の政治家　岡義武著　岩波書店　1990.3　318p　16cm　（同時代ライブラリー　15）　800円　①4-00-260015-7

◇立憲政友会史　第7巻　犬養毅総裁時代　菊池悟郎編　補訂版　山本四郎校訂　日本図書センター　1990.2　856p　22cm　〈立憲政友会史編纂部刊の複製〉　①4-8205-5293-7

◇日本宰相列伝　13　犬養毅　岩淵辰雄著　時事通信社　1986.2　216p　19cm　〈監修：細川隆元　三代宰相列伝（昭和33年刊）の改題新装版　犬養毅の肖像あり〉　1400円　①4-7887-8563-3

◇昭和の宰相　第1巻　犬養毅と青年将校　戸川猪佐武著　講談社　1985.4　342p　15cm　（講談社文庫）　480円　①4-06-183483-5

◇話せばわかる—犬養毅とその時代　下　山陽新聞社編　岡山　山陽新聞社出版部　1982.10　435p　20cm　〈巻末：参考文献〉　1500円

◇話せばわかる—犬養毅とその時代　上　山陽新聞社編　岡山　山陽新聞社出版局　1982.9　430p　20cm　1500円

◇犬養公之碑　岡山　岡山県郷土文化財団　1982.4　47p　30cm　2500円

◇悲劇の大政治家犬養木堂と私—平和友好を政治理念とした真の愛国者人間木堂　上山親一著　犬養木堂会　1982.3　329p　19cm　〈監修：国友弘行〉　1300円

◇木堂遺墨考注　佐藤威夫著　岡山　木堂遺墨考注刊行会　1981.3　271p　22cm　〈犬養木堂の肖像あり　限定版〉

◇木堂先生写真伝　木堂先生写真伝復刻刊行会　1975.3　1冊　25×35cm　〈発行所：交研社　木堂雑誌出版部昭和7年刊の複製　付(1枚)：刊行にあたって　箱入〉

◇犬養毅　平沼越夫著　岡山　山陽図書出版　1975　255p　肖像　22cm

◇木堂先生写真伝—復刻版　鷲尾義直著　木堂先生写真伝復刻刊行会, 交研社　1975　1冊　図　25×35cm　〈木堂雑誌社出版部昭和7年刊の複製　箱入　付4p：木堂先生写真伝復刻版刊行にあたって〉　18000円

◇犬養毅　血の日曜日　吉岡達夫著　人物往来社　1968　317p　19cm　（近代人物叢書　第8)

◇犬養木堂伝　上巻　木堂先生伝記刊行会編　原書房　1968　872p　図版　22cm　(明治百年史叢書)

◇犬養木堂伝　中巻　木堂先生伝記刊行会編　原書房　1968　1010p　図版　22cm　(明治百年史叢書)

◇犬養木堂伝　下巻　木堂先生伝記刊行会編　原書房　1968　944p　図版　22cm　(明治百年史叢書)

◇犬養木堂伝　上巻　木堂先生伝記刊行会編　原書房　1968　872p　図版　22cm　(明治百年史鱒書)　〈編者：鷲尾義直　東洋経済新報社（昭和13-14年）刊の複製〉

◇近代日本の政治指導　政党政治家の思考様式—犬養毅の場合　小山博也著　東大出版会　1965

◇犬養毅　岩淵辰雄著　時事通信社　1958　216p　図版　18cm　(三代宰相列伝)

◇近代政治家評伝　阿部真之助著　文芸春秋新社　1953　353p　19cm

◇自由を護った人々　大川三郎著　新文社　1947　314p　18cm

五・一五事件

昭和7年5月15日に起きた犬養毅首相暗殺事件。二・二六事件と並ぶ軍事テロ、クーデター未遂事件とされる。海軍急進派の青年将校が中心となり、首相官邸や内大臣官邸、政友会本部、変電所6カ所などを襲撃し、要人を殺害、首都を暗黒に陥れ、戒厳令布告から軍部独裁政権の樹立を計画した。首相官邸では午後5時過ぎに海軍の三上卓中尉、黒岩勇少尉ら9人が首相官邸に突入。犬養は彼らを自ら応接間に案内し、自身の考えを説こうとしたところを射殺された。この時の「話せば分かる」「問答無用」の会話は実際に交わされた言葉通りではないが、政党政治と軍国主義を象徴的に示す会話として知られている。首相官邸以外では内大臣官邸などに軽度の損害を与えただけで、実行者は憲兵隊に自首した。軍法会議の処分は禁錮15年が最高と一様に軽く、二・二六事件を引き起こす誘因となった。また、首相官邸を襲撃した三上中尉は、戦後、クーデター未遂事件の三無事件にも関与している。

◇昭和史発掘 3 松本清張著 新装版 文芸春秋 2005.5 456p 16cm 〈文春文庫〉 829円 ①4-16-769702-5

◇遠い日—五・一五の人達 近藤好著 日本図書刊行会 2004.5 172p 20cm 〈東京 近代文芸社(発売)〉 1500円 ①4-8231-0769-1

◇昭和帝国の暗殺政治—テロとクーデタの時代 ヒュー・バイアス著,内山秀夫,増田修代訳 刀水書房 2004.4 343p 20cm (刀水歴史全書 69) 2500円 ①4-88708-314-9

◇週刊ビジュアル日本の歴史 no.114 戦争と平和 4 デアゴスティーニ・ジャパン 2002.5 p128-167 30cm 〈年表あり〉 533円

◇岡田啓介回顧録 岡田啓介著,岡田貞寛編 改版 中央公論新社 2001.9 391p 15cm (中公文庫BIBLIO20世紀) 1048円 ①4-12-203899-5

◇昭和初期の軍のクーデター(五・一五事件と二・二六事件)の意義と日本の今後の進むべき道 恒久好徳著 横浜 恒久好徳 1998.12 106p 27cm

◇五・一五事件の謎—浜大尉の思想と行動 五味幸男,浜広匡編著 諏訪 鳥影社 1996.12 340p 20cm 〈肖像あり 東京 星雲社(発売)〉 2400円 ①4-7952-6387-6

◇ある歴史の娘 犬養道子著 改版 中央公論社 1995.12 545p 15cm (中公文庫) 1200円 ①4-12-202492-7

◇五・一五事件と日本のマスメディア 補綴版 慶応義塾大学法学部政治学科玉井清研究会 1994.11 72p 26cm (近代日本政治資料 1)

◇匂坂資料 4 検察秘録五・一五事件 4 原秀男〔ほか〕編 角川書店 1991.2 630p 23cm 9800円 ①4-04-521808-4

◇匂坂資料 3 検察秘録五・一五事件 3 原秀男〔ほか〕編 角川書店 1990.10 774p 23cm 9800円 ①4-04-521807-6

◇匂坂資料 2 検察秘録五・一五事件 2 原秀男〔ほか〕編 角川書店 1989.12 651p 23cm 〈匂坂春平の肖像あり〉 8250円 ①4-04-521806-8

◇匂坂資料 1 検察秘録五・一五事件 1 原秀男〔ほか〕編 角川書店 1989.5 685p 23cm 〈折り込み5枚〉 8250円 ①4-04-521805-X

◇動乱昭和史よもやま物語 富沢繁著 光人社 1989.5 238p 19cm 〈イラスト・

エッセイシリーズ　64）　1030円　①4-7698-0435-0
◇五・一五事件と士官候補生　八木春雄著〔福岡〕〔八木春雄〕　1988.5　424p　22cm
◇首相官邸の血しぶき─二・二六事件,五・一五事件　生々しい総理官邸の悲劇体験実録　高砂滋子〔ほか〕編　ヒューマンドキュメント社　1987.2　222p　20cm　〈発売：星雲社　著者の肖像あり〉　1800円　①4-7952-3243-1
◇新聞集成昭和史の証言　第6巻　五・一五事件・テロ横行─昭和7年　入江徳郎〔ほか〕編　本邦書籍　1984.9　571p　27cm　〈6.五・一五事件・テロ横行：昭和7年〉　15000円
◇昭和の宰相　第1巻　犬養毅と青年将校　戸川猪佐武著　講談社　1982.2　342p　20cm　〈犬養毅の肖像あり〉　1000円　①4-06-142771-7
◇五・一五事件─橘孝三郎と愛郷塾の軌跡　保阪正康著　草思社　1974　382p　20cm　1500円
◇五・一五事件──海軍士官の青春　林正義著　新人物往来社　1974　286p（図共）20cm　1200円
◇昭和史の原点　3　五・一五事件消された真実　中野雅夫著　講談社　1974　264p　20cm　780円
◇昭和史の瞬間　上　朝日ジャーナル編　朝日新聞社　1974　343p　19cm　（朝日選書　11）　〈『朝日ジャーナル』に1965年から66年にかけて連載されたものを収録〉　780円
◇雪庵随想　木内曽益著　木内曽益　1973　64p　22cm

斎藤　実

安政5(1858).10.27～昭和11(1936).2.26
海軍軍人・政治家。陸奥水沢藩士の子として生まれる。海軍に入り、第1次西園寺内閣以来5度の海相、ジュネーブ軍縮会議全権などを務めた。昭和7年の五・一五事件の後、国際派として首相に推され挙国一致内閣を組織した。満州国を承認。帝人事件で退任。天皇の親任篤く10年内大臣となる。11年二・二六事件で暗殺された。

＊　　＊　　＊

◇斎藤実関係文書目録　書翰の部2　国立国会図書館専門資料部編　国立国会図書館　1999.10　297p　21cm　（憲政資料目録　第20）　〈東京 紀伊国屋書店（発売）〉　13900円　①4-87582-551-X
◇斎藤実関係文書目録　書翰の部2　国立国会図書館専門資料部編　国立国会図書館　1999.7　297p　21cm　（憲政資料目録　第20）　①4-87582-551-X
◇惨殺─提督斎藤実「二・二六」に死す　高橋文彦著　光人社　1999.2　302p　19cm　2000円　①4-7698-0900-X
◇斎藤実関係文書目録　書翰の部1　国立国会図書館専門資料部編　国立国会図書館　1998.11　289p　21cm　（憲政資料目録　第19）　〈東京 紀伊国屋書店（発売）〉　13000円　①4-87582-530-7
◇斎藤実関係文書目録　書翰の部1　国立国会図書館専門資料部編　国立国会図書館　1998.6　289p　21cm　（憲政資料目録　第19）　①4-87582-530-7
◇斎藤実関係文書目録　書類の部2　昭和期・日記・伝記資料等　国立国会図書館専門資料部編　国立国会図書館　1995.6　236p　21cm　（憲政資料目録　第18）　〈発売：紀伊国屋書店〉　7950円　①4-87582-424-6
◇斎藤実関係文書目録　書類の部2　昭和期・日記・伝記資料等　国立国会図書館専門資料部編　国立国会図書館　1995.3　236p　21cm　（憲政資料目録　第18）　①4-87582-424-6
◇斎藤実関係文書目録　書類の部1　海軍・朝鮮総督時代　国立国会図書館専門資料部編　国立国会図書館　1993.11　326p　21cm　（憲政資料目録　第17）　①4-87582-381-9

政治

◇証言・私の昭和史　2　三国一朗きき手，テレビ東京編　文芸春秋　1989.3　525p　15cm　〈文春文庫〉　550円　Ⓘ4-16-749902-9

◇日本宰相列伝　14　斎藤実　有竹修二著　時事通信社　1986.2　273p　19cm　〈監修：細川隆元　三代宰相列伝（昭和33年刊）の改題新装版　斎藤実の肖像あり〉　1400円　Ⓘ4-7887-8564-1

◇斎藤実記念館のあゆみ　水沢　斎藤実記念館　1984.1　62p　26cm　〈創立10周年記念　斎藤実の肖像あり〉

◇斎藤実関係文書目録（稿）　国立国会図書館編　謄写版　1967　251p　25cm

◇斎藤実追想録　斎藤実元子爵銅像復元会編　水沢　1963　250p　図版　18cm

◇斎藤実　有竹修二著　時事通信社　1958　273p　図版　18cm　〈三代宰相列伝〉

滝川事件

　昭和8年に京都帝国大学で起きた思想弾圧事件。法学部の滝川幸辰教授の著書『刑法講義』『刑法読本』の内乱罪、姦通罪に関する見解が反国家的とされ内務省が発禁処分とした。鳩山一郎文相は小西重直京大総長に滝川の罷免を要求、小西総長は拒否したが文官分限令により滝川を休職処分とした。これに抗議し法学部の教授・助教授全員が辞表を提出、最終的に7名が大学を去った。ファッショ化が進む中で学問の自由が侵された事件として知られる。

＊　　　＊　　　＊

◇滝川事件に死す—京大生26歳、無念の生涯　上巻　藍原友紀著　〔釧路〕　滝川事件研究会　2005.5　443p　22cm　〈発行所：はまなす文庫〉　Ⓘ4-902834-40-5

◇滝川事件に死す—京大生26歳、無念の生涯　中巻　藍原友紀著　〔釧路〕　滝川事件研究会　2005.5　392p　22cm　〈発行所：はまなす文庫〉　Ⓘ4-902834-41-3

◇滝川事件に死す—京大生26歳、無念の生涯　下巻　藍原友紀著　〔釧路〕　滝川事件研究会　2005.5　376p　22cm　〈発行所：はまなす文庫〉　Ⓘ4-902834-42-1

◇滝川事件　松尾尊兊著　岩波書店　2005.1　384,8p　15cm　〈岩波現代文庫　学術〉〈文献あり〉　1300円　Ⓘ4-00-600136-3

◇滝川幸辰—汝の道を歩め　伊藤孝夫著　京都　ミネルヴァ書房　2003.10　327,10p　20cm　〈ミネルヴァ日本評伝選〉〈肖像あり　年譜あり〉　2200円　Ⓘ4-623-03907-2

◇瀧川事件—記録と資料　世界思想社編集部編　京都　世界思想社　2001.8　838p　27cm　〈肖像あり〉　10000円　Ⓘ4-7907-0883-7

◇昭和史の瞬間　上　朝日ジャーナル編　朝日新聞社　1974　343p　19cm　〈朝日選書　11〉〈『朝日ジャーナル』に1965年から66年にかけて連載されたものを収録〉　780円

◇証言私の昭和史　第2　戦争への道　東京12チャンネル報道部編　学芸書林　1969　341p　20cm　〈監修者：有馬頼義等　東京12チャンネル報道部制作ドキュメント番組「私の昭和史」（司会：三国一朗）を収録したもの〉　690円

天皇機関説

　天皇を法人としての国家の最高機関とみなす憲法学説。東京帝国大学名誉教授・貴族院議員の美濃部達吉が提唱した。主権は法人としての国家にあるとし、天皇主権説と対立することから、昭和10年、帝国議会で反国家的と批判された。美濃部は貴族院議員を辞職、著書『憲法撮要』は発禁処分となった。軍部・右翼・在郷軍人会などが天皇機関説排斥に動き、政府は「国体明徴」を声明した。

＊　　　＊　　　＊

◇昭和史発掘　4　松本清張著　新装版　文芸春秋　2005.6　430p　16cm　〈文春文庫〉　829円　Ⓘ4-16-769703-3

政治

◇史料集公と私の構造—日本における公共を考えるために 1(美濃部憲法学と政治 1) 憲法講話 小路田泰直監修 美濃部達吉著 ゆまに書房 2003.4 626p 20cm 〈解説：顕原善徳 有斐閣書房1912年の複製〉 8500円 ⓘ4-8433-0902-8

◇史料集公と私の構造—日本における公共を考えるために 2(美濃部憲法学と政治 2) 現代憲政評論 小路田泰直監修 美濃部達吉著 ゆまに書房 2003.4 439p 20cm 〈解説：小関素明 岩波書店1930年刊の複製〉 8500円 ⓘ4-8433-0903-6

◇史料集公と私の構造—日本における公共を考えるために 3(美濃部憲法学と政治 3) 議会政治の検討 小路田泰直監修 美濃部達吉著 ゆまに書房 2003.4 598p 20cm 〈解説：小関素明 日本評論社1934年刊の複製〉 8500円 ⓘ4-8433-0904-4

◇憲法撮要 美濃部達吉著 改訂 復刻版 有斐閣 2000.8 558p 22cm 〈原本：昭和21年刊〉 10000円 ⓘ4-641-12881-2

◇日本憲法思想史 長尾竜一著 講談社 1996.11 286p 15cm （講談社学術文庫） 800円 ⓘ4-06-159256-4

◇歴史探偵昭和史をゆく 半藤一利著 PHP研究所 1995.12 366p 15cm （PHP文庫） 640円 ⓘ4-569-56829-7

◇近代日本の政治精神 吉田博司著 芦書房 1993.1 317p 20cm （RFP叢書 2） 3500円 ⓘ4-7556-1092-3

◇日本議会史録 3 内田健三〔ほか〕編 第一法規出版 1991.2 469,15p 22cm 5000円 ⓘ4-474-10173-1

◇最近憲法論—上杉慎吉対美濃部達吉 星島二郎編 みすず書房 1989.8 486p 23cm (Misuzu reprints 20) 〈実業之日本社大正2年刊の複製 付（別冊 8,4p 21cm)〉 5150円 ⓘ4-622-02690-2

◇証言・私の昭和史 2 三国一朗きき手, テレビ東京編 文芸春秋 1989.3 525p 15cm （文春文庫） 550円 ⓘ4-16-749902-9

◇天皇機関説と国民教育 小山常実著 京都 アカデミア出版会 1989.2 502p 22cm 8000円

◇天皇機関説の周辺—三つの天皇機関説と昭和史の証言 宮本盛太郎著 増補版 有斐閣 1983.2 310p 19cm （有斐閣選書） 1500円 ⓘ4-641-08248-0

◇天皇機関説の周辺—三つの天皇機関説と昭和史の証言 宮本盛太郎著 有斐閣 1980.3 258p 19cm （有斐閣選書） 1200円

◇昭和史の瞬間 上 朝日ジャーナル編 朝日新聞社 1974 343p 19cm （朝日選書 11） 〈『朝日ジャーナル』に1965年から66年にかけて連載されたものを収録〉 780円

◇天皇機関説事件—史料は語る 宮沢俊義著 有斐閣 1970 2冊 20cm 800-850円

◇美濃部達吉の思想史的研究 家永三郎著 岩波書店 1964 354p 図版 22cm 〈付略年譜 347-354p〉

二・二六事件

昭和11年2月に起きた陸軍青年将校による反乱、クーデター未遂事件。満州事変前後から陸軍内部の統制派・皇道派の派閥対立が進行し、10年7月の皇道派の総帥真崎甚三郎陸軍教育総監の罷免、8月の相沢中佐による統制派のリーダー永田軍務局長斬殺（相沢事件）と、両者の対立は激化していった。その中で皇道派の拠点である第1師団の満州派遣が決定され、追いつめられた皇道派

政治

青年将校は「昭和維新」の決行へと突き進んだ。同日早暁、皇道派青年将校は1500人の兵力を率いて首相官邸、警視庁、朝日新聞社などを襲撃し、斎藤内大臣、高橋蔵相、渡辺陸軍教育総監らを殺害(岡田首相は危うく難を逃れた)、その後、陸軍省、警視庁など麹町区の政治・軍事中枢を制圧した。当初陸軍首脳は決起に同情的な態度をとっていたが、天皇は重臣殺傷に激怒し、最終的に陸軍も鎮圧の方向に踏み切った。28日に「反乱部隊」武力鎮圧の奉勅命令が下り、翌日反乱軍を包囲。併せてラジオ放送やビラ配布などで帰順を勧告すると、事情を知らぬまま上官命令に従って決起に参加していた下士官・兵士らは続々と帰順したため、青年将校は少数が自決した他は憲兵隊によって検挙された。また皇道派の理論的指導者北一輝や西田税らも逮捕され、クーデターは失敗した。事件後、陸軍首脳は反乱軍に一時同調した事実を闇に葬るため、関係者の処分を急いだ。一審制・非公開・弁護人無しの特設軍法会議はわずか2ヶ月の審理で17名に死刑判決を下した。12日に15人が処刑され、翌37年8月14日に北、西田にも死刑判決が下り、残る将校2人と共に19日には処刑された。この間粛軍人事により皇道派は一掃され、東条英機ら統制派が陸軍の実権を握り、軍部大臣現役武官制の復活や広田弘毅内閣の組閣への露骨な介入など、軍部の政治的発言権の著しい強化がもたらされた。

◇二・二六事件—憲兵将校・磯高麿の戒厳令日誌　磯直道著　磯直道　2004.2　135p　20cm　〈東京 朝日新聞社(発売)〉　1000円　①4-02-100085-2

◇叛乱　立野信之著　学習研究社　2004.2　685p　15cm　(学研M文庫)　1400円　①4-05-900275-5

◇昭和天皇語録　黒田勝弘,畑好秀編　講談社　2004.1　365p　15cm　(講談社学術文庫)　1150円　①4-06-159631-4

◇二・二六事件—青年将校の意識と心理　須崎慎一著　吉川弘文館　2003.10　352,6p　20cm　2800円　①4-642-07921-1

◇図説2・26事件　太平洋戦争研究会編,平塚柾緒著　河出書房新社　2003.1　167p　22cm　(ふくろうの本)　〈年表あり　文献あり〉　1600円　①4-309-76026-0

◇二・二六事件全検証　北博昭著　朝日新聞社　2003.1　271,7p　19cm　(朝日選書)　〈文献あり〉　1200円　①4-02-259821-2

◇宰相岡田啓介の生涯—2・26事件から終戦工作　上坂紀夫著　東京新聞出版局　2001.2　365p　20cm　1800円　①4-8083-0730-8

◇図説二・二六事件　茶園義男編著　日本図書センター　2001.2　338p　27cm　12000円　①4-8205-4157-9

◇二・二六事件裁判の研究—軍法会議記録の総合的検討　松本一郎著　緑蔭書房　1999.7　423p　22cm　7500円　①4-89774-244-7

◇父と私の二・二六事件—昭和史最大のクーデターの真相　岡田貞寛著　光人社　1998.2　361p　16cm　(光人社NF文庫)　〈肖像あり〉　743円　①4-7698-2186-7

◇二・二六暗殺の目撃者　有馬頼義著　新装版　恒文社　1998.2　228p　19cm　〈初版の出版者:読売新聞社〉　1600円　①4-7704-0963-X

◇二・二六事件裁判記録—蹶起将校公判廷　池田俊彦編　原書房　1998.2　568p　22cm　4800円　①4-562-03069-0

◇会津若松憲兵分隊員私と二・二六事件　根本勝著　横須賀　根本勝　1997.11　11p　22cm　〈表紙のタイトル:会津若松憲兵

政治

隊員私と二・二六事件〉

◇その後の二・二六—獄中交遊録　池田俊彦著　東林出版社　1997.7　235p　20cm　1600円　④4-924786-11-X

◇鎮魂「二・二六」　もりたなるお著　講談社　1997.2　297p　15cm　（講談社文庫）　580円　④4-06-263448-1

◇化城の昭和史—二・二六事件への道と日蓮主義者　上　寺内大吉著　中央公論社　1996.10　427p　16cm　（中公文庫）　960円　④4-12-202717-9

◇化城の昭和史—二・二六事件への道と日蓮主義者　下　寺内大吉著　中央公論社　1996.10　449p　16cm　（中公文庫）　960円　④4-12-202718-7

◇二・二六事件軍法会議　原秀男著　文芸春秋　1995.7　243p　20cm　1600円　④-16-350480-X

◇2・26事件の謎　新人物往来社戦史室編　新人物往来社　1995.7　238p　22cm　3200円　④4-404-02224-7

◇二・二六事件—判決と証拠　伊藤隆，北博昭共編　新訂　朝日新聞社　1995.3　481,12p　20cm　4700円　④4-02-256836-4

◇十五年戦争重要文献シリーズ　第20集　二・二六事件警察秘録　北博昭編・解説　不二出版　1995.2　376p　27cm　〈複製〉　16000円

◇二・二六事件　警察秘録　北博昭編・解説　不二出版　1995.2　376p　26cm　（十五年戦争重要文献シリーズ　20）　16480円

◇二・二六事件　雪隆リ止マズ　折目朋美作画　双流社, 星雲社〔発売〕　1995.2　559p　21cm　2000円　④4-7952-5619-5

◇ワレ皇居ヲ占拠セリ—二・二六事件秘話「宮城坂下門内の変」　仲乗匠者　恒友出版　1995.2　246p　20cm　1800円　④4-7652-5090-3

◇二・二六事件と日本のマスメディア　慶応義塾大学法学部政治学科玉井清研究会　1994.11　156p　26cm　（近代日本政治資料　2）　2000円

◇二・二六事件—「昭和維新」の思想と行動　高橋正衛著　増補改版　中央公論社　1994.2　254p　18cm　（中公新書）　720円　④4-12-190076-6

◇二・二六事件実録秘話　柘植貞次著　近代文芸社　1994.2　175p　20cm　1200円　④4-7733-2485-6

◇二・二六事件＝研究資料　3　松本清張，藤井康栄編　文芸春秋　1993.2　651,64p　20cm　4800円　④4-16-360460-X

◇現代史の断面・二・二六事件　ねず・まさし著　校倉書房　1992.2　386p　20cm　④4-7517-2160-7

◇叛徒—2・26事件と北の青年将校たち　平沢是曠著　札幌　北海道新聞社　1992.2　265p　19cm　（道新選書　23）　1200円　④4-89363-942-0

◇匂坂資料　8　検察秘録二・二六事件　4　原秀男〔ほか〕編　角川書店　1991.8　687,53p　23cm　〈匂坂春平の肖像あり　付(1枚)：二・二六事件関係人名表〉　9800円　④4-04-521804-1

◇二・二六事件—幻の革命　実体験ドキュメント　小倉倉一著　スピリッツアベニュー　1991.6　194p　19cm　1480円　④4-947604-05-0

◇二・二六事件の偽史を撃つ　山口富永著　国民新聞社　1990.8　302p　19cm　1942円　④4-87554-037-X

◇匂坂資料　7　検察秘録二・二六事件　3　原秀男〔ほか〕編　角川書店　1990.6　652p　23cm　〈匂坂春平の肖像あり　付(1枚)：二・二六事件関係人名表〉　8250円　④4-04-521803-3

◇ジョンソン米大使の日本回想—二・二六事件から沖縄返還・ニクソンショックまで　U.アレクシス・ジョンソン著，増田弘訳　草思社　1989.12　324p　20cm　2900円　④4-7942-0357-8

◇匂坂資料　6　検察秘録二・二六事件　2　原秀男〔ほか〕編　角川書店　1989.9

政治

◇699p 23cm 〈匂坂春平の肖像あり 付(1枚)：二・二六事件関係人名表〉 8250円 ⓟ4-04-521802-5

◇目撃者が語る昭和史 第4巻 2・26事件—青年将校の蹶起から鎮圧、処刑まで 義井博編 新人物往来社 1989.6 293p 22cm 〈監修：猪瀬直樹〉 2600円 ⓟ4-404-01625-5

◇NHK歴史への招待 第29巻 二・二六事件 日本放送協会編集 日本放送出版協会 1989.2 228p 18cm （新コンパクト・シリーズ 034） 680円 ⓟ4-14-018034-X

◇匂坂資料 5 検察秘録二・二六事件 1 原秀男〔ほか〕編 角川書店 1989.2 509p 23cm 〈匂坂春平の肖像あり 付(1枚)：二・二六事件関係人名表〉 8000円 ⓟ4-04-521801-7

◇二・二六事件—獄中手記・遺書 河野司著 河出書房新社 1989.2 558p 22cm 〈新装版〉 3800円 ⓟ4-309-22161-0

◇私の二・二六事件 河野司著 河出書房新社 1989.2 235p 15cm （河出文庫） 420円 ⓟ4-309-47152-8

◇二・二六事件 須崎慎一著 岩波書店 1988.7 62p 21cm （岩波ブックレット） 300円 ⓟ4-00-003432-4

◇雪はよごれていた—昭和史の謎二・二六事件最後の秘録 沢地久枝著 日本放送出版協会 1988.2 249p 20cm 1200円 ⓟ4-14-005134-5

◇生きている二・二六 池田俊彦著 文芸春秋 1987.2 277p 20cm 〈巻末：参考文献 解説：半藤一利 図版〉 1200円 ⓟ4-16-341350-2

◇首相官邸の血しぶき—二・二六事件,五・一五事件 生々しい総理官邸の悲劇体験実録 高砂滋子〔ほか〕編 ヒューマンドキュメント社 1987.2 222p 20cm 〈発売：星雲社 著者の肖像あり〉 1800円 ⓟ4-7952-3243-1

◇一青年将校—終わりなき二・二六事件 高橋治郎著 光人社 1986.3 237p 20cm 1300円 ⓟ4-7698-0296-X

◇二・二六事件 松本清張著 文芸春秋 1986.2 3冊 20cm 各2500円

◇二・二六事件=研究資料 2 松本清張,藤井康栄編 文芸春秋 1986.2 482p 20cm 3500円

◇二・二六事件大全集大決定版 日本新創造社編 国会報告社 1985.11 424p 27cm 〈付（別冊 34p 26cm）：大幸運を呼ぶまじないの護符〉 30000円

◇二・二六事件その後の兵士たち 歩三戦友会編 浦和 さきたま出版会 1985.4 407p 22cm 4000円 ⓟ4-87891-161-1

◇天皇と二・二六事件 河野司著 河出書房新社 1985.2 101p 20cm 1200円 ⓟ4-309-22113-0

◇罰は刑にあらず—ある下士官の二・二六事件 福島理本著 浦和 さきたま出版会 1985.2 225,4p 19cm 〈著者の肖像あり〉 1500円 ⓟ4-87891-160-3

◇二・二六青春群像 須山幸雄著 芙蓉書房 1984.1 355p 19cm 〈『二・二六事件青春群像』（昭和56年刊）の改題新版〉 1500円

◇二・二六叛乱 田々宮英太郎著 雄山閣 1983.12 279p 22cm （雄山閣books 14） 2500円 ⓟ4-639-00301-3

◇ドキュメント昭和史 2 満州事変と二・二六 粟屋憲太郎編 普及版 平凡社 1983.2 345p 19cm 880円

◇二・二六事件の兵隊 須賀長市著 恒文社 1983.2 226p 20cm 〈著者の肖像あり〉 1800円 ⓟ4-7704-0521-9

◇二・二六事件秘話 河野司著 河出書房新社 1983.2 170p 20cm 1200円

◇歴史の中の二・二六事件 宮本吉夫著 日経事業出版社 1982.2 58,262p 22cm 〈付・通信省電務局情報集〉 1500円

◇天皇 3 二・二六事件 児島襄著 文芸春秋 1981.6 372p 16cm （文春文庫） 420円

◇二・二六事件青春群像　須山幸雄著　芙蓉書房　1981.2　410p　20cm　2400円

◇二・二六事件と郷土兵　埼玉県編〔浦和〕埼玉県　1981.2　564p　22cm〈『新編埼玉県史』別冊〉

◇戒厳指令「交信ヲ傍受セヨ」―二・二六事件秘録　NHK取材班著　日本放送出版協会　1980.2　306p　20cm　1100円

◇香椎戒厳司令官秘録二・二六事件　香椎研一編　永田書房　1980.2　275p　20cm〈著者の肖像あり〉　1600円

◇二・二六事件諸士遺詠集　仏心会　1980.2　119p　21cm　〈限定版〉

◇西田税二・二六への軌跡　須山幸雄著　芙蓉書房　1979.2　352p　20cm　〈西田税ほかの肖像あり〉　2200円

◇昭和史発掘　11　二・二六事件　5　松本清張著　文芸春秋　1978.12　334p　16cm　（文春文庫）　340円

◇昭和史発掘　12　二・二六事件　6　松本清張著　文芸春秋　1978.12　270p　16cm　（文春文庫）　280円

◇昭和史発掘　9　松本清張著　文芸春秋　1978.11　277p　16cm　（文春文庫）　300円

◇昭和史発掘　7　松本清張著　文芸春秋　1978.10　265p　16cm　（文春文庫）　280円

◇昭和史発掘　8　松本清張著　文芸春秋　1978.10　327p　16cm　（文春文庫）　340円

◇ゾルゲの二・二六事件　斎藤道一著　田畑書店　1977.9　291p　20cm　1400円

◇二・二六事件＝研究資料　1　松本清張編　文芸春秋　1976　467p　20cm　2500円

◇暗い暦―二・二六事件以後と武藤章　沢地久枝著　エルム　1975　290p　19cm　980円

◇二・二六事件の謎―昭和クーデターの内側　大谷敬二郎著　柏書房　1975　318p　図　19cm　1500円

◇日本の叛乱―青年将校たちと二・二六事件　河野司訳　河出書房新社　1975　258p　20cm　1200円

◇虚妄の歴史―二・二六事件の周辺　山村文人著　経済往来社　1974　299p　20cm　1000円

◇二・二六事件と下士官兵　山岡明著　新人物往来社　1974　245p　20cm　980円

◇2・26事件の原点―陸軍士官学校における革新の狼火　芦沢紀之著　原書房　1974　231p　図　肖像　20cm　950円

◇二・二六と青年将校　松沢哲成,鈴木正節著　三一書房　1974　255,14p　20cm　1200円

◇秩父宮と二・二六　芦沢紀之著　原書房　1973　298p　図　肖像　20cm　950円

◇二・二六事件　大谷敬二郎著　図書出版社　1973　318p　図　肖像　20cm　900円

◇昭和史発掘　13　二・二六事件　7　松本清張著　文芸春秋　1972　259,74p　20cm　550円

◇二・二六事件秘録　別巻　林茂〔等〕共同編集　小学館　1972　558,56p　図　23cm

◇二・二六と下級兵士　東海林吉郎著　太平出版社　1972　252p　19cm　750円

◇二・二六事件への挽歌―最後の青年将校　大蔵栄一著　読売新聞社　1971　394p　20cm　700円

◇二・二六事件秘録　1　林茂〔等〕共同編集　小学館　1971　507p　図　肖像　23cm　5500円

◇二・二六事件秘録　2　林茂〔等〕共同編集　小学館　1971　626p　図　肖像　23cm　5500円

◇二・二六事件秘録　3　林茂〔等〕共同編集　小学館　1971　607p　図　23cm　5500円

◇昭和史発掘　10　二・二六事件　4　松本清張著　文芸春秋　1970　337p　20cm　550円

◇昭和維新―二・二六事件と真崎大将　田々宮英太郎著　サイマル出版会　1968

195p 図版 19cm （サイマル双書）〈主要参考文献〉
◇日本の謎—30年目に発見させた二・二六事件判件原本　東潮社現代史料室編　東潮社　1964　235p 図版　18cm　（東潮ライブラリィ）
◇天皇と叛乱将校　橋本徹馬著　日本週報社　1954　172p 図版　19cm
◇流血の叛乱二・二六事件真相史 兵に告ぐ　福本亀治著　大和書房　1954　236p 図版　19cm
◇二・二六　斎藤瀏著　改造社　1951　297p 表　19cm

北 一輝

明治16(1883).4.3～昭和12(1937).8.19
思想家。本名は輝次郎。新潟県生まれ。国龍会に入り、辛亥革命では中国にわたり革命運動に参加した。帰国後、著書『日本改造法案大綱』を刊行。クーデターによる国家改造を主張し、昭和維新を唱える皇道派の青年将校の精神的指導者として大きな影響を与えた。二・二六事件には直接は加わらなかったが、事件の首謀者とみなされ、昭和12年8月19日に処刑された。

＊　　＊　　＊

◇北一輝思想集成　北一輝著　書肆心水　2005.8　862p　20cm　〈年譜あり〉　4800円　①4-902854-07-4
◇魔王と呼ばれた男北一輝　藤巻一保著　柏書房　2005.4　318p　20cm　2400円　①4-7601-2701-1
◇北一輝の研究　竹山護夫著　名著刊行会　2005.1　307p　20cm　（歴史学叢書）〈下位シリーズの責任表示：竹山護夫/著〉　3000円　①4-8390-0325-4
◇評伝 北一輝 5 北一輝伝説　松本健一著　岩波書店　2004.9　293,30p　19cm　3000円　①4-00-026480-X
◇評伝北一輝 4 二・二六事件へ　松本健一著　岩波書店　2004.6　345p　20cm　〈肖像あり〉　3000円　①4-00-026479-6
◇評伝北一輝 3 中国ナショナリズムのただなかへ　松本健一著　岩波書店　2004.3　306p　20cm　〈肖像あり〉　3000円　①4-00-026478-8
◇評伝北一輝 2 明治国体論に抗して　松本健一著　岩波書店　2004.2　296p　20cm　〈肖像あり〉　3000円　①4-00-026477-X
◇評伝北一輝 1 若き北一輝　松本健一著　岩波書店　2004.1　281p　20cm　〈肖像あり〉　3000円　①4-00-026476-1
◇一輝と昫吉—北兄弟の相剋　稲辺小二郎著　新潟　新潟日報事業社　2002.6　283p　19cm　2800円　①4-88862-912-9
◇「二・二六」天皇裕仁と北一輝　矢部俊彦著　元就出版社　2000.2　477p　19cm　2500円　①4-906631-47-9
◇北一輝—ある純正社会主義者　粂康弘著　三一書房　1998.9　212p　22cm　2800円　①4-380-98305-6
◇思想史の相貌　西部邁著　徳間書店　1997.12　297p　16cm　（徳間文庫）　533円　①4-19-890809-5
◇戦前の国家主義運動史　堀幸雄著　三嶺書房　1997.12　454p　21cm　3900円　①4-88294-102-3
◇革命家・北一輝—「日本改造法案大綱」と昭和維新　豊田穣著　講談社　1996.6　560p　15cm　（講談社文庫）　820円　①4-06-263270-5
◇北一輝と二・二六事件の陰謀　木村時夫著　恒文社　1996.2　323p　19cm　1900円　①4-7704-0867-6
◇北一輝と二・二六事件の陰謀　木村時夫著　恒文社　1996.2　323p　20cm　〈北一輝関連略年譜：p318～322〉　1900円　①4-7704-0867-6
◇北一輝論　松本健一著　講談社　1996.2　359p　15cm　（講談社学術文庫）　980円　①4-06-159214-9
◇北一輝—転換期の思想構造　岡本幸治著　京都　ミネルヴァ書房　1996.1

360,16p 19cm （Minerva21世紀ライブラリー 20） 3500円 ①4-623-02587-X
◇北一輝　長谷川義記著　紀伊国屋書店　1994.1　212p　20cm　（精選復刻紀伊国屋新書）　1800円　①4-314-00668-4
◇北一輝と幻の維新革命—昭和クーデター史　矢野久義著　社会評論社　1991.2　317p　21cm　3605円
◇北一輝 霊告日記　北一輝著, 松本健一編　第三文明社　1987.8　358p 21cm　4600円　①4-476-03127-7
◇石川啄木と北一輝—新たなる「地上王国」の予見　小西豊治著　御茶の水書房　1987.4　288p　20cm 〈伝統と現代社1980年刊の再刊〉　2000円　①4-275-00737-9
◇北一輝伝説—その死の後に　松本健一著　河出書房新社　1986.2　159p 19cm　1200円　①4-309-00425-3
◇体制に反逆する　粕谷一希編　講談社　1986.2　330p 19cm　（言論は日本を動かす 第6巻）　1800円　①4-06-188946-X
◇三島由紀夫と北一輝　野口武彦著　福村出版　1985.10　221p　20cm　1500円
◇北一輝の昭和史　松本健一著　第三文明社　1985.7　238p　20cm 〈北一輝の肖像あり〉　1600円　①4-476-03120-X
◇北一輝　渡辺京二著　朝日新聞社　1985.4　304p 19cm　（朝日選書 278）　1000円　①4-02-259378-4
◇北一輝　長谷川義記著　紀伊国屋書店　1981.1　212p　20cm　〈新装版 初版：1969（昭和44）〉　1400円
◇『北一輝』論集　五十嵐暁郎編　三一書房　1979.10　373p　27cm　5500円
◇北一輝論　松本清張著　講談社　1979.1　332p 15cm　（講談社文庫）　360円
◇北一輝　渡辺京二著　朝日新聞社　1978.11　304p　20cm　（朝日評伝選 22）　1200円
◇北一輝—人と思想　松沢哲成編　三一書房　1977.7　374p　20cm　2000円

◇北一輝と法華経　高橋康雄著　第三文明社　1976　179p 肖像 18cm　（レグルス文庫 71）　480円
◇北一輝の人間像—『北日記』を中心に　宮本盛太郎編　有斐閣　1976　354p 19cm　（有斐閣選書）　1300円
◇北一輝論　松本清張著　講談社　1976　339p　20cm　1200円
◇近代日本の思想構造—諭吉・八束・一輝　井田輝敏著　木鐸社　1976　273,6p　22cm　2000円
◇北一輝研究　宮本盛太郎著　有斐閣　1975　321p 肖像　22cm　3900円
◇北一輝のこころ　宮川悌二郎著　大東塾出版部　1975　221p 19cm　（維新叢書 第5輯）〈附録（別冊11p)：資料・北一輝の新書翰—佐渡・宮川豊氏所蔵の六通〉　550円
◇30年代の思想家たち　久野収著　岩波書店　1975　396p 19cm　1400円
◇日本の思想家　下　朝日ジャーナル編集部編　新版　朝日新聞社　1975　323p 19cm　（朝日選書 46）　780円
◇北一輝と超国家主義　岩瀬昌登著　雄山閣　1974　203p　22cm　1800円
◇戒厳令—伝説・北一輝　別役実著　角川書店　1973　254p 図 肖像　20cm　860円
◇北一輝—日本の国家社会主義　滝村隆一著　勁草書房　1973　368p 20cm
◇よみがえる北一輝—その思想と生涯　上巻　長谷川義記著　月刊ペン社　1973　334p 図 肖像 19cm
◇よみがえる北一輝—その思想と生涯　下巻　長谷川義記著　月刊ペン社　1973　390p 図 19cm　880円
◇若き北一輝—恋と詩歌と革命と　松本健一著　増補　現代評論社　1973　320p 図 肖像　20cm　850円
◇北一輝　川合貞吉著　新人物往来社　1972　262p　20cm　850円

政治

◇北一輝著作集　第3巻　論文・詩歌・書簡―関係資料雑纂　みすず書房　1972　692p 図 肖像　22cm　3200円
◇北一輝論　松本健一著　現代評論社　1972　309p　20cm　950円
◇講座日蓮　4　日本近代と日蓮主義　編集:田村芳朗, 宮崎英修　春秋社　1972　262p 22cm　〈監修:坂本日深〉　1000円
◇北一輝―日本的ファシストの象徴　田中惣五郎著　増補版　三一書房　1971　457p 図 肖像　20cm　〈初版:未来社　1959〉　1200円
◇北一輝と日本の近代　G.M.ウィルソン著, 岡本幸治訳　勁草書房　1971　258,7p 肖像　20cm　980円
◇北一輝「日本改造法案」　解説:古谷綱正　鱒書房 ビデオ出版(発売)　1971　153p ソノシート1枚　19cm　〈付録(p.143-152):永田鉄山「上司に具申する意見覚書」〉　450円
◇北一輝論　村上一郎著　三一書房　1970　188p　20cm　580円
◇北一輝　長谷川義記著　紀伊国屋書店　1969　212p　18cm　（紀伊国屋新書）　300円
◇北一輝 革命の使者　利根川裕著　人物往来社　1967　286p　19cm　（近代人物叢書　5）
◇20世紀を動かした人々　第13　反逆者の肖像〔ほか〕　松田道雄　講談社　1963　414p 図版　19cm
◇日本の思想家　第3　朝日新聞社朝日ジャーナル編集部編　朝日新聞社　1963　400p　19cm
◇北一輝著作集　第2巻　支那革命外史,国家改造案原理大綱,日本改造法案大綱　北一輝著　みすず書房　1959　432p 図版　22cm
◇北一輝 日本的ファシストの象徴　田中惣五郎著　未来社　1959　470p 図版　19cm

大川 周明

明治19(1886).12.6～昭和32(1957).12.24
国家主義思想家。山形県生まれ。東京帝国大学でインド哲学を専攻。大正8年北一輝とともに猶存社を組織し、ファシズム運動の理論的指導者となった。三月事件・十月事件にも関与し、五・一五事件で検挙され、禁錮5年の刑を受けた。戦後、民間人として唯一、A級戦犯として起訴された。初公判で東条英機の頭を後ろから叩いたりドイツ語の奇声を発するなど行動が常軌を逸するため入院・診断の結果、梅毒による精神障害とされ免訴となった。その後『コーラン』の全訳を完成させている。

　　　　＊　　　　＊　　　　＊

◇大川周明　松本健一著　岩波書店　2004.10　502p　15cm　（岩波現代文庫　社会）〈年譜あり〉　1200円　①4-00-603099-1
◇大川周明　松本健一著　岩波書店　2004.10　502p　15cm　（岩波現代文庫）　1200円　①4-00-603099-1
◇人間の運命　小島直記著　致知出版社　1999.6　271p　19cm　1500円　①4-88474-567-1
◇大川周明関係文書　大川周明関係文書刊行会編　芙蓉書房出版　1998.9　841p　22cm　19000円　①4-8295-0203-7
◇近代日本のアジア観　岡本幸治編著　京都　ミネルヴァ書房　1998.5　293,10p　21cm　（MINERVA日本史ライブラリー　5）　3500円　①4-623-02869-0
◇大川周明―ある復古革新主義者の思想　大塚健洋著　中央公論社　1995.12　223p　18cm　（中公新書）　700円　①4-12-101276-3
◇大川周明―ある復古革新主義者の思想　大塚健洋著　中央公論社　1995.12　223p　18cm　（中公新書　1276）　680円　①4-12-101276-3
◇戦前昭和ナショナリズムの諸問題　清家基良著　錦正社　1995.12　392p　22cm

（錦正社史学叢書） 9800円 ①4-7646-0307-1

◇大川周明と近代日本　大塚健洋著　木鐸社　1990.9　281,13p 19cm　1854円　①4-8332-2150-0

◇大川周明日記—明治36年〜昭和24年　大川周明顕彰会編　岩崎学術出版社　1986.9　559p 22cm　〈大川周明の肖像あり〉　8000円

◇大川周明—100年の日本とアジア　松本健一著　作品社　1986.8　417p 19cm　2500円　①4-87893-123-X

◇大川周明博士の生涯　原田幸吉著　酒田大川周明顕彰会　1982.10　201p 19cm　〈大川周明の肖像あり 限定版〉

◇わが大川周明論—回帰への遍歴　富樫富著　大東塾出版部　1982.9　158p 19cm　（維新叢書　第6輯）　1000円

◇私の戦後—大川周明博士と共に　柳沢一二著　〔二本松〕〔柳沢一二〕　1982.7　106p 19cm　〈付：「私の戦前」—夢ぞ翔ぶ—再び海を渡る—天津の霊夢　大川周明の肖像あり〉

◇近代日本思想大系　21　大川周明集　編集解説:橋川文三　筑摩書房　1975　451p　肖像　20cm　1800円

◇大川周明　野島嘉晌著　新人物往来社　1972　259p　肖像　20cm　850円

◇人物再発見　読売新聞社編　人物往来社　1965　235p 19cm

岡田　啓介

慶応4(1868).1.20〜昭和27(1952).10.17
海軍軍人・政治家。福井藩士の子として生まれる。海軍に入り、海軍次官、連合艦隊司令長官等を経て、田中義一内閣、斎藤実内閣の海相を務める。昭和9年内閣を組織。在任中に天皇機関説問題が起こり、陸軍皇道派などから批判を受ける。二・二六事件で襲撃され、義弟の松尾大佐が岡田と誤認されて殺され、難を逃れるが内閣は総辞職する。のち重臣として日米開戦回避に努力した。自伝に『岡田啓介回顧録』がある。

＊　　＊　　＊

◇軍人宰相列伝—山県有朋から鈴木貫太郎まで三代総理実記　小林久三著　光人社　2003.2　262p 20cm　1900円　①4-7698-1083-0

◇岡田啓介回顧録　岡田啓介著, 岡田貞寛編　改版　中央公論新社　2001.9　391p 15cm　（中公文庫BIBLIO20世紀）　1048円　①4-12-203899-5

◇宰相岡田啓介の生涯—2・26事件から終戦工作　上坂紀夫著　東京新聞出版局　2001.2　365p 20cm　1800円　①4-8083-0730-8

◇父と私の二・二六事件—昭和史最大のクーデターの真相　岡田貞寛著　光人社　1998.2　361p 16cm　（光人社NF文庫）〈肖像あり〉　743円　①4-7698-2186-7

◇巨木は揺れた—岡田啓介の生涯　仙石進著　近代文芸社　1994.9　306p 19cm　1800円　①4-7733-3255-7

◇最後の重臣岡田啓介—終戦和平に尽瘁した影の仕掛人の生涯　豊田穣著　光人社　1994.5　413p 19cm　2200円　①4-7698-0674-4

◇岡田啓介　岡田大将記録編纂会編　1956　508p 図版　22cm

高橋　是清

嘉永7(1854).閏7.27〜昭和11(1936).2.26
財政家・政治家。江戸に生まれ仙台藩士の養子となる。藩命によりアメリカに留学するが知らぬまま奴隷契約書にサインさせられるなど辛酸をなめる。帰国後、文部省、農商務省を経て日本銀行総裁を務める。立憲政友会に入党し、原敬首相暗殺後、蔵相から首相に就任したが半年で総辞職。財政政策の手腕を買われその後も蔵相を歴任した。蔵相在任中は積極財政政策をとり、井上準之助の緊縮財政と対比される。そ

の風貌から「だるま」と呼ばれた親しまれた。
二・二六事件で暗殺された。

　　　　＊　　　＊　　　＊

◇ヘボン塾につらなる人々—高橋是清から藤原義江まで　原豊著　原豊　2003.10　269p　22cm　〈東京　明治学院サービス（発売）　年表あり〉　1714円　①4-7660-0105-2

◇教科書が教えない歴史人物の常識疑問　新人物往来社　2002.12　358p　19cm　1600円　①4-404-02987-X

◇改革者—私の「代表的日本人」　大原一三著　角川書店　2002.8　373p　15cm　（角川文庫）　686円　①4-04-364401-9

◇生を踏んで恐れず—高橋是清の生涯　津本陽著　幻冬舎　2002.4　390p　15cm　（幻冬舎文庫）　600円　①4-344-40224-3

◇高橋是清と田中角栄—日本を救った巨人の知恵　小林吉弥著　光文社　2002.3　383p　16cm　（知恵の森文庫）　〈1998年刊の増補〉　648円　①4-334-78145-4

◇その時歴史が動いた　2　NHK取材班編　名古屋　KTC中央出版　2000.10　253p　20cm　1600円　①4-87758-188-X

◇高橋是清—財政家の数奇な生涯　大島清著　復刻版　中央公論新社　1999.10　196p　18cm　（中公新書　181）〈文献あり　年表あり〉　800円　①4-12-170181-X

◇高橋是清随想録　高橋是清口述, 上塚司聞き書き　仙台　本の森　1999.6　409p　20cm　〈年譜あり〉　2800円　①4-938965-15-1

◇人間の運命　小島直記著　致知出版社　1999.6　271p　19cm　1500円　①4-88474-567-1

◇棺を蓋いて事定まる—高橋是清とその時代　北脇洋子著　東洋経済新報社　1999.4　329p　20cm　1800円　①4-492-06109-6

◇高橋是清—立身の経路　高橋是清著　日本図書センター　1999.2　233p　20cm　（人間の記録　81）　1800円　①4-8205-4327-X,4-8205-4326-1

◇明治に名参謀ありて—近代国家「日本」を建国した6人　三好徹著　小学館　1999.1　350p　15cm　（小学館文庫）　638円　①4-09-403511-7

◇高橋是清と田中角栄—苦しいとき、逃げ出す奴はダメだ　経済危機編　小林吉弥著　光文社　1998.11　222p　18cm　（カッパ・ブックス）　819円　①4-334-00641-8

◇高橋是清と田中角栄—どれだけ大胆、積極、果敢に決断したか　不況脱出編　小林吉弥著　光文社　1998.11　222p　18cm　（カッパ・ブックス）　819円　①4-334-00642-6

◇国際財政金融家高橋是清　せんだみのる著　教育総合出版局　1998.6　1193p　21cm　（せんだみのる著作集　第6巻）〈折り込み1枚〉　28000円

◇運命の児—日本宰相伝　2　三好徹著　徳間書店　1997.8　334p　15cm　（徳間文庫）　552円　①4-19-890742-0

◇高橋是清伝　高橋是清口述, 矢島裕紀彦現代語訳　小学館　1997.2　283p　19cm　（地球人ライブラリー）　1500円　①4-09-251032-2

◇高橋是清伝　矢島裕紀彦現代語訳　小学館　1997.2　283p　20cm　（地球人ライブラリー）　1500円　①4-09-251032-2

◇激突　NHK取材班編　角川書店　1996.12　294p　15cm　（角川文庫）　520円　①4-04-195424-X

◇世界の伝記　23　高橋是清　中沢圭夫著　ぎょうせい　1995.2　286p　20cm　〈新装版　高橋是清年譜p277〜281　参考文献：p286〉　1553円　①4-324-04400-7

◇大蔵大臣　高橋是清—不況乗り切りの達人　大石亨著　マネジメント社　1992.9　252p　19cm　1500円　①4-8378-0304-0

◇高橋是清と国際金融　藤村欣市朗著　福武書店　1992.6　2冊　22cm　〈上巻の副書名：日露戦争と「外債募集英文日記」　下巻の副書名：財務官の系譜とリース・

ロス卿　高橋是清の肖像あり〉　全15000円　⑭4-8288-1720-4
◇立憲政友会史　第5巻　高橋是清総裁時代　菊池悟郎編　補訂版　山本四郎校訂　日本図書センター　1990.2　464p　22cm〈立憲政友会史編纂部刊の複製〉　①4-8205-5291-0
◇達磨宰相・高橋是清—七転八起の人生哲学　南条範夫著　PHP研究所　1989.2　250p　15cm　（PHP文庫）〈『高橋是青』改題書〉　450円　①4-569-26188-4
◇日本宰相列伝　8　高橋是清　今村武雄著　時事通信社　1985.12　250p　19cm〈監修：細川隆元　三代宰相列伝（昭和33年刊）の改題新装版　高橋是清の肖像あり〉1400円　①4-7887-8558-7
◇高橋是清—日本の"ケインズ"　後藤新一著　日本経済新聞社　1977.6　188p　18cm　（日経新書）　480円
◇高橋是清—財政家の数奇な生涯　大島清著　中央公論社　1969　196p　18cm　（中公新書）　200円
◇高橋是清　奴隷から宰相へ　南条範夫著　人物往来社　1967　275p　19cm　（近代人物叢書　3）
◇日本財界人物列伝　第1巻　青潮出版株式会社編　青潮出版　1963　1171p　図版　26cm
◇高橋是清　今村武雄著　時事通信社　1958　250p　図版　18cm　（三代宰相列伝）
◇評伝　高橋是清　今村武雄著　財政経済弘報社　1950　343p　図版　19cm
◇自由を護った人々　大川三郎著　新文社　1947　314p　18cm

広田　弘毅

明治11(1878).2.14～昭和23(1948).12.23
外交官・政治家。福岡県生まれ。東京帝国大学卒業後、外務省に入り、ソ連大使などを歴任。斎藤内閣、岡田内閣の外相を務め、昭和11年二・二六事件後の難局の中で大命を受け首相に就任。吉田茂の入閣を拒否されるなど当初から軍部の干渉を受け、軍部大臣現役武官制の復活、軍事拡張予算成立、日独防共協定調印を進めた。12年総辞職。太平洋戦争末期にはソ連を仲介とする和平工作にあたったが失敗。戦後、A級戦犯として起訴され、東京裁判で文官として唯一死刑となった。

　　　　＊　　　＊　　　＊

◇広田弘毅と文化勲章—「NPO法人鴻臚館・福岡城跡歴史・観光・市民の会」推薦　荻野忠行著　福岡　梓書院　2005.11　174p　21cm　〈付属資料：1枚　文献あり〉　1619円　①4-87035-265-6
◇あの時「昭和」が変わった——一〇一歳、最後の証言　加瀬俊一著　光文社　2004.6　254p　19cm　1500円　①4-334-97455-4
◇落日燃ゆ　城山三郎著　新装版　新潮社　2002.3　329p　21cm　2400円　①4-10-310814-2
◇秋霜の人　広田弘毅　渡辺行男著　福岡　葦書房　1998.12　297p　19cm　2700円　①4-7512-0730-X
◇日中外交史研究—昭和前期　臼井勝美著　吉川弘文館　1998.12　464,8p　22cm　10000円　①4-642-03684-9
◇広田弘毅　広田弘毅伝記刊行会編　復刻版　福岡　葦書房　1992.5　646p　21cm　7900円　①4-7512-0427-0
◇広田弘毅　川上音二郎　北川晃二, 江頭光著　（福岡）光文館　1987.12　128p　19cm　（ふくおかの人物　1）　900円
◇黙してゆかむ—広田弘毅の生涯　北川晃二著　講談社　1987.11　431p　15cm　（講談社文庫）　540円　①4-06-184095-9
◇太平洋戦争への道—開戦外交史　日中戦争　日本国際政治学会太平洋戦争原因研究部編　新装版　朝日新聞社　1987.8　404,9p　21cm　2400円　①4-02-255743-5

◇加瀬俊一回想録　上　天皇裕仁と昭和外交60年　加瀬俊一著　山手書房　1986.5　233p　19cm　1200円

◇1930年代の日本外交—四人の外相を中心として　日本国際政治学会編　国立日本国際政治学会　1977.3　173,7p　21cm　（国際政治　56号）〈発売：有斐閣（東京）〉　1500円

◇広田弘毅　広田弘毅著，広田弘毅伝記刊行会編　広田弘毅伝記刊行会　1966　646p　図版　23cm

林　銑十郎

明治9（1876）.2.23〜昭和18（1943）.2.4
陸軍軍人・首相。石川県生まれ。陸軍に入り、昭和5年朝鮮軍司令官。満州事変では独断で朝鮮派遣軍を出兵し越境将軍と呼ばれた。斎藤内閣、岡田内閣で陸相を務め、皇道派の真崎甚三郎教育総監を更迭した。昭和12年首相に就任し「祭政一致」を唱えた。衆議院を突然解散するが政党勢力はかえって躍進し、目立った実績もないまま4カ月で総辞職した。

＊　　　＊　　　＊

◇軍人宰相列伝—山県有朋から鈴木貫太郎まで三代総理実記　小林久三著　光人社　2003.2　262p　20cm　1900円　①4-7698-1083-0

◇林銑十郎満洲事件日誌　林銑十郎著，高橋正衛解説　みすず書房　1996.10　218p　20cm　3800円　①4-622-03800-5

◇林銑十郎　上　宮村三郎著　原書房　1972　678p　肖像　22cm　（明治百年史叢書）　8000円

近衛　文麿

明治24（1891）.10.12〜昭和20（1945）.12.16　政治家。五摂家筆頭の近衛家に生まれ、父・篤麿の死により12歳で近衛家当主となる。西園寺公望の庇護を受け、西園寺の欧米主義の影響を受け、在学中はマルクス経済学の河上肇に傾倒した。25歳で貴族院議員となり、大正8年のパリ講和会議では西園寺に随行し欧米の見聞を広げる。30歳で貴族院議長となり、次第に現状打破を求める革新勢力の中心人物となる。家柄・風貌からも早くから首相候補と目され、昭和11年の二・二六事件後に首相に推されるが健康問題を理由に辞退し、12年に第1次内閣を組織。日中戦争では初め不拡大方針をとったが戦局拡大を防げなかった。14年1月総辞職。15年第2次内閣を組織。近衛新体制運動を推進しており、就任後は日独伊三国同盟締結、大政翼賛会発足を進める。日米交渉を打開するため松岡洋右外相を更迭して第3次内閣を組織するが、日米開戦阻止に失敗し総辞職、東条陸相が後任となった。太平洋戦争末期にはソ連を仲介とする和平工作の特使として派遣される計画だったが交渉は失敗に終わった。戦後、A級戦犯に指名され、出頭期限の前日に服毒自殺した。

◇近衛家の太平洋戦争　近衛忠大，NHK「真珠湾への道」取材班著　日本放送出版協会　2004.11　277p　20cm　（NHKスペシャルセレクション）〈年表,文献あり〉　1800円　①4-14-080839-X

◇岡義武著作集　第5巻　山県有朋・近衛文麿　岡義武著　岩波書店　2001.11　355p　21cm　7400円　①4-00-091755--2

◇有馬頼寧日記　4　昭和十三年〜昭和十六年　尚友倶楽部,伊藤隆著　山川出版社　2001.9　574p　21cm　7000円　①4

-634-51150-9

◇有馬頼寧日記 3 昭和十年～昭和十二年 尚友倶楽部,伊藤隆編 山川出版社 2000.12 450p 21cm 6000円 ⓘ4-634-51140-1

◇大東亜戦争と「開戦責任」―近衛文麿と山本五十六 中川八洋著 弓立社 2000.12 254p 20cm 〈「近衛文麿とルーズヴェルト」(PHP研究所平成7年刊)の改題〉 1800円 ⓘ4-89667-011-6

◇近衛文麿とルーズヴェルト―大東亜戦争の真実 中川八洋著 PHP研究所 1995.8 277p 20cm 1800円 ⓘ4-569-54820-2

◇日中戦争期における経済と政治―近衛文麿と池田成彬 松浦正孝著 東京大学出版会 1995.7 347,5p 22cm 6592円 ⓘ4-13-036083-3

◇敗戦前後―昭和天皇と五人の指導者 吉田裕ほか著 青木書店 1995.6 267p 20cm 2369円 ⓘ4-250-95025-5

◇近衛文麿―「運命」の政治家 岡義武著 岩波書店 1994.6 249p 20cm （岩波新書）〈近衛文麿の肖像あり〉 1600円 ⓘ4-00-003852-4

◇近衛文麿―誇り高き名門宰相の悲劇 矢部貞治著 光人社 1993.10 242p 15cm （光人社NF文庫） 500円 ⓘ4-7698-2025-9

◇政治家の文章 武田泰淳著 岩波書店 1993.9 188p 18cm （岩波新書 385）〈第15刷(第1刷:60.6.17)〉 550円 ⓘ4-00-414038-2

◇昭和研究会―ある知識人集団の軌跡 酒井三郎著 中央公論社 1992.7 368p 15cm （中公文庫） 680円 ⓘ4-12-201921-4

◇「昭和」の履歴書 勝田龍夫著 文芸春秋 1991.11 197p 19cm 1200円 ⓘ4-16-345780-1

◇過ぎ去りし、昭和―西園寺公一回顧録 西園寺公一著 アイペックプレス 1991.5 379p 19cm 2600円 ⓘ4-87047-157-4

◇近衛文麿 上 上 杉森久英著 河出書房新社 1990.12 351p 15cm （河出文庫） 650円 ⓘ4-309-40291-7

◇近衛文麿 下 下 杉森久英著 河出書房新社 1990.12 319p 15cm （河出文庫） 650円 ⓘ4-309-40292-5

◇証言・私の昭和史 2 三国一朗きき手,テレビ東京編 文芸春秋 1989.3 525p 15cm （文春文庫） 550円 ⓘ4-16-749902-9

◇近衛文麿 杉森久英著 新装版 河出書房新社 1988.8 544p 19cm 1800円 ⓘ4-309-00519-5

◇変動期の日本外交と軍事―史料と検討 近代外交史研究会編 原書房 1987.11 287p 21cm 4800円 ⓘ4-562-01907-7

◇侍従長の回想 藤田尚徳著 中央公論社 1987.5 232p 15cm （中公文庫） 360円 ⓘ4-12-201423-9

◇近衛時代―ジャーナリストの回想 下 蠟山芳郎編 中央公論社 1987.1 262p 18cm （中公新書） 600円 ⓘ4-12-100827-8

◇加瀬俊一回想録 上 天皇裕仁と昭和外交60年 加瀬俊一著 山手書房 1986.5 233p 19cm 1200円

◇日本宰相列伝 15 近衛文麿 矢部貞治著 時事通信社 1986.2 214p 19cm 〈監修:細川隆元 三代宰相列伝(昭和33年刊)の改題新装版 近衛文麿の肖像あり〉 1400円 ⓘ4-7887-8565-X

◇近衛時代―ジャーナリストの回想 上 蠟山芳郎編 中央公論社 1986.1 219p 18cm （中公新書） 540円 ⓘ4-12-100791-3

◇昭和の宰相 第2巻 近衛文麿と重臣たち 戸川猪佐武著 講談社 1985.5 348p 15cm （講談社文庫） 480円 ⓘ4-06-183484-3

政治

◇近衛新体制と大政翼賛会　赤木須留喜著　岩波書店　1984.1　576,16p　22cm　7600円

◇近衛新体制—大政翼賛会への道　伊藤隆著　中央公論社　1983.11　234p　18cm　(中公新書)　520円　①4-12-100709-3

◇近衛文麿の時代　長尾和郎著　幸洋出版　1982.9　249p　18cm　《『近衛文麿』(昭和54年刊)の改題》　900円

◇近衛内閣　風見章著　中央公論社　1982.8　293p　16cm　(中公文庫)　380円

◇近衛文麿　長尾和郎著　幸洋出版　1979.12　249p　19cm　〈付：参照引用文献〉　1200円

◇近衛文麿　矢部貞治著　読売新聞社　1976　825,15p　22cm　7000円

◇濁流—雑談=近衛文麿　山本有三著　毎日新聞社　1974　224p(肖像共)　20cm　1200円

◇「近衛新体制」の研究　日本政治学会編　岩波書店　1973　321p　21cm　(年報政治学　1972)　1600円

◇宰相近衛文麿の生涯　有馬頼義著　講談社　1970　315p　20cm　790円

◇近衛日記　共同通信社「近衛日記」編集委員会編　共同通信社開発局　1968　254p　図版　19cm

◇権力の思想　近衛文麿　岡義武著　筑摩書房　1965

◇敗戦日本の内側—近衛公の思い出　富田健治著　古今書院　1962　328p　図版　19cm

◇敗戦日本の内側—近衛公の思い出　富田健治著　古今書院　1962　328p　図版　19cm

◇転向　中　翼賛運動の設計者　鶴見俊輔著　平凡社　1960

◇日本人物史大系　第7巻　近代　第3　井上清編　朝倉書店　1960　357p　22cm

◇近衛文麿—天皇と軍部と国民　岡田丈夫著　春秋社　1959　357p　図版　19cm

◇近衛文麿　矢部貞治著　時事通信社　1958　214p　図版　18cm　(三代宰相列伝)

◇太陽はまた昇る—公爵近衛文麿　下　立野信之著　東　六興出版社　1953　325p　19cm

◇近衛文麿　上,下　矢部貞治,近衛文麿伝記編纂刊行会編　弘文堂　1952　2冊　図版　22cm

◇近衛内閣　風見章著　日本出版共同株式会社　1951　293p　図版　19cm

◇太陽はまた昇る—公爵近衛文麿　上　立野信之著　六興出版社　1951　332p　19cm

◇太陽はまた昇る—公爵近衛文麿　中　立野信之著　六興出版社　1951　380p　19cm

◇公爵公秘聞　木舎幾三郎著　高野山出版社　1950

◇公爵近衛文麿　立野信之著　講談社　1950

◇近衛公秘聞　木舎幾三郎著　高野町(和歌山県)　高野出版社　1950　311p　図版　19cm

◇友人近衛　有馬頼寧著　弘文堂　1949　58p　15cm　(アテネ文庫)

◇近衛内閣史論—戦争開始の真相　再版　馬場恒吾著　高山書院　1946　157p　18cm　〈2刷〉　5円

◇最後の御前会議　近衛文麿著　時局月報社　1946　80p　19cm　(雑誌「自由国民」　第19巻第2号特輯)

◇平和への努力　近衛文麿著　日本電報通信社　1946　146p　19cm

平沼　騏一郎

慶応3(1867).9.28〜昭和27(1952).8.22
司法官・政治家。岡山県生まれ。司法省に入り、大審院長、法相を歴任。大正13年右翼結社の国本社を結成。司法界と枢密院に隠然たる影響力を持ち、日本型ファシズムの確立を目指し

た。第1次近衛内閣の辞職を受けて首相に就任、国家総動員体制を進める。独ソ不可侵条約締結に接し「欧州の情勢は複雑怪奇」の声明を出し総辞職。戦後、A級戦犯として東京裁判で起訴され、23年終身禁固の刑を受けた。

＊　　＊　　＊

◇二〇世紀日本の天皇と君主制—国際比較の視点から一八六七〜一九四七　伊藤之雄, 川田稔編　吉川弘文館　2004.3　335p　22cm　8000円　①4-642-03762-4
◇平沼騏一郎伝—伝記・平沼騏一郎　岩崎栄著　大空社　1997.9　1冊　21cm　（伝記叢書）　9000円　①4-7568-0479-9
◇1920年代の日本の政治　日本現代史研究会編　大月書店　1984.5　294p　20cm　2400円
◇平沼騏一郎回顧録　平沼騏一郎回顧録編纂委員会編　平沼騏一郎回顧録編纂委員会　1955　357p　図版　22cm
◇続 財界回顧—故人今人　池田成彬著, 柳沢健編　三笠書房　1953　217p　16cm　（三笠文庫）

枢密院

大日本帝国憲法下の天皇の最高諮問機関。明治21年に大日本帝国憲法草案審議のために創設、のち常置機関となった。議長、副議長、枢密顧問官12人（のち24人）、書記官長で構成され、国務大臣も顧問として議席を有した。施政には関与しないと定められていたが、官僚勢力の牙城として政党勢力と対立、統帥権干犯問題などで内閣攻撃の拠点となった。日本国憲法施行にともない、昭和22年に廃止された。

＊　　＊　　＊

◇枢密院の研究　由井正臣編　吉川弘文館　2003.1　280p　22cm　8500円　①4-642-03751-9
◇戦前昭和ナショナリズムの諸問題　清家基良著　錦正社　1995.12　392p　22cm（錦正社史学叢書）　9800円　①4-7646-0307-1

阿部 信行

明治8(1875).11.24〜昭和28(1953).9.7

陸軍軍人・政治家。石川県生まれ。陸軍では軍務局長、陸軍次官を歴任、実戦よりも実務者として手腕を発揮した。皇道派・統制派のどちらにも属さず、無色の良識派として昭和14年内閣を組織。第2次世界大戦勃発に際し不介入方針を掲げ、日独伊三国同盟の締結を棚上げするが、陸軍の反発、国内の経済混乱に対処できず、総辞職。戦後、A級戦犯に指名されたが不起訴となった。最後の海軍大将の井上成美は義弟。

＊　　＊　　＊

◇軍人宰相列伝—山県有朋から鈴木貫太郎まで三代総理実記　小林久三著　光人社　2003.2　262p　20cm　1900円　①4-7698-1083-0
◇日本軍閥暗闘史　田中隆吉著　中央公論社　1988.3　191p　15cm　（中公文庫）　320円　①4-12-201500-6

米内 光政

明治13(1880).3.2〜昭和23(1948).4.20

海軍軍人・政治家。岩手県生まれ。ロシア、ポーランドの駐在武官、連合艦隊司令長官、第1次近衛内閣・平沼内閣の海相を歴任。昭和15年首相就任。日独伊三国同盟には終始反対し、陸軍の締結要求を拒否、陸軍は畑陸相を単独辞職させて後継陸相を出さず、内閣総辞職に追い込まれた。のち小磯内閣から幣原内閣まで最後の海相を歴任、大戦末期は戦争終結に尽力した。長身でダンディ、文学や邦楽に親しむ趣味人・常識人だった。

＊　　＊　　＊

◇日本海海戦—その時、山本五十六と米内光政は？　松田十刻著　光人社　2005.7　262p　20cm　1900円　①4-7698-1248-5

政治

◇軍人宰相列伝―山県有朋から鈴木貫太郎まで三代総理実記　小林久三著　光人社　2003.2　262p　20cm　1900円　ⓘ4-7698-1083-0

◇帝国海軍将官総覧　太平洋戦争研究会著　ベストセラーズ　2002.8　300p　18cm（ワニの本）　952円　ⓘ4-584-01073-0

◇米内光政と山本五十六は愚将だった―「海軍善玉論」の虚妄を糺す　三村文男著　テーミス　2002.7　372p　20cm　2667円　ⓘ4-901331-06-X

◇指揮官とは何か―日本海軍四人の名指導者　吉田俊雄著　光人社　2001.5　349p　16cm（光人社NF文庫）〈「エクセレント・リーダーズ」(平成3年刊)の改題〉　781円　ⓘ4-7698-2309-6

◇米内光政―海軍魂を貫いた無私・廉潔の提督　神川武利著　PHP研究所　2001.2　697p　15cm（PHP文庫　か30-2）〈文献あり　年表あり〉　1000円　ⓘ4-569-57518-8

◇提督と参謀　奥宮正武著　PHP研究所　2000.8　221p　20cm　〈文献あり〉　1600円　ⓘ4-569-61215-6

◇良い指揮官良くない指揮官―14人の海軍トップを斬る！　吉田俊雄著　光人社　1999.12　317p　16cm（光人社NF文庫）　695円　ⓘ4-7698-2253-7

◇海軍の昭和史―提督と新聞記者　杉本健著　光人社　1999.3　397p　16cm（光人社NF文庫）　800円　ⓘ4-7698-2226-X

◇私観太平洋戦争―和平工作に奔走した一提督の手記　高木惣吉著　光人社　1999.1　373p　16cm（光人社NF文庫）　781円　ⓘ4-7698-2220-0

◇海軍一軍人の生涯―肝脳を国にささげ尽くした宰相の深淵　高橋文彦著　光人社　1998.2　437p　20cm　〈文献,年譜あり〉　2300円　ⓘ4-7698-0846-1

◇昭和天皇と米内光政と　高田万亀子著　原書房　1995.7　231p　19cm　1800円　ⓘ4-562-02694-4

◇昭和天皇と米内光政と　高田万亀子著　原書房　1995.7　231p　20cm　〈米内光政の肖像あり　主要参考資料・文献：p229～231〉　1800円　ⓘ4-562-02694-4

◇米内光政　阿川弘之著　新装版　新潮社　1994.8　368p　22cm　2900円　ⓘ4-10-300413-4

◇米内光政のすべて　七宮涬三編　新人物往来社　1994.1　249p　20cm　2800円　ⓘ4-404-02067-8

◇米内光政の手紙　高田万亀子著　原書房　1993.10　288p　19cm　1800円　ⓘ4-562-02478-X

◇米内光政―山本五十六が最も尊敬した一軍人の生涯　実松譲著　光人社　1993.9　577p　15cm（光人社NF文庫）　820円　ⓘ4-7698-2020-8

◇米内光政―昭和最高の海軍大将　生出寿著　徳間書店　1993.4　510p　16cm（徳間文庫）〈『不戦海将米内光政』(1989年刊)の改題〉　640円　ⓘ4-19-567515-4

◇指揮官と参謀―コンビの研究　半藤一利著　文芸春秋　1992.12　318p　15cm（文春文庫）　450円　ⓘ4-16-748302-5

◇エクセレント・リーダーズ―日本海軍4人の名指導者　吉田俊雄著　光人社　1991.7　310p　19cm　1800円　ⓘ4-7698-0571-3

◇米内光政―山本五十六が最も尊敬した一軍人の生涯　実松譲著　光人社　1990.12　493p　19cm　2800円　ⓘ4-7698-0537-3

◇静かなる楯―米内光政　上　高田万亀子著　原書房　1990.8　362p　19cm　1800円　ⓘ4-562-02120-9

◇静かなる楯―米内光政　下　高田万亀子著　原書房　1990.8　377p　19cm　1800円　ⓘ4-562-02121-7

◇米内光政秘書官の回想　実松譲著　光人社　1989.6　389p　19cm　1800円　ⓘ4-7698-0440-7

◇不戦海相　米内光政　生出寿著　徳間書店　1989.5　350p　19cm　1700円　ⓘ4

政治

-19-813966-0
◇コンビの研究―昭和史のなかの指揮官と参謀　半藤一利著　文芸春秋　1988.5　308p　19cm　1200円　①4-16-342290-0
◇海軍大将米内光政覚書　高木惣吉写稿，実松譲編　光人社　1988.2　230p　19cm　1500円　①4-7698-0021-5
◇天皇・伏見宮と日本海軍　野村実著　文芸春秋　1988.2　294p　19cm　1200円　①4-16-342120-3
◇参謀の戦争　土門周平著　講談社　1987.11　273p　19cm　1200円　①4-06-203398-4
◇ビジュアル版・人間昭和史　3　悲劇の将星　講談社　1987.3　255p　21cm　1600円　①4-06-192553-9
◇提督・米内光政の生涯　上　豊田穣著　講談社　1986.12　301p　15cm　(講談社文庫)　420円　①4-06-183884-9
◇提督・米内光政の生涯　下　豊田穣著　講談社　1986.12　306p　15cm　(講談社文庫)　〈巻末：参考文献　解説：横井幸雄〉　420円　①4-06-183885-7
◇五人の海軍大臣　吉田俊雄著　文芸春秋　1986.8　345p　15cm　(文春文庫)　400円　①4-16-736002-0
◇日本海軍の名将と名参謀　吉田俊雄，千早正隆ほか著　新人物往来社　1986.8　294p　19cm　1500円　①4-404-01381-7
◇加瀬俊一回想録　上　天皇裕仁と昭和外交60年　加瀬俊一著　山手書房　1986.5　233p　19cm　1200円
◇勝負と決断―海軍士官に見る勇気と明察　生出寿著　光人社　1986.3　237p　19cm　1200円　①4-7698-0297-8
◇日本宰相列伝　16　米内光政　高宮太平著　時事通信社　1986.3　208p　19cm　〈監修：細川隆元　巻末：略年譜　新装版初刷：1958(昭和33)　肖像：米内光政ほか　筆跡：米内光政〉　1400円　①4-7887-8566-8

◇一軍人の生涯―提督・米内光政　緒方竹虎著　光和堂　1983.6　280p　20cm　〈米内光政の肖像あり〉　1600円　①4-87538-059-3
◇米内光政　阿川弘之著　新潮社　1982.5　557p　16cm　(新潮文庫　草110=6)　〈解説：上田三四二〉　520円　①4-10-111006-9
◇山本五十六と米内光政　高木惣吉著　光人社　1982.3　254p　20cm　〈付・連合艦隊始末記　山本五十六および米内光政の肖像あり〉　1200円　①4-7698-0173-4
◇激流の孤舟―提督・米内光政の生涯　豊田穣著　講談社　1978.8　454p　20cm　1200円
◇米内光政―山本五十六が最も尊敬した一軍人の生涯　実松譲著　新版　光人社　1971　365p　肖像　20cm　820円
◇山本五十六と米内光政　新訂版　高木惣吉著　文芸春秋　1966　251p　図版　20cm
◇米内光政　実松譲著　光人社　1966　237p　図版　20cm　480円
◇米内光政追想録　米内光政銅像建設会　1961
◇米内光政　高宮太平著　時事通信社　1958　208p　図版　18cm　(三代宰相列伝)
◇現代人物論―現代史に生きる人々　小泉信三著　角川書店　1955　208p　18cm　(角川新書)

斎藤　隆夫

明治3(1870).8.18〜昭和24(1949).10.7
政治家。兵庫県生まれ。アメリカ留学の後、明治45年立憲国民党から立候補し衆議院議員となる。弁舌に優れ、軍部の政治介入を批判、昭和11年の二・二六事件後に"粛軍演説"を行う。15年2月日中戦争の対応を批判する"反軍演説"を行い、軍部の批判を受け、賛成296の圧倒的多数で衆議院を除名される。しかし17年の

翼賛選挙では非推薦ながら最高位当選で返り咲いた。戦前は非政友会系政党に属し、戦後は日本進歩党の創立に参加。自伝に『回顧七十年』がある。

＊　　＊　　＊

◇斎藤隆夫―立憲政治家の誕生と軌跡　大橋昭夫著　明石書店　2004.11　395p　20cm　〈著作目録あり　文献あり　年譜あり〉　2500円　ⓘ4-7503-2004-8

◇評伝斎藤隆夫―孤高のパトリオット　松本健一著　東洋経済新報社　2002.10　419p　20cm　1900円　ⓘ4-492-21131-4

◇斎藤隆夫政治論集―斎藤隆夫遺稿　新人物往来社　1994.11　313p　22cm　〈斎藤隆夫先生顕彰会1961年刊の複製　手稿の複製を含む　著者の肖像あり　折り込1枚〉　3500円　ⓘ4-404-02149-6

◇戦中・戦後五十年―忘れ得ぬあの日その時　朝日新聞東京社会部OB会編　騒人社　1994.11　225p　21cm　1600円　ⓘ4-88290-017-3

◇目撃者が語る昭和史　第5巻　日中戦争泥沼化する中国戦線　高梨正樹編　新人物往来社　1989.11　284p　21cm　2600円　ⓘ4-404-01671-9

◇独善の閉関―日本政治思想史論集　望月俊孝編　〔京都〕　菊地澄子　1989.8　456p　21cm　3000円

◇証言・私の昭和史　2　三国一朗きき手, テレビ東京編　文芸春秋　1989.3　525p　15cm　（文春文庫）　550円　ⓘ4-16-749902-9

◇回顧七十年　斎藤隆夫著　中央公論社　1987.7　313p　15cm　（中公文庫）　440円　ⓘ4-12-201441-7

◇斎藤隆夫かく戦えり　草柳大蔵著　文芸春秋　1984.9　330p　16cm　（文春文庫）　380円　ⓘ4-16-731502-5

国家総動員法

昭和13年に制定された戦争遂行のための法律。日中戦争が拡大する中、戦争遂行のために国家の人的・物的資源の全てを政府が統制できる権限を政府に与えている。労働力の徴用、物資の統制、金融・資本統制、国策団体への強制加入、価格統制、言論統制を特徴とする。議会審議では憲法違反と考える空気も強かったが、近衛内閣・陸軍が押し切り成立。陸軍の佐藤賢了中佐の趣旨説明中、野次に対し「黙れ！」と恫喝した逸話にみられるように、既成政党は抵抗力を失っていた。20年の敗戦で実質的に無効となり、21年廃止。

＊　　＊　　＊

◇昭和戦中期の総合国策機関　古川隆久著　吉川弘文館　1992.12　382,5p　22cm　6000円　ⓘ4-642-03634-2

◇国民総動員の時代　北河賢三著　岩波書店　1989.4　63p　21cm　（岩波ブックレット）　310円　ⓘ4-00-003436-7

◇国家総動員法　企画院編　日本図書センター　1989.2　5冊　22cm　〈『国家総動員法令集』（内閣印刷局刊―昭和18年12月23日現在）の複製〉　全54000円　ⓘ4-8205-5105-1

◇渦巻く時流の中で―国民精神総動員運動の三年間　大室政右著　府中（東京都）　現代史調査会　1988.12　174p　22cm　〈著者の肖像あり〉　1300円

◇国民精神総動員運動―民衆教化動員史料集成　長浜功編　明石書店　1988.6　3冊　21cm　80000円

◇国家総動員史　補巻　石川準吉著　藤沢　国家総動員史刊行会　1987.10　2181p　27cm　85000円

◇国民精神総動員の思想と構造―戦時下民衆教化の研究　長浜功著　明石書店　1987.9　350p　20cm　3600円

◇国家総動員史　下巻　石川準吉著　増補改訂版　藤沢　国家総動員史刊行会　1986.10　2202p　27cm　85000円

◇国家総動員史　上巻　石川準吉著　藤沢　国家総動員史刊行会　1983.2　2112p　27cm　80000円

◇国家総動員史　資料編　別巻　石川準吉著　藤沢　国家総動員史刊行会　1982.2　896p　27cm

◇総力戦体制研究—日本陸軍の国家総動員構想　纐纈厚著　三一書房　1981.7　246p　20cm　2000円

◇画報日本近代の歴史　11　戦争と国家総動員—1936〜1940　日本近代史研究会編　三省堂　1980.4　175p　31cm　〈執筆：色川大吉ほか〉　2200円

◇国家総動員史　資料編　第9　石川準吉著　藤沢　国家総動員史刊行会　1980.2　1433p　27cm　65000円

◇国家総動員史　資料編　第8　石川準吉著　藤沢　国家総動員史刊行会　1979.2　1213p　27cm　51500円

◇国家総動員史　資料編　第6　石川準吉著　藤沢　国家総動員史刊行会　1978.3　1958p　27cm　60000円

◇国家総動員史　資料編　第7　石川準吉著　藤沢　国家総動員史刊行会　1978.3　1988p　27cm　65000円

◇国家総動員史　資料編　第5　石川準吉著　藤沢　国家総動員史刊行会　1977.3　1769p　27cm　55000円

◇国家総動員史　資料編　第4　石川準吉著　藤沢　国家総動員史刊行会　東京　通商産業研究社（発売）　1976　1437p　27cm　45000円

◇国家総動員史　資料編　第1　石川準吉著〔藤沢〕　国家総動員史刊行会　東京　通商産業研究社（発売）　1975　1283p　27cm　35000円

◇国家総動員史　資料編　第2　石川準吉著〔藤沢〕　国家総動員史刊行会　東京　通商産業研究社（発売）　1975　1189p　27cm　30000円

◇国家総動員史　資料編　第3　石川準吉著　藤沢　国家総動員史刊行会　東京　通商産業研究社（発売）　1975　1261p　27cm　40000円

大政翼賛会

　国民総動員体制のための官製組織。昭和15年、近衛文麿が提唱した新体制運動の中核として発足。「バスに乗り遅れるな」の掛け声の下、帝国議会に議席をもつ全政党が自発的に解散し、大政翼賛会に合流した。総裁は首相が務め、中央本部の下に道府県支部から町内会、部落会までの下部組織があった。一国一党の政治体制を目指したが、ナチスのような強力な政党とはならず、軍部主導の戦時体制を側面から協力する行政機構的な組織に変わっていった。

＊　　＊　　＊

◇翼賛議員銘鑑　工藤三郎編　日本図書センター　2003.11　1冊　22cm　（政治家人名資料事典　第5巻）〈議会新聞社昭和18年刊の複製〉Ⓣ4-8205-8893-1

◇有馬頼寧日記　4　昭和十三年〜昭和十六年　尚友倶楽部,伊藤隆著　山川出版社　2001.9　574p　21cm　7000円　Ⓣ4-634-51150-9

◇総力戦と文化—資料集　第2巻　高岡裕之編　大月書店　2001.4　520p　22cm　15000円　Ⓣ4-272-50212-3

◇総力戦と文化—資料集　第1巻　北河賢三編　大月書店　2000.12　516p　22cm　15000円　Ⓣ4-272-50211-5

◇大政翼賛会—国民動員をめぐる相剋　ゴードン・M.バーガー著,坂野潤治訳　山川出版社　2000.10　294,3p　22cm　5000円　Ⓣ4-634-52050-8

◇翼賛国民運動史　上巻　翼賛運動史刊行会編　ゆまに書房　1998.9　574p　22cm　（シリーズ平和への検証）〈解説：北河賢三　翼賛運動史刊行会昭和29年刊の複製〉Ⓣ4-89714-532-5

◇翼賛国民運動史　下巻　翼賛運動史刊行会編　ゆまに書房　1998.9　p577-1085,14,73　22cm　（シリーズ平和への

政治

検証）〈解説：北河賢三　翼賛運動史刊行会昭和29年刊の複製〉　Ⓘ4-89714-532-5

◇翼賛政治の研究　小野賢一著　新日本出版社　1995.2　221p　20cm　2900円　Ⓘ4-406-02331-3

◇昭和の歴史　6　昭和の政党　粟屋憲太郎著　小学館　1994.8　429p　16cm（小学館ライブラリー）〈新装版〉980円　Ⓘ4-09-461026-X

◇昭和史をさぐる　伊藤隆著　朝日新聞社　1992.1　470p　15cm（朝日文庫）　750円　Ⓘ4-02-260681-9

◇翼賛・翼壮・翼政—続近衛新体制と大政翼賛会　赤木須留喜著　岩波書店　1990.10　625,14p　22cm　9709円　Ⓘ4-00-002379-9

◇大政翼賛運動資料集成　第2集 第1巻　須崎慎一編集・解題　柏書房　1989.9　231p　31cm　Ⓘ4-7601-0506-9

◇大政翼賛運動資料集成　第2集 第2巻　須崎慎一編集・解題　柏書房　1989.9　410p　31cm　Ⓘ4-7601-0507-7

◇大政翼賛運動資料集成　第2集 第3巻　須崎慎一編集・解題　柏書房　1989.9　246p　31cm　Ⓘ4-7601-0508-5

◇大政翼賛運動資料集成　第2集 第4巻　須崎慎一編集解題　柏書房　1989.9　416p　31cm　Ⓘ4-7601-0509-3

◇大政翼賛運動資料集成　第2集 第5巻　須崎慎一編集・解題　柏書房　1989.9　371p　31cm　Ⓘ4-7601-0510-7

◇大政翼賛運動資料集成　第2集 第6巻　須崎慎一編集・解題　柏書房　1989.9　436p　31cm　〈〈別冊 15p 26cm〉〉　Ⓘ4-7601-0511-5

◇大政翼賛会前後　杉森久英著　文芸春秋　1988.12　287p　20cm　1300円　Ⓘ4-16-342870-4

◇日本政治史　3　政党の凋落、総力戦体制　升味準之輔著　東京大学出版会　1988.7　339,5p　19cm　1900円　Ⓘ4-13-033043-8

◇敗因を衝く—軍閥専横の実相　田中隆吉著　中央公論社　1988.7　213p　15cm（中公文庫）　360円　Ⓘ4-12-201535-9

◇資料日本現代史　12　大政翼賛会　赤沢史朗〔ほか〕編　大月書店　1984.12　xx,674p　22cm　〈12.大政翼賛会 赤沢史朗〔ほか〕編 巻末：解題 解説：赤沢史朗〔ほか〕〉　8500円

◇近衛新体制と大政翼賛会　赤木須留喜著　岩波書店　1984.1　576,16p　22cm　7600円

◇近衛新体制—大政翼賛会への道　伊藤隆著　中央公論社　1983.11　234p　18cm（中公新書）　520円　Ⓘ4-12-100709-3

◇ドキュメント昭和五十年史　3　戦火の下に　中村新太郎編　汐文社　1974　265p　19cm　780円

◇「近衛新体制」の研究　日本政治学会編　岩波書店　1973　321p　21cm（年報政治学　1972）　1600円

八紘一宇

太平洋戦争中に国是となった標語。昭和15年の近衛文麿首相の「皇国の国是は八紘を一宇となす建国の精神に基づく」の発言に基づく。日本書紀の「八紘をおほひて宇（いへ）とせむ」を出典とし、全世界を一つの家とする、の意味であったが、アジアの盟主である日本が支配する、と日本のアジア支配を正当化するスローガンとなった。一方で東南アジアの独立運動への一部軍人の参加、杉原千畝らのユダヤ人救済もこの国是に基づく行動とも言われる。

＊　　　＊　　　＊

◇私説・アジア太平洋戦争検証講座—2005年改訂講座編完了版　第2巻　八紘一宇と太平洋戦争突入　坂井孝運著〔坂井孝運〕〔2005〕349枚　19×26cm　非売品

政治

◇戦争のための愛国心―ボクラ少国民の作り方　山中恒著　取手　辺境社, 勁草書房〔発売〕　2004.12　273p　19cm　(山中恒少国民文庫)　2300円　Ⓘ4-326-95036-6

◇猶太難民と八紘一宇　上杉千年著　展転社　2002.2　302p　19cm　1900円　Ⓘ4-88656-207-8

◇昭和十年代を繰り返すのか―戦中派世代の体験証言　鈴木正和著　創英社　2001.8　272p　20cm　〈東京　三省堂書店(発売)〉　1500円　Ⓘ4-88142-476-9

◇日本の戦争　田原総一朗著　小学館　2000.11　495p　20cm　1800円　Ⓘ4-09-389241-5

◇続・現代史資料　10　教育　3　御真影と教育勅語　佐藤秀夫編　みすず書房　1996.10　478p　22cm　10300円　Ⓘ4-622-02660-0

◇太平洋戦争日本の敗因　5　レイテに沈んだ大東亜共栄圏　NHK取材班編　角川書店　1995.8　236p　15cm　(角川文庫)　〈『ドキュメント太平洋戦争5』の改題〉　500円　Ⓘ4-04-195416-9

◇子どもたちの太平洋戦争―国民学校の時代　山中恒著　岩波書店　1986.11　219p　18cm　(岩波新書　356)　480円

◇少国民はどう作られたか―若い人たちのために　山中恒著　筑摩書房　1986.4　229p　19cm　1400円　Ⓘ4-480-85311-1

◇昭和史の瞬間　上　朝日ジャーナル編　朝日新聞社　1974　343p　19cm　(朝日選書　11)　〈『朝日ジャーナル』に1965年から66年にかけて連載されたものを収録〉　780円

西園寺　公望

嘉永2(1849).10.23～昭和15(1940).11.24
政治家。公卿出身で幼少時から明治天皇の遊び相手を務めた。フランス留学で中江兆民とともにヨーロッパの自由主義思想の洗礼を受けた。明治39年から大正元年にかけて第1次・第2次内閣を組織、桂太郎と交互に政権を担い桂園時代と呼ばれる。第一次大戦後のパリ講和会議では首席全権をつとめる。山県有朋、松方正義の相次ぐ死により最後の元老となり、次期首相を天皇に奏薦する任にあたった。議会の多数派が政権を担う"憲政の常道"を擁護、軍部・ファシズムの台頭を嫌い、二・二六事件では西園寺邸襲撃も計画された。日独伊三国同盟成立の2カ月後に92歳で死去。「いったいどこへ国をもってゆくのや」が最後の言葉であったという。

＊　　＊　　＊

◇陶庵随筆　西園寺公望著, 国木田独歩編　改版　中央公論新社　2004.4　130p　16cm　(中公文庫)　857円　Ⓘ4-12-204347-6

◇満州事変と対中国政策　小池聖一著　吉川弘文館　2003.12　295,6p　22cm　〈文献あり〉　10000円　Ⓘ4-642-03760-8

◇青年君主昭和天皇と元老西園寺　永井和著　京都　京都大学学術出版会　2003.7　536p　22cm　〈肖像あり〉　4400円　Ⓘ4-87698-614-2

◇西園寺公望―最後の元老　岩井忠熊著　岩波書店　2003.3　231p　18cm　(岩波新書)　780円　Ⓘ4-00-430829-1

◇岡義武著作集　第4巻　近代日本の政治家　岡義武著　岩波書店　2001.10　281p　21cm　7200円　Ⓘ4-00-091754-4

◇「西園寺公望と興津」展図録―特別企画　岩井忠熊監修, フェルケール博物館編　〔清水〕　フェルケール博物館　2001　44p　30cm　〈年譜あり　会期：2001年2月24日―4月1日　肖像あり〉

◇西園寺公望伝　別巻2　立命館大学西園寺公望伝編纂委員会編　岩波書店　1997.10　394,4p　22cm　〈西園寺公望年譜：p331～355〉　5000円　Ⓘ4-00-008796-7

◇西園寺公望伝　別巻1　立命館大学西園寺公望伝編纂委員会編　岩波書店　1996.11　348,19p　22cm　4951円　Ⓘ4-00-008795-9

政治

◇西園寺公望伝　第4巻　立命館大学西園寺公望伝編纂委員会編　岩波書店　1996.3　446p　22cm　〈西園寺公望の肖像あり〉　5100円　Ⓘ4-00-008794-0

◇貴族の退場―異端「民間大使」の反戦記録　西園寺公一著　筑摩書房　1995.3　254p　15cm　（ちくま学芸文庫）　940円　Ⓘ4-480-08189-5

◇西園寺公望伝　第3巻　立命館大学西園寺公望伝編纂委員会編　岩波書店　1993.1　384p　21cm　5100円　Ⓘ4-00-008793-2

◇西園寺公望伝　第2巻　立命館大学西園寺公望伝編纂委員会編　岩波書店　1991.9　384p　21cm　5100円　Ⓘ4-00-008792-4

◇過ぎ去りし、昭和―西園寺公一回顧録　西園寺公一著　アイペックプレス　1991.5　379p　19cm　2600円　Ⓘ4-87047-157-4

◇西園寺公望伝　第1巻　立命館大学西園寺公望伝編集委員会編　岩波書店　1990.10　458p　21cm　5100円　Ⓘ4-00-008791-6

◇立憲政友会史　第2巻　西園寺公望総裁時代　前編　小林雄吾編　補訂版　山本四郎校訂　日本図書センター　1990.2　590p　22cm　〈立憲政友会史出版局刊の複製〉　Ⓘ4-8205-5288-0

◇立憲政友会史　第3巻　西園寺公望総裁時代　後編　小林雄吾編　補訂版　山本四郎校訂　日本図書センター　1990.2　909p　22cm　〈立憲政友会史出版局刊の複製〉　Ⓘ4-8205-5289-9

◇近代日本内閣史論　藤井貞文著　吉川弘文館　1988.7　364p　21cm　6500円　Ⓘ4-642-03616-4

◇近代日本の政局と西園寺公望　鈴木良校訂　吉川弘文館　1987.1　12,530p　22cm　〈解題：校訂者〉　9500円　Ⓘ4-642-03588-5

◇百年の日本人　その3　川口松太郎、杉本苑子、鈴木史楼ほか著　読売新聞社　1986.6　253p　19cm　1200円　Ⓘ4-643-54730-8

◇最後の元老西園寺公望　豊田穣著　新潮社　1985.11　2冊　15cm　（新潮文庫）　各440円　Ⓘ4-10-132103-5

◇坐漁荘秘録　増田壮平著　静岡　静岡新聞社　1976　270p　図　肖像　20cm　2000円

◇西園寺公と政局　第1巻　自昭和三年至昭和五年　原田熊雄述、近衛泰子筆記、里見弴等補訂　4刷　岩波書店　1967　22cm

◇西園寺公と政局　第2巻　自昭和六年七月至昭和八年一月　原田熊雄述、近衛泰子筆記、里見弴等補訂　4刷　岩波書店　1967　22cm

◇西園寺公と政局　第3巻　自昭和八年一月至昭和九年七月　原田熊雄述、近衛泰子筆記、里見弴等補訂　4刷　岩波書店　1967　22cm

◇西園寺公と政局　第5巻　自昭和十一年二月至昭和十二年五月　原田熊雄述、近衛泰子筆記、里見弴等補訂　4刷　岩波書店　1967　22cm

◇西園寺公と政局　第6巻　自昭和十二年六月至昭和十三年六月　原田熊雄述、近衛泰子筆記、里見弴等補訂　4刷　岩波書店　1967　22cm

◇西園寺公と政局　第7巻　自昭和十三年六月至昭和十四年六月　原田熊雄述、近衛泰子筆記、里見弴等補訂　4刷　岩波書店　1967　22cm

◇西園寺公と政局　第8巻　自昭和十四年七月至昭和十五年十一月　原田熊雄述、近衛泰子筆記、里見弴等補訂　4刷　岩波書店　1967　22cm

◇西園寺公望　木村毅著　時事通信社　1958　254p　図版　18cm　（三代宰相列伝）

◇西園寺公と政局　第4巻　自昭和九年至昭和十一年　原田熊雄述、近衛泰子筆記、里見弴等補訂　再版　岩波書店　1950-51　26cm

◇西園寺公と政局　別巻　原田熊雄メモ〔ほか〕　原田熊雄述、近衛泰子筆記、里

見彈等補訂　再版　岩波書店　1950-51　26cm
◇西園寺公望自伝　西園寺公望述, 小泉策太郎筆記, 木村毅編　大日本雄弁会講談社　1949　240p 図版　19cm

木戸 幸一

明治22(1889).7.18～昭和52(1977).4.6
政治家。東京生まれ。祖父は木戸孝允。京都帝国大学卒業。第1次近衛内閣の文相・厚相、平沼内閣の内相を務める。昭和15年から終戦まで内大臣を務め、西園寺公望に代わり、天皇側近として後継首相選任の中心となった。大戦末期には戦争終結に尽力。戦後、A級戦犯として起訴され、終身禁固刑となる。東京裁判の証拠として提出された『木戸日記』は軍部の政治への介入を詳細に記録した、昭和戦前期の一級史料とされる。

＊　　＊　　＊

◇昭和二十年　第1部 11(6月9日―13日)　本土決戦への特攻戦備　鳥居民著　草思社　2003.12　292p　20cm　2500円　①4-7942-1270-4
◇木戸日記私註―昭和のはじまり再探検　岡田昭三著　思想の科学社　2002.11　430p　20cm　3800円　①4-7836-0096-1
◇黒羽清隆 日本史料講読 日米開戦・破局への道―『木戸幸一日記』を読む　黒羽清隆著, 池ヶ谷真仁編　明石書店　2002.10　398p　19cm　3800円　①4-7503-1641-5
◇昭和二十年　第1部 9(5月31日～6月8日)　国力の現状と民心の動向　鳥居民著　草思社　2001.12　365p　20cm　2600円　①4-7942-1112-0
◇岡義武著作集　第4巻　近代日本の政治家　岡義武著　岩波書店　2001.10　281p　21cm　7200円　①4-00-091754-4
◇昭和二十年　第1部 8(5月26日～5月30日)　横浜の壊滅　鳥居民著　草思社　2001.10　328p　20cm　2600円　①4-7942-1078-7

◇決断した男木戸幸一の昭和　多田井喜生著　文芸春秋　2000.4　380p　20cm　2095円　①4-16-356130-7
◇日本を世界の非常識国家とした4人の男―ルーズベルト・木戸幸一・マッカーサー・宮沢俊義　池見猛著　池見学園　1996.11　752p　27cm　〈奥付のタイトル：日本を世界の非常識国家とした四人男　共同刊行：池見札幌学園出版部〉　30000円
◇木戸幸一尋問調書―東京裁判資料　粟屋憲太郎ほか編, 岡田信弘訳　大月書店　1989.4(第2刷)　559p　22cm　①4-272-52013-X
◇私の見た東京裁判　下　富士信夫著　講談社　1988.9　604p　15cm　(講談社学術文庫)　1200円　①4-06-158842-7
◇木戸幸一尋問調書―東京裁判資料　粟屋憲太郎ほか編, 岡田信弘訳　大月書店　1987.1　562p　22cm　8500円　①4-272-52013-X
◇東京裁判資料 木戸幸一尋問調書　粟屋憲太郎, 伊香俊哉, 小田部雄次, 宮崎章編, 岡田信弘訳　大月書店　1987.1　562p　21cm　8500円　①4-272-52013-X
◇最後の内大臣木戸幸一―「天皇制」存続への闘い　大平進一著　恒文社　1984.8　267p　20cm　〈木戸幸一および著者の肖像あり〉　1800円　①4-7704-0584-7
◇木戸幸一日記―東京裁判期　木戸日記研究会編集校訂　東京大学出版会　1980.7　502p　22cm　4800円
◇木戸幸一関係文書　木戸日記研究会編　東京大学出版会　1966　641p　22cm
◇木戸幸一日記　上巻　木戸幸一著, 木戸日記研究会校訂　東京大学出版会　1966　613p 図版　22cm
◇木戸幸一日記　下巻　木戸幸一著, 木戸日記研究会校訂　東京大学出版会　1966　617-1257p 図版　22cm
◇木戸幸一関係文書　木戸日記研究会編　東大出版会　1966

政治

◇天皇と木戸　作田保太郎著　平凡社　1948
◇東京裁判　第2輯　木戸日記抄　朝日新聞社法廷記者団編　ニュース社　1948-49　19cm　〈第1.2輯は2版　第3輯は3刷〉
◇木戸日記—木戸被告人宣誓供述書全文　極東国際軍事裁判研究　木戸幸一著、極東国際軍事裁判研究会編　平和書房　1947　163p　21cm
◇東京裁判における/木戸証言—軍政最後の権謀をあばく旋風時代の宮廷秘史　木戸幸一著　キング出版社　1947　95p　18cm　（ニュース解説　第2）

紀元2600年

神武天皇即位を元年とする紀年法（皇紀）で2600年とされた年で、昭和15年（西暦1940年）にあたる。明治5年、記紀神話に基づく神武天皇即位の年を西暦紀元前660年とし、その年を皇紀元年と定められた。昭和15年は紀元2600年として近衛内閣主催、5万人が参加した「紀元2600年式典」をはじめ、国を挙げての祝賀行事が行われた。アジア初のオリンピック（東京大会）、万国博覧会の開催も決まっていたが、戦局悪化でいずれも中止された。

＊　　＊　　＊

◇一少年の観た〈聖戦〉　小林信彦著　筑摩書房　1995.5　211p　20cm　〈付：年表・主な参考文献〉　1500円　①4-480-81378-0
◇昭和精神史　桶谷秀昭著　文芸春秋　1992.6　677p　20cm　3500円　①4-16-346560-X
◇全記録　ラジオ・トウキョウ—戦時体制下日本の対外放送　1　真珠湾への道　北山節郎著　田畑書店　1987.11　405p　21cm　5000円
◇子どもたちの太平洋戦争—国民学校の時代　山中恒著　岩波書店　1986.11　219p　18cm　（岩波新書　356）　480円

東条 英機

　明治17（1884）.12.30～昭和23（1948）.12.23　陸軍軍人・政治家。盛岡藩に仕えた能楽師の家系に生まれる。陸軍大学校卒。長州閥が支配的であった陸軍内ではじめ冷遇された。のち有能ぶりを発揮し、関東軍参謀長、陸軍次官を経て、昭和15年第2次・第3次近衛内閣で陸相を務める。統制派。日米交渉では主戦論を主張。近衛内閣の総辞職後、昭和16年内閣を組織。陸軍強硬派を抑えられる唯一の人物として推薦されたと言われる、首相・内相・陸相を兼任。12月8日に日米開戦に踏み切った。翼賛選挙の実施、憲兵政治と呼ばれた強権的な恐怖政治を行い、戦時独裁体制を強めたが、19年サイパン陥落で倒閣運動が起こり、内閣総辞職。戦後、A級戦犯の指名を受け、拳銃で自殺を図るが失敗。東京裁判で死刑判決を受け絞首刑となった。

◇「昭和」を振り回した6人の男たち　半藤一利編著　小学館　2003.9　256p　15cm　（小学館文庫）　〈東洋経済新報社1996年刊の増訂〉　552円　①4-09-405761-7
◇東条家の母子草　東条由布子著　恒文社21, 恒文社〔発売〕　2003.8　237p　20×14cm　1600円　①4-7704-1100-6
◇軍人宰相列伝—山県有朋から鈴木貫太郎まで三代総理実記　小林久三著　光人社　2003.2　262p　20cm　1900円　①4-7698-1083-0
◇東条英機—大日本帝国に殉じた男　松田十刻著　PHP研究所　2002.8　377p

政治

15cm （PHP文庫） 648円 ⓘ4-569-57788-1

◇祖父東条英機「一切語るなかれ」 東条由布子著 増補改訂版 文芸春秋 2000.3 313p 15cm （文春文庫）552円 ⓘ4-16-736902-8

◇東条英機 上巻 亀井宏著 光人社 1998.5 465p 16cm （光人社NF文庫）〈「にっぽんのヒトラー東条英機」(光人社昭和56年刊)の改題〉 914円 ⓘ4-7698-2194-8

◇東条英機 下巻 亀井宏著 光人社 1998.5 525p 16cm （光人社NF文庫）〈「にっぽんのヒトラー東条英機」(光人社昭和56年刊)の改題〉 952円 ⓘ4-7698-2195-6

◇東条英機 上巻 亀井宏著 光人社 1998.5 465p 16cm （光人社NF文庫 かN-194）〈『にっぽんのヒトラー東条英機』(昭和56年刊)の改題〉 914円 ⓘ4-7698-2194-8

◇東条英機 下巻 亀井宏著 光人社 1998.5 525p 16cm （光人社NF文庫 かN-195）〈『にっぽんのヒトラー東条英機』(昭和56年刊)の改題〉 952円 ⓘ4-7698-2195-6

◇正義を貫いた東条英機東京裁判供述書 滝沢宗太編著, 高原大学編 上田 高原大学総本部 1998.2 324p 22cm

◇東条英機「わが無念」 佐藤早苗著 河出書房新社 1997.11 246p 15cm （河出文庫）〈肖像あり〉 650円 ⓘ4-309-40517-7

◇アジア戦時留学生—「トージョー」が招いた若者たちの半世紀 藤原聡〔ほか〕著 共同通信社 1996.8 305,5p 20cm 1800円 ⓘ4-7641-0368-0

◇東条英機封印された真実 佐藤早苗著 講談社 1995.8 314p 20cm 〈東条英機の肖像あり〉 1800円 ⓘ4-06-207113-4

◇戦争責任我に在り—東条英機夫人メモの真実 平野素邦著 光人社 1995.6 273p 19cm 1500円 ⓘ4-334-97106-7

◇東条英機「わが無念」—獄中手記・日米開戦の真実 佐藤早苗著 光文社 1991.11 246p 20cm 〈東条英機の肖像あり〉 1300円 ⓘ4-334-97066-4

◇秘録・東条英機暗殺計画—元・大本営参謀が明かす 津野田忠重著 河出書房新社 1991.8 242p 15cm （河出文庫）〈『わが東条英機暗殺計画』(徳間書店1985年刊)の改題〉 580円 ⓘ4-309-47224-9

◇東条内閣総理大臣機密記録—東条英機大将言行録 伊藤隆〔ほか〕編 東京大学出版会 1990.8 561,13p 22cm 〈東条英機の肖像あり〉 9888円 ⓘ4-13-030071-7

◇天皇と東条英機の苦脳 塩田道夫著 三笠書房 1989.9 348p 15cm （知的生きかた文庫）〈日本文芸社1988年刊の加筆〉 500円 ⓘ4-8379-0338-X

◇東条英機 暗殺の夏 吉松安弘著 新潮社 1989.7 683p 15cm （新潮文庫）640円 ⓘ4-10-116411-8

◇わが東条英機暗殺計画—元・大本営参謀が明かす 津野田忠重著 徳間書店 1988.8 252p 16cm 380円 ⓘ4-19-598585-4

◇コンビの研究—昭和史のなかの指揮官と参謀 半藤一利著 文芸春秋 1988.5 308p 19cm 1200円 ⓘ4-16-342290-0

◇東条勝子の生涯—"A級戦犯"の妻として 佐藤早苗著 時事通信社 1987.4 288p 19cm 1400円 ⓘ4-7887-8709-1

◇東条英機暗殺計画—「高木惣吉資料」にみる日本海軍の終戦工作 工藤美知尋著 PHP研究所 1986.5 219p 18cm （21世紀図書館 74）570円 ⓘ4-569-21773-7

◇東条秘書官機密日誌 赤松貞雄著 文芸春秋 1985.8 299p 20cm 〈東条英機および著者の肖像あり〉 1300円

◇昭和の宰相 第3巻 東条英機と軍部独裁 戸川猪佐武著 講談社 1985.6 343p

政治

15cm （講談社文庫） 480円 ①4-06-183510-6

◇東条英機暗殺計画 森川哲郎著 徳間書店 1984.8 220p 16cm （徳間文庫） 300円 ①4-19-597700-2

◇東条英機とその時代 矢次一夫著 三天書房 1984.8 371p 19cm 〈新装版〉 1200円

◇東条英機とその時代 矢次一夫著 三天書房 1984.8 371p 19cm 〈新装版〉 1200円

◇故旧—幻の陸軍大臣と東条暗殺計画 木村馨著 弘前 北方新社 1984.6 215p 20cm 1600円

◇東条英機暗殺の夏 上 吉松安弘著 新潮社 1984.2 289p 20cm 1200円 ①4-10-351401-9

◇東条英機暗殺の夏 下 吉松安弘著 新潮社 1984.2 292p 20cm 〈巻末：参考文献〉 1200円 ①4-10-351402-7

◇東京裁判と東条英機 上法快男編 芙蓉書房 1983.5 280p 19cm 〈東条英機の肖像あり〉 1400円

◇東京裁判と東条英機 上法快男編 芙蓉書房 1983.5 280p 19cm 〈巻末：東条英機略年譜 参考引用文献目録 - p10〜14 肖像：東条英機〔ほか〕,図版(肖像)〉 1400円

◇にっぽんのヒトラー東条英機—その等身大の生涯と軍国日本 亀井宏著 光人社 1981.6 2冊 20cm 各1500円 ①4-7698-0154-8

◇東条英機と天皇の時代 下 日米開戦から東京裁判まで 保阪正康著 伝統と現代社 1980.1 231,7p 20cm 〈発売：現代ジャーナリズム出版会〉 1400円

◇東条英機と天皇の時代 上 軍内抗争から開戦前夜まで 保阪正康著 伝統と現代社 1979.12 228p 20cm 〈発売：現代ジャーナリズム出版会〉 1300円

◇東条英機・その昭和史 楳本捨三著 秀英書房 1979.7 308p 20cm 〈東条英機の肖像あり〉 1800円

◇東条弾劾—戦時下首相を糾弾したある判事の生涯 昭和史の記録 岡井敏著 現代史出版会 1979.5 233p 20cm 〈発売：徳間書店〉 1300円

◇東条英機 東条英機刊行会, 上法快男編 芙蓉書房 1974 760p 図 20cm 3500円

◇東条英機とその時代 楳本捨三著 宮川書房 1968 366p 図版 19cm

◇東条英機—その生涯と日本陸軍興亡秘史 秋定鶴造著 経済往来社 1967 434p 図版 19cm 580円

◇東条英機 その生涯と日本陸軍興亡秘史 秋定鶴造著 経済往来社 1967 434p 図版 19cm

◇人間東条英機 土屋道雄著 育誠社 1967 281p 図版 19cm 380円

◇東条英機 2冊 ロバート・J・C・ビュート著, 木下秀夫訳 時事通信社 1961

◇東条英機 ロバート・J.C.ビュートー著, 木下秀夫ほか訳 時事通信社 1961 2冊 19cm

◇東条英機と太平洋戦争 佐藤賢了著 文芸春秋新社 1960

◇東条英機と太平洋戦争 佐藤賢了著 文芸春秋社 1960 277p 19cm

◇東条英機と太平洋戦争 佐藤賢了著 文芸春秋社 1960 277p 19cm

◇東条メモ—かくて天皇は救われた 塩原時三郎著 ハンドブック社 1952 262p 図版 19cm

◇東条政権の歴史的後景 服部之総著 白揚社 1949

◇キーナン検事と東条被告—極東国際軍事裁判法廷における一問一答 近藤書店 1948

◇天皇に責任なし 責任は我に在り 東条英機宣誓供述書, 東京裁判研究会編 洋洋社 1948 172p 18cm

◇東条尋問録　朝日新聞法廷記者団著　ニュース社　1948
◇東条被告口供書　長田政次郎著　銀座書房　1948
◇東条英機宣誓供述書　東京裁判研究会編　洋洋社　1948　172p 図版　19cm
◇或志士―東条と中野正剛　木村毅著　東京講演会　1946　108p　B6　50円

中野　正剛

明治19(1886).2.12～昭和18(1943).10.27
政治家。福岡県生まれ。早稲田大学在学中に三宅雪嶺の『日本及日本人』に寄稿、頭山満の知遇を得る。朝日新聞記者を経て東方時論社の社長兼主筆。大正9年衆議院議員に当選し、以後8回当選。昭和6年の満州事変後、ファシズムに接近し、11年東方会を組織、12～13年にイタリア・ドイツを訪問しファシズム指向を強め、14年議会政治を否定して議員辞職。15年大政翼賛会総務に就任。東条内閣が独裁色を強めると反発し、18年倒閣を画策し逮捕される。釈放後自宅で割腹自殺した。著書に『国家改造計画綱領』などがある。

　　　　＊　　　＊　　　＊

◇東条討つべし―中野正剛評伝　室潔著　朝日新聞社　1999.10　196p　19cm　2000円　①4-02-257441-0
◇留魂人を動かす　長尾遼著　原書房　1998.6　328p 20cm　2300円　①4-562-03093-3
◇中野正剛自決の謎　渡辺行男著　福岡葦書房　1996.9　241p 20cm　〈主な参考資料・文献：p240～241〉　2200円　①4-7512-0648-6
◇父・中野正剛―その時代と思想　中野泰雄著　恒文社　1994.6　270p 20cm　〈中野正剛の肖像あり〉　2500円　①4-7704-0762-9
◇人間中野正剛　緒方竹虎著　中央公論社　1988.12　266p 15cm（中公文庫）　420円　①4-12-201574-X
◇アジア主義者 中野正剛　中野泰雄著　亜紀書房　1988.3　260p 19cm　1500円
◇中野正剛　猪俣敬太郎著　吉川弘文館　1988.3　230p 19cm （人物叢書 新装版）〈新装版 中野正剛の肖像あり 叢書の編者：日本歴史学会〉　1600円　①4-642-05111-2
◇日本反骨者列伝　夏堀正元著　徳間書店　1987.11　414p 15cm （徳間文庫）〈『反骨』改題書〉　540円　①4-19-598396-7
◇反逆の系譜　桑田忠親著　講談社　1987.6　319p 15cm （講談社文庫）　420円　①4-06-183999-3
◇獅子の道　中野正剛　日下藤吾著　叢文社　1986.11　778p 19cm　3500円　①4-7947-0144-6
◇中野正剛　田々宮英太郎著　新人物往来社　1975　254p 20cm　1300円
◇政治家中野正剛　上　中野泰雄著　新光閣書店　1971　820p 図 肖像　22cm
◇政治家中野正剛　下　中野泰雄著　新光閣書店　1971　849,29p 図 肖像　22cm〈巻末袋入：演説録音シート〉
◇証言私の昭和史　第4　太平洋戦争　後期　東京12チャンネル報道部編　学芸書林　1969　335p 20cm　〈監修者：有馬頼義等 東京12チャンネル報道部制作ドキュメント番組「私の昭和史」（司会：三国一朗）を収録したもの〉　690円
◇大東亜戦争始末記・自決編　田々宮英太郎著　経済往来社　1966
◇中野正剛の生涯　猪俣敬太郎著　名古屋黎明書房　1964　770p 図版　22cm
◇警告の記録―中野正剛自刃20周年に当って　三田村武夫著　政治科学研究所　1963.10　152p 21cm　〈限定版〉
◇中野正剛の悲劇　猪俣敬太郎著　今日の問題社　1959　272p 図版　19cm
◇父中野正剛伝　中野泰雄著　新光閣書店　1958

◇中野正剛は生きている　正剛会編　あけぼの社　1954　133p 図 肖像　19cm
◇中野正剛と日本軍閥―宿命の決闘　猪俣敬太郎著　民主制度普及会　1951.12　122p 18cm　〈中野正剛の肖像あり〉
◇中野正剛　佐藤守男著　霞ケ関書房　1951　457p 図版　19cm
◇中野正剛は何故自刃したか！　三田村武夫著　武蔵野出版社　1950.1　146p 19cm
◇或志士―東条と中野正剛　木村毅著　東京講演会　1946　108p B6　50円

翼賛選挙

　昭和17年に行われた衆議院議員総選挙の通称。大政翼賛会発足後、衆議院を翼賛勢力で固めるため、東条内閣は翼賛政治体制協議会を設置し、推薦候補を定め、激しい選挙干渉を行った。投票の結果、466議席中、推薦候補が381と圧倒的多数を占め、非推薦候補は85人だった。尾崎行雄、斎藤隆夫、中野正剛らは非推薦で当選した。選挙後、衆議院・貴族院両議員は皇族を除き翼賛政治会を結成、その他の政治結社は禁止された。

＊　　＊　　＊

◇翼賛選挙―翼賛政治体制協議会裏方の記録　大室政右著　緑蔭書房　2004.3　221p 22cm　〈付属資料：1冊〉　1800円　①4-89774-261-7
◇証言・私の昭和史　3　三国一朗きき手, テレビ東京編　文芸春秋　1989.4　524p 15cm　（文春文庫）　550円　①4-16-749903-7
◇資料日本現代史　5　翼賛選挙　2　吉見義明, 横関至編集・解説　大月書店　1981.3　382p 22cm　6500円
◇資料日本現代史　4　翼賛選挙　1　吉見義明, 横関至編集・解説　大月書店　1981.1　499p 22cm　7000円
◇昭和史探訪　4　太平洋戦争後期　インタビュアー・編者:三国一朗　番町書房　1974　258p 図　22cm　1500円

◇昭和史の瞬間　下　朝日ジャーナル編　朝日新聞社　1974　306,4p 19cm　（朝日選書 12）　〈『朝日ジャーナル』に1965年から66年にかけて連載されたものを収録〉　780円

尾崎　行雄

安政5(1858).11.20～昭和29(1954).10.6
政治家。相模国生まれ。立憲改進党の創立に参加。明治23年の第1回衆議院総選挙で当選。以後25回連続当選し63年間議員を務める。大隈内閣の文相・法相、東京市長を歴任。普通選挙運動、護憲運動に参加、婦人参政権運動も支持した。軍縮推進、治安維持法反対を唱えるが議会内では次第に孤立する。昭和17年の翼賛選挙では非推薦で当選。軍国主義に反対する一貫した姿勢で"憲政の神様""議会政治の父"と呼ばれた。28年のバカヤロー解散後の総選挙で初めて落選、政界を引退。国会から名誉議員の称号を贈られた。

＊　　＊　　＊

◇咢堂尾崎行雄ものがたり　大塚喜一著　津久井町（神奈川県）　つくい書房　2002.12　278p 20cm　〈年譜あり〉　1500円　①4-9901398-0-1
◇時代を動かす政治のことば―尾崎行雄から小泉純一郎まで…　読売新聞政治部編　東信堂　2001.11　235p 20cm　1800円　①4-88713-414-2
◇咢堂尾崎行雄　相馬雪香, 富田信男, 青木一能編著　慶応義塾大学出版会　2000.8　322p 19cm　（Keio UP選書）　〈年譜あり〉　2400円　①4-7664-0794-6
◇人間の運命　小島直記著　致知出版社　1999.6　271p 19cm　1500円　①4-88474-567-1
◇憲政の人・尾崎行雄　竹田友三著　同時代社　1998.1　239p 20cm　2500円　①4-88683-388-8

◇犬養毅と尾崎行雄特別展示目録　憲政記念館編　憲政記念館　1991.3　69p　21cm　〈会期：平成3年3月7日～26日〉
◇尾崎行雄　伊佐秀雄著〔新装版〕吉川弘文館　1987.7　260p 19cm　（人物叢書）　1700円　①4-642-05087-6
◇尾崎行雄　伊佐秀雄著　吉川弘文館　1987.7　260p　19cm　（人物叢書 新装版）〈新装版 尾崎行雄の肖像あり 叢書の編者：日本歴史学会〉　1700円　①4-642-05087-6
◇"憲政の父"尾崎行雄の生涯　石田正一絵と文　尾崎行雄記念財団　1982.3　60p　13×19cm　〈第3刷（第1刷：昭和47年)〉
◇尾崎行雄のしおり―憲政の理想に燃えて　尾崎行雄記念財団　1979.7　1冊（頁付なし）　19cm
◇尾崎行雄伝　尾崎行雄記念財団　1964　55p　18cm　（尾崎財団シリーズ　1）
◇尾崎行雄伝　沢田謙著　尾崎行雄記念財団　1961　2冊　19cm
◇尾崎咢堂全集　第11巻　双堂自伝　尾崎行雄 , 尾崎咢堂全集編纂委員会編　公論社　1955-56　22cm
◇咢堂言行録　石田秀人著　時局社　1953　200p　図版　19cm
◇人物尾崎行雄　高野清八郎著　新使命社　1953
◇民権闘争七十年　尾崎行雄著　読売新聞社　1952　213p　図版　19cm
◇尾崎行雄伝　伊佐秀雄著　尾崎行雄伝刊行会　1951　1392p　図版　22cm
◇尾崎行雄物語―民主の父　真下五一著　目黒書店　1951　164p　図版　19cm
◇咢堂回顧録　上,下巻　尾崎行雄著　雄鶏社　1951　2冊　19cm
◇咢堂自伝　尾崎行雄著　訂再版　大阪　大阪時事新報社出版局　1948　466p　図版　19cm
◇客と語る　尾崎行雄著　太平社　1948　264p　図版　19cm　〈附録：大戦前の内外の形勢（長井実編)〉
◇回顧漫録　尾崎行雄著　岩波書店　1947　272p　19cm
◇自由を護った人々　大川三郎著　新社　1947　314p　18cm
◇日本国民に告ぐ　尾崎行雄　香伯書房　1947　183p　18cm
◇尾崎行雄の行き方　伊佐秀雄著　文苑社　1946　47p　18cm　（自由叢書　11）2.5円
◇狂乱の中に立ちて　尾崎行雄著　中部民論社　1946　118p　B6　5円
◇敗戦の反省―第七十六回議会の失態　尾崎行雄述　岩波書店　1946　75p　19cm

小磯　国昭

明治13(1880).4.1～昭和25(1950).11.3
　陸軍軍人・政治家。栃木県生まれ。陸軍では関東軍参謀長・朝鮮総督を歴任、軍部の満州進出を推進した。平沼・米内両内閣の拓務相を務め、昭和19年東条内閣総辞職後、首相に就任。戦局の悪化を打開できず、沖縄戦の中、昭和20年5月に総辞職。戦後、A級戦犯として起訴され、終身禁固刑の判決を受け、服役中に病死した。

＊　　　＊　　　＊

◇軍人宰相列伝―山県有朋から鈴木貫太郎まで三代総理実記　小林久三著　光人社　2003.2　262p　20cm　1900円　①4-7698-1083-0
◇怒り宰相小磯国昭　中村晃著　叢文社　1991.5　254p　19cm　（現代を拓く歴史名作シリーズ）　1500円　①4-7947-0186-1
◇昭和二十年　第1部 3　小磯内閣の倒壊　鳥居民著　草思社　1987.9　314p　19cm　1900円　①4-7942-0286-5
◇加瀬俊一回想録　下　加瀬俊一著　山手書房　1986.5　212p　19cm　1200円
◇葛山鴻爪　小磯国昭著　小磯国昭自叙伝刊行会　1963　931p　図版　23cm

横浜事件

昭和18年～20年に起きた近代日本最大の言論弾圧事件。昭和17年、総合雑誌『改造』に掲載された論文「世界史の動向と日本」が共産主義を賛美するものとされ、雑誌は発禁処分となり、著者が逮捕された。さらに捜査の過程で見つかった著者と編集者が同席した場の写真が日本共産党再建の謀議の証拠とされ、18年から20年にかけて60人が治安維持法違反容疑で検挙され、神奈川県特高警察の厳しい拷問で4人が獄死した。裁判は治安維持法廃止直前の20年8～9月に判決が出され、約30人が執行猶予付きの有罪となった。GHQの追求を逃れるため公判記録は全て焼却され残っていない。戦後、元被告ら関係者は名誉回復を求め、平成15年、第3次再審請求がようやく認められ17年再審開始が決定。18年2月に出された判決では有罪・無罪の判断をせず、治安維持法が廃止されたため免訴とされ、元被告の望んだ無罪判決は得られなかった。

◇続・現代史資料　7　特高と思想検事　加藤敬事編　みすず書房　2004.12　39,740p　22cm　〈1989年刊（第2刷）を原本としたオンデマンド版〉　15000円　①4-622-06153-8

◇横浜事件木村亨全発言　木村亨著,松坂まき編　インパクト出版会　2002.2　432p　22cm　3900円　①4-7554-0115-1

◇横浜事件・三つの裁判—十五年戦争下最大の言論・思想弾圧事件　小野貞,大川隆司著　高文研　1995.1　134p　19cm　〈付,第二次再審裁判・再審請求書〉　1030円　①4-87498-153-4

◇横浜事件・真実を求めて　小野貞著　小野貞　1990.5　43p　21cm　325円

◇細川嘉六獄中調書—横浜事件の証言　森川金寿編著　不二出版　1989.8　386p　20cm　〈細川嘉六の肖像あり〉　2884円

◇証言 私の昭和史　4　三国一朗きき手,テレビ東京編　文芸春秋　1989.5　515p　15cm　（文春文庫）　550円　①4-16-749904-5

◇横浜事件を風化させないで—横浜事件・再審請求=私の抗告草案　小野貞執筆　小野貞　1988.9　38p　21cm　300円

◇横浜事件—妻と妹の手記　小野貞,気賀すみ子著　高文研　1987.11　219p　19cm　1200円　①4-87498-089-9

◇横浜事件—言論弾圧の構図　海老原光義ほか著　岩波書店　1987.1　71p　21cm　（岩波ブックレット　no.78）　250円　①4-00-003018-3

◇横浜事件資料集　笹下同志会編　東京ルリコール　1986.12　247p　21cm　〈監修：森川金寿 笹下会1977年刊の複製増補版〉　1800円　①4-924742-02-3

◇横浜事件—元『改造』編集者の手記　青山憲三著　希林書房　1986.10　295p　19cm　〈発売：三信図書 折り込図1枚〉　1600円　①4-87921-057-9

◇横浜事件の真相—再審裁判へのたたかい　木村亨著　増補2版　笠原書店　1986.10　220p　20cm　〈発売：竹内書店新社〉　1800円

◇日本ファシズムの言論弾圧抄史—横浜事件・冬の時代の出版弾圧　梅田正己編　高文研　1986.3　291p　19cm　〈『覚書昭和出版弾圧小史』（図書新聞1977年刊）の改題新版〉　1800円

◇横浜事件の真相—つくられた「泊会議」　木村亨著　筑摩書房　1982.12　220p　20cm　1800円

◇横浜事件の人びと　中村智子著　田畑書店　1979.4　283,8p　20cm　1600円

◇横浜事件　美作太郎,藤田親昌,渡辺潔著　日本エディタースクール出版部　1977.7　274p　19cm　（エディター叢書）　1600円
◇改造社の時代　戦前篇　水島治男著　図書出版社　1976　290p　図　20cm　1200円
◇改造社の時代　戦中編　水島治男著　図書出版社　1976　294p　図　20cm　1200円
◇横浜事件　黒田秀俊著　学芸書林　1976　273p　20cm　1500円
◇調査概報　第4集　「横浜事件」関係資料　横浜市,横浜の空襲を記録する会編〔横浜〕　横浜市　1975.10　115p　21cm〈背・表紙・標題紙に「横浜空襲・戦災誌編集委員会」とあり〉
◇ドキュメント昭和五十年史　4　太平洋戦争　中村新太郎編　汐文社　1975　308p　19cm　780円
◇昭和史探訪　4　太平洋戦争後期　インタビュアー・編者:三国一朗　番町書房　1974　258p　図　22cm　1500円
◇昭和史の瞬間　下　朝日ジャーナル編　朝日新聞社　1974　306,4p　19cm　（朝日選書　12）〈『朝日ジャーナル』に1965年から66年にかけて連載されたものを収録〉　780円
◇言論の敗北—横浜事件の真実　美作太郎,藤田親昌,渡辺潔共著　京都　三一書房　1959　246p　18cm　（三一新書）

強制連行

　太平洋戦争中、日本本土の労働力確保のため、朝鮮・中国の人々を強制的に連れ去ったこと。1990年代以降、戦後補償問題がとりあげられる中で大きな議論となった。

　　　　＊　　　　＊　　　　＊

◇戦後60年犠牲者を遺族の元に　朝鮮人強制連行真相調査団編〔大阪〕　朝鮮人強制連行真相調査団　2005.1　78p　26cm　（資料集　16）〈年表あり〉　700円
◇第五回朝鮮人強制連行者のいた現場を歩く会・第二回能代市山本郡内の戦争の跡を歩く会　能代　秋田県朝鮮人強制連行真相調査団　2004.12　10p　21cm
◇朝鮮人強制連行・強制労働ガイドブック　奈良編　田中寛治編　改訂版　天理　奈良県での朝鮮人強制連行等に関わる資料を発掘する会　2004.8　90p　21cm〈大阪　解放出版社（発売）　年表,文献あり〉1000円　④4-7592-6219-9
◇在日・強制連行の神話　鄭大均著　文芸春秋　2004.6　201p　18cm　（文春新書）〈年表あり〉　680円　④4-16-660384-1
◇アジア・太平洋戦争と神戸港—朝鮮人・中国人・連合国軍捕虜　神戸港における戦時下朝鮮人・中国人強制連行を調査する会編　神戸　神戸港における戦時下朝鮮人・中国人強制連行を調査する会　2004.2　31p　26cm　〈神戸　みずのわ出版（発売）年表あり〉　800円　④4-944173-24-5
◇足で見た筑豊—朝鮮人炭鉱労働の記録　金光烈著　明石書店　2004.2　429p　20cm　（世界人権問題叢書　49）　4800円　④4-7503-1851-5
◇若者たちの東アジア宣言—朱鞠内に集う日・韓・在日・アイヌ　殿平善彦著　京都　かもがわ出版　2004.2　127p　21cm　1300円　④4-87699-788-8
◇神戸港強制連行の記録—朝鮮人・中国人そして連合軍捕虜　神戸港における戦時下朝鮮人・中国人強制連行を調査する会編　明石書店　2004.1　347p　20cm　（世界人権問題叢書　48）〈年表あり〉4500円　④4-7503-1839-6
◇第三回朝鮮人強制連行者のいた現場を歩く会・第一回能代市山本郡内の戦争の跡を歩く会　能代　秋田県朝鮮人強制連行真相調査団　2003.12　6p　21cm
◇第2回・朝鮮人強制連行者のいた現場を歩く会　能代　秋田県朝鮮人強制連行真相調査団　2003.10　5p　21cm

政治

◇中国人強制連行の生き証人たち　鈴木賢士写真・文　高文研　2003.8　156p　21cm　1800円　④4-87498-308-1

◇第一回・朝鮮人強制連行者のいた現場を歩く会　能代　秋田県朝鮮人強制連行真相調査団　2003.7　5p　21cm

◇強制連行・『慰安婦』・在韓米軍問題—日韓・日朝友好のために　釧路　日韓・日朝の明日を考える釧路かささぎの会　2003.6　143p　21cm　953円

◇金英達著作集　2　朝鮮人強制連行の研究　金英達著,金慶海編　明石書店　2003.2　434p　19cm　5400円　④4-7503-1681-4

◇朝鮮人強制連行の研究　金英達著,金慶海編　明石書店　2003.2　434p　20cm　（金英達著作集　2）　5400円　④4-7503-1681-4

◇平壌からの告発　続　伊藤孝司文・写真　名古屋　風媒社　2002.10　90p　21cm　（風媒社ブックレット　12）　800円　④4-8331-5411-0

◇鹿児島、韓国封印された歴史を解く　「鹿児島、韓国封印された歴史を解く」刊行委員会編　鹿児島　南方新社　2002.9　161p　19cm　1400円　④4-931376-74-6

◇穴にかくれて14年—日本へ強制連行された中国人労働者劉連仁の脱出記録　欧陽文彬著,三好一訳　新組新装　新読書社　2002.7　250p　19cm　1500円　④4-7880-5015-3

◇中国人強制連行　西成田豊著　東京大学出版会　2002.6　487,9p　21cm　6400円　④4-13-026603-9

◇朝鮮人強制連行調査の記録—関東編　1　神奈川・千葉・山梨　朝鮮人強制連行真相調査団編著　柏書房　2002.6　414p　21cm　2800円　④4-7601-2253-2

◇朝鮮人強制連行調査の記録　関東編　1　神奈川・千葉・山梨　朝鮮人強制連行真相調査団編著　柏書房　2002.6　414p　21cm　2800円　④4-7601-2253-2

◇中国人強制連行　杉原達著　岩波書店　2002.5　215,5p　18cm　（岩波新書）　740円　④4-00-430785-6

◇朝鮮人強制連行・強制労働—日本弁護士連合会勧告と調査報告　朝鮮人強制連行真相調査団編　大阪　朝鮮人強制連行真相調査団　2002　64p　26cm　（資料集14）　〈ハングル・英文併記〉　600円

◇過ちを認め、償い、共に歩むアジアの歴史を—中国人強制労働事件の真実　中国人強制労働事件・福岡訴訟原告弁護団編　福岡　リーガルブックス　2001.11　80p　21cm　500円　④4-947745-28-2

◇平壌からの告発—日本軍「慰安婦」・強制連行被害者の叫び　伊藤孝司文・写真　名古屋　風媒社　2001.7　99p　21cm　（風媒社ブックレット　11）　800円　④4-8331-5410-2

◇朝鮮人強制連行調査の記録　中国編　朝鮮人強制連行真相調査団編著　柏書房　2001.3　430p　21cm　〈年表,文献あり〉　2800円　④4-7601-2046-7

◇朝鮮人強制連行調査の記録　中国編　朝鮮人強制連行真相調査団編著　柏書房　2001.3　430p　21cm　2800円　④4-7601-2046-7

◇穴から穴へ13年—劉連仁と強制連行　早乙女勝元編　草の根出版会　2000.11　135p　23cm　（母と子でみる　A11）〈肖像,年表,文献あり〉　2200円　④4-87648-155-5

◇戦争の忘れもの—残留コリアンの叫び　山本将文著　講談社　2000.5　349p　15cm　（講談社文庫）　743円　④4-06-264860-1

◇異郷の炭鉱—三井山野鉱強制労働の記録　武富登巳男,林えいだい編　福岡　海鳥社　2000.1　271p　26cm　3600円　④4-87415-287-2

◇中国人強制連行事件福岡訴訟訴状　福岡　中国人強制連行事件福岡訴訟弁護団　2000　117p　26cm　〈福岡地方裁判所2000年5月10日提訴　付属資料：16p：中国人強制連行事件福岡訴訟意見書〉

政治

◇戦後補償とは何か　朝日新聞戦後補償問題取材班著　朝日新聞社　1999.9　205p　15cm　（朝日文庫）〈年表あり〉　480円　ⓉI 4-02-261271-1

◇朝鮮人強制連行・強制労働ガイドブック　天理・柳本飛行場編　高野真幸編　天理奈良県での朝鮮人強制連行等に関わる資料を発掘する会　1999.9　98p　21cm〈大阪　解放出版社（発売）〉　1000円　ⓉI 4-7592-6211-3

◇朝鮮人強制連行・強制労働ガイドブック　天理・柳本飛行場編　高野真幸編　奈良県での朝鮮人強制連行等に関わる資料を発掘する会，（大阪）解放出版社〔発売〕　1999.9　98p　21cm　1000円　ⓉI 4-7592-6211-3

◇秋田の朝鮮人強制連行——歴史の闇を歩く　野添憲治編著　彩流社　1999.8　197p　19cm　1700円　ⓉI 4-88202-586-8

◇朝鮮人強制連行・強制労働ガイドブック　高槻「タチソ」編　ガイドブック高槻「タチソ」編編集委員会編　高槻　高槻「タチソ」戦跡保存の会　1999.8　79p　21cm〈大阪　解放出版社（発売）〉　1000円　ⓉI 4-7592-6210-5

◇当事者が書いた強制連行——北海道・闇に消えた十一人　鄭晢仁著　彩流社　1999.8　250p　19cm　1800円　ⓉI 4-88202-587-6

◇華人労務者就労顛末報告書——神戸港における中国人強制連行資料　復刻版　神戸　神戸・南京をむすぶ会　1999.6　264p　26cm〈原本：日本港湾運業界華工管理事務所，神戸船舶荷役株式会社昭和21年刊〉　2000円

◇朝鮮人強制連行・強制労働ガイドブック——資料編・奈良編 1　高野真幸編　神戸　みずのわ出版　1998.9　119p　21cm　1200円　ⓉI 4-944173-01-6

◇朝鮮人強制連行・強制労働ガイドブック——資料集　奈良編 1　高野真幸編　神戸　みずのわ出版　1998.9　119p　21cm　1200円　ⓉI 4-944173-01-6

◇真相究明と被害者の尊厳回復　朝鮮人強制連行真相調査団編著　大阪　朝鮮人強制連行真相調査団　1998.8　63p　26cm（資料集　13）　700円

◇「募集」という名の強制連行——聞き書きある在日一世の証言　坪内広清著　彩流社　1998.2　212p　19cm　1800円　ⓉI 4-88202-458-6

◇住友別子銅山で〈朴順童〉が死んだ　尾上守, 松原満紀著　松山　晴耕雨読　1997.6　331p　20cm　2200円　ⓉI 4-925082-02-7

◇中国人強制連行の記録——日本人は中国人に何をしたか　石飛仁著　三一書房　1997.6　276p　18cm（三一新書）〈文献あり〉　850円　ⓉI 4-380-97008-6

◇アジアの戦争被害者たち——証言・日本の侵略　伊藤孝司写真・文　草の根出版会　1997.4　135p　21cm（母と子でみる　32）　2200円　ⓉI 4-87648-117-2

◇朝鮮人強制連行調査の記録　中部・東海編　朝鮮人強制連行真相調査団編著　柏書房　1997.3　413p　21cm〈年表：p341～389　参考文献：p408～409〉　2884円　ⓉI 4-7601-1417-3

◇問われる戦争責任　朝鮮人強制連行真相調査団編著　大阪　朝鮮人強制連行真相調査団　1997.3　77p　26cm（資料集　11）　800円

◇戦時下強制連行極秘資料集　石炭産業内部文書　東日本篇　長沢秀編解説　緑蔭書房　1996.6　4冊　27cm〈複製〉　全82400円　ⓉI 4-89774-229-3

◇隣国からの告発——強制連行の企業責任2　山田昭次, 田中宏編著　創史社　1996.6　263p　19cm〈発売：八月書館〉　1854円　ⓉI 4-915970-06-X

◇見知らぬわが町——1995　真夏の廃坑　中川雅子写真・文　福岡　葦書房　1996.5　110p　21cm〈参考文献：p109～110〉　1030円　ⓉI 4-7512-0644-3

◇劉連仁・穴の中の戦後——中国人と強制連行　野添憲治著　三一書房　1995

75

政治

11　232p　19cm　〈劉連仁の肖像あり〉　1700円　①4-380-95289-4

◇蒼き岩陰の祈り―松代大本営朝鮮人犠牲者追悼平和祈念碑建立記念誌　松代大本営朝鮮人犠牲者慰霊碑建立実行委員会編　長野　松代大本営朝鮮人犠牲者慰霊碑建立実行委員会　1995.8　39p　30cm

◇証言集　朝鮮人皇軍兵士―ニューギニア戦の特別志願兵　林えいだい著　柘植書房　1995.8　280p　19cm　2575円　①4-8068-0377-4

◇証言中国人強制連行―ビデオ「証言中国人強制連行」ガイドブック　日本中国友好協会編著　〔日本中国友好協会〕　1995.7　93p　21cm　618円

◇地下軍需工場と朝鮮人強制連行―写真記録　隠された戦跡1　久保井規夫著　明石書店　1995.7　220p　21cm　(見る！読む！歴史・民俗シリーズ　第3巻)　2575円　①4-7503-0732-7

◇国連決議と植民地支配、強制連行―1905年条約は無効、"慰安婦"問題は犯罪　朝鮮人強制連行真相調査団日本人側全国連絡協議会, 朝鮮人強制連行真相調査団朝鮮人側中央本部編　〔大阪〕　朝鮮人強制連行真相調査団　1995.5　69p　26cm　(資料集　8)　600円

◇中国人強制連行資料―「外務省報告書」全五分冊ほか　田中宏, 松沢哲成編著　現代書館　1995.4　815p　27cm　〈複製　折り込表6枚〉　51500円　①4-7684-6658-3

◇妻たちの強制連行　林えいだい著　名古屋　風媒社　1994.11　268p　19cm　1880円　①4-8331-1034-2

◇地図にないアリラン峠―強制連行の足跡をたどる旅　林えいだい著　明石書店　1994.7　283p　19cm　3090円　①4-7503-0618-5

◇朝鮮人・中国人強制連行・強制労働資料集　1994　金英達, 飛田雄一編　神戸　神戸学生・青年センター出版部　1994.7　289p　26cm　〈地方・小出版流通センター〉　1600円　①4-906460-26-7

◇痛恨の山河―足尾銅山中国人強制連行の記録　猪瀬建造著　増補改訂版　宇都宮　随想舎　1994.7　327p　19cm　〈初版の出版者：猪瀬建造〉　2575円

◇朝鮮人強制連行とわたし―川崎昭和電工朝鮮人宿舎・舎監の記録　脇本寿著　神戸　神戸学生青年センター出版部　1994.6　35p　21cm　412円　①4-906460-25-9

◇朝鮮人強制連行真相調査団全国連絡協議会・中央本部の活動　〔1994〕　朝鮮人強制連行真相調査団編　大阪　朝鮮人強制連行真相調査団　1994.5　207p　26cm　(資料集　7)　〈1992年4月～1994年4月までの新聞報道から〉　1500円

◇朝鮮人強制連行調査の記録―山口編　中間報告　山口県朝鮮人強制連行真相調査団編著　山口　山口県朝鮮人強制連行真相調査団　1994.5　100p　21cm　1200円

◇幻の外務省報告書―中国人強制連行の記録NHKスペシャル　NHK取材班著　日本放送出版協会　1994.5　244p　19cm　1262円　①4-14-080167-0

◇さびついた歯車を回そう―資料「華人労務者調査報告書」　長崎在日朝鮮人の人権を守る会編　長崎　長崎在日朝鮮人の人権を守る会　1994.1　171p　26cm

◇強制連行の企業責任―徴用された朝鮮人は訴える　古庄正編著　創史社　八月書館(発売)　1993.12　253p　19cm　1751円　①4-915970-05-1

◇朝鮮人強制連行調査の記録　兵庫編　朝鮮人強制連行真相調査団編著　柏書房　1993.11　265p　21cm　2330円　①4-7601-1016-X

◇中国人強制連行の軌跡―「聖戦」の墓標　上羽修著　青木書店　1993.7　246p　20cm　2060円　①4-250-93018-1

◇朝鮮人・中国人強制連行・強制労働資料集　1993　金英達, 飛田雄一編　神戸　神戸学生青年センター出版部　1993.7　315p　26cm　1648円　①4-906460-22-4

◇朝鮮人強制連行論文集成　梁泰昊編　明石書店　1993.6　646p　21cm　15450円　①4-7503-0520-0

◇十五年戦争重要文献シリーズ　第11集　朝鮮徴兵準備読本　金英達編・解説　不二出版　1993.5　1冊　27cm　〈複製〉　4635円

◇十五年戦争重要文献シリーズ　第12集　特殊労務者の労務管理　飛田雄一編・解説　不二出版　1993.5　286p　27cm　〈複製〉　7725円

◇責任と償い―慰安婦・強制連行　日本の戦後補償への国際法と国連への対応　国際人権研究会編　新泉社　1993.5　309p　19cm　2000円　①4-7877-9304-7

◇朝鮮人強制連行調査の記録　大阪編　朝鮮人強制連行真相調査団編著　柏書房　1993.5　287p　21cm　2400円　①4-7601-0953-6

◇在日朝鮮人・強制連行・民族問題―古稀を記念して　朴慶植著　三一書房　1992.12　646p　23cm　9515円　①4-380-92248-0

◇戦前の堺における朝鮮人―強制連行・強制労働の実態を明らかにするために　堺における朝鮮人の強制連行・強制労働の実態を明らかにする会　1992.9　83p　26cm　〈折り込1枚〉　600円

◇検証・朝鮮植民地支配と補償問題　朝鮮人強制連行真相調査団編　明石書店　1992.8　193p　19cm　1500円　①4-7503-0442-5

◇朝鮮侵略と強制連行―日本は朝鮮で何をしたか？　大阪人権歴史資料館編　大阪　解放出版社　1992.8　224p　21cm　2000円

◇はてしなき涯―強制労働・発病・結婚　許在文, 金潤任述　邑久町（岡山県）　許在文　1992.8　86p　21cm

◇海に消えた被爆朝鮮人徴用工―鎮魂の海峡　深川宗俊著　明石書店　1992.7　306p　19cm　2575円　①4-7503-0438-7

◇死者への手紙―海底炭鉱の朝鮮人坑夫たち　林えいだい著　明石書店　1992.7　299p　19cm　2060円　①4-7503-0439-5

◇地下壕に埋もれた朝鮮人強制労働　広島の強制連行を調査する会編　明石書店　1992.7　315p　21cm　2300円　①4-7503-0440-9

◇朝鮮人軍夫の沖縄日記　金元栄著, 岩橋春美訳　三一書房　1992.7　189p　19cm　1800円　①4-380-92237-5

◇戦時下朝鮮人中国人連合軍俘虜強制連行資料集―石炭統制会極秘文書　復刻版　長沢秀編解説　緑蔭書房　1992.6　4冊　27cm　全82400円　①4-89774-207-2

◇強制連行と従軍慰安婦　平林久枝編　日本図書センター　1992.5　282p　22cm　（平和図書館）〈解説：平林久枝〉　2575円　①4-8205-7109-5

◇「戦争と平和」市民の記録　13　強制連行と従軍慰安婦　平林久枝編　日本図書センター　1992.5　282p　21cm　2575円　①4-8205-7109-5

◇朝鮮人強制連行真相調査団1970年代の活動―北海道・九州・東北の新聞報道・復刻版　朝鮮人強制連行真相調査団編　大阪　朝鮮人強制連行真相調査団　1992.5　263p　26cm　（資料集　4）〈奥付の書名：1970年代朝鮮人強制連行真相調査団の活動　背の書名：1970年代強制連行…〉　1200円

◇朝鮮人強制連行調査の記録　四国編　朝鮮人強制連行真相調査団編著　柏書房　1992.5　211p　21cm　1980円　①4-7601-0851-3

◇はじまりはアリランから―民族問題を考える高校生たち　花房英利著　平和文化　1992.5　159p　21cm　1500円　①4-938585-38-3

◇トラジ―福島県内の朝鮮人強制連行　大塚一二著　いわき　鈴木久後援会　1992.4　224p　21cm　〈書名はハングル〉　2000円

◇朝鮮人強制連行真相調査団全国交流集会資料集　朝鮮人強制連行真相調査団編

政治

◇朝鮮人強制連行真相調査団全国交流集会実行委員会　1992.1　69p　26cm　（資料集　1）　〈会期：1991年5月31日～6月1日〉　700円

◇戦時外国人強制連行関係史料集　林えいだい編　明石書店　1991.11　2冊（セット）　26cm　103000円

◇戦時外国人強制連行関係史料集　3　朝鮮人　2　林えいだい監修・責任編集　明石書店　1991.9　3冊　27cm　全123600円

◇証言する風景―名古屋発/朝鮮人・中国人強制連行の記録　写真集　「証言する風景」刊行委員会編　名古屋　風媒社　1991.8　178p　21cm　2369円

◇皇軍兵士にされた朝鮮人――五年戦争下の総動員体制の研究　樋口雄一著　社会評論社　1991.6　293p　20cm　2750円

◇泉南における朝鮮人強制連行と強制労働―多奈川・川崎重工業と佐野飛行場の場合　中間報告　岬町（大阪府）　大阪府朝鮮人強制連行真相調査団岬町地元まとめの会　1991.6　75p　25cm　500円

◇常紋トンネル―北辺に斃れたタコ労働者の碑　小池喜孝著　朝日新聞社　1991.2　322p　15cm　（朝日文庫）　540円　①4-02-260632-0

◇戦時外国人強制連行関係史料集　2　朝鮮人　1　林えいだい監修・責任編集　明石書店　1991.1　2冊　27cm　全123600円

◇資料中国人強制連行の記録　田中宏ほか編　明石書店　1990.12　668p　27cm　〈複製〉　46350円

◇清算されない昭和―朝鮮人強制連行の記録　高崎宗司解説　岩波書店　1990.9　174p　27cm　（グラフィック・レポート）　1900円　①4-00-009836-5

◇朝鮮人・中国人強制連行・強制労働資料集　1990　金英達，飛田雄一編　神戸　神戸学生青年センター出版部　1990.9　80p　26cm　412円

◇強制連行された朝鮮人の証言　朝鮮人強制連行真相調査団編　明石書店　1990.8　267p　21cm　1550円

◇戦時外国人強制連行関係史料集　1　俘虜収容所　林えいだい編　明石書店　1990.7　1007p　26cm　61800円

◇戦時外国人強制連行関係史料集　1　俘虜収容所　林えいだい監修・責任編集　明石書店　1990.7　1007p　27cm　61800円

◇地下工場と朝鮮人強制連行　兵庫朝鮮関係研究会編　明石書店　1990.7　255p　21cm　2060円

◇在日六〇年・自立と抵抗―在日朝鮮人運動史への証言　張錠寿著，聞き書きを編集する会編　社会評論社　1989.11　267p　20cm　2600円

◇海峡の波高く―札幌の朝鮮人強制連行と労働　小冊子編集委員会編　札幌　札幌郷土を掘る会　1989.8　135p　19cm　（札幌民衆史シリーズ　3）　600円

◇北の逃亡者―中国人強制労働の悲劇　たかしよいち著，中釜浩一郎絵　理論社　1989.8　235p　19cm　（シリーズ・ヒューマンドキュメント）　1200円　①4-652-01844-4

◇消された朝鮮人強制連行の記録―関釜連絡船と火床の坑夫たち　林えいだい著　明石書店　1989.8　733p　21cm　5150円

◇朝鮮人強制労働の記録―戦時下広島県高暮ダムにおける　県北の現代史を調べる会編　吉舎町（広島県）　三次地方史研究会　1989.7　102p　19cm　700円

◇知っていますか北海道での中国人強制連行―全道五十八事業場殉難の記録　日本中国友好協会北海道支部連合会編　札幌　日本中国友好協会北海道支部連合会　1989.5　131p　26cm　500円

◇皇民化政策から指紋押捺まで―在日朝鮮人の「昭和史」　徐京植著　岩波書店　1989.3　70p　21cm　（岩波ブックレット　NO.128）　300円　①4-00-003068-X

◇朝鮮海峡―深くて暗い歴史　林えいだい著　明石書店　1988.3　340p　19cm　1800円

◇戦時下常磐炭田の朝鮮人鉱夫殉職者名簿—1939.10～1946.1　長沢秀編　松戸　長沢秀　1988.2　51,7p　21cm　300円

◇いつか綿毛の帰り道—ある在日韓国人古老の死　織井青吾著　筑摩書房　1987.11　208p　20cm　1300円　①4-480-80272-X

◇鉱山と朝鮮人強制連行　金慶海ほか著　明石書店　1987.8　171p　19cm　1300円

◇オッパ(お兄ちゃん)　吉川百合子著　学芸書林　1987.7　277p　20cm　1500円

◇赤道下の朝鮮人叛乱　内海愛子,村井吉敬著　新装版　勁草書房　1987.7　278p　19cm　2000円　①4-326-24808-4

◇ドキュメント 悪魔の証明—検証 中国人強制連行事件の40年　石飛仁著　経林書房　1987.5　286p　19cm　1500円　①4-7673-0277-3

◇在日韓国人三百六十人集—在日同胞現代小史　韓日問題研究所編　東村山　韓日問題研究所　1987.4　600p　27cm　〈限定版〉

◇強制の兵站基地—炭鉱・勤労報国・被爆の記録　創価学会青年部反戦出版委員会編　第三文明社　1985.8　222p　19cm　(戦争を知らない世代へ　II-21 佐賀編)　1200円　①4-476-07221-6

◇故郷はるかに—常磐炭礦の朝鮮人労働者との出会い　石田真弓著　川崎　アジア問題研究所　1985.4　292p　22cm　1800円

◇海隔つとも—韓国の教え子たち　南部令一著　京都　白地社　1984.11　241p　19cm　1600円

◇霊川の流れは永遠に—殉難中国人の魂にささぐ　「霊川の流れは永遠に」編集委員会編　長野　木曽谷発電所建設殉難中国人慰霊碑建立実行委員会　1983.11　29p　30cm

◇私の戦争犯罪—朝鮮人強制連行　吉田清治著　三一書房　1983.7　182p　20cm　1300円

◇かくされた北海道を見る—朝鮮人強制連行・アイヌ　尼崎日朝問題研究会編　伊丹　尼崎日朝問題研究会　1982.11　111p　21cm

◇はるかなる海峡—蔡晩鎮物語　蔡晩鎮述,森岡武雄著,空知民衆史講座編　旭川　旭川出版社　1982.11　264p　19cm　1000円

◇強制連行・強制労働—筑豊朝鮮人坑夫の記録　林えいだい著　現代史出版会　1981.12　274p　20cm　〈発売：徳間書店〉　1500円　①4-19-812388-8

◇雪の墓標—タコ部屋に潜入した脱走兵の告白　小池喜孝,賀沢昇著　朝日新聞社　1979.4　266p　20cm　1000円

◇中国人強制連行事件—東川事業場の記録　金巻鎮雄著　増補版　札幌　みやま書房　1976.8　189p　18cm　880円

◇証言朝鮮人強制連行　金賛汀編著　新人物往来社　1975　257p　図　20cm　1500円

◇朝鮮人強制連行強制労働の記録　北海道・千島・樺太篇　朝鮮人強制連行真相調査団編　現代史出版会　1974　485p　20cm　3000円

◇中国人は日本で何をされたか—中国人強制連行の記録　平岡正明編著　潮出版社　1973　357p　19cm　620円

◇在日韓国人の歴史と現実　在日韓国青年同盟中央本部編著　洋々社　1970　490p　図　22cm　1200円

◇朝鮮人強制連行の記録　朴慶植著　未来社　1965　334p　図版　19cm

◇草の墓標—中国人強制連行事件の記録　中国人強制連行事件資料編纂委員会編　新日本出版社　1964　319p　19cm

◇草の墓標—中国人強制連行事件の記録　中国人強制連行事件資料編纂委員会編　新日本出版社　1964　319p　19cm

◇在日韓国人五十年史 発生因に於ける歴史的背景と解放後に於ける動向　李瑜

政治

煥著　新樹物産株式会社出版部　1960　190p 図版　19cm
◇中国人強制連行事件に関する報告書　第1篇　中国人殉難者名簿 2冊　中国人殉難者名簿共同作成実行委員会編　別冊共　1960-61　25cm　〈第1篇(別冊共)の大きさ 25×36cm〉
◇中国人強制連行事件に関する報告書　第2篇　第1次 - 第8次　中国人殉難者名簿共同作成実行委員会編　1960-61　25cm　〈第1篇(別冊共)の大きさ 25×36cm〉
◇中国人強制連行事件に関する報告書　第3篇　強制連行ならびに殉難状況　中国人殉難者名簿共同作成実行委員会編　1960-61　25cm　〈第1篇(別冊共)の大きさ 25×36cm〉
◇中国人強制連行事件に関する報告書　第1・3篇　中国人殉難者名簿共同作成実行委員会　1960-1961　4冊　25cm　〈第1篇(別冊共)の大きさ 25×36cm〉

花岡事件

昭和20年6月に起きた中国人の大量殺害事件。秋田県花岡鉱山の鹿島組出張所で中国から動員された労働者が、苛酷な労役に抗議行動を起こしたが失敗、逃亡した。警察・消防団員・在郷軍人らに捕らえられ、約100人が殺害された。平成元年、事件の被害者と遺族が鹿島建設に謝罪と補償を求め提訴し、戦時下の強制連行の問題が改めて問われることとなった。

　　　　＊　　＊　　＊

◇尊厳—半世紀を歩いた「花岡事件」　旻子著, 山辺悠喜子訳,「私の戦後処理を問う」会編　川口　日本僑報社　2005.8　420p　21cm　〈年表あり〉　3200円　①4-86185-016-9
◇抵抗者たち—証言・戦後史の現場から　米田綱路編　講談社　2004.8　289p　20cm　〈文献あり〉　1800円　①4-06-211480-1

◇松田解子自選集　第6巻　地底の人々　松田解子作　沢田出版　2004.5　348p　22cm　〈東京 民衆社(発売)〉　3800円　①4-8383-0901-5
◇中国人強制連行・花岡事件関係文献目録　野添憲治著　増補版　能代　能代文化出版社　2003.7　123p　19cm　1200円
◇花岡鉱山—歌集　阿部弘著　新星書房　2001.9　172p　20cm　2000円
◇中国人強制連行・花岡事件関係文献目録　野添憲治著　能代　能代文化出版社　2000.11　84p　19cm　1000円
◇花岡一九四五年・夏—強制連行された耿諄の記録　野添憲治著, 貝原浩画　パロル舎　2000.6　128p　22cm（ジュニア・ルポルタージュ選書 1）　1400円　①4-89419-225-X
◇花岡事件と中国人—大隊長耿諄の蜂起　野添憲治著　三一書房　1997.12　194p　19cm　2200円　①4-380-97308-5
◇中国人強制連行の記録—日本人は中国人に何をしたか　石飛仁著　三一書房　1997.6　276p　18cm（三一新書）〈文献あり〉　850円　①4-380-97008-6
◇花岡事件を追う—中国人強制連行の責任を問い直す　野添憲治著　御茶の水書房　1996.9　229p　19cm　2060円　①4-275-01637-8
◇花岡事件　石飛仁文, 西川塾絵　現代書館　1996.1　174p　21cm（FOR BEGINNERSシリーズ 74）　1236円　①4-7684-0074-4
◇花岡事件—イラスト版オリジナル　石飛仁文, 西川塾絵　現代書館　1996.1　174p　21cm（For beginnersシリーズ 74）〈中国人強制連行(花岡事件)関係年表: p163～168〉　1200円　①4-7684-0074-4
◇花岡事件50周年記念誌—花岡事件・秋田県中国殉難烈士慰霊祭並びに日中不再戦友好平和誓いの集い　花岡事件50周年記念誌編集委員会編　大館　花岡の地日中不再戦友好碑をまもる会　1995.12　327,26p　26cm　〈期日:1995年6月30日〉

80

政治

◇花岡事件展95年6月報告集―中国人・朝鮮人強制連行「戦後50年」を考える 花岡事件展実行委員会編 八郎潟町（秋田県） 花岡事件展実行委員会 1995.12 74p 26cm 800円
◇花岡事件の人たち―中国人強制連行の記録 野添憲治著 社会思想社 1995.12 280p 15cm （現代教養文庫 1581）〈中国人強制連行・花岡事件関係文献目録：p262～280〉 640円 ①4-390-11581-2
◇花岡事件異境の虹―企業の戦争犯罪 池川包男著 社会思想社 1995.9 300p 15cm （現代教養文庫 1536）〈『異境の虹』（たいまつ社1976年刊）の改題〉 640円 ①4-390-11536-7
◇花岡事件―日本に俘虜となった中国人の手記 劉智渠述，劉永鑫，陳蕚芳記 岩波書店 1995.5 198p 16cm （同時代ライブラリー 225） 850円 ①4-00-260225-7
◇花岡事件を見た20人の証言 野添憲治著 御茶の水書房 1993.6 276p 21cm 2472円 ①4-275-01510-X
◇聞き書き 花岡事件 野添憲治著 増補版 御茶の水書房 1992.4 308p 21cm 2884円 ①4-275-01461-8
◇九人の語る戦争と人間 三宅明正，若桑みどり編 大月書店 1991.1 332p 19cm 2400円 ①4-272-52021-0
◇聞き書き花岡事件 野添憲治著 御茶の水書房 1990.6 250p 19cm 1854円 ①4-275-01391-3
◇証言・花岡事件 野添憲治著 秋田 無明舎出版 1986.7 177p 19cm 1200円
◇花岡事件四〇周年記念集会の記録―中国殉難烈士慰霊祭日中不再戦友好の集い 花岡事件40周年記念集会の記録編集委員会編 大館 花岡の地日中不再戦友好碑をまもる会 1986.5 115p 26cm
◇花岡事件ノート 清水弟著 二ッ井町（秋田県） 秋田書房 1978.3 148p 19cm （あきた文庫 2） 630円

◇異境の虹―花岡事件―もう一つの戦後 舟田次郎著 たいまつ社 1976 231p 19cm 1500円
◇中国人強制連行の記録―花岡暴動を中心とする報告 石飛仁著 太平出版社 1973 240p 図 肖像 20cm 850円
◇花岡暴動―中国人強制連行の記録 赤津益造著 三省堂 1973 188p 18cm （三省堂新書） 280円

鈴木 貫太郎

慶応3(1868).12.24～昭和23(1948).4.17
海軍軍人・政治家。関宿藩士の子として大阪に生まれる。海軍に入り日清・日露戦争に従軍、大正12年海軍大将となる。昭和4年予備役となり侍従長を務める。11年の二・二六事件では襲撃されるが一命をとりとめる。19年枢密院議長。長く天皇の側にあり信任厚く、20年4月、大命を受け77歳で首相に就任。ルーズベルト米大統領の死に際し哀悼の意を表明。7月のポツダム宣言は「黙殺する」としたが、2度の御前会議を経て宣言受諾に導いた。8月15日総辞職。著書に『鈴木貫太郎自伝』がある。

＊　　　＊　　　＊

◇鈴木貫太郎内閣の133日―平成15年度特別展図録 野田市・関宿町合併記念特別展 野田 野田市郷土博物館 2003.10 60p 30cm 〈会期：平成15年10月11日～11月16日 文献あり〉
◇聖断―昭和天皇と鈴木貫太郎 半藤一利著 新装版 PHP研究所 2003.8 397p 20cm 〈文献あり〉 1700円 ①4-569-62984-9
◇軍人宰相列伝―山県有朋から鈴木貫太郎まで三代総理実記 小林久三著 光人社 2003.2 262p 20cm 1900円 ①4-7698-1083-0
◇黙殺―ポツダム宣言の真実と日本の運命 上 仲晃著 日本放送出版協会 2000.7 324p 19cm （NHKブックス） 1200円 ①4-14-001891-7

政治

◇鈴木貫太郎—昭和天皇から最も信頼された海軍大将　立石優著　PHP研究所　2000.3　475p　15cm　(PHP文庫)　762円　ⓘ4-569-57376-2

◇終戦宰相 鈴木貫太郎　花井等著　柏広池学園出版部　1997.12　351p　19cm　1800円　ⓘ4-89205-410-0

◇二十四人の将星—帝国陸海軍軍人に見るリーダーの条件　副田護著　コスミックインターナショナル　1997.12　204p　18cm　(コスモブックス)　857円　ⓘ4-88532-560-9

◇鈴木貫太郎—鈴木貫太郎自伝　鈴木貫太郎著　日本図書センター　1997.6　361p　20cm　(人間の記録　24)　〈年譜:p349～359〉　1800円　ⓘ4-8205-4265-6

◇終戦時宰相 鈴木貫太郎—昭和天皇に信頼された海の武人の生涯　小松茂朗著　光人社　1995.10　233p　19cm　1700円　ⓘ4-7698-0732-5

◇妻たちの太平洋戦争—将軍・提督の妻17人の生涯　佐藤和正著　光人社　1994.2　230p　15cm　(光人社NF文庫)　500円　ⓘ4-7698-2038-0

◇自分と戦った人々　辻村明著　高木書房　1993.4　282p　19cm　1700円　ⓘ4-88471-042-4

◇昭和二十年　第1部 4　鈴木内閣の成立　鳥居民著　草思社　1990.7　309p　19cm　2000円　ⓘ4-7942-0382-9

◇天皇百話　上の巻　鶴見俊輔、中川六平編　筑摩書房　1989.4　782p　15cm　(ちくま文庫)　1100円　ⓘ4-480-02288-0

◇宰相 鈴木貫太郎　小堀桂一郎著　文芸春秋　1987.8　333p　15cm　(文春文庫)　420円　ⓘ4-16-745201-4

◇天皇と侍従長　岸田英夫著　朝日新聞社　1986.3　302p　15cm　(朝日文庫)　〈『侍従長の昭和史』改題書〉　480円　ⓘ4-02-260368-2

◇鈴木貫太郎自伝　鈴木一編　時事通信社　1985.7　342,4p　22cm　〈新装版 著者の肖像あり〉　2200円　ⓘ4-7887-8519-6

◇日本人の自伝　12　鈴木貫太郎.今村均　平凡社　1981.6　434p　20cm　〈鈴木貫太郎,今村均の肖像あり〉　2800円

◇証言私の昭和史　第5　終戦前後　東京12チャンネル報道部編　学芸書林　1969　335p　20cm　〈監修者:有馬頼義等〉　690円

◇鈴木貫太郎自伝　鈴木貫太郎著,鈴木一編　時事通信社　1968　342p　図版　22cm

◇終戦秘録 8月14日23時展　鈴木貫太郎記念会編　1965　31p　26cm　〈昭和40年8月13日‐18日〉

◇鈴木貫太郎伝　鈴木貫太郎伝記編纂委員会　1960　606p　図版　22cm

◇鈴木貫太郎自伝　鈴木貫太郎著　桜菊会出版部　1949　289p　図版　22cm

◇終戦の表情　鈴木貫太郎述　労働文化社　1946　63p　18cm　〈月刊労働文化別冊〉

東久邇宮　稔彦王

明治20(1887).12.3～平成2(1990).1.20

皇族・軍人。久邇宮朝彦親王の第九王子。明治39年に東久邇宮家を創立。フランスに留学。昭和14年陸軍大将。20年のポツダム宣言受諾後、軍隊の武装解除などの難局に対処するため、初の皇族首相として内閣を組織、陸軍大臣を兼務した。降伏文書調印などの敗戦処理にあたったが、GHQからの民主化要求には対処できず総辞職した。在職54日は内閣の中で最短。戦後は22年に皇籍離脱、新興宗教団体を興すなど話題を呼び、首相経験者として世界最長寿の102歳で死去した。

*　　　*　　　*

◇皇族　広岡裕児著　読売新聞社　1998.8　382p　19cm　1800円　ⓘ4-643-98074-5

◇東久邇政権・五十日—終戦内閣　長谷川峻著　行研出版局　1987.8　273p　20cm　〈東久邇稔彦および著者の肖像あり〉　2000円　ⓘ4-905786-64-9

政治

◇隆元のわが宰相論―戦後歴代総理の政治を語る　細川隆元著　山手書房　1978.8　445p　20cm　〈東久邇稔彦ほかの肖像あり〉　1300円
◇東久邇日記―日本激動期の秘録　東久邇稔彦著　徳間書店　1968　247p　図版　20cm
◇一皇族の戦争日記　東久邇稔彦著　日本週報社　1957　247p　図版　19cm
◇やんちゃ孤独　東久邇稔彦著　読売新聞社　1955　198p　図版　18cm　(読売文庫)
◇私の記録　東久邇稔彦著　東方書房　1947

GHQ

第二次世界大戦後、日本の占領統治にあたった連合国の司令本部。正式名称は"General Headquarters / Supreme Commander for the Allied Powers"(日本語では連合国軍最高司令官総司令部)、日本ではGHQと呼ばれる。最高司令官はダグラス・マッカーサー。ポツダム宣言受諾後の昭和20年9月から講和条約発効の27年4月28日まで、日本の最高統治権限を持った。GHQによる日本占領は、内閣・議会などの統治機構を存続・利用して指令・命令する間接統治、連合国軍としながら実質はアメリカ一国による占領であった点に特徴がある。GHQの組織は、最高司令官の下、参謀部、幕僚部に分かれ、幕僚部の下の民政局が日本の民主化で大きな役割を果たした。占領政策は、情報統制、軍事力の解体、民主化を目標とし、冷戦開始後は一転して日本の非共産化と再軍備に力点が置かれた。

◇北海道開発局とは何か―GHQ占領下における「二重行政」の始まり　伴野昭人著　札幌　寿郎社　2003.10　323p　20cm　〈年表あり　文献あり〉　2300円　①4-902269-04-X
◇日本解体―『真相箱』に見るアメリカ(GHQ)の洗脳工作　保阪正康著　産経新聞ニュースサービス　2003.8　269p　19cm　〈東京　扶桑社(発売)〉　1429円　①4-594-04109-4
◇GHQ作成の情報操作書「真相箱」の呪縛を解く―戦後日本人の歴史観はこうして歪められた　桜井よしこ著　小学館　2002.8　443p　15cm　(小学館文庫)　657円　①4-09-402886-2
◇占領戦後史　竹前栄治著　岩波書店　2002.7　447p　15cm　(岩波現代文庫　学術)　〈文献あり〉　1300円　①4-00-600086-3
◇GHQの人びと―経歴と政策　竹前栄治著　明石書店　2002.6　315p　19cm　2500円　①4-7503-1592-3
◇日本占領の経済政策史的研究　三和良一著　日本経済評論社　2002.3　315p　22cm　3200円　①4-8188-1411-3
◇GHQ歴史課陳述録―終戦史資料　上　佐藤元英、黒沢文貴編　原書房　2002.2　560p　22cm　(明治百年史叢書　第453巻)　15000円　①4-562-03442-4
◇GHQ歴史課陳述録―終戦史資料　下　佐藤元英、黒沢文貴編　原書房　2002.2　p562-1213　22cm　(明治百年史叢書　第454巻)　〈年表あり〉　15000円　①4-562-03443-2
◇GHQ日本占領史　第13巻　地方自治体改革　〔連合国最高司令官総司令部〕〔編纂〕、竹前栄治、中村隆英監修、天川晃〔ほか〕編　内田和夫解説・訳　日本図書センター　2000.2　106p　22cm　5800

83

政治

円 ①4-8205-6536-2,4-8205-6535-4

◇GHQ日本占領史 第15巻 警察改革と治安政策 〔連合国最高司令官総司令部〕〔編纂〕,竹前栄治,中村隆英監修,天川晃〔ほか〕編 荒敬解説・訳 日本図書センター 2000.2 142p 22cm 6200円 ①4-8205-6537-0,4-8205-6535-4

◇GHQ日本占領史 第21巻 宗教 〔連合国最高司令官総司令部〕〔編纂〕,竹前栄治,中村隆英監修,天川晃〔ほか〕編 笹川紀勝解説,笹川紀勝,本間信長訳 日本図書センター 2000.2 56p 22cm 5600円 ①4-8205-6538-9,4-8205-6535-4

◇GHQ日本占領史 第35巻 価格・配給の安定―食糧部門の計画 〔連合国最高司令官総司令部〕〔編纂〕,竹前栄治,中村隆英監修,天川晃〔ほか〕編 清水洋二解説・訳 日本図書センター 2000.2 159p 22cm 6200円 ①4-8205-6539-7,4-8205-6535-4

◇GHQ日本占領史 第37巻 国家財政 〔連合国最高司令官総司令部〕〔編纂〕,竹前栄治,中村隆英監修,天川晃〔ほか〕編 永広顕解説・訳 日本図書センター 2000.2 147p 22cm 6000円 ①4-8205-6540-0,4-8205-6535-4

◇GHQ日本占領史 第42巻 水産業 〔連合国最高司令官総司令部〕〔編纂〕,竹前栄治,中村隆英監修,天川晃〔ほか〕編 小野征一郎解説,小野征一郎,渡辺浩幹訳 日本図書センター 2000.2 225p 22cm 6800円 ①4-8205-6541-9,4-8205-6535-4

◇GHQ日本占領史 第46巻 電力・ガス産業の拡大と再編 〔連合国最高司令官総司令部〕〔編纂〕,竹前栄治,中村隆英監修,天川晃〔ほか〕編 橘川武郎解説・訳 日本図書センター 2000.2 114p 22cm 6000円 ①4-8205-6542-7,4-8205-6535-4

◇GHQ日本占領史 第51巻 日本の科学技術の再編 〔連合国最高司令官総司令部〕〔編纂〕,竹前栄治,中村隆英監修,天川晃〔ほか〕編 中山茂解説,笹本征男訳 日本図書センター 2000.2 145p 22cm 6200円 ①4-8205-6543-5,4-8205-6535-4

◇GHQ日本占領史 別巻 研究展望―占領史研究と『GHQ日本占領史』§総目次・総索引 竹前栄治,中村隆英監修,天川晃〔ほか〕編 日本図書センター 2000.2 296p 22cm 6800円 ①4-8205-6544-3,4-8205-6535-4

◇敗戦の逆説―戦後日本はどうつくられたか 新藤栄一著 筑摩書房 1999.4 214p 18cm (ちくま新書) 660円 ①4-480-05793-5

◇GHQ日本占領史 第17巻 出版の自由 〔連合国最高司令官総司令部〕〔編纂〕,竹前栄治,中村隆英監修,天川晃〔ほか〕編 古川純解説,古川純,岡本篤尚訳 日本図書センター 1999.3 30,178p 22cm 5800円 ①4-8205-6528-1,4-8205-6527-3

◇GHQ日本占領史 第28巻 財閥解体 〔連合国最高司令官総司令部〕〔編纂〕,竹前栄治,中村隆英監修,天川晃〔ほか〕編 細谷正宏解説,細谷正宏,水谷憲一訳 日本図書センター 1999.3 14,252p 22cm 6400円 ①4-8205-6529-X,4-8205-6527-3

◇GHQ日本占領史 第40巻 企業の財務的再編成 〔連合国最高司令官総司令部〕〔編纂〕,竹前栄治,中村隆英監修,天川晃〔ほか〕編 岡崎哲二解説・訳 日本図書センター 1999.3 6,86p 22cm 5000円 ①4-8205-6530-3,4-8205-6527-3

◇GHQ日本占領史 第43巻 林業 〔連合国最高司令官総司令部〕〔編纂〕,竹前栄治,中村隆英監修,天川晃〔ほか〕編 松下幸司解説,松下幸司,田口標訳 日本図書センター 1999.3 17,204p 22cm 5400円 ①4-8205-6531-1,4-8205-6527-3

◇GHQ日本占領史 第45巻 石炭 〔連合国最高司令官総司令部〕〔編纂〕,竹前栄治,中村隆英監修,天川晃〔ほか〕編 宮崎正康解説,宮崎正康,雑賀夫佐子訳 日本図書センター 1999.3 7,120p 22cm

5400円　①4-8205-6532-X,4-8205-6527-3

◇GHQ日本占領史　第48巻　重工業　〔連合国最高司令官総司令部〕〔編纂〕，竹前栄治, 中村隆英監修, 天川晃〔ほか〕編　長谷川信解説・訳　日本図書センター　1999.3　4,140p　22cm　5800円　①4-8205-6533-8,4-8205-6527-3

◇GHQ日本占領史　第55巻　通信　〔連合国最高司令官総司令部〕〔編纂〕，竹前栄治, 中村隆英監修, 天川晃〔ほか〕編　小菅敏夫解説・訳　日本図書センター　1999.3　6,177p　22cm　6200円　①4-8205-6534-6,4-8205-6527-3

◇GHQ日本占領史　第26巻　外国人財産の管理　〔連合国最高司令官総司令部〕〔編纂〕，竹前栄治, 中村隆英監修, 天川晃〔ほか〕編　藤田尚則解説, 岡部史信, 藤田尚則訳　日本図書センター　1998.10　15,317p　22cm　〈奥付の責任表示(誤植)：天川昇〉　6400円　①4-8205-6519-2,4-8205-6516-8

◇GHQ日本占領史　第29巻　経済力の集中排除　〔連合国最高司令官総司令部〕〔編纂〕，竹前栄治, 中村隆英監修, 天川晃〔ほか〕編　細谷正宏解説・訳　日本図書センター　1998.10　10,142p　22cm　〈奥付の責任表示(誤植)：天川昇〉　5400円　①4-8205-6520-6,4-8205-6516-8

◇GHQ日本占領史　第41巻　農業　〔連合国最高司令官総司令部〕〔編纂〕，竹前栄治, 中村隆英監修, 天川晃〔ほか〕編　岩本純明解説・訳　日本図書センター　1998.10　7,239p　22cm　〈奥付の責任表示(誤植)：天川昇〉　6000円　①4-8205-6521-4,4-8205-6516-8

◇GHQ日本占領史　第47巻　石油産業　〔連合国最高司令官総司令部〕〔編纂〕，竹前栄治, 中村隆英監修, 天川晃〔ほか〕編　橘川武郎解説・訳　日本図書センター　1998.10　19,121p　22cm　〈奥付の責任表示(誤植)：天川昇〉　5800円　①4-8205-6523-0,4-8205-6516-8

◇GHQ日本占領史　第50巻　軽工業　〔連合国最高司令官総司令部〕〔編纂〕，竹前栄治, 中村隆英監修, 天川晃〔ほか〕編　寺村泰解説・訳　日本図書センター　1998.10　11,206p　22cm　〈奥付の責任表示(誤植)：天川昇〉　6000円　①4-8205-6524-9,4-8205-6516-8

◇GHQ日本占領史　第54巻　海上輸送　〔連合国最高司令官総司令部〕〔編纂〕，竹前栄治, 中村隆英監修, 天川晃〔ほか〕編　姫野侑解説・訳　日本図書センター　1998.10　6,155p　22cm　〈奥付の責任表示(誤植)：天川昇〉　5800円　①4-8205-6525-7,4-8205-6516-8

◇敗戦―占領軍への50万通の手紙　川島高峰著　読売新聞社　1998.8　302p　20cm　1800円　①4-643-98072-9

◇GHQ日本占領史　第23巻　社会福祉　連合国最高司令官総司令部〔編纂〕，竹前栄治, 中村隆英監修, 天川晃〔ほか〕編　菅沼隆解説・訳　日本図書センター　1998.2　123p　22cm　5400円　①4-8205-6507-9,4-8205-6506-0

◇GHQ日本占領史　第30巻　公正取引の促進　連合国最高司令官総司令部〔編纂〕，竹前栄治, 中村隆英監修, 天川晃〔ほか〕編　宮島英昭解説, 湯川順夫訳　日本図書センター　1998.2　111p　22cm　5400円　①4-8205-6508-7,4-8205-6506-0

◇GHQ日本占領史　第32巻　労働条件　連合国最高司令官総司令部〔編纂〕，竹前栄治, 中村隆英監修, 天川晃〔ほか〕編　遠藤公嗣解説・訳　日本図書センター　1998.2　134p　22cm　5800円　①4-8205-6509-5,4-8205-6506-0

◇GHQ日本占領史　第34巻　農業協同組合　連合国最高司令官総司令部〔編纂〕，竹前栄治, 中村隆英監修, 天川晃〔ほか〕編　合田公計解説・訳　日本図書センター　1998.2　89p　22cm　5400円　①4-8205-6510-9,4-8205-6506-0

◇GHQ日本占領史　第36巻　価格・配給の安定―非食糧部門の計画　連合国最高司

政治

令官総司令部〔編纂〕，竹前栄治，中村隆英監修，天川晃〔ほか〕編　山崎勝解説・訳　日本図書センター　1998.2　262p　22cm　6200円　①4-8205-6511-7,4-8205-6506-0

◇GHQ日本占領史　第44巻　不燃鉱業の復興　連合国最高司令官総司令部〔編纂〕，竹前栄治，中村隆英監修，天川晃〔ほか〕編　片山次男解説，湯川順夫訳　日本図書センター　1998.2　130p　22cm　5800円　①4-8205-6513-3,4-8205-6506-0

◇GHQ日本占領史　第49巻　繊維工業　連合国最高司令官総司令部〔編纂〕，竹前栄治，中村隆英監修，天川晃〔ほか〕編　阿部武司解説・訳　日本図書センター　1998.2　138p　22cm　5800円　①4-8205-6514-1,4-8205-6506-0

◇占領下中道政権の形成と崩壊—GHQ民政局と日本社会党　福永文夫著　岩波書店　1997.12　336,12p　22cm　7000円　①4-00-023604-0

◇日本占領の記録—1946-48　E.H.ノーマン著，加藤周一監修，中野利子編訳　京都人文書院　1997.10　453p　22cm　6800円　①4-409-52030-X

◇GHQ日本占領史　第18巻　ラジオ放送　連合国最高司令官総司令部〔編纂〕，竹前栄治，中村隆英監修，天川晃〔ほか〕編　向後英紀解説・訳　日本図書センター　1997.7　114p　22cm　5400円　①4-8205-6496-X,4-8205-6495-1

◇GHQ日本占領史　第27巻　日本人財産の管理　連合国最高司令官総司令部〔編纂〕，竹前栄治，中村隆英監修，天川晃〔ほか〕編　岡部史信解説・訳　日本図書センター　1997.7　135p　22cm　5400円　①4-8205-6497-8,4-8205-6495-1

◇GHQ日本占領史　第31巻　労働組合運動の発展　連合国最高司令官総司令部〔編纂〕，竹前栄治，中村隆英監修，天川晃〔ほか〕編　竹前栄治解説，岡部史信，竹前栄治訳　日本図書センター　1997.7　178p　22cm　5800円　①4-8205-6498-6,4-8205-6495-1

◇GHQ日本占領史　第33巻　農地改革　連合国最高司令官総司令部〔編纂〕，竹前栄治，中村隆英監修，天川晃〔ほか〕編　合田公計解説・訳　日本図書センター　1997.7　174p　22cm　5800円　①4-8205-6499-4,4-8205-6495-1

◇GHQ日本占領史　第38巻　地方自治体財政　連合国最高司令官総司令部〔編纂〕，竹前栄治，中村隆英監修，天川晃〔ほか〕編　永広顕解説・訳　日本図書センター　1997.7　89p　22cm　5800円　①4-8205-6501-X,4-8205-6495-1

◇GHQ日本占領史　第39巻　金融　連合国最高司令官総司令部〔編纂〕，竹前栄治，中村隆英監修，天川晃〔ほか〕編　武藤正明解説・訳　日本図書センター　1997.7　105p　22cm　5400円　①4-8205-6502-8,4-8205-6495-1

◇GHQ日本占領史　第52巻　外国貿易　連合国最高司令官総司令部〔編纂〕，竹前栄治，中村隆英監修，天川晃〔ほか〕編　西川博史解説，石堂哲也，西川博史訳　日本図書センター　1997.7　390p　22cm　6200円　①4-8205-6503-6,4-8205-6495-1

◇GHQ日本占領史　第53巻　陸上・航空運輸　連合国最高司令官総司令部〔編纂〕，竹前栄治，中村隆英監修，天川晃〔ほか〕編　福住美佐解説・訳　日本図書センター　1997.7　149p　22cm　5400円　①4-8205-6504-4,4-8205-6495-1

◇GHQ日本占領史　第12巻　公務員制度の改革　連合国最高司令官総司令部〔編纂〕，天川晃〔ほか〕編　岡田彰解説・訳　日本図書センター　1996.12　144p　22cm　〈監修：竹前栄治,中村隆英〉　5974円　①4-8205-6486-2,4-8205-6485-4

◇GHQ日本占領史　第14巻　法制・司法制度の改革　連合国最高司令官総司令部〔編纂〕，天川晃〔ほか〕編　納谷広美解説・訳　日本図書センター　1996.12

222p 22cm 〈監修：竹前栄治,中村隆英〉 5562円 ①4-8205-6487-0,4-8205-6485-4

◇GHQ日本占領史 第16巻 外国人の取り扱い 連合国最高司令官総司令部〔編纂〕, 天川晃〔ほか〕編 松本邦彦解説・訳 日本図書センター 1996.12 233p 22cm 〈監修：竹前栄治,中村隆英〉 5974円 ①4-8205-6488-9,4-8205-6485-4

◇GHQ日本占領史 第19巻 演劇・映画 連合国最高司令官総司令部〔編纂〕, 天川晃〔ほか〕編 平野共余子訳 日本図書センター 1996.12 94p 22cm 〈監修：竹前栄治,中村隆英〉 5150円 ①4-8205-6489-7,4-8205-6485-4

◇GHQ日本占領史 第20巻 教育 連合国最高司令官総司令部〔編纂〕, 天川晃〔ほか〕編 土持法一解説・訳 日本図書センター 1996.12 243p 22cm 〈監修：竹前栄治,中村隆英〉 6386円 ①4-8205-6490-0,4-8205-6485-4

◇GHQ日本占領史 第22巻 公衆衛生 連合国最高司令官総司令部〔編纂〕, 天川晃〔ほか〕編 杉山章子解説・訳 日本図書センター 1996.12 279p 22cm 〈監修：竹前栄治,中村隆英〉 6386円 ①4-8205-6491-9,4-8205-6485-4

◇GHQ日本占領史 第24巻 社会保障 連合国最高司令官総司令部〔編纂〕, 天川晃〔ほか〕編 金蘭九,南雲和夫訳 日本図書センター 1996.12 88p 22cm 〈監修：竹前栄治,中村隆英〉 5150円 ①4-8205-6492-7,4-8205-6485-4

◇GHQ日本占領史 第25巻 賠償 連合国最高司令官総司令部〔編纂〕, 天川晃〔ほか〕編 西川博史解説・訳 日本図書センター 1996.12 180p 22cm 〈監修：竹前栄治,中村隆英〉 5974円 ①4-8205-6493-5,4-8205-6485-4

◇占領と平和運動―労働戦略・平和戦術の変遷史 1945-72 佐藤公次著 大阪 耕文社 1996.10 483p 25cm 〈他言語標題：The United States Military Administration and the peace movement「米軍政管理と平和運動」(1991年刊)の増補〉 5825円 ①4-906456-13-8

◇占領下の大阪 三輪泰史著 京都 松籟社 1996.3 242p 19cm (大阪選書1) 1854円 ①4-87984-178-1

◇GHQ日本占領史 第1巻 GHQ日本占領史序説 連合国最高司令官総司令部〔編纂〕, 天川晃〔ほか〕編 竹前栄治,今泉真理訳 日本図書センター 1996.2 125p 22cm 〈監修：竹前栄治,中村隆英〉 5150円 ①4-8205-6270-3,4-8205-6269-X

◇GHQ日本占領史 第3巻 物資と労務の調達 連合国最高司令官総司令部〔編纂〕, 天川晃〔ほか〕編 笹本征男訳 日本図書センター 1996.2 208p 22cm 〈監修：竹前栄治,中村隆英〉 5974円 ①4-8205-6272-X,4-8205-6269-X

◇GHQ日本占領史 第4巻 人口 連合国最高司令官総司令部〔編纂〕, 天川晃〔ほか〕編 黒田俊夫,大林道子訳 日本図書センター 1996.2 156p 22cm 〈監修：竹前栄治,中村隆英〉 5150円 ①4-8205-6273-8,4-8205-6269-X

◇GHQ日本占領史 第5巻 BC級戦争犯罪裁判 連合国最高司令官総司令部〔編纂〕, 天川晃〔ほか〕編 小菅信子,永井均解説・訳 日本図書センター 1996.2 233p 22cm 〈監修：竹前栄治,中村隆英〉 5974円 ①4-8205-6274-6,4-8205-6269-X

◇GHQ日本占領史 第6巻 公職追放 連合国最高司令官総司令部〔編纂〕, 天川晃〔ほか〕編 増田弘,山本礼子訳 日本図書センター 1996.2 202p 22cm 〈監修：竹前栄治,中村隆英〉 5562円 ①4-8205-6275-4,4-8205-6269-X

◇GHQ日本占領史 第7巻 憲法制定 連合国最高司令官総司令部〔編纂〕, 天川晃〔ほか〕編 岡部史信訳 日本図書センター 1996.2 153p 22cm 〈監修：

政治

竹前栄治,中村隆英〉　5562円　①4-8205-6276-2,4-8205-6269-X

◇GHQ日本占領史　第8巻　政府機関の再編　連合国最高司令官総司令部〔編纂〕，天川晃〔ほか〕編　平野孝解説・訳　日本図書センター　1996.2　221p　22cm　〈監修：竹前栄治,中村隆英〉　5974円　①4-8205-6277-0,4-8205-6269-X

◇GHQ日本占領史　第9巻　国会の民主的改革　連合国最高司令官総司令部〔編纂〕，天川晃〔ほか〕編　前田英昭解説・訳　日本図書センター　1996.2　209p　22cm　〈監修：竹前栄治,中村隆英〉　5562円　①4-8205-6278-9,4-8205-6269-X

◇GHQ日本占領史　第10巻　選挙制度の改革　連合国最高司令官総司令部〔編纂〕，天川晃〔ほか〕編　小松浩解説・訳　日本図書センター　1996.2　365p　22cm　〈監修：竹前栄治,中村隆英〉　6386円　①4-8205-6279-7,4-8205-6269-X

◇GHQ日本占領史　第11巻　政党の復活とその変遷　連合国最高司令官総司令部〔編纂〕，天川晃〔ほか〕編　伊藤悟解説・訳　日本図書センター　1996.2　227p　22cm　〈監修：竹前栄治,中村隆英〉　5974円　①4-8205-6280-0,4-8205-6269-X

◇GHQ日本占領史　第2巻　占領管理の体制　連合国最高司令官総司令部〔編纂〕，天川晃〔ほか〕編　高野和基解説・訳　日本図書センター　1996　184p　22cm　〈監修：竹前栄治,中村隆英〉　5974円　①4-8205-6271-1,4-8205-6269-X

◇ドキュメント戦後の日本—新聞ニュースに見る社会史大事典　16　占領下日本—政治編　国立国会図書館編　大空社　1995.11　301,112p　31cm　〈複製〉　①4-87236-904-1

◇GHQ-日本政府来往信文書目次総集成　来信編　エムティ出版編集部編　エムティ出版　1995.10　596p　31cm　〈複製〉　76000円

◇GHQ-日本政府来往信文書総目次集成　往信編　エムティ出版編集部編　エムティ出版　1995.9　985p　31cm　〈奥付・背の書名：GHQ-日本政府来往信文書目次総集成　複製〉　89000円　①4-89614-516-X

◇GHQ検閲官　甲斐弦著　福岡　葦書房　1995.8　217p　20cm　1854円　①4-7512-0604-4

◇米英軍占領下の名古屋—名古屋の歴史ドキュメント　中西董著　改訂版　〔名古屋〕　日本近代郷土史研究所　1995.4　291p　27cm　〈第2次世界大戦終結50周年記念出版　折り込4枚〉

◇占領1945～1952—戦後日本をつくりあげた8人のアメリカ人　ハワード・B.ショーンバーガー著,宮崎章訳　時事通信社　1994.12　402p　20cm　4000円　①4-7887-9441-1

◇日本占領史研究序説　荒敬著　柏書房　1994.6　403p　21cm　〈ポテンティア叢書　35〉　4800円　①4-7601-1103-4

◇日本占領・外交関係資料集—終戦連絡地方事務局・連絡調整地方事務局資料　第2期　解題・詳細総目次　荒敬編集・解題　柏書房　1994.3　7,81p　30cm

◇日本占領・外交関係資料集—終戦連絡地方事務局・連絡調整地方事務局資料　第2期　第1巻（一般、北海道～九州）　荒敬編集・解題　柏書房　1994.1　284p　31cm　〈複製〉　19000円　①4-7601-1062-3

◇日本占領・外交関係資料集—終戦連絡地方事務局・連絡調整地方事務局資料　第2期　第2巻（北海道）　荒敬編集・解題　柏書房　1994.1　420p　31cm　〈複製〉　19000円　①4-7601-1063-1

◇日本占領・外交関係資料集—終戦連絡地方事務局・連絡調整地方事務局資料　第2期　第3巻（東北）　荒敬編集・解題　柏書房　1994.1　359p　31cm　〈複製〉　19000円　①4-7601-1064-X

◇日本占領・外交関係資料集—終戦連絡地方事務局・連絡調整地方事務局資料　第

◇日本占領・外交関係資料集—終戦連絡地方事務局・連絡調整地方事務局資料 第2期 第4巻(関東・横浜1) 荒敬編集・解題 柏書房 1994.1 298p 31cm 〈複製〉 19000円 ①4-7601-1065-8

◇日本占領・外交関係資料集—終戦連絡地方事務局・連絡調整地方事務局資料 第2期 第5巻(横浜2) 荒敬編集・解題 柏書房 1994.1 305p 31cm 〈複製〉 19000円 ①4-7601-1066-6

◇日本占領・外交関係資料集—終戦連絡地方事務局・連絡調整地方事務局資料 第2期 第6巻(東海北陸) 荒敬編集・解題 柏書房 1994.1 304p 31cm 〈複製〉 19000円 ①4-7601-1067-4

◇日本占領・外交関係資料集—終戦連絡地方事務局・連絡調整地方事務局資料 第2期 第7巻(京都) 荒敬編集・解題 柏書房 1994.1 341p 31cm 〈複製〉 19000円 ①4-7601-1068-2

◇日本占領・外交関係資料集—終戦連絡地方事務局・連絡調整地方事務局資料 第2期 第8巻(大阪・近畿) 荒敬編集・解題 柏書房 1994.1 489p 31cm 〈複製〉 19000円 ①4-7601-1069-0

◇日本占領・外交関係資料集—終戦連絡地方事務局・連絡調整地方事務局資料 第2期 第9巻(神戸) 荒敬編集・解題 柏書房 1994.1 355p 31cm 〈複製〉 19000円 ①4-7601-1070-4

◇日本占領・外交関係資料集—終戦連絡地方事務局・連絡調整地方事務局資料 第2期 第10巻(中国) 荒敬編集・解題 柏書房 1994.1 382p 31cm 〈複製〉 19000円 ①4-7601-1071-2

◇日本占領・外交関係資料集—終戦連絡地方事務局・連絡調整地方事務局資料 第2期 第11巻(四国) 荒敬編集・解題 柏書房 1994.1 354p 31cm 〈複製〉 19000円 ①4-7601-1072-0

◇日本占領・外交関係資料集—終戦連絡地方事務局・連絡調整地方事務局資料 第2期 第12巻(九州・大分・熊本) 荒敬編集・解題 柏書房 1994.1 286p 31cm 〈複製〉 19000円 ①4-7601-1073-9

◇GHQへの日本政府対応文書総集成 監修, 竹前栄治. 初版. エムティ出版 1994 24v 31cm 〈Text in English or Japanese. Facsimile reprint of original microfilms. "外務省記録「連合軍司令部往信綴」"–Colophon.〉 ①4-89614-430-9

◇GHQ指令総集成 監修竹前栄治. 初版. エムティ出版 1994 15v 31cm 〈Text in English. Facsimile reprint of original typescript. Vol. 1: 和訳解説 and indexes in Japanese and English.〉 ①4-89614-316-7

◇私本GHQ占領秘史 中薗英助著 徳間書店 1993.8 588p 16cm (徳間文庫) 700円 ①4-19-567683-5

◇占領下の横須賀 毛塚五郎著 〔横須賀〕 毛塚五郎 1993.6 189p 26cm 〈限定版〉

◇GHQ/SCAP top secret records, I—Adjutant General Section 〔監修, 天川晃, 編集・解説, 荒敬〕. Tokyo Kashiwashobo 1993 20v. 31cm 〈GHQトップ・シークレット文書集成 第I期: AG(高級副官部)文書 Introductory materials in Japanese. Facsimile reprint of original typescript. Vol. 20: "解説" and "総目次" in Japanese. Includes bibliographical references.〉 ①4-7601-1028-3

◇戦後日本の原点—占領史の現在 上 袖井林二郎, 竹前栄治編 悠思社 1992.10 429p 20cm 2400円 ①4-946424-29-6

◇戦後日本の原点—占領史の現在 下 袖井林二郎, 竹前栄治編 悠思社 1992.7 364p 20cm 2200円 ①4-946424-30-X

◇資料日本占領 2 労働改革と労働運動 竹前栄治〔ほか〕編 大月書店 1992.4 625,16p 22cm 12000円 ①4-272-50115-1

◇日本占領管理体制の成立—比較占領史序説 豊下楢彦著 岩波書店 1992.4

政治

401,10p 22cm 6200円 ⓘ4-00-001691-1

◇日本占領の日々—マクマホン・ボール日記　マクマホン・ボール著, アラン・リックス編, 竹前栄治, 菊池努訳　岩波書店　1992.4　313,7p　22cm　4500円　ⓘ4-00-001690-3

◇占領下の京都　立命館大学産業社会学部鈴木良ゼミナール著　京都　文理閣　1991.7　76p　21cm　1000円　ⓘ4-89259-174-2

◇日本占領・外交関係資料集—終戦連絡中央事務局・連絡調整中央事務局資料　第1巻　荒敬編集・解題　柏書房　1991.4　212p　31cm　〈複製〉　21630円　ⓘ4-7601-0700-2

◇日本占領・外交関係資料集—終戦連絡中央事務局・連絡調整中央事務局資料　第2巻　荒敬編集・解題　柏書房　1991.4　352p　31cm　〈複製〉　21630円　ⓘ4-7601-0701-0

◇日本占領・外交関係資料集—終戦連絡中央事務局・連絡調整中央事務局資料　第3巻　荒敬編集・解題　柏書房　1991.4　380p　31cm　〈複製〉　21630円　ⓘ4-7601-0702-9

◇日本占領・外交関係資料集—終戦連絡中央事務局・連絡調整中央事務局資料　第4巻　荒敬編集・解題　柏書房　1991.4　466p　31cm　〈複製〉　21630円　ⓘ4-7601-0703-7

◇日本占領・外交関係資料集—終戦連絡中央事務局・連絡調整中央事務局資料　第5巻　荒敬編集・解題　柏書房　1991.4　299p　31cm　〈複製〉　21630円　ⓘ4-7601-0704-5

◇日本占領・外交関係資料集—終戦連絡中央事務局・連絡調整中央事務局資料　第6巻　荒敬編集・解題　柏書房　1991.4　386p　31cm　〈複製〉　21630円　ⓘ4-7601-0705-3

◇日本占領・外交関係資料集—終戦連絡中央事務局・連絡調整中央事務局資料　第7巻　荒敬編集・解題　柏書房　1991.4　343p　31cm　〈複製〉　21630円　ⓘ4-7601-0706-1

◇日本占領・外交関係資料集—終戦連絡中央事務局・連絡調整中央事務局資料　第8巻　荒敬編集・解題　柏書房　1991.4　414p　31cm　〈複製〉　21630円　ⓘ4-7601-0707-X

◇日本占領・外交関係資料集—終戦連絡中央事務局・連絡調整中央事務局資料　第9巻　荒敬編集・解題　柏書房　1991.4　414p　31cm　〈複製〉　21630円　ⓘ4-7601-0708-8

◇日本占領・外交関係資料集—終戦連絡中央事務局・連絡調整中央事務局資料　第10巻　荒敬編集・解題　柏書房　1991.4　477p　31cm　〈複製〉　21630円　ⓘ4-7601-0709-6

◇日本占領・外交関係資料集—終戦連絡中央事務局・連絡調整中央事務局資料　解題・詳細総目次　荒敬編集・解題　柏書房　1991.4　47p　30cm

◇米軍政管理と平和運動—複刻版および年表解説　佐藤公次編著　増補第3版　大阪　せせらぎ出版　1991.2　448p　25cm　〈資料追録版〉　4800円　ⓘ4-915655-12-1

◇日本占領と法制改革—GHQ担当者の回顧　アルフレッド・C.オプラー著, 納谷広美, 高地茂世訳, 内藤頼博監訳　日本評論社　1990.10　308p　21cm　4200円　ⓘ4-535-57901-6

◇資料日本占領　1　天皇制　山極晃, 中村政則編, 岡田良之助訳　大月書店　1990.2　654,38p　22cm　9500円　ⓘ4-272-50114-3

◇占領史録　3　憲法制定経過　江藤淳編　講談社　1989.9　416p　15cm　〈講談社学術文庫〉　〈解題：波多野澄雄〉　1000円　ⓘ4-06-158891-5

◇占領史録　4　日本本土進駐　江藤淳編　講談社　1989.9　401p　15cm　〈講談社

政治

◇学術文庫）〈解題：波多野澄雄〉 1000円 ⓣ4-06-158892-3

◇占領史録 1 降伏文書調印経緯 江藤淳編 講談社 1989.8 382p 15cm（講談社学術文庫）〈解題：波多野澄雄〉 900円 ⓣ4-06-158889-3

◇占領史録 2 停戦と外交権停止 江藤淳編 講談社 1989.8 382p 15cm（講談社学術文庫）〈解題：波多野澄雄〉 900円 ⓣ4-06-158890-7

◇GHQ文書研究ガイド—在日朝鮮人教育問題 金英達著 神戸 むくげの会 1989.7 129p 21cm（むくげ叢書 1）〈参考文献：p123〜127〉 1030円

◇占領下の大阪—近畿連絡調整事務局『執務月報』 2 大阪市史編纂所編 大阪 大阪市史料調査会 1989.3 134p 21cm（大阪市史史料 第27輯）

◇未完の占領改革—アメリカ知識人と捨てられた日本民主化構想 油井大三郎著 東京大学出版会 1989.2 304,7p 19cm（新しい世界史 11） 1800円 ⓣ4-13-025075-2

◇占領と戦後改革 竹前栄治著 岩波書店 1988.11 63p 21cm（岩波ブックレット） 300円 ⓣ4-00-003439-1

◇日本占領—GHQ高官の証言 竹前栄治著 中央公論社 1988.9 314p 20cm 1750円 ⓣ4-12-001725-7

◇占領秘録 住本利男著 中央公論社 1988.8 629p 16cm（中公文庫） 760円 ⓣ4-12-201544-8

◇有末機関長の手記—終戦秘史 有末精三著 芙蓉書房出版 1987.11 323p 20cm 〈著者の肖像あり〉 1800円

◇内務省対占領軍 草柳大蔵著 朝日新聞社 1987.6 278p 15cm（朝日文庫）〈『日本解体』改題書〉 440円 ⓣ4-02-260444-1

◇日本占領の多角的研究 日本国際政治学会編 国立 日本国際政治学会 1987.5 206,33p 21cm（国際政治 85号）〈発売：有斐閣〉 1800円

◇GHQ東京占領地図 福島鋳郎編著 雄松堂出版 1987.3 129,107p 26cm 7500円 ⓣ4-8419-0033-0

◇G.H.Q.東京占領地図 福島鋳郎著 雄松堂出版 1987.3 129,107p 図版16p 27cm 〈付（地図3枚）：G.H.Q.東京占領地図〉 7500円 ⓣ4-8419-0033-0

◇日本占領の研究 坂本義和, R.E.ウォード編 東京大学出版会 1987.2 538,12p 22cm 8200円 ⓣ4-13-036043-4

◇占領した者された者—日米関係の原点を考える 袖井林二郎著 サイマル出版会 1986.11 361p 19cm 〈著者の肖像あり〉 1900円 ⓣ4-377-10723-2

◇日本占領秘史 上 竹前栄治, 天川晃著 早川書房 1986.11 321p 16cm（ハヤカワ文庫） 420円 ⓣ4-15-050127-0

◇日本占領秘史 下 秦郁彦, 袖井林二郎著 早川書房 1986.11 326p 16cm（ハヤカワ文庫）〈上巻の著者：竹前栄治,天川晃〉 420円 ⓣ4-15-050128-9

◇東京占領1945 ワールドフォトプレス編 光文社 1985.8 207p 16cm（光文社文庫） 400円 ⓣ4-334-70197-3

◇世界史のなかの日本占領—国際シンポジウム 袖井林二郎編 日本評論社 1985.4 385,10p 22cm 3000円 ⓣ4-535-57537-1

◇世界史のなかの日本占領—法政大学第8回国際シンポジウム 袖井林二郎編 法政大学現代法研究所 1985.3 385,10p 21cm（法政大学現代法研究所叢書 6）〈発売：法政大学出版局〉 ⓣ4-588-63006-7

◇占領下の大阪—大阪連絡調整事務局『執務月報』 大阪市史編纂所編 大阪 大阪市史料調査会 1985.1 196p 21cm（大阪市史史料 第14輯）

◇日本解体—内務官僚の知られざる869日 草柳大蔵著 ぎょうせい 1985.1 280p 19cm 1200円

政治

◇GHQの組織と人事―1946年9月現在　福島鑄郎編　巌南堂書店　1984.8　317p　27cm　9800円

◇ザ・進駐軍―有末機関長の手記　有末精三著　芙蓉書房　1984.6　306p　19cm　〈著者の肖像あり〉　1400円

◇日本占領革命―GHQからの証言　セオドア・コーエン著, 大前正臣訳　ティビーエス・ブリタニカ　1984.1～3　2冊　20cm　各2400円

◇GHQ　竹前栄治著　岩波書店　1983.6　214,12p　18cm　（岩波新書）　430円

◇占領の傷跡―第二次大戦と横浜　服部一馬, 斉藤秀夫著　横浜　有隣堂　1983.6　213p　18cm　（有隣新書）　680円　①4-89660-056-8

◇ビッソン日本占領回想記　中村政則, 三浦陽一訳　三省堂　1983.3　348p　20cm　〈著者の肖像あり〉　1600円

◇渡辺武日記―対占領軍交渉秘録　大蔵省財政史室編　東洋経済新報社　1983.3　731p　22cm　〈解説：中村隆英　著者の肖像あり〉　9500円

◇戦後秘史　4　赤旗とGHQ　大森実著　講談社　1981.8　350p　15cm　（講談社文庫）　400円

◇一億人の昭和史　日本占領 3　ゼロからの出発　毎日新聞社　1980.10　258p　28cm　1500円

◇一億人の昭和史　日本占領 2　動き出した占領政策　毎日新聞社　1980.8　258p　28cm　1500円

◇一億人の昭和史　日本占領 1　降伏・進駐・引揚　毎日新聞社　1980.6　258p　28cm　1500円

◇日本占領　第3巻　児島襄著　文芸春秋　1978.12　333p　20cm　〈マッカーサーの肖像あり〉　950円

◇日本占領　第2巻　児島襄著　文芸春秋　1978.10　301p　20cm　950円

◇日本占領軍その光と影―共同研究　下巻　思想の科学研究会編　現代史出版会　1978.9　2冊（別冊とも）　22cm　〈別冊：日本占領研究事典　共同研究　発売：徳間書店〉　全6000円

◇日本占領　第1巻　児島襄著　文芸春秋　1978.8　298p　20cm　〈マッカーサー, アイケルバーガーの肖像あり〉　950円

◇日本占領軍その光と影―共同研究　上巻　思想の科学研究会編　現代史出版会　1978.8　519p　22cm　〈発売：徳間書店（東京）〉　6000円

◇日本占領秘史　下　秦郁彦, 袖井林二郎著　朝日新聞社　1977.10　303p　19cm　〈上巻の著者：竹前栄治, 天川晃〉　1200円

◇日本占領秘史　上　竹前栄治, 天川晃著　朝日新聞社　1977.8　314p　19cm　1200円

◇占領下の犯罪事情―生きることが犯罪だった　山岡明著　日新報道　1977.7　245p　19cm　890円

◇有末機関長の手記―終戦秘史　有末精三著　芙蓉書房　1976　338p　図　肖像　20cm　2500円

◇地方における占領史関係文献目録　占領史研究会　1976　92p　26cm　（占領史研究資料　1）

◇知られざる日本占領―ウィロビー回顧録　C.A.ウィロビー著, 延禎〔監訳〕　番町書房　1973　318p　図　肖像　20cm　750円

◇日本占領　シドニー・メイヤー著, 新庄哲夫訳　サンケイ新聞社出版局　1973　205p　19cm　（第二次世界大戦ブックス　30）　〈背および表紙の書名：MacArthur in Japan〉　600円

◇日本占領―共同研究　思想の科学研究会編　徳間書店　1972　599,9p　22cm　4000円

◇日本占領文献目録　日本学術振興会編　日本学術振興会　1972　349p　27cm　〈付（24p　15×21cm）：関係者リスト〉　4500円

◇ニッポン占領秘史　ハーバート・ファイス著, 赤羽竜夫訳　読売新聞社　1971

政治

211p 19cm 〈新装第1刷〉 450円
◇日本占領外交の回想 W.J.シーボルト著, 野末賢三訳 朝日新聞社 1966 270p 図版 20cm 430円
◇極東委員会—抄 G.H.ブレイクスリー著, 土屋正三訳 憲法調査会事務局 1959 76p 22cm
◇連合国占領下の日本 ヒュー・ボートン, F.C.ジョーンズ, B.R.パーン共著, 小林昭三訳 憲法調査会事務局 1958 200p 21cm
◇占領風雲録 林数馬著 経済放談社 1954 296p 19cm
◇日本占領—その成果と展望 ロバート・A.フィアリ著, 太平洋問題調査会訳 弘文堂 1951 235p 19cm
◇連合国の対日政策に関する基本文書 国立国会図書館調査立法考査局 1950 67p 21cm （国調立資料 A5）〈附・右に関連する国際重要文書〉
◇日本占領報告 1947年8・9月 聯合軍総司令部編, 時事通信社訳 時事通信社 1948 262p 18cm

マッカーサー

　Douglas MacArthur 1880.1.26～1964.4.5 アメリカの軍人。アーカンソー州生まれ。ウエストポイント陸軍士官学校を史上最高の成績で卒業。1905年駐日大使館付武官となった父に副官として随行し来日。陸軍士官学校長を経て、1930年史上最年少で陸軍参謀総長に就任。1941年太平洋戦争開戦後は極東軍司令官として、フィリピンのマニラ防衛戦、レイテ島上陸作戦などを指揮した。1944年元帥。昭和20年日本の降伏後、9月に進駐。連合国軍最高司令官総司令部総司令官として日本占領にあたり、日本の非軍事化、民主化をすすめる。1950年朝鮮戦争が勃発すると国連軍総司令官となり、仁川上陸作戦からの反攻を指揮し中国国境まで迫る。中国義勇軍の参戦を招くと中国への空爆、核兵器使用を主張してトルーマン大統領と対立、4月11日に解任された。4月16日離日。帰国後の米議会での退任演説では「老兵は死なず、ただ消え去るのみ」と述べた。1964年死去。国葬が執り行われ、日本からは吉田茂が出席した。

◇マッカーサーが来た日—8月15日からの20日間 河原匡喜著 光人社 2005.10 346p 16cm （光人社NF文庫）〈年表あり 文献あり〉 762円 ①4-7698-2470-X
◇国破れてマッカーサー 西鋭夫著 中央公論新社 2005.7 599p 16cm （中公文庫）〈文献あり〉 1286円 ①4-12-204556-8
◇昭和天皇とマッカーサー元帥と山形師範学校 藤田勝也著 〔山形〕〔藤田勝也〕 2005.5 118p 26cm 〈肖像あり〉
◇マッカーサーの二千日 袖井林二郎著 改版 中央公論新社 2004.7 446p 16cm （中公文庫）〈文献あり〉 1238円 ①4-12-204397-2
◇マッカーサー大戦回顧録 上 ダグラス・マッカーサー著, 津島一夫訳 中央公論新社 2003.7 274p 16cm （中公文庫） 952円 ①4-12-204238-0
◇マッカーサー大戦回顧録 下 ダグラス・マッカーサー著, 津島一夫訳 中央公論新社 2003.7 309p 16cm （中公文庫） 952円 ①4-12-204239-9
◇拝啓マッカーサー元帥様—占領下の日本人の手紙 袖井林二郎著 岩波書店 2002.6 437p 15cm （岩波現代文庫）

政治

1100円　①4-00-603061-4

◇マッカーサー伝説　工藤美代子著　恒文社21　2001.11　299p　20cm　〈東京 恒文社(発売)〉　1900円　①4-7704-1058-1

◇マッカーサーリターンズ　秦野正栄著　文芸社　2000.10　179p　20cm　1000円　①4-8355-0812-2

◇吉田茂＝マッカーサー往復書簡集―1945-1951　吉田茂, マッカーサー著, 袖井林二郎編訳　法政大学出版局　2000.5　354,222,5p　22cm　〈英文併載〉　9500円　①4-588-62509-8

◇マッカーサー元帥と昭和天皇　榊原夏著　集英社　2000.1　238p　18cm　(集英社新書)　680円　①4-08-720013-2

◇マッカーサーが探した男―隠された昭和史　香取俊介著　双葉社　1998.11　308p　20cm　1750円　①4-575-28908-6

◇マッカーサーの日本―カール・マイダンス写真集 1945〜1951　カール・マイダンス, シェリー・スミス・マイダンス著, 石井信平訳　講談社　1995.7　127p　28cm　2300円　①4-06-207588-1

◇裸のマッカーサー―側近軍医50年後の証言　ロジャー・O.エグバーグ著, 林茂雄, 北村哲男共訳　図書出版社　1995.5　268p　19cm　1854円　①4-8099-0198-X

◇マッカーサーと吉田茂　上　リチャード・B.フィン著, 内田健三監訳　角川書店　1995.5　298p　15cm　(角川文庫)　560円　①4-04-267901-3

◇マッカーサーと吉田茂　下　リチャード・B.フィン著, 内田健三監訳　角川書店　1995.5　286p　15cm　(角川文庫)　560円　①4-04-267902-1

◇マッカーサーと進駐軍―老ガイドの想い出　小森通男著　日本図書刊行会　近代文芸社(発売)　1993.8　67p　19cm　900円　①4-7733-2004-4

◇ダグラス・マッカーサー―アジアの歴史を変えた男　福川粛著　メディアファクトリー　1993.2　141p　20cm　(The Life story)　〈ダグラス・マッカーサーの肖像あり〉　1500円　①4-88991-284-3

◇昭和天皇とマッカーサー―戦後日本を救った二人　菊池久著　泰流社　1989.3　290p　20cm　1400円　①4-88470-682-X

◇天皇陛下とマッカーサー　菊池久著　河出書房新社　1989.2　259p　15cm　(河出文庫)　450円　①4-309-47151-X

◇天皇・FDR・マッカーサー―20世紀リーダーの大行進　ジョン・ガンサー著, 内山敏訳　集英社　1988.7　470p　16cm　(集英社文庫)　〈『世紀の大行進』(1967年刊)の改題再編集 編集：綜合社〉　680円　①4-08-760144-7

◇マッカーサー戦記　上　チャールス・A.ウィロビー著, 大井篤訳　朝日ソノラマ　1988.6　269p　15cm　(新戦史シリーズ)　540円　①4-257-17203-7

◇マッカーサー戦記　下　チャールス・A.ウィロビー著, 大井篤訳　朝日ソノラマ　1988.6　268p　15cm　(新戦史シリーズ)　540円　①4-257-17204-5

◇マッカーサーへの手紙　林茂雄著　図書出版社　1986.7　235p　20cm　1500円

◇ダグラス・マッカーサー　上　ウィリアム・マンチェスター著, 鈴木主税, 高山圭訳　河出書房新社　1985.9　435p　20cm　〈マッカーサーの肖像あり〉　3800円　①4-309-22115-7

◇ダグラス・マッカーサー　下　ウィリアム・マンチェスター著, 鈴木主税, 高山圭訳　河出書房新社　1985.9　417,34p　20cm　〈マッカーサーの肖像あり〉　3800円　①4-309-22116-5

◇マッカーサーの日本　週刊新潮編集部著　新潮社　1983.7　2冊　15cm　(新潮文庫)　320円,280円　①4-10-131001-7

◇運命の選択―そのとき吉田茂・マッカーサー・蒋介石は　塩沢実信著　柏 広池学園出版部　1983.6　285p　20cm　〈編集・制作：カメオ出版部〉　1200円

◇マッカーサーの『犯罪』―秘録日本占領　西鋭夫著　日本工業新聞社　1983.5　2

冊　20cm　（Ohtemachi books）　各1500円　①4-8191-0584-1
◇マッカーサー―記録・戦後日本の原点　袖井林二郎, 福島鋳郎編　日本放送出版協会　1982.6　277p　30cm　〈マッカーサーの肖像あり〉　4000円　①4-14-008277-1
◇マッカーサー―その栄光と挫折　クレイ・ブレア Jr.著, 大前正臣訳　パシフィカ　1978.1　300p　19cm　〈ダグラス・マッカーサーの肖像あり〉　980円
◇マッカーサーと戦後日本　花村奨著　国土社　1977　189p　21cm　（国土社・ノンフィクション全集）　980円
◇マッカーサーの涙―ブルーノ・ビッテル神父にきく　B.ビッテル〔述〕, 朝日ソノラマ編集部編　朝日ソノラマ　1973　238p（肖像共）　19cm　500円
◇マッカーサー回想記　津島一夫訳　朝日新聞社　1964　2冊　20cm
◇日本におけるマッカーサー―彼はわれわれに何を残したか　コートニー・ホイットニー著, 毎日新聞社外信部訳　毎日新聞社　1957　198p　18cm
◇マッカーサー元帥―日本の恩人　池田宣政著　妙義出版社　1951　241p　図版　19cm
◇マッカーサー元帥解任の真相―元帥の偉業と日本の進路　山崎一芳著　新世界文化社　1951　190p　図版　18cm
◇マッカーサー書簡集　鮎川国彦訳　日本弘報社　1950　254p　図版　19cm
◇民主主義とマッカーサー元帥　山崎一芳著　新世界文化社　1947　190p　図版　19cm
◇マッカーサー元帥　山崎一芳著　丹頂書房　1946　56p　B6　2円
◇マッカーサー元帥とその幕僚　第1輯　武内甲子雄著　人事興信所　1946　27p　図版　22cm　2円

幣原　喜重郎

明治5(1872).8.11～昭和26(1951).3.10
外交官・政治家。大阪府生まれ。外務省に入り、駐米大使、ワシントン会議全権委員を務める。第1次・第2次加藤高明内閣、第1次若槻内閣、浜口内閣、第2次若槻内閣の憲政会・民政党内閣で外相を歴任。幣原外交とよばれる対英米協調外交を推進、軍拡積極外交の政友会内閣と対立した。政党内閣が断絶した昭和6年以降は引退状態だったが、昭和20年、新英米派として首相に就任。GHQ指令を受けて民主化、憲法改正にあたる。21年、戦後初の総選挙で日本自由党が第1党になったため辞職。のち首相経験者として初めて衆議院議長を務めた。著書に『外交五十年』がある。

　　　　＊　　　　＊　　　　＊

◇幣原喜重郎とその時代　岡崎久彦著　PHP研究所　2003.7　468,15p　15cm　（PHP文庫）　〈肖像あり　文献あり　年表あり〉　1000円　①4-569-57993-0
◇未完の経済外交―幣原国際協調路線の挫折　佐古丞著　PHP研究所　2002.3　222p　18cm　（PHP新書）　660円　①4-569-62088-4
◇未完の経済外交―幣原国際協調路線の挫折　佐古丞著　PHP研究所　2002.3　222p　18cm　（PHP新書）　660円　①4-569-62088-4
◇大正外交―人物に見る外交戦略論　関静雄著　京都　ミネルヴァ書房　2001.10　270,7p　22cm　（Minerva日本史ライブラリー　11）　3800円　①4-623-03518-2
◇人物で読む近現代史　下　歴史教育者協議会編　青木書店　2001.1　306p　20cm　2800円　①4-250-20100-7
◇近代外交回顧録　第3巻　広瀬順晧監修・編・解題　ゆまに書房　2000.6　317p　22cm　（近代未刊史料叢書　5）　〈複製〉　12000円　①4-89714-988-6
◇近代外交回顧録　第4巻　広瀬順晧監修・編・解題　ゆまに書房　2000.6　311p

22cm （近代未刊史料叢書　5）〈複製〉　12000円　Ⓣ4-89714-989-4
◇英語達人列伝—あっぱれ、日本人の英語　斎藤兆史著　中央公論新社　2000.5　255p　18cm　（中公新書）　760円　Ⓣ4-12-101533-9
◇幣原喜重郎—外交五十年　幣原喜重郎著　日本図書センター　1998.8　358p　20cm　（人間の記録　64）〈肖像あり〉　1800円　Ⓣ4-8205-4309-1
◇日本国憲法をつくった男—宰相幣原喜重郎　塩田潮著　文芸春秋　1998.8　494p　16cm　（文春文庫）〈「最後の御奉公」（1992年刊）の改題〉　667円　Ⓣ4-16-751603-9
◇敗戦前後—昭和天皇と五人の指導者　吉田裕ほか著　青木書店　1995.6　267p　20cm　2369円　Ⓣ4-250-95025-5
◇最後の御奉公—宰相幣原喜重郎　塩田潮著　文芸春秋　1992.4　598p　20cm　2000円　Ⓣ4-16-346380-1
◇外交50年　幣原喜重郎著　中央公論社　1987.1　337p　15cm　（中公文庫）　460円　Ⓣ4-12-201391-7
◇日本宰相列伝　17　幣原喜重郎　宇治田直義著　時事通信社　1985.10　245p　19cm　〈監修：細川隆元　三代宰相列伝（昭和33年刊）の改題新装版　幣原喜重郎の肖像あり〉　1400円　Ⓣ4-7887-8567-6
◇平和憲法秘話—幣原喜重郎その人と思想　平野三郎著　講談社　1972　143p(図共)　18cm　500円
◇幣原喜重郎　宇治田直義著　時事通信社　1958　245p　図版　18cm　（三代宰相列伝）
◇幣原喜重郎　幣原平和財団　1955　785,18p　図版　22cm

婦人参政権

女性が国および地方の政治に参加する権利。日本の婦人参政権運動では、衆議院の選挙権・被選挙権、地方議会の選挙権・被選挙権、政党結社加入の権利を婦選三権と呼び目標としてきた。明治初期に女性戸主が地方議員の選挙権を得たことはあったが、議会制度整備後は男子のみの参政権となり、大正14年の普通選挙法でも女性参政権は認められなかった。平塚らいてう・市川房枝らが婦人参政権運動を推進。昭和5年に衆議院で婦人参政権付与が可決されるが貴族院の反対で実現されなかった。終戦後の昭和20年10月、幣原内閣は女性参政権を認める閣議決定を行う。GHQ指令にも盛り込まれ、12月衆議院議員選挙法改正で国政選挙参加が認められた。翌21年の地方制度改正で地方参政権も認められ、同年の戦後初の衆議院総選挙では女性議員39名が当選した。22年施行の日本国憲法では性別による差別なく全ての参政権が認められた。しかし制度発足から約60年を経て、日本の女性議員、女性閣僚の比率は、世界の中でなお低いままとなっている。

◇女性は政治とどう向き合ってきたか—検証・婦人参政権運動　伊藤康子、進藤久美子、菅原和子著、市川房枝記念会出版部編　市川房枝記念会出版部　2005.4　137p　21cm　〈年表あり〉　953円　Ⓣ4-901045-07-5
◇政治ライブラリー叢書　第6巻　婦人参政権論　森口繁治著　日本図書センター　2004.5　316p　22cm　〈「政治ライブラリー　第6巻」（政治教育協会1927年刊）の複製〉　Ⓣ4-8205-9713-2,4-8205-9707-8

政治

◇女性参政関係資料集—女性参政50周年記念　市川房枝記念会出版部編　市川房枝記念会出版部　1997.7　151p　26cm　2800円　ⓘ4-9900117-0-8

◇女性と政治—進出への実践と方法　市川房枝生誕100年記念国際シンポジウム　市川房枝記念会出版部編　市川房枝記念会出版部　1994.3　103p　21cm　〈期日・会場：1993年5月15日　津田ホール〉　1000円　ⓘ4-9900117-7-5

◇近代日本の女性と政治特別展示目録—婦人参政への歩み　憲政記念館編　憲政記念館　1993.2　82p　21cm　〈会期：平成5年2月25日～3月16日〉

◇十六年の春秋—婦選獲得同盟のあゆみ　児玉勝子著　ドメス出版　1990.3　201p　20cm　2060円

◇婦人参政関係資料集　市川房枝記念会婦人問題調査出版部　1986.11　129p　26cm　〈婦人参政40周年記念〉　2000円

◇政治と台所—秋田県女子参政権運動史　グレゴリー・M.フルーグフェルダー著　ドメス出版　1986.5　286p　20cm　2200円

◇信濃路の出会い—婦選運動覚え書　児玉勝子著　ドメス出版　1985.5　205p　20cm　〈著者の肖像あり〉　1400円

◇近代婦人問題名著選集　社会問題編　第11巻　中井良子解説　日本図書センター　1983.5　316,11p　22cm　〈監修：五味百合子　政治教育協会昭和2年刊の複製〉

◇婦人参政権運動小史　児玉勝子著　ドメス出版　1981.6　312,14p　20cm　〈監修：市川房枝〉　2000円

◇普選三十周年婦人参政十周年記念録　自治庁，普選三十周年婦人参政十周年記念会共編　自治庁　1956　167p　図版　22cm

◇婦人と選挙2,400万人の女性と力　全日本社会教育連合会編　大蔵省印刷局　1952　111p　21cm

◇婦人政治読本　中屋健式著　講談社　1946　64p　B6　2.5円

◇婦人と政治　木和田為作著　精文館書店　1946　48p　小　1円

◇婦人参政読本　新日本建設同盟編　太平書房　1945　61p　B6　1.80円

加藤 シヅエ

明治30(1897).3.2～平成13(2001).12.22
社会運動家・政治家。東京生まれ。女子学習院中等科卒業。アメリカ留学中にM.サンガーに共鳴し、昭和6年に日本産児調節婦人連盟を設立。女性解放運動を進めるが、人民戦線事件で検挙される。12年。戦後初の衆議院議員総選挙に当選、日本初の女性議員の一人となる。日本社会党に入党。衆議院で当選2回の後、25年参議院に転じ当選、49年まで4期務めた。この間、29年に日本家族計画連盟を結成。63年国連人口賞受賞。

　　　＊　　　＊　　　＊

◇加藤シヅエ凛として生きる—104歳の人生が遺したもの　加藤シヅエ，加藤タキ著　大和書房　2002.12　294p　20cm　〈肖像あり〉　1700円　ⓘ4-479-01159-5

◇加藤シヅエ104歳の人生—大きな愛と使命に生きて　加藤シヅエ，加藤タキ著　大和書房　2002.3　278p　20cm　1700円　ⓘ4-479-01146-3

◇恋は決断力—明治生れの13人の女たち　森まゆみ著　講談社　1999.6　207p　20cm　1700円　ⓘ4-06-209375-8

◇加藤シヅエ百年を生きる　ヘレン・M.ホッパー著　加藤タキ訳　ネスコ　1997.3　270p　20cm　〈発売：文芸春秋　加藤シヅエの肖像あり〉　1900円　ⓘ4-89036-941-4

◇生きる—百歳人加藤シヅエ　加藤シヅエ著　日本放送出版協会　1997.2　206p　20cm　〈肖像あり〉　1400円　ⓘ4-14-005270-8

◇加藤シヅエ—ある女性政治家の半生　加藤シヅエ著　日本図書センター　1997.2

政治

248p　20cm　（人間の記録 12）　〈肖像あり〉　1800円　①4-8205-4251-6,4-8205-4239-7
◇加藤シヅエ百歳—愛と勇気の言葉の記録　加藤シヅエ著, 堤江実編著　婦人画報社　1996.12　250p　20cm　〈肖像あり〉　1748円　①4-573-21043-1
◇「愛・仕事・子育て」すべてが生活　加藤シヅエ, 加藤タキ著　大和書房　1996.7　238p　20cm　〈新装版 著者の肖像あり〉　1500円　①4-479-01092-0
◇愛する「日本」への遺言　加藤シヅエ著　書苑新社　1995.9　223p　19cm　（Voice books 第3巻）　1200円　①4-915125-72-6
◇風に向かって生きた女たち　高齢化社会をよくする女性の会編　日本経済評論社　1993.4　265p　19cm　1545円　①4-8188-0671-4
◇輝く明治の女たち—"いま"に生きる45人の肖像　笹本恒子著　日本放送出版協会　1992.3　137p　22cm　1300円　①4-14-080028-3
◇愛は時代を越えて　加藤シヅエ著　婦人画報社　1988.5　213p　19cm　（女の自叙伝）　1300円
◇愛は時代を越えて　加藤シヅエ著　婦人画報社　1988.5　213p　19cm　（女の自叙伝）　〈著者の肖像あり〉　1300円
◇ふたつの文化のはざまから—大正デモクラシーを生きた女　加藤シヅエ著, 船橋邦子訳　青山館　1985.11　309p　20cm　〈著者の肖像あり〉　2000円
◇想い出のふる　加藤シヅエ著　自由書館　1984.4　236p　20cm　〈著者の肖像あり〉　1000円
◇ある女性政治家の半生　加藤シヅエ著　京都　PHP研究所　1981.11　223p　20cm　〈著者の肖像あり〉　1400円
◇現代史を創る人びと　3　中村隆英, 伊藤隆, 原朗編　毎日新聞社　1971　279,8p　20cm　（エコノミスト・シリーズ）　750円

◇ひとすじの道　加藤シヅエ著　ダヴィット社　1956
◇汝が名は母—わが半生の記　加藤シヅエ著　国民社　1948　179p　19cm

市川 房枝

明治26(1893).5.15～昭和56(1981).2.11
社会運動家・政治家。愛知県生まれ。教員・新聞記者を経て上京し、大正8年に平塚らいてうらと新婦人協会を設立、13年に婦人参政権獲得期成同盟会を結成、婦人参政権運動を進める。戦後、昭和28年の参議院選挙で当選、通産5期務め、在職のまま87歳で死去。選挙では組織に頼らない選挙運動を貫き理想選挙と呼ばれた。国会内では無所属議員の集合体である第二院クラブに所属、政治浄化を訴えた。

＊　　　＊　　　＊

◇「わたし」を生きる女たち—伝記で読むその生涯　楠瀬佳子, 三木草子編　京都　世界思想社　2004.9　270p　19cm　（SEKAISHISO SEMINAR）　1800円　①4-7907-1078-5
◇市川房枝理想選挙の記録　市川房枝記念会出版部編　市川房枝記念会出版部　2003.11　1冊　18cm　2800円　①4-901045-06-7
◇市川房枝と婦人参政権獲得運動—模索と葛藤の政治史　菅原和子著　横浜　世織書房　2002.2　600p　22cm　6000円　①4-906388-89-2
◇市川房枝と婦人参政権獲得運動—模索と葛藤の政治史　菅原和子著　横浜　世織書房　2002.2　600p　22cm　6000円　①4-906388-89-2
◇市川房枝—私の履歴書ほか　市川房枝著　日本図書センター　1999.2　298p　20cm　（人間の記録 88）　1800円　①4-8205-4334-2,4-8205-4326-1
◇市川房枝自伝—戦前編　明治26年5月昭和20年8月　新宿書房　1995.10　628p

20cm 〈第8刷(第1刷：1974年)著者の肖像あり〉 4800円 ①4-88008-213-9

◇市川房枝と婦選運動のあゆみ 大森かほる著 平原社 1993.3 69p 19cm 〈英語書名：Fusae Ichikawa and the woman suffrage movement in Japan 英文併記 市川房枝の肖像あり〉 700円

◇市川房枝おもいで話 市川ミサオ著, 市川房枝記念会編 日本放送出版協会 1992.5 213p 19cm 1200円 ①4-14-080041-0

◇市川房枝おもいで話 市川ミサオ著, 市川房枝記念会編 日本放送出版協会 1992.5 213p 19cm 〈著者の肖像あり〉 1200円 ①4-14-080041-0

◇市川房枝と婦人参政権運動—市川房枝生誕100年記念 市川房枝記念会出版部 1992.5 100p 26cm 2500円 ①4-9900117-4-0

◇市川房枝と婦人参政権運動 市川房枝記念会出版部 1992.5 100p 26cm 〈市川房枝生誕100年記念 おもに図 市川房枝の肖像あり〉 2500円 ①4-9900117-4-0

◇市川房枝の国会全発言集—参議院会議録より採録 市川房枝記念会出版部 1992.5 687p 30cm 4800円 ①4-9900117-6-7

◇市川房枝の国会全発言集—参議院会議録より採録 市川房枝〔述〕 市川房枝記念会出版部 1992.5 687p 30cm 4800円 ①4-9900117-6-7

◇私の国会報告—復刻 市川房枝著 市川房枝記念会出版部 1992.5 503p 19cm 2800円 ①4-9900117-5-9

◇虹を架けた女たち—平塚らいてうと市川房枝 山本藤枝著 集英社 1991.8 254p 19cm 1300円 ①4-08-775149-X

◇市川房枝物語—まんが 森哲郎著 明石書店 1989.9 145p 22cm 1200円

◇女性史を拓く 1 母と女—平塚らいてう・市川房枝を軸に 鈴木裕子著 未来社 1989.5 215p 21cm （国立市公民館女性問題講座「歴史」） 2060円 ①4-624-50081-4

◇覚書・戦後の市川房枝—市川房枝伝・戦後編 児玉勝子著 新宿書房 1985.6 311p 20cm 〈市川房枝の肖像あり〉 2200円

◇市川房枝というひと—100人の回想 「市川房枝というひと」刊行会編 新宿書房 1982.9 431p 20cm 〈巻末：市川房枝略年譜 肖像：市川房枝,図版(肖像)〉 2000円

◇市川房枝というひと—100人の回想 「市川房枝というひと」刊行会編 新宿書房 1982.9 431p 20cm 〈市川房枝の肖像あり〉 2000円

◇野中の一本杉—市川房枝随想集2 市川房枝著 新宿書房 1981.10 325p 20cm 〈著者の肖像あり〉 1400円

◇ストップ・ザ・汚職議員！—市民運動の記録 市川房枝編著 新宿書房 1980.3 205p 19cm 700円

◇近代日本女性史への証言—山川菊栄・市川房枝・丸岡秀子・帯刀貞代 「歴史評論」編集部編 ドメス出版 1979.10 258p 20cm 〈山川菊栄,市川房枝,丸岡秀子,帯刀貞代の肖像あり〉 1500円

◇だいこんの花—市川房枝随想集 市川房枝著 新宿書房 1979.6 302p 20cm 〈著者の肖像あり〉 1200円

◇私の履歴書 第13集 日本経済新聞社編 1961 382p 19cm

公職追放

連合国軍最高司令官総司令部の指令により、軍人や戦争協力者と見られた者が公職に就くことを禁止されたこと。昭和21年の勅令「就職禁止、退官、退職等ニ関スル件」で指名され、翌年の勅令で公職の範囲が有力企業の幹部にまで拡大された。冷戦に入ると方針が変質、25年からは共産主義者が追放されたが、これはレッド・パージと呼ぶ。講和が近づいた26年に第1

政治

次追放解除が行われ、26年講和条約発効とともにすべて追放解除された。

＊　　＊　　＊

◇政治家追放　増田弘著　中央公論新社　2001.2　366p　19cm（中公叢書）1900円　①4-12-003115-2

◇追放　藤田勝也編　山形　藤田勝也　1998.6　39p　26cm

◇公職追放　1　増田弘編　丸善　1998.5　644p　31cm（GHQ民政局資料「占領改革」第4巻）①4-8395-0126-2

◇公職追放論　増田弘著　岩波書店　1998.5　343,11p　22cm　4200円　①4-00-002914-2

◇新聞集成昭和編年史　昭和21年版1　公職追放―自一月～至二月　明治大正昭和新聞研究会編集製作　新聞資料出版　1998.1　800,13p　27cm　25000円

◇公職追放―三大政治パージの研究　増田弘著　東京大学出版会　1996.6　309,15p　22cm　4944円　①4-13-030104-7

◇GHQ日本占領史　第6巻　公職追放　連合国最高司令官総司令部〔編纂〕、天川晃〔ほか〕編　増田弘、山本礼子訳　日本図書センター　1996.2　202p　22cm〈監修：竹前栄治,中村隆英〉5562円　①4-8205-6275-4,4-8205-6269-X

◇証言・私の昭和史　6　三国一朗きき手、テレビ東京編　文芸春秋　1989.7　503p　15cm（文春文庫）550円　①4-16-749906-1

◇資料公職追放―『公職追放に関する覚書該当者名簿』復刻　総理庁官房監査課〔編〕　明石書店　1988.11　2冊　27cm〈監修：長浜功〉全40000円

◇指導者追放―占領下日本政治史の一断面　H.ベアワルド著, 袖井林二郎訳　勁草書房　1970　223p　19cm　600円

◇戦後自治史　第6　公職追放　自治大学校　1964　354p　22cm

◇公職追放についての世論調査　総理府国立世論調査所編　総理府国立世論調査所　1952　83p　25cm（世論調査報告書　調査番号53）〈謄写版〉

◇講和を前にして―附・追放の白書　安藤正純著　経済往来社　1951　257p　図版　19cm

◇公職追放実務提要　総理府大臣官房監査課編　芹田東光社　1950　138p　19cm

◇団体規正・公職追放関係法令集　公職追放・団体規正関係法令集刊行会編　公職追放・団体規正関係法令集刊行会　1950　279p　19cm

◇公職追放令の逐条解説　岡田典一著　新世界文化社　1949.4　423p　19cm〈附・関係法令集〉

◇公職追放に関する覚書該当者名簿　総理庁官房監査課編　日比谷政経会　1949　2冊（附共）26cm

◇追放者の行動の限界―公職追放令の禁止規定を中心として　高橋真清著　再版　みのり書房　1949　346p　19cm

◇公職追放令の解説　全国町村会出版部編　全国町村会　1947　128p　B6　15円

◇追放令関係法令解説　芹田健之助著　東光出版社　1947　150p　21cm〈付：G項審査基準及び調査表の記載方法〉

◇公職適否審査基準例規集　内務省〔編〕　内務省〔1946〕　163p　19cm

吉田　茂

明治11（1878）.9.22～昭和42（1967）.10.20　外交官・政治家。自由民権運動家の竹内綱の五男として東京に生まれる。明治39年外務省に入り、天津総領事、奉天総領事、駐伊大使、駐英大使等を歴任。外務省内では英米協調派とは距離を置いたが、日独伊三国同盟には反対した。昭和14年外交の第一線からは

政治

退く。太平洋戦争中は和平工作に動き、昭和20年2月に一時憲兵隊に拘束される。終戦後、東久邇宮内閣、幣原内閣で外相を務める。戦後初の総選挙で日本自由党が第1党となったが、鳩山一郎総裁が公職追放されたため、急遽日本自由党総裁となり第1次内閣を組織した。日本国憲法公布後の総選挙では日本社会党が第1党となったため下野。片山内閣、芦田内閣の後に第2次内閣を組織、以後、29年まで5次にわたる内閣を組織した。対米協調、経済復興優先の路線をとり、サンフランシスコ平和条約締結、日米安保条約締結等を進め、戦後日本の方向を決定づけた。また池田勇人、佐藤栄作ら若手官僚を政界に登用し「吉田学校」と呼ばれる人脈を築いた。29年造船疑獄で辞職。42年に89歳で死去し、戦後唯一の国葬が執り行われた。

◇吉田茂―尊皇の政治家　原彬久著　岩波書店　2005.10　241,7p　18cm　（岩波新書）　〈文献あり〉　780円　①4-00-430971-9

◇吉田茂―写真集　吉岡専造撮影　吉田茂国際基金　2004.7　111p　27cm　〈東京中央公論新社(発売)　年譜あり〉　2800円　①4-12-003545-X

◇吉田茂とその時代　岡崎久彦著　PHP研究所　2003.11　420,19p　15cm　（PHP文庫）　〈肖像あり　文献あり　年譜あり〉　895円　①4-569-66069-X

◇吉田茂という逆説　保阪正康著　中央公論新社　2003.5　617p　16cm　（中公文庫）　〈文献あり　年譜あり〉　1429円　①4-12-204207-0

◇吉田茂とその時代―敗戦とは　岡崎久彦著　PHP研究所　2002.8　328p　20cm　2100円　①4-569-62264-X

◇吉田茂とその時代―サンフランシスコ講和条約発効五十年　特別展　衆議院憲政記念館編　衆議院憲政記念館　2002.5　79p　22cm　〈会期：平成14年5月23日―6月14日　年譜あり　文献あり〉

◇私は吉田茂のスパイだった　東輝次著,保阪正康編　光人社　2001.12　198p　20cm　〈肖像あり〉　1700円　①4-7698-1032-6

◇祖父・吉田茂の流儀　麻生太郎著　PHP研究所　2000.6　173p　20cm　〈肖像あり〉　1200円　①4-569-61111-7

◇吉田茂＝マッカーサー往復書簡集―1945-1951　吉田茂,マッカーサー著,袖井林二郎編訳　法政大学出版局　2000.5　354,222,5p　22cm　〈英文併載〉　9500円　①4-588-62509-8

◇回想十年　4　吉田茂著　中央公論社　1998.12　442p　16cm　（中公文庫）　952円　①4-12-203311-X

◇回想十年　3　吉田茂著　中央公論社　1998.11　361p　16cm　（中公文庫）　781円　①4-12-203283-0

◇回想十年　2　吉田茂著　中央公論社　1998.10　364p　16cm　（中公文庫）　〈肖像あり〉　800円　①4-12-203259-8

◇回想十年　1　吉田茂著　中央公論社　1998.9　340p　16cm　（中公文庫）　〈肖像あり〉　743円　①4-12-203244-X

◇吉田茂―怒濤の人　寺林峻著　学陽書房　1998.8　305p　15cm　（人物文庫）　〈「吉田茂伝」（講談社1991年刊）の増訂〉　660円　①4-313-75055-X

◇人間吉田茂―昭和の大宰相の生涯　塩沢実信著　光人社　1998.1　252p　16cm　（光人社NF文庫）　〈肖像あり〉　638円　①4-7698-2182-4

◇吉田茂とサンフランシスコ講和　下巻　三浦陽一著　大月書店　1996.10　316,10p　20cm　〈文献あり　索引あり〉　3200円　①4-272-52048-2

政治

◇吉田茂とサンフランシスコ講和　上巻　三浦陽一著　大月書店　1996.9　253p　20cm　3090円　①4-272-52047-4

◇「昭和」を振り回した男たち　半藤一利編　東洋経済新報社　1996.8　216p　20cm　1400円　①4-492-06088-X

◇(小説・)吉田茂—戦後復興に賭けたワンマン宰相　大下英治著　講談社　1995.6　753p　15cm　(講談社文庫　お64-5)〈『ワンマン』(毎日新聞社1993年刊)の改題〉　932円　①4-06-185980-3

◇マッカーサーと吉田茂　上　リチャード・B.フィン著,内田健三監訳　角川書店　1995.5　298p　15cm　(角川文庫)　560円　①4-04-267901-3

◇マッカーサーと吉田茂　下　リチャード・B.フィン著,内田健三監訳　角川書店　1995.5　286p　15cm　(角川文庫)　560円　①4-04-267902-1

◇評伝吉田茂　3　雌伏の巻　猪木正道著　筑摩書房　1995.2　411p　15cm　(ちくま学芸文庫)　1300円　①4-480-08175-5

◇評伝吉田茂　4　山巓の巻　猪木正道著　筑摩書房　1995.2　460,24p　15cm　(ちくま学芸文庫)　1400円　①4-480-08176-3

◇評伝吉田茂　1　青雲の巻　猪木正道著　筑摩書房　1995.1　371p　15cm　(ちくま学芸文庫)　1100円　①4-480-08173-9

◇評伝吉田茂　2　獅子の巻　猪木正道著　筑摩書房　1995.1　445p　15cm　(ちくま学芸文庫)　1350円　①4-480-08174-7

◇吉田茂書翰　吉田茂記念事業財団編　中央公論社　1994.2　849p　20cm　8500円　①4-12-002293-5

◇父吉田茂　麻生和子著　光文社　1993.12　216p　21cm　〈吉田茂および著者の肖像あり〉　1600円　①4-334-97084-2

◇吉田茂の遺言　加瀬俊一著　日本文芸社　1993.9　231p　20cm　〈吉田茂の肖像あり〉　1500円　①4-537-05027-6

◇ワンマン—小説・吉田茂　大下英治著　毎日新聞社　1993.4　420p　19cm　1800円　①4-620-30926-5

◇今ぞ甦る歴代吉田内閣　国会審議調査会　1993.1　1冊　31cm　〈平和条約締結40周年記念出版　監修：吉田茂刊行会　吉田茂の肖像あり〉　50000円

◇戦後政治と四人の宰相特別展示目録—吉田茂・片山哲・芦田均・鳩山一郎　憲政記念館編　憲政記念館　1992.2　76p　21cm　〈会期：平成4年2月20日～3月10日〉

◇世界と日本　吉田茂著　中央公論社　1992.1　258p　16cm　(中公文庫)〈著者の肖像あり〉　520円　①4-12-201870-6

◇吉田茂伝—怒濤の人　寺林峻著　講談社　1991.11　305p　20cm　1500円　①4-06-204603-2

◇大磯随想　吉田茂著　中央公論社　1991.10　144p　16cm　(中公文庫)　〈英語書名：Random thoughts from Oiso　英文併記　著者の肖像あり〉　380円　①4-12-201846-3

◇吉田茂とその時代　下巻　ジョン・ダワー著,大窪愿二訳　中央公論社　1991.9　486p　16cm　(中公文庫)　860円　①4-12-201839-0

◇人間 吉田茂　吉田茂記念事業財団編　中央公論社　1991.8　694p　19cm　7800円　①4-12-002040-1

◇吉田茂とその時代　上巻　ジョン・ダワー著,大窪愿二訳　中央公論社　1991.8　474p　16cm　(中公文庫)　860円　①4-12-201832-3

◇吉田茂諷刺漫画集　清水崑画,吉田茂記念事業財団編　原書房　1989.6　277p　26cm　3800円　①4-562-02046-6

◇アデナウアーと吉田茂　大岳秀夫著　中央公論社　1986.2　375p　19cm　(中公叢書)　1450円　①4-12-001448-7

◇日本宰相列伝　18　吉田茂　猪木正道著　時事通信社　1986.2　224p　19cm　〈監

修：細川隆元　吉田茂の肖像あり〉　1400円　ⓘ4-7887-8568-4
◇謀略―吉田茂逮捕　芦沢紀之著　芙蓉書房　1985.7　237p　20cm　〈吉田茂の肖像あり〉　1600円
◇昭和の宰相　第4巻　吉田茂と復興への選択　戸川猪佐武著　講談社　1985.6　332p　15cm（講談社文庫）480円　ⓘ4-06-183538-6
◇吉田茂　今日出海著　中央公論社　1983.3　249p　16cm　（中公文庫）　320円
◇"吉田茂"人間秘話―側近が初めて明かす　細川隆一郎, 依岡顕知著　文化創作出版　1983.3　254p　18cm（マイ・ブック）　750円　ⓘ4-938500-23-X
◇吉田茂―その背景と遺産　高坂正堯編　ティビーエス・ブリタニカ　1982.2　212p　20cm　1200円
◇吉田茂　吉田茂伝記刊行編輯委員会　1969　516p（図共）　22cm
◇宰相吉田茂　高坂正堯著　中央公論社　1968　260p　20cm　480円
◇録音吉田茂　芸術出版　1968　73p（図版共）　27cm　〈付：戦後初の国葬　独立・防衛問題　吉田政権の終焉　晩年の吉田茂（レコード　2枚　18cm　33rpm）〉　1300円
◇吉田茂　朝日新聞社　1967　139p（おもに図版）　29cm　限定版3000円
◇吉田茂―その人その政治　怪奇な"ワンマン"のすべて　藤原弘達著　読売新聞社　1965　254p　図版　19cm　360円
◇吉田茂　その人その政治　怪奇な"ワンマン"のすべて　藤原弘達著　読売新聞社　1965　254p　図版　19cm
◇大磯清談　吉田茂, 吉田健一著　文芸春秋新社　1956　175p　20cm
◇吉田内閣　吉田内閣刊行会編　吉田内閣刊行会　1954　686p　図版27枚　30cm
◇吉田内閣記念写真帖　聯合写真通信社　1953　図版69枚　27×37cm　〈和装〉
◇吉田茂　大磯清談　太田邦康編　岡倉書房　1952

天皇人間宣言

　昭和21年元日に出された詔書。正式には「年頭、国運振興ノ詔書」と題し、敗戦にうちひしがれた国民に励ましの言葉を贈る趣旨で発表された。明治天皇の「五箇条の御誓文」を引用し、新日本建設に向けた指針を示している。その中で、天皇の神格性を否定した一項があり、天皇絶対主義国家から民主主義国家への転換を示す文書として、"人間宣言"の名で広く知られるようになった。

　　　　＊　　　＊　　　＊

◇マッカーサー元帥と昭和天皇　榊原夏著　集英社　2000.1　238p　18cm　（集英社新書）　680円　ⓘ4-08-720013-2
◇近代日本語表出論―天皇の「人間宣言」から埴谷雄高の「死」まで　樋口覚著　五柳書院　1997.8　286p　20cm　（五柳叢書　54）　2500円　ⓘ4-906010-77-6
◇昭和天皇戦後　第1巻　人間宣言　児島襄著　小学館　1995.9　349p　20cm　〈昭和天皇の肖像あり〉　1800円　ⓘ4-09-361101-7
◇平和の海と戦いの海―二・二六事件から「人間宣言」まで　平川祐弘著　講談社　1993.5　362p　15cm（講談社学術文庫）980円　ⓘ4-06-159074-X
◇昭和の歴史　8　占領と民主主義　神田文人著　小学館　1989.1　462p　15cm　600円　ⓘ4-09-401108-0
◇天皇の陰謀―隠された昭和史　決定版　2　ポツダム宣言と天皇人間宣言　デイヴィッド・バーガミニ著, いいだもも訳　つくばNRK出版部　1988.9　216p　18cm　〈新装版　発売：現代書林（東京）天皇陛下の肖像あり〉　750円　ⓘ4-87620-235-4
◇天皇のお言葉　小林吉弥著　徳間書店　1988.4　214p　15cm（徳間文庫）〈『天皇のことば』加筆・改稿書〉　360円　ⓘ4-19-598499-8

政治

◇侍従長の回想　藤田尚徳著　中央公論社　1987.5　232p　15cm　〈中公文庫〉　360円　①4-12-201423-9

食糧メーデー

　昭和21年5月19日に行われた「飯米獲得人民大会」の通称。この年5月1日、11年ぶりに復活したメーデーでは50万人が皇居前に集まった。その余韻が残る中、25万人が皇居前に集まり、食料の配給遅延に抗議する集会を行った。その中でプラカードに書かれた「国体はゴジされたぞ、朕はタラフク食ってるぞ、ナンジ人民飢えて死ね」の文言が不敬罪に問われ、プラカードを掲げた男性が逮捕された。裁判では不敬罪は認めず名誉毀損を適用、のちサンフランシスコ平和条約発効にともなう大赦で免訴となった。この頃食糧不足は深刻で、5月22日に発足した吉田内閣は国民の食糧確保を緊急課題として取り組んだ。

＊　　＊　　＊

◇昭和史の瞬間　下　朝日ジャーナル編　朝日新聞社　1974　306,4p　19cm　〈朝日選書　12〉〈『朝日ジャーナル』に1965年から66年にかけて連載されたものを収録〉　780円

片山　哲

明治20(1887).7.28～昭和53(1978).5.30

　政治家。和歌山県生まれ。弁護士を開業、日本労働総同盟などの法律顧問をつとめる。社会民衆党の結成に参加し、昭和5年に衆議院議員に初当選。15年の斎藤隆夫除名には反対し、17年の翼賛選挙では非推薦で落選。戦後、日本社会党結成にともない書記長、翌年委員長。22年の総選挙で日本社会党が第1党となり、初の社会党首班内閣を組織。炭鉱国有化などを打ち出すが、党内の左右対立で閣内不統一で22年2月総辞職。

＊　　＊　　＊

◇敗戦前後—昭和天皇と五人の指導者　吉田裕ほか著　青木書店　1995.6　267p　20cm　2369円　①4-250-95025-5

◇戦後政治と四人の宰相特別展展示目録—吉田茂・片山哲・芦田均・鳩山一郎　憲政記念館編　憲政記念館　1992.2　76p　21cm　〈会期：平成4年2月20日～3月10日〉

◇連合政権が崩壊した日—社会党・片山内閣からの教訓　松岡英夫著　教育史料出版会　1990.6　240p　19cm　〈片山哲の肖像あり〉　1648円　①4-87652-185-9

◇片山内閣と鈴木茂三郎　鈴木徹三著　柏書房　1990.5　166p　21cm　〈鈴木茂三郎の肖像あり〉　2060円　①4-7601-0584-0

◇和敬信愛　〔片山哲生誕百周年記念会〕〔1988〕　189p　図版12枚　22cm　〈片山哲生誕百年記念　片山哲の肖像あり〉

◇片山内閣史論—連立政権問題を中心に　木下威著　京都　法律文化社　1982.12　283,9p　22cm　3800円

◇片山内閣—片山哲と戦後の政治　片山内閣記録刊行会編　片山哲記念財団片山内閣記録刊行会　1980.5　468p　22cm　〈片山哲の肖像あり〉

◇片山哲宰相—平和の父民主政治の師　高世一成編著　WUM教育財団政治大学校出版部　1978.9　351p　19cm　〈発売：文化社（東京）片山哲の肖像あり〉　1500円

◇昭和史探訪　5　終戦前後　インタビューアー・編者：三国一朗　番町書房　1975　257p　図　22cm　1500円

◇回顧と展望　片山哲著　福村出版　1967　358p　図版　22cm　1200円

◇日本国民に告ぐ　片山哲編　東京潮文社　1959　246p　19cm

◇民主政治の回顧と展望—日本における民主主義の危機　片山哲著　民主評論社　1954　239p　19cm

◇わが師わが友　片山哲著　創然社　1948.12　175p　19cm

◇片山内閣と政界の前途　山川直夫著　東京情報社　1947　70p　B6　20円
◇片山内閣論　山川直夫著　東京情報社　1947　80p　B6　7円
◇危機突破のため国民に訴う　片山哲著　内閣　1947　32p　19cm

芦田　均

明治20(1887).11.15～昭和34(1959).6.20
政治家。京都府生まれ。外務省参事官を務め、昭和7年に立憲政友会から衆議院議員に当選し、以後11回当選。戦後、憲法改正特別委員会委員長となり、日本国憲法の審議で芦田修正条項を入れる。22年民主党を結党。片山内閣で外相を務める。23年3月首相に就任するが、昭電疑獄で10月に総辞職。芦田の残した『芦田均日記』は日本国憲法制定当時を記録した貴重な史料となっている。

＊　　　＊　　　＊

◇タイム記者が出会った「巨魁」外伝　エス・チャング著　新潮社　1996.5　333p　19cm　1800円　①4-10-411601-7
◇芦田政権・二二三日　富田信男著　行研出版局　1992.6　380p　20cm　2060円　①4-905786-91-6
◇戦後政治と四人の宰相特別展展示目録—吉田茂・片山哲・芦田均・鳩山一郎　憲政記念館　憲政記念館　1992.2　76p　21cm　〈会期：平成4年2月20日～3月10日〉
◇芦田均日記　第5巻　進藤栄一、下河辺元春編纂　岩波書店　1992.1　538p　23cm　〈第2刷（第1刷：1986年）著者の肖像あり〉　5700円　①4-00-008755-X
◇最後のリベラリスト・芦田均　宮野澄著　文芸春秋　1987.11　398p　20cm　〈芦田均の肖像あり〉　1400円　①4-16-341930-6
◇芦田均日記　第7巻　進藤栄一、下河辺元春編纂　岩波書店　1986.11　480p　23cm　〈著者の肖像あり〉　4800円　①4-00-008757-6
◇芦田均日記　第6巻　進藤栄一、下河辺元春編纂　岩波書店　1986.9　434p　23cm　〈著者の肖像あり〉　4700円　①4-00-008756-8
◇芦田均日記　第5巻　進藤栄一、下河辺元春編纂　岩波書店　1986.7　504p　23cm　〈著者の肖像あり〉　5300円　①4-00-008755-X
◇芦田均日記　第4巻　進藤栄一、下河辺元春編纂　岩波書店　1986.5　405p　23cm　〈著者の肖像あり〉　4600円　①4-00-008754-1
◇芦田均日記　第3巻　進藤栄一、下河辺元春編纂　岩波書店　1986.3　619p　23cm　〈著者の肖像あり〉　6500円　①4-00-008753-3
◇芦田均日記　第2巻　進藤栄一、下河辺元春編纂　岩波書店　1986.2　361p　23cm　〈著者の肖像あり〉　4300円　①4-00-008752-5
◇芦田均日記　第1巻　進藤栄一、下河辺元春編纂　岩波書店　1986.1　378p　23cm　〈著者の肖像あり〉　4600円　①4-00-008751-7
◇第二次世界大戦外交史　芦田均著　時事通信社　1975　700,27p　肖像　地図　22cm　〈第10刷（初版：昭和34年刊）〉　2500円
◇芦田首相を描く　石山賢吉著　ダイヤモンド社　1948　102p　19cm
◇芦田首相を描く　石山賢吉著　ダイヤモンド社　1948　102p　19cm
◇新憲法解釈　芦田均著　ダイヤモンド社　1946　99p　19cm

昭電疑獄

昭和23年に発覚した昭和電工事件の通称。昭和電工の日野原節三社長が、復興金融金庫から融資を受けるため、政界・官界に贈賄工作を行った汚職事件。衆議院不当財産取引委員会で問

題となり、日野原社長を贈賄容疑で逮捕。西尾末広前副総理、栗栖赳夫経済安定本部長官らが次々に収賄容疑で逮捕され、芦田内閣は総辞職、芦田首相も外相時代の収賄容疑で逮捕された。裁判では栗栖以外の政治家は無罪となった。事件の背後にはGHQ内の主導権争いがあったともいわれる。

   * * *

◇実録昭和の疑獄史—リクルート疑獄から昭電疑獄まで　室伏哲郎著　勁文社　1989.1　228p　18cm　（ケイブンシャブックス）　690円　①4-7669-0893-7

◇戦後政治裁判史録　1　田中二郎〔ほか〕編集　第一法規出版　1980.10　485p　22cm　3300円

◇昭和電工事件判決書　日野原関係松下権八　東京地方裁判所編　東京地方検察庁　〔1952〕　470,17p　21cm

◇昭和電工事件判決書　芦田関係　東京地方裁判所編　東京地方検察庁　〔1952〕　266p　21cm

◇昭和電工事件判決書　栗栖関係　東京地方裁判所編　東京地方検察庁　〔1952〕　278p　21cm

◇昭電疑獄の全貌　沢敏三著　京都　みえ書房　1949　118p　19cm

日本国憲法

昭和22年に施行された日本国の現行憲法。国民主権、平和主義、基本的人権の尊重を三大原則とする。終戦後、日本の民主化を図るために大日本帝国憲法の改正が早急の政治課題となった。20年に近衛文麿案、21年1月に幣原内閣の松本委員会案が作られたが、GHQはより徹底した民主化を求め、2月3日にマッカーサーがGHQ民政局に憲法草案起草を命じ、2月13日に総司令部案を日本に示した。日本政府は一部修正を加えた上で4月17日に確定草案を発表。帝国議会の審議を経て、11月3日に公布、半年後の22年5月3日に施行された。憲法は前文と11章103条からなり、天皇主権から国民主権への転換、象徴天皇制、戦争放棄、内閣権限の強化などの画期的な特徴を持つ。ひらがな・口語体の最初の法令でもある。憲法制定後、第9条の戦争放棄・戦力不保持をめぐる議論や、制定過程をGHQの"押しつけ"と考える立場から、憲法改正論が起こったが、一度も改正されることなく今日に至っている。

◇いま知りたい日本国憲法　東京新聞政治部編　講談社　2005.11　262p　21cm　〈年表あり　文献あり〉　1429円　①4-06-213086-6

◇日本国憲法に出会う授業—子どもたちはどう学んだか　久保田貢、小川修一、倉持祐二、谷尻治、小堀俊夫、山本政俊、杉浦真理、平林太郎、渡辺治著　京都　かもがわ出版　2005.7　215p　21cm　2100円　①4-87699-883-3

◇検証・憲法第九条の誕生—「押し付け」ではなく、自ら平和条項を豊富化した論議の全経過　岩田行雄編著　増補・改訂第2版　岩田行雄　2004.11　189p　26cm　500円

◇日本国憲法成立過程の研究　西修著　成文堂　2004.3　405p　22cm　6000円　①4-7923-0370-2

◇日本国憲法の二〇〇日　半藤一利著　プレジデント社　2003.5　322p　20cm　〈文献あり〉　1600円　①4-8334-1783-9

◇よくわかる日本国憲法　竹内重年著　第三文明社　2003.5　219p　18cm　（レグ

政治

ルス文庫　243）　900円　①4-476-01243-4

◇ニッポンの蹉跌―偽りの歴史が日本を狂わす　本間正信著　旭書房　2003.2　225p　20cm　〈東京　星雲社（発売）〉　1500円　①4-434-02820-0

◇9.11以後―第9条を地球憲法に　第9条の会・オーバー東京編　第9条の会・オーバー東京　2002.3　70p　21cm　（あーてぃくる9ブックレット　2）〈東京　影書房（発売）〉　400円　①4-87714-288-6

◇護憲・改憲史論　竹前栄治編著　小学館　2001.6　397p　15cm　（小学館文庫）〈執筆：岡部史信,藤田尚則〉　733円　①4-09-404537-6

◇憲法・司法制度　古関彰一編　丸善　2001.5　472p　31cm　（GHQ民政局資料「占領改革」　第1巻）〈国立国会図書館蔵の複製〉　35000円　①4-8395-0191-2

◇戦後政治にゆれた憲法九条―内閣法制局の自信と強さ「武力行使と一体化論」の総仕上げ　中村明著　第2版　中央経済社　2001.1　332p　22cm　4000円　①4-502-64210-X

◇日本国憲法の制定経緯等に関する参考人の発言の要点　衆議院憲法調査会事務局　2000.5　92p　30cm　（衆憲資　第3号）

◇憲法制定の経過に関する小委員会報告書の概要　衆議院憲法調査会事務局　2000　88p　30cm　（衆憲資　第2号）

◇日本国憲法の制定過程における各種草案の要点　衆議院憲法調査会事務局　2000　23,42p　30cm　（衆憲資　第1号）

◇日本国憲法誕生記　佐藤達夫著　中央公論新社　1999.4　274p　16cm　（中公文庫）〈付・マッカーサー草案と現行憲法の条文比較〉　724円　①4-12-203403-5

◇やさしい憲法　向井久了著　法学書院　1999.3　263p　21cm　2600円　①4-587-03545-9

◇ようこそ日本国憲法へ　小林武著　法学書院　1998.10　199p　21cm　2200円　①4-587-03235-2

◇日本国憲法をつくった男―宰相幣原喜重郎　塩田潮著　文芸春秋　1998.8　494p　16cm　（文春文庫）〈「最後の御奉公」（1992年刊）の改題〉　667円　①4-16-751603-9

◇日本国憲法と国体　速水清著　近代文芸社　1998.8　100p　19cm　1600円　①4-7733-6278-2

◇やさしい憲法をお母さんへ―愛と平和のメッセージ　金子勝,木村康子著　自治体研究社　1998.8　141p　19cm　952円　①4-88037-255-2

◇憲法史の面白さ―対談集　大石真,高見勝利,長尾龍一編　信山社出版　1998.7　282,7p　20cm　（日本憲法史叢書　2）　2900円　①4-7972-5043-7

◇ひたすら憲法　寿岳章子著　岩波書店　1998.7　212p　20cm　1500円　①4-00-001918-X

◇いま世界に未来に憲法9条を―戦争のない世界を実現するためのブックレット　憲法9条―世界へ未来へ連絡会　1998.6　115p　21cm　（9条連ブックレット）　500円

◇資料が語る日本国憲法の誕生　石橋一弥編　〔石橋一弥〕　1998.6　184p　22cm　〈付属資料：16p：日本国憲法〉

◇ドキュメント「日本国憲法」　浦部法穂,中北龍太郎編著　日本評論社　1998.5　286p　21cm　2000円　①4-535-51148-9

◇検証・日本国憲法―理念と現実　憲法教育研究会編　3訂版　京都　法律文化社　1998.4　232,20p　21cm　〈執筆：森正ほか〉　2700円　①4-589-02059-9

◇日本国憲法史年表　杉原泰雄〔ほか〕編　勁草書房　1998.2　803p　22cm　8000円　①4-326-40188-5

◇51年目のあたらしい憲法のはなし　山口洋子編　洋々社　1997.11　246p　19cm　〈複製を含む〉　1200円　①4-89674-952-9

政治

◇劇画・日本国憲法の誕生　勝又進作画,古関彰一原作・監修　高文研　1997.7　207p　21cm　〈他言語標題：The birth of Japan's democratic constitution〉　1500円　①4-87498-189-5

◇やさしい憲法のはなし　戸波江二編　法学書院　1997.6　203p　19cm　1400円　①4-587-21440-X

◇資料で考える憲法　山中永之佑〔ほか〕編著　京都　法律文化社　1997.5　235p　21cm　2500円　①4-589-02016-5

◇憲法・平和・未来―憲法施行50年記念特別展　解説　立命館大学国際平和ミュージアム編　京都　立命館大学国際平和ミュージアム　1997.4　18p　30cm

◇新憲法の生い立ち―憲政資料室所蔵資料を中心に　展示資料目録　国立国会図書館特別展示小委員会編　国立国会図書館　1997.4　1冊(ページ付なし)　30cm　〈会期：平成9年5月1日―5月17日〉

◇いまこそ読もう日本国憲法―21世紀へのおくりもの　青年法律家協会弁護士学者合同部会編著　三省堂　1997.3　223p　19cm　1545円　①4-385-31393-8

◇日本国憲法を国民はどう迎えたか　歴史教育者協議会編　高文研　1997.1　319p　19cm　2500円　①4-87498-184-4

◇戦後憲政年代記　下　小林孝輔著　信山社出版　1996.12　328,22,21p　20cm　〈英文併載〉　3500円　①4-7972-2065-1

◇戦後憲政年代記　中　小林孝輔著　信山社出版　1996.10　323p　20cm　2987円　①4-7972-2064-3

◇戦後政治の展開と憲法　憲法理論研究会編著　敬文堂　1996.10　220p　20cm　(憲法理論叢書　4)　2800円　①4-7670-0025-4

◇憲法正統論　相原良一著　展転社　1996.9　397p　20cm　3800円　①4-88656-125-X

◇戦後憲政年代記　上　小林孝輔著　信山社出版　1996.9　333p　20cm　2987円　①4-7972-2063-5

◇憲法論の50年―文献目録　1945～1995　日外アソシエーツ株式会社編　日外アソシエーツ　1996.5　668p　22cm　〈発売：紀伊国屋書店〉　19500円　①4-8169-1368-8

◇あたらしい憲法のはなし　文部省著　東京出版　1995.7　125p　20cm　〈実業教科書昭和22年刊の複製〉　700円　①4-924644-47-1

◇戦後憲法政治の軌跡　小林孝輔著　勁草書房　1995.6　289p　22cm　3914円　①4-326-40171-0

◇日本国憲法を生んだ密室の九日間　鈴木昭典著　大阪　創元社　1995.5　398p　20cm　2500円　①4-422-30028-8

◇日本国憲法のしくみ―入門の入門　見る読むわかる　加藤晋介著　日本実業出版社　1995.4　173p　21cm　1400円　①4-534-02309-X

◇日本憲法史の周辺　大石真著　成文堂　1995.3　245p　20cm　(成文堂選書　21)　2575円　①4-7923-0234-X

◇日本国憲法制定秘史―GHQ秘密作業「エラマン・ノート開封」　村川一郎,初谷良彦共著　第一法規出版　1994.8　230p　22cm　2800円　①4-474-00438-8

◇日本国憲法成立史　第4巻　佐藤達夫著,佐藤功補訂　有斐閣　1994.7　p495～1035　22cm　8240円　①4-641-03190-8

◇資料で読む日本国憲法　上　杉原泰雄編著　岩波書店　1994.6　385p　16cm　(同時代ライブラリー　183)　1100円　①4-00-260183-8

◇資料で読む日本国憲法　下　杉原泰雄編著　岩波書店　1994.6　324p　16cm　(同時代ライブラリー　187)　1100円　①4-00-260187-0

◇日本国憲法成立史　第3巻　佐藤達夫著,佐藤功補訂　有斐閣　1994.6　494p　22cm　7900円　①4-641-03189-4

◇ドキュメント戦後の日本―新聞ニュースに見る社会史大事典　5　憲法と護憲運

動—社会編　国立国会図書館編　大空社　1994.5　310,48p　31cm　〈複製〉　①4-87236-901-7

◇マッカーサーの日本国憲法　キョウコ・イノウエ著・監訳, 古関彰一, 五十嵐雅子訳　桐原書店　1994.5　605p　20cm　3900円　①4-342-71210-5

◇「日本国憲法」を読み直す　井上ひさし, 樋口陽一著　講談社　1994.1　282p　20cm　1600円　①4-06-206739-0

◇日本国憲法資料集　樋口陽一, 大須賀明著　第3版　三省堂　1993.12　216p　21cm　〈憲法関係年表：p207～213〉　1300円　①4-385-31350-4

◇日本国憲法　集英社文庫編集部編　集英社　1992.5　207p　15cm　（集英社文庫）　〈付録：英和対訳アメリカ合衆国憲法〉　400円　①4-08-749814-X

◇日本国憲法からの手紙—拝啓お母さんこんにちは子どもたち　大久保賢一著　学習の友社　1992.4　211p　19cm　1400円　①4-7617-0501-9

◇憲法制定と変動の法理—菅野喜八郎教授還暦記念　新正幸, 鈴木法日児編　木鐸社　1991.9　555p　22cm　〈菅野喜八郎の肖像あり〉　8240円　①4-8332-2157-8

◇憲法は押しつけられたか　加藤周一著　京都　かもがわ出版　1989.8　63p　21cm　（かもがわブックレット　20）　350円　①4-906247-62-8

◇読本憲法の100年　第3巻　憲法の再生　作品社編集部編　作品社　1989.8　453p　21cm　2000円　①4-87893-713-0

◇日本国憲法制定の経緯—連合国総司令部の憲法文書による　犬丸秀雄編著　第一法規出版　1989.2　524p　22cm　〈執筆：安田寛ほか〉　15000円　①4-474-02131-2

◇ボクが見た日本国憲法　ケント・ギルバート著　PHP研究所　1988.5　251p　20cm　1300円　①4-569-22234-X

◇憲法はどう生きてきたか—平和と自由を求めた40年　渡辺治著　岩波書店　1987.4　71p　21cm　（岩波ブックレット　no.85）　250円　①4-00-003025-6

◇日本国憲法の誕生を検証する　西修著　学陽書房　1986.11　278p　20cm　1500円　①4-313-31114-9

◇史録日本国憲法　児島襄著　文芸春秋　1986.5　402p　16cm　（文春文庫）　460円　①4-16-714123-X

◇帝国憲法改正案議事録—枢密院帝国憲法改正案審査委員会議事録　村川一郎編著　国書刊行会　1986.2　382p　22cm　8500円

◇日本国憲法制定史論　藤井路子著　芸風書院　1985.8　155p　22cm　2000円

◇日本国憲法に強くなる本—人間らしく生きるために　菊本治男, 神谷咸吉郎著　日本経営指導センター　1985.4　237p　19cm　〈新装版〉　1200円　①4-89012-120-X

◇日本国憲法論—その成立過程および国家と軍隊を考える　辻義教著　学術選書　1984.9　217,14p　19cm　（辻義教著作集3）

◇「日本国憲法」の証明　森村誠一著　現代史出版会　1984.3　269p　19cm　〈聞き手：山村正夫　発売：徳間書店〉　980円　①4-19-812891-X

◇戦後日本の政治過程と憲法　川口是著　増補改訂版　京都　文理閣　1983.4　229p　20cm　〈初版：汐文社1971年刊〉　1600円　①4-89259-060-6

◇「日本国憲法」なのだ！　赤塚不二夫, 永井憲一編著　草土文化　1983.4　67p　22cm　780円

◇80年代の日本国憲法—私はこう考える　岩波書店編集部編　岩波書店　1983.4　63p　21cm　（岩波ブックレット　no.16）〈執筆：赤川次郎ほか〉　200円

◇ドキュメント憲法の戦後史　川村俊夫編　大月書店　1982.4　314p　19cm　1300円

政治

◇日本国憲法　写楽編集部編集　小学館　1982.4　127p　22cm　(写楽ブックス)　700円

◇憲法現代史　下　安保と憲法　長谷川正安著　日本評論社　1981.12　p371～663,21p　20cm　2300円

◇戦後秘史　5　マッカーサーの憲法　大森実著　講談社　1981.9　350p　15cm　(講談社文庫)　400円

◇憲法現代史　上　占領と憲法　長谷川正安著　日本評論社　1981.5　370p　20cm　2400円

◇日本憲法年表—各国対照　近代国家化の軌跡　伊藤満著　新有堂　1980.1　318p　22cm　3500円

◇憲法制定過程覚え書　田中英夫著　有斐閣　1979.11　231,7p　20cm　2200円

◇児島襄戦史著作集　vol.12　史録・日本国憲法.天皇とアメリカと太平洋戦争　文芸春秋　1979.4　350p　20cm　1500円

◇憲法開眼—マッカァサー憲法の足跡　森三十郎著　明玄書房　1979.3　264p　22cm　1300円

◇文献選集日本国憲法　11　裁判と国民の権利　有倉遼吉, 長谷川正安編　利谷信義, 小田中聡樹編　三省堂　1978.4　342p　22cm　2500円

◇佐々木惣一博士の憲法学—帝国憲法論から日本国憲法論へ　盛秀雄著　成文堂　1978.3　179p　22cm　〈佐々木惣一の肖像あり〉　2000円

◇文献選集日本国憲法　16　憲法学説史　長谷川正安, 有倉遼吉編　三省堂　1978.3　301p　22cm　2400円

◇文献選集日本国憲法　4　基本的人権　有倉遼吉, 長谷川正安編　山下健次, 隅野隆徳編　三省堂　1978.2　284p　22cm　2400円

◇文献選集日本国憲法　14　安保体制論　有倉遼吉, 長谷川正安編　深瀬忠一, 山内敏弘編　三省堂　1978.2　325p　22cm　2400円

◇憲法の歩み—主要事件による憲法の歴史　池田政章編　有斐閣　1977.12　349,5p　19cm　(有斐閣選書)　1400円

◇文献選集日本国憲法　15　各国憲法論　有倉遼吉, 長谷川正安編集代表　樋口陽一, 針生誠吉編　三省堂　1977.12　278p　22cm　2400円

◇憲法制定前後—新憲法をめぐる激動期の記録　鈴木安蔵著　青木書店　1977.11　262p　20cm　(青木現代叢書)　1400円

◇文献選集日本国憲法　9　労働基本権　有倉遼吉, 長谷川正安編集代表　佐藤昭夫編　三省堂　1977.11　271p　22cm　2400円

◇文献選集日本国憲法　7　生存権　有倉遼吉, 長谷川正安編集代表　大須賀明編　三省堂　1977.10　313p　22cm　2400円

◇文献選集日本国憲法　13　憲法改正論　有倉遼吉, 長谷川正安編集代表　長谷川正安, 森英樹編　三省堂　1977.10　302p　22cm　2400円

◇歴史のなかの憲法　下　家永三郎著　東京大学出版会　1977.10　427～810p　19cm　1500円

◇文献選集日本国憲法　12　地方自治　有倉遼吉, 長谷川正安編集代表　室井力編　三省堂　1977.9　290p　22cm　2400円

◇歴史のなかの憲法　上　家永三郎著　東京大学出版会　1977.9　425p　19cm　1500円

◇文献選集日本国憲法　10　議会制民主義　有倉遼吉, 長谷川正安編集代表　清水睦編　三省堂　1977.8　277p　22cm　2400円

◇文献選集日本国憲法　6　自由権　有倉遼吉, 長谷川正安編集代表　奥平康弘編　三省堂　1977.7　329p　22cm　2500円

◇文献選集日本国憲法　8　教育権　有倉遼吉, 長谷川正安編集代表　永井憲一編　三省堂　1977.7　342p　22cm　2500円

◇文献選集日本国憲法　3　戦争の放棄　有倉遼吉, 長谷川正安編集代表　深瀬

◇忠一編　三省堂　1977.6　326p　22cm　2400円

◇文献選集日本国憲法　5　平等権　有倉遼吉, 長谷川正安編集代表　阿部照哉編　三省堂　1977.6　300p　22cm　2400円

◇文献選集日本国憲法　1　憲法の基本原理　有倉遼吉, 長谷川正安編集代表　有倉遼吉, 吉田善明編　三省堂　1977.5　299p　22cm　2400円

◇文献選集日本国憲法　2　国民主権と天皇制　有倉遼吉, 長谷川正安編集代表　杉浦泰雄編　三省堂　1977.5　289p　22cm　2400円

◇貴族院における日本国憲法審議　尚友倶楽部〔編〕　尚友倶楽部　1977.3　365,59p　21cm

◇憲法成立の経緯と憲法上の諸問題—入江俊郎論集　入江俊郎著　入江俊郎論集刊行会　第一法規出版（発売）　1976　954p　肖像　22cm　6000円

◇戦後秘史　5　マッカーサーの憲法　大森実著　講談社　1975　350p　19cm　〈愛蔵版〉　1500円

◇日本国憲法三十年　伊藤満著　朝日新聞社　1975　361p　20cm　1200円

◇貴族院における審議資料—橋本実斐委員メモ　橋本実斐著　尚友倶楽部　1973　164p　21cm　〈解説：水野勝邦〉

◇Made in U.S.A.日本国憲法　渡辺正広著　新人物往来社　1973　182p　20cm　780円

◇日本国憲法制定の過程—連合国総司令部側の記録による　高柳賢三, 大友一郎, 田中英夫編著　有斐閣　1972　2冊　22cm　2800-5000円

◇憲法開眼—マッカァサー憲法の足跡　森三十郎著　明玄書房　1968　264p　22cm　700円

◇真説・新憲法制定の由来　三枝茂智著　憲法史研究会　1968　626p　22cm　2000円

◇日本憲政史の研究　宮沢俊義著　岩波書店　1968　324p　22cm　750円

◇日本国憲法成立史　第2巻　佐藤達夫著　有斐閣　1964.9（第5刷:1994.6）　p485-966,3p　22cm　①4-641-02863-X

◇逐条日本国憲法審議録　第4巻　解説・資料・総索引　清水伸編著　日本世論調査研究所　1963　694,94p　22cm

◇無条件降伏と憲法—現行憲法はこうして生れた　万民協会憲法問題研究委員会編　万民協会　1963　79p　図版　21cm

◇日本国憲法成立史　第1巻　佐藤達夫著　有斐閣　1962.11（第6刷:1994.6）　484p　22cm　①4-641-02858-3

◇逐条日本国憲法審議録　第1巻　前文・天皇　清水伸編著　日本世論調査研究所　1962　951p　22cm

◇逐条日本国憲法審議録　第2巻　戦争の放棄・国民の権利及び義務　清水伸編著　日本世論調査研究所　1962　780p　22cm

◇逐条日本国憲法審議録　第3巻　国会・内閣・司法・財政・地方自治・改正・最高法規・補則　清水伸編著　日本世論調査研究所　1962　831p　22cm

◇日本国憲法史考—戦後の憲法政治　小林孝輔, 星野安三郎編　京都　法律文化社　1962　367p　22cm

◇憲法制定の経過に関する小委員会報告書　憲法調査会事務局　1961　612,27p　21cm

◇昭和憲法史　長谷川正安著　岩波書店　1961　341p　19cm

◇帝国憲法改正諸案及び関係文書　第6　内大臣府側関係文書　増補版　憲法調査会事務局　1961　3p　21cm

◇日本国憲法制定の由来—憲法調査会小委員会報告書　憲法調査会憲法制定の経過に関する小委員会編　時事通信社　1961　516p　22cm

◇日本国憲法成立の経緯　入江俊郎著　憲法調査会事務局　1960序　472p　21cm

◇憲法秘録—明治・大正・昭和　国立国会図書館憲政資料室編　産業経済新聞社出版局　1959　221p（図版解説共）　38cm

政治

◇占領初期における憲法改正問題に関する世論の動向—政党その他の憲法改正案に対する世論の反響を中心として　憲法調査会事務局　1959　52p　22cm

◇帝国憲法改正諸案及び関係文書　第5　連合国側関係文書　追補　第2　久保田きぬ訳　増補版　憲法調査会事務局　1959　16,15p　21cm　〈英文併記〉

◇帝国憲法改正審議録　第1　総論編　上　憲法調査会事務局　1959　625p　21cm

◇帝国憲法改正審議録　第2　総論篇　下　憲法調査会事務局　1959　630p　21cm

◇帝国憲法改正審議録　第3　国体及天皇編　上　憲法調査会事務局　1959　678,16p　21cm

◇帝国憲法改正審議録　第4　国体及天皇編　下　憲法調査会事務局　1959　1072,13p　21cm

◇帝国憲法改正審議録　第6　基本的人権編　上　憲法調査会事務局　1959　859p　21cm

◇帝国憲法改正審議録　第7　基本的人権編　下　憲法調査会事務局　1959　877,17p　21cm

◇帝国憲法改正審議録　第10　内閣編　憲法調査会事務局　1959　762p　21cm

◇帝国憲法改正審議録　第11　司法編　憲法調査会事務局　1959(序)　673p　21cm

◇帝国憲法改正審議録　第12　財政及地方自治編　憲法調査会事務局　1959　377p　21cm

◇日本国憲法＝冷たい戦争の子　セオドァ・H.マックネリー著, 小林昭三訳　憲法調査会事務局　1959　34p　22cm

◇日本の憲法改正に対して一九四五年に近衛公がなした寄与に関する覚書　高木八尺著, 根岸富二郎英訳　憲法調査会事務局　1959　11,10p　22cm　〈英文併記〉

◇現行日本国憲法制定までの経過　ロバート・E.ウォード編, 小林昭三訳　憲法調査会事務局　1958　59p　21cm

◇憲法制定の経過に関する小委員会議事録　第1‐49回　憲法調査会　1958-1961　6冊　21cm

◇帝国憲法改正諸案及び関係文書　第4　連合国側関係文書　追補　憲法調査会事務局　1958　67,76p　21cm　(憲資・総　第13号)　〈英文併記〉

◇帝国憲法改正諸案及び関係文書　第5　連合国側関係文書　追補2　久保田きぬ訳　憲法調査会事務局　1958　16,14p　21cm　〈英文併記〉

◇帝国憲法改正諸案及び関係文書　第6　内大臣府側関係文書　憲法調査会事務局　1958　149p　21cm

◇日本国憲法の草案について　松本烝治著　憲法調査会事務局　1958　33p　21cm

◇私の記憶に存する憲法改正の際の修正点—参議院内閣委員会に於ける鈴木義男氏の公述速記　鈴木義男著　憲法調査会事務局　1958　43p　21cm　(憲資・総　第12号)

◇知っておきたい制憲のいきさつ　自主憲法期成同盟　1957　197p　18cm　(民主政治　特集　第3号)　〈憲法調査会第4-5回総会速記〉

◇帝国憲法改正諸案及び関係文書　第1‐3　憲法調査会事務局　1957　3冊　21cm　(憲資・総　第9-11号)

◇日本国憲法成立経過の大要　佐藤達夫著　憲法調査会事務局　1957　41p　21cm　(憲資・総　第3号)　〈憲法調査会事務局の委託による調査〉

◇日本国憲法誕生記　佐藤達夫著, 法令普及会編　大蔵省印刷局　1957　239p　19cm

◇日本国憲法の草案について　自由党憲法調査会編　自由党憲法調査会　1954.9　78p　21cm　(特別資料　11)

◇日本国憲法の性格と改正論　自由党憲法調査会編　自由党憲法調査会　1954.8　90p　21cm　(特別資料　6)

政治

◇日本国憲法制定の事情　自由党憲法調査会編　自由党憲法調査会　1954.5　134p　21cm　（特別資料　1）

◇日本国憲法制定の経緯とその実情　改進党政策委員会, 改進党憲法調査会　1954　50p　21cm　（憲法調査資料　No.2）

◇日本国憲法の性格と問題点　自由党憲法調査会　1954　184p　21cm　（特別資料　第2）

◇日本国憲法の制定経過と天皇制の問題―その象徴性と統合理論　藤田嗣雄著　自由党憲法調査会　1954　56p　21cm　（特別資料　第13）

◇憲法改正の経過　佐藤功著　日本評論社　1949　359p　22cm

◇日本国憲法制定誌　憲法改正記念刊行会　1949 3版　104,250,58p 図版　22cm

◇憲法改正の経過　佐藤功著　再版　日本評論社　1948　359p　21cm

◇憲法改正断想　佐々木惣一著　京都甲文社　1947　210p　19cm

◇憲法改正と民主政治　宮沢俊義著　東京大学新聞社　1947　64p　B6　1.8円

◇憲法改正の経過　佐藤功著　日本評論社　1947　359p　21cm　100円

◇憲法改正の諸問題　河村又介著　惇信堂　1947　140p　B6　20円

◇日本国憲法審議要録　岡田亥之三朗編著　盛文社　1947　527p 図版　27cm

◇現行憲法と改正憲法　植原悦二郎著　東洋経済新報社　1946　106p　18cm

◇憲法改正　時事通信社編　時事通信社　1946　86p　大　7円

◇憲法改正と民主政治　宮沢俊義著　大学新聞社出版部　1946　40p　B6　1.8円

◇憲法改正に関する諸論輯録　貴族院事務局調査部　1946　642p　21cm　〈貴族院彙報付録〉

◇憲法改正の諸問題―政府草案の解説と批判　河村又介　福岡　惇信堂　1946　105p　19cm

◇元老院の憲法編纂顛末　浅井清著　巌松堂書店　1946　391p　21cm

◇政府の憲法改正草案要綱に対する批判　貴族院事務局調査部　1946　122p　21cm〈貴族院彙報附録〉

◇政府の憲法草案と民主主義　浅井清著　目黒書店　1946　63p　19cm　（民主主義講座　3）

◇日本憲法民主化の焦点　金森徳次郎著　協同書房　1946　103p　19cm

◇民主憲法の構想　鈴木安蔵著　光文社　1946　176p　19cm　（光文新書　3）

◇民主々義と日本憲法　河村又介著　西日本新聞社　1946　44p　B6　1.5円

金森　徳次郎

明治19(1886).3.17～昭和34(1959).6.16
官僚・憲法学者。名古屋市生まれ。内閣法制局参事官を務めた後、昭和9年岡田内閣の法制局長官となるが、著書『帝国憲法要説』が天皇機関説的であるとして軍部・右翼から攻撃され、11年辞任。戦後は21年第1次吉田内閣の国務相（憲法問題担当）となり、日本国憲法の審議で答弁を一手に担う。23年国陸国会図書館初代館長に就任。

*　　*　　*

◇憲法を愛していますか―金森徳次郎憲法論集　金森徳次郎著, 鈴木正編・解説　農山漁村文化協会　1997.4　232p　19cm　（人間選書　202）　1400円　①4-540-97028-3

◇私の履歴書　文化人 15　日本経済新聞社編　日本経済新聞社　1984.5　501p　22cm　3500円　①4-532-03085-4

◇憲法遺言　金森徳次郎著　学陽書房　1973　232p　19cm　〈復刊（初版 昭和34年刊）〉　780円

◇憲法うらおもて　金森徳次郎著　学陽書房　1962　84p 図版　18cm

政治

◇金森徳次郎遺稿 春風接人 金森徳次郎著, 金森佐喜編 天地出版社 1960 115p 図版 19cm
◇新憲法に於ける基礎原則特に基本的人権 金森徳次郎著 世界社 1948 79p 22cm
◇憲法随想 金森徳次郎著 美和書房 1947 135p 図版 18cm 〈附録：日本国憲法〉 20円
◇新憲法解説 金森徳次郎著 詩と詩人社 1947 47p 大 8円
◇日本憲法民主化の焦点 金森徳次郎著 協同書房 1946 103p 19cm

衆議院

日本の国会を構成する議院の一つ。明治23年11月29日に帝国議会の議院として開設された。大日本帝国憲法では、貴族院と衆議院の二院制で両院の権限はほぼ対等であった。昭和22年施行の日本国憲法では、衆議院と参議院の二院制で、予算議決、条約承認、内閣総理大臣指名において参議院に優越する。議員は選挙で選ばれ、任期は4年だが解散時は議員資格を失う。国民を代表する意味で敬意をこめて代議士と呼ばれる。議席数、選挙方法に変遷はあるが、明治から現在まで民選議院として継続しており、総選挙の回次も明治23年を第1回とする通算回次である。

　　　　*　　　*　　　*

◇国会—衆議院へようこそ 衆議院事務局 2005.3 29p 21×10cm
◇昭和の代議士 楠精一郎著 文芸春秋 2005.1 210p 18cm （文春新書） 690円 ①4-16-660423-6
◇衆議院先例集 平成15年版 衆議院事務局 〔2003〕 439p 22cm
◇議会制度百年史 別冊 目で見る議会政治百年史 衆議院, 参議院編 大蔵省印刷局 1990.11 251p 31cm

◇議会制度百年史 院内会派編 衆議院の部 衆議院, 参議院編 〔衆議院〕 1990.11 1031p 27cm 〈共同刊行：参議院〉
◇議会制度百年史 議会制度編 衆議院, 参議院編 〔衆議院〕 1990.11 714p 27cm 〈共同刊行：参議院〉
◇議会制度百年史 国会議案件名録 衆議院, 参議院編 〔衆議院〕 1990.11 965p 27cm 〈共同刊行：参議院〉
◇議会制度百年史 国会史 衆議院, 参議院編 〔衆議院〕 1990.11 3冊 27cm 〈共同刊行：参議院〉
◇議会制度百年史 資料編 衆議院, 参議院編 〔衆議院〕 1990.11 1009p 27cm 〈共同刊行：参議院〉
◇議会制度百年史 衆議院議員名鑑 衆議院, 参議院編 〔衆議院〕 1990.11 732p 27cm 〈共同刊行：参議院〉
◇議会制度百年史 帝国議会史 衆議院, 参議院編 〔衆議院〕 1990.11 2冊 27cm 〈共同刊行：参議院〉
◇衆議院追悼演説集—第一回(昭和22年)〈特別国会〉～第九十八回(昭和58年)〈通常国会〉 温智会 1983.8 746p 20cm 〈付・党首等が逝去した場合の追悼演説, 追悼演説に関する特殊事情ほか 限定版〉 10000円
◇激動の衆議院秘話—舞台裏の生き証人は語る 大木操著 第一法規出版 1980.10 469p 19cm 1600円
◇衆議院議員党籍録 第1回国会～第92回国会 衆議院事務局 1980.9 489p 26cm
◇衆議院名鑑—第1回(1890年)—第34回(1976年)総選挙 日本国政調査会編 国政出版室 1977.6 306,309,149p 30cm 19800円
◇衆議院速記八十年概史 衆速会 1973 129,16p 図 22cm
◇議会制度七十年史 〔第7〕 資料編 衆議院, 参議院編 大蔵省印刷局(印刷者) 1962 27cm

114

政治

◇議会制度七十年史 〔第8〕 議会史年表 衆議院, 参議院編 大蔵省印刷局(印刷者) 1962 27cm
◇議会制度七十年史 〔第9〕 帝国議会史 衆議院, 参議院編 大蔵省印刷局(印刷者) 1962 27cm
◇議会制度七十年史 〔第10〕 帝国議会史 衆議院, 参議院編 大蔵省印刷局(印刷者) 1962 27cm
◇議会制度七十年史 〔第11〕 衆議院議員名鑑 衆議院, 参議院編 大蔵省印刷局(印刷者) 1962-63 27cm
◇議会制度七十年史 〔第12〕 憲政史概観 衆議院, 参議院編 大蔵省印刷局(印刷者) 1962-63 27cm
◇議会制度七十年史 〔第1〕 貴族院・参議院議員名鑑 衆議院, 参議院編 大蔵省印刷局(印刷者) 1960-61 27cm
◇議会制度七十年史 〔第2〕 帝国議会議案件名録 衆議院, 参議院編 大蔵省印刷局(印刷者) 1960-61 27cm
◇議会制度七十年史 〔第3〕 国会史 衆議院, 参議院編 大蔵省印刷局(印刷者) 1960-61 27cm
◇議会制度七十年史 〔第4〕 国会史 衆議院, 参議院編 大蔵省印刷局(印刷者) 1960-61 27cm
◇議会制度七十年史 〔第5〕 国会議案件名録 衆議院, 参議院編 大蔵省印刷局(印刷者) 1960-61 27cm
◇議会制度七十年史 〔第6〕 政党会派編 衆議院, 参議院編 大蔵省印刷局(印刷者) 1960-61 27cm

貴族院

日本の帝国議会を構成した議院の一つ。明治23年11月29日に帝国議会の議院として開設された。大日本帝国憲法では、貴族院と衆議院の二院制で両院の権限はほぼ対等であった。選挙で議員が選ばれる衆議院に対し、貴族院例の規定により、皇族・華族・勅選議員が終身議員または互選により選ばれた。政党政治を原則とする衆議院に対し、貴族院には政党はなく不偏不党を建前とした。日本国憲法施行にともない昭和22年廃止。

*　　　*　　　*

◇宮中・皇室と政治 山川出版社 1998.11 279,9p 21cm （年報・近代日本研究 20） 3714円 ⓘ4-634-61810-9
◇議会制度百年史 院内会派編 貴族院・参議院の部 衆議院, 参議院編 〔衆議院〕 1990.11 658p 27cm 〈共同刊行：参議院〉
◇議会制度百年史 貴族院・参議院議員名鑑 衆議院, 参議院編 〔衆議院〕 1990.11 481p 27cm 〈共同刊行：参議院〉
◇貴族院の会派研究会史 昭和篇 尚友倶楽部 1982.3 359,33p 21cm
◇参議院名鑑—1890年から現在・貴族院含む 日本国政調査会編 国政出版室 1978.10 331,400p 31cm 19800円
◇議会制度七十年史 〔第1〕 貴族院・参議院議員名鑑 衆議院, 参議院編 大蔵省印刷局(印刷者) 1960-61 27cm
◇憲法改正及貴族院改革に就て 貴族院事務局調査部 1946 73p 21cm 〈「憲法改正ト天皇ノ大権」「貴族院改造論」「貴族院改革再論」（東京朝日新聞研究室の研究)の輯録 貴族院彙報 附録〉

参議院

日本の国会を構成する議院の一つ。日本国憲法で貴族院に代わる議院として開設され、衆議院と参議院の二院制をとる。予算議決、条約承認、内閣総理大臣指名においては衆議院が優越する。議院は衆議院と同じく選挙で選ばれる。任期は6年で3年ごとに半数を改選、解散はない。昭和20年代の開設当初は、緑風会など衆議院とは性格を異にする会派があったが、選挙を重ねるにつれ参議院も政党化し、現在では選挙制度も似ているため、参議院不要論、参議院の独自性を求める声も出ている。

115

政治

＊　　＊　　＊

◇参議院の研究　第2巻（議員・国会編）　東大法・第5期蒲島郁夫ゼミ編　木鐸社　2005.6　599p　22cm　〈執筆：服部充裕ほか〉　10000円　①4-8332-2355-4

◇これでいいのか参議院—不思議の国から第二信　岩本荘太著　〔金沢〕　無所属の会石川県支部　2004.7　311p　20cm　〈金沢　能登印刷出版部（発売）〉　1800円　①4-89010-430-5

◇参議院の研究　第1巻（選挙編）　東大法・第5期蒲島郁夫ゼミ編　木鐸社　2004.7　591p　22cm　〈執筆：服部充裕ほか〉　10000円　①4-8332-2354-6

◇参議院制度論—その選挙制度、定数格差問題、そして参議院無用論について　真鍋一著　東京図書出版会　2004.5　253p　19cm　〈東京　星雲社（発売）〉　1400円　①4-434-04208-4

◇目で見る議会政治百年史—追録　衆議院,参議院編　財務省印刷局　2001.3　38p　30cm　〈付属資料：CD-ROM1枚（12cm）：目で見る議会政治百十年史　議会制度百年史別冊　年表あり〉　953円　①4-17-430003-8

◇参議院50周年記念上院議長会議の概要　参議院事務局　1997.5　142p　30cm　〈会期：1997年5月20日—21日〉

◇ポスト政治改革の参議院像　佐藤立夫著　高文堂出版社　1993.1　269p　19cm　3000円　①4-7707-0412-7

◇議会制度百年史　別冊　目で見る議会政治百年史　衆議院,参議院編　大蔵省印刷局　1990.11　251p　31cm

◇議会制度百年史　院内会派編　貴族院・議院の部　衆議院,参議院編　〔衆議院〕　1990.11　658p　27cm　〈共同刊行：参議院〉

◇議会制度百年史　院内会派編　貴族院・議院の部　衆議院,参議院編　〔衆議院〕　1990.11　658p　27cm　〈共同刊行：参議院〉

◇議会制度百年史　貴族院・参議院議員名鑑　衆議院,参議院編　〔衆議院〕　1990.11　481p　27cm　〈共同刊行：参議院〉

◇議会制度百年史　国会議案件名録　衆議院,参議院編　〔衆議院〕　1990.11　965p　27cm　〈共同刊行：参議院〉

◇議会制度百年史　国会史　衆議院,参議院編　〔衆議院〕　1990.11　3冊　27cm　〈共同刊行：参議院〉

◇議会制度百年史　資料編　衆議院,参議院編　〔衆議院〕　1990.11　1009p　27cm　〈共同刊行：参議院〉

◇私たちの参議院　河野義克著　第6版　明るい選挙推進協会編　明るい選挙推進協会　1986.3　137p　19cm　（暮らしと政治シリーズ　no.2）

◇参議院—21世紀に向けてその本質を考える　峯山昭範著　京都　啓文社　1986.2　383p　22cm　3000円　①4-7729-1278-9

◇参議院追悼演説集　参議院議員有志の会　1985.4　627p　20cm　〈付・永年在職議員表彰の祝辞及び謝辞集　編集：上条勝久ほか〉　2800円

◇参風—創立十周年記念誌　参議院協会　1985.3　222p　26cm

◇参議院—その存在意義と問題点　森田重郎著　増補　ぎょうせい　1984.11　284p　20cm　1500円

◇一隅を照らす—理性と良識を守って　河野謙三著　恒文社　1975　278p　図　肖像　22cm　1500円

◇参議院27年の歩み　公明選挙連盟　1974　81p　18×25cm　〈参議院議員選挙啓発推進参考資料　no.6〉

◇緑風会十八年史　野島貞一郎編集　〔川崎〕　緑風会史編纂委員会　東京　中央公論事業出版（製作）　1971　535p　23cm

◇議会制度七十年史　〔第7〕　資料編　衆議院,参議院編　大蔵省印刷局（印刷者）　1962　27cm

◇議会制度七十年史　〔第8〕　議会史年表　衆議院,参議院編　大蔵省印刷局（印

◇議会政治展示会目録—議会開設70年記念　国立国会図書館　〔1960〕　18p　20cm　〈昭和35年12月24日参議院予算委員室において〉
◇議会制度七十年史　〔第1〕　貴族院・参議院議員名鑑　衆議院, 参議院編　大蔵省印刷局(印刷者)　1960-61　27cm
◇議会制度七十年史　〔第3〕　国会史　衆議院, 参議院編　大蔵省印刷局(印刷者)　1960-61　27cm
◇議会制度七十年史　〔第4〕　国会史　衆議院, 参議院編　大蔵省印刷局(印刷者)　1960-61　27cm
◇議会制度七十年史　〔第5〕　国会議案件名録　衆議院, 参議院編　大蔵省印刷局(印刷者)　1960-61　27cm
◇議会制度七十年史　〔第6〕　政党会派編　衆議院, 参議院編　大蔵省印刷局(印刷者)　1960-61　27cm
◇参議院緑風会　緑風会政務調査会　1955.2　48p　19cm
◇各国上院制度の態様とその帰趨　参議院法制局　1949　39p　21cm
◇〔参議院決議案・質問書・答弁書・その他〕　第1‐13,15,16,19‐117回国会　参議院　〔1948-1991〕　62冊　22cm

日本自由党

昭和20年代の保守政党の一つ。戦前の立憲政友会に所属した鳩山一郎が昭和20年に結党。21年の戦後初の総選挙で第1党となり、鳩山の首相就任が確実視されていたが、GHQから公職追放例が出され断念、鳩山は吉田茂に後継総裁就任を要請、吉田が総裁となり内閣を組織した。以後、民主自由党、自由党と党名の変遷はあったが、片山・芦田内閣の期間を除き、29年12月の吉田内閣総辞職まで政権政党となった。鳩山内閣では野党となり、吉田の後任に緒方竹虎が総裁となった。30年11月、保守合同で日本民主党と合流し自由民主党が結成された。

＊　　＊　　＊

◇近代日本の政党と官僚　山本四郎編　東京創元社　1991.11　551,6p　22cm　8500円　①4-488-00604-3
◇吉田鳩山の時代　田々宮英太郎著　図書出版社　1976　306p　図　20cm　1200円
◇自由党史　第1‐4冊　宇田友猪, 和田三郎共著, 後藤靖解説　青木書店　1955　4冊　図版　16cm　(青木文庫)
◇自由党の経済政策の発展　自由党政務調査会編　自由党政務調査会　1954.10　75p　21cm　(政調シリーズ　22)
◇自由党から民自党へ—保守政党の解剖　坂野善郎著　伊藤書店　1948　215p　19cm　(人民群書)

日本民主党

昭和20年代の保守政党の一つ。鳩山一郎は公職追放解除後に政界に復帰するが、昭和28年3月一派を率いて自由党を離党、日本自由党を経て日本民主党となる。鳩山総裁、岸信介幹事長の下、吉田自由党内閣に対抗し、自主憲法制定・再軍備を主張した。吉田内閣総辞職後、日本民主党首班による鳩山内閣を組織、30年の総選挙で第1党となった。同年11月、保守合同で自由党と合流し、自由民主党となった。

＊　　＊　　＊

◇芦田均日記　第5巻　保守合同への道　芦田均著, 進藤栄一編纂　岩波書店　1986.7　12,504p　23cm　〈5.保守合同への道：吉田政権の崩壊　解説：進藤栄一肖像：鳩山一郎〔ほか〕,図版(肖像)〉　5300円　①4-00-008755-X

シャウプ勧告

昭和24年・25年に出された日本税制使節団の報告書。カール・シャウプを団長とする使節団がまとめ、GHQから日本政府に対する勧告と

政治

して出されたため、シャウプ勧告と呼ばれる。直接税中心主義、法人税を平均税率に1本化、地方税源の拡充強化などを骨子とする。勧告を受けた吉田内閣は昭和25年度予算で税制改革を行ったが、一部が改変されたため、第2次勧告が出された。シャウプ勧告に基づく税制は戦後税制の基本として今日まで引き継がれている。

＊　＊　＊

◇資本所得課税の総合的検討　日本租税理論学会編　日本租税理論学会　2005.11　188p　22cm　（租税理論研究叢書　15）〈京都　法律文化社（発売）〉　4100円　①4-589-02888-3
◇戦後改革　7　経済改革　東京大学社会科学研究所編　東京大学出版会　1974　395p　22cm　2400円
◇シャウプ勧告と地方自治の将来　郡祐一著　地方自治協会　1950.2　90p　18cm

逆コース

昭和25年以降、冷戦勃発の影響を受け、終戦直後の民主化・非軍事化の方向とは逆行する政治・社会の動き。25年の警察予備隊創設から自衛隊への改編までの再軍備の流れ、レッド・パージ、公職追放解除による戦前の軍・政府関係者の復権、27年の破壊活動防止法制定、鳩山政権発足後の憲法改正を目指す動きなどを指す。日本国内の労働運動の激化、米ソ対立、中華人民共和国の成立、朝鮮戦争などの影響でGHQの対日占領政策が転換したことに始まる。

＊　＊　＊

◇占領とデモクラシーの同時代史　同時代史学会編　日本経済評論社　2004.12　244p　20cm　2700円　①4-8188-1743-0
◇戦後改革と逆コース　吉田裕編　吉川弘文館　2004.7　287,13p　22cm　（日本の時代史　26）〈文献あり　年表あり〉3200円　①4-642-00826-8

レッド・パージ

冷戦下の昭和25年に共産党員とシンパ（同調者）がGHQの指令により公職から追放されたこと。終戦からしばらくは、民主化の一環として、軍人や戦争協力者が公職追放令により追放されたが、労働運動の激化、昭和24年に相次いでおきた下山事件・三鷹事件・松川事件（共産党員の企てとされた）、同年の中華人民共和国の成立、さらに25年6月には朝鮮戦争が勃発する中、共産主義の脅威が叫ばれ、1万人を超える人々が職を失った。サンフランシスコ平和条約発効により追放は解除されたが、冷戦下に「アカ」の烙印を押された人々の復職は難しかった。

＊　＊　＊

◇神奈川のレッド・パージ―聞き語り　神奈川県レッド・パージ反対同盟編　〔横浜〕新かながわ社　2005.6　151p　21cm　1000円
◇松本清張傑作短篇コレクション　上　松本清張著, 宮部みゆき責任編集　文芸春秋　2004.11　541p　16cm　（文春文庫）667円　①4-16-710694-9
◇レッド・パージと青春―土佐電気鉄道不当労働行為事件記録　資料編　長山高之編　高石　一九五〇年・土佐電鉄不当労働行為事件の記録を保存する会　2004.10　151p　26×37cm　（なにわ文学叢書　no.5）　非売品
◇紅の旗を担いで―レッド・パージを闘った自治体労働者の記録　島芳明編著　大阪　清風堂書店　2003.9　200p　21cm　1300円　①4-88313-292-7
◇レッド・パージの史的究明　平田哲男著　新日本出版社　2002.12　433,10p　22cm　5000円　①4-406-02963-X
◇軍事裁判と教授会―佐賀大学開学時のレッドパージ　大野省治編著　横浜　大野省治　2002.4　174p　22cm　2000円
◇回想・尼崎のレッド・パージ　尼崎レッド・パージ問題懇談会編　大阪　耕文

社 2002.3 258p 21cm 1429円 ①4-906456-29-4
◇発電所のレッドパージ—電産・猪苗代分会 治安維持法犠牲者国家賠償要求同盟福島県本部監修, 福島県民衆史研究会編著 光陽出版社 2001.10 267p 20cm 2381円 ①4-87662-301-5
◇闘いの軌跡—都庁レッド・パージ反対闘争記録 東京都不当解雇反対同盟編 東京都不当解雇反対同盟 2000.9 260p 26cm
◇源流—レッドパージ五〇年のたたかい 二一世紀への継承 電産東京八・二六会五〇年誌刊行会編著 光陽出版社 2000.8 389p 20cm 2191円 ①4-87662-271-X
◇レッド・パージとは何か—日本占領の影 三宅明正著 大月書店 1994.9 247,27p 20cm 3000円 ①4-272-52033-4
◇私本 GHQ占領秘史 中薗英助著 徳間書店 1991.6 397p 19cm 2400円 ①4-19-144562-6
◇レッド・パージ関係極秘公文類集 高倉金一郎編 第4版 福岡 電産九州不当解雇反対同盟 1984.10 178p 25cm 〈電子複写〉 1000円
◇戦後政治裁判史録 1 田中二郎〔ほか〕編集 第一法規出版 1980.10 485p 22cm 3300円
◇ドキュメント昭和五十年史 5 占領下の日本 霜多正次編 汐文社 1974 269p 19cm 780円
◇日本占領—共同研究 思想の科学研究会編 徳間書店 1972 599,9p 22cm 4000円
◇日本の黒い霧 第3 松本清張著 文芸春秋新社 1961 283p 20cm

徳田 球一

明治27(1894).9.12～昭和28(1953).10.14
革命家・政治家。沖縄県生まれ。「球一」は琉球一の人物になることを願ってつけられた名。日本大学夜間部を苦学して卒業、弁護士となる。大正11年、日本共産党の結党に参加。昭和3年の三・一五事件で検挙されるが非転向を貫く。20年10月に出獄、野坂参三らと日本共産党を再建、書記長となる。獄中で18年闘った経歴と親しみやすい人柄で英雄的人気を得る。21年衆議院議員となり、当選3回。25年レッド・パージで追放され、ソ連の批判で党も分裂し、中国に亡命。帰国することなく北京で客死。30年に死亡が初めて公表された。

＊　　　＊　　　＊

◇記念誌・徳田球一 『記念誌・徳田球一』編集委員会編 名護 徳田球一顕彰記念事業期成会 2000.12 553p 22cm 〈東京 教育史料出版会(発売)〉 5800円 ①4-87652-396-7
◇日本反骨者列伝 夏堀正元著 徳間書店 1987.11 414p 15cm （徳間文庫）〈『反骨』改題書〉 540円 ①4-19-598396-7
◇書簡・年譜・目録 徳田球一著 五月書房 1986.9 426p 19cm （徳田球一全集 第6巻） 3800円 ①4-7727-0029-3
◇自伝 徳田球一著 五月書房 1986.2 426p 19cm （徳田球一全集 5） 3800円 ①4-7727-0028-5
◇沖縄自身との対話・徳田球一伝 牧港篤三著 那覇 沖縄タイムス社 1980.11 256p 19cm （タイムス選書 11） 1600円
◇首領—ドキュメント徳田球一 西野辰吉著 ダイヤモンド社 1978.1 219p 20cm （ダイヤブックス） 980円
◇徳田球一 杉森久英著 文芸春秋新社 1964 253p 20cm
◇徳田球一 杉森久英著 文芸春秋新社 1964 253p 20cm
◇回想の徳田球一 東洋書館 1955 221p 図版 18cm
◇獄中十八年 徳田球一,志賀義雄著 大月書店 1955 167p 図版 18cm （大月新書）

政治

◇徳田球一伝　理論社編集部編　理論社　1955　224p　図版　19cm
◇徳田球一伝　理論社編集部編　理論社　1952　224p　図版　19cm
◇国会演説集　第1　徳田球一著　真理社　1949　278p　図版　19cm
◇戦後人物論　荒垣秀雄著　八雲書店　1948　2版　264p　18cm
◇わが思い出　第1部　ゴビの砂漠をゆく、動乱の中国にて　徳田球一著　東京書院　1948　237p　19cm
◇天皇制の打倒　徳田球一著　文苑社　1946　32p　B6　1円

破壊活動防止法

暴力主義的破壊活動を行う団体の活動を規制する法律。昭和27年公布。略称は破防法。戦後の日本共産党の勢力拡大に対抗することを目的としていた。憲法に保障された結社の自由・集会の自由を規制することから、憲法違反とする意見も多い。36年の旧軍関係者によるクーデター未遂事件の三無事件で初めて適用された。

＊　　　＊　　　＊

◇我かく闘えり―破防法闘争三二年　さらぎ徳二著・編　情況出版　2001.11　398p　22cm　4500円　ⓘ4-915252-58-2
◇破防法に対抗する本―闘う市民の人権六法　千代丸健二編著　現代人文社　1996.8　64p　21cm　（Genjinブックレット）〈発売：大学図書〉　500円　ⓘ4-906531-13-X
◇破防法がやってきた―新安保時代の有事体制　破防法研究会編　アール企画　1996.7　191p　21cm　（ムック・コンドル　no.4）〈発行：星雲社〉　1339円　ⓘ4-7952-4575-4
◇破防法でなにが悪い!?―自由を守るための多角的視点　奥平康弘編　日本評論社　1996.3　237p　21cm　2000円　ⓘ4-535-51054-7

◇これが破防法　奥平康弘著　花伝社　1996.2　218p　19cm　〈発売：共栄書房〉　1200円　ⓘ4-7634-0292-7
◇破防法公判傍聴記　第1巻　浅田光輝著、破防法研究会編　御茶の水書房　1993.11　553p　23cm　ⓘ4-275-01526-6,4-275-01531-2
◇破防法公判傍聴記　第2巻　浅田光輝著、破防法研究会編　御茶の水書房　1993.11　p556〜1021　23cm　ⓘ4-275-01527-4,4-275-01531-2
◇破防法公判傍聴記　第3巻　浅田光輝著、破防法研究会編　御茶の水書房　1993.11　p1024〜1509　23cm　ⓘ4-275-01528-2,4-275-01531-2
◇破防法公判傍聴記　第4巻　浅田光輝著、破防法研究会編　御茶の水書房　1993.11　p1512〜1963　23cm　ⓘ4-275-01529-0,4-275-01531-2
◇破防法公判傍聴記　第5巻　浅田光輝著、破防法研究会編　御茶の水書房　1993.11　p1966〜2392　23cm　ⓘ4-275-01530-4,4-275-01531-2
◇破防法を裁く―沖縄闘争破防法裁判二〇年の記録　浅田光輝，葉山岳夫編著　御茶の水書房　1993.6　488p　21cm　4635円　ⓘ4-275-01507-X
◇破壊活動防止法違反事件判決集　2　公安調査庁　1993.3　388p　21cm
◇新聞集成昭和史の証言　第27巻　昭和二十七年―国際関係復活・破防法　SBB出版会　1992.3　549p　27cm　25750円　ⓘ4-89329-090-8
◇破防法と公安調査庁の犯罪　日本共産党中央委員会出版局　1989.10　157p　19cm　950円　ⓘ4-530-04289-8
◇破防法と治安維持法―現代における国家と革命　杉田明著　前進社出版部　1987.6　405p　20cm　2800円
◇破防法を弾劾する!―第一次・第三次破防法裁判における証言　下　破防法研究会編　破防法研究会　1984.5　184p　21cm　〈『破防法研究』別冊〉　840円

政治

◇破防法を弾劾する!—第一次・第三次破防法裁判における証言　上　破防法研究会編　破防法研究会　1984.3　172p　21cm　〈『破防法研究』別冊〉　840円
◇破壊活動防止法違反事件判決集　公安調査庁　1980.9　789p　21cm
◇治安裁判と破防法—続破防法裁判傍聴記　浅田光輝著　新泉社　1978.4　352p　21cm　2600円
◇破防法裁判傍聴記　浅田光輝著　れんが書房　1973　396p　22cm
◇破防法といかに闘うか—講演集　破防法裁判闘争を支える会　1971　95p　19cm　230円
◇戦後治安立法の基本的性格　宮内裕著　有信堂　1960　444p　22cm
◇破壊活動防止法—逐条解説　法令普及会編　印刷庁　1957　95p　22cm　〈監修者：法務府特別審査局　『時の法令』解説第67号(臨時増刊)附(71-95p)：公安調査庁設置法,公安審査委員会設置法,関係法令参照条文〉
◇逐条破壊活動防止法解説　神山欣治著　立花書房　1952　230p　19cm
◇破壊活動防止法—逐条解説と総批判　日本評論新社　1952　238p　22cm　〈別冊法律時報〉
◇破壊活動防止法解説　関之著　新警察社　1952　146p　19cm
◇破壊活動防止法と国会の審議　小野義夫著　啓文閣　1952　66p　19cm
◇破壊活動防止法とその運用　関之著　新日本経済社　1952　257p　19cm
◇破壊活動防止法の解釈　関之,佐藤功共著　学陽書房　1952　223p　21cm　〈標題紙には〔質問〕佐藤功,〔回答〕関之対論とあり〉
◇破壊活動防止法の解説　真田秀夫著　時事通信社　1952　230p　19cm
◇破壊活動防止法の解説　関之編　文化研究社　1952　296p　19cm
◇破防法といかに闘うか　羽仁五郎著　三笠書房　1952　288p　18cm　(三笠新書　第6)
◇労働組合と破防法—われら如何に対処すべきか　中村正雄著　新日本法規出版　1952　593p　22cm

菅生事件

昭和27年に起きた駐在所爆破事件。6月2日深夜、大分県菅生村(現・竹田市)で駐在所が爆破された。警察は日本共産党員5人を逮捕したが、後に爆破自体が警察の自作自演で、警察官がおとりとして組織に入り罠にかけたことも明らかになった。逮捕された5人は全員無罪となった。25年のレッド・パージ、日本共産党の武装闘争方針、27年の破壊活動防止法案提出と続く政治的な流れの中で起きたでっち上げの冤罪事件とされる。

*　　*　　*

◇戦後政治裁判史録　2　田中二郎〔ほか〕編集　第一法規出版　1980.10　476p　22cm　3300円
◇菅生スパイ事件　宮川弘著　東洋書房　1968　254p　図版　地図　19cm　580円
◇スパイFS6工作—菅生スパイ事件の真相　宮川弘著　東洋書房　1966　239p　図版　19cm　580円

大須事件

昭和27年に起きた騒乱事件。7月7日、中国・ソ連訪問を終えた議員の報告大会が名古屋大須球場で行われ、終了後にデモ行進しようとした1000人の参加者と警官隊が衝突。121人が逮捕されたもの。裁判では騒乱罪が適用された。

*　　*　　*

◇語りつがれる大須事件—大須事件50周年記念文集　「語りつがれる大須事件」編集委員会編　名古屋　大須事件50周年記念事業実行委員会　2002.7　158p　26cm

◇〈共同刊行：日本国民救援会愛知県本部〉1000円
◇戦後政治裁判史録　2　田中二郎〔ほか〕編集　第一法規出版　1980.10　476p　22cm　3300円
◇大須事件の真実―写真が語る歴史への証言　名古屋　大須事件騒乱罪粉砕愛知対策協議会　1980.7　64p　37cm　〈共同刊行：大須事件「被告」団,大須事件弁護団〉　2500円
◇被告―大須事件の二十六年　関根庄一編著　労働旬報社　1978.6　206p　19cm　900円
◇大須騒擾事件について―対権力闘争事犯公判手続上の諸問題　法務研修所　1954.3　281p　21cm　（検察研究特別資料　第14号）

造船疑獄

昭和29年に発覚した汚職事件。28年度の造船業復興事業をめぐり、造船業界から政界・官界に贈賄工作が行われたとされる。29年1月強制捜査開始、贈賄側は山下汽船社長ら、収賄側は有田二郎代議士らが逮捕された。4月20日佐藤栄作自由党幹事長への逮捕許諾請求を決定。しかし翌日犬養健法相が指揮権を発動したために捜査は暗礁に乗り上げ、7月30日捜査終結。政界関係者は全員不起訴となり、事件は結局うやむやになった。

　　　　＊　　　＊　　　＊

◇指揮権発動―造船疑獄と戦後検察の確立　渡辺文幸著　信山社出版　2005.7　240p　20cm　〈年表あり〉　2500円　①4-7972-2434-7
◇新聞集成昭和編年史　昭和29年版　1　明治大正昭和新聞研究会編集製作　新聞資料出版　2005.4　794,42p　27cm　25000円　①4-88410-197-9
◇揚子江は今も流れている　犬養健著　中央公論社　1984.2　409p　16cm　（中公文庫）　540円　①4-12-201099-3
◇戦後政治裁判史録　2　田中二郎〔ほか〕編集　第一法規出版　1980.10　476p　22cm　3300円

鳩山　一郎

　明治16(1883).1.1～昭和34(1959).3.7　政治家。東京生まれ。父は衆議院議長の鳩山和夫、母は共立女子職業学校創立者の鳩山春子。大正4年立憲政友会から衆議院議員に当選。犬養内閣・斎藤内閣の文相を務める。戦後、日本自由党を結党し総裁。昭和21年の総選挙で第1党となるが、首相就任を目前に公職追放令を受ける。26年には追放解除目前で脳梗塞で倒れる。政界復帰後は吉田茂首相と対立、日本民主党を率い、29年吉田内閣総辞職後に首相就任、3次にわたり内閣を組織。対米従属、軽軍備の吉田路線に対し、日本の独立の視点から独自外交・憲法改正・再軍備を掲げ、日ソ国交回復、国連加盟を実現する。憲法改正の公約は必要議席を獲得できなかった。30年保守合同、55年体制成立とともに自由民主党初代総裁を務めた。長男の鳩山威一郎、孫の鳩山由紀夫・鳩山邦夫まで4代にわたり衆議院議員を務める政治家一家である。

◇鳩山一郎・薫日記　上巻　鳩山一郎篇　伊藤隆, 季武嘉也編　鳩山一郎著　中央公論新社　1999.4　780p　20cm　〈肖像あり〉　8000円　①4-12-002895-X
◇鳩山一族―誰も書かなかったその内幕　伊藤博敏著　ぴいぷる社　1996.12　283p　19cm　1500円　①4-89374-111-X

政治

◇若き血の清く燃えて―鳩山一郎から薫へのラブレター　鳩山一郎著, 川手正一郎編・監修　講談社　1996.11　238p　20cm　〈著者の肖像あり〉　1500円　①4-06-208480-5

◇英才の家系―鳩山一郎と鳩山家の人々　豊田穣著　講談社　1996.10　696p　15cm　（講談社文庫）　〈『鳩山一郎』（1989年刊）の改題〉　960円　①4-06-263447-3

◇戦後政治と四人の宰相特別展示目録―吉田茂・片山哲・芦田均・鳩山一郎　憲政記念館編　憲政記念館　1992.2　76p　21cm　〈会期：平成4年2月20日～3月10日〉

◇鳩山一郎―英才の家系　豊田穣著　講談社　1989.2　558p　19cm　1600円　①4-06-204152-9

◇鳩山一郎―英才の家系　豊田穣著　講談社　1989.2　558p　20cm　〈鳩山一郎の肖像あり〉　1600円　①4-06-204152-9

◇日本宰相列伝　19　鳩山一郎　宮崎吉政著　時事通信社　1985.12　259p　19cm　〈監修：細川隆元　鳩山一郎の肖像あり〉　1400円　①4-7887-8569-2

◇私の履歴書　第7集　日本経済新聞社編　1959　341p　19cm

◇鳩山一郎回顧録　文芸春秋新社　1957　224p　図版　20cm

◇鳩山ブームの舞台裏―政治記者の手記　田々宮英太郎著　実業之世界社　1955　222p　図版　19cm

◇ある代議士の生活と意見　鳩山一郎著　東京出版　1952　309p　19cm

◇私の信条　鳩山一郎著　東京文庫　1951

◇私の自叙伝　鳩山一郎著　改造社　1951　365p　図版　19cm

◇民主主義政治の確立　鳩山一郎著　文苑社　1945　31p　B6　1.00円

憲法改正問題

　昭和期には、終戦後の新憲法成立までと、現行の日本国憲法の改正論の二つの憲法改正問題があるが、ここでは後者の日本国憲法改正問題を扱う。昭和22年の日本国憲法施行直後から、再軍備や天皇元首化をめぐり憲法改正論議があった。29年成立した鳩山内閣は憲法改正を公約に掲げ、30年発足した自由民主党は憲法改正を党是とした。31年5月に憲法調査会法が成立、岸内閣の下で32年から憲法調査会が発足した。以後39年まで131回の総会を開き、公聴会・海外調査を実施した後、賛否両村を併記した報告を池田内閣と国会に提出した。

＊　　＊　　＊

◇平和主義に関する主要国の制度　参議院憲法調査会事務局　2004.10　54p　30cm　（参議資料　第21号）

◇護憲・改憲史論　竹前栄治編著　小学館　2001.6　397p　15cm　（小学館文庫）〈執筆：岡部史信,藤田尚則〉　733円　①4-09-404537-6

◇日本国憲法50年と改憲動向　隅野隆徳著　学習の友社　1997.5　279p　20cm　2381円　①4-7617-0586-8

◇コメンタール戦後50年　第8巻　憲法と世論　伊藤公雄編　社会評論社　1996.1　269p　22cm　3700円　①4-7845-0538-5

◇憲法改正への王道　小森義峯著　ヒューマン・ドキュメント社　1988.4　269p　19cm　〈発売：星雲社〉　1800円　①4-7952-3252-0

◇日本国憲法「改正」史　渡辺治著　日本評論社　1987.3　690p　22cm　（東京大学社会科学研究所研究叢書　第70冊）　9000円　①4-535-57652-1

◇デモクラシーの擁護―もう一つの憲法改正論　渋谷博著　西田書店　1986.10　195p　20cm　1200円　①4-88866-052-2

◇新・日本国憲法草案　中川八洋著　山手書房　1984.5　167p　22cm　1100円

123

政治

◇タカ派の論理　森清著　第一法規出版　1983.11　468p　22cm

◇コメンタール改憲論者の主張　奥平康弘著　岩波書店　1983.7　63p　21cm　（岩波ブックレット　no.19）　200円

◇日本国憲法「改正」の焦点　週刊ブックス特別取材班編　現代書林　1983.5　200p　18cm　（週刊books）　680円　①4-905924-92-8

◇改憲軍団—組織と人脈　青木慧著　汐文社　1983.4　246p　20cm　（同時代叢書）　1200円

◇日本国憲法総括中間報告　自由民主党憲法調査会総括小委員会〔編〕　自由民主党広報委員会出版局　1982.10　63p　19cm　〈監修：自由民主党政務調査会〉

◇改憲論語—新・日本国憲法制定論　瀬戸山三男著　日本工業新聞社　1982.5　252p　19cm　（Ohtemachi books）　1500円　①4-8191-0534-5

◇自主憲法制定への気運の上昇と活動状況　自主憲法期成議員同盟　1982.4　48p　26cm　（資料　第553号）　650円

◇なぜ改憲は必要か—第九条をめぐる諸問題　森清著　並木書房　1981.8　99p　21cm　500円

◇改憲の訴え—遺稿　広瀬久忠著　広瀬駿二　1980.5　115p　22cm　〈著者の肖像あり〉

◇改憲の大義　大石義雄編　京都　嵯峨野書院　1979.8　583p　20cm　〈監修：池見猛〉　2200円

◇自主憲法への歩み　憲法問題調査会　1979.3　525p　27cm

◇文献選集日本国憲法　13　憲法改正論　有倉遼吉，長谷川正安編集代表　長谷川正安，森英樹編　三省堂　1977.10　302p　22cm　2400円

◇改憲のための憲法読本　小森義峯著　やまと新聞社出版局　1976.12　265p　18cm

◇改憲か革命か—二者択一の瀬戸ぎわ　武藤貞一著　時事通信社　1969　217p　18cm　（時事新書）　250円

◇憲法改正の焦点—天皇制　小森義峯著　憲法の会　1968　75p　19cm　100円

◇憲法改正問題入門　日本民主法律家協会憲法委員会編　労働旬報社　1965　193p　19cm　〈監修者：鈴木安蔵〉

◇憲法調査会総批判—憲法改正問題の本質　鈴木安蔵教授還暦祝賀論文集　有倉遼吉等編　日本評論社　1964　381p　図版　21cm

◇憲法調査会報告書　憲法調査会　1964　13冊(付属文書12冊共)　21cm

◇憲法調査会報告書の概要　憲法調査会事務局　1964序　248p　18cm　〈佐藤功執筆〉

◇憲法調査会報告書の概要　憲法調査会事務局編　日本評論社　1964　176p　19cm

◇日本国憲法の問題点に関する海外学識者の意見書　憲法調査会事務局　1964　450p　21cm

◇日本国憲法の問題点に関する海外学識者の意見書　追補　憲法調査会事務局　1964　16p　21cm　（憲資・総　第60号）

◇日本の新しいイメージ—日本国民の自主憲法のあり方　神川彦松著　鹿島研究所出版会　1964　268p　19cm

◇憲法改正の方向　憲法調査会　1963.8　189p　25cm

◇改憲への前進　広瀬久忠著　時事通信社　1963　237p　22cm

◇憲法改正　星野安三郎編　三一書房　1962　241p　18cm　（三一新書）

◇憲法改正の根本問題—憲法改正試案　大石義雄著　有信堂　1962　178p　18cm　（文化新書）

◇憲法改正論および改正反対論における基本的対立点—解説と資料　佐藤功〔編〕　憲法調査会事務局　1962　353p　21cm　（憲資・総　第57号）

124

◇憲法調査会資料　4　憲法調査会事務局〔1962〕　1冊　21cm　〈英・仏・独文併記〉

◇憲法調査会第一部会会議議事録　第1‐25回　憲法調査会　1962-1963　4冊　21cm

◇憲法調査会第三部会会議議事録　第1‐30回　憲法調査会　1962-1963　5冊　21cm

◇憲法調査会第二部会会議議事録　第1‐23回　憲法調査会　1962-1963　3冊　21cm

◇憲法調査会地区別公聴会記録　第1‐9回　憲法調査会　1962　9冊　21cm

◇憲法調査会特別部会会議議事録　第1‐9回　憲法調査会　1962-1963　2冊　21cm　〈〔第2〕に「憲法調査会連合部会会議議事録」第1-3回を合冊〉

◇憲法改正問題の推移—憲法改正運動と憲法擁護運動に関する資料　佐藤功解説　憲法調査会事務局　1961　95p　21cm

◇憲法調査会公聴会の経過および結果の概要　憲法調査会　1961　81p　21cm

◇憲法調査会第一委員会小委員会会議議事録　第1‐5回　憲法調査会　1960　1冊　21cm

◇憲法調査会第三委員会小委員会会議議事録　第1‐4回　憲法調査会　1960　1冊　21cm

◇憲法調査会第二委員会小委員会会議議事録　第1‐5回　憲法調査会　1960　1冊　21cm

◇〔憲法調査会資料〕　〔第1‐3〕　憲法調査会事務局　1959-1962　3冊　24-26cm

◇国会において行われた憲法に関する論議　第3　内閣法制局編　憲法調査会事務局　1959　91p　21cm　〈憲法調査会事務局の委託による調査(第1-30回国会)〉

◇日本国憲法改正諸案　憲法調査会事務局　1959　641p　21cm

◇いまの憲法をこう思う　自主憲法期成同盟出版部　1958　187p　19cm

◇憲法関係法制意見集　憲法調査会事務局　1958　104p　21cm

◇憲法調査会公聴会記録　第1‐46回　憲法調査会　1958-1961　10冊　21cm

◇憲法調査会第一委員会会議議事録　第1‐49回　憲法調査会　1958-1961　5冊　21cm

◇憲法調査会第三委員会会議議事録　第1‐39回　憲法調査会　1958-1961　4冊　21cm

◇憲法調査会第二委員会会議議事録　第1‐42回　憲法調査会　1958-1961　8冊　21cm

◇憲法調査会年報　昭和31‐39年度　憲法調査会事務局　1958-1964　6冊　21cm

◇国会において行われた憲法に関する論議　第1,2　内閣法制局編　憲法調査会事務局　1958　2冊　21cm　〈憲法調査会事務局の委託による調査〉

◇憲法改正に関する賛否の論点　憲法調査会事務局　1957　69p　21cm

◇憲法調査会総会議事録　第1‐131回　憲法調査会　1957-1965　28冊　21cm　〈大蔵省印刷局刊行のものもあり〉

◇自主憲法期成演説集　1　自主憲法期成議員同盟　1956.5　83p　21cm　(資料13)

◇自主憲法の実現　広瀬久忠述, 自主憲法期成議員同盟事務局編　〔自主憲法期成議員同盟事務局〕　1956.1　81p　21cm　〈表紙の書名：自主憲法の実現について〉

◇憲法改正　宮沢俊義等著　有斐閣　1956　245p　19cm　(ジュリスト選書)　〈座談会：憲法改正—自由党憲法改正案要綱案を中心に(宮沢俊義 他5名)の記録〉

◇憲法改正—諸論点の総合的研究　日本評論新社法律時報編集部編　日本評論社　1956　250p　21cm　〈「法律時報」別冊〉

◇憲法改正是か非か　毎日新聞社論説室編　毎日新聞社　1956　227p　18cm

◇憲法改正の基本問題　鈴木安蔵編　勁草書房　1956　340p　21cm　(政治学研究叢書　第6)

政治

◇憲法改正問答――なぜ憲法は改正せねばならぬか　矢部貞治著　綜合文化社　1956　75p　17cm
◇改進党憲法調査会報告書　自主憲法期成議員同盟　1955.9　43p　21cm　〈改進党憲法調査会憲法調査資料　no.7〉
◇臨時総会報告――昭和三十年八月三日　自主憲法期成議員同盟　1955.9　23p　21cm
◇憲法改正と憲法擁護　鈴木安蔵著　勁草書房　1955　256p　19cm
◇憲法改正の問題点　緑風会政務調査会　1955　710p　22cm　〈限定版〉
◇憲法改正の問題点　自主憲法期成議員同盟　1955　710p　22cm
◇戦争放棄と再軍備　自由党憲法調査会編　自由党憲法調査会　1954.8　108p　21cm　〈特別資料　5〉
◇日本国憲法の性格と改正論　自由党憲法調査会編　自由党憲法調査会　1954.8　90p　21cm　〈特別資料　6〉
◇憲法改正の諸論点　自由党憲法調査会　1954　42p　21cm　〈調査資料　第4〉〈国立国会図書館調査立法考査局の資料レファレンスよりの抜刷を編集したもの〉
◇憲法改正の理論と実際　清宮四郎著　通信教育振興会　1954　75p　19cm　〈教養の書　第32　郵政省人事部能率課編〉
◇憲法改正論　田畑忍著　勁草書房　1954　212p　19cm
◇日本国憲法の性格と問題点　自由党憲法調査会　1954　184p　21cm　〈特別資料　第2〉
◇憲法改正――日本国憲法を中心とする考察　鈴木安蔵著　如水書房　1953　144p　21cm
◇憲法――当面の諸問題と改正上の論点　小川光男著　〔朝日新聞社〕　1952　200p　25cm　〈朝日新聞調査研究室報告　社内用37〉〈謄写版〉
◇憲法改正に就いて日本自由党代表としての質問演説及び答弁　北昤吉著，森惣市編　表現社　1949　175p　18cm
◇憲法改正問題に関する諸論　国立国会図書館調査及立法考査局編　国立国会図書館調査及立法考査局　1948　32p　23cm　〈国調立資料　B　第7〉〈謄写版〉

日の丸・君が代問題

　日の丸・君が代を日本の国旗・国歌とする是非をめぐる議論。日の丸は明治3年の太政官布告で国旗と定められ、君が代は明治20年代から国歌とみなされてきたが法制上の規定はなかった。戦後は法律上の規定のないまま、国旗・国歌として扱われてきたが、戦前のアジア支配・軍国主義への反発から、内外で反対運動が根強く、戦後期を通じて議論が繰り返されてきた。のち、平成11年施行に日の丸・君が代とも法制化された。

＊　　＊　　＊

◇君が代は千代に八千代に　高橋源一郎著　文芸春秋　2005.9　281p　16cm　〈文春文庫〉　524円　①4-16-770401-3
◇「君が代」の履歴書　川口和也著　批評社　2005.7　185p　19cm　〈シリーズ教育直語　2〉　1800円　①4-8265-0425-X
◇音楽は心で奏でたい――「君が代」伴奏拒否の波紋　福岡陽子著　岩波書店　2005.3　69p　21cm　〈岩波ブックレット　no.647〉　480円　①4-00-009347-9
◇「君が代」の起源――「君が代」の本歌は挽歌だった　藤田友治, 歴史・哲学研究所編著　明石書店　2005.1　203p　20cm　〈年表あり　文献あり〉　1800円　①4-7503-2037-4
◇私たちの美しい日の丸・君が代――子供たちに伝える国旗・国歌物語　石井公一郎監修, 高橋史朗編　改訂版　明成社　2003.5　194p　21cm　〈文献あり〉　1000円　①4-944219-20-2

◇なぜ、「君が代」を弾かなければならないのですか 「日の丸・君が代」の強制に反対するキリスト者教師・生徒・市民のネットワーク編 いのちのことば社 2003.3 128p 21cm （21世紀ブックレット 19）〈執筆：佐藤美和子ほか〉 952円 ⓈⒹ4-264-02076-X

◇「君が代少年」を探して—台湾人と日本語教育 村上政彦著 平凡社 2002.10 262p 18cm （平凡社新書） 760円 ⓈⒹ4-582-85155-X

◇自由と忠誠—「靖国」「日の丸・君が代」そして「星条旗」 土屋英雄著 尚学社 2002.4 207p 21cm 3400円 ⓈⒹ4-86031-001-2

◇日の丸・君が代の戦後史 田中伸尚著 岩波書店 2000.1 255p 18cm （岩波新書） 700円 ⓈⒹ4-00-430650-7

◇「日の丸・君が代」の話 松本健一著 PHP研究所 1999.12 229p 18cm （PHP新書） 657円 ⓈⒹ4-569-60858-2

◇わたくしの国の旗と歌 友常貴仁著 三五館 1999.11 1冊（ページ付なし） 19cm 〈他言語標題：A flag and anthem for my beloved Japan 英文併記〉 1000円 ⓈⒹ4-88320-180-5

◇国旗及び国歌に関する関係資料集 文部省初等中等教育局 1999.9 60p 30cm

◇聖堂の日の丸—奄美カトリック迫害と天皇教 宮下正昭著 鹿児島 南方新社 1999.9 458p 20cm 3600円 ⓈⒹ4-931376-26-6

◇「日の丸・君が代」を超えて 石田英敬〔ほか〕編 岩波書店 1999.9 63p 21cm （岩波ブックレット no.488） 440円 ⓈⒹ4-00-009188-3

◇日の丸・君が代50問50答 歴史教育者協議会編 大月書店 1999.8 118p 21cm 950円 ⓈⒹ4-272-52058-X

◇「日の丸」「君が代」ってなに？—日本のシンボルを考える 小田嶋孝司著 毎日新聞社 1999.8 189p 20cm 1600円 ⓈⒹ4-620-31370-X

◇三つの君が代—日本人の音と心の深層 内藤孝敏著 中央公論新社 1999.8 248p 16cm （中公文庫） 705円 ⓈⒹ4-12-203493-0

◇Q&A「日の丸・君が代」の基礎知識 山部芳秀著 明石書店 1999.7 102p 21cm 900円 ⓈⒹ4-7503-1179-0

◇公論よ起これ！「日の丸・君が代」—法制化論議のなかで「日の丸・君が代」の封印を解く 藤本卓責任編集 太郎次郎社 1999.7 199p 23cm （『ひと』別冊） 2000円 ⓈⒹ4-8118-0652-2

◇国旗日の丸 伊本俊二著 中央公論新社 1999.7 209p 16cm （中公文庫） 552円 ⓈⒹ4-12-203463-9

◇小中高校の教科書が教えない 日の丸・君が代の歴史 板垣英憲著 同文書院 1999.7 254p 19cm 1500円 ⓈⒹ4-8103-7638-9

◇「日の丸・君が代」が人を殺す！ 北村小夜, 天野恵一著 社会評論社 1999.7 127p 21cm 1200円 ⓈⒹ4-7845-0551-2

◇だれのための「日の丸・君が代」？—そのウソと押しつけ 広島県教職員組合協議会編 明石書店 1999.6 109p 21cm 800円 ⓈⒹ4-7503-1171-5

◇図説日の丸—そのルーツと歴史 あかぎ出版編著 薮塚本町（群馬県） あかぎ出版 c1999 96p 21cm 1400円 ⓈⒹ4-901189-21-2

◇「君が代」と国語辞典 山川剛著 福岡 葦書房 1998.6 83p 21cm （平和ブックレット 1） 800円 ⓈⒹ4-7512-0715-6

◇「日の丸」「君が代」「元号」考—起源と押しつけの歴史を問う 佐藤文明著 緑風出版 1997.12 204p 21cm （プロブレムQ&A） 1800円 ⓈⒹ4-8461-9719-0

◇焼きすてられた日の丸—基地の島・沖縄読谷から 知花昌一著 増補 社会批評社 1996.5 251p 19cm 1600円 ⓈⒹ4-916117-21-2

政治

◇処分論—「日の丸」「君が代」と公教育　岡村達雄著　インパクト出版会　1995.11　386p　20cm　〈発売：イザラ書房〉　3399円　Ⓘ4-7554-0053-8

◇「日の丸」を科学する　吹浦忠正著　自由国民社　1995.9　223p　19cm　1500円　Ⓘ4-426-74500-4

◇日本の国旗・国歌—「日の丸・君が代」の歴史と意義　所功著　大阪　国民会館　1995.3　48p　21cm　（国民会館叢書　13）　300円

◇国旗・国家の常識　所功著　4版　東京堂出版　1993.6　169p　21cm　〈3版までの出版者：近藤出版社〉　1000円　Ⓘ4-490-20213-X

◇こっき・こっか考　大賀美弥子〔ほか〕編　径書房　1993.3　222p　19cm　1957円　Ⓘ4-7705-0116-1

◇君が代百年　中津攸子著　第3版　〔市川〕　真美社　1992.8　49p　19cm　580円

◇深い草津高校史—全入・日の丸・スト　永原楽浪著　青磁社　1992.8　114p　18cm　〈折り込1枚〉　500円　Ⓘ4-88095-329-6

◇慣習法—日本人が単一日本民族愛に帰一することを祈念する　仲武雄著　北九州　西部読売開発出版部　1992.3　94p　21cm　〈著者の肖像あり〉　2500円

◇君が代—知っておこう！日本の国歌　五十嵐直詞著　リーブル　1992.3　258p　19cm　（リーブルコミック　2）　〈制定百周年記念〉　480円　Ⓘ4-947620-19-6

◇君が代関係文献目録　佐藤徹夫編　立川　国立音楽大学附属図書館　1992.2　241p　26cm　（Bibliography and index series 14）　〈付(42p)：君が代関係文献目録・補遺および追加〉

◇日の丸の履歴書—あなたの知らない日本の国旗・世界の国旗　吹浦忠正著　ネスコ　1992.1　253p　19cm　〈発売：文芸春秋〉　1200円　Ⓘ4-89036-830-2

◇「君が代」と世界の国歌—63カ国　高田三九三訳著、山崎荒助編　昭和出版　1991.12　145p　19cm　〈書名は奥付等による　標題紙の書名：世界の国歌〉　721円　Ⓘ4-87985-808-0

◇白地に赤く—日の丸・君が代と学校現場　朝日新聞東京社会部編　汐文社　1991.3　184p　19cm　1300円　Ⓘ4-8113-0121-8

◇君が代史料集成　第1巻　君が代論稿・楽譜集　繁下和雄, 佐藤徹夫編　大空社　1991.2　649,90p　31cm　Ⓘ4-87236-163-6

◇君が代史料集成　第2巻　君が代関係文献目録　佐藤徹夫編　大空社　1991.2　241p　31cm　Ⓘ4-87236-163-6

◇君が代史料集成　第3巻　国歌君が代講話　繁下和雄, 佐藤徹夫編　小田切信夫著　大空社　1991.2　1冊　22cm　〈再版(共益商社書店昭和11年刊)の複製〉　Ⓘ4-87236-163-6

◇君が代史料集成　第4巻　君が代と万歳　繁下和雄, 佐藤徹夫編　和田信二郎著　大空社　1991.2　344p　22cm　〈増訂3版(光風館書店昭和12年刊)の複製〉　Ⓘ4-87236-163-6

◇君が代史料集成　第5巻　国歌君が代の由来　繁下和雄, 佐藤徹夫編　小山作之助著　大空社　1991.2　145,9p　図版12枚　22cm　〈昭和16年刊の複製〉　Ⓘ4-87236-163-6

◇国旗・国歌の常識　所功著　近藤出版社　1991.2　165p　21cm　980円　Ⓘ4-7725-0611-X

◇日の丸・君が代の成り立ち　暉峻康隆著　岩波書店　1991.2　62p　21cm　（岩波ブックレット　no.187）　350円　Ⓘ4-00-003127-9

◇自由と自治と高校生活—校則・「日の丸・君が代」・自主活動　森田俊男〔ほか〕編　労働旬報社　1991.1　175p　21cm　1200円　Ⓘ4-8451-0162-9

◇授業:日本は、どこへ行く？—使い捨てカメラ、ハンバーガー、日の丸　千葉保

◇なぜ、いま歌うのか？―ルポ・強制される「君が代」の現場　三輪純永著　新日本出版社　1991.1　187p　19cm　1200円　⓵4-406-01922-7

◇国旗「日の丸」・国家「君が代」についての一問一答　福岡　福岡県教師会高等学校部会　〔1991〕　21p　21cm　〈『高校と教育』124号抜刷〉　200円

◇あなたは君が代を歌いますか―日の丸・君が代問題と学校教育　山住正己編　国土社　1990.12　189p　21cm　(『教育』別冊　1)　1600円　⓵4-337-46014-4

◇学校と日の丸・君が代　山住正己著　岩波書店　1990.10　62p　21cm　(岩波ブックレット　no.171)　350円　⓵4-00-003111-2

◇日の丸・君が代・天皇・神話　歴史教育者協議会編　新版　地歴社　1990.10　254p　21cm　2300円　⓵4-88527-111-8

◇どうする「日の丸・君が代」教育　山住正己編　労働旬報社　1990.8　215p　19cm　(シリーズ・これからの教育　12)　1400円　⓵4-8451-0144-0

◇天皇制と日の丸・君が代―長野県からの告発　長野県高等学校教職員組合「天皇制と日の丸・君が代」刊行委員会編　長野　長野県高等学校教職員組合「天皇制と日の丸・君が代」刊行委員会　1990.5　282p　22cm　1500円

◇国旗日の丸・国歌君が代考―日教組の誤りを正す　工藤忠雄著　近代文芸社　1990.4　375p　20cm　2800円　⓵4-7733-0151-1

◇「昭和」の最後と子どもたち―親子で考える日の丸・君が代・天皇制　編集グループ「昭和」の最後と子どもたち編　凱風社　1990.4　105p　21cm　700円

◇日の丸・君が代と新学習指導要領　エイデル研究所編　エイデル研究所　1990.3　155p　23cm　1300円　⓵4-87168-117-3

◇日の丸・君が代と学校教育　仲俣義孝著　新日本出版社　1990.2　198p　18cm　(新日本新書)　620円　⓵4-406-01809-3

◇私のなかの君が代日の丸　湯田保司著　〔盛岡〕　〔湯田保司〕　1989.12　119p　19cm

◇日の丸・君が代―新聞集成　大空社　1989.8　467,41,19p　31cm　〈監修：繁下和雄〉　10000円

◇学校や家庭で、「日の丸・君が代」を、どう教えるか　「ひと」編集委員会編　太郎次郎社　1989.7　228p　19×22cm　(〈ひと〉文庫)　2410円

◇日の丸・君が代―教育現場からの訴え　奥丹後地方教職員組合編著　あずみの書房　1989.2　302p　21cm　1800円

◇わが国のうた君が代のこころ　五十嵐直詞著　横浜　国歌君が代協会　1989.1　92p　19cm　1100円

◇日の丸・君が代―親と教師で考える　歴史教育者協議会編　あゆみ出版　1988.8　95p　21cm　750円　⓵4-7519-2154-1

◇日の丸・君が代問題とは何か　山住正己著　大月書店　1988.6　216p　19cm　1300円　⓵4-272-41032-6

◇臨教審と日の丸・君が代・天皇制　佐藤伸雄著　あずみの書房　1988.6　108p　21cm　(あずみのフォーラム)　850円

◇国歌のない国、日本その謎に迫り新国歌を提唱する　浜名儀三著　〔木更津〕　〔浜名儀三〕　1988.5　25p　21cm

◇学校の旗と紋章　中川ケミカル　1988.3　112p　30cm　(シリーズ・人間とシンボル　3)

◇またいけん君が代―君が代・日の丸・元号…　君が代訴訟をすすめる会編　京都　阿吽社　1988.2　103p　21cm　(あうん双書)　600円

◇星条旗と日の丸―アメリカの体験から日本の教育を考える　永家光子著　太郎次郎社　1987.10　221p　19cm　1500円

政治

◇子供たちに贈る二十一世紀への証言　3　特集・国旗(日の丸)、国歌(君が代)について　福中都生子編著　大阪　平和問題研究会　1987.8　215p　19cm　〈背の書名：二十一世紀への証言〉　1500円

◇国の旗と紋章　中川ケミカル　1987.4　55p　30cm　(シリーズ・人間とシンボル 1)

◇天皇を愛する子どもたち—日の丸教育の現場で　林雅行著　青木書店　1987.3　243p　20cm　1800円　①4-250-87000-6

◇いけん君が代—君が代強制住民カンサ請求意見陳述　京都　阿吽社　1987.2　93,15p　21cm　(あうん双書)　500円

◇日の丸・通信簿はいやだの記録　高橋勉著　名古屋　風媒社　1986.12　207p　20cm　1500円

◇思考錯誤—国旗と国歌君ケ代を考へる　浅岡魁著　〔津〕　〔浅岡魁〕　1985.6　14p　26cm

◇一人でもたたかえる「日の丸」・「君が代」—たたかうあなたへ連帯のメッセージ　菅孝行〔ほか〕著, 貝原浩絵　名古屋　ユニテ　1985.6　84p　21cm　700円

◇国旗日の丸思考　浅岡魁著　〔津〕　〔浅岡魁〕　1985.4　1冊(頁付なし)　26cm

◇君が代と日の丸と沖縄—歴史の真相をのぞく!!　恵忠久著　那覇　恵忠久史学研究所　1984.10　90p　21cm　600円

◇国旗についての12章　吹浦忠正著　日本YMCA同盟出版部　1984.10　177p　図版　52p　19cm　1600円

◇教育に「日の丸」を—子どもをねらう草の根ファシズム運動　林雅行著　汐文社　1984.7　254p　20cm　(同時代叢書)　1400円

◇「君が代」で幸福になれるか—高校教師からの発言　〔打田町(和歌山県)〕　「高校教師からの発言」編集委員会　1983.5　283p　19cm　〈和高教創立三十年を記念して〉

◇国旗・国歌　全国教育管理職員団体協議会　1982.10　71p　19cm　350円

◇日本の国歌と世界の国歌—「開かれた日本人」の育成をめざす実証的研究　林正英著　〔林正英〕　1982.3　36p　25cm

◇日本文化の源流—日の丸の旗をめぐる論争にちなんで　石松新太郎著　ホーム社　1981.1　115p　18cm　500円

◇日の丸・君が代・紀元節・教育勅語　歴史教育者協議会編　新版　地歴社　1981.1　234p　19cm　980円

◇国旗日の丸—民族の私生児　伊本俊二著　山手書房　1980.3　253p　20cm　980円

◇君が代について考える　石川寛太郎著　札幌　北書房　1979.10　213p　19cm　850円

◇国旗の知識　岩田修光著　第8版　国旗協会　1979.7　111p　21cm　〈国旗布告110年記念事業〉　500円

◇君が代の歴史　山田孝雄著　宝文館出版　1979.3　192,6p　22cm　〈第2刷(第1刷：昭和31年刊)〉　2000円

◇君が代通信　亀山利子著　筑摩書房　1978.2　294p　19cm　980円

◇国旗・国歌について—解説・一問一答・実態調査　東京都教育管理職員協議会　1977.12　26p　26cm

◇われわれにとって「君が代」とはなにか—国歌論争のすすめ　松浦総三, 石上正夫編　鳩の森書房　1977.11　215p　19cm　750円

◇日の丸・君が代・紀元節・神話—教育の軍国主義化に抗して　歴史教育者協議会編　改訂　地歴社　大村書店(発売)　1975　251p　19cm　〈初版：大村書店1968年刊〉　850円

◇"君が代"はなぜ歌われない—黛敏郎の対談　黛敏郎著　浪曼　1974　295p　20cm　〈対談者：黒川紀章他10名〉　980円

◇日本国国歌正説　佐藤仙一郎著　全音楽譜出版社　1974　296p　図　肖像　22cm　3000円

◇国旗の歴史　安津素彦著　桜楓社　1972　364p　図　19cm　1000円
◇君が代の研究　益子徳三著　新星書房　1965　218p　図版　19cm
◇国旗「日の丸」　田井真孫著, 社会教育研究会編　印刷庁　1951　145p　図版　21cm

緒方　竹虎

明治21(1888).1.30～昭和31(1956).1.28
ジャーナリスト・政治家。山形県生まれ。中野正剛とは中学時代からの親友。早稲田大学卒業後、中野の勧めで朝日新聞に入り、昭和18年副社長。小磯内閣国務大臣、鈴木内閣顧問、東久邇宮内閣国務大臣を務める。21年公職追放を受け、解除後、27年衆議院議員となり当選3回。吉田茂の後任として29年自由党総裁に就任。30年の保守合同後、総裁代行委員となり、健康のすぐれない鳩山首相の後任が確実視されていたが、遊説中の風邪がもとで急死した。

　　　　＊　　　＊　　　＊

◇緒方竹虎　栗田直樹著　吉川弘文館　2001.3　230p　19cm（人物叢書　新装版）〈肖像あり〉　1800円　①4-642-05222-4
◇緒方竹虎—情報組織の主宰者　栗田直樹著　吉川弘文館　1996.8　292,6p　22cm　6695円　①4-642-03663-6
◇心外無刀—危機時代の指針を示した議会政治家緒方竹虎　鹿嶋海馬著　ケイ.ワイプランニング　1994.1　233p　19cm　〈発売：みき書房　緒方竹虎の肖像あり〉　1200円　①4-89521-268-8
◇総理になれなかった男たち—逆説的指導者論　小林吉弥著　経済界　1991.10　246p　19cm（RYU SELECTION）　1500円　①4-7667-8086-8
◇評伝緒方竹虎—激動の昭和を生きた保守政治家　三好徹著　岩波書店　1990.3　335p　16cm（同時代ライブラリー　14）〈緒方竹虎の肖像あり〉　820円　①4-00-260014-9
◇明治以後の五大記者—兆民・鼎軒・雪嶺・如是閑・竹虎　嘉治隆一著　朝日新聞社　1973　447p　19cm　1200円
◇緒方竹虎　緒方竹虎伝記刊行会編　朝日新聞社　1963　221p　図版　22cm
◇緒方竹虎　嘉治隆一著　時事通信社　1962　288p　図版　18cm（一業一人伝）
◇人間緒方竹虎　高宮太平著　四季社　1958　353p　図版　19cm
◇人間緒方竹虎　高宮太平著　四季社　1958　353p　図版　19cm
◇緒方竹虎　修獣通信編　福岡　修獣通信　1956.5　208p　図版12枚　21cm　〈緒方竹虎の肖像あり〉
◇回想の緒方竹虎　桜井清編　東京と福岡社　1956　191p　肖像　19cm

55年体制

昭和30(1955)年から平成5(1993)年まで続いた、自由民主党と日本社会党が二大政党を成した政治体制。戦後、政党が復活したが、保守政党は分裂・分派を重ね、旧無産政党が合同した日本社会党も講和条約をめぐって左右両派に分裂した。昭和30年に"護憲・反安保"を旗印に社会党が統一、日本最大の政党となった。これに危機感を抱いた保守政党も、自由党と日本民主党が統一、自由民主党を結党した。両党を中心とする体制が40年近く続いたが、社会党が単独過半数の議席を得ることはなく、アメリカやイギリスのように政党間の政権交代を伴う二大政党制とはならなかった。自民党から大量の離党者を出した平成5年の総選挙で非自民連立の細川内閣が成立し、55年体制は崩壊した。

　　　　＊　　　＊　　　＊

◇55年体制の政治—1955～64年　藤本一美, 新谷卓編著　つなん出版　2005.10　273p　21cm（戦後日本政治ハンドブック　第2巻）〈年表あり〉　2800円　①4-901199-43-9

政治

◇55年体制以降の政党政治　北村公彦〔ほか〕編　第一法規　2004.4　546p　22cm　(現代日本政党史録　第5巻)　〈文献あり〉　5000円　Ⓘ4-474-11313-6

◇55年体制後期の政党政治　北村公彦〔ほか〕編　第一法規　2003.12　468p　22cm　(現代日本政党史録　第4巻)　5000円　Ⓘ4-474-11312-8

◇55年体制前期の政党政治　北村公彦〔ほか〕編　第一法規　2003.12　519p　22cm　(現代日本政党史録　第3巻)　5000円　Ⓘ4-474-11311-X

◇一九五五年体制の成立　中北浩爾著　東京大学出版会　2002.12　272,10p　22cm　6500円　Ⓘ4-13-036212-7

◇55年体制下の政治と経済—時事世論調査データの分析　三宅一郎, 西沢由隆, 河野勝著　木鐸社　2001.2　230p　22cm　3500円　Ⓘ4-8332-2302-3

◇「五五年体制」内側からの証言—石橋政嗣回想録　石橋政嗣著　田畑書店　1999.8　248p　20cm　1800円　Ⓘ4-8038-0298-X

◇再軍備と55年体制　植村秀樹著　木鐸社　1995.7　361,8p　22cm　4120円　Ⓘ4-8332-2211-6

◇政治の何を変えるのか—ポスト55年体制への道　仲衛著　中央公論社　1993.12　199p　18cm　(中公新書)　680円　Ⓘ4-12-101162-7

◇日本同時代史　3　五五年体制と安保闘争　歴史学研究会編　青木書店　1990.12　308,14p　20cm　2266円　Ⓘ4-250-90030-4

◇戦後デモクラシーの成立　犬童一男〔ほか〕編　岩波書店　1988.12　342p　19cm　3700円　Ⓘ4-00-001189-8

◇現代政治—1955年以後　升味準之輔著　東京大学出版会　1985.2~3　2冊　19cm　1800円,1900円　Ⓘ4-13-033026-8

◇現代日本の政治構造—55年体制の変容と衆参同時選挙の分析　高橋正則〔ほか〕著　芦書房　1982.6　197p　20cm　1950円

◇五五年体制と日本社会党　梁田浩祺著　ありえす書房　1981.8　297p　19cm　(現代史叢書)　〈『日本社会党』(朋文社昭和31年刊)の改題複製〉　1200円

◇55年体制の形成と崩壊—続・現代日本の政治過程　日本政治学会編　岩波書店　1979.9　394p　21cm　(年報政治学1977年度)　3600円

自由民主党

昭和30年に結党された保守政党。日本社会党の左右両派統一を受け、吉田内閣与党の自由党と鳩山内閣与党の日本民主党が合併(保守合同)して結党。総裁代行委員による集団指導体制の後、31年鳩山一郎が初代総裁に就任。以後、現在まで、細川内閣・羽田内閣の約2年間を除き、政権与党の座にある。

　　　　＊　　　　＊　　　　＊

◇自民党と戦後—政権党の50年　星浩著　講談社　2005.4　190p　18cm　(講談社現代新書)　〈年表あり〉　700円　Ⓘ4-06-149785-5

◇戦後政治の軌跡—自民党システムの形成と変容　蒲島郁夫著　岩波書店　2004.6　440p　20cm　3800円　Ⓘ4-00-023644-X

◇自民党派閥興亡史　土屋繁著　花伝社　2000.2　259p　19cm　〈東京　共栄書房(発売)〉　1800円　Ⓘ4-7634-0351-6

◇自民党—政権党の38年　北岡伸一著　読売新聞社　1995.11　334p　20cm　(20世紀の日本　1)　2000円　Ⓘ4-643-95106-0

◇駕籠に乗る人担ぐ人—自民党裏面史に学ぶ　早坂茂三著　集英社　1994.5　230p　16cm　(集英社文庫)　420円　Ⓘ4-08-748164-6

◇金竹小の金と権力　伊藤博敏著　日本社会党機関紙局　1993.6　63p　21cm　(社会新報ブックレット　2)　500円　Ⓘ4-930886-59-7

◇金竹小とその時代―近聞遠見2　岩見隆夫著　毎日新聞社　1992.12　269p　20cm　1500円　①4-620-30908-7

◇自由民主党再生論―派閥の課題検証　政経総研　1992.8　481p　27cm　〈発売：政経資料協会〉　50000円

◇自由民主党のあゆみ　平成3年版　保守合同から海部内閣まで　自由民主党広報委員会出版局編　自由民主党広報委員会出版局　1991.8　215p　18cm　400円

◇自民党派閥　本沢二郎著　ぴいぷる社　1990.8　365p　20cm　1500円　①4-89374-044-X

◇一党支配体制の崩壊　山口二郎著　岩波書店　1989.11　278p　19cm　（シリーズ「日本の政治」）　1800円　①4-00-003471-5

◇自民単独支配の終焉―総括・リクルート政局　国正武重編　岩波書店　1989.10　224p　19cm　1000円　①4-00-002673-9

◇総理大臣の権力と陰謀　神一行著　大陸書房　1989.8　219p　18cm　740円　①4-8033-2062-4

◇自民党―長期支配の構造　石川真澄, 広瀬道貞著　岩波書店　1989.3　283p　19cm　（シリーズ「日本の政治」）　1800円　①4-00-003463-4

◇戦国自民党―権力の椅子に座るのはこの男だ　これから10年　伊藤昌哉, 福岡政行著　第一企画出版　1988.3　301p　20cm　1500円　①4-924719-50-1

◇「族議員」の研究―自民党政権を牛耳る主役たち　猪口孝, 岩井奉信著　日本経済新聞社　1987.4　309p　20cm　1600円　①4-532-09440-2

◇「族」の研究―政・官・財を牛耳る政界実力者集団の群像　板垣英憲著　経済界　1987.3　246p　19cm　（Ryu selection）　1300円　①4-7667-8025-6

◇自由民主党党史　自由民主党　1987.1　3冊　27cm　〈「党史編」「証言・写真編」「資料編」に分冊刊行〉　全200000円

◇国会「議員族」―自民党「政調」と霞ケ関　湯浅博著　〔東村山〕　教育社　1986.8　201p　18cm　（入門新書）　980円　①4-315-50380-0

◇自民党総裁選　小堺昭三著　角川書店　1986.7　351p　15cm　（角川文庫）　460円　①4-04-149608-X

◇自民党―転換期の権力　毎日新聞政治部著　角川書店　1986.2　295p　15cm　（角川文庫）　420円　①4-04-163602-7

◇自民党戦国史　伊藤昌哉著　朝日新聞社　1985.9　3冊　15cm　（朝日文庫）〈『実録自民党戦国史』（朝日ソノラマ昭和57年刊）の改題〉　400～460円　①4-02-260342-9

◇自民党―金権の構図　毎日新聞政治部著　角川書店　1985.8　213p　15cm　（角川文庫）　300円　①4-04-163601-9

◇派閥再編とニューリーダー―新・合従連衡の時代　江口伸幸著　〔東村山〕　教育社　1985.5　181p　18cm　（入門新書）　980円　①4-315-50141-7

◇ザ・自民党―長期政権の秘密　足立利昭著　翼書院　1984.11　317p　19cm　1500円　①4-924475-11-4

◇自民党―この不思議な政党　居安正著　講談社　1984.10　213p　18cm　（講談社現代新書）　450円　①4-06-145747-0

◇自民党政調会　日本経済新聞社編　日本経済新聞社　1983.10　234p　19cm　980円　①4-532-09324-4

◇派閥　内田健三著　講談社　1983.10　189p　18cm　（講談社現代新書）　420円　①4-06-145707-1

◇新・自民党戦国史　伊藤昌哉著　朝日ソノラマ　1983.9　238p　20cm　1200円　①4-257-03171-9

◇Look！自民党春秋戦国史　高瀬広居編　山手書房　1983.8　118p　28cm　960円

◇一寸先の闇―三角大福中の十年　田中国夫著　共同通信社　1983.3　302p　20cm　1300円　①4-7641-0122-X

政治

◇The自民党大事典―83年政界大爆発を予言する　楓元夫編著　現代史出版会　1983.3　236p　18cm　(Tokuma books)〈発売：徳間書店〉　680円　Ⓘ4-19-812700-X

◇乱兆―自民党の命脈　千田恒著　日本工業新聞社　1982.11　334p　19cm　(Ohtemachi books)　1500円　Ⓘ4-8191-0538-8

◇党づくり二十年―自民党東京都連の回顧　高本毅著　都議会新聞社　1982.8　398p　19cm　3000円

◇国民政治協会二十年史　国民政治協会　1981.9　106p　19cm

◇自由民主党二十年の歩み　自由民主党　1975.12　808p　図版49枚　31cm

◇献金金脈　三鬼陽之助著　講談社　1975　262p　19cm　750円

◇自民党―保守権力の構造　朝日新聞社　1970　333p　19cm　〈昭和45年5月12日から10月11日まで『朝日新聞』に連載されたもの〉　480円

◇自民党　N.B.セイヤー著，小林克巳訳　雪華社　1968　283p　19cm　(日本を動かす組織・シリーズ)　530円

◇日本の支配政党・自由民主党　ラティシェフ著，塩谷政治経済研究会訳　塩谷政治経済研究会，ボクス・ジャポニカ社(発売)　1968　205p　図版　22cm　〈監修者：塩谷一夫〉　500円

◇現代日本の政党と官僚―保守合同以後　日本政治学会編　岩波書店　1967　205p　22cm　(年報政治学　1967年度)　650円

◇吉田内閣打倒から自由民主党の出現まで　広瀬隆基編　実業之世界社　1956　153p　図版　19cm　〈野依秀市言論活動五十年記念出版〉

日本社会党

戦後に発足した社会主義政党。終戦後の昭和20年、戦前の無産政党の勢力が大同団結し日本社会党を結党。22年の日本国憲法下で最初の総選挙では第1党となり、片山内閣を組閣。しかし左右両派の対立から総辞職に追い込まれる。講和条約をめぐり26年左右両派に分裂の後、30年に統一。55年体制の一翼を担ったが政権は獲得できなかった。平成5年の総選挙後、細川内閣で連立与党となり、翌年には自民党・新党さきがけとの3党連立で村山内閣が成立。8年党名を社会民主党と改めるが、次第に勢力は小さくなり現在に至っている。

　　　　＊　　　＊　　　＊

◇日本社会党―その組織と衰亡の歴史　岡田一郎著　新時代社　2005.4　267p　21cm　〈文献あり　年表あり〉　2200円　Ⓘ4-7874-9106-7

◇日本社会党―戦後革新の思想と行動　山口二郎，石川真澄編　日本経済評論社　2003.10　247p　22cm　〈文献あり〉　2800円　Ⓘ4-8188-1550-0

◇検証日本社会党はなぜ敗北したか―五五年体制下の安全保障論争を問う　水野均著　並木書房　2000.12　198p　20cm　1800円　Ⓘ4-89063-131-3

◇戦後史のなかの日本社会党―その理想主義とは何であったのか　原彬久著　中央公論新社　2000.3　373p　18cm　(中公新書)　980円　Ⓘ4-12-101522-3

◇日本社会党50年の盛衰―護憲・九条の党で平和な世界を　馬場昇著　熊本　熊本日日新聞情報文化センター(製作)　1999.11　355p　22cm　2381円　Ⓘ4-87755-060-7

◇日本社会党史　日本社会党五〇年史編纂委員会編　社会民主党全国連合　1996.9　1241p　27cm　30000円　Ⓘ4-89089-002-5

◇社会党の50年―歴史的な役割とこれから　石川真澄，安東仁兵衛〔述〕　日本社会党機関紙局　1995.8　63p　21cm　(社会新報ブックレット　32)　〈著者の肖像あり〉　600円　Ⓘ4-930886-98-8

◇日本社会党興亡史　上住充弘著　自由社　1992.9　630p　22cm　〈著者の肖像あり〉　5000円　⓪4-915237-09-5

◇土井社会党—政権を担うとき　大内秀明〔ほか〕著　明石書店　1989.12　217p　19cm　1600円

◇社会党—万年野党から抜け出せるか　高畠通敏編　岩波書店　1989.11　277p　19cm　（シリーズ「日本の政治」）　1600円　⓪4-00-003474-X

◇結党四十年・日本社会党　飯塚繁太郎〔ほか〕著　行政問題研究所出版局　1985.11　554p　20cm　〈付（別冊16p 19cm）：日本社会党新宣言（案）〉　2500円　⓪4-905786-50-9

◇日本社会党歴代委員長の思い出—亡くなられた委員長をしのぶ　日本社会党前議員会編　日本社会党前議員会　1985.4　536p　27cm　〈発売：総評資料頒布会〉　19000円

◇戦後社会党の担い手たち　田村祐造著　日本評論社　1984.2　430p　20cm　2500円

◇危機に立つ社会党　吉岡吉典著　新日本出版社　1982.6　334p　20cm　1700円

◇五五年体制と日本社会党　梁田浩祺著　ありえす書房　1981.8　297p　19cm　（現代史叢書）　〈『日本社会党』（朋文社昭和31年刊）の改題複製〉　1200円

◇日本社会党30年のあゆみ—写真集　日本社会党結党30周年記念事業実行委員会編　日本社会党教宣局　1975　127p　19cm　〈日本社会党30周年記念〉

◇戦後日本社会党私記　松井政吉著　自由社　1972　271p　肖像　18cm　（自由選書）

◇日本社会党史　小山弘健，清水慎三編著　芳賀書店　1965　379p　19cm

◇日本社会党史　日本社会党史編纂会編　日本社会党史編纂会　1962　2冊　31cm

◇日本の革新勢力—政治学的にみた社会党と総評　田口富久治著　弘文堂　1961　226p　20cm

◇日本社会党十年史　山崎広著　内外政治研究会　1956　262p　18cm

◇日本の二大政党　猪木正道編　京都　法律文化社　1956　317p　19cm　（新文化選書　第26）

◇日本社会党のあゆみ—その理論と実践　向坂逸郎編　蒼樹社　1955　230p　18cm

石橋　湛山

明治17（1884）.9.25～昭和48（1973）.4.25
ジャーナリスト・政治家。身延山久遠寺法主の子に生まれる。早稲田大学卒業後、東洋経済新報社に入社。自由主義・小日本主義に立つジャーナリストとして戦時中も活動。戦後は昭和21年第1次吉田内閣の蔵相の後、翌年衆議院議員となり以後当選6回。29年日本民主党結成に加わり、31年決選投票の末に岸信介を破り自民党総裁となり首相に就任。しかし病を得て国会に出席できないことを理由に就任2カ月で総辞職した。その後も中国・ソ連との親善に尽力。また立正大学学長を務めた。

＊　　＊　　＊

◇石橋湛山—信念を背負った言説　石村柳三著　高文堂出版社　2004.12　220p　19cm　〈肖像あり〉　1714円　⓪4-7707-0726-6

◇気概の人　石橋湛山　小島直記著　東洋経済新報社　2004.9　498p　19cm　〈『異端の言説・石橋湛山』改題書〉　2300円　⓪4-492-06137-1

◇湛山除名—小日本主義の運命　佐高信著　岩波書店　2004.9　337p　15cm　（岩波現代文庫　社会）　〈「孤高を恐れず」（講談社刊）の増補　文献あり〉　1100円　⓪4-00-603098-3

◇日本リベラルと石橋湛山—いま政治が必要としていること　田中秀征著　講談社　2004.6　238p　19cm　（講談社選書メチエ　302）　〈年譜あり　文献あり〉　1500円　⓪4-06-258302-X

政治

◇石橋湛山の戦後—引き継がれゆく小日本主義　姜克実著　東洋経済新報社　2003.11　380,6p　20cm　〈年譜あり〉　3200円　Ⓘ4-492-06135-5

◇横手時代の石橋湛山　川越良明著　秋田無明舎出版　2003.6　165p　20cm　〈年譜あり〉　1500円　Ⓘ4-89544-337-X

◇石橋湛山—占領政策への抵抗　増田弘著　草思社　2003.5　241,30p　19cm（Ondemand collection）〈1988年刊を原本としたオンデマンド版　文献あり　年譜あり〉　2300円　Ⓘ4-7942-9017-9

◇石橋湛山日記—昭和20-31年　上　石橋湛山著,石橋湛一,伊藤隆編　みすず書房　2001.3　472p　20cm　〈肖像あり〉Ⓘ4-622-03677-0,4-622-03676-2

◇石橋湛山日記—昭和20-31年　下　石橋湛山著,石橋湛一,伊藤隆編　みすず書房　2001.3　475～872,42p　20cm　Ⓘ4-622-03678-9

◇戦う石橋湛山　半藤一利著　新版　東洋経済新報社　2001.2　314p　20cm　1700円　Ⓘ4-492-06123-1

◇石橋湛山と小国主義　井出孫六著　岩波書店　2000.5　61p　21cm　〈岩波ブックレット　no.510〉〈肖像あり〉　440円　Ⓘ4-00-009210-3

◇政治的良心に従います—石橋湛山の生涯　江宮隆之著　河出書房新社　1999.8　262p　20cm　1600円　Ⓘ4-309-01300-7

◇新・代表的日本人　佐高信編著　小学館　1999.6　314p　15cm　〈小学館文庫〉590円　Ⓘ4-09-403301-7

◇孤高を恐れず—石橋湛山の志　佐高信著　講談社　1998.2　314p　15cm　〈講談社文庫〉〈「良日本主義の政治家いま、なぜ石橋湛山か」（東洋経済新報社1994年刊）の改題〉　686円　Ⓘ4-06-263699-9

◇石橋湛山—湛山回想　石橋湛山著　日本図書センター　1997.12　320p　20cm　〈人間の記録　47〉〈肖像あり〉　1800円　Ⓘ4-8205-4290-7,4-8205-4283-4

◇人間・出会いの研究　小島直記著　新潮社　1997.9　231p　15cm　〈新潮文庫〉400円　Ⓘ4-10-126215-2

◇戦う石橋湛山—昭和史に異彩を放つ屈伏なき言論　半藤一利著　東洋経済新報社　1995.7　284p　20cm　1500円　Ⓘ4-492-06075-8

◇石橋湛山—リベラリストの真髄　増田弘著　中央公論社　1995.5　270p　18cm（中公新書）〈石橋湛山の肖像あり〉780円　Ⓘ4-12-101243-7

◇石橋湛山—自由主義の背骨　姜克実著　丸善　1994.11　213p　18cm　〈丸善ライブラリー　141〉　640円　Ⓘ4-621-05141-5

◇良日本主義の政治家—いま、なぜ石橋湛山か　佐高信著　東洋経済新報社　1994.11　298p　20cm　〈石橋湛山の肖像あり〉　1400円　Ⓘ4-492-21066-0

◇湛山座談　石橋湛山著　岩波書店　1994.2　211p　16cm　（同時代ライブラリー　173）　900円　Ⓘ4-00-260173-0

◇抵抗の系譜—福沢諭吉・中江兆民・河上肇・石橋湛山　正田庄次郎著　近代文芸社　1993.9　197p　20cm　1300円　Ⓘ4-7733-2078-8

◇侮らず、干渉せず、平伏さず—石橋湛山の対中国外交論　増田弘著　草思社　1993.6　246p　20cm　2200円　Ⓘ4-7942-0510-4

◇若き日の石橋湛山—歴史と人間と教育と　浅川保著　近代文芸社　1993.5　187p　20cm　〈石橋湛山の肖像あり〉　1500円　Ⓘ4-7733-1923-2

◇石橋湛山の思想史的研究　姜克実著　早稲田大学出版部　1992.12　515,11p　22cm　9800円　Ⓘ4-657-92047-2

◇石橋湛山—文芸・社会評論家時代　上田博著　三一書房　1991.11　228p　20cm　2100円　Ⓘ4-380-91236-1

◇石橋湛山評論集　松尾尊兌編　岩波書店　1991.1　313p　19cm　〈ワイド版岩波文庫〉　1000円　Ⓘ4-00-007005-3

◇石橋湛山　斎藤栄三郎著　巌南堂書店　1990.6　175p　19cm　〈石橋湛山の肖像あり〉　2575円

◇石橋湛山研究—「小日本主義者」の国際認識　増田弘著　東洋経済新報社　1990.6　322p　22cm　4000円　④4-492-06053-7

◇石橋湛山評論選集　東洋経済新報社　1990.6　498p　22cm　〈著者の肖像あり〉　4800円　④4-492-06052-9

◇石橋湛山占領政策への抵抗　増田弘著　草思社　1988.1　241,30p　20cm　2200円　④4-7942-0302-0

◇石橋湛山—一自由主義政治家の軌跡　筒井清忠著　中央公論社　1986.6　434p　20cm　（中公叢書）〈石橋湛山の肖像あり〉　1650円　④4-12-001485-1

◇言論は日本を動かす　第1巻　近代を考える　内田健三ほか編　三谷太一郎編　講談社　1986.1　315p　20cm　1800円　④4-06-188941-9

◇石橋政権・七十一日　石田博英著　行政問題研究所出版局　1985.12　282p　20cm　2000円　④4-905786-49-5

◇湛山回想　石橋湛山著　岩波書店　1985.11　436,5p　15cm　（岩波文庫）〈著者の肖像あり〉　600円

◇異端の言説・石橋湛山　小島直記著　新潮社　1978.5　2冊　20cm　各980円

◇湛山日記—昭和20〜22年　石橋湛山著　石橋湛山記念財団　1974.4　254p　19cm　〈肖像あり〉

◇石橋湛山—人と思想　長幸男編　東洋経済新報社　1974　292p　肖像　19cm　〈国作りに地の塩（岡義武）他48篇を収録〉　1600円

◇石橋湛山—一自由主義者の歩み　写真譜　石橋湛山全集編纂委員会編　東洋経済新報社　1973　110p　22cm

◇石橋湛山　志村秀太郎著　東明社　1966　270p　図版　19cm　800円

◇名峰湛山—石橋書簡のあとさき　湛山会編　一二三書房　1957　381p　図版　19cm

◇私の履歴書　〔第1集〕,2‐6　日本経済新聞社編　1957-58　6冊　19cm

◇石橋財政　石橋湛山著　東洋経済新報社　1952　82p　図版　19cm

岸 信介

明治29（1896）.11.13〜昭和62（1987）.8.7
官僚・政治家。山口県生まれ。佐藤栄作の兄。農商務省に入り、満州国で国務院実業部長となり、軍部・財界の知己を得る。16年東条内閣の商工相。17年翼賛選挙で当選。戦後、A級戦犯として逮捕されるが、不起訴となる。28年政界復帰。日本民主党幹事長、保守合同後の自民党幹事長を経て、石橋首相病気辞任を受け32年首相に就任。35年、反対運動が渦巻く中、日米安保条約改定を強行の後、総辞職。退任後も保守政治家の長老として、憲法改正運動などで影響力を持ち"昭和の妖怪"と呼ばれた。

＊　　＊　　＊

◇満州裏史—甘粕正彦と岸信介が背負ったもの　太田尚樹著　講談社　2005.11　471p　20cm　〈文献あり〉　2000円　④4-06-213200-1

◇岸信介政権と高度成長　中村隆英, 宮崎正康編　東洋経済新報社　2003.4　294p　22cm　3600円　④4-492-37098-6

◇岸信介証言録　岸信介〔述〕, 原彬久編　毎日新聞社　2003.4　421p　20cm　〈年譜あり〉　2800円　④4-620-31622-9

◇昭和の巨魁岸信介と日米関係通史　高橋正則著　三笠書房　2000.8　269p　20cm　2500円　④4-8379-1844-1

◇列伝・日本近代史—伊達宗城から岸信介まで　楠精一郎著　朝日新聞社　2000.5　307,17p　19cm　（朝日選書　652）　1400円　④4-02-259752-6

◇岸信介—昭和の革命家　岩見隆夫著　学陽書房　1999.4　310p　15cm　（人物文

政治

庫）〈「昭和の妖怪/岸信介」（朝日ソノラマ1994年刊）の増補〉　660円　①4-313-75086-X

◇日本官僚史！―驚きのエピソードで綴る官僚たちの歴史　広見直樹著　ダイヤモンド社　1997.7　221p　19cm　（日本経済100年 They created Japan）　1300円　①4-478-22002-6

◇岸信介　塩田潮著　講談社　1996.8　373p　20cm　1900円　①4-06-208057-5

◇戦後50年その時日本は　第1巻　国産乗用車・ゼロからの発進、60年安保と岸信介・秘められた改憲構想　NHK取材班著　日本放送出版協会　1995.6　387p　20cm　（NHKスペシャル）　1900円　①4-14-080208-1

◇岸信介―権勢の政治家　原彬久著　岩波書店　1995.1　243,5p　18cm　（岩波新書）　620円　①4-00-430368-0

◇新版　昭和の妖怪・岸信介　岩見隆夫著　朝日ソノラマ　1994.6　259p　19cm　1400円　①4-257-03390-8

◇呪術が動かした日本史―聖徳太子から岸信介まで権力者が頼った闇の力　武光誠著　ネスコ　1991.7　237p　20cm　〈発売：文芸春秋〉　1400円　①4-89036-817-5

◇人間岸信介波瀾の九十年　岸信介伝記編纂委員会編　岸信介遺徳顕彰会　1989.7　294p　31cm　〈岸信介の肖像あり〉

◇戦後政治13の証言―政治記者取材メモから　堀越作治著　朝日新聞社　1989.6　242p　19cm　1200円　①4-02-255990-X

◇故岸信介内閣・自由民主党合同葬儀記録　内閣総理大臣官房　1988.3　422p　図版36枚　22cm

◇日本宰相列伝　20　岸信介　細川隆一郎著　時事通信社　1986.1　214p　19cm　〈監修：細川隆元　岸信介の肖像あり〉　1400円　①4-7887-8570-6

◇岸政権・一二四一日　大日向一郎著　行政問題研究所出版局　1985.7　368p　20cm　2000円　①4-905786-45-2

◇昭和の宰相　第5巻　岸信介と保守暗闘　戸川猪佐武著　講談社　1985.7　303p　15cm　（講談社文庫）　480円　①4-06-183551-3

◇岸信介回顧録―保守合同と安保改定　岸信介著　広済堂出版　1983.11　643p　23cm　〈著者の肖像あり〉　3800円

◇我が青春―生い立ちの記 思い出の記　岸信介著　広済堂出版　1983.11　218p　19cm　〈著者の肖像あり〉　950円

◇巨魁―岸信介研究　岩川隆著　徳間書店　1982.10　284p　16cm　（徳間文庫）　340円　①4-19-597372-4

◇二十世紀のリーダーたち　岸信介著　サンケイ出版　1982.8　221p　20cm　〈著者の肖像あり〉　1500円

◇岸信介の回想　岸信介〔ほか〕著　文芸春秋　1981.6　403,6p　20cm　〈岸信介の肖像あり〉　1800円

◇昭和の妖怪岸信介　田尻育三著　学陽書房　1979.5　225p　20cm　980円

◇黒幕研究　2　岸信介・松前重義・長田庄一　高田清〔ほか〕著　新国民社　1977.12　264p　19cm　1100円

◇日本の進路　岸信介述　自由民主同志会　1968.3　102p　21cm　〈肖像あり〉

◇私の履歴書　第8集　日本経済新聞社編　1959　325p　19cm

◇岸信介伝　吉本重義著　東洋書館　1957　338p　図版　19cm

浅沼稲次郎刺殺事件

昭和35年10月12日、浅沼稲次郎社会党委員長が右翼少年に刺殺された事件。浅沼稲次郎は清貧純朴な人柄とバイタリティあふれる風貌・行動力で国民的人気があったが、34年に訪中した折に「アメリカ帝国主義は日中両人民の敵」と発言、右翼の反発を買っていた。総選挙を前に開かれた3党首立会演説会で演説中、壇上に駆け上がった17歳の右翼少年・山口二矢に腹部を

刺され絶命した。山口は逮捕後に少年鑑別所で首吊り自殺した。死後、テロを非難する集会には44万人が参加した。

＊　　＊　　＊

◇浅沼稲次郎—人間機関車　豊田穣著　学陽書房　2004.1　558p　15cm　（人物文庫）　960円　①4-313-75172-6
◇浅沼稲次郎—私の履歴書ほか　浅沼稲次郎著　日本図書センター　1998.8　211p　20cm　（人間の記録　72）〈肖像あり　年譜あり〉　1800円　①4-8205-4317-2,4-8205-4305-9
◇人間機関車・浅沼稲次郎　豊田穣著　講談社　1991.4　482p　19cm　1800円　①4-06-205244-X
◇テロルの決算　沢木耕太郎著　文芸春秋　1982.9　323p　16cm　（文春文庫）　360円　①4-16-720904-7
◇劇画・ヌマさん物語—人間・浅沼稲次郎伝　森哲郎著　満江紅　1979.9　142p　22cm　900円
◇浅沼稲次郎小伝　鶴崎友亀著　たいまつ社　1979.1　214p　17cm　（たいまつ新書）　680円
◇激動期の日本社会運動史—賀川豊彦・麻生久・浅沼稲次郎の軌跡　三宅正一著　現代評論社　1973　293p　20cm　950円
◇浅沼稲次郎 その人・その生涯　大曲直著　至誠堂　1961　250p　図版　19cm
◇人間機関車ヌマさんの記録 驀進　浅沼追悼出版編集委員会編　日本社会党機関紙局　1961　357p　27cm
◇忘れえぬ人々　鈴木茂三郎　中央公論社　1961　194p　図版　20cm
◇私の履歴書　〔第1集〕,2-6　日本経済新聞社編　1957-58　6冊　19cm
◇わが言論闘争録—日本の完全独立と平和のために　浅沼稲次郎著　社会思潮社　1953
◇戦後人物論　荒垣秀雄著　八雲書店　1948　2版　264p　18cm

民主社会党

　中道右派の政党。昭和34年、安保闘争の運動方針をめぐり、日本社会党から右派の西尾末広派・河上丈太郎派が相次いで離党、35年1月に民主社会党を結成。初代委員長は西尾末広。55年体制の下は中道勢力として活動した。44年、民社党と改称。平成6年、新進党の結成に伴い解散した。

＊　　＊　　＊

◇民社党はどこへ—信なき日本の政治を斬る!!　塚本三郎著　読売新聞社　1994.11　220p　20cm　〈著者の肖像あり〉　1600円　①4-643-94106-5
◇民社党史　民社党史刊行委員会　1994.10　2冊　29cm　〈「本篇」「資料編」に分冊刊行〉　各30000円
◇民社党政策ハンドブック　平成5年版　民社党政策審議会編　民社党広報局　1993.2　436p　21cm　1800円
◇民社党政策ハンドブック　1989　民社党政策審議会編　民社党教宣局　1988.12　392p　21cm　〈書名は奥付による　標題紙等の書名：民社党政策ハンドブックQ&A〉　1500円
◇民社党政策ハンドブック　1981年　民社党政策審議会編　民社党教宣局　1981.10　619p　19cm　1200円
◇不屈不撓の二十年—結党20年史　大橋醇吉著　新潟　民社党新潟県支部連合会　1980.10　228p　26cm
◇風雪二十年史　民社党北海道連合会編　札幌　民社党北海道連合会　1980.4　175p　27cm
◇民社党—中道連合の旗を振る「責任政党」　石上大和著　〔東村山〕　教育社　1978.12　142p　18cm　（入門新書）　400円
◇民社党政策ハンドブック　1979年　民社党政策審議会編集　民社党教宣局　1978.12　450p　18cm　（民社党政策シリーズ）

政治

〈「1979年」の副書名：民社党の政策を知る154問答集〉　1000円
◇民社党十五周年史　楳本捨三著　新国民出版社　民社党十五周年史頒布会（発売）　1974　524p（図共）　27cm　16000円
◇民社党政策ハンドブック―党員必携の135問答集　新版　民社党教宣局　1974　368p　18cm　〈共同編集：民社党政策審議会,民社党教宣局〉　500円
◇改革者西尾末広―自由に生きる真の革新　遠藤欣之助著　根っこ文庫太陽社　1972　227p　19cm
◇民社党―その理論と行動　日本共産党中央委員会出版局編　日本共産党中央委員会機関紙経営局　1972　310p　19cm　580円
◇民社党論―その理念と体質　高橋彦博著　新日本出版社　1972　186p　18cm　（新日本新書）　260円
◇民社党政策ハンドブック―党員必携の100問答集　昭和44年版　民社党教宣局　1969　241p　18cm　〈共同編集：民社党政策審議会,民社党教宣局〉　250円
◇社会、公明、民社―その体質と政策　日本共産党中央委員会出版部　1968　117p　18cm　140円
◇社会党・民社党　中野達雄,飯塚繁太郎著　雪華社　1968　271p　19cm　（日本を動かす組織シリーズ）　530円
◇新党への道　西尾末広著,中村菊男編　論争社　1960　226p　19cm

池田 勇人

明治32（1899）.12.3～昭和40（1965）.8.13
　官僚・政治家。大蔵省に入り、昭和21年第1次吉田内閣の石橋湛山蔵相の下で事務次官。24年衆議院議員となり、以後当選7回。吉田茂の側近として、第3次内閣で蔵相。25年サンフランシスコ平和条約調印に同行。27年通産相のとき"貧乏人は飯を食え"発言で閣僚を辞任。35年岸内閣総辞職を受け首相に就任。「寛容と忍耐」の姿勢と所得倍増計画を打ち出し、高度経済成長路線を推進した。東京オリンピック開催を花道にガンのため辞職し、翌年死去した。

＊　　　＊　　　＊

◇1960　沢木耕太郎著　文芸春秋　2004.6　510p　19cm　（沢木耕太郎ノンフィクション　7）〈文献あり〉　1905円　①4-16-364910-7
◇小説池田学校　浅川博忠著　講談社　2000.7　307p　15cm　（講談社文庫）　590円　①4-06-264893-8
◇夢を駆けた男たち―栄光のためでなく　八木荘司著　新潮社　1997.11　280p　19cm　1500円　①4-10-419801-3
◇ガンと戦った昭和史―塚本憲甫と医師たち　塚本哲也著　文芸春秋　1995.6　632p　16cm　（文春文庫）　700円　①4-16-757401-2
◇花も嵐も―宰相池田勇人の男の本懐　小林吉弥著　講談社　1989.5　250p　20cm　〈池田勇人の肖像あり〉　1300円　①4-06-204404-8
◇宰相夫人の昭和史　上坂冬子著　文芸春秋　1988.9　285p　19cm　1200円　①4-16-342550-0
◇山より大きな猪―高度成長に挑んだ男たち　上前淳一郎著　講談社　1986.4　504p　19cm　1600円　①4-06-202657-0
◇日本宰相列伝　21　池田勇人　伊藤昌哉著　時事通信社　1985.11　250p　19cm　〈監修：細川隆元　池田勇人の肖像あり〉　1400円　①4-7887-8571-4
◇池田勇人とその時代　伊藤昌哉著　朝日新聞社　1985.8　345p　15cm　（朝日文庫）〈『池田勇人その生と死』（至誠堂昭和41年刊）の改題　池田勇人および著者の肖像あり〉　500円　①4-02-260339-9
◇池田政権・1575日―高度成長と共に安保からオリンピックまで　吉村克己著　行政問題研究所出版局　1985.5　427p　20cm　2000円　①4-905786-43-6

◇聞書池田勇人―高度成長政治の形成と挫折　塩口喜乙著　朝日新聞社　1975　294p　19cm　700円

◇池田さんを偲ぶ　池田会編　財務出版　1968.5　207p　22cm　〈池田勇人の肖像あり〉

◇随筆池田勇人―敗戦と復興の現代史　林房雄著　サンケイ新聞社出版局　1968　539p　図版　19cm　580円

◇池田勇人先生を偲ぶ　松浦周太郎, 志賀健次郎　1967　248p　図　肖像　22cm

◇人間池田勇人　土師二三生著　講談社　1967　389p　20cm　480円

◇池田勇人その生と死　伊藤昌哉著　至誠堂　1966　288p　図版　20cm

◇池田勇人その生と死　伊藤昌哉著　至誠堂　1966　288p　図版　20cm　430円

◇池田内閣誕生まで　三康文化研究所　1960 3版　122p　図版　19cm

三無事件

昭和36年に発覚したクーデター未遂事件。60年安保闘争後の左翼勢力の拡大を危惧し、国会占拠、閣僚監禁・暗殺、報道管制、戒厳令を経て臨時政府樹立、を計画していたとされる。「無失業、無税金、無戦争の三無主義による国家革新」を図る主張から三無事件と呼ばれる。12月12日に関係箇所を一斉捜索、首謀者の川南豊作はじめ旧日本軍将校、旧陸軍士官学校生など13人を逮捕。中には五・一五事件で犬養首相を襲撃した三上卓元中尉も含まれていた。この事件で破壊活動防止法を初めて適用して起訴され、8人が有罪となった。

＊　　　＊　　　＊

◇三島事件と類似の「三無事件」　宇都宮忠著　大阪　新風書房　2002.12　113p　19cm　1000円　④4-88269-511-1

◇戦後政治裁判史録　3　田中二郎〔ほか〕編集　第一法規出版　1980.10　486p　22cm　3300円

佐藤 栄作

明治34(1901).3.27～昭和50(1975).6.3
政治家。山口県生まれ。岸信介は兄。運輸省を経て、昭和23年第2次吉田内閣の官房長官となる。翌24年衆議院議員となり、以後当選10回。吉田内閣の下で郵政省、建設省、自由党幹事長を歴任。29年造船疑獄では指揮権発動で逮捕を免れる。第2次岸内閣の蔵相、第2次池田内閣の通産省などを経て、39年池田首相の病気辞任で後任に指名され首相に就任。高度経済成長の下、戦後最長の7年8カ月の長期政権を担う。40年日韓基本条約を締結し韓国と国交を樹立。42年非核三原則を表明。その後、「沖縄が祖国に返らなければ日本の戦後は終らない」と沖縄返還交渉にあたり、47年に祖国復帰を実現した。返還を花道に同年辞任。49年非核三原則などの核政策によりノーベル平和賞を受賞した。

＊　　　＊　　　＊

◇佐藤栄作　衛藤瀋吉著　東方書店　2003.12　282p　22cm　（衛藤瀋吉著作集　第10巻）〈文献あり　年譜あり〉　4200円　④4-497-20311-5

◇楠田実日記―佐藤栄作総理首席秘書官の二〇〇〇日　楠田実著, 和田純, 五百旗真編　中央公論新社　2001.9　981,22p　20cm　〈肖像あり〉　9000円　④4-12-003160-8

◇佐藤栄作日記　第6巻　佐藤栄作著, 伊藤隆監修　朝日新聞社　1999.4　392,104p　20cm　〈肖像あり〉　5900円　④4-02-257146-2

◇戦後政治裏面史―「佐藤栄作日記」が語るもの　堀越作治著　岩波書店　1998.12　319p　20cm　2400円　④4-00-023608-3

◇佐藤栄作日記　第1巻　佐藤栄作著, 伊藤隆監修　朝日新聞社　1998.11　564,22p　20cm　〈肖像あり〉　5900円　④4-02-257141-1

◇佐藤栄作日記　第3巻　佐藤栄作著, 伊藤隆監修　朝日新聞社　1998.7　558,23p

政治

20cm 〈肖像あり〉 5900円 ⓉI4-02-257143-8

◇佐藤栄作日記 第2巻 佐藤栄作著, 伊藤隆監修 朝日新聞社 1998.2 526,22p 20cm 〈肖像あり〉 5900円 ⓉI4-02-257142-X

◇佐藤栄作日記 第5巻 佐藤栄作著, 伊藤隆監修 朝日新聞社 1997.10 531,24p 20cm 〈肖像あり〉 5900円 ⓉI4-02-257145-4

◇佐藤栄作日記 第4巻 朝日新聞社 1997.6 496,20p 20cm 〈監修：伊藤隆 著者の肖像あり〉 5900円 ⓉI4-02-257144-6

◇自由を守り平和に徹した佐藤栄作 佐藤栄作写真集制作委員会編 佐藤栄作写真集制作委員会 1992.5 258p 31cm 〈おもに図〉

◇戦後政治13の証言―政治記者取材メモから 堀越作治著 朝日新聞社 1989.6 242p 19cm 1200円 ⓉI4-02-255990-X

◇正伝佐藤栄作 山田栄三著 新潮社 1988.10 2冊 20cm 〈佐藤栄作の肖像あり〉 各2400円 ⓉI4-10-370701-1

◇正伝 佐藤栄作 上 山田栄三著 新潮社 1988.10 457p 19cm 2400円 ⓉI4-10-370701-1

◇正伝 佐藤栄作 下 山田栄三著 新潮社 1988.10 469p 19cm 2400円 ⓉI4-10-370702-X

◇宰相夫人の昭和史 上坂冬子著 文芸春秋 1988.9 285p 19cm 1200円 ⓉI4-16-342550-0

◇佐藤内閣回想 千田恒著 中央公論社 1987.4 248p 18cm （中公新書） 580円 ⓉI4-12-100835-9

◇佐藤栄作 衛藤瀋吉著 時事通信社 1987.3 283p 19cm （日本宰相列伝 22） 1400円 ⓉI4-7887-8572-2

◇日本宰相列伝 22 佐藤栄作 衛藤瀋吉著 時事通信社 1987.3 283p 19cm 〈監修：細川隆元 佐藤栄作の肖像あり〉 1400円 ⓉI4-7887-8572-2

◇昭和の宰相 第6巻 佐藤栄作と高度成長 戸川猪佐武著 講談社 1985.8 320p 15cm （講談社文庫） 480円 ⓉI4-06-183572-6

◇佐藤寛子の宰相夫人秘録 佐藤寛子著 朝日新聞社 1985.5 364p 15cm （朝日文庫） 〈著者の肖像あり〉 480円 ⓉI4-02-260319-4

◇忍魁・佐藤栄作研究 岩川隆著 徳間書店 1984.2 220p 16cm （徳間文庫） 280円 ⓉI4-19-597599-9

◇佐藤政権・二七九七日 楠田実編著 行政問題研究所出版局 1983.12 2冊 20cm 各1800円

◇宰相佐藤栄作 宮崎吉政著 新産業経済研究会 1980.12 278p 20cm 〈発売：原書房 佐藤栄作の肖像あり〉 1500円 ⓉI4-562-01092-4

◇故佐藤栄作国民葬儀記録 総理府編 内閣総理大臣官房 1976 372p 図18枚 22cm

◇佐藤栄作ノーベル平和賞1974受賞記念講演集 佐藤栄作後援会〔訳・編〕 〔田布施町(山口県)〕 佐藤栄作後援会 1975.1 1冊（頁付なし） 30cm 〈著者の肖像あり〉

◇首席秘書官―佐藤総理との10年間 楠田実著 文芸春秋 1975 220p 20cm 900円

◇歴代郵政大臣回顧録 第2巻 通信研究会 1973 328p 22cm 〈編著者：滝谷由亀,堀川潭 編集・制作：共同通信社〉 7000円

◇佐藤政権―八年間にわたる長期政権の記録 岡本文夫著 白馬出版 1972 359p 19cm 750円

◇佐藤番日記 永田恭介著 徳間書店 1968 230p 20cm 250円

◇泣いて佐藤栄作を斬る 笑って御手洗辰雄を斬る 野依秀市著 実業之世界社

1966　117p　18cm　130円
◇明治百年の政治家——伊藤博文から佐藤栄作まで　大隈秀夫著　潮出版社　1966　242p　18cm　（潮新書）
◇今日は明日の前日　佐藤栄作著　フェイス　1964　289p　図版　18cm

河野　一郎

明治31(1898).6.2～昭和40(1965).7.8
政治家。神奈川県生まれ。朝日新聞社を経て、昭和7年衆議院議員となる。立憲政友会に所属。17年の翼賛選挙では非推薦で当選。戦後、日本自由党結党にするが鳩山とともに公職追放令を受ける。第1次鳩山内閣の農相となり日ソ国交回復に尽力。岸・池田・佐藤内閣で閣僚を歴任。40年急死。戦前からの党人派を代表する政治家だった。河野謙三（参議院議長）は弟、河野洋平（衆議院議長）は次男、河野太郎は孫にあたる。

　　　＊　　　＊　　　＊

◇総理になれなかった男たち——逆説的指導者論　小林吉弥著　経済界　1991.10　246p 19cm（RYU SELECTION）1500円　①4-7667-8086-8
◇昭和の怪物たち　杉森久英著　河出書房新社　1989.6　276p 15cm　（河出文庫）520円　①4-309-40240-2
◇風雲を呼ぶ男　杉森久英著　時事通信社　1977.2　346p 19cm　1300円
◇河野一族——一郎、謙三、洋平——その反骨の系譜　戸川猪佐武著　サンケイ出版　1976　232p 肖像 19cm（Sankei drama books）　800円
◇河野先生を偲ぶ　河野一郎伝記刊行委員会編　春秋会　1966　130p 図版　22cm　非売
◇河野一郎自伝　河野一郎著, 伝記刊行委員会編　徳間書店　1965　269p 図版　20cm
◇河野一郎自伝　伝記刊行委員会編　徳間書店　1965　269p 図版　20cm

◇日本の将来　河野一郎著　恒文社　1965　2版　198p 図版　18cm
◇私の履歴書　第25集　岩切章太郎, 佐々木更三, 進藤武左ェ門, 勅使河原蒼風, 東山魁夷, 河野一郎　日本経済新聞社　1965　320p　19cm
◇今だから話そう　河野一郎著　春陽堂　1958
◇昭和怪物伝　大宅壮一著　角川書店　1957　290p　19cm

松村　謙三

明治16(1883).1.24～昭和46(1971).8.21
政治家。富山県生まれ。町議、県議を経て昭和3年衆議院議員となり立憲民政党に所属。東久邇内閣の厚相兼文相、幣原内閣の農相となり農地改革を推進。21年公職追放。27年政界に復帰し第2次鳩山内閣の文相。穏健派として岸信介首相とは対立。日中友好に尽力するが、国交回復実現の前年に死去した。

　　　＊　　　＊　　　＊

◇飲水不忘掘井人　〔礪波〕　松村謙三顕彰会第28次友好訪中団　2004.6　60p 21cm　〈期間：2003年11月20日—27日〉
◇松村謙三　伝記編　上巻　木村時夫編著　桜田会　1999.7　568p 22cm　〈肖像あり〉
◇松村謙三　伝記編　下巻　木村時夫編著　桜田会　1999.7　550p 22cm　〈肖像あり〉
◇松村謙三　資料編　〔松村謙三〕著, 木村時夫, 鳥善高, 高橋勇市編　桜田会　1999.7　570p　22cm
◇十日会創立四十五周年記念講演録——松村謙三先生の福光時代　木村時夫〔述〕, 十日会編　〔福光町（富山県）〕　十日会　1997.10　19p 26cm　非売品
◇正言は反のごとし——二人の謙三　佐高信著　講談社　1995.2　287p 15cm　（講談社文庫）　560円　①4-06-185880-7

143

◇松村謙三先生二十年祭記念講演録―松村謙三先生の真面目　木村時夫〔述〕，二十年祭実行委員会編　〔福光町（富山県）〕　松村謙三顕彰会二十年祭実行委員会　1992.5　29p　26cm　〈期日・会場：1991年8月20日　福光福祉会館〉

◇松村謙三先生を偲んで　松村謙三生誕百年記念実行委員会編　福光町（富山県）　福光町　1983.12　201p　31cm　〈松村謙三の肖像あり〉

◇黄砂と楊柳　〔福光町（富山県）〕　松村謙三顕彰会第五次訪中親善使節団　1980.8　72p　21cm

◇花好月円―松村謙三遺文抄　松村謙三著，松村正直〔等〕編　青林書院新社　1977.8　344p　図・肖像13枚　22cm

◇松村謙三　遠藤和子著　富山　KNB興産出版部　1975　303p　19cm　1300円

◇松村謙三と中国　田川誠一著　読売新聞社　1972　244p　肖像　19cm　580円

◇松村謙三―日中国交回復の先導者　川崎秀二著　北森俊一　1971　65p　肖像　21cm

◇証言私の昭和史　第1　昭和初期　東京12チャンネル報道部編　学芸書林　1969　317p　20cm　〈監修者：有馬頼義等　東京12チャンネル報道部制作ドキュメント番組「私の昭和史」（司会：三国一朗）を収録したもの〉　690円

◇三代回顧録　松村謙三著　東洋経済新報社　1964　432p　図版　22cm

◇私の履歴書　〔第1集〕,2‐6　日本経済新聞社編　1957-58　6冊　19cm

美濃部都政

昭和42年から54年まで、3期12年間にわたり美濃部亮吉が東京都知事を務めた時代。美濃部は天皇機関説の美濃部達吉を父に持ち、大内兵衛に師事、マルクス経済学者として知られた。日本社会党を支持基盤に東京都知事選に当選。公営ギャンブル廃止、老人医療費無料化、厳しい環境基準などの先進的な施策を実行する一方、深刻な財政難を招いた。東京都のほか京都府、大阪府、神奈川県などで社会党や共産党の指示を受けた知事が当選し、革新自治体のブームとなった。

＊　　＊　　＊

◇美濃部都政の福祉政策―都制・特別区制改革にむけて　日比野登著　日本経済評論社　2002.5　378p　22cm　5400円　④4-8188-1422-9

◇21世紀の都市自治への教訓―証言・みのべ都政　日本を揺るがした自治体改革の先駆者たち　東京自治問題研究所・『月刊東京』編集部編　教育史料出版会　1994.12　323p　19cm　〈みのべ都政関連年表：p305～315　美濃部都政・革新自治体についてのおもな資料・研究：p319～320〉　2369円　④4-87652-271-5

◇東京都知事　日比野登編　日本経済評論社　1991.3　261p　19cm　1648円　④4-8188-0456-8

◇革新都政史論　有働正治著　新日本出版社　1989.4　544p　15cm　（新日本文庫）　780円　④4-406-01725-9

◇人間・美濃部亮吉―美濃部さんを偲ぶ　美濃部亮吉さん追悼文集刊行世話人会編　リーブル　1987.2　235p　20cm　〈美濃部亮吉の肖像あり〉　1800円　④4-947620-09-9

◇市民自治への鼓動―美濃部都政を生んだ草の根の記録　ドキュメント・テント村　都民党編集委員会編　八月書館　1985.12　334p　19cm　1800円

◇史録革新都政　有働正治著　新日本出版社　1984.12　373p　19cm　2000円

◇都知事12年　美濃部亮吉著　朝日新聞社　1979.11　310p　20cm　1200円

◇美濃部都政12年―政策室長のメモ　太田久行著　毎日新聞社　1979.8　262p　20cm　950円

◇「革新自治体」とは何だったのか―崩壊する70年代の神話　新しい地方自治を

政治

◇考える会編　永田書房　1979.3　270p　18cm　1000円
◇社内報告　179　美濃部都政—その到達点と限界　内仲英輔、坂東愛彦著　朝日新聞社調査研究室　c1979　195p　26cm
◇美濃部都政12年の功罪　花岡信昭著〔東村山〕　教育社　1978.11　155p　18cm　（入門新書）　400円
◇革新自治体　津村喬著〔東村山〕　教育社　1978.7　170p　18cm　（入門新書）　400円
◇素顔の美濃部知事—その虚像・実像・人脈・政治力・革新度採点　神谷紀一郎著　エール出版社　1975　206p　19cm　（Yell books）　800円
◇破産した"革新"幻想—美濃部都政8年の総括　マルクス主義労働者同盟政治局編　全国社研社　ウニタ書舗（発売）　1975　270p　18cm　600円
◇美濃部都政の素顔　内藤国夫著　講談社　1975　340p　19cm　890円
◇革新自治体—その構造と戦略　サンケイ新聞地方自治取材班著　学陽書房　1974　294p　19cm　〈『サンケイ新聞』紙上に連載されたもの〉　900円
◇革新自治体—住民のための地方政治を考える　サンケイ新聞地方自治取材班著　学陽書房　1973　308p　19cm　〈サンケイ新聞上に昭和48年5月14日から60回にわたって掲載されたもの〉　780円
◇あさやけの東京—美濃部都政と都民運動の前進　前川清治著　労働旬報社　1971　184p　18cm　280円
◇美濃部知事の素顔　松本文男著　東洋政経調査会　1970　160p　18cm　350円
◇みのべさんのスタイル都政　鯨岡兵輔著　しなの出版　1969　202p　18cm　430円
◇美濃部都政この一年—対話と第一楽章への記録　馬島僴著　都政新報社　1968　239p　図版　19cm　320円
◇苦悶するデモクラシー　美濃部亮吉著　文芸春秋新社　1959　262p　20cm

蜷川府政

昭和25年から53年まで、7期28年にわたり蜷川虎三が京都府知事を務めた時代。東京都の美濃部知事などと並ぶ革新知事であり、革新系としては最も長く務めた。

＊　　＊　　＊

◇蜷川虎三の水産経済と中小企業振興—元京都府知事の青春　影山昇著　成山堂書店　1999.3　199p　20cm　〈肖像あり〉　1800円　①4-425-82741-4
◇物語京都民主府政　有田光雄著　大月書店　1985.12　342p　20cm　1500円
◇小説蜷川虎三　西口克己著　新日本出版社　1984.4　281p　20cm　1600円
◇蜷川虎三の生涯　蜷川虎三伝記編纂委員会編, 吉村康著　三省堂　1982.2　360p　20cm　〈蜷川虎三の肖像あり〉　1500円
◇虎三の言いたい放題　蜷川虎三著　京都「虎三の言いたい放題」刊行委員会　1981.6　262p　19cm　1500円
◇洛陽に吼ゆ—蜷川虎三回想録　蜷川虎三著　朝日新聞社　1979.3　283p　20cm　〈著者の肖像あり〉　1000円
◇樽みこし—蜷川虎三対談集　蜷川虎三著　京都　駸々堂出版　1972　221p　19cm　〈対談者：草柳大蔵他8名〉　500円

公明党

戦後の政党の一つ。宗教法人の創価学会を支持母体とし、昭和39年に結党。政教一致の批判を受け、45年に公明党と創価学会を組織上分離し「政教分離」を実施。保守の自民党、革新の社会党が二大政党を成す55年体制において、民社党とともに中道路線を打ち出す。55年体制崩壊にともなう政界再編で一時解散し新進党に合流するが、新進党の解散を経て再結成。平成11年以来自民党と連立政権を維持している。

＊　　＊　　＊

145

政治

◇公明党・創価学会と日本　平野貞夫著　講談社　2005.6　325p　20cm　1600円　①4-06-213010-6

◇公明党・創価学会の真実　平野貞夫著　講談社　2005.6　305p　20cm　1600円　①4-06-212983-3

◇公明党＝創価学会の深層　乙骨正生，フォーラム21編著　京都　かもがわ出版　2004.10　219p　19cm　(「自・創」野合政権を撃つ　3)　1800円　①4-87699-844-2

◇政教分離―その俗論・迷論を斬る　続　公明党機関紙委員会編　公明党機関紙委員会　2001.6　223p　18cm　762円

◇政教分離―その俗論・迷論を斬る　公明党機関紙委員会編　公明党機関紙委員会　2000.2　262p　18cm　762円

◇公明党論―その行動と体質　堀幸雄著　南窓社　1999.3　327p　22cm　〈青木書店1973年刊の再刊〉　3200円　①4-8165-0248-3

◇迷走する公明党の内幕―矛盾だらけの公明党に対する疑問と問題点を徹底的に追求する！　段勲著　青年書館　1989.12　176p　19cm　1200円　①4-7918-0476-7

◇挑戦する公明党　3　Fresh・Open・Exciting―ニューリーダーがめざすもの　第三文明社編集部編　第三文明社　1987.9　275p　19cm　1000円　①4-476-06044-7

◇公明党の研究―創価学会の政治局　今後どう変わっていくのか　富田信男著　日新報道　1987.7　229p　19cm　1000円　①4-8174-0176-1

◇挑戦する公明党　2　第三文明社編集部編　第三文明社　1986.3　263p　19cm　1000円　①4-476-06034-X

◇現代公明党論　有田芳生著　白石書店　1985.11　215p　19cm　1200円

◇挑戦する公明党　第三文明編集部編　第三文明社　1982.12　258,47p　19cm　800円　①4-476-03099-8

◇公明党―新与党路線の完成　日本共産党中央委員会出版局　1982.7　260p　19cm　1000円

◇公明党―そのかぎりない"変身"　日本共産党中央委員会出版局　1982.3　24p　19cm　60円

◇新公明党論　河田貴志著　新日本出版社　1980.3　188p　18cm　(新日本新書)　480円

◇公明党―右傾化の構造と矛盾　日本共産党中央委員会出版局　1978.8　552p　19cm　1900円

◇公明党を考える　大場俊賢著　学生青年純正同盟　〔1977〕　19p　26cm　〈合本1冊〉　200円

◇創価学会・公明党を問う　梅原正紀，清水雅人編著　大陸書房　1976　318p　20cm　1500円

◇公明党批判　続　日本共産党中央委員会出版局　1975　291p　19cm　860円

◇公明党対共産党　飯塚繁太郎，外山四郎共著　一光社　1974　307p　19cm　980円

◇公明党と創価学会―その軌跡と戦略　木内宏著　合同出版　1974　210p　20cm　780円

◇公明党批判　日本共産党中央委員会出版局　日本共産党中央委員会機関紙経営局（発売）　1974　410p　19cm　920円

◇新生する公明党　足立利昭著　大和書房　1971　206p　肖像　19cm　〈付録：公明党関係資料〉

◇公明党・創価学会批判　榊利夫，中川一編　新日本出版社　1970　289p　19cm　420円

◇公明党の体質を究明する―言論・出版妨害をめぐって　日本共産党中央委員会出版局　日本共産党中央委員会機関紙経営局（発売）　1970　205p　19cm　320円

◇公明党の姿勢―都議会公明党の活躍を通して公明党の全容を明かす　野崎勲著　新社会研究所　1969.5　182p　18cm

◇公明党　村上重良編著　新日本出版社　1969　186p　18cm　（新日本新書）〈日本の政党　第3〉　240円

◇公明党の歩み　松島淑，谷口卓三編　公明党機関紙局　1969　220,14p　図版　18cm　250円

◇公明党の素顔—この巨大な信者集団への疑問　内藤国夫著　エール出版社　1969　286p　18cm　420円

◇公明党の政治—国会記者の眼　石原石根著　大光社　1969　300p（図版共）　18cm　450円

◇創価学会と公明党　現代マスコミ研究会編　総合ジャーナル社　1969　259p　18cm　280円

◇公明党　西島久著　雪華社　1968　291p　19cm　（日本を動かす組織・シリーズ）　490円

◇公明党の虚像と実像—創価学会=公明党批判　和田春夫，上条末夫，遠藤欣之助共著　民主社会主義研究会議　1968　129p　18cm　（学習ライブラリー　13）　100円

◇前進する公明党　戸川猪佐武著　フェイス出版　1966　318p（図版共）　19cm　400円

◇〈ドキュメント〉公明党—その戦歴と未来像　高瀬広居著　学習研究社　1964.12　323p　18cm

◇躍進する公明会の政策—大衆の福祉をめざして　公明政治連盟政務調査局編　公明政治連盟　1964　419p　18cm

ドル・ショック

昭和46(1971)年8月15日、アメリカのニクソン大統領がドル防衛策としてドルと金の兌換の一時停止を発表したこと。ドルを基軸とした戦後の国際通貨体制の崩壊であり、日本にとっては高度経済成長を支えてきた固定相場(1ドル=360円)が崩壊することとなった。12月のスミソニアン合意により1ドル=308円の新ルートが定まった。しかしこれも長続きせず、48(1873)年2月に日本は本格的に変動相場制に移行することになる。

＊　　＊　　＊

◇昭和経済史　中　安藤良雄〔ほか〕編　日本経済新聞社　1994.3　471p　18cm　（日経文庫）　〈監修：有沢広巳〉　1500円　①4-532-10491-2

◇マクロ経済政策の研究—石油ショック・変動相場制・対外不均衡　稲毛満春著　名古屋　名古屋大学出版会　1991.4　336p　22cm　〈参考文献：p319〜327〉　3605円　①4-8158-0160-6

◇ジョンソン米大使の日本回想—二・二六事件から沖縄返還・ニクソンショックまで　U.アレクシス・ジョンソン著，増田弘訳　草思社　1989.12　324p　20cm　2900円　①4-7942-0357-8

◇国際環境の変容と日米関係　細谷千博，有賀貞編　東京大学出版会　1987.2　335p　22cm　5200円　①4-13-036044-2

◇日本外交の危機認識　近代日本研究会編　山川出版社　1985.10　356p　21cm　（年報・近代日本研究　7(1985)）　3500円　①4-634-61370-0

◇通貨調整と労働—ドル・ショック等労働関係影響調査結果　東京都労働局〔編〕　〔出版地不明〕　総務部統計調査課　1972.3　68p　26cm

田中　角栄

大正7(1918).5.4〜平成5(1993).12.16　政治家。政治家。高等小学校卒業後上京し、住み込みで働きながら中央工学校を卒業、建築事務所を設立する。昭和22年衆議院議員となり、以後当選16回。32年第1次岸改造内閣で戦後初めて30

政治

歳代で閣僚(郵政大臣)に就任。その後も閣僚、党三役を歴任。道路特別会計法など数多くの議員立法を主導し、戦後の社会資本整備に大きな影響を与えた。47年自民党総裁選で福田赳夫を破り、首相に就任。戦後最年少(54歳)、初の大正生まれの首相で、高等小学校卒の学歴で政界トップに上りつめた経歴から「今太閤」と呼ばれ、3代15年続いた官僚出身首相の後に変化を求めた国民から熱狂的な支持を得た。「決断と実行」を掛け声に就任から2カ月後に訪中し日中国交回復を実現した。しかし持論の日本列島改造構想は地価高騰を招き、オイルショック、狂乱物価と経済の混乱が続いた上に『文藝春秋』誌で追求された金脈問題が重なり、急速に支持を失い、48年12月総辞職。51年にはロッキード事件で逮捕される。しかしその後も自民党内で最大派閥を維持、派閥の数の力を背景にキングメーカーとなることで隠然たる影響力を保持し「闇将軍」と呼ばれた。60年脳梗塞に倒れ、平成2年の選挙で引退。

◇角栄伝説—番記者が見た光と影　増山栄太郎著　武蔵野　出窓社　2005.10　253p　20cm　〈文献あり〉　1600円　⓵4-931178-55-3

◇角栄失脚—歪められた真実　徳本栄一郎著　光文社　2004.12　284p　19cm　(Kobunsha paperbacks　49)　〈他言語標題:The truth of Lockheed scandal　文献あり　年譜あり〉　952円　⓵4-334-93349-1

◇実録田中角栄と鉄の軍団　下　角栄は死なず　大下英治著　講談社　2004.7　393p　16cm　(講談社+α文庫)　933円　⓵4-06-256850-0

◇田中角栄の実践心理術—敵をも味方に変える心理テクニック　赤塚行雄監修　日本文芸社　2004.7　245p　19cm　1200円　⓵4-537-25215-4

◇絆—父・田中角栄の熱い手　田中京著　扶桑社　2004.6　207p　20cm　〈年譜あり〉　1400円　⓵4-594-04667-3

◇ザ・越山会　新潟日報社編　新潟　新潟日報事業社　2004.6　366p　19cm　(とき選書)　〈1983年刊の増訂〉　1600円　⓵4-86132-042-9

◇実録田中角栄と鉄の軍団　中　「角影」政権　大下英治著　講談社　2004.6　391p　16cm　(講談社+α文庫)　933円　⓵4-06-256849-7

◇実録田中角栄と鉄の軍団　上　奇跡の天下取り　大下英治著　講談社　2004.5　373p　16cm　(講談社+α文庫)　933円　⓵4-06-256848-9

◇田中角栄の伝説—史上最強の大衆政治家　国民政経研究所編　中西章友　2004.4　319p　31cm　〈田中角栄研究プロジェクト特別編集　肖像あり　年表あり〉　39000円

◇異形の将軍—田中角栄の生涯　上　津本陽著　幻冬舎　2004.2　318p　16cm　(幻冬舎文庫)　571円　⓵4-344-40487-4

◇異形の将軍—田中角栄の生涯　下　津本陽著　幻冬舎　2004.2　350p　16cm　(幻冬舎文庫)　〈文献あり〉　571円　⓵4-344-40488-2

◇入門田中角栄—語録・評伝　新潟日報社編　新潟　新潟日報事業社　2003.12　324p　19cm　〈年譜あり　文献あり〉　1600円　⓵4-86132-015-1

◇怨念の系譜—河井継之助、山本五十六、そして田中角栄　早坂茂三著　集英社　2003.11　302p　16cm　(集英社文庫)　600円　⓵4-08-747643-X

◇田中角栄失脚　塩田潮著　文芸春秋　2002.12　317p　18cm　(文春新書)　〈文献あり〉　860円　⓵4-16-660294-2

◇日本の政治―田中角栄・角栄以後　田原総一朗著　講談社　2002.9　497p　20cm　1900円　ⓈⒹ4-06-211367-8

◇高橋是清と田中角栄―日本を救った巨人の知恵　小林吉弥著　光文社　2002.3　383p　16cm　〈知恵の森文庫〉〈1998年刊の増補〉　648円　ⓈⒹ4-334-78145-4

◇田中角栄―消された真実　木村喜助著　弘文堂　2002.2　334p　20cm　〈年表あり〉　1800円　ⓈⒹ4-335-95032-2

◇もう一人の田中角栄―その知られざる生い立ちの日々　相沢正也著　新潟　新潟日報事業社（発売）　2001.11　222p　20cm　1500円　ⓈⒹ4-88862-887-4

◇父の十戒―田中角栄から娘真紀子におくる　三浦康之著　ビジネス社　2001.10　286p　19cm　1500円　ⓈⒹ4-8284-0951-3

◇私の田中角栄日記―決定版　佐藤昭子著　新潮社　2001.3　276p　16cm　〈新潮文庫〉〈肖像あり〉　476円　ⓈⒹ4-10-148631-X

◇田中角栄経済学―カネを活かして使う極意　小林吉弥著　講談社　2000.11　231p　16cm　（講談社＋α文庫）　600円　ⓈⒹ4-06-256476-9

◇田中角栄の真実―弁護人から見たロッキード事件　木村喜助著　弘文堂　2000.9　235p　20cm　1600円　ⓈⒹ4-335-95031-4

◇田中角栄vs竹下登　3　鈴木棟一著　講談社　2000.7　416p　16cm　（講談社＋α文庫）　940円　ⓈⒹ4-06-256441-6

◇田中角栄vs竹下登　4　鈴木棟一著　講談社　2000.7　420p　16cm　（講談社＋α文庫）　940円　ⓈⒹ4-06-256442-4

◇田中角栄vs竹下登　1　鈴木棟一著　講談社　2000.6　422p　16cm　（講談社＋α文庫）　940円　ⓈⒹ4-06-256439-4

◇田中角栄vs竹下登　2　鈴木棟一著　講談社　2000.6　406p　16cm　（講談社＋α文庫）　940円　ⓈⒹ4-06-256440-8

◇評伝田中角栄　国勢研究会　1999.12　302p　31cm　〈肖像あり〉　80000円

◇究極の人間洞察力―「角栄語録」の神髄　小林吉弥著　講談社　1999.11　342p　16cm　（講談社＋α文庫）　780円　ⓈⒹ4-06-256390-8

◇オヤジの知恵　早坂茂三著　集英社インターナショナル, 集英社〔発売〕　1999.10　238p　19cm　1300円　ⓈⒹ4-7976-7005-3

◇田中角栄―政治の天才　岩見隆夫著　学陽書房　1998.12　322p　15cm　（人物文庫）　660円　ⓈⒹ4-313-75069-X

◇究極の人間洞察力―「角栄語録」の神髄　小林吉弥著　講談社　1997.11　235p　20cm　1500円　ⓈⒹ4-06-208926-2

◇だれが角栄を殺したのか？―政治家・田中角栄の研究　新野哲也著　光人社　1997.5　206p　20cm　1700円　ⓈⒹ4-7698-0807-0

◇田中角栄とその弟子たち―日本権力構造の悲劇　久保紘之著　文芸春秋　1995.6　598p　20cm　2400円　ⓈⒹ4-16-349910-5

◇田中角栄、ロンググッドバイ　五十嵐暁郎, 新潟日報道部著　潮出版社　1995.5　237p　20cm　1500円　ⓈⒹ4-267-01380-2

◇陽気なピエロたち―田中角栄幻想の現場検証　高尾義彦著　社会思想社　1995.5　189p　20cm　1600円　ⓈⒹ4-390-60397-3

◇田中角栄と「戦後」の精神　早野透著　朝日新聞社　1995.3　304p　15cm　（朝日文庫）〈『田中角栄と越山会深層の構図』（山手書房1982年刊）の増補〉　680円　ⓈⒹ4-02-261071-9

◇日本史を作った一〇一人　伊東光晴〔ほか〕著　講談社　1995.2　197p　19cm　1300円　ⓈⒹ4-06-207079-0

◇田中角栄―張込み撮影日誌　1974-1993　福田文昭写真・文　福岡　葦書房　1994.12　127p　21cm　1600円　ⓈⒹ4-7512-0585-4

◇私の田中角栄日記　佐藤昭子著　新潮社　1994.12　228p　19cm　1400円

◇宰相田中角栄の真実　新潟日報報道部著　講談社　1994.10　191p　20cm　〈田

政治

中角栄の肖像あり〉　1500円　①4-06-207239-4

◇角さんの気くばり—誰もが知りたかった　山手書房新社編集部編　山手書房新社　1994.9　233p　19cm　1456円　①4-8413-0108-9

◇誰もが知りたかった角さんの気くばり　山手書房新社編集部編著　山手書房新社　1994.9　233p　19cm　〈田中角栄の肖像あり〉　1500円　①4-8413-0108-9

◇角さんのアルバム—田中角栄の軌跡　新潟　新潟日報事業社出版部　1994.8　178p　31cm　3000円　①4-88862-530-1

◇田中角栄の遺言—官僚栄えて国滅ぶ　小室直樹著　クレスト社　1994.6　297p　20cm　(Crest)　〈田中角栄の肖像あり〉　1800円　①4-87712-015-7

◇田中角栄—追悼録　田中角栄刊行会　1994.4　301p　31cm　〈田中角栄の肖像あり〉　30000円

◇田中角栄戦国史—政治天才・権力支配の構図　中村慶一郎著　ビジネス社　1994.1　256p　19cm　〈新装〉　1400円　①4-8284-0551-8

◇田中角栄—データ集　情報研究所編　データハウス　1993.12　238p　19cm　〈1983年刊の複製〉　1200円　①4-924442-01-1

◇政治家田中角栄　早坂茂三著　集英社　1993.9　559p　16cm　(集英社文庫)　800円　①4-08-748079-8

◇オヤジとわたし　早坂茂三著　集英社　1993.5　222p　16cm　(集英社文庫)　400円　①4-08-748032-1

◇内閣総理大臣田中角栄の国会演説と各党の代表質問　下巻　国会演説調査研究会編　浦和　閣文社　1990.10　289p　22cm　(国会演説シリーズ　2)　〈議会開設100年記念出版　背の書名：田中角栄の国会演説と各党の代表質問〉　2500円　①4-87619-326-6

◇角栄一代—リーダーと組織　全発想　小林吉弥著　ネスコ, 文芸春秋〔発売〕　1990.8　205p　19cm　1350円　①4-89036-802-7

◇内閣総理大臣田中角栄の国会演説と各党の代表質問　上巻　国会演説調査研究会編　浦和　閣文社　1990.5　360p　22cm　(国会演説シリーズ　1)　〈議会開設100年記念出版　背の書名：田中角栄の国会演説と各党の代表質問〉　2500円　①4-87619-304-5

◇人間田中角栄—発想・決断・人間関係術を盗む　小林吉弥　光文社　1989.12　238p　16cm　(光文社文庫)　400円　①4-334-71069-7

◇指導者の条件—田中角栄に、なぜ人が集まったのか　小林吉弥著　光文社　1989.7　281p　16cm　(光文社文庫)　420円　①4-334-70977-X

◇宰相夫人の昭和史　上坂冬子著　文芸春秋　1988.9　285p　19cm　1200円　①4-16-342550-0

◇さらば田中角栄　蜷川真夫著　朝日新聞社　1987.12　237p　20cm　〈田中角栄の肖像あり〉　1300円　①4-02-255798-2

◇実録田中角栄学校　小林吉弥著　大陸書房　1987.12　179p　18cm　(フューチャーブックス)　720円　①4-8033-1255-9

◇(小説)田中角栄　上　邦光史郎著　徳間書店　1987.10　412pp　16cm　(徳間文庫　114‐31)　540円　①4-19-568373-4

◇(小説)田中角栄　下　邦光史郎著　徳間書店　1987.10　376pp　16cm　(徳間文庫　114‐32)　500円　①4-19-568374-2

◇田中支配とその崩壊　朝日新聞政治部著　朝日新聞社　1987.9　369p　15cm　(朝日文庫)　520円　①4-02-260472-7

◇早坂茂三の「田中角栄」回想録　早坂茂三著　小学館　1987.6　351p　20cm　〈田中角栄および著者の肖像あり〉　①4-09-394151-3

◇オヤジとわたし—頂点をきわめた男の物語　田中角栄との23年　早坂茂三著　集

英社　1987.1　245p　18cm　780円　①4-08-780094-6
◇いまに問う角栄政治の真髄　杉山鉄也著　波書房　1986.11　301p　19cm　1000円　①4-8164-1198-4
◇田中角栄とっておきの話　小林吉弥著　徳間書店　1986.11　189p　16cm　(徳間文庫)　300円　①4-19-598177-8
◇田中角栄の「人を動かす」極意—どこが急所か、どう攻めるか　「角栄名勝負物語」から　小林吉弥著　光文社　1986.6　229p　18cm　(カッパ・ブックス)　690円　①4-334-00446-6
◇誰が闇将軍を倒したか　塩田潮著　文芸春秋　1986.4　309p　20cm　1200円
◇父と娘—田中角栄と真紀子の闘い　上之郷利昭著　講談社　1986.4　233p　20cm　1200円　①4-06-202437-3
◇山より大きな猪—高度成長に挑んだ男たち　上前淳一郎著　講談社　1986.4　504p　19cm　1600円　①4-06-202657-0
◇元首相と私—長岡市長回想ノート　小林孝平著　長岡　小林孝平　1986.3　98p　19cm
◇昭和の宰相　第7巻　田中角栄と政権抗争　戸川猪佐武著　講談社　1985.9　387p　15cm　(講談社文庫)　480円　①4-06-183589-0
◇田中角栄の「経営術教科書」—カリスマ性をこうして磨け！　小林吉弥著　主婦の友社　1985.9　223p　18cm　680円　①4-07-922107-X
◇田中角栄と日本人　宮城音弥〔ほか〕著　増補改訂　山手書房　1985.6　220p　19cm　1000円
◇田中角栄全記録—密着2年半、2万カットからの報告　山本皓一撮影　集英社　1985.1　1冊(頁付なし)　30cm　1800円　①4-08-780081-4
◇「絵で見る昭和史」田中角栄　日本ビジネス・ライフ株式会社編著　日本ビジネス・ライフ　1983.9　56p　26cm　〈付録：ソノシートレコード1枚,星雲社〉　580円　①4-7952-8254-4
◇角栄の風土　新潟日報社編　新潟　新潟日報事業社出版部　1983.9　383p　19cm　980円　①4-88862-210-8
◇田中角栄・全視点—ニッポン・デモクラシーの構造　自由国民社編集部編　自由国民社　1983.9　286p　19cm　1000円　①4-426-40000-7
◇ドキュメント角栄金脈の金庫番—佐藤昭　マスコミ研究会編　国会通信社　1983.8　208p　18cm　750円　①4-906012-02-7
◇角栄現象の構造—劣情にとらわれた「田中批判」　藤山淳二著　滝書房　1983.7　234p　18cm　980円　①4-947604-10-7
◇師が語る田中角栄の素顔　金井満男著　土屋書店　1983.6　261p　21cm　〈著者および田中角栄の肖像あり〉　980円
◇名宰相田中角栄　中村一夫著　おりじん企画出版　1983.5　1冊(頁付なし)　27cm　〈田中角栄の肖像あり〉
◇角さんの功績—真の実力、この魅力　岩崎定夢著　岩崎企画　1983.4　283p　19cm　〈発売：笠倉出版社〉　980円　①4-905587-57-3
◇田中角栄の読み方　高野孟著　ごま書房　1983.4　216p　19cm　(ゴマセレクト)　730円
◇田中角栄・悪の語録—検証・敵を葬る"闇将軍"の発想と戦略　安広よしのり編著　日新報道　1983.3　222p　19cm　1000円
◇田中角栄は死なず　蜷川真夫著　徳間書店　1983.1　264p　16cm　(徳間文庫)　300円　①4-19-597415-1
◇Look！日本の顔・田中角栄—全写真集　山手書房編集部編著　山手書房　1983.1　98p　28cm　550円
◇実録越山会　小林吉弥著　徳間書店　1982.12　182p　16cm　(徳間文庫)　240円　①4-19-597401-1
◇田中政権・886日　中野士朗著　行政問題研究所出版局　1982.12　442p　20cm

政治

1800円
◇田中角栄いまだ釈明せず―田中新金脈追及　立花隆著　朝日新聞社　1982.11　242p　19cm　980円
◇田中角栄私論　関口孝夫著　新日本出版社　1982.11　214p　19cm　850円
◇人間田中角栄の秘密―その不可解な人気と政治力　室伏哲郎著　潮文社　1982.10　279p　19cm　980円　①4-8063-1110-3
◇田中角栄研究―全記録　立花隆著　講談社　1982.8　2冊　15cm　〈講談社文庫〉各480円　①4-06-134168-5
◇田中角栄とっておきの話 part 2　不死身の政治力　小林吉弥著　徳間書店　1982.4　241p　19cm　980円　①4-19-142479-3
◇1982年の田中角栄　北門政士著　山手書房　1981.10　227p　19cm　〈田中角栄の肖像あり〉　1000円
◇実録・越山会―田中角栄の集金・集票組織の内幕　小林吉弥著　双葉社　1979.10　245p　19cm　750円
◇田中角栄―その栄光と挫折　現代政治研究会編　国際商業出版　1976.10　297p　19cm　850円
◇田中角栄研究―全記録　立花隆著　講談社　1976　2冊　19cm　各980円
◇田中角栄、七つの大罪　石垣純二著　現代評論社　1974　283p　20cm　850円
◇異色首相田中角栄―その実像と虚像　加藤嘉行著　三交社　1973　273p　19cm　（シリーズ・現代の顔　1）　750円
◇田中角栄伝―その土着と大衆性の軌跡　戸川猪佐武著　鶴書房　1972　284p（肖像共）　18cm　450円
◇田中角栄猛語録　戸川猪佐武著　昭文社出版部　1972　259p　19cm　580円
◇人間田中角栄　馬弓良彦著　ダイヤモンド社　1972　234p　19cm
◇私の履歴書　第28集　田中角栄,中山幸市,野村与曽市,山口誓子　日本経済新聞社　1967　308p　19cm　380円
◇私の履歴書　田中角栄著　日本経済新聞社　1966　175p　19cm
◇巷談・田中角栄　戸川猪佐武著　鶴書房〔刊年不明〕260p 図版　19cm　450円

日本列島改造論

　田中角栄の国土開発論。昭和47年に同名の著書が刊行され、88万部のベストセラーとなった。日本列島を高速道路や新幹線の高速交通網で結び、過疎・過密問題や公害問題を解決しようとするもの。高速道路整備計画や整備新幹線計画が策定され、建設に多額の費用が投じられた一方、公共事業の配分をめぐり地元への利益誘導が行われたり、交通網の整備で都市と地方が短時間で結ばれた結果、大都市への一極集中がかえって進むという問題点も露呈した。止まらない公共事業、国と地方の多額の負債といった今日に続く問題の原点ともなっている。

＊　　　＊　　　＊

◇国土計画と自治―反「日本列島改造論」　和田静夫著　勁草出版サービスセンター　勁草書房（発売）　1973　186p　22cm
◇日本列島改造論に関する世論調査　総理府広報室〔編〕　内閣総理大臣官房広報室　1972.11　77p　25cm　（世論調査報告書　昭和47年9月調査）

石油ショック

　昭和48（1973）年に起きた原油価格高騰にともなう経済混乱。10月6日に第四次中東戦争が勃発。石油輸出国機構（OPEC）加盟の湾岸アラブ諸国は原油価格を大幅に引き上げ、原油供給量を削減した。西側各国は大打撃を被り、特に資源を持たない日本では物価が23％も上昇、トイレットペーパーや洗剤を買いだめしようとしてパニックが起きた。田中角栄内閣は三木副総理を派遣、中東政策をアラブ寄りに転換することになった。

＊　　　＊　　　＊

◇資源配分効率から見たオイルショック期の日本の経済成長　佐藤綾野著　Tokyo　内閣府経済社会総合研究所　2005.6　17p　30cm　（ESRI discussion paper series　no.145）

◇昭和ニッポン―一億二千万人の映像　第19巻（昭和48・49年・1973-1974）石油ショック狂乱物価と巨人9連覇　永六輔, 佐々木毅, 瀬戸内寂聴監修, 古川隆久執筆　講談社　2005.5　61p　22cm　（講談社DVD book）　〈付属資料：DVD-Video1枚（12cm）　年表あり〉　2857円　①4-06-274739-1

◇危機後30年―石油ショックから日本は何を学んだか　新井光雄著　日本電気協会新聞部　2004.5　222p　18cm　900円　①4-902553-00-7

◇現在史―石油ショック以後、何が起ったか　寺田渉著　〔野田〕　〔寺田渉〕　2003.12　355p　26cm

◇歴史を動かした昭和史の真相200―激動と波乱の時代の真相を抉る！　保阪正康著　日本文芸社　2003.9　246p　18cm　（日文新書）　705円　①4-537-25170-0

◇戦後50年その時日本は　第5巻　石油ショック・幻影におびえた69日間, 国鉄労使紛争・スト権奪還ストの衝撃　NHK取材班著　日本放送出版協会　1996.6　393p　20cm　（NHKスペシャル）　1900円　①4-14-080212-X

◇日本産業史　3　高村寿一, 小山博之編　日本経済新聞社　1994.9　366p　18cm　（日経文庫）　1500円　①4-532-10499-8

◇昭和キャバレー秘史　福富太郎著　河出書房新社　1994.4　284p　20cm　2200円　①4-309-00906-9

◇昭和史　2　中村隆英著　東洋経済新報社　1993.4　p377～699,25p　20cm　2300円　①4-492-06059-6

◇石油資源の支配と抗争―オイルショックから湾岸戦争　宮嶋信夫著　緑風出版　1991.8　213p　20cm　1900円

◇マクロ経済政策の研究―石油ショック・変動相場制・対外不均衡　稲毛満春著　名古屋　名古屋大学出版会　1991.4　336p　22cm　〈参考文献：p319～327〉　3605円　①4-8158-0160-6

◇住文化の変容―オイルショックの前とあと―住文化調査研究報告書　住宅産業情報サービス　1990.5　135p　26cm　（住宅産業シリーズ　no.315）

◇変貌する中東の政治構造―オイルショック後の10年　清水学編　アジア経済研究所　1985.3　222p　25cm　（研究双書　no.330）　〈執筆：笹川正博ほか〉

◇昭和史―決定版　第17巻　経済大国と石油ショック―昭和46-52年　毎日新聞社　1985.1　229p　31cm　3800円

◇変化する市町村の顔―高度成長期・オイルショックを経て　福島経済研究所編　福島　福島経済研究所　1984.11　154p　26cm

◇昭和経済史　安藤良雄〔ほか〕編集　日本経済新聞社　1980.9　2冊　18cm　（日経新書）　〈監修：有沢広巳〉　950円,980円

◇年次世界経済報告―石油ショック後の調整進む世界経済　昭和53年度　経済企画庁　1978.12　211,258p　21cm

三木　武夫

明治40（1907）.3.17～昭和63（1988）.11.14
政治家。徳島県生まれ。昭和12年30歳で衆議院議員となって以来当選19回を数え"議会の子"を自認した。対米戦争に反対、大政翼賛会にも参加せず、翼賛選挙では非推薦で当選。戦後は保守左派的立場で小党、小派閥を率いた。運輸相、通産相、外相などを歴任し、49年田中角栄内閣総辞職後、椎名裁定で総裁に指名され「青天の霹靂」と述べた。独占禁止法改正、ロッキード事件の真相究明にあたるが、自民党内では傍流にあり、党内の「三木おろし」にあい、総選挙敗北の責任をとるかたちで辞任した。また首相として戦後初めて終戦記念日に靖国神社に参拝した。この時「私人」としての参拝を明言

し、以後、靖国参拝をめぐっては、公人・私人の問題が注目されるようになった。

　　　　＊　　　＊　　　＊

◇操守ある保守政治家三木武夫　国弘正雄著　たちばな出版　2005.11　261p　20cm　1800円　①4-8133-1914-9
◇毎日あきれることばかり　三木睦子著　アートン　2001.7　260p　20cm　1800円　①4-901006-22-3
◇三木と歩いた半世紀　三木睦子著　東京新聞出版局　1993.3　223p　20cm　1650円　①4-8083-0452-X
◇われは傍流にあらず—政治改革に生涯をかけた三木武夫の軌跡　政治記者の記録　一七会編　人間の科学社　1991.7　389p　22cm　〈三木武夫の肖像あり〉　2266円
◇三木武夫とその時代—政治記者の記録　一七会「三木武夫とその時代」刊行委員会編　一七会「三木武夫とその時代」刊行委員会　1990.11　410p　19cm
◇無信不立—三木武夫追悼文集　中央政策研究所編　中央政策研究所　1989.11　534p　22cm　〈三木武夫の肖像あり〉
◇信なくば立たず—夫・三木武夫との50年　三木睦子著　講談社　1989.7　333p　20cm　1400円　①4-06-204364-5
◇故三木武夫衆議院・内閣合同葬儀記録　衆議院事務局　1989.3　450p　図版43枚　22cm　〈三木武夫の肖像あり〉
◇宰相夫人の昭和史　上坂冬子著　文芸春秋　1988.9　285p　19cm　1200円　①4-16-342550-0
◇元総理三木武夫議員五十年史　大江可之編著　日本国体研究院　1987.10　592p　27cm　〈三木武夫の肖像あり〉　29500円
◇議会政治とともに—三木武夫演説・発言集　三木武夫著, 三木武夫出版記念会編　三木武夫出版記念会　1984.4　2冊　23cm　〈著者の肖像あり〉
◇三木政権・747日—戦後保守政治の曲がり角　中村慶一郎著　行政問題研究所出版局　1981.1　344p　20cm　1700円　①4-905786-03-7
◇三木武夫の熱い二百日　国会通信社編　国会通信社　1979.1　173p　19cm
◇三木政治研究　増田卓二著　ホーチキ商事出版部　1976　298p　肖像　18cm　700円
◇実録三木武夫　増田卓二著　ホーチキ商事出版部　1975　286p　19cm　680円
◇三木武夫—交友50年の素顔　三鬼陽之助著　サンケイ新聞社出版局　1975　223p　19cm　（Sankei drama books）　680円
◇三木内閣の使命を正す　川崎秀二著　内外政局研究会　1975　36p　19cm　200円
◇昭和史探訪　4　太平洋戦争後期　インタビュアー・編者:三国一朗　番町書房　1974　258p　図　22cm　1500円
◇今日の政治課題　三木武夫〔述〕　内外情勢調査会　〔1973〕　21p　19cm　（講演シリーズ　306）
◇歴代郵政大臣回顧録　第1巻　通信研究会　1973　328p　22cm　〈編著者：滝谷由亀,堀川潭　編集・制作：共同通信社〉　7000円
◇日本のアジア外交　三木武夫〔述〕　アジア調査会　1968.9　24p　19cm　（講演記録　第19集）　非売品

ロッキード事件

　昭和54年に発覚した戦後最大の汚職事件。米国航空機メーカーのロッキード社が大型ジェット機売り込みのため、日本の商社・航空会社・右翼等を通じて政治家に贈賄工作を行ったとされる。米上院公聴会で発覚し、日本でも国会で証人喚問が行われた。東京地検は、収賄側の田中元首相、橋本元運輸相、佐藤

元運輸政務次官、贈賄側の丸紅・全日空幹部等を逮捕・起訴し、法廷で事実関係と職務権限の有無が争われた。このうち元首相に対しては一、二審で有罪判決が下ったものの、上告中に被告本人が死去したため公訴棄却となった。事件発覚当初から社会的関心が高く、国会証人喚問のテレビ中継を多くの国民が注視した一方、国民の間に政治不信が広まった。「記憶にございません」「ハチの一刺し」「よっしゃ、よっしゃ」「三木おろし」「ピーナッツ」「灰色高官」など多くの流行語も生んだ。

◇私だけが知っている「田中角栄無罪」 小山健一編著 講談社出版サービスセンター 2004.6 181p 20cm 1400円 ④4-87601-692-5

◇壁を破って進め—私記ロッキード事件 上 堀田力著 講談社 2002.5 255p 15cm (講談社文庫) 495円 ④4-06-273439-7

◇壁を破って進め—私記ロッキード事件 下 堀田力著 講談社 2002.5 219p 15cm (講談社文庫) 495円 ④4-06-273440-0

◇陽気なピエロたち—田中角栄幻想の現場検証 高尾義彦著 社会思想社 1995.5 189p 20cm 1600円 ④4-390-60397-3

◇ロッキード裁判批判を斬る 3 立花隆著 朝日新聞社 1994.9 439p 15cm (朝日文庫) 『論駁』(1986年刊)の改題〉 850円 ④4-02-261034-4

◇ロッキード裁判批判を斬る 2 立花隆著 朝日新聞社 1994.8 344p 15cm (朝日文庫) 〈『論駁』(1986年刊)の改題〉 730円 ④4-02-261032-8

◇ロッキード裁判批判を斬る 1 立花隆著 朝日新聞社 1994.7 347p 15cm (朝日文庫) 〈『論駁』(1985年刊)の改題〉 730円 ④4-02-261029-8

◇ロッキード裁判とその時代 4 立花隆著 朝日新聞社 1994.6 610p 15cm (朝日文庫) 〈『ロッキード裁判傍聴記』(1985年刊)の改題〉 1100円 ④4-02-261011-5

◇ロッキード裁判とその時代 3 立花隆著 朝日新聞社 1994.5 438p 15cm (朝日文庫) 〈『ロッキード裁判傍聴記』(1983年刊)の改題〉 870円 ④4-02-261010-7

◇ロッキード裁判とその時代 2 立花隆著 朝日新聞社 1994.4 448p 15cm (朝日文庫) 〈『ロッキード裁判傍聴記』(1983年刊)の改題〉 870円 ④4-02-261009-3

◇ロッキード裁判とその時代 1 立花隆著 朝日新聞社 1994.3 436p 15cm (朝日文庫) 〈『ロッキード裁判傍聴記』(1981年刊)の改題〉 870円 ④4-02-261008-5

◇われ、かく戦えり—生き地獄13年からの生還 佐藤孝行著 東急エージェンシー出版部 1989.11 253p 19cm 1200円 ④4-924664-69-3

◇国益上田中角栄元首相の無罪を望む 池見猛編著 池見学園 1987.8 374p 19cm 〈書名は奥付による 標題紙の書名:田中角栄元首相無罪を望む 著者の肖像あり〉

◇死者たちのロッキード事件 猪瀬直樹著 文芸春秋 1987.5 251p 16cm (文春文庫) 340円 ④4-16-743102-5

◇検察おそるべし—政治とカネと民主主義について 佐藤孝行著 ネスコ 1987.2 269p 18cm (NESCO books) 〈発売:文芸春秋〉 760円 ④4-89036-039-5

◇論駁—ロッキード裁判批判を斬る 3 立花隆著 朝日新聞社 1986.9 383p 19cm 1400円 ④4-02-255523-8

◇黒幕・疑惑の死—ロッキードから豊田商事事件まで 吉原公一郎著 東京法経学院出版 1986.4 218p 19cm (犯罪ドキュメントシリーズ) 〈制作:かるちあ〉 1200円 ④4-8089-4414-6

政治

◇論駁—ロッキード裁判批判を斬る 2 立花隆著 朝日新聞社 1986.4 303p 19cm 1200円 ⓒ4-02-255522-X

◇論駁—ロッキード裁判批判を斬る 1 立花隆著 朝日新聞社 1985.12 304p 19cm 1200円 ⓒ4-02-255382-0

◇総括！疑惑のロッキード—あるいは〈謀略〉の論証として 能島泰人著 AA出版 1985.11 238p 19cm 1000円 ⓒ4-900406-18-X

◇ロッキード事件とは果して何んだろうか!! 井上正三著 川内 井上正三 1985.1 8p 26cm

◇「田中裁判」もう一つの視点—ロッキード捜査と一審判決への疑問 俵孝太郎著 時評社 1984.12 261p 19cm 1200円 ⓒ4-915503-18-6

◇裁かれる首相の犯罪—ロッキード法廷全記録 第16集 東京新聞特別報道部編 東京新聞出版局 1983.12 210p 20cm 1600円 ⓒ4-8083-0212-8,4-8083-0088-5

◇ロッキード裁判1R・136景—ニュースイラストで読む7年間の記録 くどう昭イラスト 創樹社美術出版 1983.12 84p 21cm 〈編集：人間グライダー出版企画〉 950円

◇抹殺—笠原運転手怪死事件 吉原公一郎著 現代書林 1983.11 221p 19cm 1000円 ⓒ4-87620-021-1

◇ロッキード報道—昭和51年2月4日から判決日までの総まとめ 下 日刊ゲンダイ編 東都書房 1983.11 398p 19cm （日刊ゲンダイbook）〈発売：講談社〉 1000円 ⓒ4-88668-018-6

◇軍団総帥田中角栄の反攻—ロッキード裁判傍聴記3 立花隆著 朝日新聞社 1983.10 350p 20cm 1400円

◇実刑四年田中角栄新たなる闘争——一審判決に86の謎 北門政士著 山手書房 1983.10 226p 19cm 1000円

◇総理大臣の犯罪—田中角栄とロッキード事件 筑紫哲也著 新版 サイマル出版会 1983.10 288p 19cm 〈著者の肖像あり〉 1300円 ⓒ4-377-30336-8

◇ロッキード報道—昭和51年2月4日から判決日までの総まとめ 上 日刊ゲンダイ編 東都書房 1983.10 395p 19cm （日刊ゲンダイbook）〈発売：講談社〉 1000円

◇国を起こす者・滅ぼす者 高松秀幸著 山手書房 1983.9 212p 19cm 1000円

◇裁かれる首相の犯罪—ロッキード法廷全記録 第15集 東京新聞特別報道部編 東京新聞出版局 1983.9 399p 20cm 2000円 ⓒ4-8083-0151-2

◇ロッキード五億円裁判無罪論 松下三佐男編著 旺史社 1983.9 160p 21cm 750円

◇永田町から見た永田町—ロッキード事件の極秘文書 田中義人著 エーアンドジー出版部 1983.7 222p 19cm 〈発売：星雲社〉 1200円 ⓒ4-7952-9102-0

◇首相の職務権限—ロッキード裁判は有罪か 古井喜実著 牧野出版 1983.4 187p 20cm 1200円

◇裁かれる首相の犯罪—ロッキード法廷全記録 第14集 東京新聞特別報道部編 東京新聞出版局 1983.3 396p 20cm 2000円 ⓒ4-8083-0137-7,4-8083-0088-5

◇総理の犯罪—田中角栄・敗北の構図 毎日新聞社編 毎日新聞社 1983.3 285p 19cm 〈田中角栄の肖像あり〉 980円

◇裁かれる首相の犯罪—ロッキード法廷全記録 第13集 東京新聞特別報道部編 東京新聞出版局 1983.2 292p 20cm 2000円 ⓒ4-8083-0136-9,4-8083-0088-5

◇元首相・ロ事件被告田中角栄に懲役刑求刑さる！ 週刊ブックス特別取材班編 現代書林 1983.1 202p 18cm （週刊books） 680円 ⓒ4-905924-72-3

◇有罪田中角栄—ロッキード裁判分析と田中崩壊の過程 筆坂秀世著 東研出版 1983.1 202p 19cm 1000円

156

政治

◇総理大臣の犯罪　室伏哲郎著　日本社会党中央本部機関紙局　1982.11　235p　18cm　（社会新書 10）　550円
◇裁かれる首相の犯罪—ロッキード法廷全記録　第12集　東京新聞特別報道部編　東京新聞出版局　1982.10　340p　20cm　2000円　①4-8083-0128-8,4-8083-0088-5
◇一審有罪二審無罪—疑獄裁判の矛盾をつく　北門政士著　山手書房　1982.5　238p　19cm　1000円
◇裁かれる首相の犯罪—ロッキード法廷全記録　第11集　東京新聞特別報道部編　東京新聞出版局　1982.4　344p　20cm　2000円　①4-8083-0114-8,4-8083-0088-5
◇航空機疑獄の全容—田中角栄を裁く　日本共産党中央委員会出版局　1982.3　317,9p　19cm　〈巻末：日本共産党議員団の国会での航空機疑獄追及—日誌〉　1200円
◇遺しておきたいこと—女、愛、生、死　榎本三恵子著　青春出版社　1982.1　253p　19cm　〈著者の肖像あり〉　890円
◇裁かれる首相の犯罪—ロッキード法廷全記録　第10集　東京新聞特別報道部編　東京新聞出版局　1981.11　376p　20cm　2000円　①4-8083-0098-2,4-8083-0088-5
◇失速・事故の視角　柳田邦男著　文芸春秋　1981.7　334p　16cm　（文春文庫）　360円
◇被告人田中角栄の闘争—ロッキード裁判傍聴記　1　立花隆著　朝日新聞社　1981.7　345p　20cm　1300円
◇裁かれる首相の犯罪—ロッキード法廷全記録　第9集　東京新聞特別報道部編　東京新聞出版局　1981.6　367p　20cm　2000円　①4-8083-0089-3
◇裁かれる首相の犯罪—ロッキード法廷全記録　第8集　東京新聞特別報道部編　東京新聞出版局　1981.1　413p　20cm　2000円　①4-8083-0054-0
◇裁かれる首相の犯罪—ロッキード法廷全記録　第7集　東京新聞特別報道部編　東京新聞出版局　1980.3　421p　20cm　1600円
◇裁かれる首相の犯罪—ロッキード法廷全記録　第6集　東京新聞特別報道部編　東京新聞出版局　1979.9　491p　20cm　1600円
◇裁かれる首相の犯罪—ロッキード法廷全記録　第5集　東京新聞特別報道部編　東京新聞出版局　1979.4　667p　20cm　2000円
◇裁かれる首相の犯罪—ロッキード法廷全記録　第4集　東京新聞特別報道部編　東京新聞出版局　1979.3　481p　20cm　1400円
◇ドキュメントロッキード裁判—元首相は有罪になるのか　現代司法研究記者グループ著　学陽書房　1979.3　242p　20cm　1200円
◇裁かれる首相の犯罪—ロッキード法廷全記録　第3集　東京新聞特別報道部編　東京新聞出版局　1978.8　445p　20cm　1400円
◇裁かれる首相の犯罪—ロッキード法廷全記録　第2集　東京新聞特別報道部編　東京新聞出版局　1978.3　453p　20cm　1400円
◇裁かれる首相の犯罪—ロッキード法廷全記録　東京新聞特別報道部編　東京新聞出版局　1977.11　459p　20cm　1400円
◇構造汚職—ロッキード疑獄の人間模様　毎日新聞社会部編　国際商業出版　1977.3　409p　20cm　1100円
◇現代帝国主義の腐朽　波多野玄, 芦村毅著　こぶし書房　1977.2　315p　20cm　2200円
◇権力者たちの狂宴—戦後政治とロッキード・スキャンダル　続　港一平著　人間の科学社　1977.2　270p　19cm　1200円
◇毎日新聞ロッキード取材全行動　毎日新聞社会部著　講談社　1977.2　356p　19cm　980円

◇ロッキード事件恐怖の陰謀—児玉誉士夫の潔白証明　白井為雄著　日本青年講座本部　1977.2　212p　20cm　〈発売：暁書房(東京)〉　1000円

◇ロッキード売り込み作戦—東京の70日間　A.C.コーチャン著, 村上吉男訳　朝日新聞社　1976.11　350p　19cm　1000円

◇ロッキード問題と51年度予算　荒舩清十郎著　政財界　1976.5　202p　19cm　〈著者の肖像あり〉

◇黒い翼　吉原公一郎著　三省堂　1976　402p　20cm　(吉村公一郎ドキュメントシリーズ　2)　1200円

◇権力者たちの狂宴—戦後政治とロッキード・スキャンダル　港一平著　人間の科学社　1976　227p　19cm　800円

◇構造疑獄ロッキード　上田耕一郎編著　新日本出版社　1976　223p　18cm　(新日本新書)　430円

◇失速—ロッキード破局の風景　柳田邦男著　文芸春秋　1976　317p　20cm　1000円

◇総理大臣の犯罪—拝金政治の幕はおりたか　筑紫哲也著　サイマル出版会　1976　247p　19cm　980円

◇日本を震撼させた200日　毎日新聞社編　毎日新聞社　1976　223p　20cm　680円

◇腐蝕の系譜　吉原公一郎著　三省堂　1976　377p　20cm　(吉原公一郎ドキュメントシリーズ　3)　1200円

◇「ロッキード」を考える　ロッキード問題を徹底的に追求する会編　すずさわ書店　1976　275p　19cm　(すずさわ叢書　4)　〈代表：松浦総三〉　980円

◇ロッキード事件疑獄と人間　朝日新聞東京本社社会部著　朝日新聞社　1976　286p　19cm　680円

◇「ロッキード」とは何か　ロッキード問題を徹底的に追及する会編　すずさわ書店　1976　275p　19cm　(すずさわ叢書　10)　1200円

◇私の手も汚れていた—黒いカネと赤いじゅうたん　麻生良方著　日本経済通信社　1976　220p　19cm　(NKTブックス)　780円

児玉　誉士夫

明治44(1911).2.18〜昭和59(1984).1.17
　右翼運動家。玄洋社の頭山満に私淑。昭和4年建国会に加わり、天皇に直訴しようとして入獄する。7年独立青年社を設立。14年中国に渡り、16年上海で海軍の物資調達のための児玉機関を設立。20年東久邇宮内閣の参与。A級戦犯に指名されるが不起訴となる。中国で得た資産を基に、政財界の裏面を金と力で結ぶフィクサーとなる。ロッキード事件で秘密代理人として名前が挙がり、脱税と外為法違反で起訴された。

＊　　　＊　　　＊

◇児玉誉士夫のダイヤモンド—国税局査察部　政・官・財を操った男たちへの挽歌　立石勝規著　徳間書店　1996.4　269p　20cm　〈関連年表・参考資料：p253〜269〉　1600円　①4-19-860475-4

◇戦争と社会部記者　朝日新聞東京社会部OB会編　騒人社　1990.12　333p　19cm　1500円　①4-88290-009-2

◇巨星—児玉誉士夫の人間像　1　友成海州著　友成思想研究会　1989.6　219p　22cm　〈児玉誉士夫および著者の肖像あり〉

◇二人の首領　落合信彦著　集英社　1988.9　220p　16cm　(集英社文庫)　320円　①4-08-749372-5

◇風雲上海三国志—国際軍事警察軍団のドキュメント　芦沢紀之著　ヒューマンドキュメント社　星雲社(発売)　1987.5　601p　19cm　3000円　①4-7952-3245-8

◇検察官が証明・児玉誉士夫の無実—ロッキード事件恐怖の陰謀　白井為雄著　展転社　1984.4　221p　19cm　1500円　①4-924470-06-6

◇黒幕の人生管理術―児玉誉士夫から何を読みとるか インサイド・レポート 恩田貢著 かんき出版 1982.7 216p 19cm 〈児玉誉士夫の肖像あり〉 980円

◇黒幕・児玉誉士夫―自民党にからまりつく不気味な影 毎日新聞政治部編 エール出版社 1976.8 208p 19cm （Yell books） 800円

◇児玉番日記 毎日新聞社社会部編 毎日新聞社 1976 222p 19cm 680円

◇見えざる政府―児玉誉士夫とその黒の人脈 竹森久朝著 白石書店 1976 220p 19cm 750円

◇われかく戦えり―児玉誉士夫随想・対談 児玉誉士夫著 広済堂出版 1975 349p 肖像 19cm 880円

◇悪政・銃声・乱世―児玉誉士夫自伝 児玉誉士夫著 広済堂出版 1974 336p 肖像 19cm 880円

◇獄中獄外―児玉誉士夫日記 児玉誉士夫著 広済堂出版 1974 246p 肖像 19cm 880円

◇風雲―児玉誉士夫著作選集 児玉誉士夫著 日本及日本人社 1972 3冊 22cm 9000円

◇児玉誉士夫の虚像と実像―現代の黒幕 猪野健治著 創魂出版 1970 326p 18cm （偶像破壊シリーズ） 540円

◇昭和怪物伝 大宅壮一著 角川書店 1957 290p 19cm

◇芝草はふまれても―巣鴨戦犯の記録 児玉誉士夫著 新夕刊新聞社 1956 2版 182p 26cm 〈挿画は飛田時雄〉

◇われ敗れたり 児玉誉士夫著 協友社 1949 303p 図版 18cm

新自由クラブ

昭和50年代の保守政党。昭和51年ロッキード事件で焦点となった政治倫理をめぐり、河野洋平ら6人の議員が自民党を離党し結党。同年の総選挙でブームを起こし17人が当選する。その後は政党としての路線を確立できず、54年の総選挙で惨敗。58年第2次中曽根内閣で自民党と連立を組み、61年解党し自民党に復帰。河野は自民党総裁となった。

＊　　＊　　＊

◇「新党」盛衰記―新自由クラブから国民新党まで 浅川博忠著 講談社 2005.11 365p 15cm （講談社文庫） 619円 ①4-06-275258-1

◇自民党よ驕るなかれ 田川誠一著 講談社 1987.4 238p 20cm 1200円 ①4-06-203351-8

◇田川日記―自民党一党支配が崩れた激動の8日間 田川誠一著 ごま書房 1984.12 237p 19cm 980円 ①4-341-08001-6

◇新自由クラブよどこへ行く―脱党・連立そして自民復党へ 増田卓二著 ベストブック 1984.6 205p 19cm （ビッグバードのベストブックス） 980円

◇政治倫理確立のための提言―清新な政治の基礎づくりをめざして 新自由クラブ政策委員会編 新自由クラブ政策委員会 1984.2 166p 26cm 〈議員定数是正試案ほか六施策〉 1200円

◇ドキュメント自民脱党―変節と脱落のなかで愚直に生きた男たち 田川誠一著 徳間書店 1983.6 253p 19cm 980円 ①4-19-142746-6

◇新しい自由主義を求めて 新自由クラブ全国組織委員会 1982.6 39p 19cm

◇新自由クラブ六年のあゆみ 新自由クラブ全国組織委員会 1982.6 39p 21cm 〈『月刊新自由クラブ』57年6月号所載〉

◇新自由クラブ代表演説集―その原点と航跡 新自由クラブ企画広報委員会編 新自由クラブ企画広報委員会 1981.6 179p 22cm 3000円

◇基本政策 新自由クラブ 1981.4 159p 21cm

政治

◇政党の崩壊—新自由クラブ挫折の軌跡　河村譲著　オーエス出版　1980.3　237p　19cm　（Today books）　980円

◇新自由クラブの展開—保守再建構築の道　西岡武夫, 田中秀征著　経営ビジョン・センター　1979.2　233p　19cm　980円

◇新自由クラブ—保守野党の課題と展望　若宮啓文著　〔東村山〕　教育社　1978.10　142p　18cm　（入門新書）　400円

◇河野洋平・田川誠一保守新党への出発　国際商業出版編　国際商業出版　1976　280p　19cm　850円

◇さらば自民党—河野新党と六人のサムライ　岡本文夫著　青樹社　1976　267p　19cm　680円

赤字国債

財政赤字を補填するために国が発行する債券。戦前の日本では国際発行によりインフレを招いた。戦後は昭和22年の財政法で国債発行が禁止された。しかし40年、不況で歳入欠陥を生じたため、特別法を制定して戦後初めて赤字国債を発行した。50年からは毎年赤字国債を発行するようになり、財政均衡主義は崩壊した。なお、国債には赤字国債のほか建設国債があるが、国の債務である点では変わらない。

　　　　＊　　　＊　　　＊

◇国債と金利をめぐる300年史—英国・米国・日本の国債管理政策　真壁昭夫, 玉木伸介, 平山賢一著　東洋経済新報社　2005.7　337p　20cm　2800円　①4-492-62061-3

◇日本の国債市場と情報　釜江広志著　有斐閣　2005.2　282p　22cm　〈文献あり〉　4400円　①4-641-16233-6

◇昭和財政史—昭和49～63年度　第5巻　財務省財務総合政策研究所財政史室編　東洋経済新報社　2004.3　628p　22cm　17000円　①4-492-81804-9

◇超入門日本国債　千代田圭之著　平凡社　2003.6　213p　18cm　（平凡社新書）　720円　①4-582-85186-X

◇2003年、日本国破産　対策編　浅井隆著　第二海援隊　2001.5　217p　19cm　〈「対策篇」のサブタイトル：Yen（円）と国債が紙クズとなる日が近づいている!?〉　1400円　①4-925041-60-6

◇国債累増のつけを誰が払うのか　富田俊基著　東洋経済新報社　1999.3　267,7p　20cm　1800円　①4-492-62051-6

◇建設国債主義の功罪　富士総合研究所　1998.5　44p　26cm　（研究リポート）

◇公共債をめぐる諸問題　金融調査研究会　1996.3　173p　26cm　（金融調査研究会報告書　17）

◇国債の累増と日本経済　日本経済調査協議会編　東洋経済新報社　1985.12　183p　21cm　2000円　①4-492-62025-7

◇国債100兆—インフレ経済への警鐘　後藤新一著　東洋経済新報社　1980.3　216p　19cm　（東経選書）　1100円

◇現代日本の国債問題　北田芳治編著　新評論　1973　282p　19cm　1000円

福田 赳夫

明治38（1905）.1.14～平成7（1995）.7.5

政治家。群馬県生まれ。大蔵省を経て、昭和27年衆議院議員となり、以後当選14回。第2次岸内閣の農相を務めたほか、蔵相、外相、党幹事長の要職を歴任。佐藤内閣の後継が有力視されていたが、田中角栄に敗北。二人は「角福戦争」と呼ばれる対立を続ける。51年首相就任。58年日中平和友好条約を締結する。退任後も昭和の黄門を自認しOBサミットを創始するなど積極的な政治活動を続けた。ほかに昭和元禄、狂乱物価など時代をとらえる福田語録を残した。

　　　　＊　　　＊　　　＊

政治

◇「戦後五十年の生き証人」が語る　田原総一朗著　中央公論社　1996.4　333p　19cm　1950円　①4-12-002557-8

◇故福田赳夫内閣・自由民主党合同葬儀記録　内閣総理大臣官房　1996.3　508p　図版46枚　22cm　〈福田赳夫の肖像あり〉

◇財政官僚の足跡　森田右一著　近代文芸社　1995.4　313p　19cm　2500円　①4-7733-3804-0

◇回顧九十年　福田赳夫著　岩波書店　1995.3　378p　20cm　2200円　①4-00-002816-2

◇福田赳夫語録　柳川卓也著　政経社　1984.9　383p　20cm　〈福田赳夫の肖像あり〉　2500円

◇福田政権・714日　清宮竜著　行政問題研究所出版局　1984.5　328p　20cm　1800円　①4-905786-33-9

◇福田赳夫と日本経済　古沢健一著　講談社　1983.5　325p　20cm　1200円　①4-06-200577-8

◇激動する世界の中で日本を考える　福田赳夫〔述〕　尾崎行雄記念財団　1982.2　21p　19cm　（討論集会シリーズ　no.57）

◇福田内閣総理大臣演説集　福田赳夫〔述〕　日本広報協会　1980.3　388p　21cm　〈監修：内閣総理大臣官房〉

◇福田赳夫—評伝　浦田進著　国際商業出版　1978.11　278p　20cm　（評伝シリーズ　9）　1200円

◇日本の黒幕　福田政権の影の巻　「赤旗」特捜班著　新日本出版社　1977.12　214p　19cm　700円

◇福田外交の一年　平野実著　政界往来社　1977.11　299p　19cm　（外交記者日記シリーズ　1）　1500円

◇保守再生に立つ　田中宏構成　読売新聞社　1977.3　316p　肖像　19cm　900円

◇福田赳夫論—政治路線とその人脈　佐藤雄一編著　住宅新報社　1976.12　234p　19cm　880円

◇保守革命に賭ける　福田赳夫〔述〕，田中宏構成　読売新聞社　1974　309p　肖像　19cm　850円

◇父・福田赳夫—その人間・その財政　越智通雄著　サンケイ新聞出版局　1973　194p　肖像　19cm　（サンケイビジネス11）　500円

◇これからの日本の政治　福田赳夫〔述〕　内外情勢調査会　〔1968〕　28p　19cm　（講演シリーズ　252）　〈会期：昭和43年3月13日〉　非売品

◇今後の政治と経済　福田赳夫〔述〕　内外情勢調査会　〔1967〕　26p　19cm　（講演シリーズ　242）　〈会期：昭和42年3月24日〉　非売品

◇果して救世主となるか？　福田赳夫　河野幸之助著　日本時報社出版局　1966　356p　図版　19cm

◇福田赳夫—果して救世主となるか？　河野幸之助著　日本時報社出版局　1966　356p　図版　19cm　500円

◇福田赳夫とはどんな人か　入沢太平著　入沢太平　1957

大平 正芳

明治43(1910).3.12～昭和55(1980).6.12
政治家。香川県生まれ。大蔵省、池田蔵相秘書官を経て昭和27年衆議院議員となり、以後当選11回。第1次池田内閣の官房長官として初入閣。外相、蔵相、党幹事長の要職を歴任。53年、初めて予備選が導入された党総裁選で大勝し首相に就任。しかし深刻な"40日抗争"と呼ばれた党内対立の中で内閣不信任案が可決され、その後の選挙戦中に倒れ、戦後の首相として初めて在職中に死去した。敬虔なクリスチャンとして知られ、その口調から"アーウー宰相"とも呼ばれた。

*　　　*　　　*

◇去華就実—聞き書き大平正芳　大平正芳記念財団編　大平正芳記念財団　2000.6　549p　22cm　〈肖像あり〉

政治

◇在素知贅—大平正芳発言集　大平正芳〔述〕，大平正芳記念財団編　大平正芳記念財団　1996.5　557p　22cm

◇大平正芳—政治的遺産　大平正芳記念財団　1994.6　586p　22cm　〈監修：公文俊平ほか　大平正芳の肖像あり〉

◇大平元総理と私　栗原祐幸著　広済堂出版　1990.7　269p　19cm　1200円　①4-331-50296-1

◇大平元総理と私　栗原祐幸著　広済堂出版　1990.7　269p　20cm　〈大平正芳の肖像あり〉　1200円　①4-331-50296-1

◇大平正芳—人と思想　大平正芳記念財団　1990.6　630p　22cm　〈監修：公文俊平ほか　大平正芳の肖像あり〉

◇宰相夫人の昭和史　上坂冬子著　文芸春秋　1988.9　285p　19cm　1200円　①4-16-342550-0

◇昭和の政治家　四国新聞社編　丸山学芸図書　1987.5　226,3p　19cm　（讃岐人物風景　17）　1400円

◇大平正芳の政治的人格　吉田雅信著　東海大学出版会　1986.10　184p　19cm　1800円　①4-486-03071-0

◇宰相盗り　伊藤昌哉著　PHP研究所　1986.3　203,6p　20cm　〈副書名：中曽根康弘鈴木善幸大平正芳…吉田茂〉　1200円　①4-569-21727-3

◇自民党人物風雲録—吉田茂から大平正芳まで　足立利昭著　新世代システムセンター　1983.10　472p　19cm　〈発売：アス〉　1300円　①4-900402-99-0

◇近代を超えて—故大平総理の遺されたもの　長富祐一郎著　大蔵財務協会　1983.7　2冊　21cm　各2400円

◇大平正芳回想録　大平正芳回想録刊行会編著　鹿島出版会　1983.6　637p　22cm　〈『大平正芳回想録　伝記編』（大平正芳回想録刊行会昭和57年刊）と同内容　大平正芳の肖像あり〉　3800円　①4-306-09286-0

◇大平正芳回想録　資料編　大平正芳回想録刊行会編　大平正芳回想録刊行会　1982.6　536p　23cm　〈大平正芳の肖像あり〉

◇大平正芳回想録　伝記編　大平正芳回想録刊行会編　大平正芳回想録刊行会　1982.6　625p　23cm　〈大平正芳の肖像あり〉

◇大平政権・554日—自らの生命を賭けて保守政治を守った　川内一誠著　行政問題研究所出版局　1982.2　274p　20cm　1800円　①4-905786-13-4

◇文人宰相大平正芳　新井俊三，森田一共著　春秋社　1982.1　323p　20cm　〈大平正芳の肖像あり〉　1500円

◇大平正芳の人と政治　再び　田中六助著　朝日ソノラマ　1981.12　232p　20cm　〈大平正芳および著者の肖像あり〉　1500円　①4-257-03154-9

◇大平正芳回想録　追想編　大平正芳回想録刊行会編　大平正芳回想録刊行会　1981.6　420,17p　23cm　〈大平正芳の肖像あり〉

◇大平正芳の人と政治　田中六助著　朝日ソノラマ　1981.6　251p　20cm　〈大平正芳および著者の肖像あり〉　1500円

◇最後の旅—遺された唯一の太平宰相日記　森田一著　行政問題研究所出版局　1981.6　154p　図版33枚　21cm　〈太平正芳の肖像あり〉　3500円　①4-905786-07-X

◇故大平正芳内閣・自由民主党合同葬儀記録　内閣総理大臣官房編　内閣総理大臣官房　1981.3　450p　図版26枚　22cm

◇大平正芳　故大平正芳編さん委員会編　財政と経済を語る会　1981.1　413p　31cm　〈附・追悼文　企画編成：稲本博　制作：東邦図書出版　大平正芳の肖像あり〉　30000円

◇永遠の今　大平正芳〔述〕，大平正芳回想録刊行会編　大平事務所　1980.12　517,40p　図版12枚　20cm　〈著者の肖像あり〉

◇大平内閣総理大臣演説集　大平正芳〔述〕
　日本広報協会　1980.11　505,40p　21cm
　〈監修：内閣総理大臣官房〉
◇大平総理の政策研究会報告書　自由民
　主党広報委員会出版局　1980.8　812p
　22cm
◇80年代日本に明るい展望を—大平内閣に
　内外情勢,政治姿勢を問う　日本共産党
　中央委員会出版局　1980.2　48p　26cm
　〈第91通常国会での日本共産党の代表質
　問,衆院総括質問〉　130円
◇大平内閣の内外政策　田中六助〔述〕　内
　外情勢調査会　〔1979〕　30p　19cm
　（講演シリーズ　379）
◇鈍牛待望論—大平正芳の血と涙　大隈秀
　夫著　白川書院　1978.11　246p　20cm
　〈大平正芳の肖像あり〉　980円
◇大平正芳—政治姿勢と人間像　山口朝雄
　著　創芸社　1978.10　215p　19cm　〈大
　平正芳の肖像あり〉　980円
◇複合力の時代—対談　大平正芳,田中洋
　之助著　ライフ社　1978.9　187p　20cm
　〈著者の肖像あり〉　900円
◇私の履歴書　大平正芳著　日本経済新聞
　社　1978.7　194p　20cm　〈著者の肖像
　あり〉　900円
◇政局の現状とその動向　大平正芳〔述〕
　内外情勢調査会　〔1978〕　29p　19cm
　（講演シリーズ　366）
◇風塵雑俎　大平正芳著　鹿島出版会
　1977.12　390,31p　20cm　〈著者の肖像
　あり〉
◇旦暮芥考—還暦と自誨　大平正芳著　鹿
　島研究所出版会　1970　342,36p　図　肖像
　20cm　非売
◇春風秋雨—永田町と霞ケ関　大平正芳
　著　鹿島研究所出版会　1966.10　286p
　20cm　〈著者の肖像あり〉
◇素顔の代議士　大平正芳著　20世紀社
　1961
◇素顔の代議士　大平正芳著　20世紀社
　1956　234p　図版　18cm

ダグラス・グラマン疑惑

　昭和54年に発覚した汚職疑惑。米証券取引委員会でダグラス社・グラマン社の航空機売り込みにからむ海外不正支払報告書が公表され、元首相など日本の複数の政治家に工作資金が流れたことが判明した。東京地検が捜査を開始するが、2月1日に両社の販売代理店の日商岩井常務が自殺。同社社長、副社長らが国会証人喚問され、翌月同社の複数の幹部が外為法違反などで逮捕された。政界側は、職務権限の立証困難と時効を理由に5月に訴追を断念。松野頼三元防衛庁長官が証人喚問されただけに終わった。

*　　　*　　　*

◇国益を無視してまで商売か　山本峯章著
　日新報道　1980.6　218p　19cm　〈副書
　名：日商岩井にみる「企業に国家意識な
　く、資本に国境なし」の論理〉　980円
◇海部八郎—乱気流の復権　室伏哲郎著
　三天書房　1979.9　232p　19cm　980円
◇謀殺—島田常務怪死事件　吉原公一郎
　著　ダイヤモンド社　1979.9　224,24p
　20cm　1300円
◇ダグラス・グラマン疑惑追求の足跡　摂津
　井上一成事務所　1979.7　22p　26cm
　（737 report）

鈴木　善幸

明治44(1911).1.11～平成16(2004).7.19
　政治家。岩手県の網元の家に生まれ、漁協活動を経て、昭和22年社会党公認で衆議院議員に当選。疲弊する漁村への公的支援を求める支持者の要請を受け、翌年民主自由党に移る。当選16回、郵政省、厚相、農相を歴任。党内で調整力にすぐれ総務会長を10期務める。昭和55年、大平首相の急死後、党内融和を求める声を受けて首相に就任。"和の政治"を掲げた。

*　　　*　　　*

政治

◇故鈴木善幸内閣・自由民主党合同葬儀記録　内閣府大臣官房　2005.7　377p 図版36枚　22cm　〈会期・会場：平成16年8月26日 新高輪プリンスホテル国際館パミール　肖像あり　年譜あり〉

◇等しからざるを憂える。―元首相鈴木善幸回顧録　鈴木善幸〔述〕、東根千万億聞き書き　盛岡　岩手日報社　2004.8　391p　20cm　〈肖像あり　年譜あり　文献あり〉　1714円　④4-87201-346-8

◇青年鈴木善幸と漁協運動―元総理の軌跡　影山昇著　成山堂書店　1992.10　171p　19cm　1400円　④4-425-82361-3

◇青年鈴木善幸と漁協運動―元総理の軌跡　影山昇著　成山堂書店　1992.10　171p　20cm　1400円　④4-425-82361-3

◇元総理鈴木善幸激動の日本政治を語る―戦後40年の検証　鈴木善幸〔述〕、七宮涬三聞き手, 岩手放送株式会社編　盛岡　岩手放送　1992.1　383p　22cm　〈著者の肖像あり〉　2300円

◇宰相夫人の昭和史　上坂冬子著　文芸春秋　1988.9　285p　19cm　1200円　④4-16-342550-0

◇宰相盗り　伊藤昌哉著　PHP研究所　1986.3　203,6p　20cm　〈副題名：中曽根康弘鈴木善幸大平正芳…吉田茂〉　1200円　④4-569-21727-3

◇鈴木政権・863日　宇治敏彦著　行政問題研究所出版局　1983.11　473p　20cm　1800円　④4-905786-29-0

◇鈴木内閣総理大臣演説集　別冊　鈴木善幸〔述〕　日本広報協会　1983.3　492p　21cm

◇内閣総理大臣鈴木善幸お国入り記念写真集―昭和57年9月4、5、6日　陸中タイムス社編集・企画　宮古　陸中タイムス社　1983.2　134p　26cm　1000円

◇鈴木総理お国入りアルバム―1982.9.4〜7　岩手日報社編　盛岡　岩手日報社　1982.9　60p　30cm　850円

◇総理大臣・鈴木善幸―政治家523人がつくりあげる80年代権力構造の全容　読売新聞社政治部編　現代出版　1981.1　318p　20cm　〈肖像・筆跡：鈴木善幸〔ほか〕巻末：年表鈴木総理誕生までの軌跡,図版（肖像,筆跡）〉　1500円　④4-87475-609-8

◇総理鈴木善幸その素顔―生い立ちと政治の道　岩手日報社編　盛岡　熊谷印刷出版部　1980.9　216p　20cm　〈鈴木善幸の肖像あり〉　980円

◇濤魂の総理鈴木善幸　菊池久著　山手書房　1980.9　233p　20cm　1100円

◇歴代郵政大臣回顧録　第3巻　通信研究会　1974　328p　図 肖像　22cm　〈編著者：滝谷由亀,堀川潭　編集・製作：共同通信社〉

中曽根 康弘

大正7(1918).5.27〜
　政治家。群馬県生まれ。内務省に入り、海軍主計少佐として終戦を迎える。昭和22年衆議院議員となり、以後当選20回。早くから憲法改正を主張する。第2次岸内閣の科学技術庁長官で初入閣。防衛庁長官、通産相、党幹事長などを歴任し、57年首相に就任。「戦後政治の総決算」を唱え、臨時行政調査会を設置して行財政改革にあたる。国鉄の分割・民営化を実現するが、売上税導入をめぐり支持を失う。62年退任の後も世界平和研究所を設立するなど、保守政治家の大御所として活動を続けている。

＊　　＊　　＊

◇戦後政治　中曽根康弘〔述〕　読売新聞東京本社　2005.2　67p　21cm　〈読売ぶっくれっと　no.41〉　〈下位シリーズの責任表示：読売新聞解説部/〔編〕　年表あり〉　429円　④4-643-05006-3

◇日本の総理学　中曽根康弘著　PHP研究所　2004.9　205p　18cm　（PHP新書）　700円　④4-569-63830-9

◇マスコミ報道による中曽根元首相の提言と実践の軌跡　大田勝巧・千恵子編　〔東久留米〕　〔大田勝巧〕　2003.5　450

枚　27×38cm　〈中曽根康弘代議士資料集　その57〉　〈自平成4年12月4日至平成5年10月10日　背のタイトル：マスコミ報道による中曽根康弘代議士(元首相)の提言と実践の軌跡〉

◇永遠なれ、日本　中曽根康弘, 石原慎太郎著　PHP研究所　2003.3　269p　15cm（PHP文庫）　〈肖像あり〉　533円　①4-569-57924-8

◇大勲位・中曽根康弘—平成の妖怪　本沢二郎著　健友館　2003.2　369p　20cm　1800円　①4-7737-0711-9

◇平成の妖怪中曽根康弘の大野望　本沢二郎著　データハウス　2000.6　330p　19cm　1500円　①4-88718-564-2

◇中曽根康弘の肖像—蛭田有一写真集　蛭田有一著　求竜堂　1999.10　1冊（ページ付なし）　27cm　2800円　①4-7630-9929-9

◇中曽根内閣史　資料篇　続　世界平和研究所編　世界平和研究所　1997.9　563p　22cm　〈東京 丸ノ内出版(発売)〉　7000円　①4-89514-130-6

◇風に向かって走れ—中曽根康弘首相への道のり　中曽根康弘監修, 中沢麦原作, 中川佳昭作画　扶桑社　1997.5　354p　19cm　〈肖像あり〉　1905円　①4-594-02249-9

◇政治と哲学—日本人の新たなる使命を求めて　中曽根康弘, 梅原猛著　PHP研究所　1996.12　256p　20cm　〈著者の肖像あり〉　1500円　①4-569-55438-5

◇中曽根内閣史　〔3〕　日々の挑戦　世界平和研究所編　世界平和研究所　1996.10　912p　22cm　〈発売：丸ノ内出版〉　10000円　①4-89514-122-5

◇中曽根内閣史　〔4上〕　首相の一八〇六日　上　世界平和研究所編　世界平和研究所　1996.10　875p　22cm　〈発売：丸ノ内出版〉　10000円　①4-89514-123-3

◇中曽根内閣史　〔4下〕　首相の一八〇六日　下　世界平和研究所編　世界平和研究所　1996.10　p881〜1578　22cm　〈発売：丸ノ内出版〉　10000円　①4-89514-124-1

◇中曽根内閣史　〔1〕　理念と政策　世界平和研究所編　世界平和研究所　1995.11　834p　22cm　〈発売：丸ノ内出版〉　10000円　①4-89514-112-8

◇中曽根内閣史　〔2〕　資料篇　世界平和研究所編　世界平和研究所　1995.11　773p　22cm　〈発売：丸ノ内出版〉　10000円　①4-89514-113-6

◇政治と人生—中曽根康弘回顧録　中曽根康弘著　講談社　1992.7　373p　20cm　1700円　①4-06-205981-9

◇共同研究「冷戦以後」　中曽根康弘〔ほか〕著　文芸春秋　1992.1　356p　20cm　1800円　①4-16-346100-0

◇中曽根康弘—トップダウン型政治家—敗戦苦の克服から世界の日本へ　中曽根康弘事務所　1991.6　43,50p　26cm　〈英語書名：Yasuhiro Nakasone;the statesman as ceo　英文併記〉

◇青年の理想　中曽根康弘著　〔中曽根康弘〕　〔1990〕　54p　26cm　〈一洋社1947年刊の複製〉

◇中曽根政治の検証—禍いの政治の行方　川内康範著　サイマル出版会　1989.9　242p　19cm　〈著者の肖像あり〉　1500円　①4-377-30825-4

◇巨悪人脈—中曽根「政治」解剖　塩田潮著　悠飛社　1989.7　330p　19cm　1545円　①4-946448-03-9

◇中曽根康弘の総括—誰よりも首相にしてはならなかった男　アイペック　1989.5　64p　18cm　（News package chase　10）　250円　①4-87047-084-5

◇宰相中曽根康弘　奈良井茂雄著　大衆日本社　1988.12　418p　19cm

◇新しい世紀へ向かって—中曽根内閣総理大臣演説集　中曽根康弘〔述〕　中曽根康弘事務所　1988.9　672p　22cm　〈著者の肖像あり〉

政治

◇宰相夫人の昭和史　上坂冬子著　文芸春秋　1988.9　285p 19cm　1200円　ⓘ4-16-342550-0

◇中曽根政権・1806日　下　牧太郎著　行研　1988.9　420p 19cm　2000円　ⓘ4-905786-69-X

◇中曽根政権・1806日　上　牧太郎著　行研　1988.3　489p 19cm　2000円　ⓘ4-905786-66-5

◇中曽根とは何だったのか　牧太郎著　草思社　1988.3　269p 20cm　1500円　ⓘ4-7942-0305-5

◇Nakasone with the world—宰相中曽根の1806日　上毛新聞社編　前橋　上毛新聞社　1988.2　110p 30cm　〈中曽根康弘の肖像あり〉　1500円

◇中曽根政治の功と罪—いまだから話せるこんな中曽根を踏み越えろ　藤原弘達著　日新報道　1987.12　206p 19cm　〈中曽根康弘の肖像あり〉　1000円　ⓘ4-8174-0187-7

◇中曽根ウオッチ—5つの顔辞典　朝日ジャーナル編集部編　朝日新聞社　1987.10　214p 19cm　1000円　ⓘ4-02-255735-4

◇炎の記録—Wにかけた中曽根康弘　村上正邦著　第3版　角川書店　1987.9　218p 20cm　〈中曽根康弘の肖像あり〉　1400円

◇政治の流れはこう変わる—ポスト中曽根政権を読む　森田実著　サンケイ出版　1987.4　262p 20cm　1100円　ⓘ4-383-02609-5

◇中曽根「皇国史観」批判　日本共産党中央委員会出版局　1987.3　111p 21cm　（共産党ブックレット　8）　480円　ⓘ4-530-04205-7

◇ロンとヤス—日米首脳この5年　久保田富弘撮影　クラブ・ジャパン　〔1987〕　103p　22×31cm　〈英語書名：Ron & Yasu　英文併記〉

◇さよなら中曽根時代　高野孟著　花伝社　1986.7　197p 18cm　（世紀末を読む part 1）　〈発売：同時代社〉　1200円

◇総理大臣・中曽根康弘　読売新聞社政治部編　現代出版　1986.6　320p 19cm　1600円　ⓘ4-87475-206-3

◇中曽根ファミリー—政治支配の構造ドキュメント　青木慧著　あけび書房　1986.5　335p 19cm　〈データ・ボックス付〉　1700円　ⓘ4-900423-18-1

◇中曽根康弘の鼻歌が聞こえる　岩見隆夫著　潮出版社　1986.5　246p 19cm　980円　ⓘ4-267-01087-0

◇波濤を越えて—二十一世紀をひらく文化と政治　中曽根康弘著　政策科学研究所　1986.4　357p 22cm　〈著者の肖像あり〉　3200円

◇中曽根の国家改造計画批判　城戸通隆著　前進社出版部　1986.3　361p 19cm　2500円

◇中曽根康弘内閣総理大臣に申しあげます！—日本の危機を救うために　河内正臣著　たま出版　1986.3　132p 19cm　1000円　ⓘ4-88481-150-X

◇王道の孤独—小説・中曽根康弘　氷川順著　行政問題研究所出版局　1985.10　401p 20cm　1700円　ⓘ4-905786-48-7

◇素顔の中曽根政権—夜討・朝駆レポート「権力の素顔」より　読売新聞政治部編　徳間書店　1985.10　249p 19cm　〈中曽根康弘の肖像あり〉　980円　ⓘ4-19-143158-7

◇宰相中曽根康弘—内閣総理大臣への足跡　小林正雄編著　津　伊勢新聞社　1985.8　723p 22cm　〈中曽根康弘および著者の肖像あり〉　3000円　ⓘ4-900457-00-0

◇中曽根内閣を考える　日本共産党中央委員会宣伝局編　日本共産党中央委員会出版局　1985.6　31p 19cm　100円

◇国士・中曽根康弘先生—昭和維新の志士・戦後初の右翼宰相　瀬戸弘幸著　自由公論社　1984.11　212p 19cm　〈発売：けいせい出版　中曽根康弘の肖像あり〉　1000円

政治

◇85年体制とは何か―中曽根政治を料理する　いいだもも著　緑風出版　1984.11　245p　20cm　1800円

◇85年体制への序章―中曽根・行革・レフチェンコ・大韓機事件を撃つ　山川暁夫政治評論集　山川暁夫著　緑風出版　1983.12　238p　20cm　〈発売：社会評論社〉　1700円

◇中曽根康弘・全検証　アジール工房編　エール出版社　1983.11　184p　19cm　（Yell books）　980円

◇人間学中曽根康弘―男は志を持っていた　佐藤正忠著　経済界　1983.11　209p　18cm　（リュウブックス）　730円　①4-7667-0072-4

◇中曽根康弘―権力者たちの素顔　鎌田慧著　三一書房　1983.9　224p　20cm　1300円

◇中曽根首相への公開質問状　日本共産党中央委員会出版局　1983.7　16p　19cm　50円

◇中曽根首相のイメージが一変する本　斎藤栄三郎著　日本経済通信社　1983.7　229p　19cm　（NKTブックス）　〈中曽根康弘の肖像あり〉　980円　①4-8187-0070-3

◇風向きしだい―中曽根首相の考えるニッポン　山田紳,高野孟著　広松書店　1983.6　207p　18cm　〈発売：星雲社〉　780円　①4-7952-5207-6

◇総理大臣・中曽根康弘　読売新聞社政治部編　現代出版　1983.5　320p　20cm　〈執筆：堀川吉則ほか　中曽根康弘の肖像あり〉　1600円　①4-87475-206-3

◇宰相中曽根康弘の思想と行動　斎藤栄三郎著　日本経済通信社　1983.2　238p　19cm　980円　①4-8187-0066-5

◇中曽根康弘海軍グラフィティ　上杉公仁編　知道出版　1983.2　213p　20cm　〈中曽根康弘の肖像あり〉　1500円

◇中曽根康弘・悪の構図―危険思想の解剖・ウソのつき方・変身術・驚くべき錬金術・人脈・金脈・閨閥の内幕　野沢博通著　エール出版社　1983.1　177p　19cm　980円

◇新総理中曽根康弘の研究　週刊ブックス特別取材班編　現代書林　1982.11　202p　18cm　（週刊books）　680円　①4-905924-67-7

◇新総理中曽根康弘の研究　週刊ブックス特別取材班編　現代書林　1982.11　202p　18cm　（週刊Books）　680円　①4-905924-67-7

◇『矢部貞治日記』よりみた中曽根康弘代議士の軌跡―自昭和21年4月18日至昭和41年11月24日　大田勝巧〔編〕〔大田勝巧〕〔1981〕　151枚　26cm　（資料集　12）〈リキッド式複写〉

◇新しい保守の論理　中曽根康弘著　講談社　1978.10　297p　19cm　800円

◇人間中曽根康弘　神保昌弘著　東洋公論社　1978.10　245p　19cm　〈中曽根康弘の肖像あり〉　1400円

◇中曽根康弘研究―思想解剖から人脈金脈まで徹底追跡　山本英典,内中偉雄共著　エール出版社　1976.8　184p　19cm　（Yell books）　800円

◇我ら大正っ子 1　徳間書店　1961

第二臨調

昭和56年～58年に置かれた、行政改革推進のための総理府の付属機関。正式名称は臨時行政調査会で、昭和37年に置かれた第一臨調に対し第二臨調と呼ばれる。会長は土光敏夫。「増税なき財政再建」を掲げた鈴木善幸内閣の下で設置され、行政改革と財政再建に重点を置いた答申を提出した。中曽根内閣の下で国鉄・電電公社・専売公社の三公社民営化などの行政改革に結実した。

＊　　　＊　　　＊

◇新版　日本政治の変遷―史料と基礎知識　富田信男,楠精一郎,小西徳応共著　北樹出版,学文社〔発売〕　1993.11　249p　21cm　2600円　①4-89384-316-8

167

政治

◇臨調と行革―2年間の記録　臨時行政調査会OB会編　文真舎　1983.12　583p　21cm
◇臨調最終提言―臨時行政調査会第4次・第5次答申　行政管理研究センター　1983.4　684p　21cm　〈監修：臨時行政調査会事務局〉　3000円
◇行政改革に関する第5次答申―最終答申　〔総理府〕臨時行政調査会　1983.3　212p　26cm
◇行政改革に関する第4次答申―行政改革推進体制の在り方　〔総理府〕臨時行政調査会　1983.2　3p　26cm
◇ドキュメント行政改革―追跡・第二臨調　読売新聞政治部編　読売新聞社　1983.1　252p　19cm　〈資料：第1次―第3次答申全文・図表・年譜〉　950円
◇臨時行政調査会第3部会報告　補助金等の整理合理化について　〔総理府臨時行政調査会〕　1983.1　24p　26cm
◇臨時行政調査会第4部会報告　特殊法人等及び現業等の在り方について　〔総理府臨時行政調査会〕　1983.1　53p　26cm
◇臨時行政調査会第2部会報告　〔4〕行政情報の公開と管理その他行政手続制度の在り方及びOA等事務処理の近代化について　〔総理府臨時行政調査会〕　1983.1　28p　26cm
◇臨時行政調査会第2部会報告　〔5〕予算編成・執行、財政投融資等の在り方について　〔総理府臨時行政調査会〕　1983.1　34p　26cm
◇臨時行政調査会第2部会報告　〔6〕公務員制の在り方について　〔総理府臨時行政調査会〕　1983.1　20p　26cm
◇臨時行政調査会第3部会報告　許認可等の整理合理化について　〔総理府臨時行政調査会〕　1982.12　66p　26cm
◇臨時行政調査会第2部会・第3部会合同報告―地方支分部局の整理・再編合理化及び地方事務官制度等の改革について　〔総理府臨時行政調査会〕　1982.12　14p　26cm
◇臨時行政調査会第2部会報告　〔3〕省庁組織の整理・再編合理化について　〔総理府臨時行政調査会〕　1982.12　41p　26cm
◇臨調基本提言―臨時行政調査会第3次答申　行政管理研究センター　1982.8　464p　21cm　〈監修：臨時行政調査会事務局〉　2500円
◇臨調部会報告資料　政策問題調査会　1982.8　636p　26cm　〈臨時行政調査会・大蔵省・通商産業省・中小企業庁・資源エネルギー庁資料〉　20000円
◇行政改革に関する第3次答申―基本答申　〔総理府〕臨時行政調査会　1982.7　110p　25cm
◇臨時行政調査会第1部会報告―行政改革の理念及び重要行政施策の在り方について　〔総理府臨時行政調査会〕　1982.5　54p　26cm
◇臨時行政調査会第3部会報告―国と地方の機能分担等の在り方について　〔総理府臨時行政調査会〕　1982.5　32p　26cm
◇臨時行政調査会第4部会報告―三公社、特殊法人等の在り方について　〔総理府〕臨時行政調査会　1982.5　50p　26cm
◇臨時行政調査会第2部会報告　〔総理府臨時行政調査会〕　1982.5　2冊　26cm
◇行政改革に関する第2次答申―許認可等の整理合理化　〔総理府〕臨時行政調査会　1982.2　50p　26cm
◇臨調許認可提言―臨時行政調査会第2次答申　行政管理研究センター　1982.2　128p　21cm　〈背の書名：許認可提言　監修：総理府臨時行政調査会事務局〉　900円
◇ドキュメント行政改革―第二臨調は日本を救えるか！　第二臨調からの報告　読売新聞政治部第二臨調取材班編　潮文社　1981.8　272p　19cm　980円　①4-8063-1094-8

◇行政改革に関する第1次答申 〔総理府〕 臨時行政調査会 1981.7 54p 25cm

◇臨調緊急提言—臨時行政調査会第1次答申 行政管理研究センター 1981.7 182p 21cm 〈監修：臨時行政調査会事務局〉 1350円

◇臨時行政調査会第I専門部会中間報告—今次行政改革の基本的理念と課題について 〔総理府臨時行政調査会〕 1981.6 18p 25cm

◇臨時行政調査会第I特別部会報告—行政の在り方の見直しによる中央・地方における支出削減と収入確保について 〔総理府臨時行政調査会〕 1981.6 22p 25cm

◇臨時行政調査会第II特別部会報告—行政の在り方の見直しによる中央・地方における合理化・効率化について 〔総理府臨時行政調査会〕 1981.6 31p 25cm

◇臨時行政調査会の概要 行政管理研究センター編 行政管理研究センター 1980.10 152p 21cm 1850円

◇臨時行政調査会設立の経緯と同調査会「首都行政の改革に関する意見」審議経緯 行政管理研究センター〔編〕 〔行政管理庁〕長官官房総務課 1978.5 209p 25cm （行政管理問題研究資料 53-1）

◇行政改革のビジョン 1 臨時行政調査会意見 行政管理研究センター編 行政管理研究センター 1977.10 510p 21cm （行管研センター資料シリーズ no.1） 3000円

◇行政の改革—臨時行政調査会意見書 臨時行政調査会編 時事通信社 1967 541p 22cm 1000円

◇新しい首都行政のあり方—臨時行政調査会の改革意見を中心として 〔臨時行政調査会〕著 首都圏整備委員会事務局 1965.10 202p 25cm

◇お役所仕事の能率化—臨時行政調査会意見書 井原敏之編 時事通信社 1965 264p 18cm （時事新書）

◇臨時行政調査会第3専門部会第2分科会報告書 臨時行政調査会第3専門部会第2分科会 1964 1冊 25cm

◇臨時行政調査会第1専門部会第1班報告書 臨時行政調査会第1専門部会第1班 1963 296,319p 25cm 〈付：附属資料〉

◇臨時行政調査会第1専門部会第2班報告書 臨時行政調査会第1専門会第2班 1963 195,562p 25cm 〈付：附属資料〉

◇臨時行政調査会第3専門部会第1分科会報告 臨時行政調査会第3専門部会第1分科会 1963 2冊 25cm

◇臨時行政調査会第3専門部会第3分科会報告書 臨時行政調査会第3専門部会第3分科会 1963 69,379p 25cm 〈付：附属資料〉

◇臨時行政調査会第3専門部会第2分科会報告書 附属資料編 臨時行政調査会第3専門部会第2分科会 1963 1冊 25×37cm 〈謄写版〉

◇臨時行政調査会第3専門部会第4分科会中間報告書 臨時行政調査会第3専門部会第4分科会 1963 1冊 25cm

◇臨時行政調査会第2専門部会報告書 臨時行政調査会第2専門部会 1963 124,418p 25cm 〈付：附属資料〉

◇臨時行政調査会第2専門部会報告書 附属資料〔第1・3〕 臨時行政調査会第2専門部会 1963 3冊 25cm 〈謄写版〉

国鉄分割・民営化

　昭和62年4月に日本国有鉄道を地域別6社などに分割して民営化した改革。中曽根内閣の、民活を軸とした行政改革の最大の成果とされる。モータリゼーションの進展と過大な新線建設で膨大な累積債務を抱えた国鉄について、国鉄再建管理委員会の意見書に沿って61年12月に分割・民営化が決定。翌62年4月1日付で旅客鉄道会社6社、貨物鉄道会社1社、国鉄清算事業団などが発足した。

＊　　　＊　　　＊

政治

◇労働運動の道しるべ―三好宏一先生論文集　三好宏一著，「三好宏一先生論文集」編集委員会編　札幌　三好宏一先生論文集刊行委員会　2005.7　749p　22cm　〈著作目録あり〉

◇新たな権利闘争の地平をめざして―万井隆令西谷敏先生還暦記念論文集　大阪民主法律協会　2004.12　406p　21cm　2000円

◇分割民営に至る国鉄の歩み―1972年（鉄道百年）以降15年間の記録　運輸経済研究センター　1998.3　2冊（別冊とも）31cm　（運輸経済研究資料）〈別冊：年表・統計〉全20000円　①4-900209-17-1

◇国鉄民営化は成功したのか―JR10年の検証　大谷健著　朝日新聞社　1997.3　214p　19cm　1545円　①4-02-257062-8

◇鉄道　老川慶喜著　東京堂出版　1996.9　376p　20cm　（日本史小百科　近代）2678円　①4-490-20290-3

◇国鉄の民営分割に関する文献目録―JR発足後　交通研究協会　1994.8　101p　27cm　〈発売：運輸調査局　付：年表〉20000円

◇JRにおける労働者の権利　青木宗也，中山和久編著　日本評論社　1993.12　371p　22cm　〈年表/国鉄「分割・民営化」と国鉄労働組合：p270～291〉　4120円　①4-535-58142-8

◇JR株式上場―国鉄民営化の成否を問う　三浦陽道著　ティビーエス・ブリタニカ　1989.9　227p　20cm　1400円　①4-484-89225-1

◇国鉄解体―戦後40年の歩み　原田勝正著　筑摩書房　1988.3　264p　19cm　（ちくまライブラリー　10）1200円　①4-480-05110-4

◇JNRサヨナラ国鉄時刻表　鈴木守著　北宋社（発売）1987.4　238p　18cm　760円　①4-938425-90-4

◇私の見た国鉄改めJR　竹内努著　〔新居浜〕エービー　〔1987〕126p　18cm　980円

◇国鉄崩壊　加藤仁著　講談社　1986.12　268p　20cm　1200円　①4-06-203088-8

◇国鉄問題―「分割・民営化」の真相　日本共産党中央委員会出版局　1986.11　95p　21cm　（共産党ブックレット　5）420円

◇戦後日本国有鉄道論　中西健一著　東洋経済新報社　1985.12　299p　22cm　4800円　①4-492-22074-7

第三セクター

行政と企業の共同出資による法人。国や地方自治体による公企業、私企業に対し、第三の方式の意味で呼ばれる。昭和48年に田中内閣の「経済社会基本計画」で提言され、国鉄分割・民営化にあたって廃止対象となるローカル線（特定地方交通線）の受け皿として多くの第三セクターが設立されたほか、地域振興を目的とする第三セクターが数多く設立された。しかし、経営に対する自治体の見通しの甘さ、天下りの温床となることなど弊害が目立ち、破綻するところも多い。

＊　　　＊　　　＊

◇第三セクター鉄道と地域の未来―2005年一橋祭研究発表　国立　一橋大学鉄道研究会　2005.11　127p　26cm　〈文献あり〉

◇分権型社会の制度設計　日本地方財政学会編　勁草書房　2005.11　194p　22cm　（日本地方財政学会研究叢書）4500円　①4-326-50271-1

◇第三セクター鉄道等協議会20年史　第三セクター鉄道等協議会　2005.6　155p　30cm　〈年表あり〉

◇企業再建の真髄　清水直編著　商事法務　2005.5　821p　22cm　〈年譜あり　著作目録あり〉9400円　①4-7857-1213-9

◇都道府県及び政令指定都市別財政状況―普通会計、公営企業会計、第三セクター、バランスシート、行政コスト計算書

等　地方債協会編　地方債協会　2004.9　571p　30cm　〈地方債月報別冊〉
◇社会的企業—雇用・福祉のEUサードセクター　C.ボルザガ, J.ドゥフルニ編、内山哲朗、石塚秀雄、柳沢敏勝訳　日本経済評論社　2004.7　535p　22cm　〈文献あり〉　8200円　①4-8188-1558-6
◇第三セクターのリージョナル・ガバナンス—経営改善・情報開示・破綻処理　読谷山洋司著　ぎょうせい　2004.6　213p　21cm　〈文献あり〉　2000円　①4-324-07457-7
◇社会的経済の促進に向けて—もう一つの構造改革〈市民・協同セクター〉の形成へ　「社会的経済」促進プロジェクト編　同時代社　2003.9　189p　21cm　2200円　①4-88683-508-2
◇第三セクターの経営悪化の要因分析—商法観光分野の個票財務データによる実証分析　赤井伸郎著　Tokyo　内閣府経済社会総合研究所　2003.5　41p　30cm　〈ESRI discussion paper series　no.32〉
◇第3セクターをリストラせよ—待ったなし！地方自治体の不良債権処理　井熊均編著　日刊工業新聞社　2002.3　228p　20cm　1700円　①4-526-04915-8
◇第三セクターによる地域産業おこし—姫島村・徳島市・夕張市の事例　課題研究用事例　自治研修協会　1991.3　150p　26cm　〈年表あり〉

政教分離

　国家権力と宗教を分離すること。戦前の大日本帝国は国家神道体制をとったのに対し、戦後の日本国憲法は第20条で、国家権力が特定の宗教を援助または圧迫すること、宗教団体が政治権力を行使することを禁止している。これまで、地鎮祭等の行事への公費支出、靖国神社への首相・閣僚の参拝などをめぐって訴訟が提起されたほか、創価学会と公明党の支援関係が問題となった。

＊　　＊　　＊

◇民衆宗教と国家神道　小沢浩著　山川出版社　2004.6　106p　21cm　〈日本史リブレット　61〉　〈文献あり〉　800円　①4-634-54610-8
◇近代日本の宗教と国家—その相克の諸相　井上卓治著　東京図書出版会　2000.9　230p　20cm　〈東京 星雲社（発売）〉　1600円　①4-434-00300-3
◇近代日本における「国家と宗教」—「思想・信条の自由」の考察　酒井文夫著　信山社出版　1997.1　448p　22cm　12000円　①4-7972-1525-9
◇政教分離裁判と国家神道　平野武著　京都　法律文化社　1995.3　297p　22cm　8755円　①4-589-01855-1
◇天皇と神道—GHQの宗教政策　ウィリアム・P.ウッダード著、阿部美哉訳　サイマル出版会　1988.4　335p　19cm　2500円　①4-377-10782-8
◇国家神道とは何だったのか　葦津珍彦著　再版　神社新報社　1987.6　240pp　22cm　〈参考文献：p233〜240　取り扱い：地方・小出版流通センター〉　1800円

指紋押捺制度

　外国人登録の際に指紋の押捺・提出を義務づけていた制度。戦前の日本で朝鮮・中国の人々が日本に強制移住・強制連行された歴史を背景に、指紋押捺制度を人権侵害と訴える意見が昭和50年代から強まり、特別永住者資格を持つ在日韓国・朝鮮人の指紋押捺義務が廃止された。のち平成11年には外国人の指紋押捺制度が全廃された。

＊　　＊　　＊

◇日朝関係史論集—姜徳相先生古希・退職記念　姜徳相先生古希・退職記念論文集刊行委員会著　新幹社　2003.5　773p　22cm　〈肖像あり　年譜あり　著作目録あり〉　12000円　①4-88400-028-5

政治

◇指紋押捺制度と在日韓国・朝鮮人—市民講座の記録　調布　調布・ムルレの会　1985.12　55p　26cm　（〔ムルレ〕の会シリーズ　7）　500円

後藤田　正晴

大正3（1914）.8.9～平成17（2005）.9.19
官僚・政治家。徳島県生まれ。内務省に入り、戦後は警察畑を歩む。昭和44年警察庁長官となり、よど号ハイジャック事件、浅間山荘事件などの対応にあたる。昭和51年衆議院議員となり、当選7回。中曽根内閣の官房長官、行政管理庁長官、法相などを歴任。平成8年引退後も、行政改革、外交・防衛などで積極的に発言した。その姿勢には護民官としての思想があったといわれる。

　　　＊　　　＊　　　＊

◇日本への遺言　後藤田正晴〔述〕，TBS『時事放談』編　毎日新聞社　2005.11　125p　19cm　952円　①4-620-31744-6

◇若者と語る　後藤田正晴，村山富市，岡野加穂留〔述〕，明治大学政治経済学部編　明治大学政治経済学部　2002.11　222p　20cm　〈東京　毎日新聞社（製作）　年譜あり〉

◇わが上司後藤田正晴—決断するペシミスト　佐々淳行著　文芸春秋　2002.6　442p　16cm　（文春文庫）〈年譜あり〉　552円　①4-16-756009-7

◇後藤田正晴—二十世紀の総括　後藤田正晴〔述〕　生産性出版　1999.6　220p　20cm　（21世紀へのメッセージシリーズ）　1500円　①4-8201-1661-4

◇後藤田正晴における責任のとりかた　野坂昭如著　毎日新聞社　1998.10　235p　20cm　1500円　①4-620-31254-1

◇情と理—後藤田正晴回顧録　上　後藤田正晴著，政策研究院政策情報プロジェクト監修　講談社　1998.6　381p　20cm　1700円　①4-06-209113-5

◇情と理—後藤田正晴回顧録　下　後藤田正晴著，政策研究院政策情報プロジェクト監修　講談社　1998.6　365p　20cm　1700円　①4-06-209114-3

◇法の男後藤田正晴—21世紀への伝言　テレビ朝日出版部，モジカンパニー編　テレビ朝日事業局出版部　1998.3　239p　20cm　2200円　①4-88131-222-7

◇後藤田正晴—異色官僚政治家の軌跡　保阪正康著　文芸春秋　1998.1　414p　16cm　（文春文庫）　505円　①4-16-749404-3

◇後藤田正晴—蛭田有一写真集　蛭田有一著　朝日ソノラマ　1997.7　1冊（ページ付なし）　27cm　2667円　①4-257-03521-8

◇後藤田正晴男の美学—永遠のナンバー2　板垣英憲著　近代文芸社　1996.2　199p　20cm　1500円　①4-7733-5362-7

◇後藤田正晴の「知恵」を盗む　小林吉弥著　講談社　1994.12　221p　20cm　1500円　①4-06-207357-9

◇政と官　後藤田正晴著　講談社　1994.7　252p　20cm　1500円　①4-06-207226-2

◇支える動かす—私の履歴書　後藤田正晴著　日本経済新聞社　1991.7　189p　20cm　〈著者の肖像あり〉　1300円　①4-532-16015-4

◇内閣官房長官　後藤田正晴著　講談社　1989.11　262p　20cm　1300円　①4-06-204727-6

◇後藤田正晴—日本で最も恐れられる政治家　菊池久著　山手書房　1985.6　214p　20cm　1200円

◇後藤田正晴・全人像　坂東弘平著　行政問題研究所出版局　1983.10　335p　20cm　（行研 political hopefulシリーズ）〈後藤田正晴の肖像あり〉　1500円　①4-905786-28-2

◇智将・後藤田正晴の素顔　荒木誠著　日本ビジネス・ライフ　1983.8　187p　19cm　〈発売：星雲社　後藤田正晴の肖像あり〉　980円　①4-7952-8253-6

宮沢 喜一

大正8(1919).10.8～

政治家。東京に生まれる。大蔵省に入り、昭和24年池田蔵相秘書官となり、25年のサンフランシスコ平和条約に全権随員として出席。28年参議院議員、42年から衆議院議員。37年第2次池田改造内閣の経済企画庁長官として初入閣。池田首相のブレーンとして所得倍増計画の立案にあたるなど、早くから戦後政治の骨格づくりに関わった。中曽根内閣時代は次代を担うニューリーダーの一人とされた。平成3年首相に就任。5年党分裂、総選挙での敗北を受け辞任。10年小渕内閣の蔵相に就任。首相経験者の蔵相就任から「平成の高橋是清」と言われた。15年引退。

   ＊ ＊ ＊

◇聞き書宮沢喜一回顧録　宮沢喜一〔述〕，御厨貴，中村隆英編　岩波書店　2005.3　361p　20cm　〈年譜あり〉　2200円　Ⓘ4-00-002209-1

◇ハト派の伝ја—宮沢喜一元首相が語る　宮沢喜一〔述〕　広島　中国新聞社　2005.3　165p　19cm　〈年表あり〉　1600円　Ⓘ4-88517-334-5

◇東京—ワシントンの密談　宮沢喜一著　中央公論社　1999.1　325p　16cm　（中公文庫）　762円　Ⓘ4-12-203310-1

◇宮沢政権・六四四日　弘中昌通著　行研出版局　1998.4　436p　20cm　2500円　Ⓘ4-87732-012-1

◇21世紀への委任状—Sprits the testimony　宮沢喜一著　小学館　1995.9　95p　19cm　（Spirits booklet）　〈著者の肖像あり 折り込み1枚〉　450円　Ⓘ4-09-359351-5

◇新・護憲宣言—21世紀の日本と世界　宮沢喜一著　朝日新聞社　1995.4　245p　20cm　〈聞き手：若宮啓文 著者の肖像あり〉　1500円　Ⓘ4-02-258594-3

◇宮沢内閣総理大臣演説集　日本広報協会　1994.6　751p　21cm　〈監修：内閣総理大臣官房〉

◇宮沢喜一・全人像　清宮龍著　改訂版　行研　1992.1　335p　19cm　2060円　Ⓘ4-905786-89-4

◇宮沢喜一・全人像　清宮龍著　改訂版　行研出版局　1992.1　335p　20cm　〈肖像あり〉　Ⓘ4-905786-89-4

◇宮沢喜一の選択と経世会支配の構図　大塚英樹著　天山出版　1992.1　254p　19cm　（Tenzan time Japan）　〈発売：大陸書房〉　1000円　Ⓘ4-8033-3465-X

◇美しい日本への挑戦　宮沢喜一, 高坂正堯著　文芸春秋　1991.12　223p　20cm　〈新装版〉　1200円　Ⓘ4-16-346030-6

◇総理大臣　宮沢喜一　本沢二郎著　ぴいぷる社　1991.12　385p　19cm　1800円　Ⓘ4-89374-054-7

◇戦後政治の証言　宮沢喜一著　読売新聞社　1991.6　247p　20cm　1800円　Ⓘ4-643-91055-0

◇新総裁'87—宮沢・竹下・安倍 その人と政治　竹内陽一編　行研出版局　1987.4　286p　19cm　1800円　Ⓘ4-905786-62-2

◇領袖（りょうしゅう）—安・竹・宮の人脈　今吉賢一郎著　毎日新聞社　1986.11　260p　19cm　1100円　Ⓘ4-620-30548-0

◇官僚たちの八月十五日　佐瀬稔著　旺文社　1986.7　278p　15cm　（旺文社文庫）　400円　Ⓘ4-01-064384-6

◇再び旗を掲げよう—宮沢喜一提言・講演集　宮沢喜一〔述〕　〔宏池会〕　1986.4　150p　21cm　〈第2回宏池会と語る会 著者の肖像あり〉

◇クールな宰相候補—ゲームズマンとしての宮沢喜一　田原総一朗著　学陽書房　1978.9　226p　20cm　（ザ・プロフェッショナル　1）　980円

竹下 登

大正13(1924).2.26～平成12(2000).6.19

政治家。島根県生まれ。島根県議を経て昭和

33年衆議院議員となり、当選14回。46年第3次佐藤内閣に歴代最年少で官房長官として初入閣。その後も官房長官、建設相、蔵相、党幹事長などを歴任し、次代を担うニューリーダーの一人となる。62年中曽根首相の裁定により後継に指名され、昭和最後の首相となる。ふるさと創生事業、消費税導入を進めるが、リクルート事件で急速に支持を失い、元号が改まった平成元年6月に総辞職。敵を作らない気配り、慎重に慎重を重ねる手法で政治基盤を人脈を築いたが、相手に言質を与えない、言語明瞭・意味不明瞭と呼ばれるわかりにくい言動も持っていた。

　　　　＊　　　＊　　　＊

◇盛田昭夫・竹下登・フルシチョフ―指導者達の素顔　清宮竜著　善本社　2002.3　275p　20cm　1800円　①4-7939-0417-3
◇われ万死に値す―ドキュメント竹下登　岩瀬達哉著　新潮社　2002.3　285p　16cm　（新潮文庫）〈文献あり〉　438円　①4-10-131031-9
◇竹下登不敗の人間収攬術　小林吉弥著　講談社　2001.8　237p　20cm　1500円　①4-06-210891-7
◇政治とは何か―竹下登回顧録　竹下登著, 政策研究大学院大学政策情報プロジェクトCOEオーラル・政策研究プロジェクト監修　講談社　2001.1　349p　20cm　1800円　①4-06-210502-0
◇田中角栄vs竹下登　3　鈴木棟一著　講談社　2000.7　416p　16cm　（講談社＋α文庫）　940円　①4-06-256441-6
◇田中角栄vs竹下登　4　鈴木棟一著　講談社　2000.7　420p　16cm　（講談社＋α文庫）　940円　①4-06-256442-4
◇田中角栄vs竹下登　1　鈴木棟一著　講談社　2000.6　422p　16cm　（講談社＋α文庫）　940円　①4-06-256439-4
◇田中角栄vs竹下登　2　鈴木棟一著　講談社　2000.6　406p　16cm　（講談社＋α文庫）　940円　①4-06-256440-8
◇竹下政権・五七六日　後藤謙次著　行研出版局　2000.2　563p　20cm　2500円　①4-87732-013-X
◇竹下登若き日の挑戦―誕生から初当選までコミック版　今藤たけし原作, ながいのりあき作画　グローバルネット　1998.9　158p　20cm　〈東京 星雲社（発売）〉　1500円　①4-7952-9424-0
◇新・竹下疑惑の系譜―こんな議員を野放しにして, 政界浄化などできるのか　菊池久著　ポケットブック社　1994.1　244p　20cm　1400円　①4-341-14060-4
◇権力の代償　朝日新聞政治部・社会部著　朝日新聞社　1993.8　179p　19cm　(News & documents ND books)　1100円　①4-02-256545-4
◇竹下疑惑の系譜　菊池久著　ポケットブック社　1993.6　243p　19cm　(Pocket book)　1200円　①4-341-14043-4
◇証言保守政権　竹下登著　読売新聞社　1991.11　241p　20cm　1800円　①4-643-91108-5
◇金丸対竹下―擬装対決か全面戦争か　アイペック　1990.7　63p　17cm　(News package chase　〔1990〕-13)　250円　①4-87047-107-8
◇竹下内閣総理大臣演説集　竹下登〔述〕　日本広報協会　1990.3　530p　21cm　〈監修：内閣総理大臣官房〉
◇竹下政権の崩壊―リクルート事件と政治改革　朝日新聞政治部著　朝日新聞社　1989.7　366p　19cm　1280円　①4-02-256022-3
◇竹下政権の崩壊―誤算から互解への100日　ドキュメント　三宅久之編　全国朝日放送　1989.7　222p　19cm　1000円　①4-88131-128-X
◇宰相夫人の昭和史　上坂冬子著　文芸春秋　1988.9　285p　19cm　1200円　①4-16-342550-0
◇私の竹下さん　ラビコム編著　泰流社　1988.6　189p　20cm　980円　①4-88470-638-2

◇竹下首相から学ぶ成熟社会のビジネス感覚―人間掌握術全ポイント　小林吉弥著　東急エージェンシー　1988.3　190p　19cm　1000円　①4-924664-39-1
◇実録 竹下登　塩田潮著　講談社　1987.12　231p　19cm　1200円　①4-06-203758-0
◇首相・竹下登―大正13.2.26～昭和62.11.6　中村宏著　京都　蒼林社出版　1987.12　231p　19cm　〈竹下登の肖像あり〉　1300円　①4-915581-57-8
◇竹下政治で日本はよくなるか悪くなるか？―政権樹立にいたる人間ドラマ　増田卓二著　日本経済通信社　1987.12　238p　19cm　1200円　①4-8187-1094-6
◇竹下総理「全データ」　時事通信社政治部著　時事通信社　1987.12　313p　19cm（現代を読む）〈付：竹下登の軌跡(年表)〉　1000円　①4-7887-8741-5
◇素晴らしい国・日本―私の「ふるさと創生論」　竹下登著　講談社　1987.11　184p　21cm　1200円　①4-06-203719-X
◇総理大臣 竹下登　菊池久著　ぴいぷる社　1987.11　230p　19cm　1500円　①4-89374-007-5
◇総理大臣竹下登　菊池久著　ぴいぷる社　1987.11　230p　20cm　1500円　①4-89374-007-5
◇新総裁'87―宮沢・竹下・安倍 その人と政治　竹内陽一編　行研出版局　1987.4　286p　19cm　1800円　①4-905786-62-2
◇竹下登・全人像　花岡信昭、小林静雄著　行研出版局　1987.4　343p　19cm　2000円　①4-905786-63-0
◇竹下登・全人像　花岡信昭、小林静雄著　行研出版局　1987.4　343p　20cm　〈竹下登の肖像あり〉　2000円　①4-905786-63-0
◇領袖(りょうしゅう)―安・竹・宮の人脈　今吉賢一郎著　毎日新聞社　1986.11　260p　19cm　1100円　①4-620-30548-0
◇あの山こえて―まごころとふるさとのある国づくり　竹下登〔ほか〕著　新樹企画　1986.8　334p　20cm　〈竹下登の肖像あり〉　1500円
◇竹下登・政権への階段　増田卓二著　ビジネス社　1985.12　287p　19cm　〈竹下登の肖像あり〉　1400円　①4-8284-0263-2
◇竹下登政権への階段　増田卓二マスダ,タクジ　ビジネス社　1985.12　287p　19cm　〈巻末：竹下登の軌跡(年譜)〉　1400円　①4-8284-0263-2
◇暗闘―田中角栄VS竹下登　マスコミ研究会編　国会通信社　1985.4　198p　19cm　1000円
◇まごころの政治―竹下登のさわやか対談　竹下登〔ほか〕著　新樹企画　1983.3　318p 図版10枚　20cm　〈国会活動25年記念 竹下登の肖像あり〉　1500円
◇理想めざして―竹下登のさわやか対談・我が道を行く　竹下登〔ほか〕著　新樹企画　1981.9　374p　20cm　〈竹下登の肖像あり〉

安倍　晋太郎

大正13(1924).4.29～平成3(1991).5.15
政治家。東京生まれ(本籍地は山口県)。衆議院議員の父が終戦直後に死去し、政治家を志す。岸信介の長女と結婚し、昭和31年石橋内閣の外相となった岸の秘書官となる。昭和33年衆議院議員となり、当選11回。農相、通産相、外相、党幹事長などを歴任。外交の安倍として実績を積み、次代を担うニューリーダーの一人となる。竹下内閣の後継と目されていたが、リクルート事件と病で首相の座につけないまま死去した。安倍晋三は二男。

＊　　　＊　　　＊

◇安倍晋太郎輝かしき政治生涯　安倍晋太郎伝記編集委員会編　安倍晋太郎伝記編集委員会　1993.4　293p　31cm　〈安倍晋太郎の肖像あり〉
◇総理になれなかった男たち―逆説的指導者論　小林吉弥著　経済界　1991.10

政治

246p 19cm （RYU SELECTION） 1500円　⑭4-7667-8086-8

◇爽快なり、立ち技―小説・安倍晋太郎　大下英治著　徳間書店　1990.12　356p　19cm　1500円　⑭4-19-124414-0

◇新世紀への架け橋―対談　安倍晋太郎,田中洋之助著　ライフ社　1990.10　276p　20cm　〈著者の肖像あり〉　1500円　⑭4-89730-021-5

◇安倍晋太郎　最後の挑戦―悲劇の宰相候補　アイペック　1990.5　64p　17cm　（ニュースパッケージ・チェイス　008）　250円　⑭4-87047-101-9

◇安倍晋太郎最後の挑戦―悲劇の宰相候補　アイペック　1990.5　64p　17cm　（News package chase〔1990〕-8）　250円　⑭4-87047-101-9

◇点検　自民党総裁候補―人脈、金脈から文化性まで　朝日新聞政治部著　朝日新聞社　1987.9　63p 21cm　（朝日ブックレット　88）　280円　⑭4-02-268088-1

◇新総裁'87―宮沢・竹下・安倍 その人と政治　竹内陽一編　行研出版局　1987.4　286p 19cm　1800円　⑭4-905786-62-2

◇領袖（りょうしゅう）―安・竹・宮の人脈　今吉賢一郎著　毎日新聞社　1986.11　260p 19cm　1100円　⑭4-620-30548-0

◇安倍外交の軌跡―21世紀に向けての創造的外交　外交研究会著　広済堂出版　1986.5　271p　22cm　〈安倍晋太郎の肖像あり〉　2000円

◇いざや承け継がなん―長州と安倍晋太郎　木立真行著　行政問題研究所出版局　1986.5　282p 20cm　2000円　⑭4-905786-54-1

◇日本外交の指針―平和と繁栄を求めて　安倍晋太郎著　晋太郎会　1984.10　228p 18cm　〈編集製作：広済堂出版〉

◇創造的外交をめざして　安倍晋太郎著　行政問題研究所出版局　1984.9　320p 20cm　〈聞き手：永野信利〉　1500円　⑭4-905786-40-1

リクルート事件

昭和63年に発覚した汚職疑惑。値上がり確実と見られていたリクルート・コスモス社の未公開株を政・官・財界の要人に譲渡していたことが贈賄工作とみなされた。リクルート社の江副浩正会長らが贈賄で、政界では藤波孝生元官房長官、池田克哉元公明党代議士、財界では真藤恒NTT前会長らが収賄で起訴された。ほかに自民党の多くの国会議員が秘書や家族の名義で譲渡を受けており、政治不信の声が高まり、翌平成元年4月竹下内閣は総辞職、7月に行われた参議院議員選挙では自民党が大敗して与野党逆転の結果となった。

　　　　＊　　　　＊　　　　＊

◇東京地検特捜部の決断―「政・財・官」総腐蝕との闘い　山本祐司著　講談社　1999.2　282p　16cm　（講談社＋α文庫）　680円　⑭4-06-256324-X

◇錬金術師の白日夢　佐木隆三著　双葉社　1993.9　235p 15cm　（双葉文庫）〈『リクルート帝王の白日夢』（1989年刊）の改題〉　460円　⑭4-575-50434-3

◇現代疑獄調書―リクルートから佐川まで　佐高信著　社会思想社　1993.1　297p 15cm　（現代教養文庫　1477）〈『リクルート疑惑の構造』（1989年刊）の増補〉　600円　⑭4-390-11477-8

◇政治改革の途―金権腐敗をなくすために　安東謙著　ぎょうせい　1992.3　211p 19cm　1500円　⑭4-324-03208-4

◇リクルート事件に「終結」はない　久慈力著　新泉社　1991.7　213p 21cm　1800円

◇Rの総括―リクルートの犯罪性と疑獄の再検証　岡留安則編著　木馬書館　1990.4　221p 19cm　1000円　⑭4-943931-19-7

◇東京地検特捜部の内幕　山本祐司著　世界文化社　1989.12　327p 20cm　1360円　⑭4-418-89612-0

政治

◇リクルート疑獄と政官財癒着構造　池田昌昭著　金沢　金沢印刷　1989.12　47p　26cm

◇リクルートの政治経済学　井上照幸, 山田博文著　大月書店　1989.12　220p　19cm　（科学全書　32）　1340円　①4-272-40142-4

◇リクルート帝王の白日夢　佐木隆三著　双葉社　1989.11　211p　19cm　900円　①4-575-28071-2

◇リクルート報道―ドキュメント　朝日新聞社会部著　朝日新聞社　1989.9　277p　19cm　1260円　①4-02-256045-2

◇リクルートゲートの核心　続　朝日ジャーナル編集部編著　すずさわ書店　1989.8　301p　19cm　〈続の副書名：保守独裁政治の大崩壊〉　1360円　①4-7954-0532-8

◇竹下政権の崩壊―リクルート事件と政治改革　朝日新聞政治部著　朝日新聞社　1989.7　366p　19cm　1280円　①4-02-256022-3

◇土光敏夫の怒号が聞こえる―リクルート疑惑を憂う　志村嘉一郎著　日本経済通信社　1989.5　213p　20cm　〈土光敏夫の肖像あり〉　1230円　①4-8187-1104-7

◇リクルート疑獄の構造―金権・自民党政治をゆさぶる地殻変動　矢田部理著　日本社会党中央本部機関紙局　1989.5　219p　19cm　〈第2刷〔第1刷：1989年5月15日〕　リクルート疑獄関連年表：p203～214〉　1200円

◇リクルート疑獄の構造―金権・自民党政治をゆさぶる地殻変動　矢田部理著　日本社会党中央本部機関紙局　1989.5　218p　19cm　1200円

◇リクルート疑惑の構造―虚業生む政財界の深層海流　佐高信著　社会思想社　1989.5　243p　19cm　1000円　①4-390-60320-5

◇「疑惑の核心」NTT事件の金脈と人脈―崩壊したNTT「真藤王国」と「巨悪」の接点　歳川隆雄著　アイペック　1989.4　64p　18cm　（News package chase　9）　250円　①4-87047-083-7

◇リクルート・明電工腐敗の構造　日本共産党中央委員会出版局　1989.4　107p　21cm　（共産党ブックレット　14）　600円　①4-530-04279-0

◇リクルートゲートの核心―「消費税」仕掛人たちの巨大疑獄　朝日ジャーナル編集部編　すずさわ書店　1989.2　262p　19cm　1200円　①4-7954-0530-1

◇「徹底解明」リクルート事件の全構図―疑惑のトライアングル　高野孟, 歳川隆雄著　アイペック　1989.1　64p　18cm　（News package chase　1）　250円　①4-87047-074-8

◇リクルート疑惑見落された背景―ベテラン証券マンX氏の分析　兜町ミスターX著　アイペック　1989.1　63p　18cm　（News package chase　2）　250円　①4-87047-075-6

◇これが真相だ!リクルート疑獄　室伏哲郎著　JICC出版局　1988.12　64p　21cm　380円　①4-88063-495-6

土井 たか子

昭和3(1928).11.30～

政治家。兵庫県生まれ。同志社大学の憲法学講師を経て、昭和44年社会党から要請を受け衆議院議員に立候補し当選、以後当選11回。憲法擁護、日米安保反対を主張。61年社会党委員長に就任、日本の政党史上初の女性党首となる。土井ブームをまきおこし一時党勢を大きく伸ばす。平成5年国会史上初の女性衆議院議長となる。社会党から改名した社会民主党の党首も務めたが、15年党勢衰退の責任をとり党首を辞任、17年落選し引退した。

　　　　＊　　　＊　　　＊

◇「国会改革」を語る　土井たか子, 鯨岡兵輔〔述〕　自由民主党東京都衆議院比例区第一支部　〔1997〕　60p　15cm

政治

◇せいいっぱい―土井たか子半自伝　土井たか子著　朝日新聞社　1993.12　230p　20cm　〈著者の肖像あり〉　1300円　①4-02-256706-6

◇土井たか子の挑戦―希望の革命　板垣英憲著　ディーエイチシー　1993.11　238p　19cm　1300円　①4-88724-004-X

◇土井たか子の挑戦―希望の革命　板垣英憲著　ディーエイチシー　1993.11　238p　20cm　〈土井たか子の肖像あり〉　1300円　①4-88724-004-X

◇あたたかい人間のことばで伝えたい―3メートルの距離から見た土井たか子　保坂展人著　リヨン社　1990.4　284p　20cm　〈発売：二見書房〉　1200円　①4-576-90027-7

◇土井たか子が辞める日　アイペック　1990.4　62p　17cm　（News package chase〔1990〕-2）　〈土井たか子の肖像あり〉　250円　①4-87047-095-0

◇（小説・）土井たか子―山が動いた　大下英治著　徳間書店　1990.1　276p　19cm　971円　①4-19-124125-7

◇土井たか子―人間・思想・政策　田中章著　東京出版　1989.12　238p　19cm（Tokyoブックス）　〈土井たか子の肖像あり〉　1300円　①4-924644-39-0

◇土井たか子　人間・思想・政策　田中章著　東京出版　1989.12　238p　19cm　1300円　①4-924644-39-0

◇山の動く日―土井たか子政論集　土井たか子著　すずさわ書店　1989.10　238p　19cm　1545円　①4-7954-0533-6

◇土井たか子憲法講義―人間が人間らしく生きていくために　土井たか子〔述〕，土井たか子を支える会編　リヨン社　1988.5　202p　19cm　〈発売：二見書房〉　980円　①4-576-88042-X

◇拝啓土井たか子殿―革新の心を洗う　亀田得治著　未来社　1988.5　249p　20cm　〈著者の肖像あり〉　1500円

◇Peaceful Japan土井たか子グラフティ―「女の時代・女の政治」が始まった　日本社会党広報局　1987.4　48p　30cm　〈発売：労働教育センター〉　480円

◇政治とわたし　土井たか子編著　日本社会党中央本部機関紙局　1987.2　295p　21cm　〈著者の肖像あり〉　1400円

◇土井たか子政治とわたし　土井たか子編著　日本社会党中央本部機関紙局　1987.2　295p　21cm　〈著者の肖像あり〉　1400円

◇土井たか子マイウェイ　土井たか子他著　改訂版　出帆新社　1987.2　238p　19cm　〈編集：企画集団昴　著者の肖像あり〉　1300円

◇いま始まります女の政治・土井たか子　土井たか子を支える会編　梨の木舎　1987.1　230p　21cm　〈土井たか子の肖像あり〉　1500円

◇We love憲法―おたかさん憲法を語る　土井たか子編・著　すくらむ社　1985.6　64p　26cm　〈著者の肖像あり　付（別冊69p 19cm）：復刻版「あたらしい憲法のはなし」〉　570円

外　交

国際連盟

　1920（大正9）年に発足した史上初の国際平和機構。第一次世界大戦の戦禍の教訓から、ウィルソン米国大統領の提唱で発足。軍縮、紛争の平和的解決などを目的とする。しかしアメリカが上院の反対で不参加となり、革命直後のソ連も非加盟となるなど、当初から不十分な体制となった。日本は発足当初から常任理事国であったが、1933（昭和8）年に満州国不承認を理由に脱退、孤立化の道を歩む。連盟は1939（昭和14）年の第二次世界大戦勃発とともに機能不全となり、1946（昭和21）年総会で解散を決議、機能と財産は国際連合に引き継がれた。

◇百年の遺産—日本近代外交史73話　岡崎久彦著　産経新聞ニュースサービス　2002.9　334p　20cm　〈東京 扶桑社（発売）〉　1524円　①4-594-03715-1

◇両大戦間期の国際関係史　日本国際政治学会編　国立　日本国際政治学会, 有斐閣〔発売〕　1999.9　224p　21cm　（国際政治　122号）　2000円

◇国際連盟脱退と日本のマスメディア　慶応義塾大学法学部政治学科玉井清研究会　1995.11　366p　26cm　（近代日本政治資料集　3）　3000円

◇日本の外交政策 1869-1942—霞が関から三宅坂へ　イアン・ヒル・ニッシュ著, 宮本盛太郎監訳　京都　ミネルヴァ書房　1994.4　318,9p　21cm　4000円　①4-623-02408-3

◇危機のなかの協調外交—日中戦争に至る対外政策の形成と展開　井上寿一著　山川出版社　1994.1　345,6p　21cm　4300円　①4-634-61020-5

◇日本外交文書　昭和期国際連盟経済関係会議報告書集　外務省編纂　外務省　1992.12〜1993.10　2冊　22cm

◇日本外交文書　国際連盟一般軍縮会議報告書 第3巻　外務省編纂　外務省　1989.8　792p　22cm

◇日本外交文書　国際連盟一般軍縮会議報告書 第2巻　外務省編纂　外務省　1988.7　861p　22cm

◇日本外交文書　国際連盟一般軍縮会議報告書 第1巻　外務省編纂　外務省　1988.3　578,50,77p　22cm

◇変動期の日本外交と軍事—史料と検討　近代外交史研究会編　原書房　1987.11　287p　21cm　4800円　①4-562-01907-7

◇十字架上の日本—国際連盟との訣別　NHK"ドキュメント昭和"取材班編　角川書店　1987.2　253p　21cm　（ドキュメント昭和 世界への登場　8）　1700円　①4-04-521608-1

◇ドキュメント昭和—世界への登場　8　十字架上の日本—国際連盟との訣別　NHK"ドキュメント昭和"取材班編　角川書店　1987.2　253p 図版16枚　22cm　1700円　①4-04-521608-1

◇加瀬俊一回想録　上　天皇裕仁と昭和外交60年　加瀬俊一著　山手書房　1986.5　233p　19cm　1200円

◇情報処理国際連盟活動要覧　日本学術会議〔編〕　自動制御研究連絡委員会情報工学分科会　1978.2　48p　25cm　（国外調査資料　75）

◇1930年代の日本外交—四人の外相を中心として　日本国際政治学会編　国立　日本国際政治学会　1977.3　173,7p　21cm　（国際政治　56号）　〈発売：有斐閣（東京）〉　1500円

◇日本外交史　14　国際連盟における日本　鹿島平和研究所編　監修:佐藤尚武　鹿島研究所出版会　1972　467,22p　図　22cm　1600円

パリ不戦条約

　第一次世界大戦後の1928(昭和3)年に締結された多国間条約。アメリカ、イギリス、ドイツ、フランス、イタリア、日本など15カ国が調印、のちソ連など63カ国が加わった。国際紛争解決の手段としての戦争を放棄し、紛争は平和的手段により解決することを定めている。日本では田中義一内閣の内田康哉元外相が全権として調印、田中内閣辞職後の昭和4年に批准された。日本国憲法第9条第1項の戦争放棄規定の原点といえる。

＊　　＊　　＊

◇証言・私の昭和史　1　テレビ東京編，三国一朗きき手　文芸春秋　1989.2　490p　15cm　(文春文庫)　550円　①4-16-749901-0

◇日本外交史　16　海軍軍縮交渉・不戦条約　鹿島平和研究所編　山形清,海野芳郎著　鹿島研究所出版会　1973　360,16p　図　22cm　〈監修:堀内謙介〉　1600円

幣原外交

　大正末期から昭和初期の外相幣原喜重郎が推進した国際協調外交。大正13年～昭和2年、昭和4～6年、民政党の若槻・浜口内閣時代にあたり、昭和2～4年の田中義一内閣の田中外交と対比される。国際協調、経済中心主義を基本に、対中国は内政不干渉、満蒙の特殊権益を否定し、軍部・政友会からは軟弱外交と非難される。満州事変の収拾に失敗、浜口内閣総辞職で幣原外交は終わり、軍部が独走する時代に入る。

＊　　＊　　＊

◇国際政治研究　衛藤瀋吉著　東方書店　2004.4　313p　22cm　(衛藤瀋吉著作集　第6巻)　〈折り込1枚〉　4200円　①4-497-20405-7

◇戦間期の日本外交　入江昭,有賀貞編　東京大学出版会　1984.2　381p　22cm　5200円　①4-13-036038-8

◇日中関係の相互イメージ―昭和初期を中心として　アジア政経学会　1975　110p　21cm　(現代中国研究叢書　10)

◇満州事変への道―幣原外交と田中外交　馬場伸也著　中央公論社　1972　243p　18cm　(中公新書)

◇満州事変への道―幣原外交と田中外交　馬場伸也著　中央公論社　1972　243p　18cm　(中公新書)

ロンドン海軍軍縮条約

　1930(昭和5)年に調印された軍縮条約。海軍の主力艦建造休止措置を5年延長し、補助艦保有量の制限を規定する。有効期限は1936(昭和11)年末まで。イギリス、アメリカ、日本、フランス、イタリアの5カ国が調印。日本では浜口内閣の下、若槻礼次郎が首席全権となり調印した。しかし、政府が兵力量を決めることは天皇の統帥権を犯すものだとする統帥権干犯問題が起きた。1936(昭和11)年1月に日本は条約を脱退、軍拡路線を歩む。

＊　　＊　　＊

◇ドキュメント太平洋戦争への道―「昭和史の転回点」はどこにあったか　半藤一利著　PHP研究所　1999.4　389p　15cm　(PHP文庫)　〈「昭和史の転回点」(図書出版社1987年刊)の増訂〉　667円　①4-569-57260-X

◇海軍―加藤寛治日記　みすず書房　1994.8　633p　21cm　(続・現代史資料　5)　12360円　①4-622-02655-4

◇続・現代史資料　5　海軍―加藤寛治日記　加藤寛治著,伊藤隆他編　みすず書房　1994.8　633p　22cm　12360円　①4-622-02655-4

◇動乱昭和史よもやま物語　富沢繁著　光人社　1989.5　238p　19cm　（イラスト・エッセイシリーズ　64）　1030円　①4-7698-0435-0

◇太平洋戦争への道—開戦外交史　別巻資料編　稲葉正夫, 小林龍夫, 島田俊彦, 角田順著　新装版　朝日新聞社　1988.1　617,7,12p　21cm　3000円　①4-02-255748-6

◇日本外交文書　1935年ロンドン海軍会議経過報告書　外務省編纂　外務省　1986.11　564p　22cm

◇日本外交文書　1935年ロンドン海軍会議　外務省編纂　外務省　1986.3　691,52p　22cm

◇日本外交文書　1930年ロンドン海軍会議　下　外務省編　外務省　1984.9　478,63p　22cm

◇日本外交文書　海軍軍備制限条約枢密院審査記録　外務省編　外務省　1984.3　639p　22cm

◇日本外交文書　1930年ロンドン海軍会議　上　外務省編　外務省　1983.9　442p　22cm

◇日本外交文書　ロンドン海軍会議予備交渉・条約説明書　外務省編　外務省　1982.3　608p　22cm

◇日本外交史　16　海軍軍縮交渉・不戦条約　鹿島平和研究所編　山形清, 海野芳郎著　鹿島研究所出版会　1973　360,16p図　22cm　〈監修：堀内謙介〉　1600円

日独伊三国同盟

　1940（昭和15）年に日本、ドイツ、イタリアの3カ国間で締結された軍事同盟。1936（昭和11）年の日独防共協定、イタリアを加えた1937（昭和12）年の日独伊防共協定の後、1939（昭和14）年の独ソ不可侵条約で一時日独関係は冷却化するが、日中戦争の膠着化、第二次世界大戦勃発後のヨーロッパでのドイツの快進撃を受け、ドイツと結びアメリカを牽制する企図があった。ドイツと結ぶことは、国内、とくに海軍内に反対が多かったが、近衛内閣の松岡洋介外相、駐独大使、大島浩駐独陸軍武官　が交渉を進め、ベルリンで条約が締結された。条約の内容は、アジアおよびヨーロッパでの三国の指導的地位を確認し、加盟国が攻撃を受けた場合の軍事援助義務を定める。条約締結により英米など連合国との関係悪化は決定的となった。対英米戦回避のための日米交渉が行われたが、1941（昭和16）年、太平洋戦争開戦に至る。

◇日本外交文書—日独伊三国同盟関係調書集　外務省編纂　外務省　2004.3　593p　22cm　〈複製　年表あり〉

◇「昭和」を振り回した6人の男たち　半藤一利編著　小学館　2003.9　256p　15cm　（小学館文庫）　〈「「昭和」振り回した男たち」（東洋経済新報社1996年刊）の増訂〉　552円　①4-09-405761-7

◇その時歴史が動いた　13　NHK取材班編　名古屋　KTC中央出版　2002.5　253p　20cm　〈年表あり　文献あり〉　1600円　①4-87758-221-5

◇開戦前夜—日独同盟秘史　下　檜山良昭著　日本文芸社　1994.3　260p　18cm　（日文ノベルス）　780円　①4-537-07002-1

◇日独伊三国同盟と第二次大戦　木畑洋一著　岩波書店　1988.11　62p　21cm　（岩波ブックレット）　300円　①4-00-003434-0

外交

- ◇両大戦間の日本外交—1914-1945　細谷千博著　岩波書店　1988.9　344,9p　22cm　4500円　①4-00-002451-5
- ◇日独伊三国同盟と日米関係—太平洋戦争前国際関係の研究　義井博著　増補　南窓社　1987.2　298p　21cm　3200円
- ◇加瀬俊一回想録　上　天皇裕仁と昭和外交60年　加瀬俊一著　山手書房　1986.5　233p　19cm　1200円
- ◇高木惣吉日記—日独伊三国同盟と東条内閣打倒　毎日新聞社　1985.3　317p　20cm　2500円
- ◇高木惣吉日記—日独伊三国同盟と東条内閣打倒　毎日新聞社　1985.3　317p　20cm　2500円
- ◇日本の曲り角三国同盟問題と米内光政　高田万亀子著　勁草出版サービスセンター　1984.5　254p　22cm　1800円
- ◇昭和史の天皇　22　日・独・伊の関係　読売新聞社編　愛蔵版　読売新聞社　1981.3　368p　22cm　2000円
- ◇昭和史の天皇　24　防共強化の挫折　読売新聞社編　愛蔵版　読売新聞社　1981.3　342p　22cm　2000円
- ◇昭和史の天皇　20　日独防共協定　読売新聞社編　愛蔵版　読売新聞社　1981.2　410p　22cm　2000円
- ◇日独伊防共協定前後—歴史の証言　鈴木安蔵他著　新日本出版社　1980.6　208,5p　18cm　（新日本新書）　490円
- ◇日独伊防共協定前後—歴史の証言　鈴木安蔵他著　新日本出版社　1980.6　208,5p　18cm　（新日本新書）　490円
- ◇1930年代の日本外交—四人の外相を中心として　日本国際政治学会編　国立日本国際政治学会　1977.3　173,7p　21cm　（国際政治　56号）　〈発売：有斐閣（東京）〉　1500円
- ◇日独伊三国同盟の研究　三宅正樹著　南窓社　1975　734p　22cm　13000円
- ◇三国同盟の評価　春木猛著　青山学院大学法学会　1964　133p　21cm　〈参考文献 126-133p 三国条約締結後における日本の対米、対独外交を中心として〉
- ◇ナチスドイツと軍国日本—防共協定から三国同盟まで　テオ・ゾンマー著, 金森誠也訳　時事通信社　1964　680p　22cm
- ◇太平洋戦争への道—開戦外交史　第5　三国同盟・日ソ中立条約　日本国際政治学会太平洋戦争原因研究部編　朝日新聞社　1963　393p　22cm
- ◇太平洋戦争原因論　日本外交学会編　新聞月鑑社　1953　800p　22cm

日ソ中立条約

1941（昭和16）年に日本・ソ連間で調印された中立条約。有効期間は5年（1946年まで）。相互不可侵、一方が攻撃を受けた場合の他方の中立などを定める。近衛内閣の松岡洋右外相は日独伊三国同盟にソ連を加える構想を持って交渉に臨むが難航、スターリンが介入して中立条約調印に至った。ソ連はドイツの対ソ侵攻を予見、日本と中立条約を結ぶことで極東の戦力を対独戦に備え移動し、ドイツ戦勝利の遠因となる。1945（昭和20）年4月ソ連は条約の不延長を通告、ヤルタ会談での参戦要請を理由に8月8日深夜に中立条約の破棄を宣言、9日午前0時から日本への進攻を開始した。

　　　＊　　　　＊　　　　＊

- ◇ソ連が満洲に侵攻した夏　半藤一利著　文芸春秋　2002.8　374p　15cm　（文春文庫）　514円　①4-16-748311-4
- ◇参謀の戦争—なぜ太平洋戦争は起きたのか　土門周平著　PHP研究所　1999.11　362p　15cm　（PHP文庫）　686円　①4-569-57334-7
- ◇考証日ソ中立条約—公開されたロシア外務省機密文書　ボリス・スラヴィンスキー著, 高橋実, 江沢和弘訳　岩波書店　1996.2　388,10p　20cm　3800円　①4-00-001725-X

◇昭和史をさぐる　伊藤隆著　朝日新聞社　1992.1　470p　15cm　（朝日文庫）　750円　ⓘ4-02-260681-9

◇両大戦間の日本外交—1914-1945　細谷千博著　岩波書店　1988.9　344,9p　22cm　4500円　ⓘ4-00-002451-5

◇太平洋戦争への道—開戦外交史　5　三国同盟・日ソ中立条約　日本国際政治学会太平洋戦争原因研究部編著　朝日新聞社　1987.10　393,6p　22cm　〈新装版〉　2400円　ⓘ4-02-255745-1

◇日ソ中立条約の研究　工藤美知尋著　南窓社　1985.3　336p　22cm　3800円

◇日本外交史　21　日独伊同盟・日ソ中立条約　鹿島平和研究所編　監修:堀内謙介　鹿島研究所出版会　1971　347,20p　図　22cm　1600円

松岡　洋右

明治13(1880).3.4～昭和21(1946).6.27
外交官・政治家。山口県生まれ。父親の事業失敗を機に14歳で渡米、苦学してオレゴン大学を卒業する。明治37年外務省に入り、中国総領事を最後に退官、大正10年満鉄理事、昭和2年副総裁、5年衆議院議員となる。7年国際連盟総会で満州国建国をめぐるリットン報告書が採択されると、全権として1時間20分にわたる抗議の演説を行い、そのまま退場する。この派手なパフォーマンスで帰国後は凱旋将軍のように迎えられ、日本は連盟を脱退した。10年満鉄総裁となる。15年第2次近衛内閣で外相に就任、日独伊三国同盟、日ソ中立条約を締結する。日米交渉をめぐり近衛首相と対立、内閣総辞職で事実上更迭されて後は引退。戦後、A級戦犯に指名され、裁判が始まって間もなく結核で死去。

＊　　　＊　　　＊

◇夢の泪　井上ひさし著　新潮社　2004.7　171p　18cm　1300円　ⓘ4-10-302329-5

◇「昭和」を振り回した6人の男たち　半藤一利編著　小学館　2003.9　256p　15cm　（小学館文庫）　〈「「昭和」振り回した男たち」（東洋経済新報社1996年刊）の増訂〉　552円　ⓘ4-09-405761-7

◇日本外交史人物叢書　第22巻　吉村道男監修　ゆまに書房　2002.12　171,234p　22cm　〈複製〉　18000円　ⓘ4-8433-0688-6,4-8433-0694-0

◇その時歴史が動いた　13　NHK取材班編　名古屋　KTC中央出版　2002.5　253p　20cm　〈年表あり　文献あり〉　1600円　ⓘ4-87758-221-5

◇人物日米関係史—万次郎からマッカーサーまで　斎藤元一著　成文堂　1999.11　209p　19cm　2000円　ⓘ4-7923-7068-X

◇松岡洋右—夕陽と怒濤　三好徹著　学陽書房　1999.7　534p　15cm　（人物文庫）　760円　ⓘ4-313-75087-8

◇モスクワ日本大使館—戦後日本外交の闇に迫る　関文行著　光人社　1997.5　246p　19cm　1800円　ⓘ4-7698-0806-2

◇移民史から見た松岡洋右の少年時代　阿野政晴著　小郡町（山口県）　阿野政晴　1994.3　216p　26cm

◇日本の岐路と松岡外交　1940-41年　三輪公忠,戸部良一共編　南窓社　1993.12　222p　21cm　3914円　ⓘ4-8165-0123-1

◇豊田穣文学・戦記全集　第19巻　豊田穣著　光人社　1992.12　566p　21cm　5800円　ⓘ4-7698-0529-2

◇豊田穣　文学・戦記全集　第18巻　豊田穣著　光人社　1992.11　581p　21cm　5800円　ⓘ4-7698-0528-4

◇青春の昭和史—疾走の構図　上之郷利昭著　スコラ,講談社〔発売〕　1987.10　264p　19cm　1300円　ⓘ4-06-203629-0

◇日米開戦外交の研究—日米交渉の発端からハル・ノートまで　須藤真志著　慶応通信　1986.10　412p　21cm　3900円　ⓘ4-7664-0360-6

◇加瀬俊一回想録　上　天皇裕仁と昭和外交60年　加瀬俊一著　山手書房　1986.5　233p　19cm　1200円

◇松岡洋右―悲劇の外交官　豊田穣著　新潮社　1983.11　2冊　15cm　(新潮文庫)　各520円　①4-10-132101-9

◇松岡洋右とその時代　長谷川進一訳　ティビーエス・ブリタニカ　1981.11　454p　20cm　1900円

◇松岡洋右―悲劇の外交官　上巻　豊田穣著　新潮社　1979.6　342p　20cm　1200円

◇松岡洋右―悲劇の外交官　下巻　豊田穣著　新潮社　1979.6　343p　20cm　1200円

◇1930年代の日本外交―四人の外相を中心として　日本国際政治学会編　国立日本国際政治学会　1977.3　173,7p　21cm　(国際政治　56号)　〈発売：有斐閣(東京)〉　1500円

◇松岡洋右―その人と生涯　松岡洋右伝記刊行会編　講談社　1974　1262p　肖像　22cm　9000円

◇松岡洋右―その人間と外交　三輪公忠著　中央公論社　1971　211p　18cm　(中公新書)

◇欺かれた歴史―松岡と三国同盟の裏面　斎藤良衛著　読売新聞社　1955　234p　図版　22cm

◇昭和人物秘録　矢次一夫著　新紀元社　1954　388p　19cm

◇太平洋戦争由来記―松岡外交の真相　大橋忠一著　要書房　1952

重光 葵

明治20(1887).7.29～昭和32(1957).1.26

外交官・政治家。大分県生まれ。外務省に入り、中国公使時代の昭和7年、上海爆弾事件で右脚を失う。駐ソ大使、駐英大使、駐華大使を経て、18年東条内閣の外相となる。小磯内閣、東久邇宮内閣でも外相を務め、首席全権としてミズーリ号上での降伏文書調印にあたる。A級戦犯として起訴され禁錮7年の刑を受ける。27年衆議院議員となり改進党総裁。29年鳩山内閣の副総理・外相となり、日ソ国交回復、日本の国連加盟を実現した。

*　　　*　　　*

◇最高戦争指導会議記録・手記　重光葵著，伊藤隆，武田知己編　中央公論新社　2004.7　399p　20cm　5800円　①4-12-003549-2

◇あの時「昭和」が変わった――一〇一歳、最後の証言　加瀬俊一著　光文社　2004.6　254p　19cm　1500円　①4-334-97455-4

◇重光葵と戦後政治　武田知己著　吉川弘文館　2002.3　347,6p　22cm　〈文献あり　年譜あり〉　9300円　①4-642-03743-8

◇昭和の動乱　上　重光葵著　中央公論新社　2001.10　322p　15cm　(中公文庫BIBLIO20世紀)　895円　①4-12-203918-5

◇昭和の動乱　下　重光葵著　中央公論社　2001.10　378p　15cm　(中公文庫BIBLIO20世紀)　1000円　①4-12-203919-3

◇勇断の外相 重光葵　阿部牧郎著　新潮社　1997.10　557p　21cm　2400円　①4-10-368805-X

◇重光葵―外交回想録　重光葵著　日本図書センター　1997.2　337p　20cm　(人間の記録　7)　〈肖像あり〉　1800円　①4-8205-4246-X,4-8205-4239-7

◇重光葵―上海事変から国連加盟まで　渡辺行男著　中央公論社　1996.8　247p　18cm　(中公新書)　720円　①4-12-101318-2

◇孤高の外相 重光葵　豊田穣著　講談社　1990.1　434p　19cm　1600円　①4-06-204611-3

◇重光葵手記　続　伊藤隆,渡辺行男編　中央公論社　1988.5　845p　20cm　〈著者の肖像あり〉　5300円　①4-12-001684-6

◇続重光葵手記　渡辺行男編　中央公論社　1988.5　845p　20cm　〈著者の肖像あり〉　5300円　①4-12-001684-6

◇重光葵手記　渡辺行男編　中央公論社　1986.11　709p　20cm　〈巻末：年譜,系図 解説：伊藤隆 肖像：著者〔ほか〕筆跡：著者　図版（肖像,筆跡）〉　4800円　①4-12-001518-1

◇重光葵手記　伊藤隆, 渡辺行男編　中央公論社　1986.11　709p　20cm　〈著者の肖像あり〉　4800円　①4-12-001518-1

◇昭和二十年　第1部2　崩壊の兆し　鳥居民著　草思社　1986.8　319p　19cm　1800円　①4-7942-0251-2

◇重光葵外交回想録　毎日新聞社　1978.8　260p　20cm　〈著者の肖像あり〉　1200円

◇重光葵著作集　1　昭和の動乱　原書房　1978.6　329p　22cm　〈解題：加瀬俊一　著者の肖像あり〉　3000円

◇重光向陽小伝　豊田国男, 西香山編　別府　二豊の文化社　1957　208p 図版13枚　22cm　〈限定版〉

◇外交回想録　重光葵著　毎日新聞社　1953　311p 図版5枚　19cm

◇巣鴨日記　重光葵著　文芸春秋新社　1953　447p 図版　19cm

◇巣鴨日記　続　重光葵著　文芸春秋新社　1953　187p 図版　19cm

ゾルゲ事件

　昭和16(1941)年10月に摘発されたスパイ事件。昭和8(1933)年9月にドイツの新聞の東京特派員の肩書きで来日したリヒャルト・ゾルゲは、ソ連のスパイとして諜報網を組織、日本の対ソ政策に関わる情報を探り、ソ連に通報する活動を開始する。二・二六事件以降活動は本格化し、ゾルゲはオットー駐日ドイツ大使の私設情報官に就任、近衛文麿内閣のもとでブレーンとなった尾崎秀実らとともに、ドイツの対ソ侵攻作戦、日本の南進策を決めた御前会議の内容などの国家機密を含む情報が集められ、正確な情報がソ連に送られていた。16年10月にゾルゲ、尾崎、画家の宮城与徳らが警視庁特高一課・外事課に一斉逮捕され、17年6月までに35名を逮捕、18人が治安維持法、軍機保護法、国防保安法、軍用資源秘密保護法で起訴された。18年9月ゾルゲと尾崎に死刑判決が下り、19年7月のロシア革命の日に処刑。宮城らは獄死し、無線送信にあたったドイツ人技師クラウゼンは戦後の20(1945)年10月に連合国によって釈放され、帰国した。ソ連はゾルゲがスパイであったことを否定していたが、1964年にソ連邦英雄の最高称号を贈っている。

◇太平洋戦争開戦の謎を解明—終戦60年タブー尾崎・ゾルゲ事件に挑み世界光明へ昇華　池永孝著　大阪　竹林館　2005.12　143p　18cm　（春秋新書　no.16）〈文献あり〉　800円　①4-86000-096-X

◇ゾルゲ事件関係外国語文献翻訳集　no.9　日露歴史研究センター事務局編　川崎　日露歴史研究センター事務局　2005.10　73p　30cm　〈年表あり　年譜あり〉　700円

◇ゾルゲ事件関係外国語文献翻訳集　no.8　日露歴史研究センター事務局編　〔川崎〕日露歴史研究センター事務局　2005.7　76p　30cm　700円

◇ゾルゲ・東京を狙え　上　ゴードン・W.プランゲ著, ドナルド・M.ゴールドスタイン, キャサリン・V.ディロン編, 千早正隆訳　新装版　原書房　2005.5　310p　20cm　1800円　①4-562-03887-X

外交

◇ゾルゲ・東京を狙え　下　ゴードン・W.プランゲ著, ドナルド・M.ゴールドスタイン, キャサリン・V.ディロン編, 千早正隆訳　新装版　原書房　2005.5　330p　20cm　〈年表あり　文献あり〉　1800円　①4-562-03888-8

◇現代の情報戦とゾルゲ事件講演記録集—ゾルゲ・尾崎処刑60周年記念講演会　日露歴史研究センター事務局編　〔川崎〕　日露歴史研究センター事務局　2005.4　62p　30cm　〈会期・会場：2004年11月6日　杉野学園第4校舎4030教室〉　1000円

◇ゾルゲ事件関係外国語文献翻訳集　no.7　日露歴史研究センター事務局編　川崎　日露歴史研究センター事務局　2005.4　68p　30cm　700円

◇ゾルゲ事件関係外国語文献翻訳集　no.6　日露歴史研究センター事務局編　川崎　日露歴史研究センター事務局　2005.2　52p　30cm　700円

◇「現代の情報戦とゾルゲ事件」レジュメ・資料集—リヒアルト・ゾルゲ、尾崎秀実処刑60周年記念講演会　日露歴史研究センター事務局編　〔川崎〕　日露歴史研究センター事務局　2004.11　72p　30cm　〈会期・会場：11月6日　杉野学園第4校舎4030教室〉　1000円

◇ゾルゲ事件関係外国語文献翻訳集　no.5　日露歴史研究センター事務局編　川崎　日露歴史研究センター事務局　2004.9　65p　30cm　700円

◇ゾルゲ事件関係外国語文献翻訳集　no.4　日露歴史研究センター事務局編　川崎　日露歴史研究センター事務局　2004.6　60p　30cm　〈年譜あり〉　700円

◇尾崎秀実ノート—そのルーツと愛　中里麦外著　刀水書房　2004.4　145p　20cm　〈肖像あり　文献あり〉　1600円　①4-88708-329-7

◇ゾルゲ事件関係外国語文献翻訳集　no.3　日露歴史研究センター事務局編　川崎　日露歴史研究センター事務局　2004.4　65p　30cm　700円

◇現代史資料　1　ゾルゲ事件　1　小尾俊人編　みすず書房　2004.2　15,555p　22cm　〈1996年刊(第9刷)を原本としたオンデマンド版　年表あり〉　12000円　①4-622-06101-5

◇現代史資料　2　ゾルゲ事件　2　小尾俊人編　みすず書房　2004.2　18,557p　22cm　〈1996年刊(第8刷)を原本としたオンデマンド版　年表あり〉　12000円　①4-622-06102-3

◇現代史資料　3　ゾルゲ事件　3　小尾俊人編　みすず書房　2004.2　14,723p　22cm　〈1990年刊(第7刷)を原本としたオンデマンド版　文献あり〉　14000円　①4-622-06103-1

◇現代史資料　24　ゾルゲ事件　4　石堂清倫編　みすず書房　2004.2　24,644,5p　22cm　〈1984年刊(第5刷)を原本としたオンデマンド版　年表あり　著作目録あり〉　13000円　①4-622-06124-4

◇ゾルゲ事件関係外国語文献翻訳集　no.2　日露歴史研究センター事務局編　川崎　日露歴史研究センター事務局　2004.2　57p　30cm　700円

◇ゾルゲ事件関係外国語文献翻訳集　no.1　日露歴史研究センター事務局編　川崎　日露歴史研究センター事務局　2003.10　44p　30cm　700円

◇「ゾルゲ・尾崎」事典—反戦反ファシズムの国際スパイ事件　古賀牧人編著　神埼町(佐賀県)　アピアランス工房　2003.9　627p　22cm　〈年表,年譜,文献あり〉　4000円　①4-901284-17-7

◇ゾルゲの見た日本　〔ゾルゲ〕著, みすず書房編集部編　みすず書房　2003.6　227p　20cm　2600円　①4-622-07044-8

◇姿なき戦い—スパイ、ゾルゲはいかにして日本を敗戦に追い込んだか　村井博著　京都　丸善京都出版サービスセンター(製作)　2003.5　452p　22cm　〈年表あり　文献あり〉　2200円　①4-944229-24-0

◇ゾルゲ事件獄中手記　リヒアルト・ゾルゲ著　岩波書店　2003.5　284p　15cm

◇（岩波現代文庫 社会） 900円 ⓐ4-00-603077-0

◇生きているユダ—ゾルゲ事件—その戦後への証言 尾崎秀樹著 角川書店 2003.4 333p 15cm（角川文庫） 629円 ⓐ4-04-139002-8

◇新編 愛情はふる星のごとく 尾崎秀実著, 今井清一編 岩波書店 2003.4 440,5p 15cm （岩波現代文庫） 1200円 ⓐ4-00-603076-2

◇国際スパイ・ゾルゲの世界戦争と革命—Рихард Зорге 白井久也編著 社会評論社 2003.2 422,11p 21cm 4300円 ⓐ4-7845-0555-5

◇ゾルゲ事件上申書 尾崎秀実著 岩波書店 2003.2 239p 15cm （岩波現代文庫 社会）〈年譜あり〉 900円 ⓐ4-00-603075-4

◇ゾルゲ事件 上申書 尾崎秀実著 岩波書店 2003.2 239p 15cm （岩波現代文庫） 900円 ⓐ4-00-603075-4

◇ゾルゲ追跡 上 F.W.ディーキン, G.R.ストーリィ著, 河合秀和訳 岩波書店 2003.1 315p 15cm（岩波現代文庫 社会）〈筑摩書房1980年刊の増補〉 1000円 ⓐ4-00-603073-8

◇ゾルゲ追跡 下 F.W.ディーキン, G.R.ストーリィ著, 河合秀和訳 岩波書店 2003.1 318p 15cm（岩波現代文庫 社会）〈筑摩書房1980年刊の増補 著作目録あり〉 1000円 ⓐ4-00-603074-6

◇ゾルゲ団と別系統の共産主義者組織 佐藤正著 松戸 哲学研究会 2002.6 276,13p 21cm

◇ゾルゲはなぜ死刑にされたのか—「国際スパイ事件」の深層 白井久也, 小林峻一編 社会評論社 2000.7 16,319p 21cm〈著作目録あり 文献あり〉 3800円 ⓐ4-7845-0552-0

◇偽りの烙印—伊藤律・スパイ説の崩壊 渡部富哉著 新装版 五月書房 1998.11 433p 20cm 2330円 ⓐ4-7727-0288-1

◇中西功訊問調書—中国革命に捧げた情報活動 亜紀書房 1996.7 508p 21cm 20600円 ⓐ4-7505-9609-4

◇国際スパイゾルゲの真実 NHK取材班, 下斗米伸夫編 角川書店 1995.5 308p 15cm（角川文庫） 560円 ⓐ4-04-195401-0

◇国際スパイゾルゲの真実 NHK取材班, 下斗米伸夫編 角川書店 1995.5 308p 15cm（角川文庫）〈1992年刊の改訂〉 560円 ⓐ4-04-195401-0

◇未完のゾルゲ事件 白井久也著 恒文社 1994.12 377,5p 20cm〈ゾルゲの肖像あり〉 2900円 ⓐ4-7704-0814-5

◇二つの危機と政治—1930年代の日本と20年代のドイツ リヒアルト・ゾルゲ著, 勝部元〔ほか〕訳 御茶の水書房 1994.11 422p 22cm 6180円 ⓐ4-275-01567-3

◇日ソ諜報戦の軌跡—明石工作とゾルゲ工作 黒羽茂著 日本出版放送企画 1991.11 189p 19cm〈発売：星雲社〉 1300円

◇ゾルゲ謀略団—日本を敗戦に追い込んだソ連謀略団の全貌 竹内春夫著 日本教育新聞社出版局 1991.1 428p 20cm（世界と日本シリーズ 4） 2500円 ⓐ4-89055-052-6

◇ゾルゲ事件と中国 尾崎秀樹著 勁草書房 1989.11 261p 20cm〈著者の肖像あり〉 2060円 ⓐ4-326-35085-7

◇汚名—ゾルゲ事件と北海道人 平沢是曠著 札幌 北海道新聞社 1987.11 237p 19cm（道新選書 4）〈ゾルゲ事件略年表・引用参考資料：p227〜235〉 980円 ⓐ4-89363-923-4

◇ゾルゲの日米開戦 激浪編 斎藤道一著 日本経済評論社 1987.10 356p 20cm 2000円 ⓐ4-8188-0163-1

◇人間ゾルゲ 石井花子著 徳間書店 1986.9 354p 16cm（徳間文庫）〈ゾルゲおよび著者の肖像あり〉 460円 ⓐ4-19-598144-1

外交

◇ゾルゲ事件の真相　植田敏郎訳　朝日ソノラマ　1986.2　271p　15cm　（スパイ戦史シリーズ　12）　520円　Ⓘ4-257-17112-X

◇ゾルゲ事件—尾崎秀実の理想と挫折　尾崎秀樹著　中央公論社　1983.12　228p　16cm　（中公文庫）　360円　Ⓘ4-12-201083-7

◇満鉄調査部と尾崎秀実　宮西義雄編著　亜紀書房　1983.9　488p　22cm　9800円

◇ある革命家の回想　川合貞吉著　谷沢書房　1983.2　520p　20cm　〈第3版（初版：日本出版協同昭和28年刊）著者の肖像あり〉　3500円

◇ゾルゲ事件と現代　尾崎秀樹著　勁草書房　1982.8　267p　20cm　〈ゾルゲおよび著者の肖像あり〉　2000円

◇ゾルゲの時代　三保元訳　中央公論社　1980.12　222p　20cm　1200円

◇真相ゾルゲ事件　大橋秀雄著　大橋秀雄　1977.11　227p　18cm

◇越境者たち—ゾルゲ事件の人びと　尾崎秀樹著　文芸春秋　1977.10　379p　図　20cm　2000円

◇ゾルゲの二・二六事件　斎藤道一著　田畑書店　1977.9　291p　20cm　1400円

◇ゾルゲ事件獄中記　川合貞吉著　新人物往来社　1975　262p　20cm　1500円

◇ゾルゲ事件と特高—或る被害者の手記　海江田久孝著　海江田久孝　1975　102p　肖像　21cm

◇尾崎・ゾルゲ事件 その政治学的研究　チャルマーズ・ジョンソン著，萩原実訳　弘文堂　1966　219p　図版　19cm　（フロンティア・ライブラリー）

◇ソ連はすべてを知つていた—第二次世界大戦の運命を決したゾルゲ・尾崎秀実スパイ事件赤裸の全貌記録　山村八郎著　大阪　紅林社　1949.6　174p　19cm　〈折り込1枚　肖像あり〉

国際連合

　第二次世界大戦後に発足し、現在まで続く国際平和維持機構。略称は国連。1945(昭和20)年4月24日、連合国50カ国が参加しアメリカのサンフランシスコ会議で国際連合憲章を採択、10月に憲章が発効し発足した。本部はニューヨーク。国際平和と安全の維持、福祉の増進を目的とする。総会、安全保障理事会、経済社会理事会、信託統治理事会、国際司法裁判所、事務局の主要機関と補助機関・専門機関がある。日本は1952(昭和27)年に加盟申請し、日ソ国交回復後の1956(昭和31)年に承認され、重光葵外相が加盟演説を行った。国連の主要機関の中で国際平和維持にあたる安全保障理事会は、連合国の5大国が常任理事国となり決議に拒否権を持つ。また安全保障理事会の決議のみが加盟国に対して法的強制力・拘束力を持ち、第7章では武力行使の権限も定める。大国が不参加で大きな力を発揮できなかった国際連盟の反省から生まれた制度だが、米ソ冷戦時代には拒否権により有効な決議ができない弊害も目立つ。

◇日本と国際連合　塩崎弘明著　吉川弘文館　2005.9　316,8p　20cm　（日本歴史叢書 新装版）　〈年表あり　文献あり〉　2900円　Ⓘ4-642-06663-2

◇憲法と国際社会　藤井俊夫著　第2版　成文堂　2005.5　425,3p　22cm　〈文献あり〉　3000円　Ⓘ4-7923-0390-7

外交

◇国際連合—国際平和をめざして　リンダ・メルバーン著　ほるぷ出版　2003.4　35p　27cm（調べてみよう世界のために働く国際機関）2800円　①4-593-57601-6

◇国際連合—世界の平和を守るため　最上敏樹日本語版監修，シーン・コノリー著，遠藤由香里訳　文渓堂　2003.3　63p　29cm（世界の紛争を考える　国際理解に役立つ　2）2800円　①4-89423-335-5

◇国際連合という神話　色摩力夫著　PHP研究所　2001.9　211p　18cm（PHP新書）660円　①4-569-61825-1

◇国際連合成立史—国連はどのようにしてつくられたか　加藤俊作著　有信堂高文社　2000.3　207p　19cm　2000円　①4-8420-5536-7

◇国連のチャレンジと日本の役割—講演録　明石康〔述〕　久留米　久留米大学企画部広報室　1998.9　71p　19cm〈久留米大学創立70周年記念講演〉非売品

◇国際連合の組織と機構　落合淳隆著　敬文堂　1996.6　135p　19cm　1545円　①4-7670-0022-X

◇国連・安保・平和憲法　家正治，沢野義一，加藤晋介共著　えるむ書房　1995.10　223p　19cm　2000円

◇日本人の知らない国連—常任理事国・PKO・国際機関の真実　川村亨夫著　ダイヤモンド社　1995.10　154p　20cm　1500円　①4-478-19025-9

◇新国連論—国際平和のための国連と日本の役割　神余隆博著　吹田　大阪大学出版会　1995.8　304p　21cm　2427円　①4-87259-013-9

◇国連とはなんだ！—あなたは国連のことをどれだけ知っていますか？　舛添要一著　サンドケー出版局　1995.4　221p　20cm　1500円　①4-914938-65-0

◇国連—その原点と現実　坂口明著　新日本出版社　1995.3　198p　20cm　2200円　①4-406-02342-9

◇日本人は「国連」を知らない—国連報告　アジア調査会編　本の出版社　1995.3　205p　19cm（Voice books　第2巻）〈執筆：猪口邦子ほか　発売：書苑新社〉1236円　①4-915125-58-0

◇国連と日本　河辺一郎著　岩波書店　1994.1　238,2p　18cm（岩波新書）620円　①4-00-430317-6

◇「国連中心主義」と日本国憲法　浅井基文著　岩波書店　1993.8　63p　21cm（岩波ブックレット　no.309）350円　①4-00-003249-6

◇憲法と国連憲章—90年代のゆくえ　渡辺洋三著　岩波書店　1993.6　274p　19cm　2000円　①4-00-000625-8

◇国連体制と自衛権　筒井若水著　東京大学出版会　1992.11　237p　22cm　3914円　①4-13-031144-1

◇美辞麗句を使うべし—国連10年の異文化体験　吉田康彦著　日本放送出版協会　1992.11　207p　19cm　1000円　①4-14-080073-9

◇国連から見た世界—国際社会の新秩序を求めて　明石康著　サイマル出版会　1992.6　254p　19cm　1700円　①4-377-30936-6

◇国際連合　加藤俊作著　慶応通信　1992.3　209p　20cm　2500円　①4-7664-0492-0

◇国連と日本　〔1990〕　外務省外務報道官編　世界の動き社　1990.9　35p　30cm　650円

◇孤高の外相　重光葵　豊田穣著　講談社　1990.1　434p　19cm　1600円　①4-06-204611-3

◇加瀬俊一回想録　下　加瀬俊一著　山手書房　1986.5　212p　19cm　1200円

◇国際連合—その光と影　明石康著　岩波書店　1985.12　279p　18cm（岩波新書）530円

◇国際連合の新しい潮流—国際秩序の構造変化への対応　斎藤鎮男著　改訂増補

189

外交

◇版　東京新有堂　1984.7　356p　22cm　3500円
◇国連に生きる　世界の動き社　1984.2　265p　19cm　〈監修：明石康　編集：吉田康彦,岩井成雄〉　1100円
◇国連からの視点—「国際社会と日本」を考える　緒方貞子著　朝日イブニングニュース社　1980.9　288p　20cm　〈東京朝日新聞社（発売）〉
◇国際連合の安全保障—その歴史と理論　神谷龍男著　増補版　再版　有斐閣　1979.3　341,7p　22cm
◇国連の理想と現実　大川美雄著　民主外交協会　1979.3　31p　21cm　(Civil diplomacy no.11)
◇国連総会決議及び1975年安保理決議一覧表　第30回　外務省国際連合局〔編〕　政治課　1976.1　34p　26×36cm　(国連情報　no.288)
◇国際連合　明石康著　第2版　岩波書店　1975　242p　18cm　(岩波新書)　230円
◇日本外交史　32　講和後の外交　3　国際連合　鹿島平和研究所編　監修:井口貞夫　鹿島研究所出版会　1972　305,22p　図　22cm　1600円
◇国際連合—20年の歩み　国際連合編, 日本国際連合協会訳編　鹿島研究所出版会　1966　356p　21cm　1200円
◇国際連合の十年　国際法学会編　有斐閣　1957　420p　22cm
◇国際連合と日本　横田喜三郎, 尾高朝雄著　有斐閣　1956　439p　22cm
◇日本の国連加盟問題に対する各国の論調　外務省国際協力局第一課　〔1956〕　77p　21cm　(国際連合研究資料　第6巻　第1号)
◇日本の国連への加盟問題　日本国際連合協会　1953　40p　21cm　(国連叢書　第4)
◇永続する平和を目指して　国際連合弘報課編, 日本国際連合協会訳　日本国際連合協会　1952　46p　21cm　(国連叢書　第2)　〈1952年国連デーのための質問と解答〉
◇新加盟国の承認—国際連合と国際連盟　アレクサンダー・W.ルジンスキー著, 外務省国際協力局第一課訳　外務省国際協力局第一課　1952　50p　21cm　(国際連合研究資料　第2巻　第1号)
◇国際連合　横田喜三郎著　3版　有斐閣　1951　333p　19cm
◇国際連合と日本の将来　芳賀四郎著　〔京都〕　教育出版　1948　239p　19cm
◇国際連合—研究と解説　横田喜三郎著　政治教育協会　1946　97p　B6　18円

東西冷戦

　第二次大戦後のアメリカ・ソ連の二大国を頂点とする東西両陣営の対立。直接戦火は交えないが激しく対立・抗争することから cold war の語が用いられた。大戦終結後の国際秩序をめぐって、自由主義・資本主義体制を目指すアメリカと、社会主義体制の拡大を目指すソ連とは、早くから食い違いを生じた。1946(昭和21)年にはチャーチルが"鉄のカーテン"演説を行う。翌1947(昭和22)年にはソ連封じ込めを唱えるトルーマン・ドクトリン、ヨーロッパの復興のマーシャルプラン、これに対抗するソ連側のコミンフォルム結成で対立は決定的となる。アジアでは中国の国共内戦、中華人民共和国の建国を経て、朝鮮戦争でついに両陣営が戦火を交えた。こうした東西冷戦の激化は戦後日本にも大きな影響を与えた。GHQの占領政策は、日本国憲法に象徴される日本の民主化から、アメリカを軸とする西側陣営の一員とする方向へ転換した。サンフ

ランシスコ平和条約が西側陣営との単独講和となり、日米安全保障条約を締結したことで、独立後の日本はアメリカの同盟国の道を進んだ。

◇日本・アメリカ・中国—協調へのシナリオ　国分良成編著　ティビーエス・ブリタニカ　1997.12　341p　20cm　2200円　⓵4-484-97215-8

◇米ソ関係と日本の将来　平和・安全保障研究所　1990.2　37p　21cm　（RIPS特別報告　5号）

◇日本が日米同盟の崩壊を恐れない理由—大国興亡の法則　桃井真著　光文社　1988.10　213p　18cm　（カッパ・ビジネス）　730円　⓵4-334-01226-4

◇日本が世界地図から消える日—INF全廃・新デタントで始まった「日本切り捨て」戦略　矢島鈞次著　日本経済通信社　1988.4　235p　19cm　（国際事情研究センター・レポート）　1200円　⓵4-8187-1096-2

◇相手の裏を知らない経済戦争—米・ソ・中…に手も足も出なくなった日本　中嶋嶺雄著　青春出版社　1987.10　252p　18cm　（プレイブックス）　710円　⓵4-413-01447-2

◇米ソ二者択一より世界緑化を　太田清蔵著　毎日新聞社　1987.5　247p　22cm

◇米ソ世界戦略と日本—日本はどうなる—国際記者のみた激動の構図　酒井宏祐著　アイペック　1986.12　270p　19cm　1200円　⓵4-87047-049-7

◇米ソの外交戦略にどう対応するのか　eiペングループ編著　三修社　1980.6　246p　19cm　（80年代日本の重要テーマ　1　国際政治）　〈監修：田久保忠衛『首脳外交で世界はどう変わるか』の改訂新版〉　980円

◇中国人・ロシア人・アメリカ人とつきあう法　藤原肇〔ほか〕著　亜紀書房　1979.8　246p　19cm　（ビジネスシリーズ　4）　980円

◇戦略の構図—米ソに揺さぶられる日本　田久保忠衛著　高木書房　1979.1　272p　20cm　1200円

◇日本をめぐる米中ソの動き　田久保忠衛〔述〕　内外情勢調査会　〔1978〕　35p　19cm　（講演シリーズ　372）

◇米中ソの谷間の日本　曽野明〔述〕　内外情勢調査会　〔1977〕　56p　19cm　（講演シリーズ　358）

◇対米外交・対中外交　中丸薫著　サイマル出版会　1971　205p　肖像　19cm　540円

◇東西の谷間日本　米国外交協会編，朝日新聞社訳　朝日新聞社　1958　258p　19cm

◇東と西との間の日本—平和共存への道　谷川徹三著　岩波書店　1958　222p　18cm　（岩波新書）

◇アメリカおよびソ連に対する国民感情—国際問題についての世論調査　調査報告書　総理府大臣官房審議室　1955　53p　25cm　〈昭和30年10月　付：日ソ交渉　謄写版〉

◇アメリカおよびソ連に対する国民感情—国際問題についての世論調査・数表　総理府大臣官房審議室　1955　68p　25cm　〈謄写版〉

◇日本に迫る冷い戦争　欧亜協会　1953　71p　19cm

◇米国・ソ連・日本　肥後一人著　国際法制研究会　1949　492p　19cm

サンフランシスコ平和条約

日本と連合国との間の戦争状態を終結させる平和条約。1951（昭和26）年9月4日～9月8日にサンフランシスコで開かれた講和会議に日本と連合国51カ国が

参加。48カ国との間で9月8日に調印された。翌1952（昭和27）年4月28日発効。日本の主席全権は吉田茂首相、全権委員は池田勇人ら6名。参加国のうち、ソ連、ポーランド、チェコスロバキアは署名を拒否、インド、ビルマは参加を拒否、中華人民共和国と中華民国は招請されなかった。条約は前文と7章27条からなり、日本の主権回復、領土の確定、国際軍事裁判の受諾などの内容が含まれる。第2条の千島列島の主権放棄、第11条の東京裁判決結果受諾が、その後の議論・争点となった。講和条約締結にあたっては、ソ連・中国を含む全連合国と締結すべきと主張する全面講和論があったが、東西冷戦の中、西側諸国中心の単独講和となり、不参加の国とはこの後、個別に条約を結ぶこととなった。

◇サンフランシスコ平和条約の盲点―アジア太平洋地域の冷戦と「戦後未解決の諸問題」　原貴美恵著　広島　渓水社　2005.6　326p　22cm　〈文献あり〉　3500円　①4-87440-873-7

◇サンフランシスコ平和条約・日米安保条約　西村熊雄著　中央公論新社　1999.7　332p　16cm　（中公文庫）　933円　①4-12-203466-3

◇講和条約―戦後日米関係の起点　第11巻　児島襄著　中央公論社　1998.1　346p　16cm　（中公文庫）　914円　①4-12-203047-1

◇講和条約―戦後日米関係の起点　第12巻　児島襄著　中央公論社　1998.1　496p　16cm　（中公文庫）　914円　①4-12-203048-X

◇講和条約―戦後日米関係の起点　第9巻　児島襄著　中央公論社　1997.12　368p　16cm　（中公文庫）　914円　①4-12-203023-4

◇講和条約―戦後日米関係の起点　第10巻　児島襄著　中央公論社　1997.12　519p　16cm　（中公文庫）　914円　①4-12-203024-2

◇講和条約―戦後日米関係の起点　第7巻　児島襄著　中央公論社　1997.11　393p　16cm　（中公文庫）　914円　①4-12-202997-X

◇講和条約―戦後日米関係の起点　第8巻　児島襄著　中央公論社　1997.11　469p　16cm　（中公文庫）　914円　①4-12-202998-8

◇講和条約―戦後日米関係の起点　第5巻　児島襄著　中央公論社　1997.10　367p　16cm　（中公文庫）　914円　①4-12-202972-4

◇講和条約―戦後日米関係の起点　第6巻　児島襄著　中央公論社　1997.10　419p　16cm　（中公文庫）　914円　①4-12-202973-2

◇講和条約―戦後日米関係の起点　第3巻　児島襄著　中央公論社　1997.9　452p　16cm　（中公文庫）　914円　①4-12-202948-1

◇講和条約―戦後日米関係の起点　第4巻　児島襄著　中央公論社　1997.9　412p　16cm　（中公文庫）　914円　①4-12-202949-X

◇講和条約―戦後日米関係の起点　第1巻　児島襄著　中央公論社　1997.8　421p　16cm　（中公文庫）　914円　①4-12-202922-8

◇講和条約―戦後日米関係の起点　第2巻　児島襄著　中央公論社　1997.8　402p　16cm　（中公文庫）　914円　①4-12-202923-6

◇吉田茂とサンフランシスコ講和　下巻　三浦陽一著　大月書店　1996.10　316,10p　20cm　〈文献あり　索引あり〉　3200円　①4-272-52048-2

外交

◇吉田茂とサンフランシスコ講和　上巻　三浦陽一著　大月書店　1996.9　253p　20cm　3090円　①4-272-52047-4

◇講和条約―戦後日米関係の起点　第3巻　児島襄著　新潮社　1996.1　685p　22cm　5000円　①4-10-408903-6

◇講和条約―戦後日米関係の起点　第2巻　児島襄著　新潮社　1995.12　667p　22cm　5000円　①4-10-408902-8

◇講和条約―戦後日米関係の起点　第1巻　児島襄著　新潮社　1995.11　679p　22cm　5000円　①4-10-408901-X

◇サンフランシスコ講和　佐々木隆爾著　岩波書店　1988.9　63p　21cm　（岩波ブックレット）　300円　①4-00-003441-3

◇対日講和と冷戦―戦後日米関係の形成　五十嵐武士著　東京大学出版会　1986.7　277,7p　22cm　3800円　①4-13-030061-X

◇サンフランシスコ講和　渡辺昭夫, 宮里政玄編　東京大学出版会　1986.1　346,3p　22cm　〈執筆：渡辺昭夫ほか〉　4300円　①4-13-036040-X

◇日本が独立した日　マイケル・M.ヨシツ著, 宮里政玄, 草野厚訳　講談社　1984.6　195p　20cm　1200円　①4-06-200853-X

◇戦後秘史　9　講和の代償　大森実著　講談社　1981.11　350p　15cm　（講談社文庫）　400円　①4-06-134159-6

◇講和に関する世論調査　国立世論調査所　1952　45p　25cm　〈世論調査報告書　第52〉　〈昭和27年5月実施　謄写版〉

◇対日平和条約　1952　毎日新聞社編　毎日新聞社　1952　668p　地図　22cm

◇平和条約の綜合研究　上,下巻　国際法学会編　有斐閣　1952　2冊　22cm

◇吉田内閣と講和記念写真帖　聯合写真通信社　1952　図版7枚　肖像写真140枚　28×37cm

◇解説平和条約―日本の約束　外務省条約局, 法務府法制意見局共編　印刷局　1951　141p　21cm

◇講和問題に関する国内論調　第3　国立国会図書館調査立法考査局編　国立国会図書館調査立法考査局　1951　55p　24cm　（国調立資料　B　第92）　〈謄写版〉

◇国会における講和論義―自第1回国会至第9回国会　外務省政務局政務課編　外務省政務局政務課　1951　894p　26cm

◇サン・フランシスコ会議議事録　外務省訳　〔外務省〕　1951序　381p　21cm　〈サン・フランシスコ講和会議（サン・フランシスコ1951年）〉

◇日本講和条約の研究　入江啓四郎著　板垣書店　1951　452p　22cm

◇講話と日本　萩原徹著　読売新聞社　1950　238p　19cm

◇講和問題と平和問題　矢内原忠雄著　河出書房　1950　97p　19cm　（教養の書）

◇講和問題に関する海外論調　国立国会図書館調査立法考査局編　国立国会図書館調査立法考査局　1950　91p　24cm　（国調立資料　B　第77）　〈謄写版〉

◇講和問題に関する国内論調　第2　国立国会図書館調査立法考査局編　国立国会図書館調査立法考査局　1950　216p　25cm　（国調立資料　B　第86）　〈謄写版〉

◇講話問題に関する国内論調　第1　国立国会図書館調査立法考査局編　国立国会図書館調査立法考査局　1950　67p　25cm　（国調立資料　B　第65）　〈謄写版〉

◇講和問題の基礎知識　入江啓四郎編　時事通信社　1950　203p　表　19cm

◇日本の講和問題　横田喜三郎著　勁草書房　1950　171p　19cm

日米安全保障条約

日本とアメリカとの間の安全保障のための条約。安保条約、日米安保などと略される。1951(昭和26)年に最初の条約(旧安保条約)が結ばれ、1960(昭和35)年に改定され(新安保条約)、現在に至っている。旧安保条約は、サンフランシスコ平和条約の締結にあたり、首席全権であった吉田茂首相が単独で署名。進駐軍(占領軍)であった在日アメリカ軍が独立後も駐留軍として日本に留まることを定めている。しかし相互防衛の可能な国に達していないとのアメリカ側の判断により、日本は駐留権をアメリカに与えるが、アメリカは日本防衛の義務を負わない片務的な条約であった。その後、アメリカの要求を受け日本が防衛力を増強し、岸内閣が1960(昭和35)年に共同防衛を規定した新安保条約を調印する。この共同防衛規定はアメリカの戦争に日本が巻き込まれる恐れがある、として反対論が唱えられ、60年安保闘争が起こる。しかし岸内閣は国会の承認を強行、成立後に総辞職した。新安保条約は10年を期限としており、10年目の1970(昭和45)年を前に再び反対運動(70年安保闘争)が起こるが、60年のように広汎な運動に広がることなく延長され、その後は自動更新が続いている。

◇日米永久同盟―アメリカの「属国」でなにが悪い!「米軍再編・日米安保強化」時代を考える 長尾秀美著 光文社 2005.12 289p 19cm (Kobunsha paperbacks 72)〈文献あり〉 952円 ①4-334-93372-6

◇論説委員室―60年安保に賭けた日々 小林金三著 彩流社 2005.9 230p 20cm 1900円 ①4-7791-1111-0

◇アメリカの戦争と在日米軍―日米安保体制の歴史 藤本博, 島川雅史編著 社会評論社 2003.7 282p 19cm 2300円 ①4-7845-1430-9

◇どうする日米安全保障条約―21世紀の課題 間瀬正一著 文芸社 2003.6 287p 22cm 1500円 ①4-8355-5810-3

◇アメリカの戦争と日米安保体制―在日米軍と日本の役割 島川雅史著 増補 社会評論社 2003.4 282p 19cm 2300円 ①4-7845-1428-7

◇岸信介証言録 岸信介〔述〕, 原彬久編 毎日新聞社 2003.4 421p 20cm〈年譜あり〉 2800円 ①4-620-31622-9

◇日米安保を考え直す 我部政明著 講談社 2002.5 206p 18cm (講談社現代新書) 660円 ①4-06-149608-5

◇日米安保体制―その現状と課題 政経調査会 2002.4 653p 31cm 45000円

◇昭和の巨魁 岸信介と日米関係通史 高橋正則著 三笠書房 2000.8 269p 19cm 2500円 ①4-8379-1844-1

◇密約―日米安保大改悪の陰謀 藤井治夫著 創史社 2000.6 190p 21cm〈東京 八月書館(発売)〉 1700円 ①4-915970-14-0

◇日米同盟の絆―安保条約と相互性の模索 坂元一哉著 有斐閣 2000.5 316p 20cm 2600円 ①4-641-04976-9

◇日米安保とは何か―その成立から新ガイドラインまで 草野厚著 PHP研究所 1999.12 196p 21cm 1500円 ①4-569-60889-2

◇サンフランシスコ平和条約・日米安保条約 西村熊雄著 中央公論新社 1999.7 332p 16cm (中公文庫) 933円 ①4-12-203466-3

◇安保条約の論理—その生成と展開　豊下楢彦編　柏書房　1999.4　219p　20cm　2000円　①4-7601-1732-6

◇アメリカに見捨てられた無防備国家の行方　三根生久大著　広済堂出版　1998.7　253p　20cm　1600円　①4-331-50645-2

◇平和憲法と新安保体制　憲法研究所，上田勝美編　京都　法律文化社　1998.6　297p　20cm　2800円　①4-589-02084-X

◇日本外交「不在」の起源を求めて—安保条約を再検討する　第40回公開講演会　同志社大学人文科学研究所編　京都　同志社大学人文科学研究所　1998.2　57p　19cm　（人文研ブックレット　no.7）

◇中学生マジに近現代史　増田都子編著　蕗薹書房　1997.8　157p　21cm　〈東京　星雲社（発売）〉　1700円　①4-7952-5999-2

◇ドキュメント日米安保　4　大空社　1996.12　542p　31cm　〈監修：渡辺治　複製〉　①4-7568-0088-2

◇ドキュメント日米安保　5　大空社　1996.12　422p　31cm　〈監修：渡辺治　複製〉　①4-7568-0088-2

◇ドキュメント日米安保　6　大空社　1996.12　487p　31cm　〈監修：渡辺治　複製〉　①4-7568-0088-2

◇ドキュメント日米安保　1　大空社　1996.8　483p　31cm　〈監修：渡辺治　複製〉　①4-7568-0301-6

◇ドキュメント日米安保　2　大空社　1996.8　629p　31cm　〈監修：渡辺治　複製〉　①4-7568-0301-6

◇ドキュメント日米安保　3　大空社　1996.8　334p　31cm　〈監修：渡辺治　複製〉　①4-7568-0301-6

◇なぜ今、日米安保か　都留重人著　岩波書店　1996.2　62p　21cm　（岩波ブックレット　no.394）　400円　①4-00-003334-4

◇日米安保条約の再定義—軍事的役割の非対称性と集団的自衛権の行使　佐伯喜一著　世界平和研究所　1996.2　13p　30cm　（平和研レポート）

◇戦後50年いま日米安保を問う　浅井基文〔ほか述〕　平和・民主主義・革新統一をすすめる全国懇話会　1996.1　88p　21cm　〈著者の肖像あり〉　300円

◇安保条約と地位協定—沖縄問題の根源はこれだ　那覇出版社編集部編　南風原町（沖縄県）　那覇出版社　1995.12　254p　21cm　1200円

◇アメリカを頼りに出来るか—日米安保の功罪　奥宮正武著　PHP研究所　1995.8　202p　20cm　1500円　①4-569-54873-3

◇再考・「60年安保改定」—「依存心」の祭典　水野均著　近代文芸社　1995.3　187p　19cm　1300円　①4-7733-3891-1

◇日米安保体制と日本国憲法　渡辺洋三著　労働旬報社　1991.10　278p　20cm　（渡辺洋三民主主義選集）　2500円　①4-8451-0176-9

◇日米安保三十年—ニューデタントと日本の安全保障　読売新聞政治部著　行研出版局　1990.12　251p　20cm　2060円　①4-905786-83-5

◇安保のはなし　須田博著　新日本出版社　1990.5　194,4p　18cm　（新日本新書）　640円　①4-406-01841-7

◇「安保条約」を読む　多田実特別解説　三笠書房　1984.4　155p　22cm　890円　①4-8379-1257-5

◇安保条約を考える　日本共産党中央委員会宣伝局編　日本共産党中央委員会出版局　1984.3　31p　19cm　100円

◇安保のなくなる日—日米同盟の行方　花井等著　日本工業新聞社　1983.2　242p　20cm　（Ohtemachi books）　1500円　①4-8191-0574-4

◇日米安保条約—日本国とアメリカ合衆国との間の相互協力及び安全保障条約　多田実解説　三笠書房　1982.8　155p　22cm　780円

◇安保のすべて　畑田重夫著　学習の友社　1981.7　239p　18cm　（学習文庫）　600円

◇日本の歴史　9　新安保条約をめぐって.「高度経済成長」.岐路に立つ日本　家永三郎編　ほるぷ出版　1977.12　213p　28cm　（ほるぷ教育大系）

◇日米安保条約体制史—国会論議と関係資料　2　1948-1960年　日米安保体制の成立　吉原公一郎, 久保綾三編　三省堂　1971　798,7p　27cm　（日本現代史資料）〈監修：末川博,家永三郎〉　4500円

◇日米安保条約体制史—国会論議と関係資料　4　1968-1970年　新しい日米関係への転換　吉原公一郎, 久保綾三編　三省堂　1971　613,7p　27cm　（日本現代史資料）〈監修：末川博,家永三郎　付録（別冊 46p 21cm）：自衛隊・米軍用語と略語解説,戦後史年表,国会党派別系統表〉　4500円

◇日米安保条約体制史—国会論議と関係資料　1　1945-1947年　敗戦と新憲法の制定　吉原公一郎, 久保綾三編　三省堂　1970　766p　27cm　（日本現代史資料）〈監修者：末川博,家永三郎〉　4500円

◇日米安保条約体制史—国会論議と関係資料　3　1961-1968年　日米新安保体制の展開　吉原公一郎, 久保綾三編　三省堂　1970　730,5p　27cm　（日本現代史資料）〈監修者：末川博,家永三郎〉　4500円

◇安保・沖縄—佐藤内閣言明集　日本共産党中央委員会出版局　1969　222p　19cm　350円

◇安保条約と自衛隊—70年安保を考える　松井愈著　労働旬報社　1969　110p　19cm　130円

◇安保条約の問題性　寺沢一著　増補改訂版　有信堂　1969　290p　19cm　（Yûshindô sosho）　650円

◇安保体制と自衛権　田畑茂二郎著　増補版　有信堂　1969　302p　19cm　（Yûshindô sosho）　600円

◇安保と政治—日本の平和と安全　毎日新聞社　1969　250p　18cm　300円

◇安保なぜなぜならば　中村菊男著　有信堂　1969　264p　19cm　（Yushindo sosho）　650円

◇安保の破棄と自衛隊の解消は日本を滅亡に導く？　福井祐造著　福井祐造　1969　101p　18cm　70円

◇憲法と安保体制　京都憲法会議編　京都法律文化社　1969　262p　18cm　〈編者代表：天野和夫〉　480円

◇この安保条約—その延長・強化の企図　続　日本平和委員会編　大阪　平和書房　1969　336p　18cm　（平和新書）　350円

◇'70安保一問一答—各党の防衛政策を追求する　高見博編　総合ジャーナル社　1969　233p　18cm　280円

◇70年安保をなぜたたかうか　国鉄労働組合　〔1969〕　176p　19cm

◇70年安保闘争と統一戦線　畑田重夫著　青木書店　1969　235p　19cm　480円

◇70年問題ハンドブック　日本の安全保障編集委員会編　原書房　1969　262p　18cm　380円

◇反安保の論理　具島兼三郎著　三一書房　1969　239p　18cm　（三一新書）　320円

◇歴史選択としての七〇年闘争　北小路敏著　自由国民社　1969　313p　17cm　（Ace books）　350円

◇記録国会安保論争—速記録と要点解説　第1　読売新聞社政治部編　読売新聞社　1968　260p　19cm　350円

◇記録国会安保論争—速記録と要点解説　第2　読売新聞社政治部編　読売新聞社　1968　246p　19cm　350円

◇この安保条約—「七〇年問題」の焦点　日本平和委員会編　大阪　平和書房　1968　287p　18cm　（平和新書）　300円

◇1970年と安保・沖縄問題　上田耕一郎著　新日本出版社　1968　223p　18cm　（新日本新書）〈日本の安全保障　第1〉　280円

◇日米安保条約—その解説と資料　渡辺洋三, 岡倉古志郎編　労働旬報社　1968

546p 22cm 2000円
◇日米安保条約全書　渡辺洋三, 吉岡吉典編　労働旬報社　1968　860p 22cm 3900円
◇日米安保肯定論　中村菊男編著　有信堂　1967　222p 19cm （有信堂叢書）500円
◇新安保体制論　畑田重夫著　青木書店　1966　256p 19cm 500円
◇1970年—安保改定へのアプローチ　読売新聞社国際情勢調査会編　読売新聞社　1966　405p 図版　19cm 450円
◇日米安全保障条約をめぐる30問　日本共産党中央委員会宣伝部編　日本共産党中央委員会出版部　1966　222p 19cm 260円
◇安保条約下の日本　川端治著　新日本出版社　1965　212p 18cm （新日本新書）
◇安保改定問題の記録　内閣官房内閣調査室編　〔内閣官房内閣調査室〕　1961-1963　3冊　26cm　〈日誌編,資料編,総括編に分冊刊行〉
◇日米安全保障条約関係文献—昭和34年11月末現在　〔国立国会図書館〕調査立法考査局外務課　1960.1　24p 25cm　〈共同刊行：国立国会図書館閲覧部政治法制参考室　謄写版〉
◇新安保条約　研究者懇談会編　京都　三一書房　1960　275p 18cm （三一新書）
◇新安保条約の全貌　平田善介編　月刊時事社　1960　295p 19cm　〈付：別表　集団防衛条約の比較表〉
◇安保条約改定問題に関する世論調査　〔第1-2〕　総理府大臣官房審議室　1959-1960　2冊　25cm　〈謄写版〉
◇日米安全保障関係文書集　憲法調査会事務局　1959　113p 21cm
◇日米安全保障条約改定問題資料集　国立国会図書館調査及び立法考査局　1959　185,21p　21cm
◇日米安保体制と核武装　大井篤著　時事通信社　1959　174p 18cm

日米地位協定

1960(昭和35)年に締結された、在日米軍の扱いを定めた条約。旧安保条約で結ばれた日米行政協定を継承し、新安保条約締結にあたり結ばれた。アメリカ軍基地内での犯罪やアメリカ軍関係者の犯罪はアメリカが優先的な裁判権を持ち、被疑者の身柄引き渡しは起訴後になることや、アメリカ軍が施設を返還する場合に土地の原状回復の義務を負わないことなど、条約の不平等性が指摘されている。

＊　　＊　　＊

◇戦争はペテンだ—バトラー将軍にみる沖縄と日米地位協定　吉田健正著　七つ森書館　2005.4　263p 19cm 2000円　①4-8228-0597-2
◇日米地位協定の考え方・増補版—外務省機密文書　琉球新報社編　高文研　2004.12　212p 21cm 3000円　①4-87498-335-9
◇日米不平等の源流—検証「地位協定」　琉球新報社・地位協定取材班著　高文研　2004.12　286p 19cm　〈年表あり〉　1800円　①4-87498-334-0
◇日米行政協定の政治史—日米地位協定研究序説　明田川融著　法政大学出版局　1999.2　412,16p 22cm 7700円　①4-588-32702-X
◇日米地位協定逐条批判　地位協定研究会著　新日本出版社　1997.6　453p 20cm 4200円　①4-406-02519-7
◇「安保」が人をひき殺す—日米地位協定＝沖縄からの告発　森口豁, 米軍人・軍属による事件被害者の会著　高文研　1996.9　212p 19cm 1236円　①4-87498-181-X
◇各国地位協定の比較検討報告書及び資料　東京弁護士会沖縄問題特別委員会〔編著〕　東京弁護士会　〔1980〕　1冊　26cm　〈電子複写〉

197

外交

◇日米地位協定と人権　東京弁護士会沖縄問題特別委員会編　東京弁護士会　1976　74p　21cm
◇地位協定関係国内法令及び規則　外務省　1964　301p　26cm

琉球政府

　昭和47(1972)年の沖縄返還前に米軍統治下の沖縄にあった自治政府。戦後、沖縄はアメリカ軍の占領下に置かれ、サンフランシスコ平和条約でも本土から切り離された。この間、行政組織としては、昭和20(1945)年の終戦とともに成立した沖縄諮詢会から、沖縄民政府、群島政府、琉球臨時中央政府と移行し、27(1952)年に琉球政府となって47(1972)年の返還まで続いた。行政府、立法員、民裁判所があったが、アメリカ民政府がすべての決定を破棄できる権限を持ち、琉球政府の権限には制約があった。沖縄の本土返還により組織は沖縄県庁へ引き継がれた。

　　　　＊　　　＊　　　＊

◇琉球政府文書目録　第1編（総務局）　沖縄県文化振興会公文書管理部編　〔南風原町(沖縄県)〕　沖縄県公文書館　2005.3　304,14p　31cm
◇アメリカは何故、沖縄を日本から切り離したか　宮里政玄著, 沖縄市企画部平和文化振興課編　沖縄　沖縄市　1999.8　59p　21cm　（Kozaの本　3）〈会期・会場：1998年8月15日　沖縄市民小劇場あしびなあ　具志川　ゆい出版（発売））　500円　④4-946539-08-5
◇米軍支配下の沖縄　我部政男編・解説　日本図書センター　1997.12　193p　31cm　（琉球・沖縄写真絵画集成　第4巻）　④4-8205-7866-9,4-8205-7862-6
◇占領下の沖縄　南雲和夫著　京都　かもがわ出版　1996.11　78p　21cm　1200円　④4-87699-275-4
◇琉球政府の時代―開館一周年記念特別展図録　沖縄県公文書館編　南風原町(沖縄県)　沖縄県公文書館　1996.8　56p　30cm　〈折り込1枚　会期：1996年8月1日～31日〉
◇アメリカ占領時代沖縄言論統制史―言論の自由への闘い　門奈直樹著　雄山閣出版　1996.6　286p　22cm　〈『沖縄言論統制史』(1970年刊)の改題〉　3914円　④4-639-01372-8
◇沖縄の帝王高等弁務官　大田昌秀著　朝日新聞社　1996.2　463p　15cm　（朝日文庫）　750円　④4-02-261138-3
◇醜い日本人―日本の沖縄意識　大田昌秀著　サイマル出版会　1995.11　259p　19cm　〈新装版　著者の肖像あり〉　1900円　④4-377-31065-8
◇沖縄占領―未来へ向けて　シンポジウム　宮城悦二郎編著　那覇　ひるぎ社　1993.9　402p　22cm　〈復帰20周年記念〉　2800円
◇占領27年為政者たちの証言　宮城悦二郎著　那覇　ひるぎ社　1993.5　229p　18cm　（おきなわ文庫　65）　880円
◇沖縄占領の27年間―アメリカ軍政と文化の変容　宮城悦二郎著　岩波書店　1992.8　62p　21cm　（岩波ブックレット　no.268）　350円　④4-00-003208-9
◇琉球史料―自一九四五年至一九五五年　〔琉球政府〕文教局教育研究課編　南風原町(沖縄県)　那覇出版社　1988.9　10冊　27cm　〈第1～6集の編者：琉球政府文教局研究調査課　琉球政府文教局1956～1965年刊の複製〉　全85000円
◇逆転―アメリカ支配下・沖縄の陪審裁判　伊佐千尋著　文芸春秋　1987.7　425p　16cm　（文春文庫）　480円　④4-16-739603-3
◇アメリカの沖縄政策　宮里政玄著　那覇　ニライ社　1986.10　207p　19cm　〈発売：新日本教育図書(下関)〉　1800円
◇機密―沖縄占領軍の裏面史　宜野座嗣剛著　〔那覇〕　沖縄教育文化研究所　1985.10　385p　20cm　〈発行所：沖縄時事出版　発売：沖縄学販〉

◇沖縄の帝王高等弁務官　大田昌秀著　久米書房　1984.12　465,11p　19cm　4800円

◇アメリカの沖縄統治関係法規総覧　月刊沖縄社編集　那覇　池宮商会　1983.5　9冊(別冊とも)　31cm　〈「和文編」「英文編(Laws and regulations during the U.S.administration of Okinawa 1945～1972)」に分冊刊行　別冊：分野別索引　限定版〉　全160000円

◇占領者の眼—アメリカ人は〈沖縄〉をどう見たか　宮城悦二郎著　南風原町(沖縄県)　那覇出版社　1982.12　382p　19cm　〈折り込表1枚：沖縄戦後史と米軍の対住民観〉

◇逆転　伊佐千尋著　新潮社　1981.7　436p　15cm　（新潮文庫）　400円　ⓘ4-10-125001-4

◇戦後沖縄の政治と法—1945-72年　宮里政玄編　東京大学出版会　1975　653p　22cm　4800円

◇公選主席の行政—3年の歩み　〔出版地不明〕　琉球政府　〔1972〕　64p　26cm

◇行政機構図　1971年1月1日現在　琉球政府総務局〔編〕　〔出版地不明〕　琉球政府総務局行政部　1971.3　1冊　27cm

◇議会制定法審議要録　第32・42回　琉球議会編　〔那覇〕　琉球政府立法院事務局　1970-1971　2冊　26cm

◇琉球政府の事務分析について　1969年6月現在　琉球政府総務局〔編〕　那覇　琉球政府総務局行政部行政管理課　1969　1冊　26×37cm

◇議会制定法審議要録　第25,27,31回　〔那覇〕　琉球政府立法院事務局　1965-1967　2冊　26cm　〈欠：第28-30回〉

◇アメリカと日本の谷間—去勢されたオキナワ　中村和市著　大阪　清水堂出版　1963　272p　図版　19cm

外交

日ソ共同宣言

1956(昭和31)年に定められた、日本とソビエト連邦との国交回復に関する外交文書。日本側の首席全権は鳩山一郎首相、全権は河野一郎農相、松本俊一、ソ連側の首席全権はブルガーニン、全権はシェピーロフで、10月19日モスクワで調印され、12月12日に発効した。両国間の国交回復、内政不干渉、賠償請求権の相互放棄、平和条約締結後の歯舞・色丹両島の日本引き渡しなどが規定された。しかし領土返還をめぐる意見の食い違いから、未だ平和条約は締結されていない。

　　　＊　　　＊　　　＊

◇日露関係の40年—日ソ国交回復から「東京宣言」まで　「日露関係の40年」編集委員会編　日本・ロシア協会　1996.10　257p　31cm　〈東京　日本・ロシア協会事業部(発売)〉　23000円　ⓘ4-900923-01-X

◇日ソ国交回復の史的研究—戦後日ソ関係の起点:1945～1956　田中孝彦著　有斐閣　1993.9　324,5p　22cm　(一橋大学法学部研究叢書)　5150円　ⓘ4-641-19919-1

◇北の隣人—日ソ国交回復30年　北海道新聞社編　札幌　北海道新聞社　1986.10　247p　19cm　980円　ⓘ4-89363-473-9

◇現代日本の外交　鹿島平和研究所編　鹿島研究所出版会　1970　512p　22cm　1600円

◇モスクワにかける虹—日ソ国交回復秘録　松本俊一著　朝日新聞社　1966　228p　(図版共)　19cm　380円

◇対ソ外交読本　自由アジア社編集局編　自由アジア社　1955　205p　19cm

◇日本のものは日本え　今日の問題社　1955　40p　19cm　(今日の問題　第3集)

北方領土

日本とソ連の間で領土問題が未解決となっている地域。日本政府の主張では、択捉島・国後島・歯舞諸島・色丹島を指し、北方四島とも称される。昭和20年の終戦前は、北千島以南の千島列島全域と南樺太を領土としていた。戦後はソ連が占領。サンフランシスコ平和条約で日本は南樺太と千島列島に対する領有権を放棄し、日ソ共同宣言では平和条約締結後に歯舞・色丹島を日本に引き渡すことを定めた。しかし両国間で意見の一致を見ないまま平和条約は締結されず、日本は歴史的経緯から四島を日本の固有の領土として返還を要求、ソ連は"領土問題は解決済み"として返還要求には応じていない。現在、旧島民のビザなし渡航などの交流は進んでいる。

*　　　*　　　*

◇なるほど！なっとく！北方領土—北方領土返還実現に向けて　北方領土問題対策協会　2004　17p　26cm　〈年表あり〉

◇北方領土歴史サミット開催事業紀要　根室市博物館開設準備室, 根室市総務部北方領土対策室編　根室　根室市　2003.3　20p　26cm

◇北方領土とボランティア—「理」は我にあり　小谷豪冶郎著　丸善　2000.4　179p　19cm　2500円　①4-621-04749-3

◇北方領土問題と日露関係　長谷川毅著　筑摩書房　2000.4　354,12p　22cm　5800円　①4-480-86111-4

◇我が北方領土の航跡を辿る　今野宗郎著　鳥影社　2000.1　279p　20cm　1600円　①4-88629-453-7

◇エトロフ島—つくられた国境　菊池勇夫著　吉川弘文館　1999.11　222p　19cm　（歴史文化ライブラリー　78）　1700円　①4-642-05478-2

◇北方領土を考える—エッセイ　歳田啓三著　郁朋社　1999.11　182p　19cm　1200円　①4-87302-061-1

◇変わる日ロ関係—ロシア人からの88の質問　安全保障問題研究会編　文芸春秋　1999.9　230p　18cm　（文春新書）　690円　①4-16-660062-1

◇北方領土問題—歴史と未来　和田春樹著　朝日新聞社　1999.3　396p　19cm　（朝日選書　621）　1600円　①4-02-259721-6

◇よみがえる北方四島　全国領土返還推進協議会編纂　国会資料編纂会　1998.11　369p　31cm　〈離島地下資源開発参考図添付〉　60000円

◇よみがえる北方四島　近藤憲久他著〔宇都宮〕　随想舎　1998.11　369p　31cm　〈付・離島地下資源開発参考図　共同刊行：全国領土返還推進協議会〉　28300円

◇われら千島・南樺太を放棄せず　渡邉明著　大阪　国民会館　1998.10　82p　21cm　（国民会館叢書　23）　400円

◇千島問題と平和条約　不破哲三著　新日本出版社　1998.1　141p　21cm　800円　①4-406-02571-5

◇北方四島訪問(行政関係者)実施結果報告書—平成9年度　北海道総務部北方領土対策本部編　札幌　北海道　1998.1　70p　30cm

◇北方領土返還運動50年史　北方領土問題対策協会編　北方領土問題対策協会　1996.3　414p　31cm

◇われらの北方四島—元島民が語る　戦後編　札幌　千島歯舞諸島居住者連盟　1995.3　429p　22cm　〈折り込図1枚〉

◇最北端国境の四島—日本の領土　今その現況は　〔根室〕　竹内春雄　1994.12　360p　31cm　〈監修：根室市北方領土返還要求推進協議会　執筆：森繁弘ほか　発売：領土問題研究会〉　35000円

◇北方四島返還のすすめ—在住ロシア・ジャーナリストの提言　オレグ・ボンダレンコ著, 上月豊汎, 赤地活喜訳　日本放送出版協会　1994.6　320p　20cm　〈監訳：木村汎〉　2200円　①4-14-080176-X

外交

◇北方領土—新聞集成　大空社　1993.4　2冊　31cm　〈監修：戸丸広安　複製〉　全40000円　①4-87236-279-9

◇北方領土返還運動の歩み—設立30周年記念誌　北方領土復帰期成同盟編　札幌　北方領土復帰期成同盟　1993.3　199p　21cm　（北方領土シリーズ　No.33特集）

◇不信から信頼へ—北方領土交渉の内幕　アレクサンドル・パノフ著,高橋実,佐藤利郎訳　サイマル出版会　1992.8　257p　19cm　〈著者の肖像あり〉　1900円　①4-377-30946-3

◇北方領土問題に関する国会論議　第91帝国議会(昭和21年)～第13国会(昭和27年)　国立国会図書館調査立法考査局　1992.5　288p　21cm　（調査資料　92-1）　①4-87582-331-2

◇北方領土問題—その歴史的事実・法理・政治的背景　落合忠士著　文化書房博文社　1992.2　257p　19cm　〈折り込図4枚〉　2500円　①4-8301-0610-7

◇日露間領土問題の歴史に関する共同作成資料集　外務省　〔1992〕　45,33p　26cm　〈ロシア語書名：Совместный сборник документов по истории территориального размежевания между Россией и Японией　ロシア語併記　共同刊行：ロシア連邦外務省〉

◇北方領土　六角弘編著　ぴいぷる社　1991.11　332p　20cm　1600円　①4-89374-048-2

◇北方四島　朝日新聞北方領土取材班著　朝日新聞社　1991.10　222p　19cm　（News & documents ND books）　1300円　①4-02-256349-4

◇これがソ連の対日外交だ—秘録・北方領土交渉　NHK日ソプロジェクト著　日本放送出版協会　1991.7　258p　20cm　（NHKスペシャル）　1400円　①4-14-008788-9

◇イラスト・北方領土100問100答—誰でも、すぐわかってしまう　深沢賢治編　人間の科学社　1991.5　214p　19cm　〈監修：木村汎〉　980円

◇北方領土—ソ連の五つの選択肢　木村汎編著　読売新聞社　1991.5　225p　19cm　（Yomiuri books）　1200円　①4-643-91035-6

◇北方領土史—資料編　上田哲編著　政治刷新同友会　1991.5　524p　31cm　30000円

◇北方領土を読む　木村汎〔ほか著〕　プラネット出版　1991.4　214p　18cm　（プラネット・ブックス）　〈叢書の編者：アジア調査会〉　1100円　①4-88191-319-0

◇ソ連より日本人へ—北方領土が還ったら我々に何をしてくれるのか？　ノーボスチ通信社著,川上洸訳　新森書房　1991.1　251p　19cm　〈奥付の書名：ソ連から日本人へ〉　1500円　①4-931207-26-X

◇北方領土問題を考える　和田春樹著　岩波書店　1990.3　459p　19cm　2500円　①4-00-002087-0

◇北方領土—軌跡と返還への助走　木村汎著　時事通信社　1989.9　274p　20cm　1600円　①4-7887-8926-4

◇北方領土の地政学—日本人の知らない"国境の論理"　恵谷治著　光文社　1989.6　239p　18cm　（カッパ・ビジネス）　750円　①4-334-01234-5

◇北方領土が返ってくる日—ゴルバチョフ対日政策の虚と実　松平護良著　アイペック　1989.5　64p　18cm　（News package chase　12）　250円　①4-87047-086-1

◇北方領土　北方領土復帰期成同盟編　札幌　北方領土復帰期成同盟　1989.3　138p　21cm　（北方領土シリーズ　no.29）

◇北方領土のあらまし　北海道総務部北方領土対策本部編　第13次改訂版　札幌　北海道　1989.3　196p　21cm

◇いま北方領土は　北海道新聞調査研究室編　札幌　北海道新聞社　1989.2　64p

21cm （道新ブックレット 18） 300円 ⓘ4-89363-228-0

◇北方領土・悲願のメモランダム 阿部奨著 阿部奨 1987.12 55p 25cm

◇北方領土解決の鍵—元北千島師団参謀の実証と提言 水津満著 謙光社 1987.2 372p 20cm 1800円 ⓘ4-905864-83-6

◇南樺太を忘れるな—民族本音の北方領土論 渡辺明著 国民新聞社 1986.5 246p 17cm 980円 ⓘ4-87554-003-5

◇北方領土—学校教育指導資料 北海道教育庁学校教育部小中学校課編 改訂版 〔札幌〕 北海道教育委員会 1985.10 139p 21cm

◇Hoppo ryodo 100Q&A Hoppo ryodo 100Q&A出版会編著 人間の科学社 1985.9 218p 19cm 〈監修：木村汎〉 980円

◇北方領土—その歴史と将来展望 酒井良一著 〔東村山〕 教育社 1985.6 178p 18cm （入門新書） 980円 ⓘ4-315-50149-2

◇北方領土問題虎の巻—ヤルタ・サンフランシスコ・霞が関 中尾久著 〔足寄町（北海道）〕〔中尾久〕 1984.8 100,32p 21cm

◇貫け北方領土 新井鐘次郎著 日本工業新聞社 1983.6 322p 20cm （Ohtemachi books） 1500円 ⓘ4-8191-0611-2

◇北方領土のはなし 日本青年団協議会編 日本青年団協議会 1983.5 20p 19cm

◇クレムリンへの使節—北方領土交渉1955-1983 久保田正明著 文芸春秋 1983.2 254p 20cm 1200円

◇なぜ「北方領土」か 山県泰三著 三省堂 1983.1 325p 19cm 1500円

◇「北方領土」とソ連外交 重光晶著 時事通信社 1983.1 204p 20cm 1200円

◇北方領土と日ソ打開 和田敏明著 叢文社 1982.11 198p 19cm 〔『北方領土の幻覚』（昭和56年刊）の改題増補版〕 1000円 ⓘ4-7947-0070-9

◇北方領土の諸問題 日本経済教育センター編 日本経済教育センター 1982.3 56p 21cm （経済教育参考資料 no.152）

◇北方領土を考える 木村汎編 札幌 北海道新聞社 1981.12 378p 22cm 1800円

◇北方領土は返ってくる—返還運動への新たなアプローチ 臼井賢志編 日本青年会議所 1981.12 364p 19cm 1200円

◇北方領土の返還請求に関する研究 続 寺沢弘平著 〔福島〕 〔寺沢弘平〕 1981.10 70p 19cm 〈続の副書名：還るか？北方領土〉

◇北方領土の幻覚 和田敏明著 叢文社 1981.6 193p 19cm 980円 ⓘ4-7947-0024-5

◇みんなで語ろう見よう北方領土 北方領土返還祈念シンボル像建設協会 1981.6 88p 19cm

◇北方領土問題と日本共産党—自民・共産両党の対決 《北方四島》か？それとも《全千島》か？ 清水威久著 国書刊行会 1981.3 444p 20cm 3600円

◇北方領土問題について 加藤天海著 鹿児島 薩洲維新連合会本部 1981.3 44p 21cm

◇ソ連研究五十年のあしあと—北方領土は還せ 平竹伝三著 紀伊國屋書店（発売） 1980.7 186p 22cm 1800円

◇『北方領土』はないという現実—ソ連からみた日ソ関係の歴史と展望 V.N.ベレジン著, 江川昌訳 世紀社 1979.10 237p 19cm 〈付（別冊 15p）：日ソ国交回復以後の日ソ関係主要事項年表〉 1800円

◇北方領土の返還請求に関する研究 寺沢弘平著 〔福島〕 〔寺沢弘平〕 1979.9 159p 19cm

外交

◇北方領土奪還への道　水津満著　日本工業新聞社　1979.8　290p　19cm　〈著者の肖像あり〉　1000円

◇怨念北方領土　村岡英一著　〔岡山〕〔村岡英一〕　1979.7　68p　19cm

◇われらの北方領土　外務省情報文化局　1978.10　57,12p　21cm

◇北方領土　上地龍典著　〔東村山〕　教育社　1978.6　158p　18cm　（入門新書）　400円

◇北方領土—日本の領土　根室市総務部総務課領土対策室主査編　第11版　根室　根室市　1978.4　232p　22cm　〈背の書名：Hoppô ryôdo〉

◇北方領土関係資料総覧　行政資料調査会北方領土返還促進部〔編〕　行政資料調査会北方領土返還促進部　1977.11　579p　図　31cm　30000円

◇北方領土問題解決の四方式—提案・評論・資料　清水威久著　霞ケ関出版　1977.7　506p　20cm　2300円

◇日本の北方領土　増補改訂版　北方領土問題対策協会　1977.4　91p　21cm

◇北方領土　札幌　北方領土復帰期成同盟　1977.3　80p　21cm　（北方領土シリーズ　no.17）

◇北辺国境交渉史　渡瀬修吉著　和歌山　回天発行所　1976　322p　22cm　3000円

◇なぜ還らぬ30年—私たちの北方領土白書　北方を語る会編　北方を語る会　1975　168p　19cm　500円

◇北方領土—学校教育指導資料　北海道教育委員会編　〔札幌〕　北海道教育庁指導部学校教育課　1975　99p　21cm

◇北方領土物語　戸部新十郎，渡辺清彦え　国土社　1975　205p　20cm　（国土社・ノンフィクション全集　9）

◇日本の北方領土　北方領土問題対策協会　1974　91p　図　21cm　〈付：資料〉

◇北方領土の歴史と将来　洞富雄著　新樹社　1973　261,35p　地図　22cm　3000円

◇日ソ国境交渉史　渡瀬修吉著　和歌山　回天発行所　1972　290p　18cm　〈限定版〉　800円

◇北方領土—終戦前後の記録　第2集　根室市総務部企画課編　根室　根室市　1971.12　1冊　21×30cm　〈電子複写〉

◇北方領土—その歴史的事実と政治的背景　落合忠士著　鷹書房　1971　237p　地図　19cm　（タカ双書　2）　500円

◇北方領土—終戦前後の記録　根室市総務部企画課編　根室　根室市　1970.3　1冊　21×30cm　〈電子複写〉

◇日本と北方領土　西鶴定嘉著　南樺太返還期成同盟　1970　293p　図　19cm　530円

◇故なく奪われた北方領土　高倉新一郎，能戸英三著　国民協会　1969　87p　17cm　（国民協会シリーズ　6）　60円

◇北方領土問題の真相—千島列島とヤルタ会談　遠藤晴之著　有信堂　1968　274p　22cm　1200円

◇北方領土問題の歴史的背景—樺太千島交換条約に関する一史稿　大熊良一著　南方同胞援護会　1964　349,22p　21cm

◇北方領土の地位—千島・樺太をめぐる諸問題　国際法学会編　南方同胞援護会　1962　603p　21cm

◇北方領土問題関連資料—主として『グロムイコ覚え書き』を中心として　南方同胞援護会　1960　151p　21cm

◇北方領土問題基礎資料集　南方同胞援護会　1959　143p　22cm

ライシャワー

1910（明治43）.10.15～1990（平成2）.9.1
Edwin Oldfather Reischauer　外交官・政治家。来日宣教師の二男として東京に生まれる。16歳で帰国。東洋史を学び、1939年『入唐求法巡礼行記』の研究で博士号を授与される。第二次大戦中は国務省に勤務し、日本の戦後処理の立案にも関わった。ハーバード大学教授を経

て、1961(昭和36)年駐日大使に着任、1966年まで務めた。アメリカにおける日本研究の第一人者でハーバード大学に日本研究所を設立した。妻は松方正義の孫のハル。

＊　　　＊　　　＊

◇ライシャワー大使日録　エドウィン・O.ライシャワー，ハル・ライシャワー著，入江昭監修　講談社　2003.9　324p　15cm　（講談社学術文庫）　1050円　①4-06-159612-8

◇ハル・ライシャワー　上坂冬子著　講談社　1999.2　338p　15cm　（講談社＋α文庫）　780円　①4-06-256321-5

◇ライシャワーの遺言―Bridge to the 21st century―Exploring Dr.Reischauer's thinking　納谷祐二，小林ひろみ著訳　講談社　1993.9　284p　20cm　2000円　①4-06-206608-4

◇十九歳・テロルの季節―ライシャワー米駐日大使刺傷事件　岡村青著　現代書館　1989.8　205p　20cm　1700円

◇真の国際化とは―ライシャワーから日本の次の世代へ　エドウィン・O.ライシャワー著，国弘正雄訳　チャールズ・イー・タトル出版　1988.10　85,81p　20cm　〈英語書名：The meaning of internationalization　英文併記　著者の肖像あり〉　1440円　①4-8053-0510-X

◇ライシャワー自伝　エドウィン・O.ライシャワー著，徳岡孝夫訳　文芸春秋　1987.10　530p　19cm　1800円　①4-16-341740-0

◇ライシャワー自伝　エドウィン・O.ライシャワー著，徳岡孝夫訳　文芸春秋　1987.10　530p　20cm　〈著者の肖像あり〉　1800円　①4-16-341740-0

◇ライシャワーの日本史　国弘正雄訳　文芸春秋　1986.10　383p　20cm　1800円　①4-16-340900-9

◇日本への自叙伝　エドウィン・O.ライシャワー著，NHK取材班構成，大谷堅志郎訳　日本放送出版協会　1982.6　482p　20cm　2000円　①4-14-008278-X

◇石に書く―ライシャワー事件の真相　大森実著　潮出版社　1971　361p　図　19cm　580円

◇ライシャワーの見た日本　E.O.ライシャワー著，林伸郎訳　徳間書店　1967　377p　図版　20cm　780円

◇私の歩んだ道　ハル・ライシャワー述　主婦の友社　1966　196p（図版共）　19cm　350円

◇日本近代の新しい見方　E.O.ライシャワー著　講談社　1965　219p　18cm　（講談社現代新書）

◇日本との対話―ライシャワー博士の考え方　E.O.ライシャワー著　時事通信社　1961　173p　18cm　（時事新書）　〈坂西志保解説〉

◇ライシャワー博士の考え方　ライシャワー著，外交知識普及会〔編〕　外交知識普及会　1961　174p　18cm　（普及会資料　第9号）

日韓基本条約

　日本と大韓民国との間の基本関係を定めた条約。朝鮮戦争中の1951(昭和26)年から予備交渉が始まり、14年間の交渉を経て1965(昭和40)年6月22日、東京で調印された。両国間の国交回復、日韓併合条約など旧条約の失効、韓国政府を朝鮮における唯一の合法政府であることの確認などが規定されている。南北朝鮮分断を固定するとして国会では野党が強く反対し、与党の強行採決の末に承認された。これにより日韓関係は正常化したが、領土問題や、北朝鮮の存在を認めない点が、今日の日韓・日朝関係まで影響を及ぼしている。

＊　　　＊　　　＊

◇日韓交渉―請求権問題の研究　太田修著　クレイン　2003.3　407,5p　22cm　〈〔東京〕平原社（発売）　文献あり〉　3500円　①4-906681-17-4

◇韓日条約締結秘話—ある二人の外交官の運命的出会い 李東元著，崔雲祥監訳 PHP研究所 1997.12 290p 20cm〈肖像あり〉 1800円 ①4-569-55222-6

◇検証日韓会談 高崎宗司著 岩波書店 1996.12 223p 18cm（岩波新書） 650円 ①4-00-430479-2

◇無答責と答責—戦後五〇年の日韓関係 寿岳章子，祖父江孝男編 御茶の水書房 1995.7 209p 21cm 2472円 ①4-275-01589-4

◇近現代史のなかの日本と朝鮮 山田昭次〔ほか〕著 東京書籍 1991.6 254p 22cm 2800円 ①4-487-75309-0

◇日韓条約の成立と植民地支配の責任—請求権の解釈と日本の植民地支配の認定をめぐる問題を中心に 山田昭次著 八王子「朝鮮問題」懇話会 1990.7 57p 21cm（「朝鮮問題」学習・研究シリーズ 第38号） 600円

◇海峡をへだてて—日韓条約20年を検証する 「海峡をへだてて」刊行委員会編 現代書館 1985.8 243p 20cm 1700円

◇日韓条約に関する国会議事録—資料 日本朝鮮研究所 1969 169p 25cm〈第50回国会（衆議院）日本国と大韓民国との間に関する特別委員会議事録（基本条約全文）を収録したもの〉 850円

◇日韓条約締結をめぐる内外の動向 内閣官房内閣調査室 1966 161,37p 26cm

◇日韓条約と日本共産党 日本共産党中央委員会出版部 1965 303p 19cm

◇日韓問題—日韓条約はだれに利益をもたらすか 青木書店 1965 132p(図版共) 21cm

◇日韓問題を考える 斉藤孝，藤島宇内編 太平出版社 1965 342p 18cm（シリーズ・日本と朝鮮 1）〈（太平選書）監修者：江口朴郎〉 580円

◇売国的「韓日条約」は無効である 小平朝鮮大学校朝鮮にかんする研究資料編集委員会 1965 157p 21cm（朝鮮にかんする研究資料 第13集）

外務省機密漏洩事件

昭和47年に発覚した、沖縄返還をめぐる機密漏洩事件。沖縄密約事件、西山事件ともいう。沖縄返還協定をめぐり、米軍用地返還にともなう復元費用を日本が肩代わりする密約があった、と3月27日の国会で秘密文書が示され、機密文書漏洩の疑いで外務省の女性事務官と毎日新聞の西山記者が逮捕された。裁判の過程で取材方法をめぐるスキャンダルに焦点が移り、密約の存在自体は政府は現在も認めていない。

* * *

◇密約—外務省機密漏洩事件 沢地久枝著 増補版 中央公論社 1978.8 268p 20cm 980円

沖縄返還

1972(昭和47)年5月15日に沖縄の施政権がアメリカから日本に返還されたこと。戦後、アメリカは沖縄の占領下におかれ、サンフランシスコ平和条約でもアメリカの施政下に置くとされた。本土の主権回復から切り離された沖縄では本土復帰運動が起こり、35(1960)年に沖縄県祖国復帰協議会（復帰協）が結成される。43(1968)年の初の琉球主席公選では「即時無条件全面返還」を唱える屋良朝苗が当選した。政府は池田内閣・佐藤内閣の2代にわたってアメリカと交渉を重ね、44(1969)年11月の佐藤首相とニクソン大統領の日米共同声明で「核抜き・本土並み・72年復帰」が決まる。46年に返還協定に調印、47年5月15日に発効し、返還が実現、沖縄県となった。しかし「本土並み」が謳われたに

> も関わらず、在日アメリカ軍の4分の3が沖縄に集中していること、経済的にも基地や公共事業への依存度が高く、県民所得は全国最下位であることなど、復帰から30年以上経った現在まで残された課題は多い。

◇未完の沖縄闘争—沖縄返還日米安保10年間の発言記録集　新崎盛暉著　凱風社　2005.1　540p　20cm　（沖縄同時代史別巻（1962-1972））　3800円　①4-7736-2902-9

◇沖縄返還とは何だったのか—日米戦後交渉史の中で　我部政明著　日本放送出版協会　2000.6　253p　19cm　（NHKブックス）　970円　①4-14-001889-5

◇ドキュメント・沖縄返還交渉　三木健著　日本経済評論社　2000.1　352p　20cm　2600円　①4-8188-1188-2

◇沖縄祖国復帰物語　桜井溥著　大蔵省印刷局　1999.10　314p　19cm　1600円　①4-17-148000-0

◇沖縄返還—1972年前後　写真集　池宮城晃, 池宮城拓写真　那覇　池宮商会　1998.2　207p　27cm　2286円　①4-87180-015-6

◇沖縄平和の礎　大田昌秀著　岩波書店　1996.12　230p　18cm　（岩波新書）　650円　①4-00-430477-6

◇沖縄報告　復帰前（1969年）　朝日新聞社編　朝日新聞社　1996.11　337p　15cm　（朝日文庫）　720円　①4-02-261169-3

◇沖縄報告　復帰後（1982〜1996年）　朝日新聞社編　朝日新聞社　1996.11　374p　15cm　（朝日文庫）　720円　①4-02-261170-7

◇戦後50年その時日本は　第4巻　沖縄返還・日米の密約,列島改造・田中角栄の挑戦と挫折　NHK取材班著　日本放送出版協会　1996.2　401p　20cm　（NHKスペシャル）　1900円　①4-14-080211-1

◇沖縄返還にみる戦後の国際関係の展開と日米関係—回顧と将来への展望　沖縄返還20周年記念セミナー　国際交流基金日米センター　1994.3　157p　26cm

◇復帰願望—昭和の中のオキナワ　森口豁ドキュメンタリー作品集　森口豁著　大阪　海風社　1992.7　467p　22cm　（南島叢書　62）　3000円　①4-87616-222-0

◇夢ごよみ—祖国復帰運動覚書　亀井フミ著　名瀬　夢ごよみ刊行会　1988.3　327p　22cm　（亀井フミ叢書　第2編）〈著者の肖像あり〉　3500円

◇悲運の島沖縄—復帰への渦を追って　大田政作著　日本工業新聞社　1987.7　237p　20cm　2000円　①4-8191-0557-4

◇世替わり裏面史—証言に見る沖縄復帰の記録　琉球新報社編　那覇　琉球新報社　1983.11　655p　22cm　〈発売：新報出版〉　4500円

◇沖縄返還協定の研究—幻想の「核ぬき・本土なみ」返還論　瑞慶山茂著　汐文社　1982.8　486p　20cm　〈主要な引用・参考文献：p486〉　2000円

◇沖縄県祖国復帰闘争史　沖縄県祖国復帰闘争史編纂委員会編　那覇　沖縄時事出版　1982.5　2冊　27cm　〈「資料編」「写真集」に分冊刊行　発売：沖縄学販〉　全15000円

◇小さな闘いの日々—沖縄復帰のうらばなし　吉田嗣延著　文教商事　1977.2　282p　19cm　1200円

◇沖縄5月の10日間—日本復帰を迎えた沖縄の人々68人の日記　柳田邦夫編　中央公論社　1972　254p　19cm　480円

◇沖縄復帰記念式典記録　内閣総理大臣官房沖縄復帰記念式典準備室〔編〕　内閣総理大臣官房　1972　239p　図18枚　27cm　非売

◇沖縄復帰の記録　南方同胞援護会編〔南方同胞援護会〕　1972　1438p　図　22cm　6500円

◇ドキュメント・72・5・15―沖縄が祖国へ帰るまで 復帰特集号 琉球新報社編 那覇 琉球新報社 1972 210p 図 26cm 500円

◇沖縄の復帰対策に関する参考資料 〔那覇〕 琉球政府立法院事務局 1971 184p 26cm

◇沖縄復帰の基本問題―昭和45年度沖縄調査報告 国立国会図書館調査及び立法考査局 1971 471p 22cm （調査資料 71-1）

◇君の沖縄―佐藤・ニクソン協定のねらい 労働者教育協会編 学習の友社 1971 150p 18cm 250円

◇拒絶する沖縄―日本復帰と沖縄の心 大田昌秀著 サイマル出版会 1971 250p 19cm

◇青年と沖縄問題―70年代をどう生きる 川端治編著 日本青年出版社 1971 234p 図 19cm 520円

◇私の沖縄戦後史―返還秘史 大浜信泉著 今週の日本 1971 305p 19cm 450円

◇沖縄問題を考える 中野好夫著 太平出版社 1970 334p 地図 20cm （太平選書）〈新装版〉 750円

◇資料沖縄問題 岡倉古志郎, 牧瀬恒二編 労働旬報社 1969 873p 22cm 3900円

◇復帰問題研究 3 那覇 復帰問題研究会 1969 450p 図 26cm

◇復帰問題研究 1 那覇 復帰問題研究会 1968 358p 図 26cm

◇復帰問題研究 2 那覇 復帰問題研究会 1968 262p 図 26cm

◇沖縄・その存在と発展―祖国復帰への現実的行動のために 崎間敏勝著 那覇 沖縄経営者協会 1967 144p 17cm

◇沖縄の世論―沖縄の政治と復帰について 第1回全琉世論調査 那覇 琉球新報社 1967 68,63p 図版 26cm

◇沖縄返還運動―その歴史と課題 牧瀬恒二著 労働旬報社 1967 270p 19cm 390円

◇沖縄県祖国復帰運動史―民族分断十八年にわたる悲劇の記録 沖縄県祖国復帰協議会, 原水爆禁止沖縄県協議会共編 那覇 沖縄時事出版社 1964 500p 図 22cm

金大中事件

1973(昭和48)年に起きた韓国の政治家・金大中の拉致事件。1971年の大統領選挙で善戦した金大中候補は、その後、日本とアメリカを中心に韓国の民主化運動を行っていたが、1973年8月8日、東京のホテル・グランドパレスから拉致され、5日後にソウル市内の自宅前で発見された。現場から韓国の大使館員の指紋が検出され、警察が出頭を要請したが外交特権を理由に拒否された。韓国中央情報部（KCIA）の犯行であることが確実といわれ、日本の主権が侵されたことに非難が集まった。1973(昭和48)年の田中角栄首相と金鍾泌首相との間で政治決着が図られた。2006年韓国で初めて中央情報部の犯行であることが認定された。

*　　　*　　　*

◇金大中拉致事件の真相 金大中先生拉致事件の真相糾明を求める市民の会（韓国）編著, 大畑正姫訳 三一書房 1999.7 397p 図版14p 20cm 1900円 ①4-380-99213-6

◇全報告金大中事件 金大中氏拉致事件真相調査委員会編 ほるぷ出版 1987.3 510p 19cm （ほるぷ現代ブックス 12）〈金大中の肖像あり〉 2200円 ①4-593-53412-7

◇金大中獄中書簡 和田春樹〔ほか〕訳 岩波書店 1983.12 297p 20cm 1700円

◇金大中氏事件の真実 「世界」編集部〔編〕 岩波書店 1983.2 63p 21cm （岩波ブックレット no.15）〈金大中の肖像あり〉 200円

◇韓国現代史メモ―1973-76 わたしの内なる金大中事件 古野喜政著 大阪 幻想

◇金大中事件全貌　毎日新聞社編　毎日新聞社　1978.12　254p　19cm　920円
◇金大中事件の構図　釜元京平著　亜紀書房　1978.7　221p　19cm　950円
◇シリーズ日韓問題　5　謀略の断面—金大中事件　朝鮮統一問題研究会編　晩声社　1978.7　282p　20cm　2000円
◇告発—金大中事件　国民法廷の記録　藤島宇内編　晩声社　1977.12　238p　20cm　1300円
◇金大中事件と日本　中川信夫著　田畑書店　1974　242p　20cm　1300円

日中国交回復

1972（昭和47）年、日本と中華人民共和国との間で国交が樹立されたこと。9月29日、田中角栄首相と周恩来首相が北京で日中共同声明に調印、これにより両国間の戦争状態はようやく終了、国交が回復した。日本は戦後、台湾に逃れた国民党政府（中華民国）を中国全土を代表する国家として1952（昭和27）年に日華平和条約を結んだ。これが障害となり、中国大陸に成立した中華人民共和国との関係改善は遅れていた。1972（昭和47）年2月のニクソン米国大統領訪中・米中共同声明を受け、同年発足した田中内閣は日中国交回復を重要課題に掲げ、内閣発足2カ月で国交回復を実現した。共同声明では、戦争状態の終結、過去の戦争に対して日本側が責任を痛感し深く反省すること、中華人民共和国を中国の唯一の合法政府として承認すること、台湾が中国の不可分の領土である（一つの中国）と日本が理解・尊重することなどが規定された。これにともない、大平外相が日華平和条約の失効を表明、台湾は日本との断交を通告した。

◇日中国交正常化・日中平和友好条約締結交渉—記録と考証　石井明〔ほか〕編　岩波書店　2003.8　434p　20cm　3600円　Ⓘ4-00-024221-0
◇日中国交回復30周年—日中の過去・現在・未来　立命館大学人文科学研究所編　京都　立命館大学人文科学研究所　2002.12　125p　21cm　（立命館土曜講座シリーズ　14）　500円　Ⓘ4-947720-13-1
◇田中角栄と毛沢東—日中外交暗闘の30年　青木直人著　講談社　2002.11　235p　19cm　〈文献あり〉　1500円　Ⓘ4-06-211371-6
◇中国の1万2967人に聞きました。—「日中国交正常化30周年記念」アンケート調査（2001年10月～2002年1月31日）　国際交流研究所編著　川口　日本僑報　2002.7　524p　26cm　5600円　Ⓘ4-931490-38-7
◇日中国交回復と吉田書簡　廉徳瑰著, 富士ゼロックス小林節太郎記念基金編　富士ゼロックス小林節太郎記念基金　2001.10　23p　30cm　〈富士ゼロックス小林節太郎記念基金2000年度研究助成論文〉　非売品
◇日華断交と日中国交正常化　田村重信, 豊島典雄, 小枝義人著　南窓社　2000.10　278p　20cm　2600円　Ⓘ4-8165-0272-6
◇中国と日本に橋を架けた男—私の履歴書　孫平化著　日本経済新聞社　1998.8　222p　20cm　1600円　Ⓘ4-532-16272-6
◇侮らず、干渉せず、平伏さず—石橋湛山の対中国外交論　増田弘著　草思社　1993.6　246p　20cm　2200円　Ⓘ4-7942-0510-4

◇周恩来の決断―日中国交正常化はこうして実現した　NHK取材班著　日本放送出版協会　1993.3　213p　20cm　1300円　①4-14-080088-7

◇入門・現代日本外交―日中国交正常化以後　友田錫著　中央公論社　1988.8　216p　18cm　（中公新書）　560円　①4-12-100890-1

◇終りなき日中の旅　岡崎嘉平太著　原書房　1984.11　286p　20cm　（財界人の昭和史　2）〈著者の肖像あり〉　1800円　①4-562-01529-2

◇中華人民共和国政府承認及び外交関係―資料集　沢田治夫編〔沢田治夫〕　1976　269p　25cm

◇「日中共同声明」問題理解のために―資料と解説　社会主義協会　1975　64p　21cm　200円

◇田中総理初の訪中記録　日本新聞図書出版社　1973　図54枚　解説65p　31×37cm　〈解説：島田好衛　帙入　限定版　和装〉　20000円

◇日中交渉秘録―田川日記―14年の証言　田川誠一著　毎日新聞社　1973　390p　20cm　1000円

◇日中国交回復を求めて―民社党訪中使節団報告　小平忠著　日本民主政治協会　1972.5　95p　18cm

◇中日関係史の新たな一章　北京　外文出版社　1972　31p　図・肖像　19cm　50円

◇日中国交回復―関係資料集　日中国交回復促進議員連盟編　日中国交資料委員会　1972　643p　図20枚　27cm　9000円

◇日中復交―ドキュメント　時事通信社政治部編　時事通信社　1972　316p　図　19cm　750円

◇日中復交後の世界―激動のドラマ1年から　川崎秀二著　ニュー・サイエンス社　1972　258p　図12枚　19cm　650円

◇資料戦後の日中関係　現代情報科学研究所編　創紀房事業出版部　1971　632p　31cm　〈朝日新聞・日本経済新聞＝中国関係全記事集録　昭和四十五年一月一日～昭和四十六年五月三十一日〉　12000円

◇日中関係資料集―1945-1971年　増補改定　日中国交回復促進議員連盟　1971　670p　26cm

◇8億の友人たち―日中国交回復への道　鮫島敬治著　日本経済新聞社　1971　238p　20cm　500円

◇海の男の日中友好　須藤浩著　青年出版社　1969　61p　19cm　（日中友好シリーズ　2）　150円

◇日中両国をつなぐ　古井喜実著　古井喜実　1968序　156p　図版　19cm

◇日中関係資料集　1945-66年　日中貿易促進議員連盟　1967　536p　25cm

◇日中友好運動の歴史―日本中国友好協会16年の歩み　日本中国友好協会　1966　157p　18cm　150円

◇日中交流史　第1・2　土井章著　〔出版地不明〕　民主主義研究会　1962　2冊　25cm

◇訪中所見　古井喜実，井出一太郎，田林政吉著　古井喜実　1959　104p　26cm

◇日本中共交流年誌　1949,1957-1963,1966-1968年　民主主義研究会　〔1958-1969〕　10冊　26cm

日中平和友好条約

　1978（昭和53）年に締結された日本と中国との間の平和条約。8月12日北京で調印された。1972（昭和47）年の日中国交回復では、反覇権条項の扱いや自民党内の反対派への配慮から共同宣言の調印にとどまった。1978（昭和53）年に福田赳夫首相が平和条約締結の方針を表明し、覇権問題については園田外相が訪中して日本の立場を表明、平和友好条約が調印・締結された。これにより戦後33年を経て日中間の完全正常化が実現した。

　　　　＊　　　　＊　　　　＊

外交

◇「日中平和友好条約」交渉の政治過程　李恩民著　御茶の水書房　2005.2　250,4p　22cm　〈文献あり〉　4300円　④4-275-00361-6

◇木村一三随想録　木村一三著　大阪　日中経済貿易センター　2003.11　211p　図版22p　26cm　〈日中国交正常化30周年・日中平和友好条約締結25周年記念〉

◇日中国交正常化・日中平和友好条約締結交渉―記録と考証　石井明〔ほか〕編　岩波書店　2003.8　434p　20cm　3600円　④4-00-024221-0

◇反骨の政治家浜野清吾　安孫子清水著　北区新聞　1990.8　359p　20cm　〈浜野清吾の肖像あり〉

◇日中平和友好条約―昭和秘史　古沢健一著　講談社　1988.7　253p　20cm　1200円　④4-06-204017-4

◇日中関係―平和条約と国際環境　グループ21著　〔東村山〕　教育社　1978.10　144p　18cm　〈入門新書〉　400円

◇日中条約と日本外交―その締結交渉をふり返って　中江要介著　民主外交協会　1978.10　37p　21cm　(Civil diplomacy no.9)

◇日中平和友好条約調印についての海外論調　内閣官房内閣調査室　1978.9　117p　25cm　〈付：条約全文（日本語、中国語、英語）両国総理の祝電,園田外相談話,日本国内紙主要社説〉

◇日中友好のかけ橋―日中平和友好条約締結の背景とこれからの日本外交　井上一成著　摂津　井上一成事務所　1978.9　54p　19cm

サミット

西側先進国の首脳が年に一回集まり、国際的な経済問題・政治問題を討議する会議の通称。一般には先進国首脳会議と呼ばれる。1975(昭和50)年、第一次石油ショックへの対応を検討するため、フランスのジスカールデスタン大統領が首脳会議を提案、ランブイエで第1回サミットが開催された。参加国はアメリカ、イギリス、フランス、西ドイツ、イタリア、日本の6カ国で、日本は三木武夫首相が参加。翌1976年からカナダが加わり7カ国、1977年からはオブザーバーとしてEC委員会代表が参加し、1990年までこの体制が続いた。発足当初は経済問題での協調が目的であったが、のちに政治問題も多く討議された。現在はロシア(ソ連)を加えた8カ国で開催されている。

＊　　　＊　　　＊

◇サミット再考　菊池哲郎著　経済広報センター　2004.7　25p　19cm　〈経済広報センターポケット・エディション・シリーズ　no.48〉

◇サミット―主要国首脳会議　高瀬淳一著　芦書房　2000.6　203p　20cm　1900円　④4-7556-1152-0

◇2000年九州・沖縄サミットガイド―ミレニアム開催記念完全版　産経新聞メディックス　2000.5　206p　30cm　〈他言語標題：Kyusyu Okinawa summit guide 2000　英文併記〉　1500円　④4-87909-672-5

◇サミット関連資料集　平成10年　外務省経済局編　インターグループ　1999.3　300p　30cm　〈他言語標題：Summit documents　英文併記〉　2381円

◇1995年世界社会開発サミット　国際連合広報センター　1994.12　77p　26cm

◇サミットクラシー　船橋洋一著　朝日新聞社　1991.5　433p　15cm　〈朝日文庫〉　700円　④4-02-260642-8

◇日本工業倶楽部木曜講演会講演要旨　第755回　ベルサイユ・サミット後の世界の政治、経済情勢　田尻嗣夫〔述〕　〔日本工業倶楽部〕　〔1982〕　33p　19cm

◇サミットの成果と今後の外交課題　菊地清明著　日本外交協会　1980.8　24p　21cm

◇サミットの思想　船橋洋一著　朝日新聞社　1980.6　281,36p　19cm　1200円

外交

◇主要国首脳会議　第5回　外務省情報文化局　1979.7　36p　26cm
◇東京主要国首脳会議と日本　外務省情報文化局〔編〕　国内広報課　1979.5　49p　26cm
◇要人の警護—東京サミットの開催を間近にして　警察庁　1979　12p　26cm（焦点　第192号）

ジャパン・バッシング

　1980年代にアメリカを中心に起こった反日運動。日本叩きともいわれる。1960年代の繊維品をめぐる貿易摩擦、1980年代の日本車、農産物（アメリカ産牛肉・オレンジ等）、半導体での貿易不均衡を背景に対日感情が悪化。日米経済摩擦として政治問題化した。日本の商業捕鯨に反対する自然保護運動も加わり、日章旗を燃やす、日本車をハンマーで叩き壊すなどの派手な反日キャンペーンが繰り広げられた。

＊　　＊　　＊

◇相互誤解！—ジャパン・バッシングの起源と深層　長山靖生著　JICC出版局　1992.11　308p　20cm　1800円　①4-7966-0483-9
◇黄金の国黄金の憲法—もうジャパンバッシングはさせない　乙羽林之助著　現代書林　1992.2　204p　18cm　850円　①4-87620-549-3
◇アメリカ発「ドキュメント・日本叩き」　アイペックプレス　1991.5　62p　17cm　(News package chase　57)　250円　①4-87047-160-4
◇「袋叩き」日本史—白村江の戦から日米貿易摩擦まで　ジャパン・バッシングはなぜ起こるか!?　佐治芳彦著　日本文芸社　1988.5　230p　18cm　（Darin books）　730円　①4-537-02106-3

211

戦争と平和

> **靖国神社**
> 　明治維新以後の戦役での殉難者を祭る神社。東京・九段坂上に鎮座する。近代日本が関わった戦争での日本政府側の戦没者など殉難者247万柱が英霊として祀られている。明治2(1869)年明治天皇の発議により、戊辰戦争での官軍の戦死者を慰霊するため、東京招魂社として創建された。12年に靖国神社と改称し、別格官幣社となるが、神社を所管した内務省ではなく、陸軍・海軍の管理の下にあり、国家神道の象徴となる特別な神社とされた。戦後は政教分離実施のため国家の管理を離れ単立宗教法人となる。昭和50年、三木武夫首相が戦後の首相として初めて終戦記念日に参拝し、このとき私人としての参拝を強調した。53年、東京裁判で処刑または裁判中に死去したA級戦犯が祭神として合祀され、翌54年に報道で明らかになった。この頃から政府要人の靖国神社への参拝が政治問題化した。60年、中曽根康弘首相が参拝し「公式参拝」を言明したが、中国や韓国から強い反発を受け、公式参拝は1回限りに終わった。

◇首相の靖国神社参拝は当然です！―そこが知りたい19のポイント　日本会議編　明成社　2005.10　41p　21cm　〈文・構成：葦谷寅由〉　286円　①4-944219-38-5

◇ニッポン人なら読んでおきたい靖国神社の本　別冊宝島編集部編　宝島社　2005.9　117p　21cm　（別冊宝島）〈年表あり〉　857円　①4-7966-4813-5

◇靖国問題の精神分析　岸田秀, 三浦雅士著　新書館　2005.9　285p　20cm　1500円　①4-403-23103-9

◇国家戦略からみた靖国問題―日本外交の正念場　岡崎久彦著　PHP研究所　2005.8　238p　18cm　（PHP新書）　720円　①4-569-64451-1

◇首相が靖国参拝してどこが悪い!!　新田均著　PHP研究所　2005.8　245p　19cm　1300円　①4-569-64365-5

◇靖国―この国を愛するために　宮本辰彦著　国書刊行会　2005.8　149p　19cm　1600円　①4-336-04721-9

◇靖国神社―正しく理解するために　三浦朱門監修　海竜社　2005.8　135p　21cm　〈年表あり〉　900円　①4-7593-0896-2

◇靖国問題の原点　三土修平著　日本評論社　2005.8　284p　19cm　〈文献あり　年表あり〉　1500円　①4-535-58453-2

◇靖国神社―せめぎあう〈戦没者追悼〉のゆくえ　赤沢史朗著　岩波書店　2005.7　269p　19cm　1800円　①4-00-002322-5

◇靖国神社考―このままでは日本は滅びる　西川好雄著　上田　西川好雄　2005.5　92p　21cm

◇靖国問題　高橋哲哉著　筑摩書房　2005.4　238p　18cm　（ちくま新書）　720円　①4-480-06232-7

◇「靖国」という檻からの解放　菅原竜憲著　京都　永田文昌堂　2005.1　107p　19cm　1143円　①4-8162-6195-8

◇参拝したら違憲—首相靖国参拝と闘った211人　小泉首相靖国神社参拝違憲九州・山口訴訟団編　明石書店　2004.9　260p　19cm　2200円　①4-7503-1973-2

◇日本人の死のかたち—伝統儀礼から靖国まで　波平恵美子著　朝日新聞社　2004.7　218p　19cm　（朝日選書　755）〈文献あり〉　1200円　①4-02-259855-7

◇靖国論集—日本の鎮魂の伝統のために　江藤淳, 小堀桂一郎編　新版　近代出版社　2004.7　269p　19cm　〈初版：日本教文社昭和61年刊〉　1600円　①4-907816-14-6

◇靖国と憲法　百地章著　成文堂　2003.11　263p　20cm　（成文堂選書　42）〈年表あり〉　2500円　①4-7923-0366-4

◇侵略神社—靖国思想を考えるために　辻子実著　新幹社　2003.9　302p　21cm　〈文献あり〉　3000円　①4-88400-026-9

◇すっきりわかる「靖国神社」問題　山中恒著　小学館　2003.8　286p　20cm　〈文献あり〉　1400円　①4-09-387456-5

◇日本はそんなに悪い国なのか　上坂冬子著　PHP研究所　2003.8　221p　20cm　1300円　①4-569-63034-0

◇「靖国神社への呪縛」を解く　大原康男編著　小学館　2003.8　217p　15cm　（小学館文庫）〈年表あり〉　476円　①4-09-405731-5

◇「新遊就館」ものがたり　西川重則著　いのちのことば社　2003.7　123p　21cm　（21世紀ブックレット　22）〈年表あり〉　1000円　①4-264-02130-8

◇戦争と追悼—靖国問題への提言　菅原伸郎編著　八朔社　2003.7　212p　20cm　〈執筆：広橋隆ほか　年表あり〉　2100円　①4-86014-016-8

◇日本人と靖国神社　新野哲也著　光人社　2003.7　221p　20cm　1900円　①4-7698-1096-2

◇日本の皆様、靖国神社を守って下さい—ブラジルの中高生からの手紙　真倫子川村編　明成社　2003.7　125p　18cm　1000円　①4-944219-24-5

◇靖国神社遊就館の世界—近代日本の歴史探訪ガイド　大原康男監修　産経新聞ニュースサービス　2003.7　127p　21cm　〈東京　扶桑社（発売）　年表あり〉　1429円　①4-594-04136-1

◇昭和の戦争と靖国神社の問題—蒋介石秘録による　仲田民男編著　創栄出版　2003.5　330p　21cm　〈東京　星雲社（発売）〉　2000円　①4-434-03153-8

◇靖国神社一問一答　石原藤夫著　展転社　2002.12　158p　19cm　〈文献あり〉　1000円　①4-88656-226-4

◇靖国神社誌　靖国神社〔編〕　神社本庁教学研究所　2002.8　222丁　23cm　（近代神社行政史研究叢書　4）〈靖国神社明治45年刊の複製〉

◇靖国神社成立に関する資料集—取り戻せ国家の誇りと日本のくらし　京都　維新政党・新風本部　2002.8　18p　26cm　（新風・史料ガイド　no.3）　500円

◇検証・靖国問題とは何か　PHP研究所編　PHP研究所　2002.7　318p　19cm　1600円　①4-569-62266-6

◇さまよえる英霊たち—国のみたま、家のほとけ　田中丸勝彦著, 重信幸彦, 福間裕爾編　柏書房　2002.7　301p　20cm　2200円　①4-7601-2261-3

◇靖国神社—そこに祀られている人びと　板倉聖宣, 重弘忠晴著　仮説社　2002.7　60p　15cm　（ミニ授業書）　500円　①4-7735-0164-2

◇靖国の戦後史　田中伸尚著　岩波書店　2002.6　253,3p　18cm　（岩波新書）　780円　①4-00-430788-0

◇Q&Aもっと知りたい靖国神社　歴史教育者協議会編　大月書店　2002.6　118p　21cm　1100円　①4-272-52070-9

戦争と平和

◇靖国問題の周辺　臼井貞光著　名古屋　愛知県護国神社社務所　2002.5　44p　19cm　〈愛知県護国神社旌忠叢書　8〉

◇自由と忠誠—「靖国」「日の丸・君が代」そして「星条旗」　土屋英雄著　尚学社　2002.4　207p　21cm　3400円　ⓘ4-86031-001-2

◇靖国の日　村上令一著　朱鳥社　2001.12　1冊（ページ付なし）　23cm　〈他言語標題：The days of Yasukuni　東京　星雲社（発売）　おもに図　1000円　ⓘ4-434-01674-1

◇あなたが決める！靖国神社公式参拝　宮地光著　チクマ秀版社　2001.8　110p　20cm　1000円　ⓘ4-8050-0387-1

◇いま「靖国」を問う　平和を願い戦争に反対する戦没者遺族の会編　京都　かもがわ出版　2001.8　63p　21cm　（かもがわブックレット　137）　571円　ⓘ4-87699-619-9

◇靖国　坪内祐三著　新潮社　2001.8　349p　16cm　〈新潮文庫〉　590円　ⓘ4-10-122631-8

◇靖国神社をどう考えるか？—公式参拝の是非をめぐって　加地伸行〔ほか〕著　小学館　2001.8　220p　15cm　〈小学館文庫〉　476円　ⓘ4-09-404622-4

◇靖国公式参拝の総括　板垣正著　展転社　2000.6　367p　20cm　2000円　ⓘ4-88656-181-0

◇ようこそ靖国神社へ—オフィシャルガイドブック　靖国神社監修，所功編　近代出版社　2000.4　127p　21cm　〈他言語標題：Welcome to Yasukuni Jinja　文献あり〉　1500円　ⓘ4-907816-01-4

◇教科書に書かれなかった戦争　pt.5　天皇の神社「靖国」—有事法制下の靖国神社問題　西川重則著　増補版　梨の木舎　2000.2　199p　21cm　〈文献あり〉　2000円　ⓘ4-8166-0001-9

◇やすくにの祈り—目で見る明治・大正・昭和・平成　靖国神社，やすくにの祈り編集委員会編　産経新聞ニュースサービス　1999.7　270p　30cm　〈御創立130年記念　東京　日本工業新聞社（発売）〉　4571円　ⓘ4-8191-0911-1

◇靖国　坪内祐三著　新潮社　1999.1　294p　20cm　〈他言語標題：Yasukuni〉　1700円　ⓘ4-10-428101-8

◇教育の「靖国」—教育史の空白・教育塔　教育塔を考える会編　樹花舎　1998.12　333p　18cm　〈東京　星雲社（発売）〉　1800円　ⓘ4-7952-5042-1

◇靖国神社と日本人　小堀桂一郎著　PHP研究所　1998.8　276p　18cm　〈PHP新書〉　657円　ⓘ4-569-60150-2

◇靖国問題と最高裁判決と　加地伸行著　大阪　国民会館　1997.11　53p　21cm　（国民会館叢書　20）　400円

◇侍従長の遺言—昭和天皇との50年　徳川義寛著, 岩井克己聞き書き・解説　朝日新聞社　1997.2　222p　19cm　1854円　ⓘ4-02-257057-1

◇靖国—慰霊と鎮魂　政治経済研究会　1996.9　407p　31cm　〈年表,文献あり〉　36000円

◇孫たちとの会話—終戦五十年日本と靖国神社の行く末を考える　桑木崇秀著　4版　全国戦友会連合会　1996.5　49p　21cm　100円

◇英霊の言の葉　2　靖国神社社務所編　靖国神社　1996.1　120p　21cm　（社頭掲示集　第2輯（昭和43年1月～昭和47年12月））　500円

◇愛別離苦—靖国の妻の歩み　小栗竹子著　径書房　1995.8　347p　20cm　2678円　ⓘ4-7705-0143-9

◇慰霊と招魂—靖国の思想　村上重良著　岩波書店　1995.7　222p　18cm　〈岩波新書〉　620円　ⓘ4-00-412156-6

◇靖国神社をめぐる諸問題　岩田重延著　創栄出版（製作）　1995.2　94p　19cm　ⓘ4-88250-493-6

◇英霊の言の葉　1　靖国神社社務所編　靖国神社社務所　1995.1　130p　21cm

◇(社頭掲示集　第1輯(昭和35年8月〜昭和42年12月))　500円

◇遺族の声とどく—京都・大阪靖国訴訟証言集　中曽根首相の靖国神社公式参拝に抗議する会編　京都　行路社　1994.12　467p　22cm　6000円

◇わかれ道に立って、よく見—ヤスクニ・天皇制問題宣教集　日本バプテスト連盟靖国神社問題特別委員会編　ヨルダン社　1994.10　365p　19cm　2200円　①4-8428-0177-8

◇岩手靖国違憲訴訟　沢藤統一郎著　新日本出版社　1992.3　198p　18cm　(新日本新書)　680円　①4-406-02063-2

◇岩手靖国違憲訴訟戦いの記録—石割桜のごとく　岩手靖国違憲訴訟を支援する会編　新教出版社　1992.3　384p　22cm　(新教コイノーニア　10)　2500円　①4-400-40709-8

◇靖国違憲訴訟　大江志乃夫著　岩波書店　1991.8　62p　21cm　(岩波ブックレット　no.211)　350円　①4-00-003151-1

◇靖国問題への試論　花本淳著　〔尾道〕花本淳　〔1991〕　57p　21cm

◇「靖国」問題関連年表　高石史人編　京都　永田文昌堂　1990.11　362p　21cm　4800円

◇反靖国への連帯—朝枝実彬先生追悼論集　真宗本願寺派反靖国連帯会議編　京都　永田文昌堂　1989.4　3,3,481p　22cm　〈監修：二葉憲香　朝枝実彬の肖像あり〉　6180円

◇自衛隊よ、夫を返せ！—合祀拒否訴訟　田中伸尚著　社会思想社　1988.10　287p　15cm　(現代教養文庫　1272)　560円　①4-390-11272-4

◇自衛官合祀拒否訴訟最高裁判決批判　日本キリスト教団靖国神社問題特別委員会編　〔日本キリスト教団靖国神社問題特別委員会〕　1988.8　55p　26cm　(討議資料　13)　500円

◇神話と祭儀—靖国から大嘗祭へ　戸村政博編著　日本基督教団出版局　1988.8　330p　22cm　3900円

◇反靖国論集　靖国問題研究会編　新地平社　1987.8　88p　21cm　(働くなかまのブックレット　7)　500円

◇靖国神社百年史　事歴年表　靖国神社　1987.6　760p　22cm　〈折り込図1枚〉

◇靖国論集—日本の鎮魂の伝統のために　江藤淳，小堀桂一郎編　日本教文社　1986.12　311p　20cm　(教文選書)　〈執筆：江藤淳ほか〉　1600円　①4-531-01505-3

◇靖国公式参拝を批判する—「靖国懇」報告書の問題点　新教出版社　1985.10　85p　21cm　(新教コイノーニア　2)　600円

◇靖国神社国家神道は甦るか！　土方美雄著　社会評論社　1985.5　205p　20cm　(天皇制論叢　1)　1800円

◇靖国神社百年史　資料篇　下　靖国神社　1984.5　612p　22cm　〈折り込図1枚〉

◇靖国神社　大江志乃夫著　岩波書店　1984.3　202p　18cm　(岩波新書)　430円

◇靖国神社百年史　資料篇　中　靖国神社　1983.11　514p　22cm　〈折り込図1枚〉

◇靖国神社百年史　資料篇　上　靖国神社　1983.6　684p　22cm　〈折り込図2枚〉

◇今日の靖国問題　靖国問題キリスト者の会編　東村山　キリスト教図書出版社　1980.1　260p　19cm　1500円

◇国家と宗教—「靖国」から「津」、そして大嘗祭へ　靖国神社問題特別委員会編　日本基督教団出版局　1978.5　266p　21cm　2300円

◇天皇制と靖国を問う　反靖国・反天皇制連続講座実行委員会編　勁草書房　1978.4　254p　19cm　〈著者：松浦玲ほか〉　1300円

◇政治と宗教　真下信一，高橋磌一編　時事通信社　1974　290p　19cm　(市民の学術双書)　950円

◇キリスト者と靖国神社問題—靖国神社法案の問題点とその背景　JPC研究調査専

門委員会編　日本プロテスタント聖書信仰同盟　1970.4　56p　18cm　〈発売：いのちのことば社〉
◇靖国　靖国顕彰会　1965.1　248,5p　31cm

大本営

戦争遂行のために設置された大日本帝国の最高統帥機関。明治期の日清戦争・日露戦争中に設置された後、昭和12年11月18日に日中戦争遂行のため設置され、太平洋戦争後の9月13日に廃止されるまで続いた。大本営は陸軍参謀本部・海軍軍令部の統帥部が主体のため、総理大臣などの文官は参加せず、大本営政府連絡会議が別に開かれた。戦況の発表は大本営陸海軍部が行ったが、戦況が悪化すると損害を過小に発表することが常態化した。

　　　＊　　　＊　　　＊

◇現代史資料　37　大本営　稲葉正夫編　みすず書房　2004.10　76,571p　22cm　〈1996年刊（第6刷）を原本としたオンデマンド版　折り込2枚〉　12000円　①4-622-06137-6
◇大本営発表は生きている　保阪正康著　光文社　2004.4　225p　18cm　（光文社新書）　700円　①4-334-03242-7
◇大本営が震えた日　吉村昭著　改版　新潮社　2003.7　407p　15cm　（新潮文庫）　590円　①4-10-111711-X
◇幻の大戦果・大本営発表の真相　辻泰明,NHK取材班著　日本放送出版協会　2002.11　230p　20cm　（NHKスペシャルセレクション）　1600円　①4-14-080729-6
◇参謀本部作戦課の大東亜戦争　高山信武著　芙蓉書房出版　2001.6　345p　20cm　（芙蓉軍事記録リバイバル）　〈肖像あり　折り込1枚〉　2800円　①4-8295-0283-5
◇松代大本営—歴史の証言　青木孝寿著　改訂版　新日本出版社　1997.7　270p　20cm　2300円　①4-406-02522-7

◇キムの十字架—松代大本営地下壕のかげに　和田登著　明石書店　1996.8　163p　18cm　1500円　①4-7503-0840-4
◇大本営参謀の情報戦記—情報なき国家の悲劇　堀栄三著　文芸春秋　1996.5　348p　16cm　（文春文庫）　460円　①4-16-727402-7
◇大本営作戦指導の概説　中山益男著　武蔵村山　戦誌刊行会　1996.4　399p　19cm　〈発売：星雲社（東京）付（図2枚）〉　1800円　①4-7952-4634-3
◇松代大本営—ガイドブック　松代大本営の保存をすすめる会編　新日本出版社　1995.6　95p　19cm　1200円　①4-406-02360-7
◇「松代大本営」の真実—隠された巨大地下壕　日垣隆著　講談社　1994.7　285p　18cm　（講談社現代新書）　650円　①4-06-149209-8
◇瀬島龍三—参謀の昭和史　保阪正康著　文芸春秋　1991.2　302p　15cm　（文春文庫）　420円　①4-16-749403-5
◇大本営機密日誌　種村佐孝著　新版　芙蓉書房　1985.9　335p　20cm　1500円
◇大本営報道部　平櫛孝著　図書出版社　1980.10　254p　20cm　1200円
◇大本営　森松俊夫著　〔東村山〕　教育社　1980.3　262p　18cm　（教育社歴史新書）　600円
◇大本営海軍部大東亜戦争開戦経緯　2　防衛庁防衛研修所戦史部著　朝雲新聞社　1979.9　582p　22cm　（戦史叢書）　5300円
◇大本営海軍部大東亜戦争開戦経緯　1　防衛庁防衛研修所戦史部著　朝雲新聞社　1979.8　410p　22cm　（戦史叢書）　5300円
◇大本営海軍部・聯合艦隊　7　戦争最終期　防衛庁防衛研修所戦史室編　朝雲新聞社　1976　487p　図　地図〔等〕3枚（袋入）　22cm　（戦史叢書）　4200円

◇大本営陸軍部　9　昭和20年1月まで　防衛庁防衛研修所戦史室著　朝雲新聞社　1975.2　579p　22cm（戦史叢書）〈付（地図5枚）〉

◇大本営海軍部・聯合艦隊　1　開戦まで　防衛庁防衛研修所戦史室編　朝雲新聞社　1975　571p　図 表2枚（袋入）　22cm（戦史叢書）　4200円

◇大本営海軍部・聯合艦隊　2　防衛庁防衛研修所戦史室編　朝雲新聞社　1975　499p　図 肖像 地図・表4枚（袋入）　22cm（戦史叢書）　4200円

◇大本営陸軍部　10　昭和20年8月まで　防衛庁防衛研修所戦史室著　朝雲新聞社　1975　537p　図 地図2枚（袋入）　22cm（戦史叢書）　4200円

◇大本営海軍部・聯合艦隊　3　昭和十八年二月まで　防衛庁防衛研修所戦史室編　朝雲新聞社　1974　538p　図・地図（袋入）　22cm（戦史叢書）　4200円

◇大本営海軍部・聯合艦隊　5　第三段作戦中期　防衛庁防衛研修所戦史室編　朝雲新聞社　1974　594p　図 表・地図（袋入）　22cm（戦史叢書）　3200円

◇大本営陸軍部　8　昭和19年7月まで　防衛庁防衛研修所戦史室編　朝雲新聞社　1974　552p　図 図 地図7枚（袋入）　22cm（戦史叢書）　4200円

◇大本営陸軍部　5　昭和17年12月まで　防衛庁防衛研修所戦史室編　朝雲新聞社　1973　608p　図・地図9枚（袋入）　22cm（戦史叢書）　3200円

◇大本営陸軍部　6　昭和18年6月まで　防衛庁防衛研修所戦史室編　朝雲新聞社　1973　664p　図・地図14枚（袋入）　22cm（戦史叢書）　3200円

◇大本営陸軍部　7　昭和18年12月まで　防衛庁防衛研修所戦史室編　朝雲新聞社　1973　615p　図 肖像 図・地図7枚（袋入）　22cm（戦史叢書）　3200円

◇大本営陸軍部　4　昭和17年8月まで　防衛庁防衛研修所戦史室編　朝雲新聞社　1972　625p　図 地図9枚（袋入）　22cm（戦史叢書）　3200円

◇大本営海軍部・聯合艦隊　6　第三段作戦後期　防衛庁防衛研修所戦史室編　朝雲新聞社　1971　601p　図 地図8枚（袋入）　22cm（戦史叢書）　2900円

◇大本営海軍部・聯合艦隊　4　第三段作戦前期　防衛庁防衛研修所戦史室編　朝雲新聞社　1970　563p　図版 表・地図（袋入）　22cm（戦史叢書）　2900円

◇大本営発表の真相史　富永謙吾著　自由国民社　1970　356p　図版10枚　19cm〈追篇日米謀略ビラの戦い〉　800円

◇大本営陸軍部　3　昭和17年4月まで　防衛庁防衛研修所戦史室編　朝雲新聞社　1970　676p　図10枚（袋入）　22cm（戦史叢書）　2900円

◇大本営陸軍部　第2　昭和十六年十二月まで　防衛庁防衛研修所戦史室編　朝雲新聞社　1968　693p　図版 表 地図　22cm（戦史叢書）　2200円

◇大本営陸軍部　第1　昭和十五年五月まで　防衛庁防衛研修所戦史室編　朝雲新聞社　1967　641p　図版 表 地図　22cm（戦史叢書）　2200円

◇大本営発表　海軍篇　富永謙吾著　青潮社　1952　453p　図版　19cm

◇踊らした者―大本営報道秘史　藤本弘道著　長野　北信書房　1946　194p　19cm

関東軍

　満州の関東州と南満州鉄道沿線の防備を目的とした陸軍の部隊。前身の守備隊を大正8年に関東軍と改称して創立。昭和時代に入ると、昭和3年の張作霖爆殺事件、6年の柳条湖事件で政府の方針を無視して独断で軍事行動をとるようになり、7年の満州国建国後は満州国防衛を任務とする。16年に行われた関東軍特種演習で兵力は最大の74万人となる。その後は戦力が次第に南方に移転し、20年8月9日のソ連参戦で敗走、8月15日に解体した。

* * * *

◇関東軍—在満陸軍の独走　島田俊彦著　講談社　2005.6　248p　15cm　（講談社学術文庫）〈中央公論社1965年刊の改訂〉　880円　ⓘ4-06-159714-0

◇関東軍壊滅す　読売新聞社編　中央公論新社　2004.10　286p　22cm　（昭和史の天皇　日本の「現在」を決めたその時　新装　4）ⓘ4-12-403489-X

◇関東軍特殊部隊—闇に屠られた対ソ精鋭部隊　鈴木敏夫著　光人社　2003.12　420p　16cm　（光人社NF文庫）　895円　ⓘ4-7698-2405-X

◇関東軍全戦史—写真構成　新人物往来社　2001.5　195p　26cm　（別冊歴史読本　永久保存版　73）2000円　ⓘ4-404-02773-7

◇最後の関東軍—勝どきの旗のもとに　佐藤和正著　光人社　2001.1　286p　15cm　（光人社NF文庫）686円　ⓘ4-7698-2296-0

◇関東軍　中山隆志著　講談社　2000.3　286p　19cm　（講談社選書メチエ　180）1700円　ⓘ4-06-258180-9

◇回天—関東軍独走す　紀ノ宮深著　総合法令　1995.12　399p　19cm　2000円　ⓘ4-89346-500-7

◇「神話」の崩壊—関東軍の野望と破綻　五味川純平著　文芸春秋　1991.12　276p　16cm　（文春文庫）　400円　ⓘ4-16-711512-3

◇関東軍少年建築隊　〔小平〕　関東軍少年建築隊史刊行委員会　1991.7　244p　20cm

◇特務機関　内蒙古アパカ会，岡村秀太郎共編　国書刊行会　1990.5　199,8p　20cm　1900円　ⓘ4-336-03020-0

◇関東軍、シベリヤに消ゆ　開勇著　横浜　開勇　〔1989〕　60p　26cm　〈附・湖南の会戦〉

◇関東軍敗亡記—残留孤児の悲劇はなぜおこったのか　小松茂朗著　図書出版社　1987.10　261p　19cm　1500円

◇中国残留孤児問題の大観—朝日ジャーナルの不当な「関東軍罪悪史観」に答える　草地貞吾著　日本防衛研究会　1986.9　54p　21cm　〈著者の肖像あり〉　500円

◇最後の関東軍—敢闘せり、第一国境守備隊　佐藤和正著　サンケイ出版　1986.5　310p　16cm　（世界大戦文庫スペシャル　9）480円　ⓘ4-383-02473-4

◇関東軍参謀部　完倉寿郎著　京都　PHP研究所　1985.8　205p　20cm　1200円　ⓘ4-569-21598-X

◇定本大関東軍史　楳本捨三著　国書刊行会　1984.12　441p　図版16枚　22cm　8500円

◇雲ながれる国境—関東軍一等兵物語　柳田昌男著　京都　ミネルヴァ書房　1980.2　274p　19cm　1200円

◇関東軍作戦参謀の証言　草地貞吾著　芙蓉書房　1979.10　450p　20cm　〈付（図版1枚）：関東軍配備及び戦後入ソ経路要図〉　2500円

◇第百七師団史—最後まで戦った関東軍　太田久雄著　愛蔵版　大盛堂書店出版部　1979.8　730p　22cm　8000円

◇関東軍第二遊撃隊の記録　池田志づ著　日野町（滋賀県）　池田志づ　1978.8　61p　22cm

◇楳本捨三著作集　第2巻　関東軍・満軍の相剋　楳本捨三著　秀英書房　1978.7　303p　20cm　1300円

◇楳本捨三著作集　第1巻　かくて関東軍潰ゆ　楳本捨三著　秀英書房　1978.6　373p　20cm　1400円

◇全史関東軍　楳本捨三著　経済往来社　1978.3　318p　20cm　1500円

◇関東軍参謀副長の手記　松村知勝著　芙蓉書房　1977.7　238p　20cm　2200円

◇関東軍特務機関シルクロードに消ゆ—大陸政策に青春を賭けた慟哭の記録（附中国西北辺区の概況）　萩原正三著　小郡

町（山口県）　宮地亮一　東京　ビブリオ（発売）　1976　115p　26cm　2000円
◇雪どけ—元関東軍兵士の記録　須崎嘉浩著　〔尾張旭〕〔須崎嘉浩〕　1975　322p　19cm
◇関東軍終戦始末　楳本捨三著　新国民出版社　1974　322p 図　19cm　1150円
◇関東軍と極東ソ連軍—ある対ソ情報参謀の覚書　林三郎著　芙蓉書房　1974　324p（図共）　20cm　2000円
◇関東軍総司令部　楳本捨三著　経済往来社　1971　298p 図　19cm　680円
◇関東軍謀略部隊　川原衛門著　プレス東京出版局　1970　234p　19cm　430円
◇関東軍　1　対ソ戦備・ノモンハン事件　防衛庁防衛研修所戦史室編　朝雲新聞社　1969　751p 図版　22cm　（戦史叢書）〈付（袋入）：満州国地図他5枚〉　2200円
◇関東軍部隊日記—一兵士の生と死と　長尾和郎著　経済往来社　1968　211p　19cm　480円
◇関東軍始末記　楳本捨三著　原書房　1967　265p 図版 地図　19cm　（原書房・100冊選書　40）
◇その日、関東軍は—元関東軍参謀作戦班長の証言　草地貞吾著　宮川書房　1967　226p（図版共）　19cm　380円
◇中国侵略秘史—或る特務機関員の手記　アムレトー・ヴェスパ著, 山村一郎訳　京都　大雅堂　1946　269p　19cm　25円

張作霖爆殺事件

1928（昭和3）年6月4日、中国軍閥の大物張作霖の乗った汽車が奉天郊外で爆破され、張作霖が暗殺された事件。張作霖は遼寧省海城県出身、東北3県の実権を握り奉天軍閥を形成していた。蔣介石の国民党軍の北伐軍の進撃を受け、1928（昭和3）年北京を撤退、奉天へ引き揚げる途中で爆殺された。首謀者は関東軍参謀の河本大作大佐。軍閥を排除して満州の支配権を得ようとして起こした事件だったが、子の張学良が国民党を抗日統一戦に転じさせることとなった。当時この事件は隠蔽され、議会では満州某重大事件とよばれた。

　　　　＊　　　　＊　　　　＊

◇馬賊で見る「満洲」—張作霖のあゆんだ道　渋谷由里著　講談社　2004.12　242p　19cm　（講談社選書メチエ　317）〈年譜,文献あり〉　1600円　①4-06-258317-8
◇人物で読む近現代史　下　歴史教育者協議会編　青木書店　2001.1　306p　19cm　2800円　①4-250-20100-7
◇張家三代の興亡—孝文・作霖・学良の"見果てぬ夢"　古野直也著　芙蓉書房出版　1999.11　266p　19cm　2500円　①4-8295-0240-1
◇満洲奉天の写真屋物語　永清文二著　MBC21, 東京経済〔発売〕　1999.6　511p　19cm　2600円　①4-8064-0626-0
◇赤い夕陽の満州野が原に—鬼才河本大作の生涯　相良俊輔著　光人社　1996.1　590p　15cm　（光人社NF文庫）　1000円　①4-7698-2107-7
◇張学良の昭和史最後の証言　NHK取材班, 臼井勝美著　角川書店　1995.5　313p　15cm　（角川文庫）〈関連年表・参考文献：p299～310〉　560円　①4-04-195402-9
◇東北軍閥政権の研究—張作霖・張学良の対外抵抗と対内統一の軌跡　水野明著　国書刊行会　1994.8　422p　22cm〈張作霖・張学良関係年表：p389～409〉　9000円　①4-336-03640-3
◇張作霖　白雲荘主人著　中央公論社　1990.7　214p　15cm　（中公文庫）　420円　①4-12-201728-9
◇中国近代の軍閥列伝　辛倍林著, 上田正一監訳　学陽書房　1990.6　366p　19cm　1900円　①4-313-83062-6
◇張作霖爆殺—昭和天皇の統帥　大江志乃夫著　中央公論社　1989.10　190p

18cm （中公新書） 520円 ①4-12-100942-8

◇目撃者が語る昭和史 第3巻 満州事変 昭和3年の帳作霖爆殺事件から満州建国 平塚柾緒編 新人物往来社 1989.5 299p 21cm 2600円 ①4-404-01610-7

◇証言・私の昭和史 1 テレビ東京編、三国一朗きき手 文芸春秋 1989.2 490p 15cm （文春文庫） 550円 ①4-16-749901-0

◇激録・日本大戦争 第26巻 満州事変とその前夜 原康史著 東京スポーツ新聞社 1988.3 310p 19cm 1300円 ①4-8084-0080-4

◇馬賊頭目列伝—広野を駆ける男の生きざま 渡辺竜策著 秀英書房 1983.3 366p 19cm 1400円 ①4-87957-056-7

統帥権干犯

　大日本帝国憲法第11条で軍の統帥権を天皇の大権とされたため、軍への命令権に関わる事項は内閣で決定できないとされた問題。昭和5年ロンドン海軍軍縮会議で浜口内閣が海軍軍令部の反対を押し切って調印したことが統帥権の干犯にあたる、と野党の政友会が攻撃したことに始まる。これ以降、軍部が政府の方針を無視して暴走しても内閣が止められない事態を招き、軍国主義への大きな転機となった。

　　　　＊　　　＊　　　＊

◇昭和史—1926-1945 半藤一利著 平凡社 2004.2 509p 20cm 〈年表あり〉 1600円 ①4-582-45430-5

◇統帥権干犯問題と日本のマスメディア 慶応義塾大学法学部政治学科玉井清研究会 1999.11 276p 26cm （近代日本政治資料 7） 2500円

◇天皇制と軍隊 藤原彰著 新装版 青木書店 1998.8 227p 20cm 2200円 ①4-250-98032-4

◇昭和の歴史 第3巻 天皇の軍隊 大江志乃夫著 小学館 1994.6 429p 16cm （小学館ライブラリー）〈新装版〉 980円 ①4-09-461023-5

◇一冊で昭和の重要100場面を見る 友人社編集部編 友人社 1991.8 223p 19cm （1冊で100シリーズ 15） 1240円 ①4-946447-17-2

◇日本参謀論—聞き書昭和陸軍史 半藤一利著 図書出版社 1989.7 245p 19cm 1700円

◇昭和史の転回点 半藤一利著 図書出版社 1987.5 267p 19cm 1500円

◇統帥権について—デモクラシーと国防軍 三潴信吾著 改訂版 八幡書店 1984.3 180p 18cm 〈初版：国民新聞社昭和48年刊〉 1000円

◇統帥権 大江志乃夫著 日本評論社 1983.12 308p 19cm （日評選書） 1800円

◇統帥権について—デモクラシーと国防軍 三潴信吾著 国民新聞社 1973 181p 19cm （国民新聞シリーズ 第7集） 450円

◇統帥権の独立 中野登美雄著 原書房 1973 729p 22cm （明治百年史叢書）〈昭和11年刊の複製〉 6000円

◇天皇の軍隊 大谷敬二郎著 図書出版社 1972 283p 図 20cm 750円

満州事変

　柳条湖事件をきっかけに始まった日本軍の中国東北部（満州）に対する侵略戦争で、十五年戦争の出発点。1931年9月18日、かねてから満州武力占領を狙っていた関東軍は、奉天の北方の柳条湖で満鉄線路を自ら爆破。これを中国軍によるものと偽り、自衛のためと称して攻撃を仕掛け、その日のうちに長春、四

平街、奉天を占領、さらに満鉄沿線を奥地に向かって進撃した(柳条湖事件)。若槻内閣は19日の閣議で不拡大方針を決定したが現地の軍事行動を制止できず、21日には朝鮮軍の一部も独断で戦闘に加わった。日本軍は同年中に満州のほぼ全域を占領し、32年3月満州国の樹立を宣言。国際連盟が派遣したリットン調査団は満州事変を日本の侵略とみなした。その後33年1月には内蒙古の熱河省に、4月には河北省に侵攻した。5月31日に塘沽停戦協定が調印されて、柳条湖事件以来の軍事衝突は一応終結したが、事変の勃発は排外主義的意識を高揚させ、大正デモクラシーからファシズムへの転換点となった。なお日本では事件の起きた地名を長く「柳条溝」と呼んできたが、これは全く別の地名で、「柳条湖」が正しいことが判明している。

◇満州事変と対中国政策　小池聖一著　吉川弘文館　2003.12　295,6p　22cm　〈文献あり〉　10000円　①4-642-03760-8

◇柳条湖事件から盧溝橋事件へ——一九三〇年代華北をめぐる日中の対抗　安井三吉著　研文出版　2003.12　292,11p　19cm　(研文選書)　2600円　①4-87636-225-4

◇満州事変と重光駐華公使報告書——外務省記録「支那ノ対外政策関係雑纂『革命外交』に寄せて」　重光葵原著、服部竜二編著　日本図書センター　2002.10　230p　22cm　2800円　①4-8205-9477-X

◇再考・満州事変　軍事史学会編　錦正社　2001.10　339p　21cm　〈「軍事史学」第37巻第2・3合併号(満州事変勃発七〇周年記念特集号)と同内容〉　4000円　①4-7646-0315-2

◇満洲事変と支那事変——動乱の発端　名越二荒之助　展転社　2001.2　203p　26cm　(世界に開かれた昭和の戦争記念館 歴史パノラマ写真集　第1巻)　2800円　①4-88656-191-8

◇満州事変の衝撃　中村勝範編　勁草書房　1996.5　425p　22cm　6180円　①4-326-30101-5

◇内務省新聞記事差止資料集成　第3巻　粟屋憲太郎, 中園裕編集・解説　日本図書センター　1996.1　348p　31cm　(国際検察局押収重要文書　3)　〈複製〉　①4-8205-6353-X,4-8205-6350-5

◇内務省新聞記事差止資料集成　第4巻　粟屋憲太郎, 中園裕編集・解説　日本図書センター　1996.1　310p　31cm　(国際検察局押収重要文書　3)　〈複製〉　①4-8205-6354-8,4-8205-6350-5

◇満州事変——日本が戦争をはじめた　和歌森太郎ほか編、箕田源二郎さしえ　岩崎書店　1995.1　166p　22cm　(語りつごうアジア・太平洋戦争　1)　2000円　①4-265-04421-2

◇満州事変とは何だったのか——国際連盟と外交政策の限界　上巻　クリストファー・ソーン著, 市川洋一著　草思社　1994.11　326p　19cm　2900円　①4-7942-0567-8

◇満州事変とは何だったのか——国際連盟と外交政策の限界　下巻　クリストファー・ソーン著, 市川洋一訳　草思社　1994.11　393p　19cm　3200円　①4-7942-0568-6

◇「柳条溝」か「柳条湖」か——満洲事変における勃発地点の地名問題について　柳条溝前後第2部　上田太郎著　〔上田太郎〕　1993.3　29枚　26cm

◇満州事変　千葉光則著　フットワーク出版　1991.12　276p　21cm　(秘蔵写真で知る近代日本の戦歴　3)　1800円　①4-87689-052-8

◇柳条溝前後——守備隊官舎の満洲事変　上田太郎著　〔上田太郎〕　1991.4　132p　21cm

◇満洲事変従軍回顧——山岸義雄集　山岸義雄著　近代文芸社　1990.11　73p　19cm

◇（日本短歌文庫　16集）　1800円　①4-7733-0753-6
◇満洲事変正統史　堀場一雄著　堀場信雄　1989.9　385p　22cm　〈製作：丸善出版サービスセンター　折り込図2枚〉
◇満洲事変の国際的背景　渡辺明著　国書刊行会　1989.4　560p　22cm　8000円
◇満洲事変期の中日外交史研究　俞辛焞著　東方書店　1986.9　436,11p　22cm　3200円　①4-497-86165-1
◇満洲事変陣中日記　江口哲夫編　山形狸森文庫　1983.7　264p　20cm　〈著者の肖像あり〉
◇ドキュメント昭和史　2　満洲事変と二・二六　粟屋憲太郎編　普及版　平凡社　1983.2　345p　19cm　880円
◇満洲事変と二・二六　粟屋憲太郎編　平凡社　1983.2　345p　19cm　（ドキュメント昭和史　2）　〈巻末：文献案内　普及版　初版：1975（昭和50）〉　880円
◇日本外交文書　満洲事変　第3巻　外務省編　外務省　1981.10　899,65p　22cm
◇日本外交文書　満洲事変　別巻　外務省編　外務省　1981.3　360,222p　22cm　〈付（図13枚,表1冊　袋入）〉
◇日本外交文書　満洲事変　第2巻　第2冊　外務省編　外務省　1980.8　826,175p　22cm
◇日本外交文書　満洲事変　第2巻　第1冊　外務省編　外務省　1979.12　989p　22cm
◇日本外交文書　満洲事変　第1巻　第3冊　外務省編　外務省　1978.3　816,269p　22cm
◇日本外交文書　満洲事変　第1巻　第2冊　外務省編　外務省　1977.11　754p　22cm
◇日本外交文書　満洲事変　第1巻　第1冊　外務省編　外務省　1977.3　629p　22cm
◇満洲事変の裏面史　森克己著　国書刊行会　1976　440p　図　肖像　22cm　（森克己著作選集　第6巻）　4800円

◇満州事変―戦争と外交と　臼井勝美著　中央公論社　1974　214p　18cm　（中公新書）　380円
◇満洲事変と満鉄　南満洲鉄道株式会社編　原書房　1974　2冊　22cm　（明治百年史叢書）〈昭和3年刊の複製〉　各7000円
◇エドガー・スノー著作集　1　極東戦線　エドガー・スノー著　梶谷善久訳　筑摩書房　1973　263p　図　肖像　19cm
◇満洲事変作戦経過ノ概要―満洲事変史　参謀本部編　巌南堂書店　1972　249,187p　地図　22cm　〈昭和10年刊の複製〉　12000円
◇満洲方面陸軍航空作戦　防衛庁防衛研修所戦史室編　朝雲新聞社　1972　646p　図　22cm　（戦史叢書）〈付（袋入り）：図4枚　地図7枚〉　2900円
◇太平洋戦争史　1　満洲事変　1905-1932　歴史学研究会編　青木書店　1971　358p　図　20cm　850円
◇満洲事変　日本国際政治学会編　日本国際政治学会　有斐閣（発売）　1970　186p　21cm　（季刊国際政治　43号）　700円
◇陸戦史集　第3　満洲事変史　陸戦史研究普及会編　原書房　1967　229p　地図　19cm
◇満洲事変と政策の形成過程　緒方貞子著　原書房　1966　332p　地図　22cm　（明治百年史叢書）　1300円
◇満洲事変　中村菊男著　日本教文社　1965　210p　図版　20cm　（日本人のための国史叢書　2）
◇戦争と弾圧に抗して―満州事変下の日本革命運動　神山茂夫著　青木書店　1954

満州国

1932年から1945年まで、現在の中国東北部から内モンゴル自治区東部にかけての地域に存在した国家。満洲の権益確保のために日本の関東軍が作った傀儡国家であり、正式な国家で

はないとして、現在中国では偽満州国と呼ばれている。昭和6(1931)年の満州事変で関東軍は張学良の勢力を排除し、清朝最後の皇帝であった溥儀を執政に擁して翌7(1932)年に満州国を樹立した。しかし満州国を承認したのはドイツ、イタリアなど数カ国に過ぎなかった。昭和9(1934)年には溥儀を皇帝とする帝政を施行。五族協和の王道楽土を謳っていたが、関東軍司令官の指導の下、日本人官吏が要職に就いて実権を握っていた。昭和20(1945)年8月9日のソ連参戦で関東軍の支配が崩壊し、8月15日の日本の無条件降伏により満州国は消滅した。

　　　　＊　　　＊　　　＊

◇王道楽土の戦争　戦前・戦中篇　吉田司著　日本放送出版協会　2005.11　285p　19cm　（NHKブックス　1045）　1070円　①4-14-091045-3

◇王道楽土の戦争　戦後60年篇　吉田司著　日本放送出版協会　2005.11　315p　19cm　（NHKブックス　1046）　1160円　①4-14-091046-1

◇植民地社会事業関係資料集　「満洲・満洲国」編 24(「満洲国」の部 1 社会事業総覧1)　沈潔, 永岡正己監修, 近現代資料刊行会企画編集　近現代資料刊行会　2005.10　451p　22cm　（戦前・戦中期アジア研究資料　3）〈複製〉　①4-87742-683-3,4-87742-682-5

◇植民地社会事業関係資料集　「満洲・満洲国」編 25(「満洲国」の部 1 社会事業総覧2)　沈潔, 永岡正己監修, 近現代資料刊行会企画編集　近現代資料刊行会　2005.10　271p　22cm　（戦前・戦中期アジア研究資料　3）〈複製〉　①4-87742-684-1,4-87742-682-5

◇植民地社会事業関係資料集　「満洲・満洲国」編 26(「満洲国」の部 1 社会事業総覧3)　沈潔, 永岡正己監修, 近現代資料刊行会企画編集　近現代資料刊行会　2005.10　282p　22cm　（戦前・戦中期アジア研究資料　3）〈複製〉　①4-87742-685-X,4-87742-682-5

◇植民地社会事業関係資料集　「満洲・満洲国」編 27(「満洲国」の部 1 社会事業総覧4)　沈潔, 永岡正己監修, 近現代資料刊行会企画編集　近現代資料刊行会　2005.10　305p　22cm　（戦前・戦中期アジア研究資料　3）〈複製〉　①4-87742-686-8,4-87742-682-5

◇植民地社会事業関係資料集　「満洲・満洲国」編 28(「満洲国」の部 1 社会事業総覧5)　沈潔, 永岡正己監修, 近現代資料刊行会企画編集　近現代資料刊行会　2005.10　313p　22cm　（戦前・戦中期アジア研究資料　3）〈複製〉　①4-87742-687-6,4-87742-682-5

◇植民地社会事業関係資料集　「満洲・満洲国」編 29(「満洲国」の部 1 社会事業総覧6)　沈潔, 永岡正己監修, 近現代資料刊行会企画編集　近現代資料刊行会　2005.10　241p　22cm　（戦前・戦中期アジア研究資料　3）〈複製〉　①4-87742-688-4,4-87742-682-5

◇植民地社会事業関係資料集　「満洲・満洲国」編 30(「満洲国」の部 1 社会事業総覧7)　沈潔, 永岡正己監修, 近現代資料刊行会企画編集　近現代資料刊行会　2005.10　353p　22cm　（戦前・戦中期アジア研究資料　3）〈複製〉　①4-87742-689-2,4-87742-682-5

◇植民地社会事業関係資料集　「満洲・満洲国」編 31(「満洲国」の部 1 社会事業総覧8)　沈潔, 永岡正己監修, 近現代資料刊行会企画編集　近現代資料刊行会　2005.10　238p　22cm　（戦前・戦中期アジア研究資料　3）〈複製〉　①4-87742-690-6,4-87742-682-5

◇植民地社会事業関係資料集　「満洲・満洲国」編 32(「満洲国」の部 1 社会事業団体1)　沈潔, 永岡正己監修, 近現代資料刊行会企画編集　近現代資料刊行会　2005.10　344p　22cm　（戦前・戦中期アジア研究資料　3）〈複製〉　①4-87742-691-4,4-87742-682-5

◇植民地社会事業関係資料集　「満洲・満洲国」編 33(「満洲国」の部 1 社会事

業団体2)　沈潔,永岡正己監修,近現代資料刊行会企画編集　近現代資料刊行会　2005.10　285p　22cm　(戦前・戦中期アジア研究資料　3)　〈複製〉　ⓝ4-87742-692-2,4-87742-682-5

◇植民地社会事業関係資料集　「満洲・満洲国」編34(「満洲国」の部1 社会事業団体3)　沈潔,永岡正己監修,近現代資料刊行会企画編集　近現代資料刊行会　2005.10　324p　22cm　(戦前・戦中期アジア研究資料　3)　〈複製〉　ⓝ4-87742-693-0,4-87742-682-5

◇植民地社会事業関係資料集　「満洲・満洲国」編13(満鉄の部 社内福祉1)　沈潔,永岡正己監修,近現代資料刊行会企画編集　近現代資料刊行会　2005.9　245p　22cm　(戦前・戦中期アジア研究資料　3)　〈複製〉　ⓝ4-87742-671-X,4-87742-670-1

◇植民地社会事業関係資料集　「満洲・満洲国」編14(満鉄の部 社内福祉2)　沈潔,永岡正己監修,近現代資料刊行会企画編集　近現代資料刊行会　2005.9　174p　22cm　(戦前・戦中期アジア研究資料　3)　〈複製〉　ⓝ4-87742-672-8,4-87742-670-1

◇植民地社会事業関係資料集　「満洲・満洲国」編15(満鉄の部 医療と衛生1)　沈潔,永岡正己監修,近現代資料刊行会企画編集　近現代資料刊行会　2005.9　369p　22cm　(戦前・戦中期アジア研究資料　3)　〈複製〉　ⓝ4-87742-673-6,4-87742-670-1

◇植民地社会事業関係資料集　「満洲・満洲国」編16(満鉄の部 医療と衛生2)　沈潔,永岡正己監修,近現代資料刊行会企画編集　近現代資料刊行会　2005.9　411p　22cm　(戦前・戦中期アジア研究資料　3)　〈複製〉　ⓝ4-87742-674-4,4-87742-670-1

◇植民地社会事業関係資料集　「満洲・満洲国」編17(満鉄の部 医療と衛生3)　沈潔,永岡正己監修,近現代資料刊行会企画編集　近現代資料刊行会　2005.9　283p　22cm　(戦前・戦中期アジア研究資料　3)　〈複製〉　ⓝ4-87742-675-2,4-87742-670-1

◇植民地社会事業関係資料集　「満洲・満洲国」編18(満鉄の部 共済と組合1)　沈潔,永岡正己監修,近現代資料刊行会企画編集　近現代資料刊行会　2005.9　234p　22cm　(戦前・戦中期アジア研究資料　3)　〈複製〉　ⓝ4-87742-676-0,4-87742-670-1

◇植民地社会事業関係資料集　「満洲・満洲国」編19(満鉄の部 共済と組合2)　沈潔,永岡正己監修,近現代資料刊行会企画編集　近現代資料刊行会　2005.9　293p　22cm　(戦前・戦中期アジア研究資料　3)　〈複製〉　ⓝ4-87742-677-9,4-87742-670-1

◇植民地社会事業関係資料集　「満洲・満洲国」編20(満鉄の部 生活・生計)　沈潔,永岡正己監修,近現代資料刊行会企画編集　近現代資料刊行会　2005.9　297p　22cm　(戦前・戦中期アジア研究資料　3)　〈複製〉　ⓝ4-87742-678-7,4-87742-670-1

◇植民地社会事業関係資料集　「満洲・満洲国」編21(満鉄の部 社会事業関連調査1)　沈潔,永岡正己監修,近現代資料刊行会企画編集　近現代資料刊行会　2005.9　265p　22cm　(戦前・戦中期アジア研究資料　3)　〈複製〉　ⓝ4-87742-679-5,4-87742-670-1

◇植民地社会事業関係資料集　「満洲・満洲国」編22(満鉄の部 社会事業関連調査2)　沈潔,永岡正己監修,近現代資料刊行会企画編集　近現代資料刊行会　2005.9　307p　22cm　(戦前・戦中期アジア研究資料　3)　〈複製〉　ⓝ4-87742-680-9,4-87742-670-1

◇植民地社会事業関係資料集　「満洲・満洲国」編23(満鉄の部 社会事業関連調査3)　沈潔,永岡正己監修,近現代資料刊行会企画編集　近現代資料刊行会　2005.9　294p　22cm　(戦前・戦中期アジア研究資料　3)　〈複製〉　ⓝ4-87742-681-7,4-87742-670-1

◇植民地社会事業関係資料集　「満洲・満洲国」編1(関東州の部 社会事業総覧1)　沈潔,永岡正己監修,近現代資料刊行会企画編集　近現代資料刊行会　2005.6　301p

22cm （戦前・戦中期アジア研究資料 3）〈複製〉 ①4-87742-658-2,4-87742-657-4

◇植民地社会事業関係資料集 「満洲・満洲国」編2(関東州の部 社会事業総覧2) 沈潔,永岡正己監修,近現代資料刊行会企画編集 近現代資料刊行会 2005.6 342p 22cm （戦前・戦中期アジア研究資料 3）〈複製〉 ①4-87742-659-0,4-87742-657-4

◇植民地社会事業関係資料集 「満洲・満洲国」編3(関東州の部 社会事業総覧3) 沈潔,永岡正己監修,近現代資料刊行会企画編集 近現代資料刊行会 2005.6 335p 22cm （戦前・戦中期アジア研究資料 3）〈複製〉 ①4-87742-660-4,4-87742-657-4

◇植民地社会事業関係資料集 「満洲・満洲国」編4(関東州の部 社会事業総覧4) 沈潔,永岡正己監修,近現代資料刊行会企画編集 近現代資料刊行会 2005.6 357p 22cm （戦前・戦中期アジア研究資料 3）〈複製〉 ①4-87742-661-2,4-87742-657-4

◇植民地社会事業関係資料集 「満洲・満洲国」編5(関東州の部 社会事業の実践1) 沈潔,永岡正己監修,近現代資料刊行会企画編集 近現代資料刊行会 2005.6 277p 22cm （戦前・戦中期アジア研究資料 3）〈複製〉 ①4-87742-662-0,4-87742-657-4

◇植民地社会事業関係資料集 「満洲・満洲国」編6(関東州の部 社会事業の実践2) 沈潔,永岡正己監修,近現代資料刊行会企画編集 近現代資料刊行会 2005.6 381p 22cm （戦前・戦中期アジア研究資料 3）〈複製〉 ①4-87742-663-9,4-87742-657-4

◇植民地社会事業関係資料集 「満洲・満洲国」編7(関東州の部 医療と衛生1) 沈潔,永岡正己監修,近現代資料刊行会企画編集 近現代資料刊行会 2005.6 339p 22cm （戦前・戦中期アジア研究資料 3）〈複製〉 ①4-87742-664-7,4-87742-657-4

◇植民地社会事業関係資料集 「満洲・満洲国」編8(関東州の部 医療と衛生2) 沈潔,永岡正己監修,近現代資料刊行会企画編集 近現代資料刊行会 2005.6 312p 22cm （戦前・戦中期アジア研究資料 3）〈複製〉 ①4-87742-665-5,4-87742-657-4

◇植民地社会事業関係資料集 「満洲・満洲国」編9(関東州の部 医療と衛生3) 沈潔,永岡正己監修,近現代資料刊行会企画編集 近現代資料刊行会 2005.6 181p 22cm （戦前・戦中期アジア研究資料 3）〈複製〉 ①4-87742-666-3,4-87742-657-4

◇植民地社会事業関係資料集 「満洲・満洲国」編10(関東州の部 労働事情と生活・生計1) 沈潔,永岡正己監修,近現代資料刊行会企画編集 近現代資料刊行会 2005.6 338p 22cm （戦前・戦中期アジア研究資料 3）〈複製〉 ①4-87742-667-1,4-87742-657-4

◇植民地社会事業関係資料集 「満洲・満洲国」編11(関東州の部 労働事情と生活・生計2) 沈潔,永岡正己監修,近現代資料刊行会企画編集 近現代資料刊行会 2005.6 241p 22cm （戦前・戦中期アジア研究資料 3）〈複製〉 ①4-87742-668-X,4-87742-657-4

◇植民地社会事業関係資料集 「満洲・満洲国」編12(関東州の部 労働事情と生活・生計3) 沈潔,永岡正己監修,近現代資料刊行会企画編集 近現代資料刊行会 2005.6 224p 22cm （戦前・戦中期アジア研究資料 3）〈複製〉 ①4-87742-669-8,4-87742-657-4

◇武道の教育力—満洲国・建国大学における武道教育 志々田文明著 日本図書センター 2005.3 618p 22cm （学術叢書）〈年譜あり〉 6500円 ①4-8205-9316-1

◇戦前期中国在留日本人統計 第5巻 満洲国及中華民国在留本邦人及外国人人口統計表 第25回・第26回(昭和7年・昭和8年) 不二出版 2004.11 177,190p 27cm 〈複製 折り込2枚〉 ①4-8350-5319-2,4-8350-5318-4

◇戦前期中国在留日本人統計 第6巻 満洲国及中華民国在留本邦人及外国人人口

統計表　第27回―第29回（昭和9年―昭和11年）　不二出版　2004.11　97,145,160p　31cm　〈複製　折り込13枚〉　①4-8350-5320-6,4-8350-5318-4

◇戦前期中国在留日本人統計　第7巻　満州国及中華民国在留本邦人人口概計表　昭和9年―昭和12年　不二出版　2004.11　1冊　22cm　〈複製〉　①4-8350-5321-4,4-8350-5318-4

◇満洲国　長谷川春子著　ゆまに書房　2004.10　229,5p　22cm　（「帝国」戦争と文学　2）〈解説：小林裕子　三笠書房昭和10年刊の複製〉　9000円　①4-8433-1294-0

◇満洲の日本人　塚瀬進著　吉川弘文館　2004.9　237p　20cm　2600円　①4-642-07933-5

◇キメラ―満洲国の肖像　山室信一著　増補版　中央公論新社　2004.7　428p　18cm　（中公新書）　〈文献あり〉　960円　①4-12-191138-5

◇植民地文化研究　3　特集「満州国」文化と台湾3　「植民地文化研究」編集委員会編　浦安　植民地文化研究会, 不二出版〔発売〕　2004.7　240p　21cm　2100円　①4-8350-3093-1

◇満洲とは何だったのか　中見立夫ほか著, 藤原書店編集部編　藤原書店　2004.7　516p　20cm　〈年表あり〉　2800円　①4-89434-400-9

◇哈爾浜の都市計画―1898 - 1945　越沢明著　筑摩書房　2004.6　353p　15cm　（ちくま学芸文庫）　1400円　①4-480-08862-8

◇満洲建国を支えた女性群像　原田政盛著　文芸書房　2004.5　152p　19cm　1300円　①4-89477-159-4

◇「満州」オーラルヒストリー―〈奴隷化教育〉に抗して　斉紅深編著, 竹中憲一訳　皓星社　2004.3　524p　22cm　〈年表あり〉　5800円　①4-7744-0365-2

◇「満洲国」経済史研究　山本有造著　名古屋　名古屋大学出版会　2003.12　316p　21cm　5500円　①4-8158-0474-5

◇植民地文化研究　2　特集「満洲国」文化と台湾2　「植民地文化研究」編集委員会編　浦安　植民地文化研究会, 不二出版〔発売〕　2003.7　240p　21cm　2100円　①4-8350-3092-3

◇満洲国物語　上　遅子建著, 孫秀萍訳　河出書房新社　2003.7　379p　20cm　2200円　①4-309-01568-9

◇満洲国物語　下　遅子建著, 孫秀萍訳　河出書房新社　2003.7　394p　20cm　2200円　①4-309-01569-7

◇満洲国の最期　太平洋戦争研究会編　新人物往来社　2003.3　237p　27cm　（戦記クラシックス）　2800円　①4-404-03113-0

◇明治後期産業発達史資料　第653巻　満洲地誌　参謀本部〔編纂課〕〔編〕　龍溪書舎　2003.1　485p　22cm　（外国事情篇　9）〈博聞社明治27年刊の複製〉　23000円　①4-8447-5465-3

◇明治後期産業発達史資料　第662巻　満洲通志　上　〔露国大蔵省〕〔編纂〕,〔中野二郎, 県文夫〕〔合訳〕　龍溪書舎　2003.1　414p　22cm　（外国事情篇　9）〈東亜同文会明治39年刊の複製　折り込1枚〉　23000円　①4-8447-5465-3

◇明治後期産業発達史資料　第663巻　満洲通志　下　〔露国大蔵省〕〔編纂〕,〔中野二郎, 県文夫〕〔合訳〕　龍溪書舎　2003.1　p415-780　22cm　（外国事情篇　9）〈東亜同文会明治39年刊の複製　折り込3枚〉　23000円　①4-8447-5465-3

◇満洲国の阿片専売―「わが満蒙の特殊権益」の研究　山田豪一著　汲古書院　2002.12　927,18p　22cm　15000円　①4-7629-2679-5

◇満州残像　河内山典隆著　海文堂　2002.11　270p　19cm　1800円　①4-303-64540-0

◇「満洲国」見聞記―リットン調査団同行記　ハインリッヒ・シュネー著, 金森誠也

◇訳　講談社　2002.10　252p　15cm　（講談社学術文庫）　900円　①4-06-159567-9

◇満州国の首都計画　越沢明著　筑摩書房　2002.7　394p　15cm　（ちくま学芸文庫）　1400円　①4-480-08707-9

◇植民地文化研究　1　特集「満洲国」文化と台湾　「植民地文化研究」編集委員会編　浦安　植民地文化研究会, 不二出版〔発売〕　2002.6　232p　21cm　2000円　①4-8350-3091-5

◇満州安寧飯店—昭和二十年八月十五日、日本の敗戦　岡田和裕著　光人社　2002.5　388p　15cm　（光人社NF文庫）　838円　①4-7698-2346-0

◇蘭花の国で—満州国軍人の肖像　南清司著　朝霞　本の風景社　2002.4　223p　21cm　（100万人の20世紀　11）　〈東京ブッキング（発売）〉　1800円　①4-8354-7075-3

◇満洲誌草稿　第3輯（接壌地方誌）巻1　概説　関東都督府陸軍経理部編　クレス出版　2002.1　871p　22cm　〈「満州接壌地方誌」（関東都督府陸軍経理部明治44年刊）の複製〉　①4-87733-118-2

◇満洲誌草稿　第3輯（接壌地方誌）巻2　沿海洲　関東都督府陸軍経理部編　クレス出版　2002.1　1123p　22cm　〈「満州接壌地方誌」（関東都督府陸軍経理部明治44年刊）の複製　折り込2枚〉　①4-87733-118-2

◇満洲誌草稿　第3輯（接壌地方誌）巻3　黒竜江洲・後貝加爾洲　関東都督府陸軍経理部編　クレス出版　2002.1　1冊　22cm　〈「満州接壌地方誌」（関東都督府陸軍経理部明治44年刊）の複製〉　①4-87733-118-2

◇北満旅館の怪—動乱の満州に生きた一日本人の記録　松濤薫著　そうぶん社出版　2001.10　148p　20cm　2000円　①4-88328-239-2

◇満洲国機密経済資料　第10巻　鉱業・石炭　解学詩監修・解題　本の友社　2001.10　211p　27cm　〈複製〉　①4-89439-378-6

◇満洲国機密経済資料　第11巻　鉱業・石炭　解学詩監修・解題　本の友社　2001.10　344p　27cm　〈複製〉　①4-89439-378-6

◇満洲国機密経済資料　第12巻　北辺振興計画　解学詩監修・解題　本の友社　2001.10　177p　27cm　〈複製〉　①4-89439-378-6

◇満洲国機密経済資料　第13巻　農業生産と農業品の買い入れ　解学詩監修・解題　本の友社　2001.10　291p　27cm　〈複製〉　①4-89439-378-6

◇満洲国機密経済資料　第14巻　農業生産と農業品の買い入れ　解学詩監修・解題　本の友社　2001.10　305p　27cm　〈複製〉　①4-89439-378-6

◇満洲国機密経済資料　第15巻　関東州及び満鉄の食糧配給　解学詩監修・解題　本の友社　2001.10　104p　27cm　〈複製〉　①4-89439-378-6

◇満洲国機密経済資料　第16巻　生産指数と物価指数　解学詩監修・解題　本の友社　2001.10　369p　27cm　〈複製〉　①4-89439-378-6

◇満洲国機密経済資料　第17巻　労務統制　解学詩監修・解題　本の友社　2001.10　238p　27cm　〈複製〉　①4-89439-378-6

◇満洲国機密経済資料　第18巻　農業移民　解学詩監修・解題　本の友社　2001.10　212p　27cm　〈複製〉　①4-89439-378-6

◇明治後期産業発達史資料　第609巻　満洲通志　上　露国大蔵省編,〔中野二郎, 県文夫〕〔合訳〕　龍渓書舎　2001.10　414p　22cm　（外国事情篇　8）　〈東亜同文会明治39年刊の複製〉　23000円

◇明治後期産業発達史資料　第610巻　満洲通志　下　露国大蔵省編,〔中野二郎,県文夫〕〔合訳〕　龍渓書舎　2001.10　p415-780　22cm　（外国事情篇　8）　〈東亜同文会明治39年刊の複製　折り込2枚〉　23000円

◇満洲誌草稿　第2輯（満州地方誌）巻5　吉林省　関東都督府陸軍経理部編　クレス出版　2001.9　704p　22cm　〈「満洲地方誌草稿」の複製　折り込4枚〉　Ⓘ4-87733-117-4

◇満洲誌草稿　第2輯（満州地方誌）巻6　吉林省　関東都督府陸軍経理部編　クレス出版　2001.9　p705-1350　22cm　〈「満洲地方誌草稿」の複製　折り込5枚〉　Ⓘ4-87733-117-4

◇満洲誌草稿　第2輯（満州地方誌）巻7　黒竜江省　関東都督府陸軍経理部編　クレス出版　2001.9　518,14p　22cm　〈「満洲地方誌草稿」の複製　折り込6枚〉　Ⓘ4-87733-117-4

◇満洲誌草稿　附録　関東都督府陸軍経理部編　クレス出版　2001.9　1冊　22cm　22000円　Ⓘ4-87733-119-0

◇岩波講座　近代日本と植民地　7　文化のなかの植民地　大江志乃夫, 浅田喬二, 三谷太一郎, 後藤乾一, 小林英夫ほか編　岩波書店　2001.7　274p　21cm　3800円　Ⓘ4-00-010487-X

◇満洲誌草稿　第2輯（満州地方誌）巻1　奉天省　関東都督府陸軍経理部編　クレス出版　2001.5　835p　22cm　〈「満洲地方誌草稿」の複製　折り込5枚〉　Ⓘ4-87733-116-6

◇満洲誌草稿　第2輯（満州地方誌）巻2　奉天省　関東都督府陸軍経理部編　クレス出版　2001.5　p837-1520　22cm　〈「満洲地方誌草稿」の複製　折り込3枚〉　Ⓘ4-87733-116-6

◇満洲誌草稿　第2輯（満州地方誌）巻3　奉天省　関東都督府陸軍経理部編　クレス出版　2001.5　p1521-2210　22cm　〈「満洲地方誌草稿」の複製　折り込2枚〉　Ⓘ4-87733-116-6

◇満洲誌草稿　第2輯（満州地方誌）巻4　奉天省　関東都督府陸軍経理部編　クレス出版　2001.5　p2211-2938　22cm　〈「満洲地方誌草稿」の複製　折り込11枚〉　Ⓘ4-87733-116-6

◇満洲での八月十五日、どさくさの生きざま　高野真由著　文芸社　2001.5　99p　19cm　1000円　Ⓘ4-8355-0893-9

◇旧日本植民地および「満洲」関係統計資料目録——一橋大学経済研究所附属日本経済統計情報センター所蔵　国立　一橋大学経済研究所附属日本経済統計情報センター　2001.3　335p　26cm　（統計資料シリーズ　no.53）

◇満蒙独立運動　波多野勝著　PHP研究所　2001.3　275,4p　18cm　（PHP新書）740円　Ⓘ4-569-61476-0

◇岩波講座　近代日本と植民地　2　帝国統治の構造　大江志乃夫, 浅田喬二, 三谷太一郎, 後藤乾一, 小林英夫, 高崎宗司, 若林正丈, 川村湊編　第3刷　岩波書店　2001.2　266p　21cm　3800円　Ⓘ4-00-010482-9

◇満洲誌草稿　第1輯（一般誌）巻1　関東都督府陸軍経理部編　クレス出版　2000.11　659p　22cm　〈「満洲一般誌草稿」（関東都督府陸軍経理部明治44年刊）の複製　折り込11枚〉　Ⓘ4-87733-115-8

◇満洲誌草稿　第1輯（一般誌）巻2　産業　関東都督府陸軍経理部編　クレス出版　2000.11　962p　22cm　〈「満洲一般誌草稿」（関東都督府陸軍経理部明治44年刊）の複製〉　Ⓘ4-87733-115-8

◇満洲誌草稿　第1輯（一般誌）巻3　産業　関東都督府陸軍経理部編　クレス出版　2000.11　p963-1624　22cm　〈「満洲一般誌草稿」（関東都督府陸軍経理部明治44年刊）の複製〉　Ⓘ4-87733-115-8

◇満洲誌草稿　第1輯（一般誌）巻4　産業　関東都督府陸軍経理部編　クレス出版　2000.11　726,12p　22cm　〈「満洲一般誌草稿」（関東都督府陸軍経理部明治44年刊）の複製〉　Ⓘ4-87733-115-8

◇満洲国機密経済資料　第1巻　解学詩監修・解題　本の友社　2000.10　151p　27cm　〈複製〉　Ⓘ4-89439-330-1

◇満洲国機密経済資料　第2巻　経済政策解学詩監修・解題　本の友社　2000.10　239p　27cm　〈複製〉　①4-89439-330-1
◇満洲国機密経済資料　第3巻　経済政策解学詩監修・解題　本の友社　2000.10　252p　27cm　〈複製〉　①4-89439-330-1
◇満洲国機密経済資料　第4巻　満鉄経済調査資料　解学詩監修・解題　本の友社　2000.10　200p　27cm　〈複製〉　①4-89439-330-1
◇満洲国機密経済資料　第5巻　満鉄経済調査資料　解学詩監修・解題　本の友社　2000.10　185p　27cm　〈複製〉　①4-89439-330-1
◇満洲国機密経済資料　第6巻　満州国経済一般状況　解学詩監修・解題　本の友社　2000.10　163p　27cm　〈複製〉　①4-89439-330-1
◇満洲国機密経済資料　第7巻　満州国経済一般状況　解学詩監修・解題　本の友社　2000.10　251p　27cm　〈複製〉　①4-89439-330-1
◇満洲国機密経済資料　第8巻　産業五ヵ年計画　解学詩監修・解題　本の友社　2000.10　234p　27cm　〈複製〉　①4-89439-330-1
◇満洲国機密経済資料　第9巻　産業五ヵ年計画　解学詩監修・解題　本の友社　2000.10　235p　27cm　〈複製〉　①4-89439-330-1
◇満州歴史街道—まぼろしの国を訪ねて　星亮一著　光人社　2000.9　221p　20cm　1800円　①4-7698-0969-7
◇父の足跡—満州の回想　坂本弘子著　文芸社　2000.7　101p　19cm　1000円　①4-8355-0376-7
◇蒼天の歌—満州に生きた青春の日々　福山郁子著　福岡　海鳥社　2000.5　256p　19cm　1300円　①4-87415-307-0
◇日本人物情報大系　別巻11・20　満洲編　被伝記者索引　芳賀登ほか編　皓星社　2000.3　269p　26cm　10000円　①4-7744-0286-9

◇文学にみる「満洲国」の位相　岡田英樹著　研文出版　2000.3　315p　22cm　〈文献あり〉　6500円　①4-87636-184-3
◇満州国国務院国勢調査報告　第1冊　文生書院　2000.2　275,9p　27cm　（外地国勢調査報告　第2輯）　〈複製〉
◇満州国国務院国勢調査報告　第2冊　文生書院　2000.2　343,9p　27cm　（外地国勢調査報告　第2輯）　〈複製〉
◇満州国国務院国勢調査報告　第3冊　文生書院　2000.2　305,9p　27cm　（外地国勢調査報告　第2輯）　〈複製〉
◇満州国国務院国勢調査報告　第4冊　文生書院　2000.2　529p　27cm　（外地国勢調査報告　第2輯）　〈複製〉
◇満州国国務院国勢調査報告　第5冊　文生書院　2000.2　p530-1073　27cm　（外地国勢調査報告　第2輯）　〈複製〉
◇満州国国務院国勢調査報告　第6冊　文生書院　2000.2　58,199p　図版10枚　27cm　（外地国勢調査報告　第2輯）　〈複製〉
◇満州国国務院国勢調査報告　第7冊　文生書院　2000.2　197,183,161p　図版11枚　27cm　（外地国勢調査報告　第2輯）　〈複製〉
◇満州国国務院国勢調査報告　第8冊　文生書院　2000.2　1冊　27cm　（外地国勢調査報告　第2輯）　〈複製〉
◇満州国国務院国勢調査報告　第9冊　文生書院　2000.2　1冊　27cm　（外地国勢調査報告　第2輯）　〈複製〉
◇満州国国務院国勢調査報告　第10冊　文生書院　2000.2　129,245p　27cm　（外地国勢調査報告　第2輯）　〈複製〉
◇満州国国務院国勢調査報告　第11冊　文生書院　2000.2　169,161p　27cm　（外地国勢調査報告　第2輯）　〈複製〉
◇満州国国務院国勢調査報告　第12冊　文生書院　2000.2　1冊　27cm　（外地国勢調査報告　第2輯）　〈複製〉

戦争と平和

◇満州国国務院国勢調査報告　第13冊　文生書院　2000.2　460p　30cm　(外地国勢調査報告　第2輯)　〈複製〉

◇満州国国務院国勢調査報告　第14冊　文生書院　2000.2　414p　30cm　(外地国勢調査報告　第2輯)　〈複製〉

◇満州国国務院国勢調査報告　第15冊　文生書院　2000.2　349,100p　27cm　(外地国勢調査報告　第2輯)　〈複製〉

◇満州国国務院国勢調査報告　補遺　文生書院　2000.2　1冊　27cm　(外地国勢調査報告　第2輯)　〈複製〉

◇満洲年鑑　8　昭和17年版　日本図書センター　2000.1　611p　22cm　(植民地年鑑　8)　〈満州日日新聞社刊の複製〉　32000円　①4-8205-2836-X,4-8205-2835-1

◇満洲年鑑　9　昭和18年版　日本図書センター　2000.1　524p　22cm　(植民地年鑑　9)　〈満州日日新聞社刊の複製〉　28000円　①4-8205-2837-8,4-8205-2835-1

◇満洲年鑑　10　昭和19年版　日本図書センター　2000.1　436p　22cm　(植民地年鑑　10)　〈満州日日新聞社刊の複製〉　28000円　①4-8205-2838-6,4-8205-2835-1

◇満洲年鑑　11　昭和20年版　日本図書センター　2000.1　447p　22cm　(植民地年鑑　11)　〈満州日報社刊の複製〉　32000円　①4-8205-2839-4,4-8205-2835-1

◇日本人物情報大系　11　満洲編　1　芳賀登ほか編　皓星社　1999.10　707p　27cm　〈複製　折り込10枚〉　①4-7744-0269-9

◇日本人物情報大系　12　満洲編　2　芳賀登ほか編　皓星社　1999.10　484p　27cm　〈複製〉　①4-7744-0269-9

◇日本人物情報大系　13　満洲編　3　芳賀登ほか編　皓星社　1999.10　408p　27cm　〈昭和12年刊の複製〉　①4-7744-0269-9

◇日本人物情報大系　14　満洲編　4　芳賀登ほか編　皓星社　1999.10　498p　27cm　〈昭和15年刊の複製〉　①4-7744-0269-9

◇日本人物情報大系　15　満洲編　5　芳賀登ほか編　皓星社　1999.10　365p　27cm　〈昭和18年刊の複製〉　①4-7744-0269-9

◇日本人物情報大系　16　満洲編　6　芳賀登ほか編　皓星社　1999.10　619p　27cm　〈折り込4枚　複製〉　①4-7744-0269-9

◇日本人物情報大系　17　満洲編　7　芳賀登ほか編　皓星社　1999.10　550p　27cm　〈折り込3枚　複製〉　①4-7744-0269-9

◇日本人物情報大系　18　満洲編　8　芳賀登ほか編　皓星社　1999.10　747p　27cm　〈複製　折り込4枚〉　①4-7744-0269-9

◇日本人物情報大系　19　満洲編　9　芳賀登ほか編　皓星社　1999.10　408p　27cm　〈複製〉　①4-7744-0269-9

◇日本人物情報大系　第20巻　満洲編　10　芳賀登〔ほか〕編　皓星社　1999.10　482p　27cm　〈複製〉　①4-7744-0269-9

◇満洲国の幻影—1931—1936　毎日新聞社　1999.9　272p　30cm　(毎日ムック)　2381円　①4-620-79124-5

◇満洲年鑑　5　昭和14年版　日本図書センター　1999.9　537,77,68p　22cm　(植民地年鑑　5)　〈満州日日新聞社刊の複製〉　25000円　①4-8205-2832-7,4-8205-2831-9

◇満洲年鑑　6　昭和15年版　日本図書センター　1999.9　610,105p　22cm　(植民地年鑑　6)　〈満州日日新聞社刊の複製〉　31000円　①4-8205-2833-5,4-8205-2831-9

◇満洲年鑑　7　昭和16年版　日本図書センター　1999.9　781p　22cm　(植民地年鑑　7)　〈満州日日新聞社刊の複製〉

◇満洲国における経済建設の軌跡―中国東北地区の近現代史研究の一環として　長戸紀次郎編　狭山　北東アジア史研究会　1999.6　130p　21cm　〈文献あり〉

◇日本人の植民地経験―大連日本人商工業者の歴史　柳沢遊著　青木書店　1999.5　376p　20cm　（シリーズ日本近代からの問い　2）　3000円　①4-250-99015-X

◇満洲年鑑　1　昭和8年版　日本図書センター　1999.5　636p　22cm　（植民地年鑑　1）　〈満州文化協会昭和8年刊の複製　折り込1枚〉　22000円　①4-8205-2827-0,4-8205-2826-2

◇満洲年鑑　2　昭和11年版　日本図書センター　1999.5　660p　22cm　（植民地年鑑　2）　〈満州日日新聞社昭和10年刊の複製　年表あり〉　24000円　①4-8205-2828-9,4-8205-2826-2

◇満洲年鑑　3　昭和12年版　日本図書センター　1999.5　590,126,98p　22cm　（植民地年鑑　3）　〈附録「在満日満人名録」「満州運動年鑑」を含む　満州日日新聞社昭和11年刊の複製　年表あり〉　22000円　①4-8205-2829-7,4-8205-2826-2

◇満洲年鑑　4　昭和13年版　日本図書センター　1999.5　539p　22cm　（植民地年鑑　4）　〈満州日日新聞社昭和12年刊の複製　年表あり〉　22000円　①4-8205-2830-0,4-8205-2826-2

◇文学から見る「満洲」―「五族協和」の夢と現実　川村湊著　吉川弘文館　1998.12　190p　19cm　（歴史文化ライブラリー　58）　1700円　①4-642-05458-8

◇満洲国―「民族協和」の実像　塚瀬進著　吉川弘文館　1998.12　254p　20cm　2300円　①4-642-07752-9

◇二つの国歌―私の満洲国　古田俊彦著　日本図書刊行会　1997.12　446p　20cm　〈東京　近代文芸社（発売）〉　2500円　①4-89039-559-8

◇少年の曠野―"満州"で生きた日々　照井良彦著　影書房　1997.8　222p　20cm　2000円　①4-87714-243-6

◇満洲崩壊―「大東亜文学」と作家たち　川村湊著　文芸春秋　1997.8　374p　20cm　〈文献,索引あり〉　2381円　①4-16-353200-5

◇「満州国」国民所得統計について　山本有造著　国立　一橋大学経済研究所　1997.7　26p　26cm　（Discussion paper no.D97-6）　〈文献あり〉

◇近代日本と「偽満州国」　日本社会文学会編　不二出版　1997.6　461p　22cm　5000円　①4-938303-21-3

◇満洲の大地を生きのびて　山上春夫著　日本図書刊行会　1997.6　263p　20cm　〈東京　近代文芸社（発売）〉　1500円　①4-89039-449-4

◇「満洲国」の金融　安富歩著　創文社　1997.2　2冊（図表篇とも）　23cm　全10300円　①4-423-85083-4

◇50年目の満洲　野田要,野田悦基著　伊東　野田悦基　1996.12　71p　21cm　〈肖像あり〉　非売品

◇青春の地はるか―五十年目の旧満州への旅　森繁久弥著　日本放送出版協会　1996.11　197p　20cm　〈肖像あり〉　1553円　①4-14-005254-6

◇小山貞知と満洲国　上　小山貞知著,小山昇編　信山社出版　1996.7　555p　22cm　15450円　①4-88261-661-0

◇小山貞知と満洲国　中　小山貞知著,小山昇編　信山社出版　1996.7　677p　22cm　18540円　①4-88261-662-9

◇小山貞知と満洲国　下　小山貞知著,小山昇編　信山社出版　1996.7　536p　22cm　14420円　①4-88261-663-7

◇「満洲国」社会事業史　沈潔著　京都　ミネルヴァ書房　1996.5　313,22p　22cm　（Minerva社会福祉叢書　2）　6180円　①4-623-02633-7

戦争と平和

◇満州国警察外史　幕内満雄著　三一書房　1996.4　330p　23cm　〈満州国警察関係年表,主要引用・参考文献資料：p293～330〉　8000円　①4-380-96235-0

◇満洲の残暉　西田之昭著　福岡　梓書院　1996.4　156p　19cm　971円　①4-87035-076-9

◇私と満州国　堀田禎輔著　ホクエツ印刷（印刷）　1996.4　86p　21cm

◇植民地帝国日本の文化統合　駒込武著　岩波書店　1996.3　465,17p　21cm　8000円　①4-00-002959-2

◇戦火の最終列車—満鉄電話交換手彷徨の記　小原定子著　福岡　海鳥社　1996.3　208p　19cm　〈著者の肖像あり〉　1300円　①4-87415-156-6

◇日本統治と東アジア社会—植民地期朝鮮と満州の比較研究　浜口裕子著　勁草書房　1996.2　291,10p　22cm　7725円　①4-326-30099-X

◇偽満州国論　武田徹著　河出書房新社　1995.11　261p　20cm　2000円　①4-309-22284-6

◇落陽の王道楽土—ああ満蒙開拓青少年義勇軍　安藤房美著　光陽出版社　1995.11　116p　19cm　1000円　①4-87662-167-5

◇満州の記録—満映フィルムに映された満州　集英社　1995.8　247p　27cm　〈年表：p242～245〉　3500円　①4-08-781121-2

◇満洲のスケッチ—軍務のあいまに　浜口芳春著　徳島　教育出版センター　1995.7　101p　22×31cm　〈付・逃亡記　著者の肖像あり〉

◇思い出のむこう—錦西　荒井澄子著　近代文芸社　1995.6　98p　20cm　1100円　①4-7733-4473-3

◇張学良の昭和史最後の証言　NHK取材班,臼井勝美著　角川書店　1995.5　313p　15cm　（角川文庫）　〈関連年表・参考文献：p299～310〉　560円　①4-04-195402-9

◇満洲国と国際連盟　臼井勝美著　吉川弘文館　1995.5　200p　20cm　2266円　①4-642-07460-0

◇まぼろし国・満洲—写真集　江成常夫著　新潮社　1995.4　155p　31×31cm　〈満洲国関連年表：p150　参考・引用文献：p153〉　5000円　①4-10-404701-5

◇「満洲国」の研究　山本有造編　緑蔭書房　1995.4　613p　27cm　〈1993年刊の改訂新版　折り込表2枚〉　24720円　①4-89774-219-6

◇満州逃げ歩記　向井一郎著　近代文芸社　1995.3　117p　20cm　1500円　①4-7733-3745-1

◇満州の思い出　石井和夫著　国立　生涯学習研究社　1995.1　261p　19cm

◇満洲国と関東軍　新人物往来社戦史室編　新人物往来社　1994.12　254p　22cm　3200円　①4-404-02155-0

◇満洲の想い出を拾う　山崎一郎著　飯能　山崎一郎　1994.12　173p　22cm　〈付・『あゝ満洲』よりの抜粋　著者の肖像あり〉

◇黎明の世紀—大東亜会議とその主役たち　深田祐介著　文芸春秋　1994.11　263p　16cm　（文春文庫）　490円　①4-16-721917-4

◇満州国に生まれて—美千子一歳の終戦　植村美千子著　勁草書房　1994.7　202p　19cm　1957円　①4-326-85129-5

◇満洲物語—自分史　武田亀夫著　本庄　武田亀夫　1994.7　166p　19cm　〈著者の肖像あり〉

◇満洲・荒野の旅——少年の記録　栂沢仁著　創樹社　1994.2　206p　20cm　〈著者の肖像あり〉　1500円　①4-7943-0358-0

◇満洲放浪　辻喜四郎著　吹田　辻文　1993.10　218p　21cm　〈著者の肖像あり〉

◇満州民族資本の研究—日本帝国主義と土着流通資本　風間秀人著　緑蔭書房

1993.1　270,5p　21cm　4000円　ⓘ4-89774-210-2

◇日本帝国主義と満州　1900〜1945　上　鈴木隆史著　塙書房　1992.11　451p　21cm　7725円　ⓘ4-8273-1093-9

◇日本帝国主義と満州 1900〜1945　下　鈴木隆史著　塙書房　1992.11　429,12p　21cm　7725円　ⓘ4-8273-1094-7

◇少年たちの満洲　吉村暁著　自由社　1992.4　541p　19cm　3000円　ⓘ4-915237-08-7

◇満州国—虚構の国の彷徨　秋永芳郎著　光人社　1991.1　517p　19cm　2800円　ⓘ4-7698-0545-4

◇満州メモリー・マップ　小宮清著　筑摩書房　1990.12　207p　19cm　（ちくまプリマーブックス　48）　980円　ⓘ4-480-04148-6

◇現代史の断面・満州帝国の成立　ねず・まさし著　校倉書房　1990.11　376p　20cm　3000円　ⓘ4-7517-2050-3

◇ソ連軍進攻と日本軍—満洲—1945.8.9　中山隆志著　国書刊行会　1990.8　455,23p　20cm　〈付（1枚）：満洲国全図〉　3500円　ⓘ4-336-03167-3

◇満州近現代史　王魁喜, 常城, 李鴻文, 朱健華著, 志賀勝訳　現代企画室　1988.11　326p　19cm　（PQブックス）　2200円

◇私と満州国　武藤富男著　文芸春秋　1988.9　469p　19cm　1500円　ⓘ4-16-342520-9

◇満州そして私の無言の旅　鈴木政子著　立風書房　1987.8　270p　20cm　1200円　ⓘ4-651-70033-0

◇満洲建国戦史—満洲青年聯盟かく戦えり　金井章次, 山口重次著　堺　大湊書房　1986.10　254p　20cm　〈限定版〉　2200円

◇満洲全図・吉林省・浜江省　〔地図資料〕　謙光社資料部　1986.10　地図1枚（2図）　95×64cm（折りたたみ24cm）　（日本列島を繞る激動の昭和半世紀の史料　19）　〈数値データ：1：7500000, 1：2250000　ホルダー入（28cm）〉　2500円　ⓘ4-905864-76-3

◇満洲絵葉書写真帖—懐かしの風景　山崎鋆一郎編　那覇　池宮商会出版部　1986.3　1冊（ページ付なし）　16×22cm　〈英文併記　「最新満洲写真帖」（昭和9年刊）の復刻　折り込み2枚〉　ⓘ4-87180-001-6

◇満拓会会誌　第5集　曠野の生と死と—崩壊満洲国よりの生還記　続　満拓会　1985.1　363p　27cm　〈付（地図1枚）〉

◇満拓会会誌　第4集　曠野の生と死と—崩壊満洲国よりの生還記　満拓会　1983.12　348p　27cm　〈付（地図1枚）〉

◇まぼろしの満洲国　神尾弌春著　日中出版　1983.4　158p　19cm　1500円

◇満州帝国　3　児島襄著　文芸春秋　1983.3　359p　16cm　（文春文庫）　380円　ⓘ4-16-714115-9

◇満州帝国　2　児島襄著　文芸春秋　1983.2　342p　16cm　（文春文庫）　380円　ⓘ4-16-714114-0

◇満州帝国　1　児島襄著　文芸春秋　1983.1　345p　16cm　（文春文庫）　380円　ⓘ4-16-714113-2

◇実録・満州国県参事官—大アジア主義実践の使徒　藤川宥二著　堺　大湊書房　1981.2　217p　20cm　〈限定版〉　3000円

◇日本植民地史　4　続・満州—郷愁のアルバム　毎日新聞社　1980.11　274p　28cm　〈『一億人の昭和史』別冊〉　1500円

◇興亡の嵐—満州・建国大学崩壊の手記　山田昌治著　かんき出版　1980.7　254p　19cm　1200円

◇嗚呼満洲国軍　青木国良著　富田林　青木国良　1979.9　149p　19cm

◇歴史の証言—満州に生きて　花野吉平著　龍渓書舎　1979.7　295p　20cm　1900円

◇満洲建国物語—辺境から見た協和党・県参事官史　石田達系雄著　堺　大湊書房　1978.11　175p　19cm　2000円

◇日本植民地史　2　満州—日露戦争から建国・滅亡まで　毎日新聞社　1978.8　306p　28cm　〈『一億人の昭和史』別冊〉　1500円

◇満州国　岡部牧夫著　三省堂　1978.8　207p　19cm　(三省堂選書　48)　900円

◇忘れ得ぬ満洲国　古海忠之著　経済往来社　1978.6　288p　20cm　〈著者の肖像あり〉　2500円

◇回想の満洲国　片倉衷著　経済往来社　1978.3　302p　20cm　2500円

◇実録・満洲警吏誌—生き残ったものの記録　沢田誠峯　松山　元在外公務員援護会　1978.3　333p　19cm　(中国東北近代史叢書　第1集)　〈著者の肖像あり　限定版〉　3000円

◇満州関係立案計画書類目録　京都　現代史研究会　1977.3　13,366p　26cm　〈『経済調査会立案調査書目録　第1巻　立案調査書類文献目録』(南満州鉄道産業部昭和12年刊)の一部複製〉

◇満洲建国と民族協和思想の原点　山口重次著　堺　大湊書房　1976.7　114p　21cm　(満洲文庫　1)　1500円

◇秘史満洲国軍—日系軍官の役割　小沢親光著　柏書房　1976　316p　地図　19cm　1800円

◇満洲建国の夢と現実　国際善隣協会編　謙光社　1975　514p　地図　20cm　2500円

◇昭和史の瞬間　上　朝日ジャーナル編　朝日新聞社　1974　343p　19cm　(朝日選書　11)　〈『朝日ジャーナル』に1965年から66年にかけて連載されたものを収録〉　780円

◇昭和史の瞬間　下　朝日ジャーナル編　朝日新聞社　1974　306,4p　19cm　(朝日選書　12)　〈『朝日ジャーナル』に1965年から66年にかけて連載されたものを収録〉　780円

◇満洲建国の歴史—満洲国協和会史　山口重次著　栄光出版社　1973.12　465p　19cm　〈付・「民族協和」思想と山口重次　大湊義博著　著者の肖像あり〉

◇満洲国史　満洲国史編纂刊行会編　第2版　謙光社　1973　2冊　22cm　〈「総論」「各論」に分冊刊行　発行者:国際善隣協会　初版:満蒙同胞援護会昭和45年刊〉　全10000円

◇満洲国軍　満洲国軍刊行委員会編　蘭星会　1970　952p　図　27cm　〈付：満洲国地名交通要図〉　非売

◇満洲建国十年史　満洲帝国政府編　原書房　1969　967p　22cm　(明治百年史叢書)　9000円

◇満洲青年聯盟史　満洲青年聯盟史刊行委員会編　原書房　1968　1074p　図版　22cm　(明治百年史叢書)　〈昭和8年刊の複刻版〉　6000円

◇青い焔—満洲帝国滅亡記　岡本武徳著　大阪　大阪公論社　1965.8　240p　22cm　〈著者の肖像あり〉

◇満洲国壊滅秘記　嘉村満雄著　大学書房　1960　274p　20cm

◇満洲国の断面—甘粕正彦の生涯　武藤富男著　近代社　1956　255p　図版　19cm

石原　莞爾

明治22(1889).1.18～昭和24(1949).8.15
陸軍軍人。山形県生まれ。陸軍大学校卒業後、ドイツに留学。昭和3年関東軍参謀となる。6年板垣征四郎らと満州事変を起こし、満州国建国を主導した。日中戦争が始まると泥沼化を予見して不拡大を主張し、東条英機ら陸軍中央を批判する。東条と対立したために16年予備役となり、戦後は逆に戦犯指名を免れた。戦後は東亜連盟運動を推進した。熱心な日蓮主義者としても知られる。著書に『世界最終戦論』がある。

＊　　　＊　　　＊

◇石原莞爾満州備忘ノート―東亜連盟永久平和　早瀬利之著　光人社　2004.10　325p　20cm　〈肖像,文献あり〉　2000円　④4-7698-1212-4

◇地ひらく―石原莞爾と昭和の夢　上　福田和也著　文芸春秋　2004.9　458p　16cm　（文春文庫）　724円　④4-16-759302-5

◇地ひらく―石原莞爾と昭和の夢　下　福田和也著　文芸春秋　2004.9　487p　16cm　（文春文庫）〈年譜あり〉　724円　④4-16-759303-3

◇石原莞爾　満州合衆国―国家百年の夢を描いた将軍の真実　早瀬利之著　光人社　2003.11　261p　19cm　1900円　④4-7698-1160-8

◇石原莞爾満州合衆国―国家百年の夢を描いた将軍の真実　早瀬利之著　光人社　2003.11　261p　20cm　〈文献あり〉　1900円　④4-7698-1160-8

◇「昭和」を振り回した6人の男たち　半藤一利編著　小学館　2003.9　256p　15cm　（小学館文庫）〈「「昭和」振り回した男たち」（東洋経済新報社1996年刊）の増訂〉　552円　④4-09-405761-7

◇石原莞爾その虚飾　佐高信著　講談社　2003.8　322p　15cm　（講談社文庫）〈「黄沙の楽土」（朝日新聞社2000年刊）の改題　文献あり〉　571円　④4-06-273814-7

◇石原莞爾の予言―稀代の戦略家が見通した日本の未来　佐治芳彦著　PHP研究所　2003.5　382p　20cm　1900円　④4-569-62766-8

◇石原莞爾―「満洲国」建国を演出した陸軍参謀　楠木誠一郎著　PHP研究所　2002.5　400p　15cm　（PHP文庫）　686円　④4-569-57736-9

◇石原莞爾―天才戦略家の肖像　佐治芳彦著　経済界　2001.10　614p　19cm　2800円　④4-7667-8231-3

◇最終戦争論　石原莞爾著　中央公論新社　2001.9　124p　16cm　（中公文庫）　552円　④4-12-203898-7

◇黄沙の楽土―石原莞爾と日本人が見た夢　佐高信著　朝日新聞社　2000.6　303p　20cm　〈文献あり〉　1600円　④4-02-257525-5

◇石原莞爾独走す―昭和維新とは何だったのか　花輪莞爾著　新潮社　2000.4　762p　19cm　3800円　④4-10-435101-6

◇石原莞爾の悲劇　今岡豊著　新装版　芙蓉書房出版　1999.7　520p　20cm　〈肖像あり〉　4300円　④4-8295-0235-5

◇陸軍良識派の研究―見落とされた昭和人物伝　保阪正康著　光人社　1996.9　244p　19cm　1800円　④4-7698-0785-6

◇石原莞爾―永久平和の使徒　武田邦太郎,菅原一彪編著　冬青社　1996.2　283p　21cm　2800円　④4-924725-28-5

◇石原莞爾　藤本治毅著　新装版　時事通信社　1995.8　368p　19cm　2000円　④4-7887-9521-3

◇秘録 石原莞爾　横山臣平著　新版　芙蓉書房出版　1995.7　412p　19cm　3800円　④4-8295-0152-9

◇石原莞爾と民族問題　入江辰雄著　日本図書刊行会　近代文芸社（発売）　1994.9　258p　19cm　2000円　④4-7733-2615-8

◇石原莞爾と民族問題　入江辰雄著　日本図書刊行会　1994.9　258p　20cm　〈発売：近代文芸社　石原莞爾の肖像あり〉　2000円　④4-7733-2615-8

◇石原莞爾選集　玉井礼一郎編　大和たまいらぼ　1993.9　847p　30cm　〈1985～1986年刊の合本複製　著者の肖像あり〉　30900円　④4-88636-063-7

◇『日米対決』と石原莞爾　マーク・R.ピーティ著,大塚健洋,関静雄,大塚優子,デイヴィッド・アスキュー共訳　大和たまいらぼ　1993.1　378,80p　21cm　9991円　④4-88636-062-9

◇石原莞爾―一軍事イデオロギストの功罪　野村乙二朗著　同成社　1992.12　282p　20cm　2500円　④4-88621-101-1

◇石原莞爾　青江舜二郎著　中央公論社　1992.7　513p　15cm　(中公文庫)　880円　①4-12-201920-6

◇陸軍の異端児 石原莞爾―東条英機と反目した奇才の生涯　小松茂朗著　光人社　1991.3　285p　19cm　1700円　①4-7698-0554-3

◇石原莞爾のすべて　仲条立一, 菅原一彪編　新人物往来社　1989.7　214p　19cm　2000円　①4-404-01639-5

◇石原莞爾―甦る戦略家の肖像　上　佐治芳彦著　日本文芸社　1988.8　301p　19cm　1800円　①4-537-02115-2

◇石原莞爾―甦る戦略家の肖像　下　佐治芳彦著　日本文芸社　1988.8　324p　19cm　1800円　①4-537-02116-0

◇石原莞爾の人類統一論　草刈彦嘉著　山形　草刈彦嘉　1988.7　124p　19cm　1000円

◇石原莞爾選集　9　書簡・日記・年表　石原莞爾著, 玉井礼一郎編　たまいらぼ　1986.11　333p　20cm　〈著者の肖像あり〉　3000円　①4-88636-041-6

◇石原莞爾選集　10　石原莞爾論集　石原莞爾著, 玉井礼一郎編　たまいらぼ　1986.11　330p　20cm　〈著者の肖像あり〉　3000円　①4-88636-042-4

◇石原莞爾選集　4　昭和維新論　石原莞爾著　玉井礼一郎編　たまいらぼ　1986.9　312p　20cm　〈解説：五百旗頭真　肖像：著者〉　3000円　①4-88636-036-X

◇石原莞爾の素顔―東条と対立した悲劇の予言者　横山臣平著, 上法快男編　新版　芙蓉書房　1986.7　267p　19cm　1400円

◇石原莞爾選集　5　教育革新論・国防政治論　石原莞爾著　たまいらぼ　1986.6　319p　19cm　3000円　①4-88636-037-8

◇石原莞爾選集　6　東亜連盟運動　石原莞爾著　たまいらぼ　1986.6　327p　19cm　3000円　①4-88636-038-6

◇石原莞爾選集　7　新日本の建設　石原莞爾著　たまいらぼ　1986.6　340p　19cm　3000円　①4-88636-039-4

◇石原莞爾選集　3　最終戦争論　石原莞爾著　石原六郎, 玉井礼一郎編　たまいらぼ　1986.3　328p　20cm　〈解説：仁科悟郎　肖像：著者ほか〉　3000円　①4-88636-035-1

◇石原莞爾―「永久平和」の先駆者　入江辰雄著　たまいらぼ　1985.9　393p　20cm　〈巻末：参考文献　肖像・筆跡：石原莞爾〉　2000円　①4-88636-027-0

◇石原莞爾選集　1　漢口から妻へ―書簡　石原莞爾著, 玉井礼一郎編　たまいらぼ　1985.9　294,30p　20cm　〈著者の肖像あり〉　3000円

◇石原莞爾選集　2　ベルリンから妻へ―書簡と日記　石原莞爾著, 玉井礼一郎編　たまいらぼ　1985.9　332p　20cm　〈解説：仁科悟郎　肖像：著者ほか　筆跡：著者〉　3000円　①4-88636-030-0

◇師団長石原莞爾　奥田鉱一郎著　芙蓉書房　1984.10　229p　19cm　〈石原莞爾の肖像あり〉　1500円

◇日蓮聖人と石原莞爾　入江辰雄著　たまいらぼ　1984.4　282p　20cm　1200円

◇我観石原莞爾―世界絶対平和と民族協和の理念　三品隆以著　三品隆以著作刊行会　1984.3　292,10p　19cm　〈折り込図1枚　石原莞爾および著者の肖像あり〉　3000円

◇石原莞爾の戦争放棄論―戦争と宗教・科学と宗教篇　白土みどり著　島津書房　1981.11　471p　22cm　〈発売：仮面社〉　5800円

◇夕陽将軍―小説・石原莞爾　杉森久英著　河出書房新社　1981.8　449p　15cm　(河出文庫)　〈解説：杉森久英〉　580円

◇石原莞爾の悲劇　今岡豊著　芙蓉書房　1981.5　520p　20cm　〈石原莞爾の肖像あり〉　3000円

◇人間・石原莞爾片々録　宮本忠孝著　麹町企画　1978.8　193p　18cm　〈石原莞爾の肖像あり　限定版〉　1200円

◇人間石原莞爾　成沢米三著　経済往来社　1977.4　322p　肖像　20cm　1500円

◇最終戦争時代論—石原莞爾の思想　白土みどり著　大阪　邦文社　1971　336p　19cm　700円

◇石原莞爾　成沢米三著　経済往来社　1969　322p　19cm　800円

◇最終戦争は回避できるか—石原莞爾の予言と思想　石川正敏著　佼成出版社　1966　301p　19cm　450円

◇石原莞爾—東亜の父　高木清寿著　錦文書院　1954　281p　図版　19cm　〈奥付には著者高木清寿,高木〔シュン〕子とあり〉

◇石原莞爾—悲劇の将軍　山口重次著　世界社　1952　320p　図版　19cm

◇石原莞爾　榊山潤著　湊書房　1952　282p　図版　19cm

◇悲劇の将軍　石原莞爾　山口重次著　世界社　1952　320p　図版　19cm

溥　儀

1906.2.7〜1967.10.17

清朝最後の皇帝（宣統帝）でのち満州国皇帝（康徳帝）。姓は愛新覚羅。西太后に擁立され1908年に3歳で皇帝に即位。1911年辛亥革命が起こり翌年退位、1924年クーデターで紫禁城を追われ、日本の庇護を受ける。昭和7（1931）年満州国の建国にともない執政に就任、9（1934）年帝政実施により皇帝となる。翌10年満州国皇帝として日本を訪問。しかし満州国は日本軍が実権を握っており名目だけの皇帝であった。20（1945）年日本の敗戦後にソ連に捕らえられ、東京裁判では連合国側の証人として出廷し、執政・皇帝就任は日本軍に強制されたものと証言した。1950年身柄を中国に引き渡され政治犯収容所に収容され、1959年特赦を受ける。晩年は一市民として過ごした。自伝に『我が半生』がある。最後の皇帝としての数奇な生涯は映画やテレビドラマにもとりあげられた。

＊　　　＊　　　＊

◇その時歴史が動いた　15　NHK取材班編　名古屋　KTC中央出版　2002.8　253p　19cm　1600円　⓵4-87758-223-1

◇わが夫、溥儀　李淑賢著　学生社　1997.5　244p　20cm　2200円　⓵4-311-60326-6

◇愛新覚羅溥儀最後の人生　日中文化学院監訳　時事通信社　1995.12　426p　20cm　2718円　⓵4-7887-9537-X

◇溥儀・戦犯から死まで—最後の皇帝溥儀の波瀾にみちた後半生　王慶祥著、王象一、徐耀庭訳　学生社　1995.10　307p　20cm　〈参考文献・年譜：p288〜307〉　2200円　⓵4-311-60325-8

◇溥儀・戦犯から死まで—最後の皇帝溥儀の波瀾にみちた後半生　徐耀庭訳　学生社　1995.10　307p　20cm　〈参考文献・溥儀年譜（1919〜1967）：p288〜307〉　2136円　⓵4-311-60325-8

◇溥儀日記　王慶祥編, 銭端本, 董国良訳　学生社　1994.10　591p　21cm　4800円　⓵4-311-60324-X

◇溥儀日記　王慶祥編, 銭端本ほか訳　学生社　1994.10　591p　図版18枚　22cm　〈著者の肖像あり〉　4800円　⓵4-311-60324-X

◇最後の宦官—溥儀に仕えた波乱の生涯　下　凌海成著, 余斌華, 衛東訳　河出書房新社　1994.6　343p　15cm　（河出文庫）　640円　⓵4-309-47270-2

◇わが半生—「満州国」皇帝の自伝　上　愛新覚羅溥儀著, 小野忍, 野原四郎, 新島淳良, 丸山昇訳　筑摩書房　1992.12　534p　15cm　（ちくま文庫）　980円　⓵4-480-02662-2

◇わが半生—「満州国」皇帝の自伝　下　愛新覚羅溥儀著, 小野忍, 野原四郎, 新島淳良, 丸山昇訳　筑摩書房　1992.12　485,20p　15cm　（ちくま文庫）　980円　⓵4-480-02663-0

◇満州国皇帝の通化落ち　北野憲二著　新人物往来社　1992.5　250p　19cm　1500円　⓵4-404-01910-6

◇皇帝溥儀と関東軍—満州帝国復辟の夢　山川暁著　フットワーク出版　1992.4　260p　21cm　（秘蔵写真で知る近代日本の戦歴　5）〈溥儀の肖像あり〉　1800円　①4-87689-089-7

◇溥儀—1912-1924 紫禁城の廃帝　秦国経編著，宇野直人，後藤淳一訳　東方書店　1991.2　183p　21cm　〈監訳：波多野太郎　溥儀の肖像あり〉　2300円　①4-497-91316-3

◇皇帝溥傑の昭和史　舩木繁著　新潮社　1989.2　238p　19cm　1300円　①4-10-372301-7

◇最後の宦官—溥儀に仕えた波乱の生涯　下　凌海成著，余斌華訳　旺文社　1988.12　382p　19cm　1600円　①4-01-071583-9

◇素顔の皇帝・溥儀—大奥からの証言　第1巻　愛新覚羅毓嶦ほか著，菅泰正訳・編　竹原　大衛出版社　1988.10　267p　19cm　〈溥儀の肖像あり〉　1500円　①4-924818-01-1

◇素顔の皇帝・溥儀—大奥からの証言　第2巻　李玉琴著，菅泰正訳・編　竹原　大衛出版社　1988.10　259p　19cm　〈著者の肖像あり〉　1500円　①4-924818-02-X

◇素顔の皇帝・溥儀—大奥からの証言　第3巻　李淑賢著，菅泰正訳・編　竹原　大衛出版社　1988.10　208p　19cm　〈溥儀の肖像あり　折り込み図1枚〉　1500円　①4-924818-03-8

◇ラスト・エンペラー　エドワード・ベア著，田中昌太郎訳　早川書房　1987.12　406p　15cm　（ハヤカワ文庫NF）　560円　①4-15-050140-8

◇皇帝の密約—埋もれた「満州国」最高機密　NHK"ドキュメント昭和"取材班編　角川書店　1987.1　247p　21cm　（ドキュメント昭和　世界への登場　7）　1700円　①4-04-521607-3

◇悲劇の皇帝溥儀—偽満州国宮廷秘史　周君適著，鄭然権訳　恒文社　1984.2　263p　20cm　1800円　①4-7704-0550-2

◇悲劇の皇帝　溥儀（プーイー）—偽満州国宮廷秘史　周君適著，鄭然権訳　恒文社　1984.2　263p　20cm　1800円　①4-7704-0550-2

◇皇帝溥儀　川嶋庄平著　小金井　川嶋庄平　1980.10　182p　21cm

◇わが半生—「満州国」皇帝の自伝　愛新覚羅溥儀著，小野忍ほか訳　筑摩書房　1977.12　2冊　19cm　（筑摩叢書）　各1500円

◇皇帝溥儀　山田清三郎著　東邦出版社　1973　334p　19cm　780円

◇悲劇の皇帝溥儀—満州国をめぐる動乱五十年　ヘンリー・マクリーベ著，田中文蔵訳　弘文堂　1964　192p　図版　18cm　（フロンティア・ブックス）

◇皇帝溥儀—私は日本を裏切ったか　工藤忠著　世界社　1952　224p　図版　19cm

川島　芳子

1906（明治39）.4.12～1948（昭和23）.3.25

満蒙独立運動家。清朝名門王族の粛親王善耆の第十四王女。日本の大陸浪人川島浪速の養女となり、1915（大正4）年来日。1927（昭和2）年蒙古族の男性と結婚するが2年で離婚。その後、清朝復興の夢を追い、日本の特務機関と関わり諜報活動に暗躍し「東洋のマタハリ」「男装の麗人」などと呼ばれる。日本の敗戦後、国民党軍に逮捕され、1948（昭和23）年、漢奸（売国奴）として銃殺された。

＊　　＊　　＊

◇終の栖・仮の宿—川島芳子伝　岸田理生著　而立書房　2002.7　95p　19cm　1500円　①4-88059-282-X

◇男装の麗人　村松友視著　恒文社21，恒文社〔発売〕　2002.7　285p　19cm　1900円　①4-7704-1074-3

◇女たちが経験したこと—昭和女性史三部作　上坂冬子著　中央公論新社　2000.12　474p　19cm　3600円　①4-12-003094-6

◇動乱の蔭に―私の半生記　川島芳子著　大空社　1997.5　288,174,5p　22cm　（伝記叢書　259）〈時代社昭和15年刊および東京一陽社長野分室昭和24年刊の合本複製　取扱い：柳原書店〉　15000円　①4-7568-0470-5

◇上海へ渡った女たち　西沢教夫著　新人物往来社　1996.5　297p　19cm　2500円　①4-404-02373-1

◇歴史を騒がせた「悪女」たち　山崎洋子著　講談社　1995.4　327p　15cm　（講談社文庫）　540円　①4-06-185934-X

◇夕日よ止まれ　胡桃沢耕史著　徳間書店　1993.10　525p　15cm　（徳間文庫）　640円　①4-19-890004-3

◇血ぬられた悪役たち　日本テレビ放送網　1993.2　247p　19cm　（知ってるつもり?!　9）　1100円　①4-8203-9300-6

◇歴史を騒がせた"悪女"たち　山崎洋子著　講談社　1991.9　250p　19cm　1200円　①4-06-205478-7

◇反逆の女のロマン―人物近代女性史　瀬戸内晴美編　講談社　1989.8　255p　15cm　（講談社文庫）　380円　①4-06-184481-4

◇満州事変　昭和3年の帳作霖爆殺事件から満州建国　平塚柾緒編　新人物往来社　1989.5　299p　21cm　（目撃者が語る昭和史　第3巻）　2600円　①4-404-01610-7

◇男装の麗人・川島芳子伝　上坂冬子著　文芸春秋　1988.5　270p　15cm　（文春文庫）　400円　①4-16-729805-8

◇川島芳子その生涯―見果てぬ滄海　渡辺竜策著　徳間書店　1985.8　284p　16cm　（徳間文庫）〈『川島芳子』（番町書房昭和47年刊）の改題〉　400円　①4-19-597913-7

◇男装の麗人・川島芳子伝　上坂冬子著　文芸春秋　1984.11　254p　20cm　〈川島芳子の肖像あり〉　1100円

◇原田伴彦著作集　6　人物史夜話　京都　思文閣出版　1982.1　430p　20cm　2900円

◇妖花川島芳子伝―銃殺こそわが誇り　楳本捨三著　秀英書房　1980.8　327p　20cm　〈川島芳子の肖像あり〉　1400円

◇楳本捨三著作集　第4巻　銃殺こそわが誇り　秀英書房　1978.6　329p　20cm　〈川島芳子ほかの肖像あり〉　1400円

◇戦雲アジアの女王―川島芳子の一生　楳本捨三著　第二書房　1957　252p　図版　19cm

◇川島芳子獄中記　川島芳子著,林杢兵衛編　長野　東京一陽社長野分室　1949　174p　19cm

上海事件

1932（昭和7）年1月18日、中国・上海で日本人僧侶殺害をきっかけに起きた日中武力衝突。満州事変により上海で排日運動が激しくなる中、日蓮宗僧侶殺害事件が発生。当初は中国人が犯人と喧伝されていたが、真相は関東軍が満州事変から列国の目をそらすために起こした謀略だった。中国軍には学生・市民が協力したため日本軍は各所で苦戦し、列強諸国の調停により5月5日停戦協定が成立した。

　　　　＊　　　＊　　　＊

◇金色の夢―就学生という悲劇―上海事件はなぜ起きた？　佐々木明著　凡人社　2004.4　238p　19cm　1524円　①4-89358-565-7

◇上海事変誌―昭和七年　上海居留民團編　大空社　2002.1　1冊　22cm　（上海叢書　4）〈付属資料：地図1枚　シリーズ責任表示：山下武,高崎隆治/監修　上海居留民團昭和8年刊の複製　折り込5枚〉　①4-283-00197-X

◇昭和六・七年事変海軍戦史―初めて公刊される満州事変・上海事変の海軍正史　第1巻（戦紀巻1　軍機）　海軍軍令部編,田中宏巳,影山好一郎監修・解説　緑蔭書房　2001.7　320p　22cm　〈複製　折り込2枚〉　①4-89774-250-1

◇昭和六・七年事変海軍戦史―初めて公刊される満州事変・上海事変の海軍正史 第2巻(戦紀巻2 軍機) 海軍軍令部編,田中宏巳,影山好一郎監修・解説 緑蔭書房 2001.7 880,82p 22cm 〈複製 折り込15枚〉 ①4-89774-250-1

◇昭和六・七年事変海軍戦史―初めて公刊される満州事変・上海事変の海軍正史 第3巻(戦紀巻3 軍機) 海軍軍令部編,田中宏巳,影山好一郎監修・解説 緑蔭書房 2001.7 1冊 22cm 〈複製〉 ①4-89774-250-1

◇昭和六・七年事変海軍戦史―初めて公刊される満州事変・上海事変の海軍正史 第4巻 海軍軍令部編,田中宏巳,影山好一郎監修・解説 緑蔭書房 2001.7 1冊 22cm 〈複製〉 ①4-89774-250-1

◇昭和六・七年事変海軍戦史―初めて公刊される満州事変・上海事変の海軍正史 別巻 海軍軍令部編,田中宏巳,影山好一郎監修・解説 緑蔭書房 2001.7 211p 22cm 〈複製〉 ①4-89774-250-1

◇恐るべき戦争上海事変―田中政市陣中日誌 田中政市〔著〕 〔豊浜町(香川県)〕 〔田中弘〕 〔1999〕 63p 22cm

◇第一次上海事変における第九師団軍医部「陣中日誌」 野田勝久編・解説 不二出版 1998.6 448,36p 26cm (十五年戦争極秘資料集 補巻5) 18000円

◇尹奉吉―暗葬の地・金沢から 山口隆著 社会評論社 1994.8 208p 19cm 2060円 ①4-7845-0346-3

◇上海の顔役たち 沈寂著,林弘訳 徳間書店 1989.11 349p 15cm (徳間文庫) 500円 ①4-19-598934-5

◇天皇陛下万歳―爆弾三勇士序説 上野英信著 筑摩書房 1989.2 283p 15cm (ちくま文庫) 480円 ①4-480-02287-2

◇激録日本大戦争 第27巻 満州建国と上海事変 原康史著 東京スポーツ新聞社 1988.8 294p 19cm 1300円 ①4-8084-0081-2

◇侵略の告発―暴虐の上海戦線日記 玉井清美著 第2版 阿南 玉井清美 1988.3 326p 19cm 〈著者の肖像あり〉 1300円

◇上海共同租界―事変前夜 NHK"ドキュメント昭和"取材班編 角川書店 1986.5 232p 21cm (ドキュメント昭和) 1700円 ①4-04-521602-2

◇侵略の告発―暴虐の上海戦線日記 玉井清美著 徳島 教育出版センター 1984.12 241p 19cm 〈見返し:上海方面概要図 肖像:著者ほか〉 1300円

◇夜話上海戦記―昭和六~二十年 羽根田市治著 論創社 1984.11 262p 20cm 2000円

◇上海テロ工作76号 晴気慶胤著 毎日新聞社 1980.4 230p 19cm 890円

◇上海敵前上陸 三好捷三著 図書出版社 1979.11 238p 20cm 〈著者の肖像あり〉 1200円

日中戦争

1937(昭和12)年から1945(昭和20)年まで日本と中国(中華民国)との間で続いた戦争。戦前は支那事変、戦後は日華事変とも呼ばれる。1937年7月7日に北京郊外の蘆溝橋付近で起こった日本軍と中国軍の衝突事件(蘆溝橋事件)から全面戦争へと発展した。この夜謎の銃声があり、兵士1名が行方不明になった。この兵士は20分後に戻ったが、その帰隊報告がされないうちに翌8日未明に再度の銃声が確認され、連隊本部から攻撃命令が発令されていったん交戦状態に突入した後、現地では停戦が成立した(この事件が偶発事か謀略かは未だ不明)。近衛内閣は初め不拡大方針を決定するが、陸軍に押され三個師団派兵を

決定、日中全面戦争に発展する。政府は企画院・大本営を設置し戦時体制を整備。日本軍は年内に内蒙古・華北へと占領地を拡大するが、華中では国共合作のもと激しい抵抗に遭い、大きな犠牲を払った末ようやく上海・南京を占領。これに対し蒋介石の国民政府は武漢、重慶へと遷都し抗戦を続ける。1938年1月政府は「国民政府を相手とせず」と声明し和平交渉を打ち切り、日本軍は戦線を拡大。だが日本が占領していたのは広大な中国の都市部と交通網に過ぎず、以後主に農村部を舞台に中国の軍民一致した抵抗が始まり、1939年には戦局は持久戦となる。その後、日本軍は奥地にまで兵を進めることができなかった。1941年の日米交渉でアメリカはハル・ノートで中国からの日本の撤兵を要求、交渉は決裂し太平洋戦争に突入する。1942年以降はアメリカに敗北を続け、さらに1945年8月9日にソ連の参戦を見て、8月15日に日本はポツダム宣言を受諾。8年におよんだ戦争はようやく集結した。この戦争で、日本は戦死者54万人、中国は軍民あわせて1000万人が犠牲になったという。日清戦争以来半世紀にわたり中国に侵略を続けた歴史に、ようやく終止符が打たれた。

◇日中戦争―兵士の証言―生存率3/1000からの生還　川崎春彦著　光人社　2005.12　245p　16cm　〈光人社NF文庫〉　638円　①4-7698-2477-7

◇現代史資料　8　日中戦争　1　島田俊彦,稲葉正夫編　みすず書房　2004.2　75,821p　22cm　〈1991年刊（第7刷）を原本としたオンデマンド版〉　16000円　①4-622-06108-2

◇現代史資料　9　日中戦争　2　臼井勝美,稲葉正夫編　みすず書房　2004.2　55,798p　22cm　〈1996年刊（第7刷）を原本としたオンデマンド版　折り込1枚〉　16000円　①4-622-06109-0

◇現代史資料　10　日中戦争　3　角田順編　みすず書房　2004.2　101,705p　22cm　〈付・南進論　1996年刊（第7刷）を原本としたオンデマンド版　折り込1枚〉　15000円　①4-622-06110-4

◇現代史資料　12　日中戦争　4　小林竜夫〔ほか〕編　みすず書房　2004.2　33,596p　22cm　〈1991年刊（第6刷）を原本としたオンデマンド版　折り込1枚〉　13000円　①4-622-06112-0

◇現代史資料　13　日中戦争　5　臼井勝美編　みすず書房　2004.2　23,721p　22cm　〈1996年刊（第6刷）を原本としたオンデマンド版〉　14000円　①4-622-06113-9

◇日中戦争見聞記―1939年のアジア　コリン・ロス著,金森誠也,安藤勉訳　講談社　2003.8　317p　15cm　〈講談社学術文庫〉　1050円　①4-06-159608-X

◇日中戦争と汪兆銘　小林英夫著　吉川弘文館　2003.7　195p　19cm　〈歴史文化ライブラリー　158〉〈文献あり〉　1700円　①4-642-05558-4

◇日中戦争関係中国語文献目録　日中関係史研究会〔編〕　〔つくば〕　波多野澄雄　2003.3　177p　30cm　〈他言語標題：Bibliography of Chinese works on Sino-Japanese war,1931-1945〉　①4-901776-99-1

◇支那事変は日本の侵略戦争ではない　鈴木正男著　展転社　2002.10　286p　19cm　〈年表あり　文献あり〉　1800円　①4-88656-220-5

◇ドキュメント・日中戦争―1931年9月―1945年8月　エドガー・スノウと将軍遠藤三郎の文書を中心に　政治史：講義ノート　下巻　吉田曠二著　新訂　名古屋　三恵社　2002.6　163p　30cm　〈折り込1枚〉　2248円　①4-88361-108-6

戦争と平和

◇ドキュメント・日中戦争—1931年9月—1945年8月 エドガー・スノウと将軍遠藤三郎の文書を中心に 政治史:講義ノート 中巻 吉田曠二著 新訂 名古屋 三恵社 2002.5 117p 30cm 2439円 ①4-88361-106-X

◇ドキュメント・日中戦争—1931年9月—1945年8月 エドガー・スノウと将軍遠藤三郎の文書を中心に 政治史:講義ノート 上巻 吉田曠二著 新訂 名古屋 三恵社 2002.4 177p 30cm 〈折り込3枚〉 2953円 ①4-88361-069-1

◇日中戦争知られざる真実—中国人はなぜ自力で内戦を収拾できなかったのか 黄文雄著 光文社 2002.1 358p 19cm 〈文献あり 年表あり〉 1300円 ①4-334-97325-6

◇抗日戦回想録 郭沫若著, 岡崎俊夫訳 中央公論新社 2001.8 308p 16cm （中公文庫） 838円 ①4-12-203880-4

◇蘆溝橋事件の実相—平和主義から軍国主義へ 岡野篤夫著 旺史社 2001.8 332p 19cm 2500円 ①4-87119-129-X

◇日中戦争—20世紀の戦争 2 共同通信社写真, 荒井信一解説 草の根出版会 2001.4 174p 23cm （母と子でみる 52） 2800円 ①4-87648-158-X

◇満洲事変と支那事変—動乱の発端 名越二荒之助編 展転社 2001.2 203p 26cm （世界に開かれた昭和の戦争記念館 歴史パノラマ写真集 第1巻） 2800円 ①4-88656-191-8

◇ドキュメント・日中戦争—1931年9月—1945年8月 エドガー・スノウと将軍遠藤三郎の文書を中心に 日本政治史:講義ノート 吉田曠二著 名古屋 三恵社 2000.7 184p 26cm 〈折り込3枚〉 2380円 ①4-88361-021-7

◇蘆溝橋事件嘘と真実—日中戦争深発掘 肥沼茂著 新装改訂版 叢文社 2000.7 303p 20cm 3000円 ①4-7947-0339-2

◇日中戦争対中国情報戦資料 第5巻 粟屋憲太郎, 茶谷誠一編・解説 現代史料出版 2000.6 723p 27cm 〈複製 〔東京〕東出版(発売)〉 ①4-87785-024-4, 4-87785-023-6

◇日中戦争対中国情報戦資料 第6巻 粟屋憲太郎, 茶谷誠一編・解説 現代史料出版 2000.6 698p 27cm 〈複製 〔東京〕東出版(発売)〉 ①4-87785-025-2, 4-87785-023-6

◇日中戦争対中国情報戦資料 第7巻 粟屋憲太郎, 茶谷誠一編・解説 現代史料出版 2000.6 827p 27cm 〈複製 〔東京〕東出版(発売)〉 ①4-87785-026-0, 4-87785-023-6

◇日中戦争対中国情報戦資料 第8巻 粟屋憲太郎, 茶谷誠一編・解説 現代史料出版 2000.6 659p 27cm 〈複製 〔東京〕東出版(発売)〉 ①4-87785-027-9, 4-87785-023-6

◇日中戦争対中国情報戦資料 第9巻 粟屋憲太郎, 茶谷誠一編・解説 現代史料出版 2000.6 608p 27cm 〈複製 〔東京〕東出版(発売)〉 ①4-87785-028-7, 4-87785-023-6

◇日中戦争対中国情報戦資料 第10巻 粟屋憲太郎, 茶谷誠一編・解説 現代史料出版 2000.6 528p 27cm 〈複製 〔東京〕東出版(発売)〉 ①4-87785-029-5, 4-87785-023-6

◇日中戦争対中国情報戦資料 別冊 粟屋憲太郎, 茶谷誠一編・解説 現代史料出版 2000.6 72p 26cm 〈複製 〔東京〕東出版(発売)〉 ①4-87785-030-9, 4-87785-023-6

◇日中戦争—和平か戦線拡大か 臼井勝美著 新版 中央公論新社 2000.4 220p 18cm （中公新書） 680円 ①4-12-101532-0

◇日中戦争対中国情報戦資料 第1巻 粟屋憲太郎, 茶谷誠一編・解説 現代史料出版 2000.1 487p 27cm 〈複製 〔東京〕東出版(発売)〉 ①4-87785-019-8, 4-87785-018-X

◇日中戦争対中国情報戦資料　第2巻　粟屋憲太郎, 茶谷誠一編・解説　現代史料出版　2000.1　531p　27cm　〈複製　〔東京〕東出版(発売)〉　⑪4-87785-020-1,4-87785-018-X

◇日中戦争対中国情報戦資料　第3巻　粟屋憲太郎, 茶谷誠一編・解説　現代史料出版　2000.1　587p　27cm　〈複製　〔東京〕東出版(発売)〉　⑪4-87785-021-X,4-87785-018-X

◇日中戦争対中国情報戦資料　第4巻　粟屋憲太郎, 茶谷誠一編・解説　現代史料出版　2000.1　733p　27cm　〈複製　〔東京〕東出版(発売)〉　⑪4-87785-022-8,4-87785-018-X

◇日中戦争下中国における日本人の反戦活動　藤原彰, 姫田光義編　青木書店　1999.9　294p　22cm　3500円　⑪4-250-99037-0

◇日本、東洋鬼子　岡部正実著　日本図書刊行会　1998.7　254p　20cm　〈東京近代文芸社(発売)〉　1500円　⑪4-8231-0069-7

◇盧溝橋事件支那駐屯憲兵隊　重松関係文書　北博昭編・解説　不二出版　1998.6　219p　26cm　(十五年戦争極秘資料集　補巻6)　9000円

◇日清戦争から盧溝橋事件　吉岡吉典著　新日本出版社　1998.4　350p　19cm　3500円　⑪4-406-02585-5

◇日中戦争の諸相　軍事史学会編　錦正社　1997.12　457p　21cm　〈「軍事史学」第33巻第2・3合併号(第130号記念特集号)と同内容〉　4500円　⑪4-7646-0309-8

◇日中全面戦争と海軍—パナイ号事件の真相　笠原十九司著　青木書店　1997.8　341p　20cm　2800円　⑪4-250-97028-0

◇戦時新聞検閲資料　第1〜15巻、別冊　粟屋憲太郎, 中園裕編集・解説　現代史料出版　1997.6　16冊　26cm　〈〔東京〕東出版(発売)〉　⑪4-906642-23-3

◇満鉄と盧溝橋事件　第1巻　遼寧省档案館編　柏書房　1997.2　376p　27cm　〈解説:小林英夫　複製〉　⑪4-7601-1413-0,4-7601-1412-2

◇満鉄と盧溝橋事件　第2巻　遼寧省档案館編　柏書房　1997.2　373p　27cm　〈解説:小林英夫　複製〉　⑪4-7601-1414-9,4-7601-1412-2

◇満鉄と盧溝橋事件　第3巻　遼寧省档案館編　柏書房　1997.2　333p　27cm　〈解説:小林英夫　複製〉　⑪4-7601-1415-7,4-7601-1412-2

◇盧溝橋事件の研究　秦郁彦著　東京大学出版会　1996.12　419,9p　22cm　7004円　⑪4-13-020110-7

◇盧溝橋事件嘘と真実—日中戦争深発掘　肥沼茂著　叢文社　1996.8　288p　20cm　2000円　⑪4-7947-0245-0

◇日中戦争の悲劇—写真で綴る中国からの証言　馬振犢〔ほか〕編著, 藤ён直正, 藤尾玲子訳　京都　柳原書店　1996.3　226p　20cm　2300円　⑪4-8409-5011-3

◇抗日解放の中国—エドガー・スノーの革命アルバム　エドガー・スノー著, ロイス・ホイーラー・スノー編, 高橋正訳　サイマル出版会　1996.1　271p　25cm　〈新装版　著者の肖像あり〉　3800円　⑪4-377-21067-X

◇内務省新聞記事差止資料集成　第5巻　粟屋憲太郎, 中園裕編集・解説　日本図書センター　1996.1　309p　31cm　(国際検察局押収重要文書　3)　〈複製〉　⑪4-8205-6355-6,4-8205-6350-5

◇内務省新聞記事差止資料集成　第6巻　粟屋憲太郎, 中園裕編集・解説　日本図書センター　1996.1　285p　31cm　(国際検察局押収重要文書　3)　〈複製〉　⑪4-8205-6356-4,4-8205-6350-5

◇内務省新聞記事差止資料集成　第7巻　粟屋憲太郎, 中園裕編集・解説　日本図書センター　1996.1　311p　31cm　(国際検察局押収重要文書　3)　〈複製〉　⑪4-8205-6357-2,4-8205-6350-5

◇内務省新聞記事差止資料集成　第8巻　粟屋憲太郎, 中園裕編集・解説　日本図書

センター　1996.1　343p　31cm　（国際検察局押収重要文書　3）〈複製〉　⓵4-8205-6358-0,4-8205-6350-5

◇内務省新聞記事差止資料集成　第9巻　粟屋憲太郎, 中園裕編集・解説　日本図書センター　1996.1　339p　31cm　（国際検察局押収重要文書　3）〈複製〉　⓵4-8205-6359-9,4-8205-6350-5

◇日中戦争―日・米・中報道カメラマンの記録　平塚柾緒編著　翔泳社　1995.7　253p　23cm　2400円　⓵4-88135-265-2

◇日中戦争期における経済と政治―近衛文麿と池田成彬　松浦正孝著　東京大学出版会　1995.7　347,5p　22cm　6592円　⓵4-13-036083-3

◇中国の大地は忘れない―侵略・語られなかった戦争　森正孝編著　増補改訂版　社会評論社　1995.6　242p　21cm　〈執筆：高橋正博ほか〉　2200円　⓵4-7845-0530-X

◇日中戦争―どろぬまの戦争へ　和歌森太郎ほか, 箕田源二郎さしえ　岩崎書店　1995.1　147p　22cm　（語りつごうアジア・太平洋戦争　2）　2000円　⓵4-265-04422-0

◇日中開戦―軍法務局文書からみた挙国一致体制への道　北博昭著　中央公論社　1994.12　231p　18cm　（中公新書）　720円　⓵4-12-101218-6

◇支那事変従軍写真帖　寺本重樹著　大阪耀樹社　1994.1　249p　28cm

◇盧溝橋事件　安井三吉著　研文出版　1993.9　343p　20cm　（研文選書　55）　2884円　⓵4-87636-113-4

◇盧溝橋事件　安井三吉著　研文出版　1993.9　343p　19cm　（研文選書　55）　2884円　⓵4-87636-113-4

◇日中戦争―日本・中国・アメリカ　中央大学人文科学研究所編　八王子　中央大学出版部　1993.3　465,11p　21cm　（研究叢書　10）　4326円　⓵4-8057-4202-X

◇日中戦争―日本・中国・アメリカ　中央大学人文科学研究所編　八王子　中央大学出版部　1993.3　465,11p　22cm　（中央大学人文科学研究所研究叢書　10）　4326円　⓵4-8057-4202-X

◇現代史の断面・中国侵略　ねず・まさし著　校倉書房　1993.1　374p　20cm　3090円　⓵4-7517-2240-9

◇写真記録日本の侵略:中国/朝鮮　ほるぷ出版　1992.9　250p　26cm　〈解説：黒羽清隆, 梶村秀樹〉　3000円　⓵4-593-53301-5

◇日中戦争と私―次代に語り継ぐ　〔一関〕　日中友好協会岩手県連合会一関支部　1992.6　186p　18cm　〈編集：佐々木文義ほか〉

◇日中戦争―帝国陸海軍全作戦　千葉仁志著　フットワーク出版　1992.5　260p　22cm　（秘蔵写真で知る近代日本の戦歴　4）　1800円　⓵4-87689-091-9

◇言論死して国ついに亡ぶ―戦争と新聞　1936-1945　前坂俊之著　社会思想社　1991.11　255p　20cm　〈奥付の書名（誤植）：言論死して国についに亡ぶ〉　1900円　⓵4-390-60316-7

◇日中戦争史資料―八路軍・新四軍　日中戦争史研究会編訳　滝渓書舎　1991.8　505p　22cm　〈折り込図2枚〉　12000円　⓵4-8447-8337-8

◇日中戦争見聞記―1939年のアジア　コリン・ロス著, 金森誠也, 安藤勉訳　新人物往来社　1990.4　218p　19cm　2200円　⓵4-404-01715-4

◇日中戦争の断面―従軍兵士の自分史　実録　増子音重著　玉川村（福島県）　忘れ草同人事務所　1988.12　159p　20cm　〈著者の肖像あり〉

◇盧溝橋事件　江口圭一著　岩波書店　1988.12　62p　21cm　（岩波ブックレット）　300円　⓵4-00-003433-2

◇日中戦争　5　児島襄著　文芸春秋　1988.10　423p　16cm　（文春文庫）　480円　⓵4-16-714133-7

◇日中戦争　3　児島襄著　文芸春秋　1988.9　414p　16cm　〈文春文庫〉　500円　①4-16-714131-0

◇日中戦争　4　児島襄著　文芸春秋　1988.9　420p　16cm　〈文春文庫〉　500円　①4-16-714132-9

◇日中戦争と日中関係—盧溝橋事件50周年日中学術討論会記録　衛藤瀋吉編著　原書房　1988.9　375p　22cm　2800円　①4-562-01959-X

◇日中戦争　1　児島襄著　文芸春秋　1988.8　440p　16cm　〈文春文庫〉　500円　①4-16-714129-9

◇日中戦争　2　児島襄著　文芸春秋　1988.8　439p　16cm　〈文春文庫〉　500円　①4-16-714130-2

◇盧溝橋事件—日中開戦の実相　岡野篤夫著　旺史社　1988.8　260p　19cm　〈無名戦士の記録シリーズ〉　1200円　①4-87119-203-2

◇盧溝橋事件50周年日中学術討論会報告集　盧溝橋事件50周年日中学術討論会準備委員会　1987.6　2冊(別冊とも)　26cm　〈別冊(20p)　会期・会場：1987年7月7日・8日　京都ほか〉

◇日中戦争日記　第7巻　警備戦　下　村田和志郎著　鵬和出版　1986.8　230p　19cm　1500円　①4-89282-041-5

◇日中戦争日記　第6巻　警備戦　中　村田和志郎著　鵬和出版　1986.7　252p　19cm　1500円　①4-89282-040-7

◇昭和史探訪　2　日中戦争　三国一朗, 井田麟太郎編　角川書店　1985.10　315p　15cm　〈角川文庫〉　460円　①4-04-163202-1

◇日中戦争日記　第5巻　警備戦　上　村田和志郎著　鵬和出版　1985.6　242p　19cm　1500円　①4-89282-032-6

◇日中戦争日記　第4巻　華南掃蕩戦　村田和志郎著　鵬和出版　1985.1　278p　19cm　1500円　①4-89282-027-X

◇資料日本現代史　11　日中戦争期の国民動員　2　吉見義明〔ほか〕編　大月書店　1984.8　xiv,524p　22cm　〈11.日中戦争期の国民動員2吉見義明〔ほか〕編巻末：解題,参考文献　解説：吉見義明〔ほか〕〉　7500円

◇日中戦争日記　第3巻　華南侵攻戦　村田和志郎著　鵬和出版　1984.7　254p　19cm　1500円　①4-89282-023-7

◇資料日本現代史　10　日中戦争期の国民動員　1　吉見義明編　大月書店　1984.4　xvi,538p　22cm　〈10.日中戦争期の国民動員1吉田裕,吉見義明編巻末：解題,参考文献　解説：吉田裕,吉見義明〉　7500円

◇日中戦争日記　第2巻　華中掃蕩戦　村田和志郎著　鵬和出版　1984.4　262p　19cm　〈著者の肖像あり〉　1500円　①4-89282-022-9

◇日中戦争日記　第1巻　杭州湾上陸　村田和志郎著　鵬和出版　1984.2　254p　19cm　〈著者の肖像あり〉　1500円　①4-89282-021-0

◇日中戦争前史　黒羽清隆著　三省堂　1983.8　208p　19cm　〈三省堂選書100〉　1000円　①4-385-43100-0

◇日中戦争—悪戦愚闘ワースト5　森金千秋著　図書出版社　1982.8　254p　20cm　〈巻末：参考文献〉　1300円

◇日中戦争出征日記　木村源左衛門著　秋田　無明舎出版　1982.3　299p　20cm　〈校閲：戸田金一　著者の肖像あり〉　2000円

◇日中戦争実戦記　伊藤勇著　金沢　北国出版社　1980.11　178p　19cm　〈発売：後瀬書房(小浜)〉　1500円

◇一億人の昭和史　日本の戦史　6　日中戦争　4　毎日新聞社　1979.12　274p　28cm　〈おもに図〉　1200円

◇日中戦争史　秦郁彦著　新装版　原書房　1979.12　387,11p　22cm　2800円

◇一億人の昭和史　日本の戦史　5　日中戦争　3　毎日新聞社　1979.10　274p　28cm　〈おもに図〉　1200円

戦争と平和

◇一億人の昭和史　日本の戦史 4　日中戦争 2　毎日新聞社　1979.8　274p　28cm　〈おもに図〉　1200円

◇一億人の昭和史　日本の戦史 3　日中戦争 1　蘆溝橋から「支那事変」へ・第2次上海事変　毎日新聞社　1979.6　274p　28cm　〈おもに図〉　1200円

◇蔣介石秘録 13　大東亜戦争　サンケイ新聞社著　サンケイ出版　1977.3　223p　19cm　〈『サンケイ新聞』に昭和51年8月1日から9月21日までに連載されたもの〉　880円

◇新資料蘆溝橋事件　葛西純一編・訳　成祥出版社　1975　238p　図　20cm　1500円

◇蘆溝橋事件—日本の悲劇　寺平忠輔著　読売新聞社　1970　454p　20cm　800円

◇蘆溝橋事件に於ける支那駐屯歩兵第一聯隊第三大隊戦闘詳報　長沢連治編　横手やまざき印刷部　1970　66p　図　26cm　〈謄写版〉　400円

◇蘆溝橋の一発—従軍憲兵の手記　荒木和夫著　林書店　1968　245p　図版　19cm　〈満洲事変より支那事変にいたる関係年表 239-245p〉

南京大虐殺

　1937(昭和12)年12月から翌年にかけて日本軍が南京で行った暴行虐殺事件。南京事件とも呼ばれる。12月13日、日中戦争勃発から4ヶ月で日本軍は当時の中国の首都南京を占領した。この翌日から数週間にわたって、日本軍は南京城内外で中国の軍人・捕虜・民間人に対し虐殺・強姦・略奪・放火を繰り広げた。この模様はこのとき南京にいた3人の外国人記者によって世界中に報道され、当時の日本政府も情報を得ていた。戦後の東京裁判において、中国側はその犠牲者の数を43万人と発表し、その規模と残虐ぶりが衝撃をよんだ。判決でも、埋葬された死体が15万人以上に及んでいる事実から、占領後の6週間に南京周辺で20万人以上が殺害された、とされた。当時の方面軍司令官松井石根大将は責任を問われ絞首刑となっている。虐殺は起こらなかった、あるいは誇張であって事実に即していない、との主張もあるが、数多くの無抵抗の民間人が殺害されたことは疑いようがない。

◇南京難民区の百日—虐殺を見た外国人　笠原十九司著　岩波書店　2005.8　416p　15cm　(岩波現代文庫　学術)　〈1995年刊の増補　文献あり〉　1300円　①4-00-600150-9

◇南京事件—事件の究明と論争史—2004年度修士学位論文(論文要旨)　稲垣大紀著　横浜　東洋英和女学院大学現代史研究所　2005.3　3,153p　30cm　〈文献あり〉

◇南京「虐殺」研究の最前線—日本「南京」学会年報　平成16年版　東中野修道編著　展転社　2004.12　270p　19cm　2500円　①4-88656-258-2

◇プロパガンダ戦「南京事件」—秘録写真で見る「南京大虐殺」の真実　松尾一郎著　光人社　2004.1　211p　20cm　〈文献あり〉　1800円　①4-7698-1163-2

◇南京戦・切りさかれた受難者の魂—被害者120人の証言　松岡環編著　社会評論社　2003.8　406p　22cm　〈年表あり〉　3800円　①4-7845-0548-2

◇南京事件の核心—データベースによる事件の解明　冨沢繁信著　展転社　2003.7　219,17p　20cm　2500円　①4-88656-236-1

◇南京大虐殺 歴史改竄派の敗北—李秀英名誉毀損裁判から未来へ　本多勝一, 渡

◇辺春己,星徹著　教育史料出版会　2003.6　254p　19cm　1800円　Ⓣ4-87652-433-5
◇南京大虐殺歴史改竄派の敗北―李秀英名誉毀損裁判から未来へ　本多勝一,渡辺春己,星徹著　教育史料出版会　2003.6　254p　19cm　1800円　Ⓣ4-87652-433-5
◇朝日が明かす中国の嘘　田中正明編著　高木書房　2003.5　341p　19cm　1600円　Ⓣ4-88471-055-X
◇南京事件　笠原十九司著　岩波書店　2003.5　248p　18cm　〈岩波新書〉〈第9刷〉　780円　Ⓣ4-00-430530-6
◇南京戦・閉ざされた記憶を尋ねて―元兵士102人の証言　松岡環編著　社会評論社　2002.8　374p　22cm　4200円　Ⓣ4-7845-0547-4
◇私たちが中国でしたこと―中国帰還者連絡会の人びと　星徹著　緑風出版　2002.3　260p　20cm　2400円　Ⓣ4-8461-0202-5
◇南京事件と日本人―戦争の記憶をめぐるナショナリズムとグローバリズム　笠原十九司著　柏書房　2002.2　331p　20cm　2500円　Ⓣ4-7601-2198-6
◇「南京事件」日本人48人の証言　阿羅健一著　小学館　2002.1　316p　15cm　〈小学館文庫〉〈「聞き書南京事件」(図書出版社1987年刊)の増訂〉　600円　Ⓣ4-09-402546-4
◇南京事件の総括―虐殺否定の論拠　田中正明著　展転社　2001.11　347p　19cm　1800円　Ⓣ4-88656-204-3
◇「南京事件」の探究―その実像をもとめて　北村稔著　文芸春秋　2001.11　197p　18cm　〈文春新書〉　680円　Ⓣ4-16-660207-1
◇南京大虐殺の大嘘―何故いつまで罷り通るか　吉本栄著　東京図書出版会　2001.9　296p　19cm　〈東京　星雲社(発売)〉　1500円　Ⓣ4-434-00608-8
◇資料ドイツ外交官の見た南京事件　石田勇治編・訳　大月書店　2001.3　332p　20cm　〈執筆:笠原十九司,田嶋信雄,吉田裕〉　3400円　Ⓣ4-272-52064-4
◇再審「南京大虐殺」―世界に訴える日本の冤罪　日英バイリンガル　日本会議国際広報委員会編　明成社　2000.11　159,155,9p　22cm　〈他言語標題:The alleged'Nanking massacre'　英文併記〉　1900円　Ⓣ4-944219-05-9
◇南京の真実　ジョン・ラーベ著,エルヴィン・ヴィッケルト編,平野卿子訳　講談社　2000.9　381p　15cm　〈講談社文庫〉　648円　Ⓣ4-06-264994-2
◇南京事件の真実―決定版　五十嵐善之丞著　文芸社　2000.8　109p　21cm　1200円　Ⓣ4-8355-0366-X
◇ふたたび南京へ　早乙女勝元編　草の根出版会　2000.4　135p　21cm　〈母と子でみる　49〉　2200円　Ⓣ4-87648-151-2
◇この事実を…―「南京大虐殺」生存者証言集　侵華日軍南京大屠殺遇難同胞紀念館編,加藤実訳　松戸　ストーク　2000.2　431p　21cm　〈東京　星雲社(発売)〉　2000円　Ⓣ4-434-00063-2
◇南京三十万人虐殺説の虚構を暴く―取り戻そう国家の誇り　京都　維新政党・新風本部　2000.1　15p　26cm　〈新風・史料ガイド　no.1〉　300円
◇南京事件の日々―ミニー・ヴォートリンの日記　ミニー・ヴォートリン著,岡田良之助,伊原陽子訳　大月書店　1999.11　256p　20cm　2400円　Ⓣ4-272-52059-8
◇南京大虐殺はなかった　前田雄二著　善本社　1999.11　p79-145　19cm　〈「戦争の流れの中に」(1982年刊)より抜粋〉　500円　Ⓣ4-7939-0393-2
◇南京大虐殺否定論13のウソ　南京事件調査研究会編　柏書房　1999.10　250p　20cm　〈他言語標題:"Thirteen lies"by the deniers of the Nanking massacre〉　1600円　Ⓣ4-7601-1784-9
◇南京事件と三光作戦―未来に生かす戦争の記憶　笠原十九司著　大月書店　1999.

8　321p　20cm　3200円　Ⓓ4-272-52057-1
◇生きている兵隊　石川達三著　伏字復元版　中央公論新社　1999.7　214p　15cm　（中公文庫）　533円　Ⓓ4-12-203457-4
◇新「南京大虐殺」のまぼろし　鈴木明著　飛鳥新社　1999.6　509p　20cm　1900円　Ⓓ4-87031-368-5
◇南京事件の全体像—「南京虐殺」の徹底検証　東中野修道著　大阪　国民会館　1999.1　79p　21cm　（国民会館叢書25）　400円
◇「南京虐殺」への大疑問—大虐殺外国資料を徹底分析する　松村俊夫著　展転社　1998.12　406p　19cm　1900円　Ⓓ4-88656-155-1
◇真相・南京事件—ラーベ日記を検証して　畝本正己著　文京出版　1998.11　236p　22cm　〈東京　建帛社（発売）〉　1800円　Ⓓ4-938893-09-6
◇南京虐殺は「おこった」のか—高校歴史教科書への言語学的批判　クリストファ・バーナード著，加地永都子訳　筑摩書房　1998.11　161p　20cm　2300円　Ⓓ4-480-85762-1
◇戦争と罪責　野田正彰著　岩波書店　1998.8　359p　20cm　2300円　Ⓓ4-00-023606-7
◇「南京虐殺」の徹底検証　東中野修道著　展転社　1998.8　423p　19cm　1800円　Ⓓ4-88656-153-5
◇南京事件をどうみるか—日・中・米研究者による検証　藤原彰編　青木書店　1998.7　195p　20cm　2000円　Ⓓ4-250-98016-2
◇天皇の軍隊と南京事件—もうひとつの日中戦争史　吉田裕著　新装版　青木書店　1998.6　232p　20cm　2000円　Ⓓ4-250-98019-7
◇南京大虐殺の虚構を砕け　吉本栄著　大阪　新風書房　1998.6　244p　19cm　1500円　Ⓓ4-88269-400-X

◇南京事件　笠原十九司著　岩波書店　1997.11　248p　18cm　〈岩波新書〉　640円　Ⓓ4-00-430530-6
◇私の見た南京事件—日本人としていかに考えるべきか　奥宮正武著　PHP研究所　1997.9　217p　20cm　1600円　Ⓓ4-569-55761-9
◇南京の日本軍—南京大虐殺とその背景　藤原彰著　大月書店　1997.8　124p　19cm　1200円　Ⓓ4-272-52051-2
◇南京事件、日本人が醸した南京大虐殺　斉藤忠二郎著　〔京都〕　〔斉藤忠二郎〕　1997.7　187p　19cm
◇南京虐殺と日本軍—幕府山の中国人捕虜殺害事件の真相　渡辺寛著　明石書店　1997.4　264p　20cm　2500円＋税　Ⓓ4-7503-0915-X
◇わが南京プラトーン—一召集兵の体験した南京大虐殺　東史郎著　青木書店　1996.10　259p　20cm　〈新装版　著者の肖像あり〉　2060円　Ⓓ4-250-96043-9
◇南京大虐殺を記録した皇軍兵士たち—第十三師団山田支隊兵士の陣中日記　小野賢二〔ほか〕編　大月書店　1996.3　382p　22cm　6000円　Ⓓ4-272-52042-3
◇仕組まれた"南京大虐殺"—攻略作戦の全貌とマスコミ報道の恐さ　大井満著　展転社　1996.1　325p　20cm　2000円　Ⓓ4-88656-115-2
◇南京大虐殺と日本人の精神構造　津田道夫著　社会評論社　1995.6　267p　20cm　2500円　Ⓓ4-7845-0529-6
◇南京難民区の百日—虐殺を見た外国人　笠原十九司著　岩波書店　1995.6　335p　20cm　2400円　Ⓓ4-00-001543-5
◇南京大虐殺—写真集　「写真集・南京大虐殺」を刊行するキリスト者の会編　エルピス　1995.4　119p　27cm　3400円　Ⓓ4-900394-13-0
◇南京決定版—洞・本多の謀略　斉藤忠二郎編　〔京都〕　〔斉藤忠二郎〕　1993.12　79p　19cm

◇真説・南京攻防戦―彼我両軍の御魂に捧ぐ鎮魂譜 南京事件論争に終止符を　前川三郎著　日本図書刊行会　1993.8　398p　20cm　〈発売：近代文芸社〉　1800円　Ⓣ4-7733-2032-X

◇南京決定版検証　斉藤忠二郎著　〔京都〕〔斉藤忠二郎〕　1993.1　28p　21cm

◇史実の歪曲―東京裁判に見る南京虐殺事件 南京攻略戦　畝本正己著　浦和　閣文社　1992.11　238p　19cm　〈背・表紙の著者表示(誤植)：畝本正巳〉　1500円　Ⓣ4-87619-410-6

◇南京事件資料集　南京事件調査研究会編訳　青木書店　1992.10　2冊　23cm　全29870円　Ⓣ4-250-92023-2

◇南京大虐殺―日本人への告発　南京大虐殺の真相を明らかにする全国連絡会編　大阪　東方出版　1992.9　186p　21cm　1600円　Ⓣ4-88591-308-X

◇南京大虐殺の研究　洞富雄〔ほか〕編　晩声社　1992.5　331p　19cm　1854円

◇南京事件分析　斉藤忠二郎著　〔京都〕〔斉藤忠二郎〕　1992.3　245p　19cm　〈製作：丸善京都河原町店出版サービスセンター　著者の肖像あり〉　2000円

◇南京への道　本多勝一著　朝日新聞社　1989.12　397p　15cm　（朝日文庫）　460円　Ⓣ4-02-260822-6

◇南京事件・京都師団関係資料集　井口和起〔ほか〕編著　青木書店　1989.12　510p　22cm　17510円　Ⓣ4-250-89027-9

◇南京の氷雨―虐殺の構造を追って　阿部輝郎著　教育書籍　1989.12　236p　20cm　2000円　Ⓣ4-317-60039-0

◇南京戦史　南京戦史編集委員会編纂　偕行社　1989.11　2冊（別冊とも）　22cm　〈別冊(789p)：南京戦史資料集 付(2冊)：編年表,軍隊符号〉

◇裁かれた南京大虐殺　本多勝一編　晩声社　1989.4　276p　19cm　1545円

◇南京大虐殺の現場へ　洞富雄〔ほか〕編　朝日新聞社　1988.12　254p　20cm　1200円　Ⓣ4-02-255962-4

◇南京大虐殺　藤原彰著　新版　岩波書店　1988.10　62p　21cm　（岩波ブックレット）　300円　Ⓣ4-00-003435-9

◇南京大虐殺　藤原彰著　新版　岩波書店　1988.10　62p　21cm　（岩波ブックレット）　300円　Ⓣ4-00-003435-9

◇南京虐殺と戦争　曽根一夫著　泰流社　1988.3　262p　20cm　1800円　Ⓣ4-88470-622-6

◇南京事件を考える　洞富雄,藤原彰,本多勝一編　大月書店　1987.8　250p　19cm　2000円　Ⓣ4-272-52015-6

◇南京への道　本多勝一著　朝日新聞社　1987.2　262p　20cm　（朝日ノンフィクション）　1000円　Ⓣ4-02-255649-8

◇南京大虐殺研究札記―惨劇より50年　日本軍侵略中国調査訪中団編　日本軍侵略中国調査訪中団　1986.12　32p　26cm　500円

◇南京大虐殺説の虚構と実体―参戦将兵達が語る　岡本次郎著　改訂版　川辺町(岐阜県)　岡本次郎　1986.10　85p　26cm

◇南京大虐殺の証明　洞富雄著　朝日新聞社　1986.3　334p　20cm　1500円　Ⓣ4-02-255451-7

◇南京事件―「虐殺」の構造　秦郁彦著　中央公論社　1986.2　269p　18cm　（中公新書）　640円　Ⓣ4-12-100795-6

◇日中戦争南京大残虐事件資料集　洞富雄編　青木書店　1985.11　2冊　23cm　全12000円　Ⓣ4-250-85037-4

◇南京大虐殺　藤原彰著　岩波書店　1985.4　63p　21cm　（岩波ブックレット no.43）　250円　Ⓣ4-00-004983-6

◇私記南京虐殺―戦史にのらない戦争の話　続　曽根一夫著　彩流社　1984.12　230p　19cm　1500円

◇証言・南京大虐殺―戦争とはなにか　加々美光行,姫田光義訳・解説　青木書店　1984.8　240p　20cm　1500円　Ⓣ4-250-84024-7

◇南京大虐殺の研究　谷口巌著　Office PANO　1984.8　180p　19cm　1200円

◇私記南京虐殺—戦史にのらない戦争の話　曽根一夫著　彩流社　1984.6　203p　19cm　〈奥付の書名(誤植)：私記南京虐段　著者の肖像あり〉　1200円

◇"南京虐殺"の虚構—松井大将の日記をめぐって　田中正明著　日本教文社　1984.6　358p　19cm　〈松井大将の肖像あり〉　1500円　①4-531-06151-9

◇「南豆大虐殺」のまぼろし　鈴木明著　文芸春秋　1983.11　302p　16cm　（文春文庫）　360円　①4-16-719702-2

◇南京大虐殺—決定版　洞富雄著　現代史出版会　1982.12　302p　20cm　〈発売：徳間書店〉　1500円　①4-19-812649-6

◇南京大虐殺—「まぼろし」化工作批判　洞富雄著　現代史出版会　1975　234p　図　19cm　1400円

◇「南京大虐殺」のまぼろし　鈴木明著　文芸春秋　1973　274p　20cm　750円

◇南京事件　洞富雄著　新人物往来社　1972　246p　20cm　880円

◇南京的虐殺—抗戦以来報告文学選集　以羣選　竜渓書舎　1972　205p　18cm　〈上海作家書屋民国35年刊の複製〉　1600円

◇南京作戦の真相—熊本第六師団戦記　新改定版5版　下野一霍講述，五島広作編　東京情報社　1966　252p(図版共)　19cm

従軍慰安婦

　戦地の慰安所で日本軍将兵を相手に性行為を強いられた女性。日本の支配下にあった朝鮮、中国、東南アジアから強制連行された、あるいは「女子挺身隊」など目的を偽って募集されたといわれる。昭和12(1937)年末の南京占領以降、占領地の女性への強姦と将兵の性病罹患を防止するため、日本軍の方針として慰安所が設置され、慰安婦が集められた。その数は5万人とも20万人ともいわれる。平成4年に軍の関与を示す文書が明らかになった。

　　　　＊　　　　＊　　　　＊

◇イアンフとよばれた戦場の少女　川田文子著　高文研　2005.6　270p　20cm　〈年表あり　文献あり〉　1900円　①4-87498-342-1

◇日本人なら知っておきたい「慰安婦問題」のからくり　阿部晃著　夏目書房　2005.5　236p　19cm　1300円　①4-86062-039-9

◇ハルモニからの宿題—日本軍「慰安婦」問題を考える　石川康宏ゼミナール編著　京都　冬弓舎　2005.3　252p　19cm　（神戸女学院大学総文叢書　4）　1300円　①4-925220-15-2

◇日本軍に棄てられた少女たち—インドネシアの慰安婦悲話　プラムディヤ・アナンタ・トゥール著，山田道隆訳　コモンズ　2004.8　273p　20cm　2800円　①4-906640-81-8

◇韓国女性人権運動史　韓国女性ホットライン連合編，山下英愛訳　明石書店　2004.7　653p　20cm　（世界人権問題叢書　51）　〈文献あり〉　6800円　①4-7503-1945-7

◇「慰安婦」問題とアジア女性基金　女性のためのアジア平和国民基金編　女性のためのアジア平和国民基金　2004.1　86p　26cm　〈年表あり〉

◇戦場の「慰安婦」—拉孟全滅戦を生き延びた朴永心の軌跡　西野瑠美子著　明石書店　2003.12　230p　20cm　〈文献あり〉　2200円　①4-7503-1825-6

◇平和を希求して—「慰安婦」被害者の尊厳回復へのあゆみ　尹貞玉著，鈴木裕子編・解説　武蔵野　白沢社　2003.8　317p　19cm　〈東京　現代書館(発売)〉　2600円　①4-7684-7905-7

◇強制連行・『慰安婦』・在韓米軍問題—日韓・日朝友好のために　釧路　日韓・

250

日朝の明日を考える釧路かささぎの会 2003.6 143p 21cm 953円

◇シンポジウム ナショナリズムと「慰安婦」問題 日本の戦争責任資料センター編 新装版 青木書店 2003.2 252p 19cm 2500円 ⓘ4-250-20304-2

◇ナショナリズムと「慰安婦」問題―シンポジウム 日本の戦争責任資料センター編 新装版 青木書店 2003.2 252p 20cm 2500円 ⓘ4-250-20304-2

◇日本の軍隊慰安所制度と朝鮮人軍隊慰安婦 尹明淑著 明石書店 2003.2 450p 22cm 〈文献あり〉 9500円 ⓘ4-7503-1689-X

◇天皇制・「慰安婦」・フェミニズム 鈴木裕子著 インパクト出版会 2002.9 286p 20cm 2000円 ⓘ4-7554-0124-0

◇女性国際戦犯法廷の全記録 2 松井やより〔ほか〕責任編集 緑風出版 2002.7 443p 20cm (日本軍性奴隷制を裁く―2000年女性国際戦犯法廷の記録 第6巻) 3900円 ⓘ4-8461-0207-6

◇ナヌムの家歴史館ハンドブック ナヌムの家歴史館後援会編 柏書房 2002.7 192p 21cm 2000円 ⓘ4-7601-2252-4

◇脱ゴーマニズム宣言―小林よしのりの「慰安婦」問題 上杉聡著 新装改訂版 大阪 東方出版 2002.6 149p 21cm 1200円 ⓘ4-88591-789-1

◇Q&A女性国際戦犯法廷―「慰安婦」制度をどう裁いたか VAWW-NETジャパン編 明石書店 2002.5 88p 21cm 800円 ⓘ4-7503-1576-1

◇女性国際戦犯法廷の全記録 1 松井やより〔ほか〕責任編集 緑風出版 2002.5 352p 20cm (日本軍性奴隷制を裁く―2000年女性国際戦犯法廷の記録 第5巻) 3400円 ⓘ4-8461-0206-8

◇「慰安婦」問題と私の国会審議 本岡昭次著 本岡昭次東京事務所 2002.4 194p 26cm 1500円

◇おぢいちゃん慰安婦さんに何をしたの? 和田星洲著 彩図社 2002.4 111p 15cm (ぶんりき文庫) 460円 ⓘ4-88392-246-4

◇従軍慰安婦 吉見義明著 岩波書店 2002.4 238,9p 18cm (岩波新書) 〈第14刷〉 780円 ⓘ4-00-430384-2

◇よくわかる韓国の「慰安婦」問題 韓国挺身隊研究所著, 金英姫, 許善子編・訳 アドバンテージサーバー 2002.1 294p 21cm 2500円 ⓘ4-930826-84-5

◇日本軍性奴隷制を裁く「女性国際戦犯法廷」判決全文 〔女性国際戦犯法廷国際実行委員会〕〔編〕 「戦争と女性への暴力」日本ネットワーク 2001.12 323p 30cm

◇裁かれた戦時性暴力―「日本軍性奴隷制を裁く女性国際戦犯法廷」とは何であったか VAWW-NETジャパン編, 西野瑠美子, 金富子責任編集 武蔵野 白沢社 2001.10 307p 19cm 〈東京 現代書館(発売)〉 2600円 ⓘ4-7684-7902-2

◇インドネシア従軍慰安婦の記録―現地からのメッセージ ブディ・ハルトノ, ダダン・ジュリアンタラ著, 宮本謙介訳 京都 かもがわ出版 2001.8 127p 21cm 1400円 ⓘ4-87699-610-5

◇台湾慰安婦関係資料集 朱徳蘭編集・解説 不二出版 2001.8 2冊(セット) 30cm 50000円 ⓘ4-8350-1422-7

◇「慰安婦問題」の問いかけているもの 天児都著 福岡 石風社 2001.7 244p 20cm 1600円

◇平壌からの告発―日本軍「慰安婦」・強制連行被害者の叫び 伊藤孝司文・写真 名古屋 風媒社 2001.7 99p 21cm (風媒社ブックレット 11) 800円 ⓘ4-8331-5410-2

◇「慰安婦」・戦時性暴力の実態 2 西野瑠美子, 林博史責任編集 緑風出版 2000.12 383p 20cm (日本軍性奴隷制を裁く―2000年女性国際戦犯法廷の記録 第4巻) 3400円 ⓘ4-8461-0022-7

戦争と平和

◇戦時・性暴力をどう裁くか―国連マクドゥーガル報告全訳　マクドゥーガル著，VAWW-NET Japan編訳　増補新装2000年版　凱風社　2000.12　244p　19cm　1800円　Ⓣ4-7736-2503-1

◇「慰安婦」・戦時性暴力の実態　1　金富子，宋連玉責任編集　緑風出版　2000.11　347p　20cm　（日本軍性奴隷制を裁く―2000年女性国際戦犯法廷の記録　第3巻）　3000円　Ⓣ4-8461-0017-0

◇加害の精神構造と戦後責任　池田恵理子，大越愛子責任編集　緑風出版　2000.7　314p　20cm　（日本軍性奴隷制を裁く―2000年女性国際戦犯法廷の記録　第2巻）　2800円　Ⓣ4-8461-0010-3

◇皇軍慰安所とおんなたち　峯岸賢太郎著　吉川弘文館　2000.3　193p　19cm　（歴史文化ライブラリー　87）　1700円　Ⓣ4-642-05487-1

◇「慰安婦」問題はどう論議されたか？―第52会期国連人権小委員会（国連人権委員会人権促進保護小委員会）　マクドゥーガル著，日本軍「慰安婦」・強制労働国連NGO連絡会編　日本軍「慰安婦」・強制労働国連NGO連絡会　2000　44p　26cm　（国連NGO資料集　2）　〈「武力紛争時における組織的強姦、性奴隷及び奴隷類似慣行。ゲイ・J.マクドゥーガル特別報告者の最新報告」抄訳　報告・解説：前田朗　英語版原文付〉　500円

◇ナヌムの家を訪ねて―日本軍慰安婦から学んだ戦争責任　同志社大学浅野健一ゼミ編著　現代人文社　1999.12　79p　21cm　（Genjinブックレット　10）　〈〔東京〕　大学図書（発売）〉　850円　Ⓣ4-906531-93-8

◇消えぬ傷痕―朝鮮人従軍慰安婦とクリスチャン兵士の愛　谷内豊著　クリスチャン新聞　1999.7　193p　19cm　〈東京　いのちのことば社（発売）〉　1000円　Ⓣ4-264-01782-3

◇慰安婦と戦場の性　秦郁彦著　新潮社　1999.6　444p　20cm　（新潮選書）　1600円　Ⓣ4-10-600565-4

◇オランダ人「慰安婦」ジャンの物語　ジャン・ラフ＝オハーン著，渡辺洋美訳　木犀社　1999.3　221p　20cm　〈解説：倉沢愛子〉　2200円　Ⓣ4-89618-023-2

◇慰安婦強制連行はなかった―河野談話の放置は許されない　大師堂常慰著　展転社　1999.2　278p　19cm　1800円　Ⓣ4-88656-163-2

◇「慰安婦」問題調査報告　1999　女性のためのアジア平和国民基金「慰安婦」関係資料委員会編　女性のためのアジア平和国民基金　1999.2　143p　26cm

◇海の蛍―若き「従軍」慰安婦の念い　中野衣恵著　新風舎　1998.12　275p　19cm　1600円　Ⓣ4-7974-0767-0

◇慰安婦か兵士か　和田星洲著　文芸書房　1998.11　130p　19cm　1200円　Ⓣ4-89477-014-8

◇朝鮮民主主義人民共和国「従軍慰安婦」問題の調査と主張　朝鮮人強制連行真相調査団編著　大阪　朝鮮人強制連行真相調査団　1998.7　68p　26cm　（資料集　12）　700円

◇授業「従軍慰安婦」―歴史教育と性教育からのアプローチ　川田文子編著　教育史料出版会　1998.5　261p　19cm　1700円　Ⓣ4-87652-338-X

◇ナヌムの家のハルモニたち―元日本軍慰安婦の日々の生活　慧真著，徐勝，金京子訳　京都　人文書院　1998.3　191p　22cm　〈文献あり〉　2400円　Ⓣ4-409-23028-X

◇いま、記憶を分かちあうこと―映画『ナヌムの家』をとおして「従軍慰安婦」問題を考える　『ナヌムの家』を京都で観る会編　大津　素人社　1997.12　88p　21cm　800円　Ⓣ4-88170-901-1

◇いま、歴史の真実を―教科書で教える「従軍慰安婦」「中学校社会科教科書問題」特別委員会編　アドバンテージサーバー　1997.12　95p　21cm　600円　Ⓣ4-930826-37-3

戦争と平和

◇従軍慰安婦―新資料による国会論戦　吉川春子編　あゆみ出版　1997.11　239p　20cm　2000円　①4-7519-2210-6

◇従軍慰安婦と歴史認識　荒井信一, 西野瑠美子, 前田朗共編　新興出版社　1997.11　188p　19cm　1700円　①4-88004-127-0

◇なぜ「従軍慰安婦」を記憶にきざむのか―十代のあなたへのメッセージ　西野瑠美子著　明石書店　1997.11　223p　18cm　1600円　①4-7503-0984-2

◇「慰安婦」関係文献目録　女性のためのアジア平和国民基金編　ぎょうせい　1997.9　227p　22cm　〈他言語標題：A bibliography of publications on the "comfort women" issue　英文併記〉　2600円　①4-324-05241-7

◇教科書が教えかねない自虐　小林よしのり, 竹内義和, 日本の戦争冤罪研究センター著　ぶんか社　1997.8　253p　21cm　1200円　①4-8211-0552-7

◇教科書に書かれなかった戦争　pt.27　「日本軍慰安婦」をどう教えるか　石出法太, 金富子, 林博史編　梨の木舎　1997.8　165p　21cm　1500円　①4-8166-9701-2

◇私は「慰安婦」ではない―日本の侵略と性奴隷　「アジア・太平洋地域の戦争犠牲者に思いを馳せ、心に刻む集会」実行委員会編　大阪　東方出版　1997.8　260p　21cm　（アジアの声　第11集）　2000円　①4-88591-531-7

◇教科書から消せない歴史―「慰安婦」削除は真実の隠蔽　久保井規夫著　明石書店　1997.7　259p　19cm　1800円　①4-7503-0943-5

◇「従軍慰安婦」をめぐる30のウソと真実　吉見義明, 川田文子編著　大月書店　1997.6　97p　21cm　900円　①4-272-52050-4

◇ドキュメント「慰安婦」問題と教科書攻撃　俵義文著　高文研　1997.6　379p　19cm　2500円　①4-87498-193-3

◇元『慰安婦』の証言―五十年の沈黙をやぶって　アジア・フォーラム編　皓星社　1997.6　94p　21cm　（皓星社ブックレット）　800円　①4-7744-0053-X

◇インドネシアの「慰安婦」　川田文子著　明石書店　1997.5　185p　20cm　1800円　①4-7503-0927-3

◇「慰安婦」問題Q&A―「自由主義史観」へ女たちの反論　アジア女性資料センター編　明石書店　1997.4　61p　21cm　571円　①4-7503-0920-6

◇初年兵と従軍慰安婦　菅原幸助著　三一書房　1997.4　251p　19cm　2400円　①4-380-97226-7

◇政府調査「従軍慰安婦」関係資料集成　女性のためのアジア平和国民基金編　龍渓書舎　1997.3　5冊（セット）　21cm　100000円　①4-8447-3474-1

◇検証「従軍慰安婦」―従軍慰安婦問題入門　上杉千年著　増補版　全貌社　1996.9　306p　19cm　1700円　①4-7938-0143-9

◇ニッポン国策慰安婦―占領軍慰安施設・女たちの一生　山田盟子著　光人社　1996.8　244p　19cm　1800円　①4-7698-0770-8

◇「慰安婦」への償いとは何か―「国民基金」を考える　大島孝一ほか編　明石書店　1996.3　229p　19cm　1880円　①4-7503-0778-5

◇中国に連行された朝鮮人慰安婦　韓国挺身隊問題対策協議会, 挺身隊研究会編, 山口明子訳　三一書房　1996.3　194p　19cm　1600円　①4-380-96221-0

◇教科書に書かれなかった戦争　part 22　ビルマ戦線楯師団の「慰安婦」だった私―歴史を生きぬいた女たち　文玉珠語り, 森川万智子構成と解説　梨の木舎　1996.2　212p　21cm　〈文玉珠の肖像あり〉　1751円　①4-8166-9519-2

◇ある日本軍「慰安婦」の回想―フィリピンの現代史を生きて　マリア・ロサ・L.ヘンソン著, 藤目ゆき訳　岩波書店　1995.

253

12　220,3p　19cm　1700円　①4-00-000069-1

◇フィリピンの日本軍「慰安婦」―性的暴力の被害者たち　フィリピン「従軍慰安婦」補償請求裁判弁護団編　明石書店　1995.12　225p　19cm　〈フィリピン侵略、「慰安婦」問題関係年表・参考文献：p214〜222〉　1854円　①4-7503-0764-5

◇従軍慰安婦―性の奴隷　ジョージ・ヒックス著，浜田徹訳　三一書房　1995.10　295p　20cm　2800円　①4-380-95269-X

◇「従軍慰安婦」問題と戦後五十年―今私たちに何が求められているのか　柳原一徳編著　王寺町（奈良県）藻川出版　1995.9　102p　21cm　（藻川ブックレット　no.1）　700円

◇証言「従軍慰安婦」―ダイヤル110番の記録　浦和　日朝協会埼玉県連合会　1995.8　89p　26cm　1200円

◇日本軍慰安婦―共同研究　吉見義明，林博史編著　大月書店　1995.8　235p　20cm　2600円　①4-272-52039-3

◇慰安婦たちの太平洋戦争　続　山田盟子著　光人社　1995.7　279p　16cm　（光人社NF文庫）〈「続」編の副書名：正史になき女たちの戦記〉　550円　①4-7698-2089-5

◇ウサギたちが渡った断魂橋―からゆき・日本人慰安婦の軌跡　上　山田盟子著　新日本出版社　1995.5　270p　19cm　2000円　①4-406-02351-8

◇ウサギたちが渡った断魂橋　下　山田盟子著　新日本出版社　1995.5　250p　19cm　2000円　①4-406-02352-6

◇従軍慰安婦　吉見義明著　岩波書店　1995.4　238,9p　18cm　（岩波新書）650円　①4-00-430384-2

◇従軍慰安婦・慶子―死線をさまよった女の証言　千田夏光著　恒友出版　1995.4　313p　20cm　1700円　①4-7652-5091-1

◇慰安婦たちの太平洋戦争―秘められた女たちの戦記　山田盟子著　光人社　1995.

3　318p　16cm　（光人社NF文庫）　630円　①4-7698-2078-X

◇国際法からみた「従軍慰安婦」問題　国際法律家委員会著，自由人権協会，日本の戦争責任資料センター訳　明石書店　1995.3　244p　19cm　〈年表（日付および事件）：p13〜17〉　2500円　①4-7503-0684-3

◇日本軍「慰安婦」を追って―元「慰安婦」元軍人の証言録　敗戦50年目　西野留美子著　マスコミ情報センター　1995.2　263p　19cm　〈発売：梨の木舎〉　1900円　①4-8166-9504-4

◇もっと知りたい「慰安婦」問題―性と民族の視点から　金富子ほか著　明石書店　1995.1　130p　21cm　1030円　①4-7503-0663-0

◇踏みにじられた人生の絶叫―日本帝国主義の犯罪を告発する　従軍慰安婦編〔朝鮮民主主義人民共和国〕「従軍慰安婦」・太平洋戦争被害者補償対策委員会　1995　93p　21cm

◇教科書に書かれなかった戦争　part 17　100冊が語る「慰安所」・男のホンネ―アジア全域に「慰安所」があった　高崎隆治編著　梨の木舎　1994.12　167p　21cm　1854円　①4-8166-9405-6

◇100冊が語る「慰安所」・男のホンネ―アジア全域に「慰安所」があった　高崎隆治編著　梨の木舎　1994.12　167p　21cm　（教科書に書かれなかった戦争　Part17）　1854円　①4-8166-9405-6

◇女性の人権アジア法廷―人身売買・慰安婦問題・基地売春を裁く　「女性の人権」委員会編　明石書店　1994.10　246p　19cm　1880円　①4-7503-0634-7

◇従軍慰安婦問題の歴史的研究―売春婦型と性的奴隷型　倉橋正直著　共栄書房　1994.8　217p　20cm　1800円　①4-7634-1018-0

◇従軍慰安婦問題の経緯　上杉千年著　大阪　国民会館　1994.5　122p　22cm　（国民会館叢書　10）　500円

◇赤瓦の家―朝鮮から来た従軍慰安婦　川田文子著　筑摩書房　1994.1　307p　15cm　(ちくま文庫)　680円　⑭4-480-02799-8

◇教科書に書かれなかった戦争　part 14　「陣中日誌」に書かれた慰安所と毒ガス―南京大虐殺にかかわったとみられる特設第十三師団第六五連隊の後日譚　高崎隆治著　梨の木舎　1993.12　188p　21cm　2060円　⑭4-8166-9306-8

◇元下級兵士が体験見聞した従軍慰安婦　曽根一夫著　白石書店　1993.11　265p　19cm　2060円　⑭4-7866-0278-7

◇「従軍慰安婦」問題と性暴力　鈴木裕子著　未来社　1993.10　238p　20cm　2060円　⑭4-624-50107-1

◇証言　強制連行された朝鮮人軍慰安婦たち　韓国挺身隊問題対策協議会・挺身隊研究会編、従軍慰安婦問題ウリヨソンネットワーク訳　明石書店　1993.10　345p　19cm　3000円　⑭4-7503-0548-0

◇証言―強制連行された朝鮮人軍慰安婦たち　韓国挺身隊問題対策協議会・挺身隊研究会編、従軍慰安婦問題ウリヨソンネットワーク訳　明石書店　1993.10　345p　19cm　3000円　⑭4-7503-0548-0

◇皇軍慰安所の女たち　川田文子著　筑摩書房　1993.8　228p　20cm　1600円　⑭4-480-81337-3

◇従軍慰安婦だったあなたへ　井上俊夫著　京都　かもがわ出版　1993.8　218p　19cm　1800円　⑭4-87699-099-9

◇従軍慰安婦のはなし―十代のあなたへのメッセージ　西野留美子著　明石書店　1993.8　146p　18cm　〈さし絵：伊勢英子〉　1300円　⑭4-7503-0534-0

◇性と侵略―「軍隊慰安所」84か所元日本兵らの証言　1992京都おしえてください！慰安婦情報電話報告集編集委員会編　新装版　社会評論社　1993.8　373p　21cm　4120円　⑭4-7845-0247-5

◇検証従軍慰安婦―従軍慰安婦問題入門　上杉千年著　全貌社　1993.7　252p　19cm　1500円　⑭4-7938-0133-1

◇破られた沈黙―アジアの「従軍慰安婦」たち　写真記録　伊藤孝司編著　名古屋　風媒社　1993.7　232p　21cm　2400円　⑭4-8331-1031-8

◇「従軍慰安婦」にされた少女たち　石川逸子著　岩波書店　1993.6　218p　18cm　(岩波ジュニア新書　222)　600円　⑭4-00-500222-6

◇アジアの声　第7集　世界に問われる日本の戦後処理　1　「従軍慰安婦」等国際公聴会の記録　国際公聴会実行委員会編　大阪　東方出版　1993.5　190p　21cm　1545円　⑭4-88591-336-5

◇従軍慰安婦と十五年戦争―ビルマ慰安所経営者の証言　西野留美子著　明石書店　1993.5　253p　20cm　2060円　⑭4-7503-0513-8

◇責任と償い―慰安婦・強制連行　日本の戦後補償への国際法と国連への対応　国際人権研究会編　新泉社　1993.5　309p　19cm　2000円　⑭4-7877-9304-7

◇思い出すだに腹が立つ―日本の偽善を糺す　上坂冬子著　光文社　1993.4　192p　18cm　(カッパ・ホームス)　980円　⑭4-334-05204-5

◇証言「朝鮮人従軍慰安婦」　第2集　大宮　日朝協会埼玉県連合会　1993.4　48p　26cm　783円

◇金学順さんの証言―「従軍慰安婦問題」を問う　解放出版社編　大阪　解放出版社　1993.2　288p　19cm　1800円

◇従軍慰安婦―「兵備機密」にされた女たちの秘史　山田盟子著　光人社　1993.2　270p　20cm　1700円　⑭4-7698-0646-9

◇従軍慰安婦資料集　吉見義明編　大月書店　1992.11　599p　19cm　6500円　⑭4-272-52025-3

◇従軍慰安所「海乃家」の伝言―海軍特別陸戦隊指定の慰安婦たち　華公平著　大阪　日本機関紙出版センター　1992.8　146p　19cm　1240円　⑭4-88900-243-X

◇従軍慰安婦―その支配と差別の構図　千田夏光, 馬原鉄男著　京都　部落問題研究所　1992.8　87p　19cm　700円　①4-8298-2040-3

◇〈証言〉従軍慰安婦・女子勤労挺身隊―強制連行された朝鮮人女性たち　伊藤孝司編著　名古屋　風媒社　1992.8　159p　21cm　2060円　①4-8331-1029-6

◇朝鮮人女性がみた「慰安婦問題」―明日をともに創るために　尹貞玉ほか著　三一書房　1992.8　281p　18cm　(三一新書　1044)　750円　①4-380-92008-9

◇帰らぬ女たち―従軍慰安婦と日本文化　富山妙子著　岩波書店　1992.7　63p　21cm　(岩波ブックレット　NO.261)　350円　①4-00-003201-1

◇従軍慰安婦と戦後補償―日本の戦後責任　高木健一著　三一書房　1992.7　200p　18cm　(三一新書)　700円　①4-380-92006-2

◇戦場日誌にみる従軍慰安婦極秘資料集　琴秉洞編・解説　緑蔭書房　1992.7　398p　27cm　〈複製〉　16480円　①4-89774-208-0

◇朝鮮人軍隊慰安婦―韓国女性からの告発　金文淑著　明石書店　1992.7　271p　20cm　1800円　①4-7503-0441-7

◇朝鮮人従軍慰安婦・女子挺身隊資料集　金英達編　神戸　神戸学生青年センター出版部　1992.7　226p　26cm　1133円

◇慰安婦たちの太平洋戦争―闇に葬られた女たちの戦記　沖縄篇　山田盟子著　光人社　1992.6　274p　19cm　1700円　①4-7698-0613-2

◇慰安婦たちの太平洋戦争　沖縄篇　山田盟子著　光人社　1992.6　274p　20cm　〈沖篇編の副書名：闇に葬られた女たちの戦記〉　1700円　①4-7698-0613-2

◇従軍慰安婦と天皇　千田夏光著　京都　かもがわ出版　1992.6　63p　21cm　(かもがわブックレット　50)　450円　①4-87699-046-8

◇従軍慰安婦110番―電話の向こうから歴史の声が　従軍慰安婦110番編集委員会編　明石書店　1992.6　188p　21cm　1300円　①4-7503-0431-X

◇強制連行と従軍慰安婦　平林久枝編　日本図書センター　1992.5　282p　22cm　(平和図書館)　〈解説：平林久枝〉　2575円　①4-8205-7109-5

◇高校生徹底質問!!従軍慰安婦とは何か　千田夏光著　汐文社　1992.5　77p　21cm　1000円　①4-8113-0134-X

◇従軍慰安婦―元兵士たちの証言　西野留美子著　明石書店　1992.4　242p　20cm　1700円

◇母・従軍慰安婦―かあさんは「朝鮮ピー」と呼ばれた　尹静慕著, 鹿嶋節子訳, 金英達解説　神戸　神戸学生青年センター出版部　1992.4　169p　21cm　〈文献資料リスト：p147～169〉　1030円

◇慰安婦たちの太平洋戦争―正史になき女たちの戦記　続　山田盟子著　光人社　1992.3　277p　19cm　1700円　①4-7698-0595-0

◇従軍慰安婦・内鮮結婚―性の侵略・戦後責任を考える　鈴木裕子著　未来社　1992.3　220p　20cm　1854円　①4-624-50097-0

◇証言「朝鮮人従軍慰安婦」　大宮　日朝協会埼玉県連合会　1992.3　30p　26cm　500円

◇証言「朝鮮人従軍慰安婦」　大宮　日朝協会埼玉県連合会　1992.3　30p　26cm　500円

◇朝鮮人従軍慰安婦―証言 昭和史の断面　鈴木裕子著　岩波書店　1991.12　61p　21cm　(岩波ブックレット　NO.229)　350円　①4-00-003169-4

◇日本の戦後責任と従軍慰安婦問題―11.16女性シンポジウム報告　日本社会党女性局編　日本社会党女性局　1991.12　72p　21cm　(社会党ブックレット)

◇アリランのうた―オキナワからの証言　朴寿南編　青木書店　1991.11　300p　20cm　2575円　①4-250-91029-6

◇私たちは忘れない！朝鮮人従軍慰安婦―在日同胞女性からみた従軍慰安婦問題　従軍慰安婦問題を考える在日同胞女性の会(仮称)訳編　従軍慰安婦問題を考える在日同胞女性の会(仮称)　1991.4　60p　26cm　〈発売：従軍慰安婦問題ウリヨソンネットワーク〉　500円

◇天皇の軍隊と朝鮮人慰安婦　金一勉著　三一書房　1988.2　284p　20cm　〈第9刷(第1刷：1976年)〉　1500円

◇従軍慰安婦　千田夏光著　講談社　1984.11　272p　15cm　(講談社文庫)　380円　①4-06-183374-X

◇従軍慰安婦　千田夏光著　講談社　1984.11　272p　15cm　(講談社文庫)〈解説：高木俊朗〉　380円　①4-06-183374-X

◇漢口慰安所　長沢健一著　図書出版社　1983.7　246p　20cm　1400円

◇オンナたちの慟哭―戦争と女性哀話　千田夏光著　汐文社　1981.3　228p　20cm　(同時代叢書)　1200円

◇からゆきさん　森崎和江著　朝日新聞社　1980.11　223p　15cm　320円

◇沖縄のハルモニ―大日本売春史　山谷哲夫編著　晩声社　1979.12　201p　20cm　(ルポルタージュ叢書　21)　1300円

◇従軍慰安婦　千田夏光著　三一書房　1978.9　2冊　18cm　(三一新書)　各480円

◇軍隊慰安婦―戦争と人間の記録　金一勉編著　現代史出版会　1977.12　249p　20cm　〈発売：徳間書店(東京)〉　1300円

◇朝鮮人慰安婦と日本人―元下関労報動員部長の手記　吉田清治著　新人物往来社　1977.3　227p　20cm　1200円

◇従軍慰安婦悲史―戦史の空白部分を抉る　千田夏光著　エルム　1976　286p　19cm　780円

◇証言記録従軍慰安婦・看護婦―戦場に生きた女の慟哭　広田和子著　新人物往来社　1975　246p　20cm　1200円

◇従軍慰安婦　続(償われざる女八万人の慟哭)　千田夏光著　双葉社　1974　273p　19cm　650円

◇従軍慰安婦―"声なき女"八万人の告発　千田夏光著　双葉社　1973　220p　19cm　530円

◇女の戦記　第1　女の兵器　ある朝鮮人慰安婦の手記　近代戦史研究会編　金春子　浪速書房　1965　243p(図版共)　18cm

張鼓峰事件

　1938(昭和13)年7月に起きた日本とソ連の武力衝突事件。満州・ソ連・中国の国境が接する一帯の丘陵地である張鼓峰は、かねてよりその帰属が問題になっていた。7月6日ソ連が張鼓峰に陣地を構築。これに反発した日本陸軍部隊が30日に独断で攻撃を開始したが、逆に圧倒的な兵力を持つソ連軍に反撃されて敗北・退却した。8月11日モスクワで停戦協定が調印された。

*　　　*　　　*

◇東洋協会調査資料　第5巻(第26輯―第37輯)　東洋協会調査部編　日本図書センター　2002.10　1冊　22cm　(植民地調査資料集　第1期)〈「調査資料パンフレット　第26輯―第37輯」(東洋協会昭和12-13年刊)の複製　折り込み2枚〉　①4-8205-8644-0,4-8205-8639-4

◇もう一つのノモンハン張鼓峯事件―1938年の日ソ紛争の考察　アルヴィン・D.クックス著, 岩崎博一, 岩崎俊夫訳, 秦郁彦監修・解説　原書房　1998.9　409p　22cm　5800円　①4-562-03099-2

◇張鼓峰事件　中村粲著　大阪　国民会館　1996.9　63p　21cm　(国民会館叢書　17)　400円

◇新聞集成昭和編年史　昭和13年度版　3　張鼓峰事件―七月～九月　明治大正昭

◇和新聞研究会編集製作　新聞資料出版　1991.8　908,28p　27cm　25750円

◇張鼓峰事件と終戦の記　雨宮琢磨著　逗子　雨宮琢磨　1986.8　103p　19cm　〈製作：中央公論事業出版〉

◇ソ連の社会と外交　中西治著　南窓社　1986.2　336p　21cm　4500円

◇われら張鼓峰を死守す　富永亀太郎著　芙蓉書房　1981.8　299p　20cm　〈著者の肖像あり〉　2200円

ノモンハン事件

1939(昭和14)年5月、満州国とモンゴル(外蒙古)の国境ノモンハン付近で起こった、日本とソ連との大規模な武力衝突。ノモンハン一帯の国境については以前から争いがあったが、5月12日にノモンハン付近でハルハ河を越えたモンゴル軍と満州国軍が衝突する事件が勃発した。日本陸軍は第23師団を出動させモンゴル軍を一時撃退したが、ソ連軍がモンゴル軍に加わって反撃。国境紛争には強硬方針で臨むとの満ソ国境紛争処理要項を決めていた関東軍司令部はソ連軍撃破の強硬策を決定し、航空部隊による爆撃に続いて、7月2日第23師団本隊が攻撃を開始した。しかしソ連軍の優勢な火力と戦車の反撃を受けて日本軍は苦戦。本格的な日ソ戦争に拡大することを恐れた大本営は不拡大方針を決めるが、関東軍はこれを無視して7月23日に攻撃を行い、その失敗後も第3次攻勢を準備。一方ソ連軍も国境線回復のため8月20日から大兵力を集中した総攻撃を開始したため、日本軍は第23師団壊滅の大敗を喫した。9月1日ヨーロッパで第二次世界大戦が勃発したため、大本営は攻撃中止と退却を厳命、9月15日にモロトフ外相と東郷茂徳駐ソ大使との間で停戦協定が調印された。この敗北は、陸軍の対ソ戦の企図に大きな打撃を与えた。

◇ノモンハン戦車戦―ロシアの発掘資料から検証するソ連軍対関東軍の封印された戦い　マクシム・コロミーエツ著、小松徳仁訳、鈴木邦宏監修　大日本絵画　2005.7　151p　22cm　(独ソ戦車戦シリーズ7)　2500円　①4-499-22888-3

◇考証・ノモンハン事件―つきとめたその真実　楠裕次編著　〔甲府〕　〔楠裕次〕　2005.5　392p　19cm　〈私家版　文献あり〉　2700円

◇遥かなるノモンハン　星亮一著　光人社　2004.12　294p　20cm　1900円　①4-7698-1221-3

◇ノモンハンの空―昭和陸軍遊撃飛行隊物語　鈴木五郎著　光人社　2004.7　264p　16cm　(光人社NF文庫)　667円　①4-7698-2426-2

◇ノモンハン事件の真相と戦果―ソ連軍撃破の記録　小田洋太郎、田端元著　原史集成会　2002.7　246p　21cm　〈東京有朋書院(発売)　文献あり〉　3500円　①4-89713-110-3

◇ノモンハン事件日本陸軍「失敗の連鎖」の研究　三野正洋、大山正著　ワック　2001.6　317p　20cm　1800円　①4-89831-026-5

◇ノモンハンの夏　半藤一利著　文芸春秋　2001.6　471p　16cm　(文春文庫)　〈文献あり〉　590円　①4-16-748310-6

◇ノモンハン事件陣中日誌　渡辺亮吉著　甲府　サンニチ印刷　2001.3　162p　21cm　〈肖像あり〉

◇ノモンハン桜―ノモンハン事件二十六連隊第二中隊戦友会二十周年記念誌　菊地美智子編　〔札幌〕　菊地美智子　2000.

戦争と平和

◇ノモンハンとインパール 辻密男著 旺史社 2000.8 267p 19cm 〈解説：田中春雄〉 2500円 ①4-87119-125-7

◇司馬遼太郎は何故ノモンハンを書かなかったか？ 北川四郎著 垂井町(岐阜県) 垂井日之出印刷所 2000.6 204p 20cm 2095円

◇昭和史の落丁、ノモンハンを考える—『ノモンハンの真実』に寄せられた63人の所感集 楠裕次編著 〔甲府〕〔楠裕次〕 2000.4 76p 21cm

◇ノモンハンの地平—ホロンバイル草原の真実 細川呉港著 光人社 2000.1 299p 20cm 2300円 ①4-7698-0943-3

◇ノモンハンの北斗七星 小林静雄著 有朋書院 1999.12 288p 20cm 1400円 ①4-89713-002-6

◇ノモンハン事件回顧録 丸山正巳著 喜多方 おもはん社(印刷) 1999.7 158p 21cm

◇ノモンハン・脱走記 平川了大著 京都 探究社 1998.8 247p 20cm 1905円 ①4-88483-526-3

◇ノモンハン—それは、日本陸軍崩壊の序章であった！ 楠裕次編著 〔甲府〕〔楠裕次〕 1997.10 346p 19cm (〈私説〉あゝ、ノモンハン 生きている「英霊」を想う 第5弾)

◇ノモンハンへの道—モンゴル横断一千キロ 旭照愿著 日本図書刊行会 1997.1 106p 20cm 〈発売：近代文芸社〉 1300円 ①4-89039-141-X

◇ノモンハン戦場日記 ノモンハン会編 新人物往来社 1994.10 367p 22cm 1900円 ①4-404-02138-0

◇ノモンハン 4 教訓は生きなかった アルヴィン・D.クックス著, 岩崎俊夫, 吉本晋一郎訳 朝日新聞社 1994.7 382p 15cm (朝日文庫) 〈監修：秦郁彦〉 960円 ①4-02-261004-2

◇ノモンハン 3 アルヴィン・D.クックス著, 岩崎俊夫, 吉本晋一郎訳 朝日新聞社 1994.6 401p 15cm (朝日文庫) 980円 ①4-02-261003-4

◇ノモンハン 2 剣をふるって進め アルヴィン・D.クックス著, 岩崎俊夫訳 朝日新聞社 1994.5 389p 15cm (朝日文庫) 〈監修：秦郁彦〉 960円 ①4-02-261002-6

◇ノモンハン 1 ハルハ河畔の小競り合い アルヴィン・D.クックス著, 岩崎俊夫訳 朝日新聞社 1994.3 412p 15cm (朝日文庫) 〈監修：秦郁彦〉 980円 ①4-02-261001-8

◇ノモンハン孤立兵の遺書—個人にとって戦争とは何か 富永信著 農山漁村文化協会 1993.12 228p 19cm (人間選書 171) 1900円 ①4-540-93053-2

◇現代史の断面・ノモンハンの惨敗 ねず・まさし著 校倉書房 1993.10 345p 20cm 3090円 ①4-7517-2310-3

◇ノモンハン事件 越智春海著 図書出版社 1993.10 274p 20cm 1854円 ①4-8099-0180-7

◇ノモンハン・ハルハ河戦争—国際学術シンポジウム全記録 1991年東京 ノモンハン・ハルハ河戦争国際学術シンポジウム実行委員会編 原書房 1992.8 297p 20cm 3800円 ①4-562-02363-5

◇ノモンハン戦—人間の記録 壊滅篇 御田重宝著 徳間書店 1991.8 321p 16cm (徳間文庫) 500円 ①4-19-598954-X

◇ノモンハン戦—人間の記録 攻防篇 御田重宝著 徳間書店 1991.8 322p 16cm (徳間文庫) 500円 ①4-19-598953-1

◇ソ満国境ノモンハン事変・陣中日誌 佐藤長之進著 柳井 谷林チサト 1990.12 161p 26cm 〈『谷林博遺稿集』別冊1 著者の肖像あり〉

◇我が青春のノモンハン事件スケッチ集 清水勝嘉補 不二出版 1990.8 160p

戦争と平和

◇ノモンハン1990—空白の50年　篠宮喜代四著　にんげん社　1990.3　190p　19cm　1300円

◇人間の記録　ノモンハン戦　壊滅篇　御田重宝著　徳間書店　1989.12　321p　15cm　（徳間文庫）　500円　Ⓘ4-19-598954-X

◇人間の記録　ノモンハン戦　攻防篇　御田重宝著　徳間書店　1989.12　322p　15cm　（徳間文庫）　500円　Ⓘ4-19-598953-1

◇ノモンハン—草原の日ソ戦 1939　下　アルヴィン・D.クックス著, 岩崎俊夫, 吉本晋一郎訳　朝日新聞社　1989.12　424,28p　21cm　3100円　Ⓘ4-02-256067-3

◇ノモンハン—草原の日ソ戦ー1939　下　岩崎俊夫, 吉本晋一郎訳　朝日新聞社　1989.12　424,28p　22cm　〈監修：秦郁彦〉　3100円　Ⓘ4-02-256067-3

◇ノモンハン—草原の日ソ戦 1939　上　アルヴィン・D.クックス著, 岩崎俊夫訳　朝日新聞社　1989.8　439p　21cm　3100円　Ⓘ4-02-256046-0

◇ノモンハン—草原の日ソ戦ー1939　上　岩崎俊夫訳　朝日新聞社　1989.8　439p　22cm　3100円　Ⓘ4-02-256046-0

◇ノモンハン五十周年記念誌　出雲　島根県ハルハ会　1989.8　288p　21cm

◇遙かなる戦陣—わが初年兵からノモンハン事変・太平洋戦争従軍の記録　小峯一郎著　小田原　小峯一郎　1989.1　394p　22cm　〈製作：アルファ　著者の肖像あり〉

◇激闘・ノモンハン—23師歩71・3中隊　福山ノモンハン会三中隊戦友会著　福山三中隊戦友会　1988.11　346p　19cm　〈編集：佐藤信朗, 藤谷重雄〉　2000円

◇ノモンハン全戦史　牛島康允著　自然と科学社　1988.4　478p　21cm　〈発売：星雲社〉　3200円　Ⓘ4-7952-3621-6

◇惨たり燦たりノモンハンの夕映え—捜索第二十三聯隊の戦闘詳報　鬼塚智応著　宮崎　鬼塚智応　1988.3　329p　22cm　2800円

◇ノモンハン　五味川純平著　文芸春秋　1986.6　344p　20cm　〈第21刷（第1刷：1975年）〉　1100円

◇静かなノモンハン　伊藤桂一著　講談社　1986.3　252p　15cm　（講談社文庫）　360円　Ⓘ4-06-183694-3

◇帰らざるノモンハン—日満ソ蒙国境確定交渉秘話　石田喜与司著　芙蓉書房　1985.9　253p　20cm　〈折り込み図1枚〉　1600円

◇噫々ハイラル—ノモンハン戦からシベリアへ　多田秀雅著　近代文芸社　1985.3　237p　19cm　〈著者の肖像あり〉　1200円　Ⓘ4-89607-441-6

◇ハルハ河会戦参戦兵士たちの回想　O.プレブ編, D.アルマース訳　恒文社　1984.11　168p　20cm　〈監修：田中克彦〉　1400円　Ⓘ4-7704-0590-1

◇ノモンハンの真相—戦車連隊長の手記　玉田美郎著, 加登川幸太郎編　原書房　1981.10　217p　20cm　〈著者の肖像あり〉　1500円　Ⓘ4-562-01182-3

◇ノモンハン九〇野砲兵士の記録　続　福島靖, 菅原富也編集　市川　福島靖　1980.10　170p　26cm　10000円

◇ノモンハン—元満州国外交官の証言　戦争と人間の記録　北川四郎著　現代史出版会　1979.2　237p　20cm　〈発売：徳間書店（東京）〉　1200円

◇ノモンハン戦—人間の記録　壊滅篇　御田重宝著　現代史出版会　1977.5　285p　20cm　〈発売：徳間書店（東京）〉　1300円

◇続ノモンハン戦記　小沢親光著　新人物往来社　1976　245p　20cm　1200円

◇ノモンハン戦記　続　小沢親光著　新人物往来社　1976　245p　20cm　1200円

◇ノモンハン中隊長の手記　小野塚吉平著　新人物往来社　1976　246p　20cm

1300円
◇ノモンハン　辻政信著　新装版　原書房　1975　234p 図　20cm　900円
◇ノモンハン戦記　小沢親光著　新人物往来社　1974　213p　20cm　980円
◇ノモンハン秘史　辻政信著　原書房　1967　234p 図版　19cm　（原書房・100冊選書）
◇ノモンハンの死闘　三田真弘著　札幌北海タイムス社　1965　497p　21cm
◇ノモンハン空戦記―ソ連空将の回想　ア・ベ・ボロジェイキン著, 林克也, 太田多耕訳　弘文堂　1964　193p 図版　18cm （フロンティア・ブックス）

辻　政信

明治35（1902）.10.11～昭和43（1968）.7.20？
陸軍軍人・政治家。石川県生まれ。昭和12年関東軍参謀となり、14年のノモンハン事件では強硬策を指導。太平洋戦争開戦後はシンガポール、ガダルカナル、ビルマで作戦の中心を担うる。タイで終戦を迎え、戦犯追及を逃れるため僧侶となって地下に潜行し23年帰国。逃走記録『潜行三千里』を著す。27年参議院議員となる。36年紛争仲裁のためとしてラオスに入り行方不明となり、43年7月20日死亡宣告が出された。

＊　　　＊　　　＊

◇八月の砲声―ノモンハンと辻政信　津本陽著　講談社　2005.8　490p　20cm　2200円　ⓘ4-06-212929-9
◇作戦参謀辻政信―ある辣腕参謀の罪と罰　生出寿著　新装版　光人社　2003.3　322p　19cm　2000円　ⓘ4-7698-1087-3
◇二人の参謀―服部卓四郎と辻政信　高山信武著　芙蓉書房出版　1999.7　366p　19cm（芙蓉軍事記録リバイバル）《『服部卓四郎と辻政信』改題書》　3800円　ⓘ4-8295-0234-7
◇権謀に憑かれた参謀辻政信―太平洋戦争の舞台裏　田々宮英太郎著　芙蓉書房出版　1999.6　295p　20cm　〈『参謀辻政信・伝奇』（1986年刊）の新版〉　2500円　ⓘ4-8295-0232-0
◇闇に消えた参謀辻政信　霧台弘著　叢文社　1996.11　200p　20cm　〈付：引用文献〉　1456円　ⓘ4-7947-0255-8
◇辻政信と七人の僧―奇才参謀と部下たちの潜行三千里　橋本哲男著　光人社　1994.11　408p　15cm （光人社NF文庫）　720円　ⓘ4-7698-2065-8
◇悪魔的作戦参謀辻政信―稀代の風雲児の罪と罰　生出寿著　光人社　1993.12　398p　16cm （光人社NF文庫　おN-29）〈『作戦参謀辻政信』（昭和62年刊）の改題〉　660円　ⓘ4-7698-2029-1
◇辻政信―悪魔的作戦参謀　稀代の風雲児の罪と罰　生出寿著　光人社　1993.12　398p　15cm　（光人社NF文庫）　680円　ⓘ4-7698-2029-1
◇将軍32人の「風貌」「姿勢」―私が仕えた回想の将軍たち　草地貞吾著　光人社　1992.1　329p　19cm　1800円　ⓘ4-7698-0591-8
◇「政治家」辻政信の最後―失踪「元大本営参謀」波瀾の生涯　生出寿著　光人社　1990.5　330p　19cm　1600円　ⓘ4-7698-0498-9
◇参謀辻政信・伝奇　田々宮英太郎著　芙蓉書房　1986.10　295p　19cm　1800円
◇参謀辻政信ラオスの霧に消ゆ　三木公平著　波書房　1985.9　222p　19cm　1000円　ⓘ4-8164-1193-7
◇参謀・辻政信　杉森久英著　河出書房新社　1982.8　248p　15cm（河出文庫）　380円
◇辻政信―その人間像と行方　堀江芳孝著　恒文社　1980.8　243p　19cm　〈辻政信の肖像あり〉　980円
◇十五対一―激闘ビルマ戦線　辻政信著　原書房　1979.5　307p　20cm　1200円
◇もう一つの昭和史　3　謀略の秘図・辻政信　牛島秀彦著　毎日新聞社　1978.

10　244p　20cm　980円
◇ラオスの霧に消えて—辻政信の死　三木公平著　日本自身社　1978.6　222p　20cm　1200円
◇軍人辻政信　長岡弥一郎著　山形不二印刷　1976　445p　図13枚　肖像　22cm
◇ガダルカナル　辻政信著　河出書房新社　1975　251p　19cm　(太平洋戦記　6)　680円
◇ノモンハン　辻政信著　原書房　1975　234p　図　20cm　〈新装版〉　900円
◇辻政信は生きている　野田衛著　宮川書房　1967　312p　18cm　390円
◇ノモンハン秘史　辻政信著　原書房　1967　234p　図版　19cm　(原書房・100冊選書)
◇辻政信　杉森久英著　文芸春秋新社　1963　238p　20cm
◇中立の条件　辻政信著　錦正社　1961　315p(図版共)　19cm
◇潜行三千里　辻政信著　河出書房　1955
◇次の世界大戦—日本人の生きる道　辻政信著　河出書房　1955　222p　図版　地図　19cm
◇シンガポール　辻政信著　東亜南北社　1952
◇私の選挙戦　辻政信著　亜東書房　1952
◇亜細亜の共感　辻政信著　亜東書房　1950

皇道派・統制派

　昭和時代の陸軍内の派閥争い。皇道派は荒木貞夫・真崎甚三郎を中心に若手の青年将校で形成され、天皇中心の精神主義(皇道)を唱え、昭和維新としてクーデターによる天皇親政を目指した。統制派は東条英機ら陸軍大学卒のエリートで形成され、次の戦争は国家総力戦と考えて国家全体を陸軍主導で統制する方針をとった。皇道派は相沢事件・二・二六事件を起こすが敗れ、粛軍人事で勢力を失い、日本は統制派の目指した国家総動員体制へ進む。

＊　　＊　　＊

◇昭和の軍閥　高橋正衛著　講談社　2003.5　316p　15cm　(講談社学術文庫)　1100円　①4-06-159596-2
◇昭和史の論点　坂本多加雄ほか著　文芸春秋　2000.3　236p　18cm　(文春新書)　〈年表あり〉　690円　①4-16-660092-3
◇昭和陸軍の研究　保阪正康著　朝日新聞社　1999.11　2冊　20cm　〈文献あり〉　全8800円　①4-02-256653-1
◇昭和史をさぐる　伊藤隆著　朝日新聞社　1992.1　470p　15cm　(朝日文庫)　750円　①4-02-260681-9
◇日本軍閥暗闘史　田中隆吉著　中央公論社　1988.3　191p　15cm　(中公文庫)　320円　①4-12-201500-6
◇昭和期の軍部　近代日本研究会編　山川出版社　1979.10　457p　21cm　(年報・近代日本研究　1)　3500円

荒木　貞夫

明治10(1877).5.26〜昭和41(1966).11.2
　陸軍軍人。東京生まれ。憲兵司令官、陸軍大学校長などを歴任。昭和6年犬養内閣の陸相となり、犬養首相暗殺後の斎藤内閣でも再任。天皇中心の精神主義(皇道)を唱え、真崎甚三郎とともに青年将校の支持を集め、皇道派の中心人物となる。二・二六事件で皇道派のクーデターが失敗し、予備役となる。のち第1次近衛内閣・平沼内閣で文相。戦後、A級戦犯として終身禁固の判決を受ける。

＊　　＊　　＊

◇日本軍閥暗闘史　田中隆吉著　中央公論社　1988.3　191p　15cm　(中公文庫)　320円　①4-12-201500-6
◇荒木将軍の実像—その哲と情に学ぶ　橘川学著　泰流社　1987.3　302p　19cm　2500円　①4-88470-575-0

◇荒木貞夫風雲三十年　有竹修二編　芙蓉書房　1975　254p　図　肖像　20cm　2500円

◇嵐と闘ふ哲将荒木　橘川学著　荒木貞夫将軍伝記編纂刊行会　1955　572p　図版　22cm

◇秘録　陸軍裏面史　将軍荒木の七十年　上巻　橘川学著　大和書房　1954　412p　図版　19cm

真崎 甚三郎

明治9(1876).11.27～昭和31(1956).8.31
陸軍軍人。佐賀県生まれ。陸軍士官学校長として天皇中心の精神主義教育を行い、のちに二・二六事件を起こす安藤輝三らを育てる。昭和7年参謀次長に就任、9年教育総監となり、荒木貞夫陸相とともに皇道派の中心となる。二・二六事件では青年将校から青年将校から首相就任を期待された。事件後、反乱幇助で軍法会議にかけられるが関与を否定し無罪となる。戦後、A級戦犯に指名されるが不起訴となった。

　　　　＊　　　＊　　　＊

◇軍人の最期―政治的将軍の生きざまとその死　升本喜年著　光人社　2001.2　331p　19cm　2200円　④4-7698-0987-5

◇評伝真崎甚三郎　田崎末松著　新装版　芙蓉書房出版　1999.2　396p　20cm　3800円　④4-8295-0223-1

◇化城の昭和史―二・二六事件への道と日蓮主義者　下　寺内大吉著　中央公論社　1996.10　449p　16cm　(中公文庫)　960円　④4-12-202718-7

◇昭和史の軍人たち　秦郁彦著　文芸春秋　1987.8　494p　15cm　(文春文庫)　540円　④4-16-745301-0

◇真崎甚三郎日記　昭和16年1月～昭和18年4月　伊藤隆〔ほか〕編　山川出版社　1987.1　478,7p　20cm　(近代日本史料選書　1-5)　〈著者の肖像あり〉　4000円　④4-634-26350-5

◇真崎甚三郎日記　昭和18年5月～昭和20年12月　伊藤隆〔ほか〕編　山川出版社　1987.1　510,8p　20cm　(近代日本史料選書　1-6)　〈著者の肖像あり〉　4500円　④4-634-26360-2

◇真崎甚三郎日記　昭和14年1月～昭和15年12月　伊藤隆〔ほか〕編　山川出版社　1983.10　524,8p　20cm　(近代日本史料選書　1-4)　〈著者の肖像あり〉　4300円

◇真崎甚三郎日記　昭和11年7月～昭和13年12月　伊藤隆〔ほか〕編　山川出版社　1982.2　470,6p　20cm　(近代日本史料選書　1-3)　〈著者の肖像あり〉　3500円

◇真崎甚三郎日記　昭和10年3月～昭和11年3月　伊藤隆〔ほか〕編　山川出版社　1981.7　425,8p　20cm　(近代日本史料選書　1-2)　〈著者の肖像あり〉　3000円

◇真崎甚三郎日記　昭和7・8・9年1月～昭和10年2月　伊藤隆〔ほか〕編　山川出版社　1981.1　447,8p　20cm　(近代日本史料選書　1-1)　〈著者の肖像あり〉　3000円

◇昭和史の証言―真崎甚三郎・人その思想　山口富永著　政界公論社　1970　246p　図版　19cm　500円

板垣 征四郎

明治18(1885).1.21～昭和23(1948).12.23
陸軍軍人。岩手県生まれ。北京公使館付武官補佐官などを務め、中国通として知られた。昭和4年関東軍高級参謀となる。6年石原莞爾らとともに満州事変を起こす。満州国政顧問、満州国軍政部最高顧問、関東軍参謀副長を経て、11年関東軍参謀長となる。第1次近衛内閣・平沼内閣で陸相。のち支那派遣軍参謀総長、朝鮮軍司令官。戦後、A級戦犯として絞首刑に処せられた。

　　　　＊　　　＊　　　＊

◇人物で読む近現代史　下　歴史教育者協議会編　青木書店　2001.1　306p　20cm　2800円　④4-250-20100-7

◇指揮官と参謀—コンビの研究　半藤一利著　文芸春秋　1992.12　318p　15cm　（文春文庫）　450円　ⓒ4-16-748302-5

◇秘録・板垣征四郎　板垣征四郎刊行会編　芙蓉書房出版　1989.2　560p　20cm　〈第4刷（第1刷：1972年）板垣征四郎の肖像あり〉　5000円

◇日本軍閥暗闘史　田中隆吉著　中央公論社　1988.3　191p　15cm　（中公文庫）　320円　ⓒ4-12-201500-6

◇十人の将軍の最期　亜東書房編　亜東書房　1952　379p　図版　19cm

◇平和の発見—巣鴨の生と死の記録　花山信勝著　朝日新聞社　1949　319p　図版　19cm

宇垣　一成

慶応4(1868).6.21～昭和31(1956).4.30

陸軍軍人。岡山県生まれ。参謀本部第一部長などを経て、大正13年清浦内閣の陸相。昭和4年浜口内閣で再び陸相となり、4個師団廃止を含む陸軍の軍縮・近代化を断行し、宇垣軍縮とよばれた。一方、6年の三月事件では宇垣首班のクーデター計画に乗る動きを見せた。12年組閣の大命を受けるが、陸軍内の反対で陸相を出せず組閣を断念した。13年第1次近衛内閣で外相。戦後28年に参議院議員を務めた。

　　　　＊　　　＊　　　＊

◇幻の宰相宇垣一成—陸軍をめぐる奇縁石原莞爾と陸軍教授内田百間　小川晃一著　新風舎　2004.11　79p　19cm　〈年譜あり〉　1100円　ⓒ4-7974-4704-4

◇昭和史の怪物たち　畠山武著　文芸春秋　2003.8　185p　18cm　（文春新書）　680円　ⓒ4-16-660333-7

◇宇垣一成とその時代—大正・昭和前期の軍部・政党・官僚　堀真清編著　新評論　1999.3　440p　22cm　6000円　ⓒ4-7948-0435-0

◇宇垣一成関係文書　宇垣一成文書研究会編　芙蓉書房出版　1995.6　753p　21cm　12000円　ⓒ4-8295-0151-0

◇宇垣一成関係文書　宇垣一成文書研究会編　芙蓉書房出版　1995.6　753p　22cm　11650円　ⓒ4-8295-0151-0

◇宇垣一成—政軍関係の確執　渡辺行男著　中央公論社　1993.5　246p　18cm　（中公新書）　720円　ⓒ4-12-101133-3

◇宇垣一成宰相であれば第二次世界大戦は起こらなかった。—宇垣一成将軍と蒋介石将軍　池見猛著　池見学園出版部　1992.12　205p　19cm　〈限定版〉　2000円

◇宇垣内閣流産に関する一考察　李正竜著,富士ゼロックス・小林節太郎記念基金編　富士ゼロックス・小林節太郎記念基金　1991.2　54p　26cm　〈富士ゼロックス・小林節太郎記念基金1989年度研究助成論文〉

◇宇垣一成日記　1　自明治三十五年九月至昭和六年六月　角田順校訂　みすず書房　1988.12　796p　22cm　〈第2刷（第1刷：1968年）著者の肖像あり〉　7000円　ⓒ4-622-01720-2

◇宇垣一成日記　2　自昭和六年六月至昭和十四年二月　角田順校訂　みすず書房　1988.1　799～1311p　22cm　〈第2刷（第1刷：1970年)〉　6500円　ⓒ4-622-01721-0

◇宇垣一成日記　3　自昭和十四年三月至昭和二十四年七月　角田順校訂　みすず書房　1988.1　1315～1823,11p　22cm　〈第2刷（第1刷：1971年）著者の肖像あり〉　6500円　ⓒ4-622-01728-8

◇昭和史の軍人たち　秦郁彦著　文芸春秋　1987.8　494p　15cm　（文春文庫）　540円　ⓒ4-16-745301-7

◇陸軍に裏切られた陸軍大将—宇垣一成伝　額田坦著　芙蓉書房　1986.11　386p　19cm　1800円

◇帝国陸海軍の総帥　第二アートセンター編　ティビーエス・ブリタニカ　1983.7

◇宇垣一成―悲運の将軍　棟田博著　光人社　1979.8　225p　20cm　980円
◇宇垣一成　井上清著　朝日新聞社　1975　281p　20cm　（朝日評伝選　3）　1200円
◇秘録宇垣一成　額田坦著　芙蓉書房　1973　386p(肖像共)　20cm　1500円
◇松籟清談　宇垣一成述, 鎌田沢一郎著　文芸春秋新社　1951　346p　図版　19cm
◇宇垣一成の歩んだ道　渡辺茂雄著　新大陽社　1948　294p　19cm

軍部大臣現役武官制

陸軍大臣・海軍大臣は現役の軍人が務めなければならない制度。明治33年に第2次山県内閣が勅令で制度化。大正2年に現役の制限が削除されたが、昭和11年の広田内閣で復活した。現役軍人の意向を抜きに内閣は成立しないため、陸軍が内閣つぶしに利用し、宇垣一成の組閣断念や米内閣の総辞職が起きた。軍部が政治に介入したことの反省から、戦後は文民統制が憲法で定められた。

＊　　＊　　＊

◇軍閥興亡史　第2巻　昭和軍閥の形成まで　伊藤正徳著　光人社　1998.9　378p　16cm　（光人社NF文庫）　743円　①4-7698-2208-1

戦陣訓

昭和16年1月8日に東条英機陸軍大臣が陸軍人の戦時の心得として示達した告示。戦争の長期化にともなう軍規低下への対策として制定された。島崎藤村や土井晩翠らも参加し教育総監部で起草。「生きて虜囚の辱めを受けず、死して罪禍の汚名を残すことなかれ」の一条は、日本軍兵士の精神を強く支配し、集団自決・玉砕などの自滅的行動につながったとされる。

＊　　＊　　＊

◇戦陣訓の呪縛―捕虜たちの太平洋戦争　ウルリック・ストラウス著, 吹浦忠正監訳　中央公論新社　2005.11　361p　20cm　2000円　①4-12-003680-4
◇戦時用語の基礎知識―戦前・戦中ものしり大百科　北村恒信著　光人社　2002.9　396p　16cm　（光人社NF文庫）　〈「戦前・戦中用語ものしり物語」（平成3年刊）の改題〉　800円　①4-7698-2357-6
◇太平洋戦争、五つの誤算　奥宮正武著　朝日ソノラマ　1997.2　281p　15cm　（新戦史シリーズ　95）　680円　①4-257-17315-7
◇太平洋戦史の読み方　奥宮正武著　東洋経済新報社　1993.3　265p　19cm　1900円　①4-492-21047-4
◇生きた戦陣訓　本間徳治編　目黒書店　1945　197p　19cm

野村　吉三郎

明治10(1877).12.16～昭和39(1964).5.8
軍人・外交官。和歌山県生まれ。海軍に入り、駐米大使館付武官、パリ講和会議・ワシントン会議の全権随員など豊富な外交経験を積む。昭和14年阿部内閣の外相となり、グルー駐日大使と会談を行う。15年駐米大使となり、戦争回避のための最後の日米交渉をハル国務長官と行うが、最後通牒といえるハル・ノートを手交され失敗に終わる。戦後、29年に参議院議員となり、鳩山内閣・岸内閣で防衛庁長官への起用がけんとうされたが、文民統制に抵触するとして見送られた。

＊　　＊　　＊

◇開戦通告はなぜ遅れたか―昭和史発掘　斎藤充功著　新潮社　2004.7　191p　18cm　（新潮新書）　〈文献,年譜あり〉　680円　①4-10-610076-2

◇日本外交史人物叢書　第21巻　吉村道男監修　ゆまに書房　2002.12　136p,p21-29　22cm　9000円　⓪4-8433-0687-8,4-8433-0694-0

◇帝国海軍将官総覧　太平洋戦争研究会著　ベストセラーズ　2002.8　300p　18cm　（ワニの本）　952円　⓪4-584-01073-0

◇悲運の大使　野村吉三郎　豊田穣著　講談社　1995.6　510p　15cm　（講談社文庫）　720円　⓪4-06-185986-2

◇駐米大使野村吉三郎の無念—日米開戦を回避できなかった男たち　尾塩尚著　日本経済新聞社　1994.11　291p　20cm　1700円　⓪4-532-16147-9

◇野村吉三郎—悲運の大使　豊田穣著　講談社　1992.10　409p　19cm　1800円　⓪4-06-206044-2

◇開戦前夜　児島襄著　文芸春秋　1987.12　484p　15cm　（文春文庫）　540円　⓪4-16-714128-0

◇追憶野村吉三郎　野村忠　1965　200,30p　図　肖像　22cm

◇野村吉三郎　木場浩介編　野村吉三郎伝記刊行会　1961　897p　図版　22cm

◇アメリカと明日の日本　野村吉三郎著　読売新聞社　1947　130p　B6　15円

◇米国に使して—日米交渉の回顧　野村吉三郎著　岩波書店　1946　203,241p　図版　21cm　〈附：日米交渉関係参考文書〉　35円

ハル・ノート

1941（昭和16）年11月26日の日米交渉でアメリカのコーデル・ハル国務長官が日本に示した回答。中国・インドシナからの日本の撤兵、蒋介石政府の承認（汪兆銘政権の否認）、三国同盟の廃棄など、日本側には受け入れがたい内容を含み、これを最後通牒と受け取った日本は交渉を断念、12月1日の御前会議で開戦を決定、真珠湾攻撃で対米戦争に突入する。アメリカが強硬なゼロ回答を示した背景には、対日参戦を期待する蒋介石、チャーチルの働きかけがあったとされる。

　　　　＊　　　＊　　　＊

◇真珠湾〈奇襲〉論争—陰謀論・通告遅延・開戦外交　須藤真志著　講談社　2004.8　254p　19cm　（講談社選書メチエ　306）〈文献あり〉　1600円　⓪4-06-258306-2

◇外務省の大罪—幻の宣戦布告　森清勇著　かや書房　2001.12　270p　20cm　2300円　⓪4-906124-47-X

◇ルーズベルト秘録　下　産経新聞「ルーズベルト秘録」取材班著　産経新聞ニュースサービス, 扶桑社〔発売〕　2001.11　365p　15cm　（扶桑社文庫）　667円　⓪4-594-03319-9

◇ハル回顧録　コーデル・ハル著, 宮地健次郎訳　中央公論新社　2001.10　331p　15cm　（中公文庫BIBLIO20世紀）　933円　⓪4-12-203920-7

◇大東亜戦争と「開戦責任」—近衛文麿と山本五十六　中川八洋著　弓立社　2000.12　254p　20cm　〈「近衛文麿とルーズヴェルト」（PHP研究所平成7年刊）の改題〉　1800円　⓪4-89667-011-6

◇ルーズベルト秘録　下　産経新聞「ルーズベルト秘録」取材班著　産経新聞ニュースサービス, 扶桑社〔発売〕　2000.12　381p　19cm　1619円　⓪4-594-03016-5

◇ハル・ノートを書いた男—日米開戦外交と「雪」作戦　須藤真志著　文芸春秋　1999.2　222p　18cm　（文春新書）　690円　⓪4-16-660028-1

◇日米開戦の政治過程　森山優著　吉川弘文館　1998.2　272,5p　22cm　5800円　⓪4-642-03676-8

◇近衛文麿とルーズヴェルト—大東亜戦争の真実　中川八洋著　PHP研究所　1995.8　277p　20cm　1800円　⓪4-569-54820-2

◇太平洋戦争前夜の日米関係　上巻　奥村房夫著　芙容書房出版　1995.1　405p　20cm　〈『日米交渉と太平洋戦争』（前

◇日米戦争は回避できた―歴史の証人として真相を語る　加瀬俊一著　善本社　1994.11　198p　19cm　1165円　①4-7939-0337-1
◇日米開戦の謎　鳥居民著　草思社　1991.12　269p　20cm　1800円　①4-7942-0443-4
◇日本外交文書　日米交渉―1941年　下巻　外務省編纂　外務省　1990.12　394,49p　22cm
◇日本外交文書　日米交渉―1941年　上巻　外務省編纂　外務省　1990.3　393p　22cm
◇時代の一面―大戦外交の手記　東郷茂徳著　中央公論社　1989.7　543p　15cm　（中公文庫）　720円　①4-12-201633-9
◇開戦前夜　児島襄著　文芸春秋　1987.12　484p　15cm　（文春文庫）　540円　①4-16-714128-0
◇日米開戦外交の研究―日米交渉の発端からハル・ノートまで　須藤真志著　慶応通信　1986.10　412p　21cm　3900円　①4-7664-0360-6
◇日米開戦外交の研究―日米交渉の発端からハル・ノートまで　須藤真志著　慶応通信　1986.10　412p　22cm　3900円　①4-7664-0360-6
◇開戦前夜　三好徹ほか著　日本評論社　1985.12　192p　20cm　1300円　①4-535-57581-9
◇井川忠雄日米交渉史料　伊藤隆, 塩崎弘明編　山川出版社　1982.6　xii,519p　20cm　（近代日本史料選書　5）〈解題-p1～64　肖像・筆跡：井川忠雄〉　4000円
◇昭和史の天皇　30　実りなき日米交渉　読売新聞社編　愛蔵版　読売新聞社　1981.5　406,31p　22cm　2000円
◇児島襄戦史著作集　vol.4　開戦前夜　児島襄著　文芸春秋　1978.4　364p　20cm　1500円
◇日米交渉資料　昭和十六年二月～十二月　外務省編纂, 細谷千博解題　原書房　1978.2　578,309,8p　22cm　（明治百年史叢書）〈昭和21年刊の複製〉　6000円

太平洋戦争

　1941（昭和16）年12月8日の真珠湾攻撃から1945（昭和20）年8月15日のポツダム宣言受諾まで続いた、日本とアメリカ・イギリスなど連合国との戦争。日本では戦時中は日中戦争を含めて「大東亜戦争」と呼んだ。満州事変と日中戦争に代表される日本の中国侵略は、国際秩序の破壊であると同時に、アメリカにとっては中国市場の縮小と、アジア地域での影響力の相対的低下を意味していた。1940年、日本は日独伊三国軍事同盟を締結、連合国との対立は決定的となる。日中戦争の一方で仏領インドシナにも進駐。アメリカは日本に対し経済制裁として在米資産凍結・石油禁輸に踏み切り、日本はじり貧状態に追い詰められていった。開戦回避のための日米交渉は、11月にアメリカが示したハル・ノートを最後通牒と受け取り交渉決裂、東条内閣は御前会議で開戦を決定、12月8日真珠湾攻撃でついに戦争に突入した。日本は緒戦でこそ次々に勝利を収め、南方の石油資源の確保を果たした。しかしミッドウェー海戦、ガダルカナル島撤退を契機に戦局は逆転。サイパン玉砕後は日本本土が連日空襲にさらされて国民生活は破滅状態になり、沖縄は20万人の犠牲の末に占領され、さらに原爆投下、ソ連参戦を経て、1945年8月15日にポツダム宣言を受諾し無条件降伏、9

月2日の降伏文書調印で終結した。日本の死者は250万人と推測されている。

◇太平洋戦争新聞―史実と戦時報道を徹底比較　歴史記者クラブ昭和班著　広済堂出版　2005.12　160p　26cm　1400円　①4-331-51114-6

◇続太平洋戦争メディア資料　1　外務省と対外放送/ラジオ・トウキョウ小史　北山節郎編・解説　緑蔭書房　2005.11　260p　27cm　〈複製を含む〉　①4-89774-268-4

◇続太平洋戦争メディア資料　2　ピース・トークとアトロシティズ　北山節郎編・解説　緑蔭書房　2005.11　212p　27cm　〈複製を含む〉　①4-89774-268-4

◇続太平洋戦争メディア資料　3　日系人強制収容所の日本放送傍受記録　北山節郎編・解説　緑蔭書房　2005.11　227p　27cm　〈複製を含む〉　①4-89774-268-4

◇なぜ、いまアジア・太平洋戦争か　倉沢愛子, 杉原達, 成田竜一, テッサ・モーリス=スズキ, 油井大三郎, 吉田裕編　岩波書店　2005.11　392p　22cm　（岩波講座アジア・太平洋戦争　1）〈付属資料：8p＋月報1　文献あり〉　3400円　①4-00-010503-5

◇年表太平洋戦争全史　日置英剛編　国書刊行会　2005.10　836,98p　27cm　〈文献あり〉　15000円　①4-336-04719-7

◇テレビは戦争をどう描いてきたか―映像と記憶のアーカイブス　桜井均著　岩波書店　2005.9　444,21p　20cm　〈年表あり〉　4000円　①4-00-024015-3

◇史料が語る太平洋戦争下の放送　竹山昭子著　京都　世界思想社　2005.7　273p　19cm　1900円　①4-7907-1137-4

◇戦後六十年語り残す戦争体験―私たちの遺書　日野原重明監修, 二〇〇五年度「新老人の会」編　講談社　2005.7　227p　19cm　〈年表あり〉　1300円　①4-06-213012-2

◇戦後和解―日本は〈過去〉から解き放たれるのか　小菅信子著　中央公論新社　2005.7　222p　18cm　（中公新書）〈文献あり〉　740円　①4-12-101804-4

◇太平洋戦争・主要戦闘事典―指揮官・参加部隊から、戦果・損害まで　太平洋戦争研究会著　PHP研究所　2005.7　469p　15cm　（PHP文庫）〈文献あり〉　876円　①4-569-66418-0

◇太平洋戦争人物列伝　昭和史研究会編　扶桑社　2005.7　253p　20cm　〈付属資料：CD1枚（12cm）　終戦60年記念企画　年表あり〉　2200円　①4-594-04977-X

◇太平洋戦争とは何だったのか―1941～45年の国家、社会、そして極東戦争　クリストファー・ソーン著, 市川洋一訳　普及版　草思社　2005.7　545p　19cm　〈文献あり〉　1900円　①4-7942-1410-3

◇30分でわかる太平洋戦争―オール図解　太平洋で繰り広げられた日米の死闘のすべて　太平洋戦争研究会編著　日本文芸社　2005.7　111p　26cm　〈文献あり〉　952円　①4-537-25300-2

◇図説太平洋戦争16の大決戦　太平洋戦争研究会編, 森山康平著　河出書房新社　2005.6　159p　22cm　（ふくろうの本）〈年表あり〉　1600円　①4-309-76066-X

◇図解ひと目でわかる！太平洋戦争―何のための、どんな戦争だったのか！　太平洋戦争研究会編著　学習研究社　2005.5　95p　26cm　（歴史群像シリーズ）〈年表あり〉　952円　①4-05-603854-6

◇太平洋戦争のすべて―戦後60年記念号　新人物往来社　2005.5　162p　26cm　（別冊歴史読本　第30巻第9号）　2200円　①4-404-03311-7

◇図説太平洋戦争　池田清編, 太平洋戦争研究会著　増補改訂版　河出書房新社　2005.4　175p　22cm　（ふくろうの本）〈年表あり〉　1600円　①4-309-76063-5

◇戦争体験の記録と語りに関する資料調査　3　佐倉　国立歴史民俗博物館　2005.3

◇p1411-2227　30cm　（国立歴史民俗博物館資料調査報告書　14）
◇戦争体験の記録と語りに関する資料調査　4　佐倉　国立歴史民俗博物館　2005.3　p2229-3054　30cm　（国立歴史民俗博物館資料調査報告書　14）
◇戦争を知らない若いあなたたちへ—戦争を体験したおじいちゃんおばあちゃんたちから学ぶこと　今朝丸千里著　〔出版地不明〕　〔今朝丸千里〕　2005.2　28p　30cm　〈折り込1枚〉
◇太平洋戦争の現場がわかる本—史上初！10大戦地をコンピュータで分析　相馬裁,歴史研究班著　チェリーハウス　2005.1　160p　22cm　〈東京　星雲社（発売）〉1580円　①4-434-05500-3
◇太平洋戦争とわが家—七人の孫たちへの証言　吉田外儀著　金沢　北国新聞社出版局（発売）　2004.8　219p　20cm　1200円　①4-8330-1369-X
◇太平洋戦争の歴史　黒羽清隆著　講談社　2004.8　413p　15cm　（講談社学術文庫）1200円　①4-06-159669-1
◇図解雑学太平洋戦争　文浦史朗著　ナツメ社　2004.6　279p　19cm　〈奥付のタイトル：太平洋戦争　文献あり〉　1400円　①4-8163-3719-9
◇歴史音痴が知りたい大東亜戦争の真相—どうしても理解できない事柄　赤堀篤良著　東京図書出版会　2004.4　272p　19cm　〈東京　星雲社（発売）〉　1200円　①4-434-03956-3
◇戦争体験の記録と語りに関する資料調査　1　佐倉　国立歴史民俗博物館　2004.3　731p　30cm　（国立歴史民俗博物館資料調査報告書　14）
◇戦争体験の記録と語りに関する資料調査　2　佐倉　国立歴史民俗博物館　2004.3　p733-1410　30cm　（国立歴史民俗博物館資料調査報告書　14）
◇太平洋戦争の敗因と対策　浜口哲朗著　文芸社　2004.3　113p　19cm　1200円　①4-8355-7124-X

◇日本はなぜ敗れるのか—敗因21カ条　山本七平著　角川書店　2004.3　313p　18cm　（角川oneテーマ21）　781円　①4-04-704157-2
◇敗戦の教訓—太平洋戦争から何を学ぶか　佐藤毅著　河出書房新社　2003.12　313p　19cm　2000円　①4-309-01597-2
◇謝罪無用！—日本外交　土下座に終止符を　冨山泰著　恒文社21, 恒文社〔発売〕　2003.10　261p　19cm　1600円　①4-7704-1105-7
◇写真/太平洋戦争　第1巻　雑誌「丸」編集部編　新装版　光人社　2003.8　249p　16cm　（光人社NF文庫）　857円　①4-7698-2070-4
◇写真/太平洋戦争　第2巻　雑誌「丸」編集部編　新装版　光人社　2003.8　251p　16cm　（光人社NF文庫）　857円　①4-7698-2071-2
◇太平洋戦争の研究—こうすれば日本は勝っていた　ピーター・G.ツォーラス編著, 左近允尚敏訳　PHP研究所　2002.12　387p　20cm　2300円　①4-569-62536-3
◇写真と実録で綴る戦争という地獄—この"悲惨"を二度と繰り返さないために　越智宏倫著　青萠堂　2002.8　265p　19cm　1400円　①4-921192-13-8
◇新ぼくらの太平洋戦争　本庄豊著　京都　かもがわ出版　2002.8　181p　19cm　1600円　①4-87699-688-1
◇「大東亜」戦争を知っていますか　倉沢愛子著　講談社　2002.7　245p　18cm　（講談社現代新書）　680円　①4-06-149617-4
◇大東亜戦争の追想—戦後五十周年記念文集　続編　白鳥正吉・松枝編　ぺいじず　2002.7　306p　21cm
◇太平洋戦争　家永三郎著　岩波書店　2002.7　459,27p　15cm　（岩波現代文庫　学術）　〈文献あり　年表あり〉　1400円　①4-00-600085-5

◇太平洋戦争のif「イフ」—絶対不敗は可能だったか？　秦郁彦編　グラフ社　2002.2　356p　19cm　1400円　①4-7662-0656-8

◇太平洋戦争がよくわかる本—20ポイントで理解する　太平洋戦争研究会著　PHP研究所　2002.1　333p　15cm　（PHP文庫）　571円　①4-569-57674-5

◇容赦なき戦争—太平洋戦争における人種差別　ジョン・W.ダワー著, 猿谷要監修, 斎藤元一訳　平凡社　2001.12　541p　16cm　（平凡社ライブラリー）〈「人種偏見」(TBSブリタニカ1987年刊)の改題〉　1600円　①4-582-76419-3

◇あの戦争—太平洋戦争全記録　下　産経新聞社編　ホーム社　2001.10　284p　26cm　〈東京 集英社（発売）〉　1800円　①4-8342-5057-1

◇20世紀太平洋戦争　読売新聞20世紀取材班編　中央公論新社　2001.10　292p　16cm　（中公文庫）　648円　①4-12-203916-9

◇あの戦争—太平洋戦争全記録　中　産経新聞社編　ホーム社　2001.9　293p　26cm　〈東京 集英社（発売）〉　1800円　①4-8342-5056-3

◇図説秘話でよむ太平洋戦争　2　太平洋戦争研究会編, 森山康平著　河出書房新社　2001.9　159p　22cm　（ふくろうの本）〈年表あり〉　1600円　①4-309-72664-X

◇太平洋戦争と十人の提督　上　奥宮正武著　学習研究社　2001.9　388p　15cm　（学研M文庫）　650円　①4-05-901078-2

◇太平洋戦争と十人の提督　下　奥宮正武著　学習研究社　2001.9　344p　15cm　（学研M文庫）　650円　①4-05-901079-0

◇あの戦争—太平洋戦争全記録　上　産経新聞社編　ホーム社　2001.8　293p　26cm　〈東京 集英社（発売）〉　1800円　①4-8342-5055-5

◇大東亜戦争肯定論　林房雄著　夏目書房　2001.8　487p　20cm　3800円　①4-931391-92-3

◇なぜ日本は敗れたのか—太平洋戦争六大決戦を検証する　秦郁彦著　洋泉社　2001.8　286p　18cm　（新書y）〈「実録太平洋戦争」(光風社出版1984年刊)の改訂〉　780円　①4-89691-557-7

◇日本はなぜ負ける戦争をしたのか。—朝まで生テレビ！　田原総一朗責任編集, 猪瀬直樹〔ほか〕著　アスキー　2001.8　239p　20cm　1500円　①4-7561-3859-4

◇図説秘話でよむ太平洋戦争　「真珠湾奇襲からミッドウェー海戦へ」篇　太平洋戦争研究会編, 森山康平著　河出書房新社　2001.6　159p　22cm　（ふくろうの本）〈年表あり〉　1600円　①4-309-72659-3

◇太平洋戦争—20世紀の戦争　共同通信社写真, 荒井信一解説　草の根出版会　2001.5　183p　23cm　（母と子でみる　53）　2800円　①4-87648-159-8

◇太平洋戦争開戦前史—開戦迄の政略戦略　〔引揚援護庁〕第二復員局残務処理部編, 田中宏巳監修　緑蔭書房　2001.5　649p　22cm　〈米国議会図書館蔵の複製　折り込4枚〉　16000円　①4-89774-249-8

◇20世紀の戦争　太平洋戦争　共同通信社写真, 荒井信一解説　草の根出版会　2001.5　183p　21cm　（母と子でみる　53）　2800円　①4-87648-159-8

◇日本の敗因—歴史は勝つために学ぶ　小室直樹著　講談社　2001.5　420p　16cm　（講談社+α文庫）　880円　①4-06-256521-8

◇戦争・占領・講和—1941〜1955　五百旗頭真著　中央公論新社　2001.4　440p　20cm　（日本の近代　6）〈文献, 年表あり〉　2400円　①4-12-490106-2

◇太平洋戦争と朝日新聞—戦争ジャーナリズムの研究　早瀬貫著　新人物往来社　2001.4　450p　22cm　2800円　①4-404-02919-5

◇大東亜戦争秘録—日本人の真姿ここに　杉田幸三著　大東塾出版部　2001.2

260p 19cm 〈東京 展転社（発売）〉 1600円 ①4-88656-190-X
◇太平洋戦争と私 田中常正著 文芸社 2001.2 185p 19cm 1100円 ①4-8355-1337-1
◇カラー写真で見る太平洋戦争秘録—写真集・20世紀の記録 原勝洋編著 ベストセラーズ 2000.12 223p 21×30cm 〈他言語標題：The color spectacle in the Pacific War 1941～1948 折り込2枚〉 9000円 ①4-584-17081-9
◇大東亜戦争を考える—日本人の主張と反省 戦争の歴史検証 中巻 中村一男著 未来文化社 2000.12 292p 22cm 〈「大東亜戦争をどう認識するか」の改訂新版 東京 里文出版（発売）〉 2500円 ①4-89806-027-7
◇大東亜戦争を考える—日本人の主張と反省 戦争の歴史検証 下巻 中村一男著 未来文化社 2000.12 404p 22cm 〈東京 里文出版（発売）「大東亜戦争をどう認識するか」の改訂新版〉 2500円 ①4-89806-031-5
◇大東亜戦争を考える—日本人の主張と反省 戦争の歴史検証 上巻 中村一男著 未来文化社 2000.11 335p 22cm 〈「大東亜戦争をどう認識するか」の改訂新版 東京 里文出版（発売）〉 2500円 ①4-89806-026-9
◇大東亜戦争、こうすれば勝てた 小室直樹,日下公人著 講談社 2000.11 371p 16cm （講談社+α文庫） 880円 ①4-06-256478-5
◇太平洋戦史文献総覧 井門寛編著 歴研 2000.10 654p 27cm 〈東京 アイアールデイー企画（発売）〉 28000円 ①4-947769-00-9
◇大東亜戦争の大義—日本青年に贈る 矢崎好夫著 国書刊行会 2000.5 477p 20cm 2800円 ①4-336-04254-3
◇日本軍の小失敗の研究 続 三野正洋著 光人社 2000.5 285p 16cm （光人社NF文庫） 〈続のサブタイトル：未来を見すえる太平洋戦争文化人類学〉 695円 ①4-7698-2270-7
◇日本軍の小失敗の研究—現代に生かせる太平洋戦争の教訓 三野正洋著 光人社 2000.2 288p 16cm （光人社NF文庫） 695円 ①4-7698-2259-6
◇完本・列伝太平洋戦争—戦場を駆けた男たちのドラマ 半藤一利著 PHP研究所 2000.1 570p 15cm （PHP文庫） 800円 ①4-569-57355-X
◇太平洋戦争の失敗・10のポイント 保阪正康著 PHP研究所 1999.12 281,4p 15cm （PHP文庫） 〈「日本は戦争を知っていたか」（朝日ソノラマ1995年刊）の増訂〉 667円 ①4-569-57346-0
◇500人の体験に学ぶ太平洋戦争の真因と敗因 三好誠著 国書刊行会 1999.11 390p 20cm 1800円 ①4-336-04198-9
◇太平洋戦争—1937—1945 毎日新聞社 1999.10 288p 30cm （毎日ムック） 2381円 ①4-620-79125-3
◇太平洋戦争と慶応義塾—共同研究 白井厚監修, 慶応義塾大学経済学部白井ゼミナール著 慶応義塾大学出版会 1999.10 206p 22cm 4000円 ①4-7664-0773-3
◇ぼくらの先輩は戦争に行った 井上ひさし監修, 慶応義塾大学湘南藤沢キャンパステクニカルライティング教室著 講談社 1999.8 309p 20cm 1800円 ①4-06-209807-5
◇大東亜戦争—私の歴史認識 奥宮正武著 PHP研究所 1999.7 218p 20cm 1650円 ①4-569-60712-8
◇「昭和館」ものがたり 西川重則著 いのちのことば社 1999.6 111p 21cm （21世紀ブックレット 9） 950円 ①4-264-01777-7
◇今だから知っておきたい戦争の本70 北影雄幸著 光人社 1999.5 229p 19cm 1700円 ①4-7698-0906-9
◇日本はなぜ戦争に二度負けたか—国民不在の政治 大森実著 中央公論社 1998.

6 417p 20cm 1700円 ⓘ4-12-002805-4
◇太平洋戦争前史 青木得三著 ゆまに書房 1998.5 6冊 22cm （シリーズ平和への検証） 〈解題：中村隆英 複製〉 全96000円 ⓘ4-89714-431-0
◇大東亜戦争の追想―戦後五十周年記念文集 白鳥正吉, 松枝編〔市原〕白鳥正吉 1998.4 338p 27cm 〈折り込1枚〉
◇太平洋戦争の終結―アジア・太平洋の戦後形成 細谷千博〔ほか〕編 柏書房 1997.9 434,5p 22cm 6800円 ⓘ4-7601-1491-2
◇大東亜戦争「敗因」の検証―「帝国海軍善玉論」の虚像 佐藤晃著 芙蓉書房出版 1997.8 277p 20cm 〈折り込1枚〉 2500円 ⓘ4-8295-0197-9
◇戦時新聞検閲資料 第1～15巻、別冊 粟屋憲太郎, 中園裕編集・解説 現代史料出版 1997.6 16冊 26cm 〈〔東京〕東出版（発売）〉 ⓘ4-906642-23-3
◇太平洋戦争と考古学 坂詰秀一著 吉川弘文館 1997.4 225p 19cm （歴史文化ライブラリー 11）〈参考文献：p219～220〉 1751円 ⓘ4-642-05411-1
◇太平洋戦争 メディア資料 1 開戦―真珠湾攻撃と対外報道 北山節郎編 緑蔭書房 1997.4 308p 27cm ⓘ4-89774-233-1
◇太平洋戦争 メディア資料 2 終戦と対外報道 北山節郎編 緑蔭書房 1997.4 648p 27cm ⓘ4-89774-233-1
◇太平洋戦争、五つの誤算 奥宮正武著 朝日ソノラマ 1997.2 281p 15cm （新戦史シリーズ 95） 680円 ⓘ4-257-17315-7
◇歴史はねじまげられない 上坂冬子著 講談社 1997.1 248p 20cm 1545円 ⓘ4-06-208542-9
◇太平洋戦争とアジア外交 波多野澄雄著 東京大学出版会 1996.11 306,6p 22cm 4532円 ⓘ4-13-030107-1

◇アジアを鏡として戦争が見える 「敗戦50年」企画実行委員会編 社会評論社 1996.8 231p 21cm 2575円 ⓘ4-7845-0542-3
◇アジアの独立と「大東亜戦争」 西岡香織著 芙蓉書房出版 1996.4 304p 20cm 〈主要参考文献：p300～304〉 2500円 ⓘ4-8295-0162-6
◇戦略大東亜戦争 佐藤晃著 武蔵村山戦誌刊行会 1996.4 263p 20cm 〈発売：星雲社（東京）〉 2000円 ⓘ4-7952-4635-1
◇太平洋戦争戦闘地図―戦闘地図構成 新人物往来社 1996.2 201p 26cm （別冊歴史読本）〈永久保存版〉 1800円 ⓘ4-404-02340-5
◇太平洋戦争・封印された真実―仕掛けられた罠と不当な勝者の論理 佐治芳彦著 日本文芸社 1995.10 262p 18cm （Rakuda books） 800円 ⓘ4-537-02481-X
◇大東亜戦争ここに甦る―戦争と軍隊、そして国運の大研究 小室直樹著 クレスト社 1995.9 442p 20cm 2000円 ⓘ4-87712-033-5
◇異文化戦争としての大東亜戦争―近現代日本史入門 上杉千年著 全貌社 1995.8 285p 21cm 2000円 ⓘ4-7938-0139-0
◇外国映画にみるアジア・太平洋戦争 冬門稔弌, 柚木浩著 三一書房 1995.8 254p 18cm （三一新書） 850円 ⓘ4-380-95022-0
◇残像―太平洋戦争50周年記念写真集 下巻 南太平洋・波路の果てに 湯原浩司撮影, 西村誠文 風雅書房 1995.8 203p 31cm 6000円 ⓘ4-89424-078-5
◇写真雑誌が報道した大東亜戦争 合田一道解説 恒友出版 1995.8 256p 22×30cm 4800円 ⓘ4-7652-5094-6
◇写真／太平洋戦争 第9巻 神風特別攻撃隊・本土防空作戦 雑誌「丸」編集部編

光人社　1995.8　249p　16cm　（光人社NF文庫）　850円　⑴4-7698-2091-7

◇大東亜戦争の総括　歴史・検討委員会編　歴史・検討委員会　1995.8　447p　27cm〈発売：展転社〉　3800円　⑴4-88656-111-X

◇太平洋戦争—その真相（悲惨と飢餓）　春木秋彦著　リーベル出版　1995.8　214p　20cm　1300円　⑴4-89798-508-0

◇太平洋戦争日本の敗因　5　レイテに沈んだ大東亜共栄圏　NHK取材班編　角川書店　1995.8　236p　15cm　（角川文庫）〈『ドキュメント太平洋戦争5』の改題〉　500円　⑴4-04-195416-9

◇太平洋戦争日本の敗因　6　外交なき戦争の終末　NHK取材班編　角川書店　1995.8　269p　15cm（角川文庫）〈『ドキュメント太平洋戦争6』の改題〉　520円　⑴4-04-195417-7

◇写真/太平洋戦争　第8巻　比島沖海戦2，"大和"水上特攻/硫黄島/沖縄戦　雑誌「丸」編集部編　光人社　1995.7　235p　16cm　（光人社NF文庫）　850円　⑴4-7698-2088-7

◇太平洋戦争、こうすれば勝てた　日下公人，小室直樹著　講談社　1995.7　295p　20cm　1800円　⑴4-06-207665-9

◇太平洋戦争図書目録—45/94　日外アソシエーツ株式会社編　日外アソシエーツ　1995.7　808p　22cm　〈発売：紀伊国屋書店〉　39800円　⑴4-8169-1313-0

◇太平洋戦争日本の敗因　3　電子兵器「カミカゼ」を制す　NHK取材班編　角川書店　1995.7　222p　15cm　（角川文庫）〈『ドキュメント太平洋戦争3』の改題〉　500円　⑴4-04-195414-2

◇太平洋戦争日本の敗因　4　責任なき戦場インパール　NHK取材班編　角川書店　1995.7　236p　15cm　（角川文庫）〈『ドキュメント太平洋戦争4』の改題〉　500円　⑴4-04-195415-0

◇元大本営参謀の太平洋戦争—瀬島竜三インタビュー　瀬島竜三〔述〕，東京新聞・戦後50年取材班編　東京新聞出版局　1995.7　79p　21cm　（東京ブックレット　12）　900円　⑴4-8083-0527-5

◇残像—太平洋戦争50周年記念写真集　上巻　内南洋・玉砕の夢　湯原浩司撮影，西村誠文　風雅書房　1995.6　205p　31cm　6000円　⑴4-89424-074-2

◇実録太平洋戦争—六大決戦、なぜ日本は敗れたか　秦郁彦著　光風社出版　1995.6　319p　19cm　（光風社選書）　1500円　⑴4-87519-025-5

◇写真/太平洋戦争　第7巻　マリアナ沖海戦・比島沖海戦1　雑誌「丸」編集部編　光人社　1995.6　249p　16cm　（光人社NF文庫）　850円　⑴4-7698-2085-2

◇太平洋戦争—兵士と市民の記録　集英社　1995.6　605p　16cm　（集英社文庫）〈監修：奥野健男〉　980円　⑴4-08-748356-8

◇太平洋戦争—記録写真　上　ロバート・シャーロッド，中野五郎著　光文社　1995.6　232p　18cm　（カッパ・ブックス）〈27刷（1刷：1956年）〉　1000円　⑴4-334-04101-9

◇太平洋戦争—記録写真　下　ロバート・シャーロッド，中野五郎著　光文社　1995.6　220p　18cm　（カッパ・ブックス）〈25刷（1刷：1956年）〉　1000円　⑴4-334-04102-7

◇なぜ太平洋戦争が起こったか？—維新から日中全面戦争、そして米の石油戦略発動　長谷川甲子郎編著　新潟　長谷川印刷　1995.6　412p　27cm　3000円

◇米英にとっての太平洋戦争　上巻　クリストファー・ソーン著，市川洋一訳　草思社　1995.6　605p　20cm　〈付（8p　19cm）〉　4944円　⑴4-7942-0604-6

◇米英にとっての太平洋戦争　下巻　クリストファー・ソーン著，市川洋一訳　草思社　1995.6　622p　20cm　4944円　⑴4-7942-0605-4

◇写真/太平洋戦争　第6巻　ソロモン/ニューギニア作戦2・マーシャル/ギルバー

ト作戦　雑誌「丸」編集部編　光人社　1995.5　254p　16cm　（光人社NF文庫）　850円　①4-7698-2082-8

◇太平洋戦争日本の敗因　1　日米開戦勝算なし　NHK取材班編　角川書店　1995.5　261p　15cm　（角川文庫）〈『ドキュメント太平洋戦争1』の改題〉　520円　①4-04-195412-6

◇太平洋戦争日本の敗因　2　ガダルカナル学ばざる軍隊　NHK取材班編　角川書店　1995.5　270p　15cm　（角川文庫）〈『ドキュメント太平洋戦争2』の改題〉　520円　①4-04-195413-4

◇太平洋戦争99の謎—開戦・終戦の謎から各戦闘の謎まで　出口宗和著　二見書房　1995.3　277p　15cm　（二見wai wai文庫）　500円　①4-576-95042-8

◇図説・太平洋戦争　池田清編，太平洋戦争研究会著　河出書房新社　1995.2　171p　22cm　1500円　①4-309-72493-0

◇列伝・太平洋戦争　下　昭和19年—20年　最後の栄光のために　半藤一利著　PHP研究所　1995.2　371p　15cm　（PHP文庫）　660円　①4-569-56733-9

◇完本・太平洋戦争　3　文芸春秋編　文芸春秋　1995.1　409p　16cm　（文春文庫）　600円　①4-16-721747-3

◇完本・太平洋戦争　4　文芸春秋編　文芸春秋　1995.1　402p　16cm　（文春文庫）　600円　①4-16-721748-1

◇列伝・太平洋戦争　上　昭和16年—18年　国家の運命を賭ける　半藤一利著　PHP研究所　1995.1　287p　15cm　（PHP文庫）　580円　①4-569-56722-3

◇完本・太平洋戦争　1　文芸春秋編　文芸春秋　1994.12　420p　16cm　（文春文庫）　600円　①4-16-721745-7

◇完本・太平洋戦争　2　文芸春秋編　文芸春秋　1994.12　414p　16cm　（文春文庫）　600円　①4-16-721746-5

◇太平洋戦争海戦全史　新人物往来社戦史室編　新人物往来社　1994.12　253p　22cm　3200円　①4-404-02154-2

◇昭和の歴史　第7巻　太平洋戦争　木坂順一郎著　小学館　1994.10　413p　16cm　（小学館ライブラリー）〈新装版〉　980円　①4-09-461027-8

◇あなたは大東亜戦争（太平洋戦争）を知っていますか？—語りつぐ大東亜戦争　日本を守る東京都民会議編　日本を守る東京都民会議　1994.9　47p　21cm

◇大東亜戦争は正当防衛であった—無実の罪を晴らさねば祖国危し　山本健造著　国府町（岐阜県）　飛騨福来心理学研究所　1994.5　272p　19cm　〈発売：星雲社（東京）〉　1500円　①4-7952-5478-8

◇太平洋戦争海戦ガイド　福田誠〔ほか〕共著　新紀元社　1994.4　200p　21cm　1700円　①4-88317-230-9

◇君は第二次大戦を知っているか—教科書では学べない戦争の素顔　中野五郎著　光人社　1993.12　386p　15cm　（光人社NF文庫）　700円　①4-7698-2030-5

◇大東亜戦争（太平洋戦争）は正当防衛であった！—戦勝国によるマインドコントロール　目かくしされた史実　山本健造著　国府町（岐阜県）　飛騨福来心理学研究所　1993.11　40p　22cm　200円

◇太平洋戦争　細谷千博，本間長世，入江昭，波多野澄雄編　東京大学出版会　1993.12　669,6p　21cm　8240円　①4-13-036070-1

◇大東亜戦争—戦陣記録　庄原正保著　新見　備北民報　1993.3　223p　21cm　（備北民報自分史シリーズ　12）〈著者の肖像あり〉　2500円

◇太平洋戦史の読み方　奥宮正武著　東洋経済新報社　1993.3　265p　20cm　1900円　①4-492-21047-4

◇驕りの失敗—太平洋戦史から何を学ぶか　村上薫著　サイマル出版会　1992.7　292p　19cm　〈著者の肖像あり〉　1800円　①4-377-30942-0

◇太平洋戦争白書　米国戦略爆撃調査団著　日本図書センター　1992.6　50冊　31cm

〈背の書名：The United States Strategic Bombing Survey 本文は英語 複製〉1200000円　Ⓘ4-8205-6038-7

◇雑学太平洋戦争の真実—真珠湾・ミッドウェー・ソロモン・硫黄島… 佐治芳彦著　日東書院　1992.5　316p　19cm　1000円　Ⓘ4-528-00038-5

◇再検証「大東亜戦争」とは何か　村上兵衛著　時事通信社　1992.4　250p　20cm　1600円　Ⓘ4-7887-9211-7

◇世紀末から見た大東亜戦争—戦争はなぜ起こったのか　現代アジア研究会編　プレジデント社　1991.12　395p　20cm　〈執筆：勝田吉太郎ほか〉　1900円　Ⓘ4-8334-1433-3

◇父たちの太平洋戦争—写真集　リチャード・マリン写真, デイヴィッド・H.コグート文, 森田義信訳　ティビーエス・ブリタニカ　1991.12　164p　30×31cm　6500円　Ⓘ4-484-91125-6

◇太平洋戦争の起源　入江昭著, 篠原初枝訳　東京大学出版会　1991.11　283,5p　19cm　2266円　Ⓘ4-13-033040-3

◇「戦前・戦中」用語ものしり物語　北村恒信著　光人社　1991.9　302p　19cm　1300円　Ⓘ4-7698-0575-6

◇太平洋戦争開戦の日・終戦の日　大空社　1991.7　439p　43cm　（シリーズその日の新聞）　10000円　Ⓘ4-87236-175-X

◇「戦前」という時代　山本夏彦著　文芸春秋　1991.4　286p　15cm　（文春文庫）　400円　Ⓘ4-16-735205-2

◇日本人と戦争　天野恒雄訳　朝日新聞社　1990.12　458p　15cm　（朝日文庫　ろ1-1）　680円　Ⓘ4-02-260624-X

◇歴史の流れの中で　1　大東亜戦争をめぐって　片岡洋二著　京都　大雅堂　1990.10　272p　19cm　（日本人の自覚を促す本）　1200円　Ⓘ4-88459-030-9

◇太平洋戦争における戦いの記録　盛岡　土浦海軍航空隊甲種飛行予科練習生第12期会岩手県支部　1990.5　69p　19cm　〈奥付の書名：戦いの記録　はり込図1枚付（1枚 12×8cm）〉

◇太平洋戦争と生魂—九死に一生の記録　富沢美晴著　大和　富沢美晴　1990.3　155p　19cm

◇昭和二万日の全記録　6　太平洋戦争　講談社　1990.1　377,21p　26cm　2880円　Ⓘ4-06-194356-1

◇ABCDラインの陰謀—仕掛けられた大東亜戦争　清水惣七著　新人物往来社　1989.10　394p　20cm　2000円　Ⓘ4-404-01669-7

◇証言・私の昭和史　5　三国一朗きき手, テレビ東京編　文芸春秋　1989.6　522p　15cm　（文春文庫）　550円　Ⓘ4-16-749905-3

◇証言・私の昭和史　4　太平洋戦争後期　三国一朗きき手　文芸春秋　1989.5　515p　16cm　（文春文庫）　550円　Ⓘ4-16-749904-5

◇日中戦争から日英米戦争へ　日本国際政治学会編　日本国際政治学会　1989.5　181,14p　21cm　（国際政治　91）　〈東京 有斐閣〉　1800円

◇写真/太平洋戦争　第5巻　雑誌「丸」編集部編　光人社　1989.4　328p　27cm　3600円　Ⓘ4-7698-0417-2

◇証言・私の昭和史　3　太平洋戦争前期　三国一朗きき手　文芸春秋　1989.4　524p　16cm　（文春文庫）　550円　Ⓘ4-16-749903-7

◇写真/太平洋戦争　第4巻　雑誌「丸」編集部編　光人社　1989.3　328p　27cm　3500円　Ⓘ4-7698-0416-4

◇昭和天皇の戦場—証言で綴る秘められた太平洋戦争　伊藤一男著　光人社　1989.3　270p　19cm　1500円　Ⓘ4-7698-0429-6

◇太平洋戦争とは何だったのか—1941〜45年の国家、社会、そして極東戦争　市川洋一訳　草思社　1989.3　445p　20cm　2500円　Ⓘ4-7942-0336-5

◇写真/太平洋戦争　第3巻　雑誌「丸」編集部編　光人社　1989.2　328p　27cm　3500円　①4-7698-0415-6

◇真実の太平洋戦争　奥宮正武著　PHP研究所　1988.12　366p　15cm　（PHP文庫）〈『太平洋戦争の本当の読み方』（1987年刊）の改題〉　550円　①4-569-26179-5

◇「太平洋戦争」と「もう一つの太平洋戦争」—第二次大戦における日本と東南アジア　信夫清三郎　勁草書房　1988.12　333,6p　22cm　4400円　①4-326-30058-2

◇太平洋戦争の史実から、今日何を学ぶか　村上薫著　実業之日本社　1987.12　286p　20cm　1500円　①4-408-10064-1

◇戦争と日本人—あるカメラマンの記録　影山正雄〔ほか〕写真　岩波書店　1987.7　62pp　21cm　（岩波写真文庫復刻ワイド版）〈1953年刊の複製〉　600円　①4-00-003520-7

◇太平洋戦争の本当の読み方　奥宮正武著　PHP研究所　1987.6　347p　20cm　1700円　①4-569-22019-3

◇太平洋戦争秘史—海軍は何故開戦に同意したか　保科善四郎〔ほか〕著　日本国防協会　1987.6　427p　20cm　3500円　①4-7939-0204-9

◇興亡と夢—戦火の昭和史　3　運命の選択　三好徹著　集英社　1986.10　261p　20cm　〈見返し：日米開戦当時の太平洋,独ソ戦直前のヨーロッパ　巻末：年表〉　1200円　①4-08-772582-0

◇昭和史探訪　4　太平洋戦争後期　三国一朗、井田麟太郎編　角川書店　1985.12　322p　15cm　（角川文庫）　460円　①4-04-163204-8

◇太平洋戦争の謎—まだ終わっていない?!　日米対決の軌跡　佐治芳彦著　日本文芸社　1985.12　246p　18cm　（舵輪ブックス）　680円　①4-537-00894-6

◇昭和史探訪　3　太平洋戦争前期　三国一朗、井田麟太郎編　角川書店　1985.11　319p　15cm　（角川文庫）　460円　①4-04-163203-X

◇大東亜戦争回想録　不破成隆著　羽島不破成隆　1985.8　154p　21cm

◇太平洋戦史・逆転の証言　三根生久大著　読売新聞社　1984.10　197p　18cm　750円　①4-643-54320-5

◇太平洋戦争—日本人にとっていったい何だったのだろう　写真集　Shoot編　竜渓書舎　1984.9　82p　27cm　800円

◇失敗の本質—日本軍の組織論的研究　戸部良一〔ほか〕著　ダイヤモンド社　1984.5　290p　22cm　2800円

◇太平洋戦争の敗因を衝く—軍閥専横の実相　田中隆吉著　流山　長崎出版　1984.5　215p　19cm　〈著者の肖像あり〉　980円

◇太平洋戦争と日本軍部　野村実著　山川出版社　1983.8　400,13p　20cm　（近代日本研究双書）　3400円

◇ドキュメント昭和史　4　太平洋戦争　原田勝正　普及版　平凡社　1983.7　328p　19cm　880円

◇『朝日新聞』（東京版）にみる「大東亜共栄圏」:記事索引—1941～45　アジア経済研究所　1983.3　305p　26cm　〈調査研究部 no.57-1〉

◇歴史家はなぜ"侵略"にこだわるのか　歴史学研究会編集　歴史学研究会　1982.12　90p　19cm　〈発売：青木書店〉　500円　①4-250-82056-4

◇太平洋戦争—開戦から講和まで　近代日本研究会編　山川出版社　1982.10　512p　22cm　（年報・近代日本研究 4）　4800円

◇ぼくらの太平洋戦争　本多公栄著　労働教育センター　1982.9　406p　19cm　〈鳩の森書房昭和48年刊の再刊〉　1500円

◇太平洋戦争史論　藤原彰著　青木書店　1982.7　224p　20cm　（青木現代叢書）　1600円　①4-250-82030-0

戦争と平和

◇画報日本近代の歴史　12　戦争の惨禍—1941〜1944　日本近代史研究会編　三省堂　1980.7　175p　31cm　〈執筆：色川大吉ほか〉　2200円

◇太平洋戦争この悲惨な実相　日下正義著　明石書店　1980.7　275p　19cm　1500円

◇戦史ノート　児島襄著　文芸春秋　1980.6　315p　18cm　1000円

◇一億人の昭和史　日本の戦史10　太平洋戦争　4　毎日新聞社　1980.4　274p　28cm　〈おもに図〉　1200円

◇一億人の昭和史　日本の戦史9　太平洋戦争　3　毎日新聞社　1980.2　274p　28cm　〈おもに図〉　1200円

◇作戦日誌で綴る大東亜戦争　井本熊男著　芙蓉書房　1979.12　611p　20cm　（昭和軍事史叢書）　〈付(図3枚)〉　3500円

◇歴史と責任　家永三郎著　八王子　中央大学出版部　1979.8　509p　20cm　2000円

◇一億人の昭和史　日本の戦史8　太平洋戦争　2　毎日新聞社　1978.12　274p　28cm　〈おもに図〉　1200円

◇児島襄戦史著作集　vol.10　指揮官/参謀　文芸春秋　1978.11　579p　20cm　1800円

◇一億人の昭和史—日本の戦史　7　太平洋戦争　1　毎日新聞社　1978.10　274p　28cm　〈おもに図〉　1200円

◇児島襄戦史著作集　vol.9　戦艦大和　児島襄著　文芸春秋　1978.9　391p　20cm　1600円

◇児島襄戦史著作集　vol.8　英霊の谷.マニラ海軍陸戦隊　児島襄著　文芸春秋　1978.8　392p　20cm　1600円

◇児島襄戦史著作集　vol.7　将軍突撃せり.天皇の島　児島襄著　文芸春秋　1978.7　334p　20cm　1500円

◇児島襄戦史著作集　vol.6　史説・山下奉文.激戦の跡をゆく　児島襄著　文芸春秋　1978.6　399p　20cm　〈山下奉文の肖像あり〉　1600円

◇児島襄戦史著作集　vol.5　太平洋戦争　児島襄著　文芸春秋　1978.5　446p　20cm　1700円

◇児島襄戦史著作集　vol.4　開戦前夜　児島襄著　文芸春秋　1978.4　364p　20cm　1500円

◇太平洋戦争—軍艦生活日記　山田元治著　八王子　ふだん記全国グループ　1978.3　199p　19cm　（ふだん記新書　60）　〈著者の肖像あり〉

◇太平洋戦争—その開戦と終末　高城肇著　国土社　1977.8　213p　21cm　（国土社・ノンフィクション全集）　980円

◇太平洋戦争の体験　角田賤夫著　八王子　ふだん記全国グループ　1977.5　76p　図　肖像　22cm　（ふだん記本　51）

◇1億人の昭和史　3　太平洋戦争　昭和16年—20年　毎日新聞社　1976　258p（おもに図）　28cm　1000円

◇太平洋戦争史　5　太平洋戦争　2　1942-1945　歴史学研究会編　青木書店　1973　387p　図　20cm　850円

◇太平洋戦争史　4　太平洋戦争　1　1940-1942　歴史学研究会編　青木書店　1972　317p　図　20cm　850円

◇日本外交史　25　大東亜戦争・終戦外交　鹿島平和研究所編　監修:松本俊一,安東義良　鹿島研究所出版会　1972　382,12p　図　22cm

◇太平洋戦史文献解題　井門寛編　新人物往来社　1971　330p　22cm　4500円

◇太平洋戦争ドキュメンタリー　第23巻　神風特攻隊出撃の日　他4篇　今日の話題社　1971　343p(図共)　22cm　620円

◇太平洋戦争ドキュメンタリー　第24巻　撃墜　他5篇　今日の話題社　1971　336p（図共）　22cm　620円

◇太平洋戦争による我国の被害総合報告書　経済安定本部総裁官房企画部調査課〔編〕　2版　小川洌㧾　〔1971〕　7,189p　図　21cm　〈初版：昭和24年刊〉

戦争と平和

◇日本外交史　24　大東亜戦争・戦時外交　鹿島平和研究所編　太田一郎監修　鹿島研究所出版会　1971　530,26p　図　22cm　1600円

◇太平洋戦争ドキュメンタリー　第18巻　突撃鬼中隊　他6篇　今日の話題社　1970　358p(図版共)　22cm　590円

◇太平洋戦争ドキュメンタリー　第19巻　潜水艦決戦場へ　他6篇　今日の話題社　1970　358p(図版共)　22cm　590円

◇太平洋戦争ドキュメンタリー　第20巻　敵中突破五〇〇粁　他7篇　今日の話題社　1970　358p(図版共)　22cm　590円

◇太平洋戦争ドキュメンタリー　第21巻　回天と日本海軍　他5篇　今日の話題社　1970　350p(図版共)　22cm　590円

◇太平洋戦争ドキュメンタリー　第22巻　栄光マラソン部隊　他4篇　今日の話題社　1970　358p(図共)　22cm　620円

◇太平洋戦争と教科書　家永訴訟支援・市民の会　思想の科学社(発売)　1970　331p　19cm　740円

◇太平洋戦争—私観　高木惣吉著　文芸春秋　1969　327p　図版　20cm　800円

◇太平洋戦争ドキュメンタリー　第13巻　わが電波謀略戦　他7篇　今日の話題社　1969　366p(図版共)　22cm　590円

◇太平洋戦争ドキュメンタリー　第14巻　ハワイ未帰還二九機　他7篇　今日の話題社　1969　358p(図版共)　22cm　590円

◇太平洋戦争ドキュメンタリー　第15巻　艦隊戦闘機隊　他7篇　今日の話題社　1969　358p(図版共)　22cm　590円

◇太平洋戦争ドキュメンタリー　第16巻　還ってきた特攻隊　他5篇　今日の話題社　1969　358p(図版共)　22cm　590円

◇太平洋戦争ドキュメンタリー　第17巻　陸軍急降下爆撃隊　他7篇　今日の話題社　1969　353p(図版共)　22cm　590円

◇太平洋戦争ドキュメンタリー　第3巻　炎の翼—他8篇　今日の話題社　1968　358p　図版　22cm　490円

◇太平洋戦争ドキュメンタリー　第4,5巻　今日の話題社　1968　2冊　21cm　各490円

◇太平洋戦争ドキュメンタリー　第6巻　老潜水艦出撃す　他7篇　今日の話題社　1968　358p(図版共)　21cm　490円

◇太平洋戦争ドキュメンタリー　第7巻　玉砕アッツ嵐—他7篇　今日の話題社　1968　358p(図版共)　21cm　490円

◇太平洋戦争ドキュメンタリー　第8巻　空母翔鶴最後の決戦—他9篇　今日の話題社　1968　358p(図版共)　21cm　490円

◇太平洋戦争ドキュメンタリー　第9巻　血風硫黄島—他7篇　今日の話題社　1968　358p(図版共)　22cm　490円

◇太平洋戦争ドキュメンタリー　第10巻　空母大鳳の最期—他8篇　今日の話題社　1968　358p(図版共)　22cm　490円

◇太平洋戦争ドキュメンタリー　第11巻　沖縄特攻艦隊　他8篇　今日の話題社　1968　358p(図版共)　22cm　490円

◇太平洋戦争ドキュメンタリー　第12巻　南太平洋の凱歌　他9篇　今日の話題社　1968　358p(図版共)　22cm　490円

◇太平洋戦争名画集　続　成橋均ほか編　ノーベル書房　1968　167p　36cm　5500円

◇太平洋戦争ドキュメンタリー　第2巻　孤独な戦闘機　他8篇　今日の話題社　1967　358p　図版　21cm　490円

◇太平洋戦争名画集　成橋均ほか編　ノーベル書房　1967　191p　36cm　5800円

◇太平洋戦争　下　児島襄著　中央公論社　1966　344p　18cm　(中公新書)　280円

◇太平洋戦争　上　児島襄著　中央公論社　1965　329p　18cm　(中公新書)

◇文学による　太平洋戦史　第1　昭和の動乱と文学　三枝康高著　有信堂　1965　258p　図版　22cm

◇宣戦から終戦まで—軍の誤断と四年間の悪夢　松村秀逸著　日本週報社　1964　287p(図版共)　18cm

◇実録太平洋戦争　第7巻　開戦前夜と敗戦秘話　中央公論社　1960　312p 図版　22cm　〈伊藤正徳,富岡定俊,稲田正純監修〈KANG《4》PAGE《348》〉〉
◇記録写真太平洋戦争　上下　ロバート・シャーロッド,中野五郎共編　光文社　1956　2冊　18cm　（カッパ・ブックス）
◇大東亜戦争写真史　第1　開戦進攻篇　富士書苑編　1954　28cm
◇大東亜戦争写真史　第2　太平洋攻防篇　富士書苑編　1954　28cm
◇大東亜戦争写真史　第3　特攻決戦篇　富士書苑編　1954　28cm
◇大東亜戦争写真史　第4　楽土興亡篇　富士書苑編　1954　28cm
◇大東亜戦争写真史　第5　大陸戦塵篇　富士書苑編　1954　28cm
◇大東亜戦争写真史　第6　南方攻守篇　富士書苑編　1954　28cm
◇大東亜戦争写真史　第7　孤島邀撃篇　富士書苑編　1954　28cm
◇大東亜戦争写真史　第8　落日終戦篇　富士書苑編　1954　28cm
◇太平洋戦争史—記録写真　上　ロバート・シャーロッド編,中野五郎訳　光文社　1952　144p 図版　31cm
◇太平洋戦争史—記録写真　下　ロバート・シャーロッド編,中野五郎訳　光文社　1952　142p 図版　31cm
◇戦争から講和まで—激動日本の20年　毎日新聞社編　1951　図版66p　37cm
◇太平洋戦争史—奉天事件より無条件降伏まで　連合軍総司令部民間情報教育局編,中屋健弌訳　高山書院　1946　168p 19cm　〈連合軍総司令部民間情報教育局資料提供〉　9.5円

真珠湾攻撃

　1946(昭和16)年12月8日に日本海軍がハワイ・オアフ島の真珠湾に集結するアメリカ太平洋艦隊に対して行った攻撃。太平洋戦争の端緒となった。山本五十六連合艦隊司令長官が発案、空母6隻を基幹とする機動部隊が択捉島から出撃、戦艦8隻を航空機攻撃で壊滅させた。大使館書記官の不手際により公式な宣戦布告が攻撃開始時間に間に合わず、奇襲攻撃となった。

　　　＊　　　＊　　　＊

◇真珠湾—十二月八日の終戦　池上司著　角川書店　2004.11　525p 15cm　（角川文庫）　819円　①4-04-375702-6
◇真珠湾〈奇襲〉論争—陰謀論・通告遅延・開戦外交　須藤真志著　講談社　2004.8　254p 19cm　（講談社選書メチエ　306）〈文献あり〉　1600円　①4-06-258306-2
◇「真珠湾」の日　半藤一利著　文芸春秋　2003.12　509p 16cm　（文春文庫）　667円　①4-16-748312-2
◇運命の夜明け—真珠湾攻撃全真相　森史朗著　光人社　2003.8　483p 20cm　〈文献あり〉　2300円　①4-7698-1097-0
◇奇襲—薩摩パールハーバーの男たち　早瀬利之著　鹿児島　南日本新聞社　2003.8　206p 19cm　（南日本ブックス）〈鹿児島　南日本新聞開発センター(製作・発売)〉　1500円　①4-86074-016-5
◇真珠湾攻撃　双葉社　2003.7　162p 26cm　（双葉社スーパームック）　1886円　①4-575-47550-5
◇真珠湾攻撃　太平洋戦争研究会編　新人物往来社　2003.5　209p 27cm　（戦記クラシックス）　2800円　①4-404-03125-4
◇真珠湾の暁　佐藤大輔著　徳間書店　2002.11　189p 16cm　（徳間文庫）　533円　①4-19-891792-2
◇真珠湾日本を騙した悪魔　ジョン・コールマン博士著,太田竜監訳　成甲書房　2002.5　379p 19cm　1900円　①4-88086-131-6
◇検証・真珠湾の謎と真実—ルーズベルトは知っていたか　秦郁彦編　PHP研究所

2001.8　269p　20cm　1700円　①4-569-61586-4

◇実録真珠湾奇襲　立風書房　2001.8　223p　26cm（立風ベストムック）1143円　①4-651-00935-2

◇パールハーバー―フォト・ドキュメント　ドナルド M.ゴールドスチン，キャサリン V.ディロン，J.マイケル・ウェンジャー著，千早正隆訳　新版　光人社　2001.8　184p　29cm　2800円　①4-7698-1013-X

◇パールハーバー―真珠湾奇襲攻撃　日本の戦歴　平塚柾緒著　学習研究社　2001.7　293p　15cm（学研M文庫）〈「真珠湾攻撃」（フットワーク出版1991年刊）の増補〉　580円　①4-05-901066-9

◇パールハーバー―運命の日　日米開戦の真実　源田実著　幻冬舎　2001.7　373p　15cm（幻冬舎文庫）〈『風鳴り止まず』再編集・改題書〉　600円　①4-344-40131-X

◇パールハーバー　源田実著　幻冬舎　2001.7　373p　16cm（幻冬舎文庫）600円　①4-344-40131-X

◇真珠湾奇襲・ルーズベルトは知っていたか　今野勉著　PHP研究所　2001.6　488p　15cm（PHP文庫）〈文献あり〉　819円　①4-569-57573-0

◇真珠湾の真実―ルーズベルト欺瞞の日々　ロバート・B.スティネット著，妹尾作太男監訳，荒井稔，丸田知美共訳　文芸春秋　2001.6　536,7p　20cm　2000円　①4-16-357530-8

◇トラトラトラ―太平洋戦争はこうして始まった　ゴードン・W.プランゲ著，千早正隆訳　新装版　並木書房　2001.6　442p　19cm　1900円　①4-89063-138-0

◇パール・ハーバー―その運命の一日　ジェリー・ブラッカイマー，マイケル・ベイ，ランダル・ウォレス著，田辺千幸訳　角川書店　2001.6　171p　30cm（海外シリーズ）2800円　①4-04-791378-2

◇パールハーバー―アメリカが震撼した日　ダン・ヴァン・ダーヴァット著，村上能成訳　光文社　2001.6　176p　26×26cm〈他言語標題：Pearl Harbor　年表あり〉3800円　①4-334-96109-6

◇真珠湾攻撃　淵田美津雄著　PHP研究所　2001.5　251p　15cm（PHP文庫）〈肖像あり〉　533円　①4-569-57554-4

◇奇襲ハワイ作戦　学習研究社　2000.8　189p　26cm（「歴史群像」太平洋戦史シリーズ　1）1553円　①4-05-401257-4

◇はめられた真珠湾攻撃―ルーズベルトに仕組まれた恐るべき伏線　三好誠著　改訂新版　大阪　新風書房　2000.3　198p　20cm　1429円　①4-88269-394-1

◇真珠湾攻撃　ウォルター・ロード著，宮下嶺夫訳　小学館　2000.1　350p　15cm（小学館文庫）657円　①4-09-403821-3

◇九軍神は語らず―真珠湾特攻の虚実　牛島秀彦著　光人社　1999.6　278p　16cm（光人社NF文庫）648円　①4-7698-2235-9

◇真珠湾作戦回顧録　源田実著　文芸春秋　1998.12　316p　16cm（文春文庫）476円　①4-16-731005-8

◇真珠湾、クラーク基地の悲劇―責任はだれにあるのか　ジョン・コステロ著，左近允尚敏訳　啓正社　1998.4　417p　20cm　2400円　①4-87572-107-2

◇真珠湾の不時着機―二人だけの戦争　牛島秀彦著　河出書房新社　1997.12　196p　15cm（河出文庫）〈「二人だけの戦争」（1980年毎日新聞社刊）の改題〉　520円　①4-309-47345-8

◇現代史の断面・真珠湾攻撃　ねず・まさし著　校倉書房　1995.12　306p　20cm　3090円　①4-7517-2550-5

◇真珠湾攻撃―写真集　阿部安雄編　ベストセラーズ　1995.12　190p　31cm　4500円　①4-584-17066-5

◇ドロシー「くちなしの謎」―「真珠湾」を知っていた女　徳岡孝夫著　文芸春秋　1993.3　270,6p　19cm　1500円　①4-16-347360-2

◇真珠湾最後の真実　ヘンリー・クラウゼン, ブルース・リー著, 鈴木主税訳　飛鳥新社　1992.12　453p　20cm　3500円　①4-87031-127-5

◇総点検・真珠湾50周年報道—何がどこまでわかったか　杉田誠著　森田出版　1992.8　264p　19cm　〈発売：星雲社〉1400円　①4-7952-7805-9

◇証言・真珠湾攻撃—私は歴史的瞬間をこの眼で見た！　藤田怡与蔵ほか著　光人社　1991.12　349p　20cm　1700円　①4-7698-0584-5

◇真珠湾の日—ドキュメント　佐々木隆爾〔ほか〕編　大月書店　1991.12　247p　28cm　〈折り込図1枚〉　5800円　①4-272-52023-7

◇真珠湾燃える　上　秦郁彦編　原書房　1991.12　224p　20cm　〈朝日カルチャーセンター版〉　1600円　①4-562-02260-4

◇真珠湾燃える　下　秦郁彦編　原書房　1991.12　229p　20cm　〈朝日カルチャーセンター版〉　1600円　①4-562-02261-2

◇真珠湾奇襲—大統領ルーズベルトの犯罪　杉田誠著　森田出版　1991.11　344p　20cm　〈発売：星雲社〉　1800円　①4-7952-7803-2

◇敗亡の戦略—山本五十六と真珠湾　森本忠夫著　東洋経済新報社　1991.11　288,7p　20cm　1600円　①4-492-06054-5

◇幕僚たちの真珠湾　波多野澄雄著　朝日新聞社　1991.11　238p　19cm　〈朝日選書　437〉　1000円　①4-02-259537-X

◇パール・ハーバー—フォト・ドキュメント　ドナルド・M.ゴールドスチン〔ほか〕著, 千早正隆訳　光人社　1991.11　184p　29cm　3800円　①4-7698-0582-9

◇リメンバー—「真珠湾」を演出した男　ウィリアム・ホーナン著, 古賀林幸, 藤田佳澄訳　徳間書店　1991.11　318p　19cm　1800円　①4-19-354710-8

◇真珠湾攻撃　平塚柾緒著　フットワーク出版　1991.8　292p　21cm　〈秘蔵写真で知る近代日本の戦歴　6〉1800円　①4-87689-015-3

◇秘蔵写真で知る近代日本の戦歴　6　真珠湾攻撃　平塚柾緒著　フットワーク出版　1991.8　292p　21cm　1800円　①4-87689-015-3

◇真珠湾は眠っていたか　3　歴史の審判　土門周平, 高橋久志訳　講談社　1987.1　385p　20cm　2500円　①4-06-200938-2

◇真珠湾は眠っていたか　1　運命の序曲　土門周平, 高橋久志訳　講談社　1986.12　510p　20cm　2800円　①4-06-200936-6

◇真珠湾は眠っていたか　2　世紀の奇襲　土門周平, 高橋久志訳　講談社　1986.12　382p　20cm　2500円　①4-06-200937-4

◇真珠湾攻撃—その予言者と実行者　和田穎太著　文芸春秋　1986.8　262p　19cm　1300円　①4-16-340770-7

◇真珠湾攻撃その予言者と実行者　和田穎太著　文芸春秋　1986.8　262p　20cm　1300円　①4-16-340770-7

◇真珠湾攻撃その予言者と実行者　和田穎太著　文芸春秋　1986.8　262p　20cm　1300円　①4-16-340770-7

◇真珠湾二人だけの戦争　牛島秀彦著　旺文社　1986.7　222p　16cm　〈旺文社文庫〉　〈『二人だけの戦争』（毎日新聞社昭和55年刊）の改題〉　360円　①4-01-064389-7

◇真珠湾二人だけの戦争　牛島秀彦著　旺文社　1986.7　222p　16cm　〈旺文社文庫〉　〈『二人だけの戦争』（毎日新聞社昭和55年刊）の改題〉　360円　①4-01-064389-7

◇昭和の戦争—ジャーナリストの証言　2　真珠湾攻撃　森恭三責任編集　講談社　1986.5　269p　20cm　〈2.真珠湾攻撃　森恭三責任編集　巻末：年表　図版〉　1500円　①4-06-187252-4

◇真珠湾メモリアル—現場で見た日本軍の第一撃　徳岡孝夫著　中央公論社　1985.

12　274p　16cm　〈中公文庫〉　380円　①4-12-201286-4
◇真珠湾　牛島秀彦著　勁文社　1984.8　287p　16cm　〈ケイブンシャ文庫　32〉　500円　①4-7669-0176-2
◇日本国ハワイ―知られざる「真珠湾」裏面史　竹林卓監訳　恒文社　1984.8　283p　20cm　2300円　①4-7704-0585-5
◇豊田穰戦記文学集　3　ハワイ海戦と南雲中将　豊田穰著　講談社　1983.7　373p　20cm　〈肖像：南雲忠一ほか〉　1500円　①4-06-180373-5
◇真珠湾の審判　中野五郎訳　講談社　1983.4　294p　18cm　〈新版(初版：大日本雄弁会講談社昭和29年刊)〉　850円　①4-06-200470-4
◇真珠湾攻撃　徳岡孝夫訳　文芸春秋　1982.11　494p　20cm　1900円
◇あの日の真珠湾―昭和十六年十二月八日　藤井保雄著　徳島　教育出版センター　1982.7　247p　19cm　1300円
◇真珠湾攻撃―日本の運命をかけた奇襲　実松譲著　秋田書店　1980.7　175,9p　22cm　〈写真で見る太平洋戦争　1〉〈付：「真珠湾攻撃」用語解説,太平洋戦争年表,太平洋戦争の戦局推移図ほか2件　叢書の監修：冨永謙吾　初刷：1972(昭和47)肖像：山本五十六ほか〉　580円
◇真珠湾―ドキュメンタリー　牛島秀彦著　時事通信社　1976　255p　20cm　980円
◇十二月八日未明　編集執筆：川上巌　公論社　1975　325p　図　肖像　17cm　〈監修：源田実〉　980円
◇奇襲!パールハーバー　福本和也著　学習研究社　1972　206p　19cm　〈Ein books　日本人による日本人の秘録〉
◇パールハーバー―われ奇襲に成功せり　中野五郎訳　サンケイ新聞社出版局　1971　222p(図共)　19cm　〈第二次世界大戦ブックス　1〉〈背・表紙の書名：Pearl Harbor〉　500円

ミッドウェー海戦

　1942(昭和17)年6月5日にミッドウェー諸島沖で日本海軍がアメリカ海軍に大敗した海戦。山本五十六連合艦隊司令長官は、日米の圧倒的な国力の差から、日本の優位は半年から1年と見て、アメリカ海軍主力との早期決戦を主張していた。1942年の本土初空襲で帝都防空に危機を抱いた海軍は、山本長官の主張を受け、日本に最も近いアメリカ軍基地であるミッドウェー攻略を決定。山本長官の下、艦艇350隻、航空機1000機、将兵10万人からなる大艦隊を編成し、出撃した。しかし暗号がアメリカに事前に解読され、ニミッツ提督は空母3隻を急速出動させ、ミッドウェー島北東海面で待ち伏せた。日本は第1次攻撃隊が同島を空爆したものの、アメリカの第16機動部隊の艦上爆撃機の急降下爆撃にあい、空母3隻が被弾炎上、残る1隻も敵空母を大破させた後に爆撃を受け沈没。山本長官は午後11時55分に攻略中止を命令した。アメリカ側は空母1隻と駆逐艦1隻の被害にとどまった。この大敗で日本は制空権・制海権を確保できなくなり、日米の攻守が逆転、太平洋戦争史上の重大な転換点となった。

◇ミッドウェーとアッツ玉砕戦　宇都宮泰長著　鵬和出版　2004.10　199p　19cm　〈文献あり〉　2000円　①4-89282-065-2
◇幻の終戦―もしミッドウェー海戦で戦争をやめていたら　保阪正康著　中央公論新社　2001.7　456p　16cm　〈中公文庫〉　857円　①4-12-203857-X

戦争と平和

◇ミッドウェー海戦　学習研究社　2000.10　195p　26cm　(「歴史群像」太平洋戦史シリーズ　4)〈年表あり〉　1553円　①4-05-401260-4

◇証言・ミッドウェー海戦—私は炎の海で戦い生還した！　橋本敏男ほか著　光人社　1999.10　366p　16cm　(光人社NF文庫)　752円　①4-7698-2249-9

◇ミッドウェー　淵田美津雄,奥宮正武著　PHP研究所　1999.7　477p　15cm（PHP文庫）　838円　①4-569-57292-8

◇家族の樹—ミッドウェー海戦終章　沢地久枝著　文芸春秋　1997.5　242p　16cm　(文春文庫)〈肖像あり〉　419円　①4-16-723919-1

◇現代史の断面・ミッドウェー海戦　ねず・まさし著　校倉書房　1997.1　263p　20cm　3090円　①4-7517-2680-3

◇ミッドウェー海戦—惨敗の真相と海戦史歪曲　戸沢力著　甲飛二期会　1996.5　66,38p　26cm〈付・検証ミッドウェー海戦座談会〉

◇ミッドウェー海戦—解読されていた暗号　和歌森太郎ほか編,永井潔さしえ　岩崎書店　1995.1　126p　22cm　(語りつごうアジア・太平洋戦争　5)　2000円　①4-265-04425-5

◇破局への戦略—日本海軍とミッドウェー　森本忠夫著　東洋経済新報社　1992.6　358p　20cm　1700円　①4-492-06056-1

◇死闘の海—ミッドウェー海戦・戦局に決定的な影響を与えた大海戦の全て！　小野寺京吾作,沼田清画　朝日ソノラマ　1990.7　252p　21cm　(戦記コミックス・シリーズ　9)　880円　①4-257-90128-4

◇「ミッドウェー」の一瞬の判断を分析する—5時30分の判断　100年後の日本人への遺産のために　横浜　海軍経理学校第10期補修学生有志　1990　35p　26cm

◇滄海よ眠れ—ミッドウェー海戦の生と死　3　沢地久枝著　文芸春秋　1987.8　486p　16cm　(文春文庫)　540円　①4-16-723911-6

◇滄海よ眠れ—ミッドウェー海戦の生と死　2　沢地久枝著　文芸春秋　1987.7　439p　16cm　(文春文庫)　500円　①4-16-723910-8

◇滄海よ眠れ—ミッドウェー海戦の生と死　1　沢地久枝著　文芸春秋　1987.6　430p　16cm　(文春文庫)　500円　①4-16-723909-4

◇記録ミッドウェー海戦　沢地久枝著　文芸春秋　1986.6　564p　20cm　2500円

◇ミッドウェイ海戦の心理学—勝負を分けたものは何か？　安西二郎著　PHP研究所　1986.6　243p　19cm　1100円　①4-569-21766-4

◇ミッドウェイ　A.J.バーカー著,芳地昌三訳　サンケイ出版　1985.5　207p　16cm　(第二次世界大戦文庫　15)　450円　①4-383-02387-8

◇滄海よ眠れ—ミッドウェー海戦の生と死　6　沢地久枝著　毎日新聞社　1985.3　262p　19cm　980円

◇滄海よ眠れ—ミッドウェー海戦の生と死　5　沢地久枝著　毎日新聞社　1985.2　252p　19cm　980円

◇滄海よ眠れ—ミッドウェー海戦の生と死　4　沢地久枝著　毎日新聞社　1984.12　243p　19cm　980円

◇ミッドウェーの奇跡　上　ゴードン・W.プランゲ著,ドナルド・M.ゴールドスタイン,キャサリン・V.ディロン編,千早正隆訳　原書房　1984.8　260p　20cm　1500円　①4-562-01485-7

◇ミッドウェーの奇跡　下　ゴードン・W.プランゲ著,ドナルド・M.ゴールドスタイン,キャサリン・V.ディロン編,千早正隆訳　原書房　1984.8　272p　20cm　1500円　①4-562-01488-1

◇豊田穣戦記文学集　2　ミッドウェー海戦　豊田穣著　講談社　1983.4　365p　20cm〈巻末：図解・ミッドウェー海戦　解説：吉田俊雄〉　1500円　①4-06-180372-7

◇ミッドウェー海戦　牧島貞一著　河出書房新社　1975　240p　19cm　(太平洋戦記　2)　680円

◇ミッドウェー―日本海軍海上航空戦史　淵田美津雄, 奥宮正武著　朝日ソノラマ　1974　308p　図　20cm　1000円

◇ミッドウェー―運命の三秒間　A.J.バーカー著, 芳地昌三訳　サンケイ新聞社出版局　1971　222p(図共)　19cm　(第二次世界大戦ブックス　9)　〈背・表紙の書名：Midway〉　500円

◇ミッドウェー海戦　防衛庁防衛研修所戦史室編　朝雲新聞社　1971　657p　図　地図4枚(袋入)　22cm　(戦史叢書)　2900円

連合艦隊

　二個以上の艦隊で編成され、日本海軍の外洋作戦にあたる中核部隊。聯合艦隊とも書く。天皇に直属する司令長官が統率する。明治27年の日清戦争で初めて編成され、日露戦争での第2次連合艦隊はバルチック艦隊を撃滅した。昭和11年からは常時編成となる。太平洋戦争開戦時の司令長官は山本五十六。19年のレイテ沖海戦で大きな被害を受け、20年の戦艦大和の撃沈で事実上壊滅した。

＊　　　　＊　　　　＊

◇巨翼の海原―連合艦隊加州戦記　下　橋本純著　銀河出版　2005.4　197p　18cm　(Ginga-novels)　857円　①4-87777-072-0

◇巨翼の海原―連合艦隊加州戦記　上　橋本純著　銀河出版　2004.11　201p　18cm　(Ginga-novels)　857円　①4-87777-065-8

◇連合艦隊―軍艦ハンドブック　雑誌「丸」編集部著　光人社　2004.9　291p　16cm　(光人社NF文庫)　686円　①4-7698-2431-9

◇連合艦隊　1(勃興編)　太平洋戦争研究会編　世界文化社　2004.8　255p　18cm　(アリババノベルスノンフィクション)　857円　①4-418-04520-1

◇連合艦隊　2(激闘編)　太平洋戦争研究会編　世界文化社　2004.8　255p　18cm　(アリババノベルスノンフィクション)　857円　①4-418-04521-X

◇究極の連合艦隊　3　遠藤昭著　学習研究社　2004.3　219p　18cm　(歴史群像新書)　850円　①4-05-402340-1

◇究極の連合艦隊　2　遠藤昭著　学習研究社　2003.10　230p　18cm　(歴史群像新書)　850円　①4-05-402159-X

◇聯合艦隊軍艦銘銘伝―全八六〇余隻の栄光と悲劇　片桐大自著　普及版　光人社　2003.8　622p　19cm　2600円　①4-7698-1151-9

◇究極の連合艦隊　1　遠藤昭著　学習研究社　2003.5　234p　18cm　(歴史群像新書)　800円　①4-05-402045-3

◇連合艦隊司令長官―日本海軍実戦部隊の最高指揮官　写真構成　新人物往来社　2003.2　162p　26cm　(別冊歴史読本永久保存版　35号)　2200円　①4-404-03035-5

◇連合艦隊―知れば知るほど　平間洋一監修　実業之日本社　2002.7　285p　19cm　〈年表あり〉　1500円　①4-408-39498-X

◇連合艦隊の生涯　堀元美, 阿部安雄著　学習研究社　2001.10　443p　15cm　(学研M文庫)　720円　①4-05-901086-3

◇連合艦隊の栄光　伊藤正徳著　光人社　2001.6　257p　20cm　1900円　①4-7698-1006-7

◇連合艦隊の最期　学習研究社　2001.4　187p　26cm　(「歴史群像」太平洋戦史シリーズ　10)　〈年表あり〉　1553円　①4-05-401266-3

◇連合艦隊の最後　伊藤正徳著　新版　光人社　2000.11　313p　20cm　2000円　①4-7698-0979-4

◇連合艦隊―水雷船隊編　世界文化社　2000.8　194p　26cm　(ビッグマンスペ

戦争と平和

シャル）〈折り込1枚〉 1700円 ⑪4-418-00131-X

◇連合艦隊全戦史 新人物往来社 2000.5 193p 26cm （別冊歴史読本 永久保存版 44） 2000円 ⑪4-404-02744-3

◇連合艦隊—小沢機動部隊編 不死鳥の如く甦った機動部隊の全貌 世界文化社 1999.8 194p 26cm （ビッグマンスペシャル） 1700円 ⑪4-418-99131-X

◇連合艦隊—南雲機動部隊編 新戦略を担った機動部隊のすべて 世界文化社 1999.5 194p 26cm （ビッグマンスペシャル）〈折り込1枚〉 1700円 ⑪4-418-99120-4

◇帝国連合艦隊 ワールドフォトプレス 1999.3 159p 29cm （ワールド・ムック 197）〈下位シリーズの責任表示：〔小松崎茂〕/〔画〕〉 2800円 ⑪4-8465-2197-4

◇連合艦隊—日米決戦編 帝国の命運を賭けた日米決戦の全容 世界文化社 1998.9 194p 26cm （ビッグマンスペシャル） 1700円 ⑪4-418-98125-X

◇海軍フリート物語—連合艦隊ものしり軍制学 上巻 雨倉孝之著 光人社 1998.8 214p 19cm 1600円 ⑪4-7698-0874-7

◇海軍フリート物語—連合艦隊ものしり軍制学 下巻 雨倉孝之著 光人社 1998.8 210p 19cm 1600円 ⑪4-7698-0875-5

◇連合艦隊—日米開戦編 連合艦隊の戦略と戦術を解き明かす 世界文化社 1998.7 194p 26cm （ビッグマンスペシャル） 1700円 ⑪4-418-98120-9

◇図解・連合艦隊 居村真二画, 橋本純, 林譲治文 並木書房 1998.5 211p 21cm （コンバットA to Zシリーズ 2）〈「図解・帝国海軍連合艦隊」の改訂版〉 1800円 ⑪4-89063-092-9

◇最後の連合艦隊司令長官—勇将小沢治三郎の生涯 寺崎隆治著 光人社 1997.12 220p 16cm （光人社NF文庫）〈肖像, 年譜あり〉 552円 ⑪4-7698-2180-8

◇聯合艦隊作戦室から見た太平洋戦争—参謀が描く聯合艦隊興亡記 中島親孝著 光人社 1997.10 282p 16cm （光人社NF文庫） 600円 ⑪4-7698-2175-1

◇連合艦隊 下巻（激闘編） 不沈戦艦の誕生と栄光の艦隊の落日 世界文化社 1997.8 194p 26cm （ビッグマンスペシャル） 1600円 ⑪4-418-97122-X

◇連合艦隊—世界を震撼させた栄光の艦隊の全貌 上巻（勃興編） 世界文化社 1997.7 194p 26cm （ビッグマンスペシャル） 1600円 ⑪4-418-97118-1

◇連合艦隊の栄光—太平洋海戦史 伊藤正徳著 光人社 1996.7 301p 16cm （光人社NF文庫） 650円 ⑪4-7698-2128-X

◇連合艦隊戦訓48—戦訓から学ぶ発想の転換 佐藤和正著 光人社 1996.5 250p 16cm （光人社NF文庫） 520円 ⑪4-7698-2123-9

◇連合艦隊興亡記 上巻 千早正隆著 中央公論社 1996.4 319p 16cm （中公文庫）〈『連合艦隊始末記』（出版協同社1980年刊）の改題〉 820円 ⑪4-12-202585-0

◇連合艦隊興亡記 下巻 千早正隆著 中央公論社 1996.4 305,23p 16cm （中公文庫）〈『連合艦隊始末記』（出版協同社1980年刊）の改題〉 820円 ⑪4-12-202586-9

◇連合艦隊・艦隊戦闘詳報 アテネ書房 1996.2 410p 27cm （連合艦隊海空戦戦闘詳報 2）〈複製〉 ⑪4-87152-020-X

◇元連合艦隊参謀の太平洋戦争 千早正隆〔述〕, 東京新聞・戦後50年取材班編 東京新聞出版局 1995.8 62p 21cm （東京ブックレット 17）〈千早正隆の肖像あり〉 600円 ⑪4-8083-0544-5

◇連合艦隊浮上す—勇戦・激闘の全記録 写真集 増補・新装版 ベストセラーズ

戦争と平和

◇1995.7 231p 30cm 3400円 ①4-584-17062-2

◇連合艦隊—栄光と悲劇 東郷平八郎と山本五十六 吉田俊雄著 秋田書店 1987.6 404p 20cm 1500円 ①4-253-00293-5

◇写真集連合艦隊 堀元美, 阿部安雄, 戸高一成編 朝日ソノラマ 1986.11 316p 15cm （文庫版航空戦史シリーズ） 620円 ①4-257-17076-X

◇帝国海軍連合艦隊 山本親雄訳 サンケイ出版 1985.8 205p 16cm （第二次世界大戦文庫 20） 450円 ①4-383-02405-X

◇四人の連合艦隊司令長官 吉田俊雄著 文芸春秋 1984.12 371p 16cm （文春文庫） 420円 ①4-16-736001-2

◇写真図説帝国連合艦隊—日本海軍100年史 千早正隆ほか編集 改訂新版 講談社 1983.8 346p 25cm 2900円 ①4-06-200702-9

◇連合艦隊の名リーダーたち 阿川弘之編著 プレジデント社 1982.12 318p 20cm 1200円

◇連合艦隊—海は歴史を擁し空は記憶をとどめる パシフィカ 1981.7 191p 30cm 1200円 ①4-8275-1138-1

◇大本営海軍部・聯合艦隊 7 戦争最終期 防衛庁防衛研修所戦史室編 朝雲新聞社 1976 487p 図 地図〔等〕3枚（袋入） 22cm （戦史叢書） 4200円

◇大本営海軍部・聯合艦隊 1 開戦まで 防衛庁防衛研修所戦史室編 朝雲新聞社 1975 571p 図 表2枚（袋入） 22cm （戦史叢書） 4200円

◇大本営海軍部・聯合艦隊 2 防衛庁防衛研修所戦史室編 朝雲新聞社 1975 499p 図 肖像 地図・表4枚（袋入） 22cm （戦史叢書） 4200円

◇連合艦隊かく戦えり—太平洋海戦秘史 佐藤和正著 光文社 1975 301p 18cm （カッパ・ブックス） 600円

◇大本営海軍部・聯合艦隊 3 昭和十八年二月まで 防衛庁防衛研修所戦史室編 朝雲新聞社 1974 538p 図・地図（袋入） 22cm （戦史叢書） 4200円

◇大本営海軍部・聯合艦隊 5 第三段作戦中期 防衛庁防衛研修所戦史室編 朝雲新聞社 1974 594p 図 表・地図（袋入） 22cm （戦史叢書） 3200円

◇日本連合艦隊—「三笠」の勝利から「大和」の特攻出撃まで 山本親雄訳 サンケイ新聞社出版局 1974 204p（図共） 19cm （第二次世界大戦ブックス 57） 〈背および表紙の書名：Japanese high seas fleet〉 600円

◇連合艦隊最後の勝利—従軍カメラマンのソロモン海戦記 牧島貞一著 新人物往来社 1972 214p 図 20cm 750円

◇連合艦隊の栄光と終焉 草鹿竜之介著 行政通信社 1972 350p 22cm （『連合艦隊』（毎日新聞社昭和27年刊）の改訂版） 1200円

◇大本営海軍部・聯合艦隊 6 第三段作戦後期 防衛庁防衛研修所戦史室編 朝雲新聞社 1971 601p 図 地図8枚（袋入） 22cm （戦史叢書） 2900円

◇大本営海軍部・聯合艦隊 4 第三段作戦前期 防衛庁防衛研修所戦史室編 朝雲新聞社 1970 563p 図版 表・地図（袋入） 22cm （戦史叢書） 2900円

◇連合艦隊の栄光 伊藤正徳著 文芸春秋 1969 238p 図版 18cm （ポケット文春） 300円

◇写真集 連合艦隊 古川明撮影, 石渡幸二, 青木栄一共編 出版協同社 1960 図版52枚 21cm 〈福井静夫監修〉

◇聯合艦隊—草鹿元参謀長の回想 草鹿竜之介著 毎日新聞社 1956 228p 図版 地図 18cm

◇聯合艦隊始末記 高木惣吉著 文芸春秋社 1949 217p 19cm

山本 五十六

明治17(1884).4.4～昭和18(1943).4.18
海軍軍人。新潟県生まれ。駐米武官を務め、ハーバード大学に留学。航空本部長、海軍次官を歴任し、航空兵力の整備に努めた。昭和14年連合艦隊司令長官となる。日独伊三国同盟、日米開戦には反対したが、開戦が決まると真珠湾攻撃を指揮した。17年のミッドウェー海戦で敗北を喫し、18年南方戦線を視察中にソロモン諸島上空で待ち伏せ攻撃にあい戦死した。死後元帥を追贈された。

* * *

◇山本五十六は何を見たか―日米開戦に反対したある軍人の本心　森山康平著　PHP研究所　2005.1　252p　20cm　1500円　Ⓘ4-569-63984-4

◇図説山本五十六―連合艦隊指令長官　太平洋戦争研究会編, 平塚柾緒著　河出書房新社　2004.7　143p　22cm　(ふくろうの本)　〈年譜あり〉　1600円　Ⓘ4-309-76050-3

◇海燃ゆ―山本五十六の生涯　工藤美代子著　講談社　2004.6　510p　19cm　2300円　Ⓘ4-06-212339-8

◇怨念の系譜―河井継之助、山本五十六、そして田中角栄　早坂茂三著　集英社　2003.11　302p　15cm　(集英社文庫)　600円　Ⓘ4-08-747643-X

◇米内光政と山本五十六は愚将だった―「海軍善玉論」の虚妄を糺す　三村文男著　テーミス　2002.7　372p　20cm　2667円　Ⓘ4-901331-06-X

◇翼は還る―山本長官搭乗機里帰りプロジェクト　山本五十六記念館編著　恒文社　2001.12　158p　21cm　1600円　Ⓘ4-7704-1057-3

◇父 山本五十六―家族で囲んだ最後の夕餉　山本義正著　恒文社　2001.3　205p　19cm　1600円　Ⓘ4-7704-1036-0

◇山本五十六と8人の幕僚　新人物往来社　2001.2　193p　26cm　(別冊歴史読本 永久保存版　第66号)　2000円　Ⓘ4-404-02766-4

◇ニミッツと山本五十六　生出寿著　徳間書店　2000.9　349p　16cm　(徳間文庫)　552円　Ⓘ4-19-891368-4

◇梟の朝―山本五十六と欧州諜報網作戦　西木正明著　文芸春秋　2000.8　318p　15cm　(文春文庫)　552円　Ⓘ4-16-753403-7

◇連合艦隊司令長官山本五十六とその参謀たち　近江兵治郎著　テイ・アイ・エス　2000.7　213p　20cm　〈年譜あり〉　1600円　Ⓘ4-88618-240-2

◇太平洋の提督―山本五十六の生涯　ジョン・ディーン・ポッター著, 児島襄訳　恒文社　1997.8　270p　19cm　1600円　Ⓘ4-7704-0939-7

◇山本五十六の最期―検死官カルテに見る戦死の周辺　蜷川親正著　光人社　1996.8　343p　15cm　(光人社NF文庫)　680円　Ⓘ4-7698-2132-8

◇山本五十六再考　野村実著　中央公論社　1996.4　377p　16cm　(中公文庫)　〈『天皇・伏見宮と日本海軍』(文芸春秋1988年刊)の改題〉　720円　Ⓘ4-12-202579-6

◇山本五十六と民間航空政策―航空局の乗員養成と、その新潟養成所　長谷川甲子郎著　新潟　長谷川印刷　1995.10　182p　27cm

◇解説&ビジュアル―山本五十六　『歴史街道』編集部編　PHP研究所　1994.12　238p　15cm　(PHP文庫)　600円　Ⓘ4-569-56717-7

◇山本五十六―解説&ビジュアル　『歴史街道』編集部編　PHP研究所　1994.12　238p　15cm　(PHP文庫　レ1-4)　583円　Ⓘ4-569-56717-7

◇山本五十六　阿川弘之著　新潮社　1994.8　470p　22cm　〈昭和44年刊の新装版〉　3300円　Ⓘ4-10-300415-0

◇米内光政―山本五十六が最も尊敬した一軍人の生涯　実松譲著　光人社　1993.9

577p 15cm （光人社NF文庫） 820円 ①4-7698-2020-8

◇人間提督山本五十六　上巻　戸川幸夫著　光人社　1993.6　355p　16cm　（光人社NF文庫　とN-12）　631円　①4-7698-2012-7

◇人間提督山本五十六　下巻　戸川幸夫著　光人社　1993.6　370p　16cm　（光人社NF文庫　とN-13）　631円　①4-7698-2013-5

◇全記録　人間山本五十六—没後50年特別記念出版　太平洋戦争研究会編　トクマオリオン　徳間書店（発売）1993.4　232p　21cm　1500円　①4-19-555145-5

◇人間山本五十六—全記録　太平洋戦争研究会編著　トクマオリオン　1993.4　232p　21cm　〈没後50年特別記念出版　発売：徳間書店　山本五十六の肖像あり〉　1500円　①4-19-555145-5

◇世界史の中の山本五十六—歴史を動かした英雄たちの研究　豊田穣著　光人社　1992.12　326p　19cm　2000円　①4-7698-0642-6

◇山本五十六の誤算　宮野成二著　読売新聞社　1992.8　252p　20cm　1600円　①4-643-92076-9

◇検証・山本五十六長官の戦死　山室英男，緒方徹著　日本放送出版協会　1992.4　348p　20cm　1600円　①4-14-080037-2

◇山本五十六と松下幸之助—「比較論」リーダーの条件　奥宮正武著　PHP研究所　1992.4　294p　19cm　1600円　①4-569-53583-6

◇山本五十六—悲劇の連合艦隊司令長官　豊田穣，吉田俊雄，半藤一利ほか著　プレジデント社　1990.7　421p　19cm　（歴史と人間学シリーズ）　1600円　①4-8334-1383-3

◇死に往く長官—山本五十六と宇垣纏　上巻　蝦名賢造著　西田書店　1989.3　273p　20cm　〈山本五十六と宇垣纏の肖像あり〉　1800円　①4-88866-084-0

◇死に往く長官—山本五十六と宇垣纏　下巻　蝦名賢造著　西田書店　1989.3　222p　20cm　〈山本五十六と宇垣纏の肖像あり〉　1600円　①4-88866-085-9

◇山本五十六の無念　半藤一利著　恒文社　1986.9　325p　20cm　〈山本五十六の肖像あり〉　1500円　①4-7704-0651-7

◇凡将 山本五十六　生出寿著　徳間書店　1986.8　286p　15cm　（徳間文庫）　380円　①4-19-598126-3

◇山本五十六のすべて　新人物往来社編　新人物往来社　1985.8　272p　20cm　〈巻末：山本五十六年譜，山本五十六系図　執筆：江藤淳ほか10名　肖像：山本五十六ほか〉　2000円　①4-404-01287-X

◇山本五十六と米内光政　高木惣吉著　光人社　1982.3　254p　20cm　〈付・連合艦隊始末記　山本五十六および米内光政の肖像あり〉　1200円　①4-7698-0173-4

◇山本五十六　プレジデント　1980.2　228p　26cm　（"ザ・マン"シリーズ）〈付：カラー図鑑日本海軍主要艦艇・航空機一覧〉　880円

◇山本五十六・その昭和史　楳本捨三著　秀英書房　1979.11　334p　20cm　〈山本五十六の肖像あり〉　1800円

◇人間山本五十六—元帥の生涯　反町栄一著　光和堂　1978.12　547p　20cm　〈昭和39年刊の再刊　山本五十六の肖像あり〉　2000円

◇ブーゲンビル戦記—山本五十六大将の戦死　高畠喜次著　ベストセラーズ　1978.7　285p　18cm　980円

◇山本五十六死す—山本長官襲撃作戦の演出と実行　バーク・ディヴィス著，吉本晋一郎訳　原書房　1976　302p　20cm　900円

◇謀殺—山本元帥の死　バーク・ディヴィス著，吉本晋一郎訳　原書房　1970　302p　図版　20cm　600円

◇人間山本五十六 元帥の生涯　反町栄一著　光和堂　1964　547p　図版　19cm

◇山本五十六―太平洋の巨鷲　松島慶三著　共同出版社　1953　231p 図版　19cm

山下 奉文

明治18(1885).11.8～昭和21(1946).2.23
陸軍軍人。高知県生まれ。陸軍省軍事調査部長などを務め、皇道派として二・二六事件では決起部隊に理解を示した。昭和16年第二十五軍司令官となり、太平洋戦争開戦とともにマレー作戦を指揮し「マレーの虎」と呼ばれた。シンガポール攻略ではイギリス軍司令官に「イエスかノーか」と降伏を迫った。戦後、捕虜虐待などの責任を問われ、マニラの軍事裁判で処刑された。

＊　　＊　　＊

◇死は易きことなり―陸軍大将山下奉文の決断　太田尚樹著　講談社　2005.2　362p 20cm　〈肖像あり　文献あり〉　1700円　①4-06-212767-9

◇山下奉文―昭和の悲劇　福田和也著　文芸春秋　2004.12　203p 19cm　1429円　①4-16-366560-9

◇フィリピン決戦―山下奉文とマッカーサー　日本の戦歴　村尾国士著　学習研究社　2001.9　293p 15cm　（学研M文庫）〈「比島決戦」（フットワーク出版1992刊）の増補〉　600円　①4-05-901077-4

◇人間将軍山下奉文―「マレーの虎」と畏怖された男の愛と孤独　安岡正隆著　光人社　2000.10　394p 20cm　2000円　①4-7698-0978-6

◇日本陸軍英傑伝―将軍暁に死す　岡田益吉著　光人社　1994.8　325p 15cm（光人社NF文庫）　630円　①4-7698-2057-7

◇イエスかノーか―若きカメラマンのマレー・千島列島従軍記　石井幸之助著　光人社　1994.4　243p 19cm　1700円　①4-7698-0673-6

◇危機の参謀学　岡本好古著　徳間書店　1994.4　343p 15cm　（徳間文庫）540円　①4-19-890099-X

◇悲劇の将軍―山下奉文・本間雅晴　今日出海著　中央公論社　1988.10　245p 15cm　（中公文庫）　380円　①4-12-201559-6

◇コンビの研究―昭和史のなかの指揮官と参謀　半藤一利著　文芸春秋　1988.5　308p 19cm　1200円　①4-16-342290-0

◇ビジュアル版・人間昭和史　3　悲劇の将星　講談社　1987.3　255p 21cm　1600円　①4-06-192553-9

◇将軍山下奉文―モンテンルパの戦犯釈放と幻の財宝　フクミツ・ミノル著　朝雲新聞社　1982.3　354p 19cm　〈山下奉文の肖像あり〉　1800円　①4-7509-8003-X

◇史説山下奉文　児島襄著　文芸春秋　1979.12　363p 16cm　（文春文庫）380円

◇児島襄戦史著作集　vol.6　史説・山下奉文.激戦の跡をゆく　文芸春秋　1978.6　399p 20cm　〈山下奉文の肖像あり〉1600円

◇"マレーの虎"山下奉文―栄光のシンガポール攻略戦　A.J.バーカー著, 鳥山浩訳　サンケイ新聞社出版局　1976　187p（図共）　19cm　（第二次世界大戦ブックス　65）　800円

◇シンガポール攻略戦―マレー電撃作戦　伊東駿一郎著　秋田書店　1975.3　175,9p 22cm　（写真で見る太平洋戦争2）　〈付：太平洋戦争の戦局推移図,太平洋戦争年表,「シンガポール攻略戦」用語解説　叢書の監修：冨永謙吾　初刷：1972（昭和47）肖像：山下奉文ほか〉　580円

◇回想の山下裁判　宇都宮直賢著　白金書房　1975　334p 図　19cm　〈企画：戦史刊行会〉　1500円

◇山下奉文―史説　児島襄著　文芸春秋　1969　343p 図版　20cm　480円

◇山下奉文―至誠通天　沖修二著　秋田書店　1968　346p 図版　20cm　580円

289

◇山下奉文 至誠通天 沖修二著 秋田書店 1968 346p 図版 20cm

◇マレーの虎—山下奉文の生涯 ジョーン・D.ポッター著, 江崎伸夫訳 恒文社 1967 296p 図版 19cm 380円

◇人間山下奉文—悲劇の将軍 沖修二著 日本週報社 1959 356p 図版 19cm

◇悲劇の将軍 人間山下奉文 沖修二著 日本週報社 1959 356p 図版 19cm

◇山下奉文 沖修二著 山下奉文記念会 1958 568p 図版 19cm

◇山下裁判 上 A.フランク・リール著, 下島連訳 日本教文社 1952 216p 図版 19cm

◇山下裁判 下 A.フランク・リール著, 下島連訳 日本教文社 1952 240p 図版 19cm

◇山下裁判—2巻2冊 フランク・リール著, 下島連訳 日本教文社 1952

井上 成美

明治22(1889).12.9〜昭和50(1975).12.15
海軍軍人。宮城県生まれ。スイス、フランス駐在武官などを経て、昭和12年軍務局長となり、米内海相を補佐。日独伊三国同盟には米内・山本とともに反対した。17年海軍兵学校校長。敵性語として廃止が主張された英語教育の存続に最後まで努めた。19年海軍次官となり、米内海相とともに終戦工作を進めた。20年最後の海軍大将となる。戦後は公の場には出ず、横須賀で青年に英語を教えるなどした。

  *   *   *   *

◇愚将・井上成美—日本の敗因を探る 岡文正著 サクセス・マルチミディア・インク, 東宣出版〔発売〕 2002.5 194p 19cm 1300円 ④4-88588-043-2

◇太平洋戦争と十人の提督 下 奥宮正武著 学習研究社 2001.9 344p 15cm (学研M文庫) 650円 ④4-05-901079-0

◇指揮官とは何か—日本海軍四人の名指導者 吉田俊雄著 光人社 2001.5 349p 16cm (光人社NF文庫)〈「エクセレント・リーダーズ」(平成3年刊)の改題〉 781円 ④4-7698-2309-6

◇井上成美—反骨の海軍大将 加野厚志著 PHP研究所 1999.12 320p 19cm 1550円 ④4-569-60899-X

◇良い指揮官良くない指揮官—14人の海軍トップを斬る！ 吉田俊雄著 光人社 1999.12 317p 16cm (光人社NF文庫) 695円 ④4-7698-2253-7

◇提督たちの太平洋戦争—連合艦隊を指揮した十八名の決断と死闘の航跡 木俣滋郎著 PHP研究所 1995.5 238p 18cm (PHP business library) 850円 ④4-569-54713-3

◇井上成美(せいび) 阿川弘之著 新潮社 1994.8 388p 22cm 2913円 ④4-10-300414-2

◇日本海軍の功罪—五人の佐官が語る歴史の教訓 千早正隆ほか著 プレジデント社 1994.7 307p 20cm 1800円 ④4-8334-1530-5

◇エクセレント・リーダーズ—日本海軍4人の名指導者 吉田俊雄著 光人社 1991.7 310p 19cm 1800円 ④4-7698-0571-3

◇残照—劇物語「井上成美」 工藤美知尋著 光人社 1990.6 229p 19cm 〈付・井上成美小伝—人と思想 井上成美の肖像あり〉 1100円 ④4-7698-0503-9

◇井上成美のすべて 生出寿ほか著 新人物往来社 1988.8 259p 19cm 2000円 ④4-404-01525-9

◇コンビの研究—昭和史のなかの指揮官と参謀 半藤一利著 文芸春秋 1988.5 308p 19cm 1200円 ④4-16-342290-0

◇わが師父井上成美—残照の海の提督 篠田英之介著 マネジメント社 1988.4 296p 19cm 1500円 ④4-8378-0216-8

◇わが祖父井上成美 丸田研一著 徳間書店 1987.12 249p 19cm 1300円 ④4

-19-173579-9
◇将軍提督人物史伝　楳本捨三著　光人社　1987.11　202p　19cm　1800円　①4-7698-0364-8
◇反戦大将　井上成美　生出寿著　徳間書店　1987.8　349p　15cm　（徳間文庫）460円　①4-19-598345-2
◇ビジュアル版・人間昭和史　3　悲劇の将星　講談社　1987.3　255p　21cm　1600円　①4-06-192553-9

◇日本海軍の名将と名参謀　吉田俊雄, 千早正隆ほか著　新人物往来社　1986.8　294p　19cm　1500円　①4-404-01381-7
◇最後の海軍大将・井上成美　宮野澄著　文芸春秋　1985.8　366p　16cm　（文春文庫）440円　①4-16-739201-1
◇井上成美　井上成美伝記刊行会編　井上成美伝記刊行会　1982.10　580,339p　図版16枚　22cm　〈井上成美の肖像あり〉5000円

731部隊

　昭和14(1939)年頃から20(1945)年の敗戦まで、細菌戦の研究・人体実験を行った関東軍防疫給水本部の略称。伝染病予防と飲料水の水質浄化の研究を名目として、8(1933)年に満州のハルピンに創設された。部隊長の軍医中将石井四郎の名をとって石井部隊ともいわれる。満州の731部隊のほか、華北に1855部隊、華中に1644部隊などがあり、東京の陸軍軍医学校防疫研究室が統括していたといわれる。大学医学部や民間研究所から動員された2600余人の学者・研究者が細菌・毒物・化学薬品などの研究を行い、その過程で中国人、ロシア人、モンゴル人、朝鮮人などの捕虜が送り込まれて生体実験・生体解剖に使用された。3000人以上が犠牲になった。敗戦直後に施設は徹底的に破壊されま証拠隠滅が図られた。石井中将らは戦犯容疑を受けるが、GHQと取引し、生物化学兵器研究のデータを欲していた米軍への全データを提供と引き換えに全員が戦犯を免れたとされる。

◇731　青木冨貴子著　新潮社　2005.8　391p　20cm　〈文献あり〉1700円　①4-10-373205-9
◇日本にも戦争があった―七三一部隊元少年隊員の告白　篠塚良雄, 高柳美知子著　新日本出版社　2004.8　142p　19cm　1300円　①4-406-03102-2
◇七三一部隊の生物兵器とアメリカ―バイオテロの系譜　ピーター・ウイリアムズ, デヴィド・ウォーレス著, 西里扶甬子訳　京都　かもがわ出版　2003.8　326p　21cm　3200円　①4-87699-765-9
◇日本軍毒ガス作戦の村―中国河北省・北坦村で起こったこと　石切山英彰著　高文研　2003.8　307p　19cm　2500円　①4-87498-307-3

◇中国山西省における日本軍の毒ガス戦　粟屋憲太郎編　大月書店　2002.12　295p　19cm　5800円　①4-272-52072-5
◇裁かれる細菌戦―資料集シリーズ　no.8　浦和　731・細菌戦裁判キャンペーン委員会　2002.10　301p　21cm　〈共同刊行：731・細菌戦展示会実行委員会,ABC企画委員会,731部隊細菌戦被害国家賠償請求訴訟弁護団〉1500円
◇生物戦部隊731―アメリカが免罪した日本軍の戦争犯罪　西里扶甬子著　草の根出版会　2002.5　281p　21cm　2800円　①4-87648-174-1
◇証言・731部隊の真相―生体実験の全貌と戦後謀略の軌跡　ハル・ゴールド著, 浜田

徹訳　広済堂出版　2002.3　286p　16cm　（広済堂文庫）〈広済堂出版1997年刊の増補改訂〉　667円　①4-331-65315-3

◇裁かれる細菌戦―資料集シリーズ　no.7　731・細菌戦展示会実行委員会　2002.2　321p　21cm　1800円

◇裁かれる細菌戦―資料集シリーズ　no.5　浦和　731・細菌戦裁判キャンペーン委員会　2001.3　196p　21cm　〈共同刊行：ABC企画委員会〉　1600円

◇裁かれる細菌戦―資料集シリーズ　no.6　浦和　731・細菌戦裁判キャンペーン委員会　2001.3　244p　21cm　〈共同刊行：ABC企画委員会〉　1800円

◇裁かれる細菌戦―資料集シリーズ　no.3　浦和　731・細菌戦裁判キャンペーン委員会　2001.2　135p　21cm　〈共同刊行：ABC企画委員会〉　1200円

◇裁かれる細菌戦―資料集シリーズ　no.4　浦和　731・細菌戦裁判キャンペーン委員会　2001.2　205p　21cm　〈共同刊行：ABC企画委員会〉　1500円

◇裁かれる細菌戦―資料集シリーズ　no.1　731・細菌戦裁判キャンペーン委員会編　浦和　731・細菌戦裁判キャンペーン委員会　〔2001〕　68p　26cm　1000円

◇裁かれる細菌戦―資料集シリーズ　no.2　さいたま　731・細菌戦裁判キャンペーン委員会　〔2001〕　221p　21cm　〈共同刊行：ABC企画委員会〉　1500円

◇七三一部隊がやってきた村―平房の社会史　関成和著，松村高夫，江田いづみ，江田憲治編訳　こうち書房　2000.7　245p　22cm　〈文献あり〉　3000円　①4-87647-491-5

◇大東亜戦争への道程―関東軍第七三一部隊の壊滅　寺本真著　宇部　寺本真　1999.8　320p　26cm

◇死の工場―隠蔽された731部隊　シェルダン・H.ハリス著，近藤昭二訳　柏書房　1999.7　360,66p　19cm　3800円　①4-7601-1782-2

◇731免責の系譜―細菌戦部隊と秘蔵のファイル　太田昌克著　日本評論社　1999.7　240p　21cm　1800円　①4-535-58260-2

◇いま伝えたい細菌戦のはなし―隠された歴史を照らす　森正孝著　明石書店　1998.11　213p　18cm　1600円　①4-7503-1090-5

◇置いてきた毒ガス　相馬一成写真と文　草の根出版会　1997.11　135p　23cm　（母と子でみる　40）　2200円　①4-87648-125-3

◇死ぬまえに真実を―侵略日本軍第七三一部隊の犯罪　下　日本人の証言　韓暁，金成民著，中野勝訳　調布　青年出版社　1997.8　277p　19cm　〈『日軍七三一部隊罪行検証』の改題〉　2000円　①4-88100-076-4

◇証言・731部隊の真相―生体実験の全貌と戦後謀略の軌跡　ハル・ゴールド著，浜田徹訳　広済堂出版　1997.8　237p　20cm　1650円　①4-331-50590-1

◇戦争と疫病―七三一部隊のもたらしたもの　松村高夫〔ほか〕著　本の友社　1997.8　427p　22cm　3800円　①4-89439-073-6

◇日本軍の毒ガス戦―迫られる遺棄弾処理　小原博人〔ほか〕著　日中出版　1997.8　261p　19cm　1800円　①4-8175-1233-4

◇731部隊・遺棄毒ガス問題―検証と証言　全国協・第1回現地調査団　大地に731部隊・遺棄毒ガス問題の真相を検証する旅報告集　731部隊真相調査全国連絡協議会編　731部隊真相調査全国連絡協議会　1997.7　128p　21cm

◇〈論争〉731部隊　松村高夫編　増補版　晩声社　1997.6　319p　19cm　2000円　①4-89188-269-7

◇死ぬまえに真実を―侵略日本軍第七三一部隊の犯罪　上　中国人の証言　韓暁，金成民著，中野勝訳　調布　青年出版社　1997.5　344p　19cm　〈『日軍七三一部

隊罪行見証』の改題〉 2000円+税 ①4-88100-075-6

◇十五年戦争極秘資料集 補巻2 毒ガス戦関係資料 2 吉見義明,松野誠也編・解説 不二出版 1997.2 56,459p 31cm 〈複製 付(34枚 外箱入)〉 18000円+税

◇十五年戦争極秘資料集 補巻1 毒ガス戦教育関係資料 内藤裕史編・解説 不二出版 1996.12 10,542p 27cm 〈複製 折り込図4枚〉 18540円

◇ミドリ十字と731部隊—薬害エイズはなぜ起きたのか 松下一成著 三一書房 1996.11 258p 19cm 〈参考文献:p253〜258〉 1800円 ①4-380-96295-4

◇消せない記憶—日本軍の生体解剖の記録 吉開那津子著 増補版 湯浅謙追補 日中出版 1996.9 258p 19cm 2060円 ①4-8175-1225-3

◇細菌戦部隊 七三一研究会編 晩声社 1996.9 356p 19cm 2163円 ①4-89188-259-X

◇731部隊展in春日部—ネズミ生産地で問う 庄和高校地歴部編 庄和町(埼玉県) 庄和高校地歴部 1996.9 314p 30cm (庄和高校地歴部年報 14号) 〈書名は奥付等による 標題紙の書名:731部隊展in春日部報告集 会期・会場:1996年8月2日〜4日 春日部市民文化会館〉

◇731部隊展・世田谷報告集—隠された細菌戦・人体実験 731部隊展・世田谷実行委員会編 731部隊展・世田谷実行委員会 1995.12 108p 26cm 〈書名は奥付・表紙による 標題紙の書名:731部隊展世田谷証言・講演報告集 会期・会場:1994年8月26日〜30日 日本学園高校〉 700円

◇七三一部隊と天皇・陸軍中央 吉見義明,伊香俊哉著 岩波書店 1995.12 63p 21cm (岩波ブックレット no.389) 400円 ①4-00-003329-8

◇七三一細菌戦部隊・中国新資料 小林英夫,児島俊郎編・解説 不二出版 1995.10 24,266,66p 27cm 〈訳:林道生 複製 折り込図2枚〉 12360円

◇あなたに伝えたい歴史がある—731部隊展・埼玉報告集 大宮 731部隊展・埼玉実行委員会 1995.8 112p 30cm 1000円

◇裁かれた七三一部隊 森村誠一編 晩声社 1995.8 334p 19cm 〈新装版〉 2060円 ①4-89188-199-2

◇七三一部隊—生物兵器犯罪の真実 常石敬一著 講談社 1995.7 205p 18cm (講談社現代新書) 650円 ①4-06-149265-9

◇負の遺産「731部隊」—えひめ731部隊展の記録 えひめ731部隊展記録委員会編 川内町(愛媛県) えひめ731部隊展記録委員会 1995.5 102p 26cm 500円

◇七三一部隊のはなし—十代のあなたへのメッセージ 西野留美子著,日野多津子さし絵 明石書店 1994.6 158p 18cm 1300円 ①4-7503-0606-1

◇731部隊展の軌跡—いしかわ731部隊展報告集 いしかわ731部隊展実行委員会編 〔金沢〕 〔いしかわ731部隊展実行委員会〕 1994.6 203p 26cm

◇七三一部隊のはなし—十代のあなたへのメッセージ 西野留美子著 明石書店 1994.6 158p 18cm 1300円 ①4-7503-0606-1

◇七三一部隊 アジア・太平洋地域の戦争犠牲者に思いを馳せ、心に刻む集会実行委員会編 大阪 東方出版 1994.5 214p 21cm (アジアの声 第8集) 1700円 ①4-88591-382-9

◇論争 731部隊 松村高夫編 晩声社 1994.4 302p 19cm 2060円 ①4-89188-238-7

◇七三一部隊の犯罪—中国人民は告発する 韓暁著,山辺悠喜子訳 三一書房 1993.9 229p 18cm (三一新書) 〈折り込図1枚〉 800円 ①4-380-93012-2

◇日本医学アカデミズムと七三一部隊 常石敬一著 新装 軍医学校跡地で発見された人骨問題を究明する会 1993.9 55p 21cm 〈年表あり〉 485円

◇消せない記憶—湯浅軍医生体解剖の記録 吉開那津子著 日中出版 1993.8 229p 19cm 1700円 ①4-8175-1213-X

◇消えた細菌戦部隊—関東軍第七三一部隊 常石敬一著 筑摩書房 1993.6 308p 15cm （ちくま文庫） 700円 ①4-480-02749-1

◇炎上する関東軍七三一部隊—拡野の彷徨 錯誤の終末 関東軍防疫給水部 寺本真編 〔宇部〕 〔寺本真〕 〔1993〕 223p 26cm

◇恐怖の細菌戦—裁かれた関東軍第七三一部隊 ニコライ・イワノフ, ウラジスラフ・ボガチ共著, 中西久仁子訳 恒文社 1991.12 189p 20cm 〈監訳：鈴木啓介〉 2400円 ①4-7704-0733-5

◇証言 人体実験—七三一部隊とその周辺 中央档案館, 中国第二歴史档案館, 吉林省社会科学院編, 江田憲治, 児嶋俊郎, 松村高夫編訳 同文舘出版 1991.9 296p 19cm 2800円 ①4-495-85621-9

◇人体実験—731部隊とその周辺 証言 中央档案館他編, 江田憲治他編訳 同文館出版 1991.9 296p 20cm 2800円 ①4-495-85621-9

◇夫を、父を、同胞をかえせ!!—「満州第七三一部隊」に消されたひとびと 軍医学校跡地で発見された人骨問題を究明する会編 軍医学校跡地で発見された人骨問題を究明する会 1991.8 87p 21cm

◇十五年戦争極秘資料集 第29集 七三一部隊作成資料 田中明, 松村高夫編・解説 不二出版 1991.8 23,362p 27cm 〈複製 折り込図4枚〉 14500円

◇消えた細菌戦部隊—関東軍第731部隊 常石敬一著 増補版 海鳴社 1989.8 268p 19cm 2060円

◇悪魔と人の間—「731部隊」取材紀行 下里正樹著 大阪 日本機関紙出版センター 1985.4 244p 19cm 950円

◇満州第731部隊 日本児童文学者協会, 日本子どもを守る会編 草土文化 1983.11 177p 22cm （続・語りつぐ戦争体験 4） 〈図版〉 1200円

◇日の丸は紅い泪に—第731部隊員告白記 越定男著 教育史料出版会 1983.9 190p 19cm 1200円

◇悪魔の飽食—第七三一部隊の戦慄の全貌 続 森村誠一著 新版 角川書店 1983.8 263p 15cm （角川文庫 5476） 〈巻末：旧少年隊史,少年隊概要,房友会史〉 420円

◇悪魔の飽食—日本細菌戦部隊の恐怖の実像! 森村誠一著 新版 角川書店 1983.6 311p 15cm （角川文庫） 〈折り込図1枚〉 460円

◇「証言」七三一石井部隊—今、初めて明かす女子隊員の記録 郡司陽子著 徳間書店 1982.8 252p 18cm 680円 ①4-19-502586-9

◇『悪魔の飽食』ノート 森村誠一著 晩声社 1982.5 237p 19cm 880円

◇三、〇〇〇人の生体実験—日本軍「細菌部隊」の罪業 島村喬著 原書房 1981.12 264p 19cm 1200円 ①4-562-01200-5

召集令状

日本軍が国民を徴用するための命令文書。赤みがかった薄い紙に黒のインクで印刷されていたことから、庶民の間では赤紙と呼ばれた。徴兵検査で甲種合格となった現役兵を除く帰休兵、予備兵、後備兵、国民兵の招集時に発せられ、役場の兵事係から本人や家族に直接渡された。表面には氏名、配属部隊、出頭期限が書かれ、裏面には心得や注意事項が書かれていた。

＊　　＊　　＊

◇近代日本の徴兵制と社会 一ノ瀬俊也著 吉川弘文館 2004.6 342,7p 22cm 〈文献あり〉 8000円 ①4-642-03764-0

◇一銭五厘の死 小野才八郎著 弘前 津軽書房 2000.11 237p 19cm 1800円 ①4-8066-0175-6

◇赤紙―男たちはこうして戦場へ送られた　小沢真人，NHK取材班著　大阪　創元社　1997.7　322p　20cm　〈文献あり〉　2200円　①4-422-30033-4

◇ある日、赤紙が来て―応召兵の見た帝国陸軍の最後　真鍋元之著　光人社　1994.8　408p　16cm　（光人社NF文庫）　680円　①4-7698-2055-0

◇Sの赤紙　白鳥和吉著　日野　白鳥和吉　1993.6　261p　22cm　〈編集・製作：朝日新聞東京本社朝日出版サービス　著者の肖像あり〉　2000円

◇赤紙―泥沼戦ものがたり　橋本武著，猪苗代湖南民俗研究所編　郡山　猪苗代湖南民俗研究所　1991.1　361p　図版12枚　22cm　〈折り込み図1枚〉　3000円

◇戦争体験と資料　1　宇都宮泰長編　鵬和出版　1987.9　190p　21cm　1500円　①4-89282-048-2

◇赤紙ってなあーに―こどもの書いた農民の戦争記録　星野正紘編　鶴岡　東北出版企画　1975　153p（図共）　18cm　（とうほくぶっくす　3）　580円

学徒出陣

昭和18年以降に文科系学生を徴用・出征させたこと。大学生、高等専門学校生は徴兵が猶予されていたが、太平洋戦争の戦局悪化にともない、昭和18年10月に勅令で文科系学生の徴兵猶予を停止、満20歳に達した学生の招集を行った。10月21日に明治神宮外苑競技場で、東条英機首相が出席し7万人が参加した出陣学徒壮行会が開かれた。学生は陸海軍の下士官・下級将校として激戦地に送られていった。

＊　　＊　　＊

◇きけわだつみのこえ―日本戦没学生の手記　第2集　日本戦没学生記念会編　新版　岩波書店　2004.11　449,2p　19cm　（ワイド版岩波文庫）　1400円　①4-00-007248-X

◇農業土木の学徒動員・学徒出陣　補遺編　鈴木紀夫著　横浜　鈴木紀夫　2004.6　16枚　30cm

◇遺された画集―戦没画学生を訪ねる旅　野見山暁治著　平凡社　2004.6　278p　図版16枚　16cm　（平凡社ライブラリー）　1500円　①4-582-76505-X

◇青山学院と学徒出陣60年―戦争体験の継承　青山学院大学プロジェクト95編　町田　雨宮剛　2003.12　479p　21cm　2000円

◇農業土木の学徒動員・学徒出陣―農業土木史の小さな一齣　鈴木紀夫著　横浜　鈴木紀夫　2003.9　22枚　30cm

◇「学徒兵」斯く戦えり　本田元弥著　仙台　創栄出版　2003.8　43p　19cm　〈肖像あり〉　①4-7559-0143-X

◇きけわだつみのこえ　新版―日本戦没学生の手記　日本戦没学生記念会編　岩波書店　2003.2　521p　15cm　（岩波文庫）〈第13刷〉　800円　①4-00-331571-5

◇「無言館」への旅―戦没画学生巡礼記　窪島誠一郎著　白水社　2002.4　256p　20cm　〈小沢書店1997年刊の新装版〉　1900円　①4-560-04946-7

◇「君死にたまふことなかれ」と『きけわだつみのこえ』・「無言館」―近代日本の戦争における個人と国家との関係をめぐって　幸津国生著　文芸社　2001.12　157p　20cm　〈文献あり〉　1000円　①4-8355-3097-7

◇自分史―学徒出陣ポツダム主計少尉の復員まで　林繁郷著　〔下関〕　〔林繁郷〕　2000.12　130p　21cm

◇浅間のけむり―ある「学徒出陣」世代の日本共産党員人生　韮沢忠雄著　光陽出版社　1999.12　263p　21cm　1800円　①4-87662-256-6

◇「無言館」ものがたり　窪島誠一郎著　講談社　1998.12　206p　22cm　1400円　①4-06-209492-4

◇学徒出陣―戦争と青春　蜷川寿恵著　吉川弘文館　1998.8　212p　19cm　（歴史

◇東京大学の学徒動員・学徒出陣　東京大学史史料室編　東京大学　1998.1　443,158p　22cm　〈東京 東京大学出版会（発売）〉　9500円　⓵4-13-001072-7

◇日本統治下台湾の「皇民化」教育—私は十五歳で「学徒兵」となった　林景明著　高文研　1997.11　262p　19cm　1800円　⓵4-87498-196-8

◇自決した学徒兵—受川素介の生と死　受川素介を偲ぶ会　1995.9　137p　19cm　〈受川素介の肖像あり 折り込1枚〉

◇学徒出陣—戦場に散った若いいのち　和歌森太郎ほか編, 箕田源二郎さしえ　岩崎書店　1995.1　163p　22cm　（語りつごうアジア・太平洋戦争 7）　2000円　⓵4-265-04427-1

◇回想 学徒出陣　石井公一郎編著　中央公論社　1993.10　251p　19cm　1300円　⓵4-12-002247-1

◇学徒出陣　わだつみ会編　岩波書店　1993.8　231,5p　19cm　1500円　⓵4-00-002809-X

◇「学徒出陣」前後—ある従軍学生のみた戦争　中野卓著　新曜社　1992.2　320p　19cm　2987円　⓵4-7885-0413-8

◇長征—朝鮮人学徒兵の記録　金俊燁著, 黄民基, 臼杵敬子訳　光文社　1991.12　392p　19cm　1600円　⓵4-334-96056-1

◇学徒出陣よもやま物語—海軍飛行科予備学生　陰山慶一著　光人社　1990.4　238p　19cm　1030円　⓵4-7698-0490-3

◇学徒出陣後の学園生活—昭和十九年を中心に　東京商科大学昭和十八年入学会有志　1987.7　216p　21cm

◇回想学徒出陣　野原一夫著　文芸春秋　1981.10　204p　20cm　〈著者の肖像あり〉　1000円

◇学徒出陣—死と対決した青春の群像　毎日新聞社　1981.9　274p　28cm　〈『一億人の昭和史』別冊 日本の戦史 別巻9〉　1500円

◇戦火を越えて—ある出陣学徒の手記　佐々木敏和著　ジャパンサイエンスプランニング　1979.5　205p　20cm　〈著者の肖像あり〉

◇昭和十八年十二月一日—戦中派の再証言「学徒出陣」25周年記念手記出版会編　若樹書房　1969　277p　19cm　680円

◇学徒出陣の記録—あるグループの戦争体験　東大十八史会編　中央公論社　1968　222p 図版　18cm　（中公新書）　230円

◇学徒出陣—されど山河に生命あり　安田武著　三省堂　1967　202p 図版　18cm　（三省堂新書）　250円

特攻隊

体当たり戦法を実行するために日本軍が特別に編制した部隊。特攻隊と略される。昭和19年10月のレイテ沖海戦で第一航空艦隊の大西滝治郎司令長官が発案、神風特別攻撃隊と命名したことに始まる。その後、海軍で2500余人が、陸軍で1000余人が特攻隊員として戦死し、沖縄戦では2393機の特攻機が失われた。航空機のほか人間魚雷回天などの特攻兵器も投入された。「トッコウ」「カミカゼ」は外国語でも体当たり攻撃を表す語となった。

　　　　＊　　　　＊　　　　＊

◇空挺特攻隊—戦後六十年の思い出　綿引厚三編著　〔札幌〕〔綿引厚三〕　2005.11　115p　21cm　〈肖像あり 年表あり〉

◇特攻の本—これだけは読んでおきたい　北影雄幸著　光人社　2005.11　358p　19cm　1900円　⓵4-7698-1271-X

◇特攻絶望の海に出撃せよ　渡辺大助著　新人物往来社　2005.10　203p　19cm　1600円　⓵4-404-03276-5

◇神風特攻の記録—戦史の空白を埋める体当たり攻撃の真実　金子敏夫著　光人社

◇2005.8　252p　16cm　（光人社NF文庫）638円　①4-7698-2465-3

◇「特攻」と日本人　保阪正康著　講談社　2005.7　227p　18cm　（講談社現代新書）720円　①4-06-149797-9

◇特攻パイロットを探せ―埋もれた歴史の謎を掘り起こした真実の記録　平義克己著　扶桑社　2005.7　295p　19cm　〈「我敵艦ニ突入ス」（2002年刊）の増補新版〉1000円　①4-594-05000-X

◇もう、神風は吹かない―「特攻」の半世紀を追って　シュミット村木真寿美著　河出書房新社　2005.7　261p　20cm　〈文献あり〉　1800円　①4-309-01717-7

◇人間機雷「伏竜」特攻隊　瀬口晴義著　講談社　2005.6　229p　20cm　〈文献あり〉　1600円　①4-06-212682-6

◇特別攻撃隊の記録　陸軍編　押尾一彦著　光人社　2005.4　218p　21cm　2200円　①4-7698-1227-2

◇「特攻」と遺族の戦後　宮本雅史著　角川書店　2005.3　263p　20cm　〈文献あり〉　1600円　①4-04-883913-6

◇人間爆弾と呼ばれて―証言・桜花特攻　文芸春秋編　文芸春秋　2005.3　587p　22cm　〈協力：元神雷部隊戦友会有志〉3800円　①4-16-366860-8

◇特別攻撃隊の記録―kamikaze　海軍編　押尾一彦著　光人社　2005.2　247p　21cm　2200円　①4-7698-1226-4

◇特攻からの生還―知られざる特攻隊員の記録　鈴木勘次著　光人社　2005.1　205p　20cm　〈肖像あり〉　1700円　①4-7698-1233-7

◇海の墓標―水上特攻「震洋艇」の記録　二階堂清風著　鳥影社　2004.12　187p　19cm　〈文献あり〉　1600円　①4-88629-880-X

◇特攻総決算―なぜ特攻隊だったのか　永沢道雄著　光人社　2004.11　279p　20cm　1900円　①4-7698-1210-8

◇特攻～ぶっとび～人生―戦火なき世界をめざし　菅原茂著　新風舎　2004.11　143p　21cm　1500円　①4-7974-5041-X

◇陛下と特攻隊　読売新聞社編　中央公論新社　2004.10　325p　22cm　（昭和史の天皇　日本の「現在」を決めたその時　新装　1）　①4-12-403486-5

◇指揮官たちの特攻―幸福は花びらのごとく　城山三郎著　新潮社　2004.8　232p　16cm　（新潮文庫）　438円　①4-10-113328-X

◇Kamikaze神風　石丸元章著　文芸春秋　2004.8　334p　16cm　（文春文庫）　〈文献あり〉　638円　①4-16-713708-9

◇真相・カミカゼ特攻―必死必中の300日　原勝洋著　ベストセラーズ　2004.4　254p　22cm　2500円　①4-584-18799-1

◇カミカゼの真実―特攻隊はテロではない。　須崎勝弥著　光人社　2004.3　177p　20cm　1600円　①4-7698-1173-X

◇元気で命中に参ります―遺書からみた陸軍航空特別攻撃隊　今井健嗣著　元就出版社　2004.3　379p　20cm　2200円　①4-86106-003-6

◇特攻の総括―眠れ眠れ母の胸に　深堀道義著　原書房　2004.3　271p　20cm　〈文献あり〉　1600円　①4-562-03749-0

◇国を愛するということ―散華した特攻隊員の遺した「託し」　工藤雪枝著　柏モラロジー研究所　2003.12　71p　21cm　（生涯学習ブックレット）　〈柏　広池学園事業部（発売）〉　600円　①4-89639-080-6

◇特攻日誌　土田昭二著、林えいだい編　大阪　東方出版　2003.12　388p　22cm　〈肖像あり〉　5000円　①4-88591-871-5

◇一特攻隊員の肖像―人間魚雷「回天」　児玉辰春編　高文研　2003.11　190p　19cm　1500円　①4-87498-315-4

◇人間魚雷「回天」　一特攻隊員の肖像　児玉辰春著　高文研　2003.11　190p　19cm　1500円　①4-87498-315-4

戦争と平和

◇航空特攻「知覧」を授業する　猿渡功編，TOSS鹿児島著　明治図書出版　2003.9　144p　22cm　（21世紀型授業づくり　77）　1760円　④4-18-223114-7

◇図説特攻—太平洋戦争の戦場　太平洋戦争研究会編，森山康平著　河出書房新社　2003.8　143p　22cm　〈ふくろうの本〉〈年表あり〉　1600円　④4-309-76034-1

◇特攻—還らざる若者たちへの鎮魂歌　神坂次郎著　PHP研究所　2003.8　306p　20cm　1600円　④4-569-62925-3

◇人間魚雷「回天」—鎮魂す特攻時代　宇佐見寛著　善本社　2003.8　174p　19cm　952円　④4-7939-0424-6

◇神風特攻隊員になった日系二世　今村茂男著，大島謙訳　草思社　2003.7　253p　20cm　〈肖像あり〉　1600円　④4-7942-1222-4

◇敷島隊の五人—海軍大尉関行男の生涯　上　森史朗著　文芸春秋　2003.7　438p　16cm　〈文春文庫〉〈肖像あり〉　733円　④4-16-765673-6

◇敷島隊の五人—海軍大尉関行男の生涯　下　森史朗著　文芸春秋　2003.7　435p　16cm　〈文春文庫〉〈肖像あり〉　733円　④4-16-765674-4

◇特攻隊長伍井芳夫—父と母の生きた時代　臼田智子著　中央公論事業出版（製作・発売）　2003.7　207p　20cm　〈肖像あり〉　1714円　④4-89514-208-6

◇特攻の町・知覧—最前線基地を彩った日本人の生と死　佐藤早苗著　新装版　光人社　2003.4　245p　20cm　1900円

◇ねじ曲げられた桜—美意識と軍国主義　大貫恵美子著　岩波書店　2003.4　602,5p　20cm　4000円　④4-00-001796-9

◇特別攻撃隊　特攻隊戦没者慰霊平和祈念協会編　4版　特攻隊戦没者慰霊平和祈念協会　2003.3　395p　27cm

◇白菊特攻隊—還らざる若鷲たちへの鎮魂譜　永末千里著　光人社　2002.11　285p　16cm　〈光人社NF文庫〉　638円　④4-7698-2363-0

◇回天特攻　小島光造著　光人社　2002.9　210p　20cm　1700円　④4-7698-1067-9

◇いま特攻隊の死を考える　白井厚編　岩波書店　2002.7　62p　21cm　〈岩波ブックレット　No.572〉　480円　④4-00-009272-3

◇最後の特攻宇垣纒—連合艦隊参謀長の生と死　小山美千代著　光人社　2002.7　261p　19cm　1800円　④4-7698-1059-8

◇特攻—自殺兵器となった学徒兵兄弟の証言　岩井忠正，岩井忠熊著　新日本出版社　2002.7　203p　20cm　1800円　④4-406-02933-8

◇修羅の翼—零戦特攻隊員の真情　角田和男著　光人社　2002.3　442p　20cm　〈肖像あり〉　2300円　④4-7698-1041-5

◇特攻隊だった僕がいま若者に伝えたいこと　田英夫著　リヨン社　2002.3　254p　20cm　〈〔東京〕二見書房（発売）〉　1500円　④4-576-02047-1

◇神風　石丸元章著　飛鳥新社　2001.11　297p　19cm　〈他言語標題：Kamikaze〉　1500円　④4-87031-479-7

◇特攻の真実—命令と献身と遺族の心　深堀道義著　原書房　2001.11　370p　20cm　〈文献あり〉　1800円　④4-562-03435-1

◇特攻の実証—たった一つの生命を捧げた6,952名の御霊名の顕彰　小川武著　鳥影社　2001.9　209p　20cm　1800円　④4-88629-604-1

◇桜花特攻隊—知られざる人間爆弾の悲劇　木俣滋郎著　光人社　2001.8　269p　16cm　〈光人社NF文庫〉〈「桜花特別攻撃隊」（経済往来社昭和45年刊）の増補〉　657円　④4-7698-2316-9

◇海軍特別攻撃隊戦闘記録　航空隊編　アテネ書房編集部編　アテネ書房　2001.8　593p　27cm　〈複製〉　9500円　④4-87152-220-2

◇特攻隊員の命の声が聞こえる—戦争、人生、そしてわが祖国　神坂次郎著　PHP研究所　2001.8　201p　15cm　（PHP文庫）　438円　①4-569-57601-X

◇はるかなる故国を想いて—航空特別攻撃隊七十四柱（愛媛出身）の鎮魂譜　宝来久道著　増補改訂　星文社　2001.8　399p　20cm　2000円　①4-921125-15-5

◇海底に消えた青春—知られざる特攻、伏竜特攻隊秘話　児玉辰春著　汐文社　2001.7　187p　19cm　1500円　①4-8113-7419-3

◇特攻へのレクイエム　工藤雪枝著　中央公論新社　2001.7　222p　20cm　1750円　①4-12-003167-5

◇空のかなたに—出撃・知覧飛行場　特攻おばさんの回想　〔鳥浜トメ〕〔述〕，朝日新聞西部本社編　新装版　福岡　葦書房　2001.5　134p　19cm　〈肖像あり〉　1320円　①4-7512-0291-X

◇神風特攻の記録　金子敏夫著　光人社　2001.3　247p　20cm　1800円　①4-7698-0993-X

◇私兵特攻　松下竜一著　河出書房新社　2000.7　290p　20cm　（松下竜一その仕事　21）　2800円　①4-309-62071-X

◇「回天」その青春群像—特攻潜航艇の男たち　上原光晴著　翔雲社　2000.3　410p　20cm　2400円　①4-921140-03-0

◇回天発進—わが出発は遂に訪れず　重本俊一著　光人社　2000.3　301p　16cm　（光人社NF文庫）　686円　①4-7698-2263-4

◇海底の沈黙—「回天」発進セシヤ　永沢道雄著　日本放送出版協会　1999.8　382p　20cm　2500円　①4-14-080462-9

◇特攻隊遺詠集　特攻隊戦没者慰霊平和祈念協会編　PHP研究所　1999.8　221p　19cm　1905円　①4-569-60699-7

◇桜花—極限の特攻機　内藤初穂著　中央公論新社　1999.3　330p　16cm　（中公文庫）　〈文芸春秋1982年刊の増訂〉　762円　①4-12-203379-9

◇最後の特攻隊員—二度目の「遺書」　信太正道著　高文研　1998.9　262p　19cm　1800円　①4-87498-209-3

◇日本特攻艇戦史—震洋・四式肉薄攻撃艇の開発と戦歴　木俣滋郎著　光人社　1998.8　354p　20cm　2857円　①4-7698-0873-9

◇特攻この非情な戦法　三国雄大著　東銀座出版社　1998.6　211p　19cm　1714円　①4-89469-003-9

◇七生神雷特別攻撃隊—大空に雲は行き雲は流れる　宮脇広信著　国立　生涯学習研究社　1998.5　111p　19cm

◇印旛の空—長浜清・陸軍特別攻撃隊員の記録と印旛航空機乗員養成所五期生の回想　小林実〔ほか〕編　印養五期生回想集出版委員会　1997.11　110p　26cm

◇回天特攻学徒隊員の記録—止むにやまれず破った五十年の沈黙　武田五郎著　光文社　1997.11　241p　20cm　〈肖像あり〉　1600円　①4-334-97154-7

◇つばさのかけら—特攻に散った海軍予備学生の青春　日野多香子著, 吉田純絵　講談社　1997.7　213p　22cm　1500円　①4-06-208810-X

◇カミカゼ—陸・海軍特別攻撃隊　写真集　下巻　カミカゼ刊行委員会編　ベストセラーズ　1997.4　367p　31cm　9400円　①4-584-17072-X

◇カミカゼ—陸・海軍特別攻撃隊　写真集　上巻　カミカゼ刊行委員会編　ベストセラーズ　1996.12　334p　31cm　9500円　①4-584-17070-3

◇群青—知覧特攻基地より　知覧高女なでしこ会編　改訂版　鹿児島　高城書房出版　1996.8　236p　19cm　1000円　①4-924752-62-2

◇神なき神風—「特攻」五十年目の鎮魂　三村文男著　MBC21　1996.6　271p　20cm　1600円　①4-8064-0504-3

◇特別攻撃隊戦闘詳報　1　アテネ書房　1996.2　362p　27cm　（連合艦隊海空戦

戦闘詳報　17）　〈複製〉　①4-87152-020-X

◇特別攻撃隊戦闘詳報　2　アテネ書房　1996.2　489p　27cm　（連合艦隊海空戦戦闘詳報　18）　〈複製〉　①4-87152-020-X

◇あゝ神風特攻隊—むくわれざる青春への鎮魂　安延多計夫著　光人社　1995.12　298p　16cm　（光人社NF文庫）　650円　①4-7698-2105-0

◇人間魚雷回天　神津直次著　朝日ソノラマ　1995.9　386p　15cm　（新戦史シリーズ　78）　800円　①4-257-17298-3

◇夢語り—特攻隊員の妻　瀬波有子著　近代文芸社　1995.9　59p　20cm　1000円　①4-7733-4692-2

◇消えた春—名古屋軍投手・石丸進一　ノンフィクション　牛島秀彦著　第三書館　1995.8　295p　19cm　〈時事通信社1981年刊の増訂〉　1500円　①4-8074-9511-9

◇回天特攻担当参謀の回想—アメリカ海軍最悪の悲劇と特攻作戦　鳥巣建之助著　光人社　1995.7　237p　20cm　〈著者の肖像あり〉　1800円　①4-7698-0721-X

◇神風特攻第一号　幾瀬勝彬著　光風社出版　1995.5　278p　16cm　（光風社文庫）　500円　①4-87519-889-2

◇神風特攻隊「ゼロ号」の男—海軍中尉久納好孚の生涯　大野芳著　光人社　1995.5　318p　16cm　（光人社NF文庫）　630円　①4-7698-2084-4

◇若き特攻隊員と太平洋戦争—その手記と群像　森岡清美著　吉川弘文館　1995.5　316,4p　20cm　2369円　①4-642-07459-7

◇後藤野—最北の特攻出撃基地　加藤昭雄著　〔花巻〕　〔加藤昭雄〕　1995.3　266p　21cm　2000円

◇特攻の実相　続編　藤良亮著　大阪　新風書房　1995.3　239p　19cm　〈「続編」の副書名：元海軍中尉が明かす〉　1500円　①4-88269-304-6

◇落花の風—今語る特攻の真実　前田秋信著　近代文芸社　1995.2　344p　20cm　1800円　①4-7733-3764-8

◇陸軍特別攻撃隊員名簿—とこしえに　沖縄戦における特攻出撃順別名簿　知覧町（鹿児島県）　鹿児島県知覧特攻平和会館　1995　116p　15×21cm

◇あゝ回天特攻隊—かえらざる青春の記録　横田寛著　光人社　1994.11　439p　16cm　（光人社NF文庫）　730円　①4-7698-2066-6

◇海軍特別攻撃隊の遺書—2060余名の特攻隊員の人間記録　真継不二夫編　ベストセラーズ　1994.8　254p　18cm　800円　①4-584-17706-6

◇海軍特別攻撃隊の遺書　真継不二夫編　ベストセラーズ　1994.8　254p　18cm　（ワニの本）　〈昭和46年刊の復刻改訂版〉　800円　①4-584-17706-6

◇昭和は遠く—生き残った特攻隊員の遺書　松浦喜一著　径書房　1994.6　302p　20cm　2369円　①4-7705-0136-6

◇特攻の実相—17歳の海軍中尉が明かす　藤良亮著　大阪　新風書房　1993.12　228p　19cm　1500円　①4-88269-261-9

◇人間魚雷〈回天〉昭和の若武者たち　菊池清吾著　〔習志野〕　〔菊池清吾〕　1993.12　452p　22cm

◇今日われ生きてあり　神坂次郎著　新潮社　1993.7　265p　15cm　（新潮文庫）　400円　①4-10-120915-4

◇日本海軍神風特別攻撃隊隊員の記録　零戦搭乗員会編纂　零戦搭乗員会　1993.7　207p　27cm　〈付・ハワイ海戦及び聯合艦隊布告等による二階級特進者の記録〉　2200円

◇回天特別攻撃隊—人間魚雷・写真集　人間魚雷写真集回天特別攻撃隊刊行委員会編著　全国回天会事務局　1992.12　208p　31cm

◇証言で綴る回天史　神津直次編著　神津直次　1992.11　95p　21cm

◇特攻—外道の統率と人間の条件　森本忠夫著　文芸春秋　1992.6　310p　20cm　1500円　①4-16-346500-6

◇神風は吹かず　永末千里著　福岡葦書房　1991.12　292p　19cm　1700円

◇特攻　御田重宝著　講談社　1991.11　549p　15cm　（講談社文庫　お 51-5）　718円　①4-06-185016-4

◇恐怖の人間爆弾「桜花」発進準備よし—桜花特攻空戦記　佐伯正明ほか著　光人社　1991.1　291p　20cm　（証言・昭和の戦争）　1500円　①4-7698-0546-2

◇人間兵器震洋特別攻撃隊—写真集　震洋会編　国書刊行会　1990.5　2冊　31cm　〈監修：荒井志郎〉　全16800円　①4-336-03147-9

◇特別攻撃隊　特攻隊慰霊顕彰会編　特攻隊慰霊顕彰会　1990.3　388p　27cm

◇ドキュメント　神風　上　デニス・ウォーナー, ペギー・ウォーナー, 妹尾作太男著, 妹尾作太男訳　徳間書店　1989.8　318p　15cm　（徳間文庫）　480円　①4-19-598854-3

◇ドキュメント　神風　上　妹尾作太男訳　徳間書店　1989.8　318p　16cm　（徳間文庫）　480円　①4-19-598854-3

◇ドキュメント　神風　中　デニス・ウォーナー, ペギー・ウォーナー, 妹尾作太男著, 妹尾作太男訳　徳間書店　1989.8　315p　15cm　（徳間文庫）　480円　①4-19-598855-1

◇ドキュメント　神風　中　妹尾作太男訳　徳間書店　1989.8　315p　16cm　（徳間文庫）　480円　①4-19-598855-1

◇ドキュメント　神風　下　デニス・ウォーナー, ペギー・ウォーナー, 妹尾作太男著, 妹尾作太男訳　徳間書店　1989.8　281p　15cm　（徳間文庫）　440円　①4-19-598856-X

◇ドキュメント　神風　下　妹尾作太男訳　徳間書店　1989.8　281p　16cm　（徳間文庫）　440円　①4-19-598856-X

◇弟よ、安らかに眠るな　中島秋男著　栄光出版社　1989.6　433p　20cm　1600円　①4-7541-8904-3

◇なぜ、特攻隊が生き残れた？—太平洋戦争の断面 61戦隊が変身、「飛竜」が魚雷を抱えた　川口卓司著　静岡　川口卓司　1989.6　236p　19cm

◇特別攻撃隊—神風suicide squads 第2次大戦における特別攻撃兵器の発達とその作戦　益田善雄訳　霞出版社　1988.8　312p　22cm　3400円　①4-87602-204-6

◇特攻に散った朝鮮人—結城陸軍大尉「遺書の謎」　桐原久著　講談社　1988.8　246p　20cm　〈結城尚弼の肖像あり〉　1300円　①4-06-203815-3

◇宇垣特攻軍団の最期　野原一夫著　講談社　1987.8　348p　20cm　1400円　①4-06-202608-2

◇特攻隊の思い出—宇都宮陸軍飛行学校第十三期生の歩み　宇都宮陸軍飛行学校第十三期生会編　宇都宮陸軍飛行学校第十三期生会　1987.8　159p　22cm

◇あ、神風特攻隊—むくわれざる青春への鎮魂　安延多計夫著　光人社　1986.8　291p　20cm　〈新装版〉　1200円　①4-7698-0045-2

◇陸軍特別攻撃隊　第1巻　高木俊朗著　文芸春秋　1986.8　494p　15cm　（文春文庫）　540円　①4-16-715104-9

◇陸軍特別攻撃隊　第2巻　高木俊朗著　文芸春秋　1986.8　494p　15cm　（文春文庫）　540円　①4-16-715105-7

◇陸軍特別攻撃隊　第3巻　高木俊朗著　文芸春秋　1986.8　477p　15cm　（文春文庫）　540円　①4-16-715106-5

◇最後のキャッチボール—特攻に散った「名古屋軍」エース・石丸投手　牛島秀彦著　サンケイ出版　1986.2　286p　16cm　（世界大戦文庫スペシャル　6）　〈『消えた春』（時事通信社昭和56年刊）の改題〉　480円　①4-383-02452-1

◇わだつみは蒼く澄みたり―特攻と散華　世界日報社会部著　泰流社　1986.1　247p　20cm　1600円　ⓣ4-88470-520-3

◇愛と死768時間―人間魚雷「回天」特別攻撃隊員のメモ　磯野恭子著　青春出版社　1985.8　253p　19cm　930円　ⓣ4-413-02115-0

◇白い雲のかなたに―陸軍航空特別攻撃隊　島原落穂著　童心社　1985.7　210p　22cm　（ノンフィクション・ブックス）〈巻末：引用・参考文献〉　1300円　ⓣ4-494-01813-9

◇神風、米艦隊撃滅　C.R.カルフォーン著，妹尾作太男，大西道永訳　朝日ソノラマ　1985.4　301p　15cm　（航空戦史シリーズ　55）　580円　ⓣ4-257-17055-7

◇神風特攻隊　寺井義守訳　サンケイ出版　1985.2　201p　16cm　（第二次世界大戦文庫　8）　450円　ⓣ4-383-02366-5

◇串良―ある特攻隊員の回想　桑原敬一編著　〔横浜〕　〔桑原敬一〕　1984.10　349p　20cm　〈製本：講談社出版サービスセンター（東京）著者の肖像あり〉　2000円　ⓣ4-87601-060-9

◇神風特別攻撃隊の記録　猪口力平，中島正共著　雪華社　1984.7　254p　図版20枚　22cm　1800円　ⓣ4-7928-0210-5

◇つらい真実―虚構の特攻隊神話　小沢郁郎著　同成社　1983.10　208p　20cm　〈『特攻隊論』（たいまつ社昭和53年刊）の改題第2版〉　1300円　ⓣ4-88621-014-7

◇人間魚雷―特攻兵器「回天」と若人たち　鳥巣建之助著　新潮社　1983.10　329p　20cm　1300円　ⓣ4-10-349101-9

◇壮烈神風特攻隊―還らざる青春の遺言集　北川衛編　日本文華社　1983.9　248p　18cm　（文華新書）　680円　ⓣ4-8211-0409-1

◇特攻の思想―大西滝治郎伝　草柳大蔵著　文芸春秋　1983.8　285p　16cm　（文春文庫）　320円　ⓣ4-16-731501-7

◇海軍特別攻撃隊―特攻と日本人　奥宮正武著　朝日ソノラマ　1982.10　494p　15cm　（航空戦史シリーズ　20）　680円　ⓣ4-257-17020-4

◇孤島への特攻　木俣滋郎著　朝日ソノラマ　1982.3　230p　15cm　（航空戦史シリーズ　6）　360円　ⓣ4-257-17006-9

◇ルソンの碑―陸軍水上特攻隊の最期　儀同保著　光人社　1981.11　209p　20cm　980円　ⓣ4-7698-0165-3

◇特攻体験と戦後―対談　島尾敏雄，吉田満著　中央公論社　1981.9　149p　16cm　（中公文庫）　240円

◇帝都防空戦記　原田良次著　図書出版社　1981.4　235p　20cm　1500円

◇予科練特攻秘話―黯い春　高塚篤著　原書房　1980.12　231p　20cm　1500円　ⓣ4-562-01090-8

◇神風特別攻撃隊「ゼロ号」の男―追跡ドキュメント消された戦史「最初の特攻」が"正史"から抹殺された謎を追う　大野芳著　サンケイ出版　1980.8　238p　19cm　980円

◇震洋特別攻撃隊―写真集　荒井志朗編著　出版のら社　1980.7　175p　31cm　6000円

◇特別攻撃隊―写真集　国書刊行会編纂　国書刊行会　1980.6　238p　30cm　〈監修：生田惇〉　8000円

◇神風特攻隊―壮烈な体あたり作戦　安延多計夫著　秋田書店　1979.12　176,8p　22cm　（写真で見る太平洋戦争　6）〈付：「神風特攻隊」用語解説，太平洋戦争の戦局推移図，太平洋戦争年表　叢書の監修：冨永謙吾　初刷：1972（昭和47）肖像：関行男ほか〉　580円

◇特別攻撃隊　毎日新聞社　1979.9　306p　28cm　〈『1億人の昭和史』別冊　日本の戦史　別巻4〉　1500円

◇知覧特攻基地　知覧高女なでしこ会編　文和書房　1979.8　281p　20cm　1200円

◇大空は父なりしか―学鷲・特攻の記録　窪川敏郎編著　〔塩山〕　〔窪川敏郎〕

1979.2　446p　図版13枚　27cm　〈著者の肖像あり〉

◇特攻隊論—つらい真実　小沢郁郎著　たいまつ社　1978.8　171p　17cm　（たいまつ新書）　680円

◇帰らぬ空挺部隊—沖縄の空にかける墓標　田中賢一著　原書房　1976　307p　20cm　1200円

◇神風特別攻撃隊　猪口力平, 中島正著　河出書房新社　1975　262p　19cm　（太平洋戦記　4）　680円

◇われ特攻に死す—予科練の遺稿　折原昇編　経済往来社　1973　418p　図　20cm　900円

◇大東亜戦争写真史　第3　特攻決戦篇　富士書苑　1954　図版200p(解説共)　28cm

本土空襲

　アメリカ軍の航空機による日本本土への対地爆撃。太平洋戦争での最初の本土空襲は、開戦からわずか4カ月の昭和17(1942)年4月18日で、アメリカ陸軍のドゥリットル爆撃隊が東京、名古屋、大阪、神戸を奇襲した。19年以降には日本全国が空襲にさらされ、多くの都市で火災が発生し甚大な被害がもたらされた。死者10万人の東京大空襲を始めとして、広島・長崎の原子爆弾を含め、全国で50万人が死亡したといわれる。

　　　　　＊　　　＊　　　＊

◇図説アメリカ軍の日本焦土作戦—太平洋戦争の戦場　太平洋戦争研究会編著　河出書房新社　2003.3　175p　22cm　（ふくろうの本）　1600円　①4-309-76028-7

◇日本人の戦意に与えた戦略爆撃の効果　合衆国戦略爆撃調査団戦意調査部著　広島　広島平和文化センター　1988.11　457p　26cm　〈訳：森祐二〉

◇母と子でみる日本の空襲　早乙女勝元, 土岐島雄著　改装版　草の根出版会　1988.3　111p　21cm　1200円　①4-87648-004-4

◇日本大空襲—ドキュメント写真集　朝日新聞東京本社企画第一部編　原書房　1985.8　201p　29cm　〈監修：松浦総三ほか〉　4800円　①4-562-01618-3

◇ドキュメント昭和史　5　本土空襲と八月十五日　今井清一編　平凡社　1983.8　337p　19cm　〈普及版　初版：1975(昭和50).5.本土空襲と八月十五日　今井清一編　巻末：文献案内〉　880円

◇日本都市戦災地図　第一復員省資料課編　原書房　1983.7　322p　38cm　〈国立国会図書館蔵の複製　付（地図11枚　袋入）〉　45000円　①4-562-01395-8

◇日本の空襲　10　補巻　資料編　日本の空襲編集委員会編　松浦総三ほか編　三省堂　1981.10　312p　22cm　2000円

◇日本の空襲　4　日本の空襲編集委員会編　今井清一編　三省堂　1981.7　375p　22cm　〈4.神奈川・静岡・新潟・長野・山梨　今井清一編　巻末：文献　図版〉　2000円

◇日本防空史—軍・官庁・都市・公共企業・工場・民防空の全貌と空襲被害　浄法寺朝美著　原書房　1981.3　468p　22cm　5000円　①4-562-01107-6

◇日本の空襲　7　中国・四国　日本の空襲編集委員会編　岡田智晶責任編集　三省堂　1980.9　373p　22cm　2000円

◇日本の空襲　7　中国・四国　日本の空襲編集委員会編　岡田智晶編　三省堂　1980.9　373p　22cm　〈7.中国・四国　岡田智晶編　図版〉　2000円

◇日本の空襲　2　茨城・栃木・群馬・埼玉・千葉・東京都二十三区外　日本の空襲編集委員会編　松浦総三,片野勧責任編集　三省堂　1980.6　383p　22cm　2000円

◇日本列島空襲戦災誌　水谷鋼一, 織田三乗著　東京新聞出版局　1975.8　465p　23cm

◇ドキュメント太平洋戦争　4　日本列島よじれて燃えた　一色次郎解説　汐文社　1975　316p　19cm　880円

◇日本空襲記　一色次郎著　文和書房　1972　679,23p　図　20cm　1600円
◇太平洋戦争による我国の被害総合報告書　経済安定本部総裁官房企画部調査課〔編〕　2版　小川湊㊅〔1971〕　7,189p　図　21cm　〈初版：昭和24年刊〉
◇日本空襲—記録写真集　毎日新聞社　1971　192p　26cm　1000円
◇B29—日本本土の大爆撃　中野五郎，加登川幸太郎訳　サンケイ新聞社出版局　1971　214p(図共)　19cm　（第二次世界大戦ブックス　4）〈書名は奥付による　標題紙等の書名：B29 the superfortress〉　500円

東京大空襲

昭和20年3月10日未明に行われた東京への大規模な空襲。3月10日午前0時8分から2時37分にかけてアメリカ軍のB29爆撃機約300機が来襲。城東地域の市街地に超低空で焼夷弾による無差別爆撃を行った。38万発、1700トンにおよぶ焼夷弾が投下され、死者約10万人、負傷者11万人、焼失家屋は27万戸、家を失った人は100万人に達した。東京は4月15日、5月25日にも大空襲があり、市域の半分が焼け野原となった。

*　　　*　　　*

◇ネルソンさん、あなたは人を殺しましたか？・東京大空襲　三枝義浩著　講談社　2005.9　180p　19cm　（KCデラックス　2070）　619円　①4-06-372070-5
◇みたびのいのち—戦禍とともに六十年　豊村恵玉著　文芸社　2005.8　154p　19cm　1300円　①4-8355-9289-1
◇図録「東京大空襲展」—今こそ真実を伝えよう　東京大空襲六十年の会　2005.7　88p　30cm　〈会期・会場：2005年3月5日—10日　六本木ヒルズ内テレビ朝日1階「umu」　発行所：ビジネスセルインターナショナル　折り込1枚　年表あり〉　1200円

◇東京大空襲60年母の記録—敦子よ涼子よ輝一よ　森川寿美子，早乙女勝元著　岩波書店　2005.3　55p　21cm　（岩波ブックレット　no.648）　480円　①4-00-009348-7
◇都市空襲を考える—東京大空襲・戦災資料センターシンポジウム　報告　第3回　政治経済研究所東京大空襲・戦災資料センター〔編〕　政治経済研究所　2005.3　50p　30cm　（Seikeiken research paper series）〈会期・会場：2004年12月　深川江戸資料館〉
◇15歳が聞いた東京大空襲—女子学院中学生が受け継ぐ戦争体験　早乙女勝元編著　高文研　2005.3　191p　19cm　1200円　①4-87498-338-3
◇あの日を忘れない—描かれた東京大空襲　すみだ郷土文化資料館監修　柏書房　2005.2　156p　26cm　2000円　①4-7601-2666-X
◇早乙女勝元—炎の夜の隅田川レクイエム　早乙女勝元著　日本図書センター　2004.8　264p　19cm　（人間の記録）　1800円　①4-8205-9577-6
◇東京大空襲の記録　東京空襲を記録する会編　復刻版　三省堂　2004.8　207p　28cm　〈原本：1982年刊　おもに図〉　11000円　①4-385-35199-6
◇灰の男　小杉健治著　講談社　2004.3　644p　15cm　（講談社文庫）　895円　①4-06-273970-4
◇昭和史—1926-1945　半藤一利著　平凡社　2004.2　509p　20cm　〈年表あり〉　1600円　①4-582-45430-5
◇図説東京大空襲　早乙女勝元著　河出書房新社　2003.8　158p　22cm　（ふくろうの本）　1800円　①4-309-76033-3
◇都市空襲を考える—東京大空襲・戦災資料センター開館1周年記念シンポジウム　報告　第2回　政治経済研究所東京大空襲・戦災資料センター編　政治経済研究所　2003.7　35p　30cm　（Seikeiken research paper series）

◇図説アメリカ軍の日本焦土作戦—太平洋戦争の戦場　太平洋戦争研究会編著　河出書房新社　2003.3　175p　22cm　（ふくろうの本）　1600円　①4-309-76028-7
◇東京大空襲と戦争孤児—隠蔽された真実を追って　金田茉莉著　影書房　2002.10　330p　20cm　2200円　①4-87714-293-2
◇語りつぐ戦争—15人の伝言　早乙女勝元著　河出書房新社　2002.8　231p　20cm　1600円　①4-309-22393-1
◇都市空襲を考える—東京大空襲・戦災資料センター開館記念シンポジウム　記録　政治経済研究所東京大空襲・戦災資料センター編　政治経済研究所　2002.8　48p　30cm　（Seikeiken research paper series）
◇1945年3月9日あしたのやくそく　吉村勲二,吉村ミエ文,遠藤てるよ絵　新日本出版社　2002.2　31p　25×19cm　1500円　①4-406-02860-9
◇平和のひろばを求めて—記憶・継承・そして追悼　東京大空襲記念「平和のひろば」をつくる会　2001.7　191p　26cm　1000円
◇B-29日本爆撃30回の実録—第2次世界大戦で東京大空襲に携わった米軍パイロットの実戦日記　チェスター・マーシャル著,高木晃治訳　ネコ・パブリッシング　2001.5　346p　20cm　1800円　①4-87366-235-4
◇東京が戦場になった日—なぜ、多くの犠牲者をだしたのか！若き消防戦士と空襲火災記録　中沢昭著　近代消防社　2001.3　339p　20cm　1800円　①4-421-00634-3
◇東京大空襲—B29から見た三月十日の真実　E.バートレット・カー著,大谷勲訳　光人社　2001.3　207p　16cm　（光人社NF文庫）　「戦略・東京大空爆」（平成6年刊）の改題　590円　①4-7698-2303-7
◇B29墜落—米兵を救った日本人　草間秀三郎著　増補版　論創社　2001.3　276p　20cm　〈文献あり〉　2000円　①4-8460-0266-7

◇ガラスのうさぎ　高木敏子作,武部本一郎画　新版　金の星社　2000.2　189p　21cm　1100円　①4-323-07012-8
◇赤い涙—東京大空襲・死と生の記憶　村岡信明著　クリエイティブ21　1999.3　159p　27cm　4300円　①4-906559-13-1
◇戦災の跡をたずねて—東京を歩く　長崎誠三編著　アグネ技術センター　1998.7　158p　21cm　〈東京　アグネ（発売）〉　1900円　①4-7507-0875-5
◇あゝ深川—戦時下の学童たち　学童疎開・東京大空襲・戦後　三津田宏　横浜　三津田宏　1998.6　568,2p　26cm
◇ぼくの東京が燃えた　石井昭著　新日本教育図書　1997.8　175p　22cm　1300円　①4-88024-195-4
◇東京大空襲の私　岡田孝一著　〔岡田孝一〕　1997.3　100p　26cm
◇岸辺にて　田中清光著　思潮社　1996.8　112p　21cm　2678円　①4-7837-0624-7
◇哀しみと憤りの学童疎開・東京大空襲—平和への執念を次代に語り継ぐ　城東区第三大島国民学校昭和十九年度同窓生有志編　城東区第三大島国民学校昭和十九年度同窓生有志　1996.3　132p　22cm
◇語りつごう平和への願い—東京大空襲墨田体験記録集　〔東京都〕墨田区編　墨田区　1995.8　417p　26cm　〈折り込図1枚〉
◇無謀な映像—昭和十九年から昭和二十年にかけて小学校六年生の少年が体験した東京大空襲と学童集団疎開の記録　小田部家邦著　田無　小田部家邦　1995.8　292p　18cm
◇下町が燃えたあの夜—東京大空襲資料展の記録　東京大空襲犠牲者追悼灯ろう流し・記念資料展実行委員会編　補増版　光陽出版社　1995.3　16p　26cm　〈付（図1枚）〉　600円
◇日記—東京大空襲被災からの一年　福田元二著,福田誠編　八千代　福田誠　1995.3　164p　19cm

戦争と平和

◇東京大空襲―戦時下の市民生活　東京都江戸東京博物館編　江戸東京歴史財団　1995.2　135p　30cm　〈東京大空襲被災50周年・東京都平和の日5周年　会期：1995年2月4日～3月19日〉

◇東京大空襲　井上有一著　岩波書店　1995.2　126p　26cm　2800円　①4-00-001518-4

◇五十年前・東京大空襲の思い出　たつみ会（本所区立業平小学校昭和十六年三月卒業二組・四組合同）編　〔たつみ会〕〔1995〕　52p　26cm

◇庄和町と東京大空襲　〔庄和町（埼玉県）〕　庄和高校地理歴史研究部　1994.9　236p　21cm　（庄和高校地理歴史研究部部報　第11号）

◇母と子でみる「戦争と青春」と私　早乙女勝元編　草の根出版会　1994.4　135p　21cm　（母と子でみるシリーズ　18）　2266円　①4-87648-100-8

◇天皇裕仁と東京大空襲　松浦総三著　大月書店　1994.3　222p　20cm　2300円　①4-272-52031-8

◇東京大空襲　倉持信五郎編著　〔倉持信五郎〕　1994.3　118p　19cm　〈私家版限定版〉

◇新方丈記　内田百閒著　福武書店　1992.5　205p　15cm　（福武文庫）　550円　①4-8288-3252-1

◇「戦争と平和」市民の記録　7　東京罹災日記　東京大空襲から一年を生き延びて　大島辰次著,大島信雄編　日本図書センター　1992.5　324p　21cm　2575円　①4-8205-7103-6

◇東京罹災日記―東京大空襲から一年を生き延びて　大島辰次著,大島信雄編　日本図書センター　1992.5　324p　22cm　（平和図書館）〈解説：上条晴史〉　2575円　①4-8205-7103-6

◇石川光陽・激動の昭和―東京大空襲の全記録展　石川光陽〔撮影〕,目黒区美術館編　目黒区美術館　1992.3　47p　26cm　〈著者の肖像あり　会期：1992年3月7日～4月5日〉

◇グラフィック・レポート　東京大空襲の全記録　石川光陽写真・文,森田写真事務所編　岩波書店　1992.3　158p　26cm　2000円　①4-00-009838-1

◇東京大空襲の全記録　石川光陽写真・文,森田写真事務所編　岩波書店　1992.3　160p　27cm　（グラフィック・レポート）　2000円　①4-00-009838-1

◇東京大空襲ものがたり　早乙女勝元作,有原誠治絵　金の星社　1991.9　93p　22×19cm　1100円　①4-323-01842-8

◇江戸川区戦災・空襲体験証言集　第1集　東京大空襲江戸川区犠牲者追悼「世代を結ぶ平和の像」をつくる会　東京大空襲江戸川区犠牲者追悼「世代を結ぶ平和の像」をつくる会　1991.3　259p　21cm　1000円

◇グラフィック・レポート　昭和の戦争記録―東京目黒の住民が語る　東京都目黒区編　岩波書店　1991.3　198p　26cm　1800円　①4-00-009837-3

◇昭和の戦争記録―東京目黒の住民が語る　東京都目黒区編　岩波書店　1991.3　198p　26cm　（グラフィック・レポート）　1800円　①4-00-009837-3

◇摘録　断腸亭日乗　下　永井荷風著,磯田光一編　岩波書店　1991.1　426p　19cm　（ワイド版　岩波文庫　22）　1200円　①4-00-007022-3

◇東京を爆撃せよ―作戦任務報告書は語る　奥住喜重,早乙女勝元著　三省堂　1990.6　254p　19cm　（三省堂選書　157）　1500円　①4-385-43157-4

◇赤い吹雪―東京大空襲の記録　滝保清著　滝保清　1990.1　57p　21cm

◇炎の中のリンゴの歌―東京大空襲・隅田川レクイエム　早乙女勝元著　小学館　1988.7　187p　20cm　〈並木路子および著者の肖像あり〉　980円　①4-09-294023-8

戦争と平和

◇写真版 東京大空襲の記録　早乙女勝元編著　新潮社　1987.7　213p　15cm　（新潮文庫）　400円　①4-10-147504-0

◇東京大空襲の記録—写真版　早乙女勝元編著　新潮社　1987.7　213p　15cm　（新潮文庫）　400円　①4-10-147504-0

◇東京大空襲の記録—写真版　早乙女勝元編著　新潮社　1987.7　213p　15cm　（新潮文庫）　400円　①4-10-147504-0

◇人間として　早乙女勝元著　改装版　草の根出版会　1987.4　273p　19cm　1200円　①4-87648-018-4

◇母と子でみる東京大空襲　早乙女勝元編　草の根出版会　1986.7　111p　23cm　〈改装〉　1200円　①4-87648-002-8

◇さらば、錦糸町—東京大空襲・炎の墓標　森田正治著　小学館　1985.3　257p　20cm　〈巻末：主な参考文献〉　1200円　①4-09-387011-X

◇東京大空襲救護隊長の記録　久保田重則著　新人物往来社　1985.3　271p　19cm　1000円　①4-404-01255-1

◇火の海からの伝言　東京大空襲40周年記念行事実行委員会編　あゆみ出版　1985.3　247p　19cm　1200円

◇東京大空襲展—あれから40年　朝日新聞東京本社企画第一部編　朝日新聞東京本社企画第一部　1985.2　80p　26cm　〈監修：松浦総三ほか　会期・会場：1985年2月15日〜2月27日　日本橋東急ほか〉

◇二度と戦争を繰り返さないで—東京大空襲、炎の中を生きのびて　成田清子著　三鷹　成田清子　1984.6　57p　19cm　〈制作：朝日新聞東京本社朝日出版サービス（東京）〉　550円

◇東京大空襲　岡本好古著　徳間書店　1983.7　208p　18cm　（トクマ・ノベルズ）〈図版〉　720円　①4-19-152758-4

◇平和に生きる—私の原点・東京大空襲　早乙女勝元著　草土文化　1982.11　249p　20cm　1200円

◇戦禍の浅草—娘達が記録する東京大空襲　創価学会青年部反戦出版委員会編　第三文明社　1976　240p　20cm　（戦争を知らない世代へ　24　東京編）　900円

◇炎に焼かれた父と母—娘達が記録する東京大空襲　創価学会青年部反戦出版委員会編　第三文明社　1976　228p　20cm　（戦争を知らない世代へ　15　東京編）　900円

◇東京大空襲・戦災誌　第5巻　空襲下の都民生活に関する記録　編集：『東京大空襲・戦災誌』編集委員会　東京空襲を記録する会　1974　1038p　図　22cm

◇東京大空襲・戦災誌　第1巻　都民の空襲体験記録集　3月10日篇　編集：『東京大空襲・戦災誌』編集委員会　東京空襲を記録する会　1973　1046p　図　22cm

◇東京大空襲・戦災誌　第2巻　都民の空襲体験記録集　初空襲から8.15まで　編集：『東京大空襲・戦災誌』編集委員会　東京空襲を記録する会　1973　998p　図　22cm

◇東京大空襲・戦災誌　第3巻　軍・政府（日米）公式記録集　編集：『東京大空襲・戦災誌』編集委員会　東京空襲を記録する会　1973　1022p　図　22cm

◇東京大空襲・戦災誌　第4巻　報道・著作記録集　編集：『東京大空襲・戦災誌』編集委員会　東京空襲を記録する会　1973　1034p　図　22cm

◇東京大空襲展—炎と恐怖の記録　東京空襲を記録する会　朝日新聞社　1972　1冊（頁付なし）　26cm

◇東京空襲19人の証言　有馬頼義編　講談社　1971　460p　20cm　720円

◇東京大空襲—昭和20年3月10日の記録　早乙女勝元著　岩波書店　1971　229p　18cm　（岩波新書）　150円

◇ドキュメント東京大空襲　雄鶏社　1968　173p（おもに図版）　31cm　2300円

◇東京大空襲秘録写真集　雄鶏社編集部編　再版　雄鶏社　1953　152p　27cm

沖縄戦

昭和20(1945)年3月～6月に、沖縄でアメリカ軍と日本軍との間で行われた戦闘。太平洋戦争で日本国内での唯一の地上戦。3月25日にアメリカ軍は慶良間諸島に上陸、4月1日には沖縄本島に上陸し、3日には本島中部を東西にわたり占領、島を分断した。日本は「天号作戦」の下、牛島満司令官率いる第32軍の11万人が守備にあたった。連合艦隊も呼応して「菊水作戦」の下、戦艦大和と巡洋艦・駆逐艦からなる艦隊を派遣するが、4月7日、沖縄に向かう途中で爆撃機の攻撃を受け沈没した。地上部隊は、5月4日の総攻撃が失敗し、次第に島の南端へ追いつめられ、6月23日に牛島司令官が自決、25日大本営は沖縄作戦の終了を発表した。この間、日本軍は9万人が玉砕、島民の死者は軍人を上回る10万人以上とみられ、島民の4人に1人が犠牲となった。県立第一高女と女子師範学校の職員・生徒が特志看護婦として洞窟内の野戦病院で看護にあたり多くが玉砕した「ひめゆり部隊」など多くの悲劇が起こった。

◇オキナワいくさ世のうないたち―いたみの共有　歴史を拓く女の会編　ドメス出版　2004.11　173p　19cm　1400円　①4-8107-0627-3

◇沖縄玉砕　読売新聞社編　中央公論新社　2004.10　306p　22cm　（昭和史の天皇　日本の「現在」を決めたその時　新装 3）　①4-12-403488-1

◇いのちの重さ伝えたい―沖縄戦1フィート運動と中村文子のあゆみ　真鍋和子著　講談社　2004.5　189p　22cm　1500円　①4-06-212358-4

◇沖縄悲遇の作戦―異端の参謀八原博通　稲垣武著　新装版　光人社　2004.1　426p　16cm　（光人社NF文庫）　857円　①4-7698-2218-9

◇命どぅ宝―沖縄戦・痛恨の記憶　創価学会青年平和会議編　第三文明社　2003.6　286p　18cm　（レグルス文庫）　〈年表あり〉　1000円　①4-476-01244-2

◇沖縄の島守―内務官僚かく戦えり　田村洋三著　中央公論新社　2003.4　449p　19cm　2800円　①4-12-003390-2

◇沖縄を深く知る事典　「沖縄を知る事典」編集委員会編　日外アソシエーツ, 紀伊国屋書店〔発売〕　2003.2　493p　21cm　8500円　①4-8169-1756-X

◇21世紀のひめゆり　小林照幸著　毎日新聞社　2002.11　408p　20cm　1800円　①4-620-31580-X

◇沖縄の熱い風　Mari著　文芸社　2002.6　70p　20cm　600円　①4-8355-3622-3

◇ずいせん学徒の沖縄戦―最前線へ送られた女学生の手記　宮城巳知子著, 成井俊美画　那覇　ニライ社　2002.6　128p　21cm　〈東京　新日本教育図書（発売）〉　1300円　①4-931314-53-8

◇争点・沖縄戦の記憶　石原昌家〔ほか〕著　社会評論社　2002.3　350p　19cm　2300円　①4-7845-1420-1

◇これが沖縄戦だ―写真記録　大田昌秀編著　改訂版　南風原町（沖縄県）　那覇出版社　2002.1　255p　22cm　〈年表あり〉　1700円　①4-930706-00-9

◇沖縄戦と民衆　林博史著　大月書店　2001.12　375,30p　20cm　5600円　①4-272-52067-9

◇沖縄戦―国土が戦場になったとき　藤原彰編著　新装版　青木書店　2001.10　165p　20cm　1800円　①4-250-20139-2

◇沖縄の空―予科練生存者の手記　宮本道治著　新人物往来社　2001.9　261p

戦争と平和

20cm 〈「われ雷撃す」(昭和63年刊)の増訂 文献あり〉 1500円 ④4-404-02935-7

◇20世紀の戦争 沖縄地上戦 共同通信社写真,荒井信一解説 草の根出版会 2001.6 179p 23×16cm (母と子でみる 54) 2800円 ④4-87648-162-8

◇沖縄県史 資料編 12(沖縄戦 5) アイスバーグ作戦 和訳編 沖縄県文化振興会公文書管理部史料編集室編 〔那覇〕沖縄県教育委員会 2001.2 33,649p 27cm

◇沖縄戦と教科書 安仁屋政昭,徳武敏夫著 草の根出版会 2000.8 127p 23cm (母と子でみる A9) 2200円 ④4-87648-153-9

◇沖縄戦生還記 永長貞夫著 再版 出水 永長貞夫 2000.5 58p 26cm

◇沖縄を知る事典 「沖縄を知る事典」編集委員会編 日外アソシエーツ,紀伊国屋書店〔発売〕 2000.5 510p 21cm 8500円 ④4-8169-1605-9

◇醜い日本人―日本の沖縄意識 大田昌秀著 新版 岩波書店 2000.5 330p 15cm (岩波現代文庫) 1100円 ④4-00-603014-2

◇白旗の少女 比嘉富子作,依光隆絵 講談社 2000.3 221p 18cm (講談社青い鳥文庫) 580円 ④4-06-148529-6

◇沖縄戦研究 2 沖縄県文化振興会公文書管理部史料編集室編 〔那覇〕 沖縄県教育委員会 1999.2 216p 26cm

◇ガマに刻まれた沖縄戦 上羽修写真と文 草の根出版会 1999.2 135p 23cm (母と子でみる 44) 〈文献あり〉 2200円 ④4-87648-135-0

◇沖縄戦と住民―記録写真集 第3版 那覇 月刊沖縄社 1998.7 207p 30cm 〈下関 新日本教育図書(発売)〉 1714円 ④4-88024-201-2

◇狂った季節―戦場彷徨、そして―。 船越義彰著 那覇 ニライ社 1998.6 242p 19cm 〈下関 新日本教育図書(発売)〉 1600円 ④4-931314-28-7

◇船工26の沖縄戦 野村正起著 高知 亜細亜書房 1998.6 229p 19cm 1714円 ④4-947727-09-8

◇沖縄戦学習のために 安仁屋政昭編著 平和文化 1997.8 64p 22cm 600円 ④4-938585-72-3

◇沖縄県民斯ク戦ヘリ―大田実海軍中将一家の昭和史 田村洋三著 講談社 1997.7 567p 15cm (講談社文庫) 〈年譜,文献あり〉 781円 ④4-06-263586-0

◇沖縄―日米最後の戦闘 米国陸軍省編,外間正四郎訳 光人社 1997.3 519p 16cm (光人社NF文庫) 〈『日米最後の戦闘』(サイマル出版会昭和43年刊)の増訂〉 1030円 ④4-7698-2152-2

◇沖縄県史 資料編 4 原文編 10th Army Operation Iceberg―沖縄戦4 沖縄県文化振興会公文書館管理部史料編集室編 〔那覇〕 沖縄県教育委員会 1997.3 634p 27cm

◇沖縄戦のはなし 安仁屋政昭著 那覇 沖縄文化社 1997.1 102p 19cm

◇沖縄―戦争と平和 大田昌秀著 朝日新聞社 1996.9 237p 15cm (朝日文庫) 640円 ④4-02-261162-6

◇沖縄戦米兵は何を見たか―50年後の証言 吉田健正著 彩流社 1996.8 237p 19cm 1854円 ④4-88202-407-1

◇沖縄は戦場だった 有馬繁雄著 南日本新聞社,(鹿児島)南日本新聞開発センター〔発売〕 1996.6 327p 19cm 1800円 ④4-944075-12-X

◇沖縄から平和を拓く―エミール・沖縄への旅 清水寛編著 あゆみ出版 1995.10 222p 22cm 2000円 ④4-7519-2213-0

◇私の沖縄戦 野溝利雄著 長野 ほおずき書籍 1995.10 142p 20cm 1300円 ④4-89341-202-7

◇沖縄玉砕戦―ある中隊准尉の戦闘手記 石井耕一著 新潟 新潟日報事業社

1995.6　277p　20cm　〈『沖縄戦の高射砲中隊』（石井耕一昭和42年刊）の複刻改装版〉　2300円　Ⓟ4-88862-564-6

◇「集団自決」を心に刻んで―沖縄キリスト者の絶望からの精神史　金城重明著　高文研　1995.6　253p　19cm　1854円　Ⓟ4-87498-161-5

◇戦場のトンボ―少年がみた沖縄戦　山城高常著　那覇　ニライ社　1995.6　176p　20cm　〈発売：新日本教育図書(下関)〉　1500円　Ⓟ4-931314-16-3

◇証言沖縄戦―戦禍を掘る　琉球新報社編　那覇　琉球新報社　1995.4　322p　21cm　〈年表あり〉　1748円

◇沖縄戦トップシークレット　上原正稔著　那覇　沖縄タイムス社　1995.3　380p　20cm　2800円

◇ひめゆりの塔をめぐる人々の手記　仲宗根政善著　改版　角川書店　1995.3　445p　15cm　（角川文庫）　640円　Ⓟ4-04-151501-7

◇小湾字誌―沖縄戦・米占領下で失われた集落の復元　法政大学沖縄文化研究所小湾字誌調査委員会著　浦添　浦添市小湾字誌編集委員会　1995.2　826p　31cm　〈折り込図1枚〉

◇沖縄戦語り歩き―愚童の破天荒旅日記　富村順一編　柘植書房　1995.1　201p　19cm　1751円　Ⓟ4-8068-0358-8

◇沖縄・八十四日の戦い　榊原昭二著　岩波書店　1994.8　264p　16cm　（同時代ライブラリー　193）　900円　Ⓟ4-00-260193-5

◇沖縄・八十四日の戦い　榊原昭二著　岩波書店　1994.8　264p　16cm　（同時代ライブラリー　193）　900円　Ⓟ4-00-260193-5

◇沖縄戦戦没者高野山供養塔史―建立と奉賛の歩み　高野町(和歌山県)　沖縄戦戦没者高野山供養塔奉賛会　1994.7　51p　26cm　〈五十回忌記念　編集：高田仁覚〉

◇久米島住民虐殺事件資料〔復刻版〕　不二出版　1994.7　201p　26cm　（十五年戦争重要文献シリーズ　18）　6695円

◇沖縄・戦争マラリア事件―南の島の強制疎開　毎日新聞特別報道部取材班著　大阪　東方出版　1994.6　190p　21cm　1648円　Ⓟ4-88591-388-8

◇総史沖縄戦―写真記録　大田昌秀編著　岩波書店　1994.3　256p　27cm　5000円　Ⓟ4-00-001222-3

◇ひめゆりたちの祈り―沖縄のメッセージ　香川京子著　朝日新聞社　1993.8　201p　15cm　（朝日文庫）　470円　Ⓟ4-02-260771-8

◇沖縄戦記録写真集―日本最後の戦い　那覇　月刊沖縄社　1993.3　205p　30cm　〈発売：新日本教育図書(下関)第34刷(初刷：1977年)〉　1800円

◇沖縄―太平洋戦争最後の死闘90日　記録写真集　那覇出版社編　南風原町(沖縄県)　那覇出版社　1992.11　198p　30cm　〈15刷(初版：昭和57年)〉　1854円

◇命こそ宝―沖縄反戦の心　阿波根昌鴻著　岩波書店　1992.10　231p　18cm　（岩波新書　249）　550円　Ⓟ4-00-430249-8

◇沖縄からの出発―わが心をみつめて　岡部伊都子著　講談社　1992.10　253p　18cm　（講談社現代新書　1121）　600円　Ⓟ4-06-149121-0

◇いくさ世にいのち支えて―沖縄戦を生きた助産婦の記録　武田英子著　ドメス出版　1992.9　208p　19cm　1545円　Ⓟ4-8107-0343-6

◇ある神話の背景―沖縄・渡嘉敷島の集団自決　曽野綾子著　PHP研究所　1992.6　301p　15cm　（PHP文庫）　540円　Ⓟ4-569-56476-3

◇閃光の中で―沖縄陸軍病院の証言　長田紀春,具志八重編　那覇　ニライ社　1992.6　391p　19cm　2000円

◇あゝ沖縄"武器なき兵士の島"最後の日―本土決戦記　砂岡秀三郎ほか著　光人社　1992.5　326p　20cm　（証言・昭和の戦争）　1600円　Ⓟ4-7698-0605-1

◇ある沖縄戦―慶良間戦記 儀同保著 日本図書センター 1992.5 341p 22cm (平和図書館) 〈解説:山田朗〉 2575円 ⑪4-8205-7111-7

◇わが部隊かく戦えり―沖縄戦・真実と美化の激突 飯田邦光著 浦和 閣文社 1992.5 256p 19cm 1500円 ⑪4-87619-409-2

◇沖縄少年漂流記 谷真介著 金の星社 1992.4 245p 22cm (現代・創作児童文学) 〈理論社1972年刊の加筆・訂正〉 1262円 ⑪4-323-00994-1

◇沖縄・チビチリガマの"集団自決" 下嶋哲朗著 岩波書店 1992.3 51p 21cm (岩波ブックレット no.246) 350円 ⑪4-00-003186-4

◇忘れな石―沖縄・戦争マラリア碑 宮良作文,宮良瑛子絵 草の根出版会 1992.3 43p 25cm 1359円 ⑪4-87648-092-3

◇最後の特派員―沖縄に散った新聞記者 織井青吾著 筑摩書房 1991.4 208p 20cm 1540円 ⑪4-480-81294-6

◇『南の島から』で描いているもの―戦中戦後、沖縄の母たちはなにをみたか 山本卓著 下関 梓書店 1990.7 62p 18cm 〈取り扱い:地方・小出版流通センター〉 291円

◇沖縄戦―写真集 大田昌秀監修 南風原町(沖縄県) 那覇出版社 1990.3 471p 36cm 〈年表あり 文献あり〉 19800円

◇裁かれた沖縄戦 安仁屋政昭編 晩声社 1989.12 369p 19cm 2060円

◇アニメ絵本 かんからさんしん―沖縄戦を生きぬいた子どもたち 嶋津与志原作,かんからさんしん制作委員会,伊藤正昭企画・構成 理論社 1989.10 126p 21cm 950円 ⑪4-652-02016-3

◇観光コースでない沖縄―戦跡・基地・産業・文化 新崎盛暉,大城将保,高嶺朝一,長元朝浩,山門健一,仲宗根将二,金城朝夫,安里英子,宮城晴美著 新版 高文研 1989.5 326p 19cm 1500円 ⑪4-87498-103-8

◇戦場の乙女たち―沖縄戦従軍看護隊の証言、生と死の交差点。白衣の目に映った戦争の地獄絵図!もう再び戦争の手記は書きたくない 瑞ケ覧道子ほか著 浦和 閣文社 1989.3 247p 19cm 〈背の書名:実録戦場の乙女たち〉 1300円 ⑪4-87619-232-4

◇沖縄戦―民衆の眼でとらえる「戦争」 大城将保著 改訂版 高文研 1988.10 241p 19cm 1200円 ⑪4-87498-097-X

◇沖縄戦―防衛隊員の手記 翁長朝義著 南風原町(沖縄県) 翁長朝義 1988.10 252p 21cm 1000円

◇沖縄戦―衝撃の記録写真集 1988.9 128p 21cm 〈書名は背・表紙による 奥付の書名:白旗の少女『白旗の少女・日中戦争と沖縄戦・衝撃の写真集』(昭和63年刊)の改題〉 1000円 ⑪4-87467-105-X

◇沖縄の最後 古川成美著 河出書房新社 1988.4 253p 19cm 〈新装版〉 1500円 ⑪4-309-22146-7

◇沖縄陸・海・空戦史 大田嘉弘著 相模書房 1988.2 502p 22cm 〈付(図9枚 袋入)〉 6000円

◇沖縄戦に生きて―一歩兵小隊長の手記 山本義中著 ぎょうせい 1987.10 476p 22cm 〈著者の肖像あり〉 3000円 ⑪4-324-00979-1

◇私のひめゆり戦記 宮良ルリ著 那覇 ニライ社 1986.8 189p 22cm 〈発売:新日本教育図書(下関)〉 1200円 ⑪4-88024-099-0

◇哀号(アイゴウ)・朝鮮人の沖縄戦 福地曠明著 那覇 月刊沖縄社 1986.6 303p 22cm 〈巻末:参考資料と文献 取り扱い:地方・小出版流通センター〉 1800円 ⑪4-87467-100-4

◇沖縄血戦―中・北部戦線生き残り兵士の記録 飯田邦光著 横浜 美晴書房 1985.7 283p 20cm 〈『沖縄戦記』(三一書房1982年刊)の増補改題 発売:JCA出版 著者の肖像あり〉 1700円

戦争と平和

◇最後の決戦・沖縄　吉田俊雄著　朝日ソノラマ　1985.7　339p　15cm　（航空戦史シリーズ　58）〈『沖縄』（オリオン出版社昭和44年刊）の改題〉　600円　①4-257-17058-1

◇沖縄戦―沖縄を学ぶ100冊　沖縄戦―沖縄を学ぶ100冊刊行委員会編　勁草書房　1985.6　216p　20cm　2100円

◇沖縄戦とは何か　大田昌秀著　久米書房　1985.4　127p　19cm　900円　①4-906034-04-7

◇証言・沖縄戦―戦場の光景　石原昌家著　青木書店　1984.11　245,4p　20cm　1400円　①4-250-84050-6

◇沖縄戦を考える　嶋津与志著　那覇ひるぎ社　1983.9　252p　18cm　（おきなわ文庫　9）　900円

◇沖縄特攻　戦史刊行会訳　朝日ソノラマ　1983.5　278p　15cm　（航空戦史シリーズ　27）　500円　①4-257-17027-1

◇ひめゆり部隊のさいご―太平洋戦・沖縄学徒隊の悲劇　金城和彦著　借成社　1982.11　216p　22cm　（少年少女世界のノンフィクション）〈巻末：沖縄戦日誌　初刷：1966（昭和41）肖像：著者ほか〉　1200円　①4-03-711180-2

◇沖縄の日本軍―久米島虐殺の記録　大島幸夫著　新版　新泉社　1982.9　294p　19cm　1200円

◇沖縄の悲哭　牧港篤三詩，儀間比呂志版画　集英社　1982.6　112p　29cm　2800円

◇証言記録沖縄住民虐殺―日兵逆殺と米軍犯罪　佐木隆三著　徳間書店　1982.4　253p　16cm　（徳間文庫）　320円　①4-19-597298-1

◇昭和史の天皇　3　沖縄玉砕　読売新聞社編　読売新聞社　1980.3　306p　19cm　〈ゴールド版〉　850円

◇証言沖縄戦秘録―青春かく戦えり　駒木根康著　調布　紀元社出版　1979.2　274p　20cm　〈著者の肖像あり〉　1200円

◇沖縄戦とその前後―対馬丸遭難事件の周辺・泊出身の戦没者一四九〇余人　浦崎康華著　〔那覇〕〔浦崎康華〕　1977.2　311p　22cm

◇沖縄戦―痛恨の日々　創価学会青年部反戦出版委員会編　第三文明社　1975　193p　20cm　（戦争を知らない世代へ　6　沖縄編）　900円

◇沖縄の証言―激動の25年誌　下　那覇　沖縄タイムス社文化事業局出版部　1973　410p　図　22cm　〈1970年1月から1971年12月まで『沖縄タイムス』紙に連載されたもの〉　1200円

◇沖縄決戦―高級参謀の手記　八原博通著　読売新聞社　1972　446p　図　21cm　780円

◇沖縄のこころ―沖縄戦と私　大田昌秀著　岩波書店　1972　220p　18cm　（岩波新書）　180円

◇沖縄―陸・海・空の血戦　加登川幸太郎訳　サンケイ新聞社出版局　1971　214p　18cm　（第二次世界大戦ブックス　10）〈背・表紙の書名：Okinawa〉　500円

◇沖縄の玉砕―沖縄群島玉砕戦の真相　浦崎純著　日本文華社　1971　220p　18cm　（文華新書）　350円

◇沖縄の決戦―県民玉砕の記録　浦崎純著　日本文華社　1971　258p　18cm　（文華新書）　350円

◇沖縄の証言―激動25年誌　上　那覇　沖縄タイムス社　1971　314p　図　22cm　〈1968年6月23日より『沖縄タイムス』朝刊に連載されたもの〉

◇沖縄の証言―庶民が語る戦争体験　上　名嘉正八郎，谷川健一編　中央公論社　1971　209p　18cm　（中公新書）

◇沖縄の証言―庶民が語る戦争体験　下　名嘉正八郎，谷川健一編　中央公論社　1971　206p　18cm　（中公新書）

◇沖縄かくて潰滅す　神直道著　原書房　1967　244p　図版　19cm　（原書房・100冊選書）　430円

◇沖縄の悲劇　仲宗根政善著　訂6版　華頂書房　1953　282p　図版　19cm

戦艦大和

　日本海軍が建造した世界最大の戦艦。ロンドン海軍軍縮条約を離脱した日本は、条約の制限を脱した大型戦艦の建造を計画、昭和16年12月18日「大和」が竣工した。排水量6.8万トン、全長263メートルで、連合艦隊の旗艦となる。20年4月の沖縄戦で「菊水作戦」の下、片道の燃料を積んだ海上特攻艦隊として沖縄に向かう途中、九州南方海上で撃沈された。戦艦の象徴として、戦後、小説・映画・アニメーションなどに数多く取りあげられている。

　　　　＊　　　＊　　　＊

◇戦艦大和の遺産　上　前間孝則著　講談社　2005.11　460p　16cm　（講談社＋α文庫）　933円　①4-06-256981-7

◇戦艦大和の遺産　下　前間孝則著　講談社　2005.11　514p　16cm　（講談社＋α文庫）〈文献あり〉　933円　①4-06-256982-5

◇ドキュメント戦艦大和　吉田満,原勝洋著　新装版　文芸春秋　2005.10　380p　16cm　（文春文庫）　590円　①4-16-734904-3

◇「戦艦大和」と戦後　吉田満著,保阪正康編　筑摩書房　2005.7　538p　15cm　（ちくま学芸文庫）　1500円　①4-480-08927-6

◇戦艦大和の最後——高角砲員の苛酷なる原体験　坪井平次著　新装版　光人社　2005.4　314p　16cm　（光人社NF文庫）　724円　①4-7698-2021-6

◇戦艦大和のすべて——歴史的資料とオリジナル写真により全貌が蘇る　原勝洋著　インデックス・コミュニケーションズ　2005.4　270p　22cm　〈折り込3枚〉　3300円　①4-7573-0289-4

◇戦艦大和が沈んだ日——運命の四月七日　元戦艦大和乗組員・八杉康夫聞き書き　八杉康夫〔述〕,中川秀彦文　伊丹牧歌舎　2005.2　117p　22cm　〈東京星雲社（発売）　絵：中川賢史朗〉　900円　①4-434-05339-6

◇大和の最期、それから——吉田満戦後の航跡　千早耿一郎著　講談社　2004.12　299p　19cm　1900円　①4-06-212683-4

◇戦艦大和の最期　読売新聞社編　中央公論新社　2004.10　286p　22cm　（昭和史の天皇 日本の「現在」を決めたその時　新装　2）　①4-12-403487-3

◇戦艦大和発見　辺見じゅん,原勝洋編　角川春樹事務所　2004.8　254p　16cm　（ハルキ文庫）〈年表あり〉　680円　①4-7584-3123-X

◇決戦戦艦大和の全貌——日米全調査　原勝洋著　アリアドネ企画　2004.7　223p　図版12枚　22cm　（Ariadne military）〈東京 三修社（発売）〉　2600円　①4-384-03389-3

◇連合艦隊突入せよ！——戦艦大和最後の奇跡　上　橋本純著　銀河出版　2004.7　199p　18cm　（Ginga-novels）〈「連合艦隊零号作戦」（飛天出版1994年刊）の増訂〉　857円　①4-87777-055-0

◇連合艦隊突入せよ！——戦艦大和最後の奇跡　下　橋本純著　銀河出版　2004.7　217p　18cm　（Ginga novels）〈関連タイトル：連合艦隊零号作戦　「連合艦隊零号作戦」（飛天出版1994年刊）の増訂〉　857円　①4-87777-057-7

◇戦艦大和の挽歌——連合艦隊・大和　上田信著　学習研究社　2004.6　185p　21cm　（Rekishi gunzo books）　952円　①4-05-603507-5

◇戦艦「大和」レイテ沖の七日間——「大和」艦載機偵察員の戦場報告　岩佐二郎著　光人社　2004.3　236p　16cm　（光人社NF文庫）　638円　①4-7698-2414-9

◇超弩級戦艦大和の最期　双葉社　2003.10　162p　26cm　（双葉社スーパームック）　1886円　①4-575-47570-X

戦争と平和

◇戦艦大和　平間洋一編　講談社　2003.5　248p　19cm　(講談社選書メチエ)　〈文献、年表あり〉　1600円　ⓘ4-06-258269-4

◇戦艦「大和」開発物語——最強戦艦誕生に秘められたプロセス　松本喜太郎ほか著　光人社　2003.2　293p　16cm　(光人社NF文庫)　695円　ⓘ4-7698-2371-1

◇戦艦大和いまだ沈まず——艦橋見張員の見た世紀の海戦　小板橋孝策著　光人社　2002.6　308p　16cm　(光人社NF文庫)　724円　ⓘ4-7698-2349-5

◇その時歴史が動いた　10　NHK取材班編　名古屋　KTC中央出版　2001.12　253p　20cm　1600円　ⓘ4-87758-218-5

◇戦艦大和・武蔵戦闘記録　アテネ書房編集部編　アテネ書房　2000.9　458,56p　27cm　8000円　ⓘ4-87152-210-5

◇戦艦大和——海底探査全記録　テレビ朝日出版部、モジカンパニー編　テレビ朝日事業局出版部　1999.12　207p　21cm　1800円　ⓘ4-88131-236-7

◇戦艦大和誕生　上　前間孝則著　講談社　1999.12　451p　16cm　(講談社+α文庫)　〈1997年刊の増訂〉　940円　ⓘ4-06-256401-7

◇戦艦大和誕生　下　前間孝則著　講談社　1999.12　461p　16cm　(講談社+α文庫)　〈1997年刊の増訂〉　940円　ⓘ4-06-256402-5

◇戦艦大和の建造　御田重宝著　徳間書店　1999.8　286p　16cm　(徳間文庫)　〈文献あり〉　533円　ⓘ4-19-891152-5

◇戦艦大和建造秘録——完全復刻・資料・写真集　原勝洋編著　ベストセラーズ　1999.7　493p　27cm　〈他言語標題：All about super-battleship Yamato　折り込5枚　年表あり〉　6667円　ⓘ4-584-17076-2

◇戦艦大和の最後　坪井平次著　新版　光人社　1999.4　254p　20cm　1900円　ⓘ4-7698-0195-5

◇下士官たちの戦艦大和——戦艦大和下士官たちのレイテ海戦　小板橋孝策著　光人社　1999.2　377p　16cm　(光人社NF文庫)　743円　ⓘ4-7698-2224-3

◇戦艦大和に乗り組んで——一等水兵の戯言繰り言　田中幸造著　日本図書刊行会　1997.5　67p　20cm　〈東京　近代文芸社(発売)〉　1000円　ⓘ4-89039-505-9

◇戦艦「大和」最後の艦長——海上修羅の指揮官　生出寿著　光人社　1996.12　370p　16cm　(光人社NF文庫)　738円　ⓘ4-7698-2143-3

◇戦艦「大和」の謎——1704日の全ドラマ　檜山良昭著　光文社　1996.8　245p　18cm　(カッパ・ブックス)　〈折り込図1枚〉　890円　ⓘ4-334-00573-X

◇大和型戦艦　学習研究社　1996.6　190p　26cm　(「歴史群像」太平洋戦史シリーズ　11)　1553円　ⓘ4-05-601261-X

◇戦艦大和ノ最期　吉田満著　講談社　1994.8　201p　16cm　(講談社文芸文庫)　〈著者の肖像あり〉　880円　ⓘ4-06-196287-6

◇戦艦大和　転針ス　大野芳著　新潮社　1993.10　316p　19cm　1500円　ⓘ4-10-390401-1

◇戦艦大和からの生還　武藤武士著　大阪　自費出版センター　1990.7　165p　19cm　1500円　ⓘ4-88269-081-0

◇戦艦「大和」の建造　御田重宝著　講談社　1987.9　262p　15cm　(講談社文庫)　400円　ⓘ4-06-184059-2

◇戦艦大和の運命——英国人ジャーナリストのみた日本海軍　左近允尚敏訳　新潮社　1987.8　333p　20cm　2200円　ⓘ4-10-519801-7

◇男たちの大和　上　辺見じゅん著　角川書店　1985.11　353p　15cm　(角川文庫　6286)　460円　ⓘ4-04-147503-1

◇男たちの大和　下　辺見じゅん著　角川書店　1985.11　338p　15cm　(角川文庫　6287)　〈解説：本田靖春〉　460円　ⓘ4-04-147504-X

◇Yamato!―戦艦大和発見!極秘誕生から探索までの全て　辺見じゅん編　角川書店　1985.10　254p　18cm　(Kadokawa books)　680円　ⓘ4-04-706005-4
◇戦艦大和―さいごの連合艦隊　滑清紀編著　立風書房　1981.7　141p　19cm　(ジャガーバックス)　〈巻末：戦艦「大和」年表　カラー版〉　650円
◇戦艦大和―不沈艦、沖縄海域に消ゆ　遠藤昭著　サンケイ出版　1981.6　205p　19cm　(第2次世界大戦ブックス　86)　〈背・表紙の書名：Super battleship Yamato〉　980円
◇戦艦大和を忘れるな―今は亡き帝国海軍の造艦史を語る　庭田尚三著　呉旧日本海軍艦艇顕彰出版会　1979.10　196p　30cm　5000円
◇戦艦大和　児島襄著　文芸春秋　1977.12　2冊　16cm　(文春文庫)　各300円
◇慟哭の海―戦艦大和死闘の記録　能村次郎著　改訂　読売新聞社　1973　246p　図　19cm　550円
◇戦艦大和―太平洋戦記　吉田満著　河出書房　1967　190p　図版　19cm　290円
◇戦艦大和　吉田満著　河出書房新社　1966　210p　20cm　320円

原子爆弾

　核分裂の連鎖反応により最大級のエネルギーを放出する爆弾で核兵器の一種。略称は原爆。第二次大戦中にアメリカ、ドイツ、日本などが開発を進めたとされるが、オッペンハイマーを総責任者としてマンハッタン計画を進めたアメリカが、1945(昭和20)年7月16日世界初の原爆実験に成功した。3週間後の8月6日午前8時15分に広島、9日午前11時2分に長崎に原子爆弾が投下された。広島市の原爆は濃縮ウラン型で、B29爆撃機「エノラ・ゲイ」によって投下され、13.2平方キロが焼失、同年末までに14万人が死亡した。長崎市の原爆はプルトニウム型で、6.7平方キロが焼失、7万人が死亡した。原子爆弾は瞬間的な熱戦や爆風とともに放射能汚染をともなうことが特徴で、白血病、甲状腺癌などの原爆症で戦後も長く被爆者を苦しめている。広島の爆心地にあった広島県産業奨励館は、原爆ドームとして被爆した姿のまま保存され、惨禍を示す記念施設となり、平成8(1996)年に世界遺産に登録された。

◇記憶の光景・十人のヒロシマ　江成常夫著　小学館　2005.9　339p　15cm　(小学館文庫)　〈新潮社1995年刊の増補〉　619円　ⓘ4-09-405151-1
◇原爆は文学にどう描かれてきたか　黒古一夫著　八朔社　2005.8　169p　19cm　(21世紀の若者たちへ　4)　〈文献あり〉　1600円　ⓘ4-86014-103-2
◇カウントダウン・ヒロシマ―08:15 August 6 1945　スティーヴン・ウォーカー著,横山啓明訳　早川書房　2005.7　438p　20cm　〈文献あり〉　1800円　ⓘ4-15-208654-8
◇原爆災害―ヒロシマ・ナガサキ　広島市・長崎市原爆災害誌編集委員会編　岩波書店　2005.7　220p　15cm　(岩波現代文庫　学術)　〈文献あり　年表あり〉　900円　ⓘ4-00-600149-5
◇広島記憶のポリティクス　米山リサ著,小沢弘明,小沢祥子,小田島勝浩訳　岩波書店　2005.7　302p　20cm　3300円　ⓘ4-00-001935-X
◇原爆体験―六七四四人・死と生の証言　浜谷正晴著　岩波書店　2005.6　265p　20cm　2800円　ⓘ4-00-022742-4

戦争と平和

◇つたえてくださいあしたへ…―聞き書きによる被爆体験証言集　11　エフコープ生活協同組合編　篠栗町（福岡県）エフコープ生活協同組合組合員活動部　2005.6　80p　26cm

◇原爆はなぜ落とされたのか？　安斎育郎文・監修　新日本出版社　2004.11　31p　27cm　（語り伝えるヒロシマ・ナガサキビジュアルブック　第3巻）〈年表あり〉　1800円　①4-406-03118-9

◇原子爆弾の記録―ヒロシマ・ナガサキ子どもたちに世界に！被爆の記録を贈る会編　復刻版　三省堂　2004.8　263p　28cm　〈原本：1980年刊　おもに図〉　11000円　①4-385-35034-5

◇「原爆の絵」と出会う―込められた想いに耳を澄まして　直野章子著　岩波書店　2004.7　71p　21cm　（岩波ブックレット　no.627）　480円　①4-00-009327-4

◇つたえてくださいあしたへ…―聞き書きによる被爆体験証言集　10　エフコープ生活協同組合編　篠栗町（福岡県）エフコープ生活協同組合組織活動部　2004.7　71p　26cm

◇8月の晴れた日に　9　被爆体験聞き書き行動実行委員会編　さいたま　さいたまコープ労働組合平和部　2004　64p　26cm　〈折り込1枚〉　300円

◇原爆の絵―ナガサキの祈り　NHK長崎放送局編　日本放送出版協会　2003.7　109p　17×19cm　〈他言語標題：Drawings by survivors〉　1200円　①4-14-080803-9

◇ピカドン―だれも知らなかった子どもたちの原爆体験記　講談社　2003.7　79p　19cm　1000円　①4-06-211987-0

◇ヒロシマ―壁に残された伝言　井上恭介著　集英社　2003.7　185p　18cm　（集英社新書）　660円　①4-08-720192-9

◇ヒロシマはどう記録されたか―NHKと中国新聞の原爆報道　NHK出版編　日本放送出版協会　2003.7　397p　22cm　〈年表あり　文献あり〉　2200円　①4-14-080804-7

◇つたえてくださいあしたへ…―聞き書きによる被爆体験証言集　9　エフコープ生活協同組合編　篠栗町（福岡県）エフコープ生活協同組合政策推進室　2003.6　67,17p　26cm　〈ハングル併載〉

◇原爆の絵―ヒロシマの記憶　NHK広島放送局編　日本放送出版協会　2003.1　125p　17×19cm　1200円　①4-14-080752-0

◇原爆の絵―ヒロシマの記憶　NHK広島放送局編　日本放送出版協会　2003.1　125p　17×19cm　〈他言語標題：Drawings by survivors〉　1200円　①4-14-080752-0

◇少年が救った提督の名誉―原爆運搬艦インディアナポリスの悲劇　ピート・ネルソン著、羽生真訳　文芸春秋　2003.1　295p　20cm　〈肖像あり〉　2381円　①4-16-359320-9

◇8月の晴れた日に　8　被爆体験聞き書き行動実行委員会編　さいたま　さいたまコープ労働組合平和部　〔2003〕　80p　26cm　〈折り込1枚〉　300円

◇語り残す戦争体験―私たちの遺書　日野原重明監修、二〇〇二年「新老人の会」編　講談社　2002.12　211p　19cm　1300円　①4-06-211673-1

◇15歳のナガサキ原爆　渡辺浩著　岩波書店　2002.11　185p　18cm　（岩波ジュニア新書）　780円　①4-00-500416-4

◇原爆ドーム　シャローム聖書文化研究所編,香椎羊雪著　改訂版　近代文芸社　2002.8　104p　19cm　1300円　①4-7733-6888-8

◇日本の古都はなぜ空襲を免れたか　吉田守男著　朝日新聞社　2002.8　248p　15cm　（朝日文庫）　〈「京都に原爆を投下せよ」(角川書店1995年刊)の改題〉　640円　①4-02-261353-X

◇原爆の図―描かれた〈記憶〉、語られた〈絵画〉　小沢節子著　岩波書店　2002.7

戦争と平和

284,3p 20cm 2500円 ⓘ4-00-022725-4

◇つたえてくださいあしたへ…―聞き書きによる被爆体験証言集 8 エフコープ生活協同組合編 福岡 エフコープ生活協同組合機関運営部 2002.6 68p 26cm

◇8月の晴れた日に 7 埼玉県原爆被害者協議会〔ほか〕編 大宮 さいたまコープ労働組合平和部 〔2002〕 136p 26cm 〈折り込1枚〉 300円

◇絶後の記録―広島原子爆弾の手記 小倉豊文著 改版 中央公論新社 2001.8 238p 16cm (中公文庫) 762円 ⓘ4-12-203886-3

◇つたえてくださいあしたへ…―聞き書きによる被爆体験証言集 7 エフコープ生活協同組合編 福岡 エフコープ生活協同組合組織運営部 2001.7 50p 26cm

◇歴史をかえた誤訳―原爆投下を招いた誤訳とは！ 鳥飼玖美子著 新潮社 2001.5 299p 15cm (新潮OH!文庫) 〈『ことばが招く国際摩擦』改題書〉 581円 ⓘ4-10-290095-0

◇8月の晴れた日に 6 埼玉県原爆被害者協議会〔ほか〕編 大宮 さいたまコープ労働組合平和部 〔2001〕 74p 26cm 〈折り込1枚〉 300円

◇私たちは戦争が好きだった―被爆地・長崎から考える核廃絶への道 本島等, 森村誠一, 柴野徹夫著 朝日新聞社 2000.12 277p 15cm (朝日文庫) 〈年表, 文献あり〉 620円 ⓘ4-02-261310-6

◇飛べ！千羽づる―ヒロシマの少女佐々木禎子さんの記録 手島悠介著, 徳田秀雄絵 新装版 講談社 2000.8 175p 22cm 1400円 ⓘ4-06-210388-5

◇原爆の図 丸木位里, 丸木俊共同制作, 原爆の図丸木美術館監修 増補保存版 小峰書店 2000.7 219p 47cm 〈他言語標題：The Hiroshima panels 英文併記 肖像, 年表, 年譜あり〉 95000円 ⓘ4-338-01019-3

◇サダコ―「原爆の子の像」の物語 NHK広島「核・平和」プロジェクト著 日本放送出版協会 2000.7 267p 19cm (NHKスペシャルセレクション) 1800円 ⓘ4-14-080536-6

◇つたえてくださいあしたへ…―聞き書きによる被爆体験証言集 6 エフコープ生活協同組合編 福岡 エフコープ生活協同組合組織運営部 2000.6 75p 26cm

◇第二楽章―ヒロシマの風 吉永小百合編, 男鹿和雄画 角川書店 2000.3 87p 15cm (角川文庫) 600円 ⓘ4-04-353201-6

◇8月の晴れた日に 5 埼玉県原爆被害者協議会〔ほか〕編 大宮 さいたまコープ労働組合平和部 〔2000〕 100p 26cm 〈折り込1枚〉 300円

◇原爆はこうしてつくられ落とされた―悲運の長崎と被爆した学友たち 上山惟康著 三鷹 デジタルプリント 1999.8 346p 22cm

◇共同研究広島・長崎原爆被害の実相 沢田昭二ほか著 新日本出版社 1999.7 258p 22cm 2800円 ⓘ4-406-02672-X

◇原爆手記掲載図書・雑誌総目録1945-1995 宇吹暁編著 日外アソシエーツ, 紀伊国屋書店〔発売〕 1999.7 503p 21cm 6600円 ⓘ4-8169-1563

◇原爆投下・10秒の衝撃 NHK広島「核・平和」プロジェクト著 日本放送出版協会 1999.7 204p 20cm (NHKスペシャルセレクション) 1900円 ⓘ4-14-080446-7

◇ゲンinヒロシマ―物語「はだしのゲン」 中沢啓治原作, 木島恭脚本・詞 講談社 1999.7 143p 20cm 〈他言語標題：Berefoot Gen〉 1300円 ⓘ4-06-209537-8

◇つたえてくださいあしたへ…―聞き書きによる被爆体験証言集 5 エフコープ生活協同組合編 福岡 エフコープ生活協同組合員活動部 1999.6 47p 26cm

◇8月の晴れた日に—広島・長崎原爆被災の証言 4 埼玉県原爆被害者協議会〔ほか〕編 大宮 さいたまコープ労働組合平和部 〔1999〕 108p 26cm 〈折り込1枚〉 300円

◇ピカドン 丸木位里,丸木俊作 新版 ろばのみみ舎 1998.11 1冊(ページ付なし) 16×16cm 〈他言語標題:Pika-don 英スペイン文併記〉 700円

◇原爆の軌跡—過去と未来への旅 ポール・サフォー著,小平尚典写真,日暮雅通訳 小学館 1998.9 171p 15cm (小学館文庫) 〈他言語標題:The road from Trinity〉 619円 ⓘ4-09-402631-2

◇原爆ドーム 朝日新聞広島支局著 朝日新聞社 1998.7 238p 15cm (朝日文庫) 580円 ⓘ4-02-261235-5

◇つたえてくださいあしたへ…—聞き書きによる被爆体験証言集 4 エフコープ生活協同組合編 福岡 エフコープ生活協同組合組合員活動部 1998.4 75p 26cm

◇8月の晴れた日に 3 埼玉県原爆被害者協議会〔ほか〕編 大宮 さいたまコープ労働組合平和部 〔1998〕 89p 26cm 300円

◇原爆文献を読む—原爆関係書2176冊 水田九八二郎著 中央公論社 1997.7 511p 16cm (中公文庫) 〈「原爆を読む」(講談社昭和57年刊)の増補 文献あり〉 1238円 ⓘ4-12-202894-9

◇HIROSHIMA 小田実著 講談社 1997.7 472p 15cm (講談社文芸文庫) 1260円 ⓘ4-06-197574-9

◇原爆ドーム世界遺産化への道—次代へのメッセージ 「原爆ドーム世界遺産化への道」編集委員会編・著 広島 原爆ドームの世界遺産化をすすめる会 1997.5 242p 30cm 非売品

◇つたえてくださいあしたへ…—聞き書きによる被爆体験証言集 3 エフコープ生活協同組合編 福岡 エフコープ生活協同組合組合員活動部 1997.4 111p 26cm

◇8月の晴れた日に 2 埼玉県原爆被害者協議会〔ほか〕編 大宮 さいたまコープ労働組合平和部 〔1997〕 76p 26cm 300円

◇希望のヒロシマ—市長はうったえる 平岡敬著 岩波書店 1996.7 222p 18cm (岩波新書) 650円 ⓘ4-00-430452-0

◇つたえてくださいあしたへ…—聞き書きによる被爆体験証言集 2 エフコープ生活協同組合編 福岡 エフコープ生活協同組合組合員活動部 1996.5 87p 26cm

◇8月の晴れた日に—広島・長崎原爆被災の証言 さいたまコープ労働組合平和部編 大宮 さいたまコープ労働組合平和部 〔1996〕 53p 30cm

◇アメリカの中のヒロシマ 下 R.J.リフトン,G.ミッチェル著,大塚隆訳 岩波書店 1995.12 233p 20cm 2400円 ⓘ4-00-000068-3

◇アメリカの中のヒロシマ 上 R.J.リフトン,G.ミッチェル著,大塚隆訳 岩波書店 1995.11 287p 20cm 2400円 ⓘ4-00-000067-5

◇原爆神話の五〇年—すれ違う日本とアメリカ 斉藤道雄著 中央公論社 1995.10 233p 18cm (中公新書) 720円 ⓘ4-12-101271-2

◇キノコ雲から這い出した猫 江戸家猫八著 中央公論社 1995.8 250p 19cm 1450円 ⓘ4-12-002474-1

◇原爆投下決断の内幕—悲劇のヒロシマ・ナガサキ 上 ガー・アルペロビッツ著,鈴木俊彦〔ほか〕訳 ほるぷ出版 1995.8 610p 20cm 2800円 ⓘ4-593-57032-8

◇原爆投下決断の内幕—悲劇のヒロシマ・ナガサキ 下 ガー・アルペロビッツ著,鈴木俊彦〔ほか〕訳 ほるぷ出版 1995.8 474p 20cm 2500円 ⓘ4-593-57033-6

◇原爆表現と検閲—日本人はどう対応したか 堀場清子著 朝日新聞社 1995.8

戦争と平和

◇社史に見る太平洋戦争　井上ひさし編　新潮社　1995.8　478p　22cm　2500円　Ⓘ4-10-302325-2

◇長崎よみがえる原爆写真　NHK取材班著, 山端庸介写真　日本放送出版協会　1995.8　261p　21cm　（NHKスペシャル）　2000円　Ⓘ4-14-080231-6

◇京都に原爆を投下せよ―ウォーナー伝説の真実　吉田守男著　角川書店　1995.7　238p　20cm　1300円　Ⓘ4-04-821049-1

◇黒い雨　井伏鱒二著〔新装版〕　新潮社　1995.7　375p　19cm　2000円　Ⓘ4-10-302610-3

◇原子爆弾―開発から投下までの全記録〔翔泳社〕編集部編著　翔泳社　1995.7　157p　25cm　〈折り込図2枚〉　2400円　Ⓘ4-88135-268-7

◇原爆ドームの祈り　長谷川敬文, 山本東陽写真　講談社　1995.7　131p　22cm　1200円　Ⓘ4-06-207656-X

◇ナガサキ1945年8月9日　長崎総合科学大学平和文化研究所編　新版　岩波書店　1995.7　204p　18cm　（岩波ジュニア新書）　650円　Ⓘ4-00-500260-9

◇年表ヒロシマ―核時代50年の記録　中国新聞社編著　広島　中国新聞社　1995.7　2冊（別冊とも）　27cm　〈別冊（181p）：索引〉　20000円　Ⓘ4-88517-214-4

◇原民喜戦後全小説　上　原民喜著　講談社　1995.7　331p　15cm　（講談社文芸文庫）　980円　Ⓘ4-06-196331-7

◇被爆者たちの戦後50年　栗原淑江著　岩波書店　1995.7　63p　21cm　（岩波ブックレット　no.376）〈付：被爆者問題略年表〉　400円　Ⓘ4-00-003316-6

◇ヒロシマ・コレクション―広島平和記念資料館蔵　土田ヒロミ撮影　日本放送出版協会　1995.7　123p　27cm　〈背の書名：Hiroshima collection　英文併記〉　2500円　Ⓘ4-14-009263-7

◇ヒロシマ事典―和英　平和のためのヒロシマ通訳者グループ編　改訂版　広島　平和のためのヒロシマ通訳者グループ　1995.7　356p　21cm　〈英語書名：Hiroshima handbook〉　1900円　Ⓘ4-9900371-0-3

◇原子爆弾の誕生　上　リチャード・ローズ著, 神沼二真, 渋谷泰一訳　紀伊国屋書店　1995.6　688,48p　21cm　〈普及版〉　3800円　Ⓘ4-314-00710-9

◇原子爆弾の誕生　下　リチャード・ローズ著, 神沼二真, 渋谷泰一訳　紀伊国屋書店　1995.6　677,63p　21cm　〈普及版　巻末：参考文献〉　3800円　Ⓘ4-314-00711-7

◇つたえてくださいあしたへ…―聞き書きによる被爆体験証言集　1　エフコープ生活協同組合編　福岡　エフコープ生活協同組合組合員活動室　1995.5　72p　26cm

◇Hiroshima半世紀の肖像―やすらぎを求める日々　大石芳野著　角川書店　1995.3　255p　26cm　3900円　Ⓘ4-04-851108-4

◇原爆が落とされた日　半藤一利, 湯川豊著　PHP研究所　1994.8　569p　15cm　（PHP文庫）〈『原爆の落ちた日』（文芸春秋1972年刊）の改題〉　880円　Ⓘ4-569-56676-6

◇「はだしのゲン」自伝　中沢啓治著　教育史料出版会　1994.7　228p　19cm　〈中沢啓治・略年譜と主な作品：p221～226〉　1545円　Ⓘ4-87652-263-4

◇ヒロシマ・ナガサキへの旅―原爆の碑と遺跡が語る　水田九八二郎著　中央公論社　1993.7　299p　15cm　（中公文庫）　640円　Ⓘ4-12-202018-2

◇ヒロシマナガサキ原爆写真・絵画集成　1～6　家永三郎〔ほか〕編　日本図書センター　1993.3　6冊　31cm　Ⓘ4-8205-7133-8

戦争と平和

◇生き残った人びと　上　上坂冬子著　文芸春秋　1992.7　292p　15cm　〈文春文庫〉　420円　Ⓘ4-16-729809-0

◇生き残った人びと　下　上坂冬子著　文芸春秋　1992.7　253p　15cm　〈文春文庫〉　420円　Ⓘ4-16-729810-4

◇ヒロシマはどう伝えられているか—ジャーナリストと教師が追いかけた45年目の「原爆」　90原爆の会編　日本評論社　1992.7　252p　21cm　2000円　Ⓘ4-535-58035-9

◇幻の声—NHK広島8月6日　白井久夫著　岩波書店　1992.7　246p　18cm　〈岩波新書〉　580円　Ⓘ4-00-430236-6

◇爆心地ヒロシマに入る—カメラマンは何を見たか　林重男著　岩波書店　1992.6　194p　18cm　〈岩波ジュニア新書　208〉　600円　Ⓘ4-00-500208-0

◇ヒロシマの「生命の木」　大江健三郎著　日本放送出版協会　1991.12　208p　19cm　1400円　Ⓘ4-14-008810-9

◇女たちの数え歌—奄美の原爆乙女　上坂冬子著　中央公論社　1991.7　247p　16cm　〈中公文庫〉　〈『奄美の原爆乙女』（昭和62年刊）の改題　折り込図1枚〉　500円　Ⓘ4-12-201820-X

◇ナガサキは語りつぐ—長崎原爆戦災誌　長崎市編　岩波書店　1991.7　214p　19cm　1000円　Ⓘ4-00-001540-0

◇原爆ドーム物語　汐文社編集部編　汐文社　1990.7　55p　21cm　1500円　Ⓘ4-8113-0055-6

◇原爆の子—広島の少年少女のうったえ　上　長田新編　岩波書店　1990.6　314p　15cm　〈岩波文庫〉　520円　Ⓘ4-00-331771-8

◇原爆の子—広島の少年少女のうったえ　下　長田新編　岩波書店　1990.6　265p　15cm　〈岩波文庫〉　460円　Ⓘ4-00-331772-6

◇ヒロシマわが罪と罰—原爆パイロットの苦悩の手紙　G.アンデルス，C.イーザリー著，篠原正瑛訳　筑摩書房　1987.7　297p　15cm　〈ちくま文庫〉〈原著1982年版の翻訳〉　480円　Ⓘ4-480-02149-3

◇原爆の父オッペンハイマーと水爆の父テラー—悲劇の物理学者たち　足立寿美著　現代企画室　1987.6　339p　19cm　1800円

◇原爆と差別　中条一雄著　朝日新聞社　1986.7　243p　19cm　900円　Ⓘ4-02-255571-8

◇年表ヒロシマ40年の記録　中国新聞社編　未来社　1986.7　310p　22cm　〈折り込図1枚〉　3000円

◇原爆はなぜ投下されたか—日本降伏をめぐる戦略と外交　西島有厚著　青木書店　1985.6　401p　18cm　〈新装版〉　1800円　Ⓘ4-250-85026-9

◇原爆を読む—広島・長崎を語りつぐ全ブックリスト　水田九八二郎著　講談社　1982.6　413p　20cm　1900円　Ⓘ4-06-200080-6

御前会議

　国の重要な政策決定のため、天皇の臨席のもとで開催される会議。太平洋戦争開戦にあたっては「帝国国策遂行要領」が決議された昭和16年9月6日、対米開戦が決定された12月1日に御前会議が開かれている。昭和20年のポツダム宣言受諾に際しては8月9日と14日に御前会議が開かれ、宣言受諾、無条件降伏が決定された。戦後、日本国憲法の下では、象徴である天皇は国政に関与しないため、国会の開会に臨席することはあるが、御前会議が開かれることはない。

＊　　＊　　＊

◇昭和史—1926-1945　半藤一利著　平凡社　2004.2　509p　20cm　〈年表あり〉　1600円　Ⓘ4-582-45430-5

◇日米開戦—封印された真実　斎藤充功著　学習研究社　2002.8　347p　15cm　〈学研M文庫〉〈「日米開戦五十年目の真実」

◇（時事通信社1991年刊）の増補）　660円
①4-05-901144-4

◇アジア太平洋戦争期政策決定文書　佐藤元英著　原書房　2001.9　806p　22cm（明治百年史叢書　第452巻）　15000円
①4-562-03405-X

◇昭和史の論点　坂本多加雄ほか著　文芸春秋　2000.3　236p　18cm（文春新書）〈年表あり〉　690円　①4-16-660092-3

◇最後の御前会議における昭和天皇御発言全記録—昭和天皇崇敬会推せん図書「終戦の真相」（原版写）　迫水久常述　昭和天皇崇敬会　2000　23p　21cm

◇侍従長の遺言—昭和天皇との50年　徳川義寛著,岩井克己聞き書き・解説　朝日新聞社　1997.2　222p　19cm　1854円
①4-02-257057-1

◇日米開戦50年目の真実—御前会議はカク決定ス　斎藤充功著　時事通信社　1991.12　262p　19cm　1500円　①4-7887-9143-9

◇日米開戦五十年目の真実—御前会議はカク決定ス　斎藤充功著　時事通信社　1991.12　262p　20cm　1500円　①4-7887-9143-9

◇御前会議—昭和天皇十五回の聖断　大江志乃夫著　中央公論社　1991.2　242p　18cm　（中公新書）　640円　①4-12-101008-6

◇聖断—天皇と鈴木貫太郎　半藤一利著　文芸春秋　1988.8　412p　15cm（文春文庫）　460円　①4-16-748301-7

◇昭和史の転回点　半藤一利著　図書出版社　1987.5　267p　19cm　1500円

◇御前会議　五味川純平著　文芸春秋　1978.8　310p　20cm　950円

◇日本敗れたり—御前会議　丹羽文雄著　銀座出版社　1949　249p　図版　19cm

◇最後の御前会議　近衛文麿著　時局月報社　1946　80p　19cm（雑誌「自由国民」　第19巻第2号特輯）〈「自由国民」第19巻第2号符輯　降状時の真相（迫水久常著　56-77p）〉

ポツダム宣言

　昭和20（1945）年7月26日、アメリカ・イギリス・中国の3カ国が発表した対日降伏勧告文書。7月11日から8月1日にかけベルリン郊外のポツダムで連合国側の首脳会談が開かれ、トルーマン米国大統領、チャーチル英国首相、スターリン・ソ連首相が出席。ポツダム宣言は、中国の蒋介石の了解を得て3カ国の共同声明として発表。この時点で中立国であったソ連は、8月8日の対日参戦後に宣言に加わった。全13箇条からなり、軍国主義の除去、カイロ宣言の履行、領土の限定、戦争犯罪人の処罰などの内容であった。日本国内では、国体護持（天皇制維持）の保証が不明だったことで議論となり、鈴木貫太郎内閣は「黙殺する」と表明。連合国側はこれを宣言拒否とみなし、原爆投下、ソ連参戦に至る。8月10日の御前会議では国体護持を条件に受諾を決定、14日の御前会議で昭和天皇の聖断が下され、無条件の宣言受諾が決定した。15日正午のラジオで、天皇自身の声で全国民に降伏が伝えられた（玉音放送）。この間、放送を阻止しようと陸軍の一部が皇居や放送局を占拠する宮城事件も起きた。

戦争と平和

◇玉音放送が流れた日　学習研究社　2005.9　100p　19×27cm　〈付属資料：CD1枚（12cm）　年表あり〉　1429円　Ⓡ4-05-402867-5

◇「終戦日記」を読む　野坂昭如著　日本放送出版協会　2005.7　219p　20cm　1300円　Ⓡ4-14-081056-4

◇昭和二十年　第1部 11（6月9日—13日）　本土決戦への特攻戦備　鳥居民著　草思社　2003.12　292p　20cm　2500円　Ⓡ4-7942-1270-4

◇聖断—昭和天皇と鈴木貫太郎　半藤一利著　新装版　PHP研究所　2003.8　397p　20cm　〈文献あり〉　1700円　Ⓡ4-569-62984-9

◇日本帝国の最期　太平洋戦争研究会編　新人物往来社　2003.8　217p　27cm　（戦記クラシックス）　2800円　Ⓡ4-404-03147-5

◇敗戦以後　藤田信勝著　プレスプラン　2003.3　243p　20cm　〈東京サンクチュアリ・パブリッシング（発売）　年譜あり〉　2300円　Ⓡ4-921132-98-4

◇昭和二十年　第1部 10（6月9日）　天皇は決意する　鳥居民著　草思社　2002.12　222p　20cm　1600円　Ⓡ4-7942-1176-7

◇「終戦日記」を読む　野坂昭如著　日本放送出版協会　2002.8　141p　21cm　（NHK人間講座）　〈2002年8月—9月期〉　560円　Ⓡ4-14-189070-7

◇八月十五日の生きざま　酒井文彦著　健友館　2002.7　69p　18cm　900円　Ⓡ4-7737-0673-2

◇Japan's longest day　compiled by the Pacific War Research Society　1st trade paperback ed.　Tokyo Kodansha International Ltd. 2002.7　339p　19cm　〈他言語標示：日本のいちばん長い日　Co-published by Kodansha America,Inc.〉　2200yen　Ⓡ4-7700-2887-3

◇昭和二十年　第1部 9（5月31日—6月8日）　国力の現状と民心の動向　鳥居民著　草思社　2001.12　365p　20cm　2600円　Ⓡ4-7942-1112-0

◇昭和二十年　第1部 8（5月26日～5月30日）　横浜の壊滅　鳥居民著　草思社　2001.10　328p　20cm　2600円　Ⓡ4-7942-1078-7

◇昭和二十年　第1部 7（5月10日～5月25日）　東京の焼尽　鳥居民著　草思社　2001.7　328p　20cm　2600円　Ⓡ4-7942-1072-8

◇黙殺—ポツダム宣言の真実と日本の運命　上　仲晃著　日本放送出版協会　2000.7　324p　19cm　（NHKブックス）　1200円　Ⓡ4-14-001891-7

◇黙殺—ポツダム宣言の真実と日本の運命　下　仲晃著　日本放送出版協会　2000.7　336p　19cm　（NHKブックス）　1200円　Ⓡ4-14-001892-5

◇夏の声を聴いた—再見八月十五日　小野祐子著　秋田　無明舎出版　2000.5　296p　20cm　〈付属資料：CD1枚（12cm）〉　1800円　Ⓡ4-89544-232-2

◇最後の御前会議における昭和天皇御発言全記録—昭和天皇崇敬会推せん図書「終戦の真相」（原版写）　迫水久常述　昭和天皇崇敬会　2000　23p　21cm

◇徳川義寛終戦日記　徳川義寛著、御厨貴,岩井克己監修　朝日新聞社　1999.11　533p　19cm　6600円　Ⓡ4-02-257256-6

◇敗戦前後の社会情勢　第5巻 - 第7巻　粟屋憲太郎,中園裕解説・編　現代史料出版,東出版〔発売〕　1999.7　3冊（セット）　30cm　105000円　Ⓡ4-906642-77-2

◇敗戦直後の民心動向　一般　現代史料出版　1998.12　411p　31cm　（敗戦前後の社会情勢　第3巻）　〈複製〉　Ⓡ4-906642-75-6,4-906642-72-1

◇太平洋戦争の終結—アジア・太平洋の戦後形成　細谷千博〔ほか〕編　柏書房　1997.9　434,5p　22cm　6800円　Ⓡ4-7601-1491-2

◇太平洋戦争終戦の研究　鳥巣建之助著　文芸春秋　1996.7　334p　16cm　（文春文庫）　460円　ⓘ4-16-740103-7

◇終戦の詔書　文芸春秋編　文芸春秋　1995.8　47p　22cm　〈監修：大原康男〉　980円　ⓘ4-16-505380-5

◇ドキュメント日本帝国最期の日　新人物往来社戦史室編　新人物往来社　1995.8　237p　22cm　3200円　ⓘ4-404-02231-X

◇わたしの八月十五日　八月十五日を記録する会編　ネスコ　1995.7　251p　20cm　〈発売：文芸春秋〉　1600円　ⓘ4-89036-897-3

◇昭和20年/1945年—最新資料をもとに徹底検証する　藤原彰〔ほか〕編　小学館　1995.6　399p　22cm　〈折り込図1枚〉　2800円　ⓘ4-09-626081-9

◇日本のいちばん長い日—運命の八月十五日　決定版　半藤一利著　文芸春秋　1995.6　322p　20cm　1600円　ⓘ4-16-350360-9

◇八月十五日の日記　講談社　1995.6　265p　20cm　〈監修：永六輔〉　1600円　ⓘ4-06-207663-2

◇八月十五日と私　五木寛之ほか著　角川書店　1995.5　303p　15cm　（角川文庫）　520円　ⓘ4-04-153323-6

◇終戦五十年の秘話　磯村英一著　明石書店　1995.4　129p　20cm　1360円　ⓘ4-7503-0683-5

◇女たちの八月十五日—もうひとつの太平洋戦争　葦原邦子,石牟礼道子,大庭みな子,大村はま,上坂冬子ほか著　小学館　1995.2　327p　16×11cm　（小学館ライブラリー　68）　880円　ⓘ4-09-460068-X

◇1945年8月15日—日本が負けた日　和歌森太郎ほか編,箕田源二郎さしえ　岩崎書店　1995.1　157p　22cm　（語りつごうアジア・太平洋戦争　9）　2000円　ⓘ4-265-04429-8

◇8月15日・花の記憶　和気健編　ブロンズ新社　1994.7　133p　19cm　1600円　ⓘ4-89309-088-7

◇敗戦前日記　中野重治著,松下裕校訂　中央公論社　1994.1　656p　19cm　3500円　ⓘ4-12-002271-4

◇歴史とアイデンティティ—日本とドイツにとっての1945年　山口定,R.ルプレヒト編　京都　思文閣出版　1993.8　490p　22cm　8858円　ⓘ4-7842-0795-3

◇激録・日本大戦争　第38巻　近衛師団の反乱と終戦　原康史著　東京スポーツ新聞社　1993.3　295p　19cm　1400円　ⓘ4-8084-0095-2

◇昭和天皇の終戦史　吉田裕著　岩波書店　1993.1　246,6p　18cm　（岩波新書）　580円　ⓘ4-00-430257-9

◇昭和天皇の終戦史　吉田裕著　岩波書店　1992.12　246,8,6p　18cm　（岩波新書　257）　580円　ⓘ4-00-430257-9

◇終戦日記　高見順著　文芸春秋　1992.1　493p　15cm　（文春文庫）　〈『完本・高見順日記』改題書〉　560円　ⓘ4-16-724907-3

◇敗戦日記　高見順著　新装版　文芸春秋　1991.8　376p　15cm　（文春文庫）　500円　ⓘ4-16-724906-5

◇敗戦の残影を引きずって生きて—自分史　小副川新著　佐賀　小副川新　1991.8　281p　図版10枚　21cm　〈著者の肖像あり〉

◇御前会議—昭和天皇十五回の聖断　大江志乃夫著　中央公論社　1991.2　242p　18cm　（中公新書）　640円　ⓘ4-12-101008-6

◇大東亜戦争の終局—昭和天皇の聖業　西内雅著　錦正社　1991.1　288p　20cm　2060円　ⓘ4-7646-0215-6

◇日本の選択第二次世界大戦終戦史録　下巻　外務省編纂　山手書房新社　1990.12　833～1108,185p　22cm　〈付(12p　19cm):解説〉　14563円　ⓘ4-8413-0021-X

戦争と平和

◇日本の選択第二次世界大戦終戦史録　中巻　外務省編纂　山手書房新社　1990.10　831p　22cm　〈付(12p 19cm)：解説〉　14563円　Ⓘ4-8413-0017-1

◇日本の選択第二次世界大戦終戦史録　上巻　外務省編纂　山手書房新社　1990.8　392p　22cm　14563円　Ⓘ4-8413-0014-7

◇昭和二十年　第1部 4(4月5日〜4月7日)　鈴木内閣の成立　鳥居民著　草思社　1990.7　309p　20cm　2000円　Ⓘ4-7942-0382-9

◇目撃者が語る昭和史　第8巻　8・15終戦—各種和平工作から敗戦へ　福島鋳郎編　新人物往来社　1989.10　300p　22cm　〈監修：猪瀬直樹〉　2600円　Ⓘ4-404-01662-X

◇証言・私の昭和史　5　終戦前後　三国一朗きき手　文芸春秋　1989.6　522p　16cm　（文春文庫）　550円　Ⓘ4-16-749905-3

◇玉音放送　竹山昭子著　晩声社　1989.4　158p　19cm　1200円

◇ある晴れた日の出来事—12月8日と8月15日と　加藤周一著　京都　かもがわ出版　1989.2　62p　21cm　（かもがわブックレット　15）　350円　Ⓘ4-906247-50-4

◇天皇陛下とマッカーサー　菊池久著　河出書房新社　1989.2　259p　15cm　（河出文庫）　450円　Ⓘ4-309-47151-X

◇敗戦の記録　参謀本部編　普及版　原書房　1989.2　479p　22cm　〈参謀本部所蔵〉　4800円　Ⓘ4-562-02016-4

◇密室の終戦詔勅　茶園義男著　雄松堂出版　1989.1　302p　26cm　3500円　Ⓘ4-8419-0056-X

◇天皇の終戦—激動の227日　読売新聞社編　読売新聞社　1988.12　346p　19cm　1800円　Ⓘ4-643-88098-8

◇天皇の終戦—激動の227日　読売新聞社編　読売新聞社　1988.12　346p　20cm　〈『昭和史の天皇』より構成〉　1800円　Ⓘ4-643-88098-8

◇聖断—天皇と鈴木貫太郎　半藤一利著　文芸春秋　1988.8　412p　15cm　（文春文庫）　460円　Ⓘ4-16-748301-7

◇昭和二十年　第1部 3(3月20日〜4月4日)　小磯内閣の倒壊　鳥居民著　草思社　1987.9　314p　20cm　1900円　Ⓘ4-7942-0286-5

◇8月15日の子どもたち　あの日を記録する会編　晶文社　1987.7　321p　22cm　1500円

◇8月15日の子どもたち　あの日を記録する会編　晶文社　1987.7　321p　21cm　1500円　Ⓘ4-7949-5750-5

◇終戦工作の記録　下　栗原健,波多野澄雄編　講談社　1986.9　566p　15cm　（講談社文庫）　〈監修：江藤淳〉　950円　Ⓘ4-06-183808-3

◇終戦工作の記録　上　栗原健,波多野澄雄編　講談社　1986.8　549p　15cm　（講談社文庫）　〈監修：江藤淳〉　950円　Ⓘ4-06-183565-3

◇昭和二十年　第1部 2(2月13日〜3月19日)　崩壊の兆し　鳥居民著　草思社　1986.8　319p　20cm　1800円　Ⓘ4-7942-0251-2

◇官僚たちの八月十五日　佐瀬稔著　旺文社　1986.7　278p　16cm　（旺文社文庫）　400円

◇昭和の戦争—ジャーナリストの証言　6　終戦　嬉野満洲雄責任編集　講談社　1985.11　276p　20cm　〈6.終戦　嬉野満洲雄責任編集　巻末：年表,引用・参考文献　執筆：嬉野満洲雄〔ほか7名〕　図版〉　1500円　Ⓘ4-06-187256-7

◇女たちの八月十五日—戦争の惨禍を二度と繰り返さないために　小学館　1985.8　317p　19cm　〈巻末：昭和の年表(昭和元年〜29年)〉　1400円　Ⓘ4-09-387014-4

◇終戦秘史　下村海南著　講談社　1985.8　376p　15cm　（講談社学術文庫）　880円　Ⓘ4-06-158700-5

◇昭和史探訪　5　終戦前後　三国一朗,井田麟太郎編　角川書店　1985.8　311p

15cm 〔角川文庫〕 460円 ⓘ4-04-163205-6
◇昭和二十年 第1部 1(1月1日～2月10日) 重臣たちの動き 鳥居民著 草思社 1985.8 379p 20cm 1500円
◇敗戦前後・40年目の検証 保阪正康著 朝日新聞社 1985.8 238p 20cm 1200円 ⓘ4-02-255383-9
◇昭和二十年夏の日記—八月十五日 河邑厚徳編著 博文館新社 1985.7 355p 図版16枚 21cm 1800円 ⓘ4-89177-902-0
◇大東亜戦争収拾の真相 松谷誠著 新版 芙蓉書房 1984.8 335p 19cm 〈著者の肖像あり〉 1400円
◇加瀬俊一選集—戦争と平和シリーズ 2 日本がはじめて敗れた日 加瀬俊一著 山手書房 1983.11 329p 20cm 2000円
◇日本の一番あつい日—昭和二十年八月十五日 扇谷正造責任編集 京都 PHP研究所 1982.7 206p 19cm 980円
◇8.15前後—戦争と私たち 第2集 戦争を語りつぐ岡山婦人の会編 岡山 戦争を語りつぐ岡山婦人の会 1981.6 94p 22cm 800円
◇天皇終戦秘史 篠田五郎著 改訂版 大陸書房 1980.8 281p 20cm 1500円
◇終戦史録 別巻 終戦を問い直す—シンポジウム 江藤淳編 北洋社 1980.5 240p 20cm 1300円
◇Japan's longest day. Compiled by the Pacific War Research Society. 2d paperback ed. Tokyo, Kodansha International, 1980. 339p 19cm 〈日本語書名:日本のいちばん長い日〉 900円
◇八月十五日をめぐる人びと—敗戦秘話 宮本忠孝著 麹町企画 1979.7 157p 18cm 1200円
◇8.15前後—戦争と私たち 戦争を語りつぐ岡山婦人の会編 岡山 戦争を語りつぐ岡山婦人の会 1979.2 118p 22cm 500円
◇終戦史録 6 外務省編 北洋社 1978.7 362,27p 20cm 〈解説:江藤淳 昭和27年刊の分冊復刊〉 1600円
◇終戦史録 5 外務省編 北洋社 1978.3 304p 20cm 〈解説:江藤淳 昭和27年刊の分冊復刊〉 1300円
◇終戦史録 3 外務省編 北洋社 1977.9 256p 図 20cm 〈解説:江藤淳 昭和27年刊の分冊復刊〉 1300円
◇終戦史録 2 外務省編 北洋社 1977.7 276p 図 20cm 〈解説:江藤淳 昭和27年刊の分冊復刊〉 1300円
◇終戦史録 1 外務省編 北洋社 1977.6 272p 図 肖像 20cm 〈解説:江藤淳 昭和27年刊の分冊復刊〉 1300円
◇九州8月15日—終戦秘録 上野文雄著 白川書院 1975 283p 図 19cm 960円
◇ポツダム会談—日本の運命を決めた17日間 チャールズ・ミー著,大前正臣訳 徳間書店 1975 302p 肖像 図 19cm 1000円
◇証言昭和二十年八月十五日—敗戦下の日本人 安田武,福島鋳郎編 新人物往来社 1973 293p 20cm 980円
◇天皇の決断—昭和20年8月15日 アルヴィン・D.クックス著,加藤俊平訳 サンケイ新聞社出版局 1971 206p(図共) 19cm (第二次世界大戦ブックス 21) 〈背・表紙の書名:Japan the final agony〉 500円
◇天皇の決断—昭和20年8月15日 加藤俊平訳 サンケイ新聞社出版局 1971 206p(図共) 19cm (第二次世界大戦ブックス 21) 〈背・表紙の書名:Japan the final agony〉 500円
◇終戦のころ—思い出の人びと 村山有著 時事通信社 1968 321p 18cm (時事新書) 350円
◇終戦秘話——一つの帝国を終わらせた秘密闘争 井上勇訳 時事通信社 1968

◇大日本帝国の最後　松島栄一，武者小路穣編　盛光社　1967.3　269p　22cm（昭和の日本　4）〈年表あり〉
◇敗戦の記録　原書房編集部編　原書房　1967　479p　図版　22cm（明治百年史叢書）〈参謀本部所蔵〉
◇敗戦の記録　原書房編集部編　原書房　1967　479p　図版　22cm（明治百年史叢書）〈参謀本部所蔵〉　2500円
◇私の敗戦日記　白鳥邦夫著　未来社　1966　206p　19cm
◇日本のいちばん長い日─運命の八月十五日　大宅壮一編　文芸春秋新社　1965　222p　19cm
◇八月十五日と私─終戦と女性の記録　NETテレビ社会教養部編　社会思想社　1965　282p　16cm（現代教養文庫）
◇日本終戦史　上巻　八月十五日のクーデター─ほか　林茂ほか編　読売新聞社　1962　248p　18cm
◇日本終戦史　中巻　まぼろしの和平工作　林茂ほか編　読売新聞社　1962　250p　18cm
◇日本終戦史　下巻　決定的瞬時を迎えて　林茂ほか編　読売新聞社　1962　250p　18cm
◇終戦外史─無条件降服までの経緯　ロバート・J.C.ビュートー著，大井篤訳　時事通信社　1958　342p　図版　19cm
◇太平洋戦争終結論　日本外交学会編　東京大学出版会　1958　861p　表　22cm
◇大東亜戦争全史　第8巻　終戦の経緯，終戦　服部卓四郎著　鱒書房　1956　251p　図版　表　地図　19cm
◇最後の御前会議　近衛文麿著　時局月報社　1946　80p　19cm（雑誌「自由国民」　第19巻第2号特輯）〈「自由国民」第19巻第2号符輯　降状時の真相（迫水久常著　56-77p）〉
◇終戦の表情　鈴木貫太郎述　労働文化社　1946　63p　18cm（月刊労働文化別冊）

◇War is Over（戦は終れり）　尾崎茂編　コズモ出版社　1946　96p　B6　10円

阿南 惟幾

明治20（1887）.2.21～昭和20（1945）.8.15
陸軍軍人。事実上最後の陸軍大臣。東京生まれ。陸軍省人事局長，陸軍次官などを歴任。昭和20年5月鈴木貫太郎内閣で陸相となる。鈴木が侍従長の時の侍従武官が阿南だった。終戦工作を進める鈴木首相の下，あくまで本土決戦を唱えるが，陸軍内のクーデターの動きを抑え終戦に導いた。ポツダム宣言の受諾が決まり，8月14日夜に陸相官邸で自刃し15日朝に絶命。「一死をもって大罪を謝し奉る」の遺書を残した。

＊　　＊　　＊

◇一死、大罪を謝す─陸軍大臣阿南惟幾　角田房子著　PHP研究所　2004.8　556p　15cm（PHP文庫）〈文献あり〉　895円　①4-569-66235-8
◇大義に死す─最後の武人・阿南惟幾　長編歴史小説　阿部牧郎著　祥伝社　2003.11　474p　20cm　2200円　①4-396-63240-1
◇「昭和」を振り回した6人の男たち　半藤一利編著　小学館　2003.9　256p　15cm（小学館文庫）〈「「昭和」振り回した男たち」（東洋経済新報社1996年刊）の増訂〉　552円　①4-09-405761-7
◇武人の大義─最後の陸軍大臣・阿南惟幾の自決　甲斐克彦著　光人社　1998.4　269p　20cm　2000円　①4-7698-0861-5
◇阿南惟幾伝　沖修二著　講談社　1995.2　344p　22cm〈阿南惟幾の肖像あり　年譜：p331～340　参考・引用文献：p344〉2500円　①4-06-207477-X
◇妻たちの太平洋戦争─将軍・提督の妻17人の生涯　佐藤和正著　光人社　1994.2　230p　15cm（光人社NF文庫）　500円　①4-7698-2038-0
◇同時代ノンフィクション選集　第7巻　戦死と自死と　柳田邦男編　文芸春秋

1993.5　639p　19cm　2900円　①4-16-511270-4

◇将軍32人の「風貌」「姿勢」—私が仕えた回想の将軍たち　草地貞吾著　光人社　1992.1　329p　19cm　1800円　①4-7698-0591-8

◇昭和史の軍人たち　秦郁彦著　文芸春秋　1987.8　494p　15cm　〈文春文庫〉　540円　①4-16-745301-0

◇日本軍の研究・指揮官　原書房　1980.4〜5　2冊　19cm　〈『統率の実際』の改題〉　各1500円　①4-562-01001-0

◇阿南惟幾伝　沖修二著　講談社　1970　344p　図版　22cm　980円

◇大東亜戦争始末記・自決編　田々宮英太郎著　経済往来社　1966

◇十人の将軍の最期　亜東書房編　亜東書房　1952　379p　図版　19cm

戦争犯罪

　国際条約で定めた、戦闘法規に違反する行為。第二次大戦でのナチス・ドイツの残虐行為に対し責任者処罰を求める動きが強まり、昭和20(1945)年に国際軍事裁判所条例、翌年に日本の戦争犯罪人を裁く極東国際軍事裁判所条例が定められた。戦争犯罪は、A項「平和に対する罪」、B項「通例の戦争犯罪」、C項「人道に対する罪」に分けられ、A級戦犯、BC級戦犯として裁判にかけられた。

＊　　＊　　＊

◇日本はそんなに悪い国なのか—A級戦犯・靖国問題・平和祈念碑設立をめぐって　上坂冬子著　PHP研究所　2005.8　228p　15cm　〈PHP文庫〉〈2003年刊の増訂〉　533円　①4-569-66458-X

◇日本の戦争責任とは何か　高浜賛著　アスキー　2001.5　246p　20cm　〈文献あり〉　1500円　①4-7561-3716-4

◇戦争犯罪責任論—無責任時代の克服　石川教統著　杉並けやき出版　1999.8　123p　19cm　1000円　①4-921051-26-7

◇異なる悲劇日本とドイツ　西尾幹二著　文芸春秋　1997.10　348p　16cm　〈文春文庫〉　448円　①4-16-750702-1

◇戦犯裁判の実相　上巻　巣鴨法務委員会編　戦犯裁判の実相刊行会　1996.1　700p　27cm　〈第2刷(第1刷：1981年)発売：不二出版〉　20000円

◇戦犯裁判の実相　下巻　茶園義男、重松一義共著　不二出版　1996.1　279p　27cm　〈『戦犯裁判の実相 補完』(1987年刊)の改訂 上巻の出版者：戦犯裁判の実相刊行会〉　10000円

◇戦争犯罪調査資料—俘虜関係調査中央委員会調査報告書綴　永井均編集・解説　東出版　1995.12　528p　27cm　〈現代史研究叢書 7〉〈複製〉　20000円　①4-87036-009-8

◇戦争犯罪とは何か　藤田久一著　岩波書店　1995.3　228p　18cm　〈岩波新書〉　620円　①4-00-430380-X

◇茶園義男論文集—BC級戦犯裁判関係　不二出版　1993.1　118p　26cm　1500円

◇日本占領スガモプリズン資料　1　全定期発刊紙　上　茶園義男編　日本図書センター　1992.10　313p　31cm　〈複製〉　①4-8205-5657-6

◇日本占領スガモプリズン資料　2　全定期発刊紙　下　茶園義男編　日本図書センター　1992.10　318p　31cm　〈複製〉　①4-8205-5658-4

◇日本占領スガモプリズン資料　3　日本関係文書　上　茶園義男編　日本図書センター　1992.10　318p　31cm　〈複製〉　①4-8205-5659-2

◇日本占領スガモプリズン資料　4　日本関係文書　下　茶園義男編　日本図書センター　1992.10　318p　31cm　〈複製〉　①4-8205-5660-6

◇日本占領スガモプリズン資料　5　米軍管理文書　上　茶園義男編　日本図書センター　1992.10　318p　31cm　〈複製〉　①4-8205-5661-4

◇日本占領スガモプリズン資料　6　米軍管理文書　中　茶園義男編　日本図書センター　1992.10　316p　31cm　〈複製〉　①4-8205-5662-2

◇日本占領スガモプリズン資料　7　米軍管理文書　下　茶園義男編　日本図書センター　1992.10　312p　31cm　〈複製〉　①4-8205-5663-0

◇戦犯裁判の実相　補完　茶園義男，重松一義共著　不二出版　1987.8　293p　27cm　5000円

◇戦犯　読売新聞大阪社会部〔編〕　角川書店　1986.8　269p　15cm　（角川文庫）　380円　①4-04-156117-5

◇戦犯　読売新聞大阪社会部編　読売新聞社　1985.1　252p　19cm　（新聞記者が語りつぐ戦争　20）　950円　①4-643-38100-0

◇多くを語らず―生きている戦犯　岩川隆著　中央公論社　1982.10　315p　16cm　（中公文庫）　〈解説：進藤純孝〉　400円

◇絞首刑　門松正一著　国書刊行会　1982.2　298p　20cm　（戦犯叢書　3）　2700円

◇絞首台のひびき　若松斉著　国書刊行会　1982.2　285p　20cm　（戦犯叢書　6）　〈開発社昭和54年刊の再刊〉　2600円

◇戦争責任論序説―「平和に対する罪」の形成過程におけるイデオロギー性と抱束性　大沼保昭著　東京大学出版会　1975　388,61p　22cm　4000円

◇戦争犯罪　大谷敬二郎著　新人物往来社　1975　233p　20cm　1400円

◇勝者の裁き―戦争裁判・戦争責任とは何か　リチャード・H.マイニア著，安藤仁介訳　福村出版　1972　214p　20cm

◇戦争犯罪裁判関係法令集　第3巻　法務省大臣官房司法法制調査部　1967序　389p　21cm　（戦争犯罪裁判資料　第3号）　〈英文併記〉

◇戦争犯罪裁判関係法令集　第2巻　法務省大臣官房司法法制調査部　1965序　360p　21cm　（戦争犯罪裁判資料　第2号）　〈英文併記〉

◇戦争犯罪裁判関係法令集　第1巻　法務省大臣官房司法法制調査部　1963序　406p　21cm　（戦争犯罪裁判資料　第1号）　〈英文併記〉

東京裁判

　ポツダム宣言第10項に基づき、昭和21（1946）年から23（1948）年にかけて東京で開かれた極東国際軍事裁判の通称。ナチス・ドイツの指導者が裁かれたニュルンベルク裁判とともに、戦争指導者個人が「平和に対する罪」で裁かれた点に特徴がある。21年1月19日に裁判条例が定められ、4月29日起訴、5月3日審理開始、23（1948）年11月12日までに判決言い渡しが終了した。極東委員会の11カ国が裁判官・検事を派遣し、裁判長はオーストラリアのウィリアム・W.ウェッブ、首席検察官はアメリカのジョセフ・B.キーナン。A級戦犯に指名された者のうち28名が起訴された。裁判の中で日本が戦争に突き進んでいった過程が明らかになったが、東京大空襲や原子爆弾投下による市民の無差別殺傷といった連合国側の行為が対象とされないなど、裁判としての問題点も残している。判決では、死亡・精神異常による免訴3名を除く被告25名全員が有罪とされ、うち東条英機ら7名は絞首刑となった。裁判官の一人、インドのパール判事は、連合国を同等に裁かないならば日本も裁かれるべきではない、との視点から、全面的に反対する少数意見を提出している。

◇再考『世紀の遺書』と東京裁判—対日戦犯裁判の精神史　牛村圭著　PHP研究所　2004.9　257p　20cm　1400円　Ⓣ4-569-63826-0

◇A級戦犯はいなかった—須らく可及的速やかに「万機公論」決るべし　何時不問著　改訂版　川崎　九十白舎　2003.7　232p　21cm　〈奥付の出版者表示（誤植）：九十白社〉　1800円　Ⓣ4-902102-01-3

◇東京裁判　太平洋戦争研究会編　新人物往来社　2003.7　237p　27cm　（戦記クラシックス）　2800円　Ⓣ4-404-03144-0

◇東京裁判の国際関係—国際政治における権力と規範　日暮吉延著　木鐸社　2002.11　658,50p　22cm　10000円　Ⓣ4-8332-2328-7

◇東京裁判の正体　菅原裕著　復刻版　国際倫理調査会　2002.8　333,5,28p　20cm　〈東京　国書刊行会（製作・発売）　原本：昭和36年刊〉　1500円　Ⓣ4-336-04450-3

◇償いは済んでいる—忘れられた戦犯と遺族の歴史　上坂冬子著　講談社　2000.8　217p　16cm　（講談社＋α文庫）　580円　Ⓣ4-06-256455-6

◇東京裁判と国際検察局—開廷から判決まで　ハーバート・P.ビックス，粟屋憲太郎，豊田雅幸編　現代史料出版，東出版〔発売〕　2000.7　5冊（セット）　30cm　180000円　Ⓣ4-87785-032-5

◇新聞史料にみる東京裁判・BC級裁判　第1巻　毎日新聞政治部編，内海愛子，永井均監修・解説　現代史料出版　2000.2　397p　31cm　〈〔東京〕東出版（発売）複製〉　Ⓣ4-87785-016-3,4-87785-015-5

◇新聞史料にみる東京裁判・BC級裁判　第2巻　毎日新聞政治部編，内海愛子，永井均監修・解説　現代史料出版　2000.2　322,80p　31cm　〈〔東京〕東出版（発売）複製　年表あり〉　Ⓣ4-87785-017-1,4-87785-015-5

◇東京裁判・原典・英文版—パール判決書　ラダビノッド・パール著　国書刊行会　1999.7　701p　26cm　〈本文：英文〉　32000円　Ⓣ4-336-04110-5

◇東京裁判への道—国際検察局・政策決定関係文書　粟屋憲太郎，永井均，豊田雅幸編・解説　現代史料出版，東出版〔発売〕　1999.3　5冊（セット）　30cm　〈本文：英文〉　180000円　Ⓣ4-906642-83-7

◇巣鴨プリズン—教誨師花山信勝と死刑戦犯の記録　小林弘忠著　中央公論社　1999.1　392p　18cm　（中公新書）　940円　Ⓣ4-12-101459-6

◇東京裁判—勝者の裁き　リチャード・H.マイニア著，安藤仁介訳　新装版　福村出版　1998.8　218p　20cm　2000円　Ⓣ4-571-31003-X

◇プリズンの満月　吉村昭著　新潮社　1998.8　230p　16cm　（新潮文庫）　400円　Ⓣ4-10-111739-X

◇東京裁判　三根生久大著　ダイナミックセラーズ出版　1998.5　128p　30cm　〈他言語標題：Document the International Military Tribunal for the Far East〉　1200円　Ⓣ4-88493-274-9

◇東京裁判の呪ひ—呪縛から日本人を解き放て　小堀桂一郎著　PHP研究所　1997.10　299p　20cm　1900円　Ⓣ4-569-55850-X

◇東京裁判から戦後責任の思想へ　大沼保昭著　第4版　東信堂　1997.9　416p　20cm　3200円　Ⓣ4-88713-278-6

◇東京裁判とオランダ　L.ファン・プールヘースト著，水島治郎，塚原東吾共訳　みすず書房　1997.5　219,26p　20cm　2800円　Ⓣ4-622-03657-6

◇東京裁判　上　朝日新聞東京裁判記者団著　朝日新聞社　1995.8　396p　15cm　（朝日文庫）　620円　Ⓣ4-02-261106-5

◇東京裁判　下　朝日新聞東京裁判記者団著　朝日新聞社　1995.8　374p　15cm　（朝日文庫）　620円　Ⓣ4-02-261107-3

◇巣鴨の生と死—ある教誨師の記録　花山信勝著　中央公論社　1995.7　406p　16cm　（中公文庫）　〈『平和の発見』

（朝日新聞社1949年刊）の改題〉　840円　ⓘ4-12-202368-8

◇戦争責任我に在り―東条英機夫人メモの真実　平野素邦著　光文社　1995.6　273p　20cm　〈東条カツの肖像あり〉1500円　ⓘ4-334-97106-7

◇東京裁判勝者の敗者への報復　新人物往来社戦史室編　新人物往来社　1995.5　235p　22cm　3200円　ⓘ4-404-02206-9

◇パール博士の日本無罪論　田中正明著　増補改訂　相模原　慧文社　1995.2　224p　20cm　〈パールの肖像あり〉2060円　ⓘ4-905849-01-2

◇図説戦争裁判スガモプリズン事典　茶園義男編著　日本図書センター　1994.11　325p　31cm　22660円　ⓘ4-8205-5707-6

◇NHKスペシャル 東京裁判への道　粟屋憲太郎, NHK取材班著　日本放送出版協会　1994.9　258p　20×14cm　1400円　ⓘ4-14-080185-9

◇日本占領スガモプリズン資料　1　全定期発刊紙　上　茶園義男編　日本図書センター　1992.10　313p　31cm　〈複製〉20600円　ⓘ4-8205-5657-6,4-8205-5656-8

◇日本占領スガモプリズン資料　2　全定期発刊紙　下　茶園義男編　日本図書センター　1992.10　318p　31cm　〈複製〉20600円　ⓘ4-8205-5658-4,4-8205-5656-8

◇日本占領スガモプリズン資料　3　日本関係文書　上　茶園義男編　日本図書センター　1992.10　318p　31cm　〈複製〉20600円　ⓘ4-8205-5659-2,4-8205-5656-8

◇日本占領スガモプリズン資料　4　日本関係文書　下　茶園義男編　日本図書センター　1992.10　318p　31cm　〈複製〉20600円　ⓘ4-8205-5660-6,4-8205-5656-8

◇日本占領スガモプリズン資料　5　米軍管理文書　上　茶園義男編　日本図書センター　1992.10　318p　31cm　〈本文は英語 複製〉　20600円　ⓘ4-8205-5661-4,4-8205-5656-8

◇日本占領スガモプリズン資料　6　米軍管理文書　中　茶園義男編　日本図書センター　1992.10　316p　31cm　〈本文は英語 複製〉　20600円　ⓘ4-8205-5662-2,4-8205-5656-8

◇日本占領スガモプリズン資料　7　米軍管理文書　下　茶園義男編　日本図書センター　1992.10　312p　31cm　〈本文は英語 複製〉　20600円　ⓘ4-8205-5663-0,4-8205-5656-8

◇東京裁判―もう一つのニュルンベルク　アーノルド・C.ブラックマン著, 日暮吉延訳　時事通信社　1991.8　566p　20cm　3800円　ⓘ4-7887-9127-7

◇東京裁判　千葉光則著　フットワーク出版　1991.8　292p　21cm　（秘蔵写真で知る近代日本の戦歴　20）　1800円　ⓘ4-87689-017-X

◇日本を衰亡へ導く「東京裁判史観」　菊池謙治著　全貌社　1991.4　271p　19cm　〈奥付の書名：日本を衰亡に導く「東京裁判史観」〉　1500円　ⓘ4-7938-0128-5

◇国際シンポジウム 東京裁判を問う　細谷千博, 安藤仁介, 大沼保昭編　講談社　1989.8　406p　15cm　（講談社学術文庫）1000円　ⓘ4-06-158888-5

◇東京裁判を問う―国際シンポジウム　細谷千博〔ほか〕編　講談社　1989.8　406p　15cm　（講談社学術文庫）1000円　ⓘ4-06-158888-5

◇東京裁判ハンドブック　東京裁判ハンドブック編集委員会編　青木書店　1989.8　293p　21cm　3090円　ⓘ4-250-89013-9

◇東京裁判論　粟屋憲太郎著　大月書店　1989.7　334p　19cm　2500円　ⓘ4-272-52019-9

◇東京裁判　赤沢史朗著　岩波書店　1989.4　63p　21cm　（岩波ブックレット）310円　ⓘ4-00-003440-5

◇私の見た東京裁判 下 富士信夫著 講談社 1988.9 604p 15cm （講談社学術文庫）〈『裁きの庭に通い続けて』（富士信夫昭和61年刊）の改題〉 1200円 ①4-06-158842-7

◇私の見た東京裁判 上 富士信夫著 講談社 1988.8 510p 15cm （講談社学術文庫）〈『裁きの庭に通い続けて』（富士信夫昭和61年刊）の改題〉 980円 ①4-06-158841-9

◇"A級戦犯"とは何だ！ 神道政治連盟編 神道政治連盟 1987.11 29p 21cm

◇戦犯 読売新聞大阪社会部〔編〕 角川書店 1986.8 269p 15cm （角川文庫） 380円 ①4-04-156117-5

◇巣鴨プリズン・シベリア日本新聞 茶園義男編・著 不二出版 1986.4 245p 27cm 4800円

◇巣鴨戦犯刑務所特有語辞典 織田文二著・撮影 清風 1986.3 286p 19cm 2000円

◇平和の発見—巣鴨の生と死の記録 花山信勝著 改訂版 京都 百華苑 1985.7 349,9p 19cm

◇東京裁判 島内竜起著 日本評論社 1984.9 296p 19cm （日評選書） 1800円

◇世紀の遺書 巣鴨遺書編纂会編 講談社 1984.8 744,55p 22cm 〈巣鴨遺書編纂会刊行事務所昭和28年刊の複製 付（8p 20cm 複製）付（16p 21cm）：付録〉 3800円 ①4-06-200836-X

◇パル判決書—共同研究 東京裁判研究会編 講談社 1984.2 2冊 15cm （講談社学術文庫） 各1800円 ①4-06-158623-8

◇巣鴨プリズン記録写真集—今のサンシャイン60は昔の巣鴨戦犯刑務所だった 織田文二撮影・編集 三鷹 丘書房 1983.11 89p 27cm 2500円

◇東京裁判秘史—日系通訳官の凄絶な死 島村喬著 ゆまにて 1983.9 276p 20cm 1300円

◇実録東京裁判と太平洋戦争 檜山良昭著 講談社 1983.6 264p 21cm 〈巻末：東京裁判関係年表,昭和史略年表〉 980円 ①4-06-100802-1

◇東京裁判とは何か—六つに分かれた判決 田中正明著 日本工業新聞社 1983.6 342p 20cm （Ohtemachi books） 1500円 ①4-8191-0582-5

◇東京裁判—写真秘録 講談社編 講談社 1983.5 119p 29cm 1000円 ①4-06-200346-5

◇東京裁判 朝日新聞東京裁判記者団著 講談社 1983.5 2冊 20cm 各1200円 ①4-06-200368-6

◇巣鴨プリズン二〇〇〇日 中山喜代平著 現代史出版会 1982.5 306p 20cm 〈発売：徳間書店 著者の肖像あり〉 1500円 ①4-19-812502-3

◇世紀の刑場—巣鴨プリズン—写真集 小川六朗編 国書刊行会 1982.2 178p 20cm （戦犯叢書） 2800円

◇巣鴨・戦犯絞首刑—ある戦犯の獄中手記 上坂冬子編 京都 ミネルヴァ書房 1981.12 246p 19cm （叢書・同時代に生きる 6） 1300円

◇化石の花火—極東国際軍事裁判秘話 郡楠昭著 葦văn文社 1981.3 256p 20cm 1500円 ①4-900057-10-X

◇東京裁判 スミルノフ,ザイツェフ著,川上洸,直野敦訳,粟屋憲太郎解説 大月書店 1980.8 518p 20cm 3200円

◇東京裁判をさばく 下 滝川政次郎著 新版 創拓社 1978.2 256p 20cm 1200円

◇東京裁判をさばく 上 滝川政次郎著 新版 創拓社 1978.1 239p 20cm 1200円

◇極東国際軍事裁判記録—東京大学社会科学研究所所蔵「総記編」目録 東京大学社会科学研究所 1973 186p 25cm （東京大学社会科学研究所文献目録 第4冊 3）

◇極東国際軍事裁判記録—「弁護側証拠書類」目録　東京大学社会科学研究所所蔵　東京大学社会科学研究所　1972　212p　25cm　（東京大学社会科学研究所文献目録　第4冊 2)

◇極東国際軍事裁判記録—「検察側証拠書類」目録　東京大学社会科学研究所所蔵　東京大学社会科学研究所「日本近代化」研究組織　1971　190p　25cm　（東京大学社会科学研究所文献目録　第4冊 1)

◇東京裁判　上　児島襄著　中央公論社　1971　271p　18cm　（中公新書）

◇東京裁判　下　児島襄著　中央公論社　1971　236p　18cm　（中公新書）

◇極東国際軍事裁判—これが文明の審判か　植松慶太著　人物往来社　1962　333p　図版　20cm

◇巣鴨拘置所界隈　吉浦亀雄著　大牟田　吉浦亀雄　1956　154p　22cm　〈限定版〉

◇極東国際軍事裁判記録　目録及び索引　朝日新聞調査研究室編　朝日新聞調査研究室　1953　314p　26cm

◇戦史を破る—日本は無罪なり　太平洋戦争正邪の審判　ラーダー・ビード・パール博士の獅子吼　パール〔述〕，吉松正勝編訳　日本書籍印刷東京支社　1952.6　288p　19cm

BC級戦犯

戦後に裁かれた戦争犯罪のうち、戦争犯罪類型B項「通例の戦争犯罪」、C項「人道に対する罪」に問われた戦争犯罪人。東京裁判でA項「平和に対する罪」で裁かれたA級戦犯に対置する呼び名。日本のBC級戦犯は昭和23（1948)年までに横浜、上海、シンガポール、マニラなど世界49ヵ所の軍事法廷で裁かれ、のちに減刑された人も含め約1000人が死刑判決を受けた。

* 　　* 　　*

◇私は貝になりたい—あるBC級戦犯の叫び　加藤哲太郎著　新装版　春秋社　2005.8　269p　20cm　〈年譜あり〉　1600円　①4-393-44161-3

◇南十字星に抱かれて—凛として死んだBC級戦犯の「遺言」　福冨健一著　講談社　2005.7　270p　20cm　〈文献あり〉　1600円　①4-06-213018-1

◇BC級戦犯裁判　林博史著　岩波書店　2005.6　218,13p　18cm　（岩波新書）〈年表あり　文献あり〉　740円　①4-00-430952-2

◇韓国・朝鮮人元BC級戦犯者「同進会」50年の歩みを聞く会報告書　韓国・朝鮮人BC級戦犯者「同進会」編　韓国・朝鮮人BC級戦犯者「同進会」　2005.5　43p　30cm　〈会期・会場：2005年4月1日 衆議院第2議員会館第4会議室　年表あり　文献あり〉

◇法廷の星条旗—BC級戦犯横浜裁判の記録　横浜弁護士会BC級戦犯横浜裁判調査研究特別委員会著　日本評論社　2004.7　267p　21cm　2600円　①4-535-58391-9

◇モンテンルパの夜はふけて—気骨の女・渡辺はま子の生涯　中田整一著　日本放送出版協会　2004.2　284p　19cm　1600円　①4-14-080850-0

◇BC級戦犯　田中宏巳著　筑摩書房　2002.7　220p　18cm　（ちくま新書）　700円　①4-480-05957-1

◇大東亜戦争BC級戦犯熊本県昭和殉難者銘録　長井魁一郎編著　熊本　長井解子　1997.7　318p　22cm　1905円

◇巣鴨プリズン13号鉄扉—BC級戦犯とその遺族　上坂冬子著　中央公論社　1995.7　370p　16cm　（中公文庫）　700円　①4-12-202369-6

◇孤島の土となるとも—BC級戦犯裁判　岩川隆著　講談社　1995.6　830p　20cm　3500円　①4-06-207491-5

◇最後の学徒兵—BC級死刑囚・田口泰正の悲劇　森口豁著　講談社　1993.8　303p　19cm　1700円　①4-06-206572-X

◇BC級戦犯　上　読売新聞大阪本社社会部編　大阪　新風書房　1993.5　261p　19cm　(新聞記者が語りつぐ戦争　6)　1300円　①4-88269-217-1

◇BC級戦犯　下　読売新聞大阪本社社会部編　大阪　新風書房　1993.5　247p　19cm　(新聞記者が語りつぐ戦争　7)　1300円　①4-88269-218-X

◇茶園義男論文集—BC級戦犯裁判関係　不二出版　1993.1　118p　26cm　1500円

◇死刑台から見えた二つの国—韓国・朝鮮人BC級戦犯の証言　文泰福,洪鐘黙〔述〕,内海愛子,韓国・朝鮮人BC級戦犯を支える会編　梨の木舎　1992.5　103,10p　19cm　(シリーズ・問われる戦後補償　2)　1133円　①4-8166-9203-7

◇「戦争と平和」市民の記録　18　壁あつき部屋　巣鴨BC級戦犯の人生記　理論編集部編　日本図書センター　1992.5　268p　21cm　2575円　①4-8205-7114-1

◇BC級戦犯和蘭裁判資料・全巻通覧　茶園義男編・解説　不二出版　1992.3　306p　27cm　(BC級戦犯関係資料集成　15)　〈複製〉　9800円

◇BC級戦犯中国・仏国裁判資料　茶園義男編・解説　不二出版　1992.3　305p　27cm　(BC級戦犯関係資料集成　14)　〈複製〉　10094円

◇ある日系二世が見たBC級戦犯の裁判　大須賀・M.ウイリアム著,大須賀照子,逸見博昌訳　草思社　1991.11　254p　20cm　1900円　①4-7942-0439-6

◇一死、乱れず　佐藤和秀著　潮出版社　1991.10　200p　19cm　1200円　①4-267-01277-6

◇獄窓の旅—BC級戦犯虜囚記　外山三郎著　静山社　1991.9　206p　19cm　1300円　①4-915512-27-3

◇BC級戦犯豪軍マヌス等裁判資料　茶園義男編・解説　不二出版　1991.2　277p　27cm　(BC級戦犯関係資料集成　13)　6800円

◇処刑—あるB級戦犯の生と死　北海道新聞社編　札幌　北海道新聞社　1990.8　233p　19cm　(道新選書　19)　1030円　①4-89363-938-2

◇BC級戦犯豪軍ラバウル裁判資料　茶園義男編・解説　不二出版　1990.5　274p　27cm　(BC級戦犯関係資料集成　12)　6800円

◇BC級戦犯米軍上海等裁判資料　茶園義男編・解説　不二出版　1989.12　251p　27cm　(BC級戦犯関係資料集成　11)　6800円

◇遙かなるC級戦犯　柴健二著　潮文社　1989.9　253p　19cm　1300円　①4-8063-1205-3

◇貝になった男—直江津捕虜収容所事件　上坂冬子著　文芸春秋　1989.8　206p　15cm　(文春文庫)　380円　①4-16-729806-6

◇BC級戦犯英軍裁判資料　下　茶園義男編・解説　不二出版　1989.5　270p　27cm　(BC級戦犯関係資料集成　10)　5800円

◇BC級戦犯英軍裁判資料　上　茶園義男編・解説　不二出版　1988.8　284p　27cm　(BC級戦犯関係資料集成　9)　6800円

◇BC級戦犯フィリピン裁判資料　茶園義男編・解説　不二出版　1987.12　264p　27cm　(BC級戦犯関係資料集成　8)　5800円

◇大東亜戦下外地俘虜収容所　茶園義男編・解説　不二出版　1987.5　278p　27cm　(BC級戦犯関係資料集成　7)　6800円

◇銃殺命令—BC級戦犯の生と死　林えいだい著　朝日新聞社　1986.10　265p　19cm　(朝日ノンフィクション)　1200円　①4-02-255607-2

◇ながい旅　大岡昇平著　新潮社　1986.7　300p　15cm　(新潮文庫)　360円　①4-10-106512-8

戦争と平和

◇遺された妻—BC級戦犯秘録　上坂冬子著　中央公論社　1985.8　262p　16cm（中公文庫）　360円　①4-12-201248-1

◇BC級戦犯横浜裁判資料　茶園義男編・解説　不二出版　1985.8　257p　27cm　6800円

◇BC級戦犯裁判の回顧　外山林一著　甲府　外山林一　1984.12　80,15p　22cm

◇BC級戦犯軍事法廷資料　広東編　茶園義男編・解説　不二出版　1984.8　195p　27cm　4800円

◇ドキュメントBC級戦犯・チャンギー絞首台　茶園義男著　紀尾井書房　1983.9　343p　20cm　1300円　①4-7656-1038-1

◇日本BC級戦犯資料　茶園義男編・解説　不二出版　1983.8　243p　27cm　5800円

◇朝鮮人BC級戦犯の記録　内海愛子著　勁草書房　1982.6　295p　20cm　2200円

◇恩讐を越えて—比島B級戦犯の手記　佐藤操著　日本工業新聞社　1981.11　404p　20cm　（Ohtemachi books）　1800円　①4-8191-0817-4

◇峠道—あるC級戦犯の手記　田中勘五郎著　彩光社　1979.2　349p　19cm　〈著者の肖像あり〉　2000円

◇神を信ぜず—BC級戦犯の墓碑銘　岩川隆著　中央公論社　1978.10　273p　15cm（中公文庫）　340円

◇あるB・C級戦犯の戦後史—ほんとうの戦争責任とは何か　富永正三著　水曜社　1977.8　219p　19cm　960円

◇海軍特別警察隊—アンボン島BC級戦犯の手記　禾晴道著　太平出版社　1975　225p　20cm

◇史実記録戦争裁判　横浜法廷　第1　B・C級　坂邦康編著　東潮社　1967　185p　18cm　〈監修者：持田晴一郎〉

◇壁あつき部屋—巣鴨BC級戦犯の人生記　理論社理論編集部編　理論社　1953　227p　19cm

◇われ死ぬべしや—BC級戦犯者の記録　亜東書房編　亜東書房　1952　345p　19cm

引き揚げ

日本の敗戦にともない、満州・朝鮮などの海外居留地（外地）から日本本土（内地）へ帰国すること。終戦時に海外にいた日本人は660万人とされる。当初は復員省と内務省、昭和20年11月からは厚生省が引き揚げの窓口となった。浦賀・舞鶴・呉など7カ所に引揚援護局が設置され、21年末までに500万人以上が引き揚げた。しかしシベリア抑留、残留日本人などの大きな問題も残した。

　　　　＊　　　＊　　　＊

◇海外引揚者が語り継ぐ労苦　14　平和祈念事業特別基金編　平和祈念事業特別基金　2004.3　449p　21cm　（平和の礎）

◇通化事件—"関東軍の反乱"と参謀藤田実彦の最期　終戦秘史　松原一枝著　チクマ秀版社　2003.8　259p　20cm　〈肖像あり〉　2381円　①4-8050-0420-7

◇海外引揚者が語り継ぐ労苦　13　平和祈念事業特別基金編　平和祈念事業特別基金　2003.3　392p　21cm　（平和の礎）

◇海外引揚関係史料集成—国外篇　第17巻（国外全般）　加藤聖文監修・編　ゆまに書房　2002.6　660p　22cm　（Kinokuniya on demand series）　〈東京　紀伊国屋書店（発売）　複製〉　23000円　①4-87802-087-3

◇海外引揚関係史料集成—国外篇　第18巻（朝鮮篇1）　加藤聖文監修・編集　ゆまに書房　2002.6　524p　22cm　（Kinokuniya on demand series）　〈東京　紀伊国屋書店（発売）　複製〉　21000円　①4-87802-088-1

◇海外引揚関係史料集成—国外篇　第19巻（朝鮮篇2）　加藤聖文監修・編集　ゆまに書房　2002.6　588p　22cm　（Kinokuniya on demand series）　〈東京　紀伊国屋書店（発売）　複製〉　23000円　①4-87802-089-X

◇海外引揚関係史料集成—国外篇　第20巻（朝鮮篇3）　加藤聖文監修・編集　ゆまに書房　2002.6　620p　22cm（Kinokuniya on demand series）〈東京 紀伊国屋書店（発売）　複製〉　23000円　①4-87802-090-3

◇海外引揚関係史料集成—国外篇　第21巻（朝鮮篇4）　加藤聖文監修・編集　ゆまに書房　2002.6　520p　22cm（Kinokuniya on demand series）〈東京 紀伊国屋書店（発売）　複製〉　21000円　①4-87802-091-1

◇海外引揚関係史料集成—国外篇　第22巻（朝鮮篇5）　加藤聖文監修・編集　ゆまに書房　2002.6　622p　22cm（Kinokuniya on demand series）〈東京 紀伊国屋書店（発売）　複製〉　23000円　①4-87802-092-X

◇海外引揚関係史料集成—国外篇　第23巻（朝鮮篇6）　加藤聖文監修・編集　ゆまに書房　2002.6　717p　22cm（Kinokuniya on demand series）〈東京 紀伊国屋書店（発売）　複製〉　23000円　①4-87802-093-8

◇海外引揚関係史料集成—国外篇　第24巻（朝鮮篇7）　加藤聖文監修・編　ゆまに書房　2002.6　568p　22cm（Kinokuniya on demand series）〈東京 紀伊国屋書店（発売）　複製〉　23000円　①4-87802-094-6

◇海外引揚関係史料集成—国外篇　第25巻（満洲篇1）　加藤聖文監修・編集　ゆまに書房　2002.6　441p　22cm（Kinokuniya on demand series）〈東京 紀伊国屋書店（発売）　複製〉　20000円　①4-87802-095-4

◇海外引揚関係史料集成—国外篇　第26巻（満洲篇2）　加藤聖文監修・編集　ゆまに書房　2002.6　437p　22cm（Kinokuniya on demand series）〈東京 紀伊国屋書店（発売）　複製〉　20000円　①4-87802-096-2

◇海外引揚関係史料集成—国外篇　第27巻（満洲篇3）　加藤聖文監修・編集　ゆまに書房　2002.6　507p　22cm（Kinokuniya on demand series）〈東京 紀伊国屋書店（発売）　外務省アジア局第五課昭和27年刊の複製〉　22000円　①4-87802-097-0

◇海外引揚関係史料集成—国外篇　第28巻（満洲篇4）　加藤聖文監修・編集　ゆまに書房　2002.6　595p　22cm（Kinokuniya on demand series）〈東京 紀伊国屋書店（発売）　外務省アジア局第五課昭和27-28年刊の複製〉　24000円　①4-87802-098-9

◇海外引揚関係史料集成—国外篇　第29巻（満洲篇5）　加藤聖文監修・編　ゆまに書房　2002.6　675p　22cm（Kinokuniya on demand series）〈東京 紀伊国屋書店（発売）　複製〉　23000円　①4-87802-099-7

◇海外引揚関係史料集成—国外篇　第30巻（樺太篇）　加藤聖文監修・編　ゆまに書房　2002.6　378p　22cm（Kinokuniya on demand series）〈東京 紀伊国屋書店（発売）　複製〉　23000円　①4-87802-100-4

◇海外引揚関係史料集成—国外篇　第31巻（台湾篇）　加藤聖文監修・編集　ゆまに書房　2002.6　416p　22cm（Kinokuniya on demand series）〈東京 紀伊国屋書店（発売）　複製〉　20000円　①4-87802-101-2

◇海外引揚関係史料集成—国外篇　第32巻（中国本土篇）　加藤聖文監修・編集　ゆまに書房　2002.6　682p　22cm（Kinokuniya on demand series）〈東京 紀伊国屋書店（発売）　複製〉　23000円　①4-87802-102-0

◇海外引揚関係史料集成—国外篇　第33巻（南方篇）加藤聖文監修・編集　ゆまに書房　2002.6　256p　22cm（Kinokuniya on demand series）〈東京 紀伊国屋書店（発売）　複製〉　18000円　①4-87802-103-9

戦争と平和

◇海外引揚関係史料集成―補遺篇　補遺第1巻　加藤聖文監修・編集　ゆまに書房　2002.5　470p　22cm　(Kinokuniya on demand series)　〈東京 紀伊国屋書店(発売)　名古屋引揚援護局昭和22年刊の複製〉　20000円　①4-87802-104-7

◇海外引揚関係史料集成―補遺篇　補遺第2巻　加藤聖文監修・編集　ゆまに書房　2002.5　369p　22cm　(Kinokuniya on demand series)　〈東京 紀伊国屋書店(発売)　複製　折り込3枚〉　20000円　①4-87802-105-5

◇海外引揚者が語り継ぐ労苦　12　平和祈念事業特別基金編　平和祈念事業特別基金　2002.3　392p　21cm　(平和の礎)

◇海外引揚関係史料集成―国内篇　第1巻　加藤聖文監修・編集　ゆまに書房　2002.1　403p　22cm　(Kinokuniya on demand series)　〈東京 紀伊国屋書店(発売)　函館引揚援護局昭和25年刊の複製　折り込18枚　年表あり〉　22000円　①4-87802-069-5

◇海外引揚関係史料集成―国内篇　第2巻　加藤聖文監修・編集　ゆまに書房　2002.1　457p　22cm　(Kinokuniya on demand series)　〈東京 紀伊国屋書店(発売)　浦賀引揚援護局刊の複製　折り込8枚〉　21000円　①4-87802-070-9

◇海外引揚関係史料集成―国内篇　第3巻　加藤聖文監修・編集　ゆまに書房　2002.1　290p　22cm　(Kinokuniya on demand series)　〈東京 紀伊国屋書店(発売)　浦賀引揚援護局刊の複製　折り込35枚〉　21000円　①4-87802-071-7

◇海外引揚関係史料集成―国内篇　第4巻　加藤聖文監修・編集　ゆまに書房　2002.1　616p 図版17枚　22cm　(Kinokuniya on demand series)　〈東京 紀伊国屋書店(発売)　厚生省引揚援護局昭和36年刊の複製　折り込4枚　年表あり〉　28000円　①4-87802-072-5

◇海外引揚関係史料集成―国内篇　第5巻　加藤聖文監修・編集　ゆまに書房　2002.1　153p　22cm　(Kinokuniya on demand series)　〈東京 紀伊国屋書店(発売)　田辺引揚援護局昭和21年刊の複製　折り込13枚〉　13000円　①4-87802-073-3

◇海外引揚関係史料集成―国内篇　第6巻　加藤聖文監修・編集　ゆまに書房　2002.1　335,113,4p　22cm　(Kinokuniya on demand series)　〈東京 紀伊国屋書店(発売)　宇品引揚援護局昭和22年刊の複製　折り込7枚〉　22000円　①4-87802-074-1

◇海外引揚関係史料集成―国内篇　第7巻　加藤聖文監修・編集　ゆまに書房　2002.1　286p　22cm　(Kinokuniya on demand series)　〈東京 紀伊国屋書店(発売)　宇品引揚援護局大竹出張所刊の複製　折り込7枚　年表あり〉　18000円　①4-87802-075-X

◇海外引揚関係史料集成―国内篇　第8巻　加藤聖文監修・編集　ゆまに書房　2002.1　239p　22cm　(Kinokuniya on demand series)　〈東京 紀伊国屋書店(発売)　仙崎引揚援護局昭和21年刊の複製　折り込18枚〉　17000円　①4-87802-076-8

◇海外引揚関係史料集成―国内篇　第9巻　加藤聖文監修・編集　ゆまに書房　2002.1　314p　22cm　(Kinokuniya on demand series)　〈東京 紀伊国屋書店(発売)　折り込5枚　複製　年表あり〉　18000円　①4-87802-077-6

◇海外引揚関係史料集成―国内篇　第10巻　加藤聖文監修・編集　ゆまに書房　2002.1　480p　22cm　(Kinokuniya on demand series)　〈東京 紀伊国屋書店(発売)　佐世保引揚援護局昭和24-26年刊の複製〉　22000円　①4-87802-078-4

◇海外引揚関係史料集成―国内篇　第11巻　加藤聖文監修・編集　ゆまに書房　2002.1　261p　22cm　(Kinokuniya on demand series)　〈東京 紀伊国屋書店(発売)　鹿児島引揚援護局刊の複製　折り込10枚〉　17000円　①4-87802-079-2

◇海外引揚関係史料集成―国内篇　第12巻　加藤聖文監修・編集　ゆまに書房　2002.

1 561p 22cm 〈Kinokuniya on demand series〉〈東京 紀伊国屋書店(発売)引揚援護院検疫局・引揚援護庁昭和22-27年刊の複製 折り込10枚 文献あり〉 21000円 ⓘ4-87802-080-6

◇海外引揚関係史料集成—国内篇 第13巻 加藤聖文監修・編集 ゆまに書房 2002.1 34,380p 22cm 〈Kinokuniya on demand series〉〈東京 紀伊国屋書店(発売)同胞援護会会史編纂委員会昭和35年刊の複製〉 21000円 ⓘ4-87802-081-4

◇海外引揚関係史料集成—国内篇 第14巻 加藤聖文監修・編集 ゆまに書房 2002.1 p381-840 22cm 〈Kinokuniya on demand series〉〈東京 紀伊国屋書店(発売)同胞援護会会史編纂委員会昭和35年刊の複製〉 22000円 ⓘ4-87802-082-2

◇海外引揚関係史料集成—国内篇 第15巻 加藤聖文監修・編集 ゆまに書房 2002.1 460p 22cm 〈Kinokuniya on demand series〉〈東京 紀伊国屋書店(発売) 複製 折り込1枚〉 21000円 ⓘ4-87802-083-0

◇海外引揚関係史料集成—国内篇 第16巻 加藤聖文監修・編集 ゆまに書房 2002.1 230p 22cm 〈Kinokuniya on demand series〉〈東京 紀伊国屋書店(発売)東京都在外同胞帰還促進留守家族連盟昭和25年刊の複製〉 16000円 ⓘ4-87802-084-9

◇海外引揚者が語り継ぐ労苦 11 平和祈念事業特別基金編 平和祈念事業特別基金 2001.3 382p 21cm (平和の礎)

◇引揚援護の記録 引揚援護庁〔原〕編, 厚生省編 クレス出版 2000.6 105,185,59p 図版17枚 22cm 〈引揚援護庁昭和25年刊の複製 折り込7枚〉 ⓘ4-87733-098-2

◇引揚援護の記録 続 厚生省引揚援護局〔原〕編, 厚生省編 クレス出版 2000.6 202,158,23p 22cm 〈厚生省昭和30年刊の複製 折り込5枚〉 ⓘ4-87733-098-4

◇引揚援護の記録 続々 厚生省援護局〔原〕編, 厚生省編 クレス出版 2000.6 491,7p 22cm 〈厚生省昭和38年刊の複製 折り込2枚〉 ⓘ4-87733-098-4

◇海外引揚者が語り継ぐ労苦 10 平和祈念事業特別基金編 平和祈念事業特別基金 2000.3 424p 21cm (平和の礎)

◇海外引揚者が語り継ぐ労苦 9 平和祈念事業特別基金編 平和祈念事業特別基金 1999.3 391p 21cm (平和の礎)

◇戦後50年引揚げを憶う—証言・二日市保養所 続 「引揚げ港・博多を考える集い」編集委員会編 福岡 引揚げ港・博多を考える集い 1998.7 89p 26cm 700円

◇海外引揚者が語り継ぐ労苦 8 平和祈念事業特別基金編 平和祈念事業特別基金 1998.3 405p 21cm (平和の礎)

◇海外引揚者が語り継ぐ労苦 7 平和祈念事業特別基金編 平和祈念事業特別基金 1997.3 385p 21cm (平和の礎)

◇海外引揚者が語り継ぐ労苦 6 平和祈念事業特別基金編 平和祈念事業特別基金 1996.3 412p 21cm (平和の礎)

◇戦後引揚げの記録 若槻泰雄著 新版 時事通信社 1995.10 384p 20cm 2500円 ⓘ4-7887-9529-9

◇戦後50年引揚げを憶う—アジアの友好と平和を求めて 「引揚げ港・博多を考える集い」編集委員会編 新宮町(福岡県) 引揚げ港・博多を考える集い 1995.5 248p 26cm

◇海外引揚者が語り継ぐ労苦 5 平和祈念事業特別基金編 平和祈念事業特別基金 1995.3 421p 21cm (平和の礎)

◇海外引揚者が語り継ぐ労苦 4 平和祈念事業特別基金編 平和祈念事業特別基金 1994.3 453p 21cm (平和の礎)

◇ソ連軍と女のたたかい—逃避行十か月・悲劇の一二〇〇粁 水野つね著 〔飯岡

町（千葉県）〕　第七国守・歩兵第三中隊戦友会弥生会　1993.6　15p　26cm　〈『ほくもんちん』第31号別冊　編集：「ほくもんちん」編集部〉

◇海外引揚者が語り継ぐ労苦　3　平和祈念事業特別基金編　平和祈念事業特別基金　1993.3　314p　21cm　（平和の礎）

◇海外引揚者が語り継ぐ労苦　2　平和祈念事業特別基金編　平和祈念事業特別基金　1992.3　388p　21cm　（平和の礎）

◇海外引揚者が語り継ぐ労苦　平和祈念事業特別基金編　平和祈念事業特別基金　1991.3　267p　21cm　（平和の礎）

◇ソ連軍が満州に侵入した日―日本軍女子職員が見たソ連兵士たち　大西敦子著　PHP研究所　1990.8　188,14p　20cm　〈著者の肖像あり〉　1300円　①4-569-52838-4

◇台湾引揚史―昭和二十年終戦記録　台湾協会編　台湾協会　1982.12　430p　22cm

◇生きて祖国へ　5（朝鮮篇）　死の三十八度線　引揚体験集編集委員会編　国書刊行会　1981.6　395,6p　20cm　2700円

◇生きて祖国へ　6（樺太篇）　悲憤の樺太　引揚体験集編集委員会編　国書刊行会　1981.6　320,6p　20cm　2700円

◇生きて祖国へ　1（満洲篇　上）　流亡の民　引揚体験集編集委員会編　国書刊行会　1981.4　383,6p　20cm　2900円

◇生きて祖国へ　2（満洲篇　下）　満洲さ・よ・な・ら　引揚体験集編集委員会編　国書刊行会　1981.4　p387～800,6p　20cm　2900円

◇引揚げと援護三十年の歩み　厚生省援護局編　厚生省　1977.10　790p　27cm　〈付（図5枚）：海外同胞引揚概況図ほか〉

◇岸壁の母　端野いせ著　新人物往来社　1976　253p　図　肖像　19cm　980円

◇樺太一九四五年夏―樺太終戦記録　金子俊男著　講談社　1972　409p　地図　20cm　780円

◇引揚者留守家族のための生活読本　東京都在外同胞帰還促進留守家族連盟編纂　東京都在外同胞帰還促進留守家族連盟　1950.12　230p　22cm

シベリア抑留

　戦後、ソ連軍によって日本人捕虜がシベリアほかの地域に送られ、強制労働に使役させられたこと。昭和20(1945)年8月9日のソ連参戦後、満州・朝鮮・樺太・千島列島の日本人のうち約70万人がソ連軍に抑留され、苛酷な労働の中で約1割が死亡したと推定される。21(1946)年の米ソ暫定協定に従い11月から引き揚げが始まり、日ソ国交回復後の31(1951)年までに引き揚げが完了した。

＊　　　＊　　　＊

◇戦後強制抑留史　第1巻　戦後強制抑留史編纂委員会編　平和祈念事業特別基金　2005.3　245p　22cm

◇戦後強制抑留史　第2巻　戦後強制抑留史編纂委員会編　平和祈念事業特別基金　2005.3　249p　22cm

◇戦後強制抑留史　第3巻　戦後強制抑留史編纂委員会編　平和祈念事業特別基金　2005.3　257p　22cm

◇戦後強制抑留史　第4巻　戦後強制抑留史編纂委員会編　平和祈念事業特別基金　2005.3　264p　22cm

◇戦後強制抑留史　第5巻　戦後強制抑留史編纂委員会編　平和祈念事業特別基金　2005.3　416p　22cm

◇戦後強制抑留史　第6巻　戦後強制抑留史編纂委員会編　平和祈念事業特別基金　2005.3　309p　22cm

◇戦後強制抑留史　第7巻（資料編）　戦後強制抑留史編纂委員会編　平和祈念事業特別基金　2005.3　651p　22cm　〈付属資料：6枚〉

◇戦後強制抑留史　第8巻（年表・索引編）　戦後強制抑留史編纂委員会編　平和祈念事業特別基金　2005.3　210p　22cm

戦争と平和

◇関東軍兵士はなぜシベリアに抑留されたか—米ソ超大国のパワーゲームによる悲劇　エレーナ・カタソノワ著, 白井久也監訳　社会評論社　2004.10　379,31p　21cm　〈文献あり　年表あり〉　3800円　①4-7845-1310-8

◇シベリア抑留—試練の八年間　古川和夫著　郡山　アクト　2004.5　293p　22cm

◇シベリア強制抑留者が語り継ぐ労苦　14　平和祈念事業特別基金編　平和祈念事業特別基金　2004.3　444p　21cm　（平和の礎）

◇シベリア強制抑留者が語り継ぐ労苦　13　平和祈念事業特別基金編　平和祈念事業特別基金　2003.3　479p　21cm　（平和の礎）

◇シベリア抑留死亡者名簿　A.Aキリチェンコ編　仙台　東北大学東北アジア研究センター　2003.3　777p　26cm　（東北アジア研究センター叢書　第12号）　非売品　①4-901449-11-7

◇シベリア強制抑留者が語り継ぐ労苦　12　平和祈念事業特別基金編　平和祈念事業特別基金　2002.3　736p　21cm　（平和の礎）

◇シベリア抑留—いま問われるもの　堀江則雄著　東洋書店　2001.11　63p　21cm　（ユーラシア・ブックレット　no.25）〈年表あり〉　600円　①4-88595-365-0

◇シベリア俘虜記—死と絶望からの帰還　森本良夫著　春秋社　2001.6　259p　20cm　2500円　①4-393-43620-2

◇シベリア強制抑留者が語り継ぐ労苦　11　平和祈念事業特別基金編　平和祈念事業特別基金　2001.3　562p　21cm　（平和の礎）

◇シベリア抑留って？　亀井励文, 木川かえる絵　京都　京都シベリア抑留死亡者遺族の会　2000.11　1冊　22cm　〈京都　かもがわ出版（発売）〉　1300円　①4-87699-555-9

◇シベリア強制抑留者が語り継ぐ労苦　10　平和祈念事業特別基金編　平和祈念事業特別基金　2000.3　636p　21cm　（平和の礎）

◇シベリア抑留の一兵卒の手記　阿部達男著　〔今治〕　〔阿部忍〕　1999.11　174p　19cm　〈肖像あり〉

◇シベリア抑留1000日—ある日系二世の体験記　佐野巌著, 佐野みな子訳　彩流社　1999.9　220p　20cm　2000円　①4-88202-595-7

◇シベリア強制抑留者が語り継ぐ労苦　9　平和祈念事業特別基金編　平和祈念事業特別基金　1999.3　358p　21cm　（平和の礎）

◇私の戦後—ソ連捕虜生活の点描　阿藤広著　創栄出版　1999.1　120p　22cm　非売品　①4-88250-805-2

◇シベリア強制抑留者が語り継ぐ労苦　8　平和祈念事業特別基金編　平和祈念事業特別基金　1998.3　408p　21cm　（平和の礎）

◇シベリア抑留者—大統領の謝罪と抑留問題の決着　石崎誠一著　全貌社　1997.10　291p　20cm　1700円　①4-7938-0146-3

◇シベリア強制抑留者が語り継ぐ労苦　7　平和祈念事業特別基金編　平和祈念事業特別基金　1997.3　410p　21cm　（平和の礎）

◇シベリア収容所の人々　島紀彦著　講談社　1996.6　301p　20cm　1800円　①4-06-208123-7

◇シベリア強制抑留者が語り継ぐ労苦　6　平和祈念事業特別基金編　平和祈念事業特別基金　1996.3　422p　21cm　（平和の礎）

◇シベリア抑留—斎藤六郎の軌跡　ドキュメント　白井久也著　岩波書店　1995.12　335,3p　20cm　2200円　①4-00-002954-1

◇シベリア強制抑留者が語り継ぐ労苦　5　平和祈念事業特別基金編　平和祈念事業特別基金　1995.3　433p　21cm　（平和の礎）

◇シベリア強制抑留者が語り継ぐ労苦 4 平和祈念事業特別基金編 平和祈念事業特別基金 1994.3 113p 21cm (平和の礎)

◇シベリヤの勲章—収容所群島のサムライたち 鈴木敏夫著 光人社 1994.3 286p 16cm (光人社NF文庫) 540円 ①4-7698-2041-0

◇シベリア強制抑留者が語り継ぐ労苦 3 平和祈念事業特別基金編 平和祈念事業特別基金 1993.3 370p 21cm (平和の礎)

◇ラーゲリ歳時記 鬼川太刀雄著 岩波書店 1993.2 223p 16cm (同時代ライブラリー 138) 《『カマの舟唄』(1972年刊)の改題》 800円 ①4-00-260138-2

◇シベリア抑留者と遺族はいま 亀井励著 京都 かもがわ出版 1992.12 218p 19cm 1700円 ①4-87699-067-0

◇"凍寒"に歌う—士官候補生のシベリア抑留記 高野晴彦著 〔八千代〕 陸士千葉五九会 1992.12 198p 19cm

◇シベリア強制抑留者が語り継ぐ労苦 2 平和祈念事業特別基金編 平和祈念事業特別基金 1992.3 393p 21cm (平和の礎)

◇ラーゲリ—シベリア捕虜収容所そこで何が行われたのか 鹿角敏夫著 ミリオン書房 1992.2 166p 19cm 1400円 ①4-943948-50-2

◇苦悩のなかをゆく—私のシベリア抑留記断章 浅原正基著 朝日新聞社 1991.12 290p 20cm 〈著者の肖像あり〉 2000円 ①4-02-256393-1

◇私のシベリア物語 沢地久枝著 新潮社 1991.7 392p 15cm (新潮文庫) 440円 ①4-10-138803-2

◇極光のかげに—シベリア俘虜記 高杉一郎著 岩波書店 1991.5 362p 15cm (岩波文庫) 620円 ①4-00-331831-5

◇シベリヤ抑留十年の追想—或る引揚者の記録 片倉達郎著 日本図書刊行会 1991.5 187p 20cm 〈発売：近代文芸社〉 1500円 ①4-7733-1045-6

◇検証 シベリア抑留 ウィリアム・F.ニンモ著, 加藤隆訳 時事通信社 1991.3 255p 19cm 1400円 ①4-7887-9106-4

◇シベリア強制抑留者が語り継ぐ労苦 平和祈念事業特別基金編 平和祈念事業特別基金 1991.3 357p 21cm (平和の礎)

◇シベリヤ抑留記—一農民兵士の収容所記録 三浦庸著 筑摩書房 1990.9 403p 15cm (ちくま文庫) 690円 ①4-480-02482-4

◇アルバム・シベリアの日本人捕虜収容所 朝日新聞社編 朝日新聞社 1990.5 151p 22cm 1550円 ①4-02-256138-6

◇語りかけるシベリア—ひとつの抑留体験から 丸尾俊介著 三一書房 1989.1 186p 20cm 1400円

◇シベリア抑留を問う 志田行男著 勁草書房 1987.12 252p 20cm 1900円 ①4-326-24824-6

◇シベリア抑留 御田重宝著 講談社 1986.11 310p 20cm 1400円 ①4-06-203090-X

◇シベリア、ウクライナ私の捕虜記 後藤敏雄著 国書刊行会 1985.8 375p 20cm 2500円

◇スターリン獄の日本人—生き急ぐ 内村剛介著 中央公論社 1985.3 234p 16cm (中公文庫) 《『生き急ぐ』(三省堂昭和42年刊)の改題》 360円 ①4-12-201205-8

◇哀愁のシベリア劇団—捕虜収容所 岡崎正義著 隆文館 1984.12 180p 20cm 1300円

◇シベリア強制収容所—私たちの抑留記録 徳島 シベリア体験を記録する会 1983.7 118p 21cm 350円

◇シベリア逃亡記 布施功著 国書刊行会 1982.2 253p 20cm (シベリア抑留叢書 2) 《『シベリア逃亡の記録』(国鉄

戦争と平和

労組全国施設協議会昭和44年刊）の改題再刊〉　2500円
◇シベリア記　加藤九祚著　潮出版社　1980.3　206p　20cm　980円
◇ソ連獄窓十一年　4　前野茂著　講談社　1979.10　310p　15cm　（講談社学術文庫）　400円
◇ソ連獄窓十一年　3　前野茂著　講談社　1979.9　361p　15cm　（講談社学術文庫）　440円
◇ソ連獄窓十一年　1　前野茂著　講談社　1979.8　253p　15cm　（講談社学術文庫）　360円
◇ソ連獄窓十一年　2　前野茂著　講談社　1979.8　334p　15cm　（講談社学術文庫）　400円
◇シベリア捕虜収容所—ソ連と日本人　上　若槻泰雄著　サイマル出版会　1979　228p　19cm　1200円
◇シベリア捕虜収容所—ソ連と日本人　下　若槻泰雄著　サイマル出版会　1979　p231〜477　19cm　1200円
◇シベリア日本人捕虜収容所　水谷洪司著　自由国民社　1974　246p　19cm　900円
◇シベリヤ物語　長谷川四郎著　筑摩書房　1952　231p　19cm
◇ソ聯見聞記　吉田金一著　雄鶏社　1949　263p　19cm

戦災孤児

空襲による戦災で両親を失った子ども。外地からの引き揚げや戦後の混乱で孤児となった子どもを含む場合もある。親類や児童施設に引き取られる子どももあったが、浮浪児となったり、犯罪集団に引き込まれる子どもが多く、戦後の大きな社会問題となった。厚生省の調査では、昭和23年2月の調査で戦災孤児は12万3510人に上っている。

*　　*　　*

◇焼け跡の子どもたち　戦争孤児を記録する会編　クリエイティブ21　1997.7　254p　22cm　2600円　①4-906559-09-3
◇焼跡少年期　吉岡源治著　中央公論社　1987.11　289p　15cm　（中公文庫）　420円　①4-12-201471-9
◇戦争って何さ—戦災孤児の戸籍簿　中村健二著　ドメス出版　1982.8　229p　20cm　1300円
◇雨にも負けて風にも負けて—戦争孤児十三万人の歪められた軌跡　西村滋著　双葉社　1975　267p　19cm　800円
◇戦災孤児の記録　田宮虎彦編　太平出版社　1971　196p　19cm　（シリーズ・戦争の証言　2）　550円
◇われらかく育てり—戦災児童の手記　積惟勝編　新興出版社　1951　260p　19cm
◇戦災孤児の記録　島田正蔵,田宮虎彦編　文明社出版部　1947.11　247p　18cm
◇戦災孤児の記録　島田正蔵,田宮虎彦共著　文明社　1947　246p　B6　65円

傷痍軍人

戦闘や公務で負傷した軍人。日中戦争・太平洋戦争では多くの将兵が負傷した。戦死者は英霊として靖国神社に祀られた一方、負傷して復員した傷痍軍人は戦後を生きていかねばならなかった。戦後、傷病恩給や障害年金の制度が作られたが、韓国・北朝鮮国籍出身で戦後に日本国籍を失った元日本軍人は対象外となるなど、問題も残している。

*　　*　　*

◇滋賀県傷痍軍人会沿革誌　続　滋賀県傷痍軍人会編　大津　滋賀県傷痍軍人会事務局　2005.3　135p　22cm　〈年表あり〉
◇両足を失った記　渡辺謹一著　日本図書刊行会　2001.8　86p　20cm　〈東京近代文芸社(発売)〉　1000円　①4-8231-0721-7

◇傷痍軍人の戦争体験記　横浜　神奈川県傷痍軍人会　2001.1　343p　21cm

◇戦傷病克服体験記録　日本傷痍軍人会　2000.8　493p　26cm

◇心に光を求めて―戦争失明者の自分史　日本失明傷痍軍人会創立三十周年記念文集　高槻　日本失明傷痍軍人会記念文集「心に光を求めて」事務局　2000.6　190p　20cm　〈発行所：新風書房（大阪）〉　2000円　⓪4-88269-446-8

◇戦傷病者等労苦調査事業報告書　日本傷痍軍人会　2000.3　442p　26cm

◇姶良町傷痍軍人会会史　姶良町（鹿児島県）　姶良町傷痍軍人会　1998.4　87p　26cm

◇戦後50年の歩み　岩手県傷痍軍人会編　盛岡　岩手県傷痍軍人会　1996.3　450p　27cm

◇傷痍軍人の戦記　横浜　横浜市傷痍軍人会　1995.8　251p　21cm

◇傷痍軍人金成寿の「戦争」―戦後補償を求める韓国人元日本兵　金成寿著，藤田博雄編　社会批評社　1995.7　222p　19cm　〈発売：新泉社〉　1700円　⓪4-7877-6213-3

◇滋賀県傷痍軍人会沿革誌　滋賀県傷痍軍人会編　大津　滋賀県傷痍軍人会事務局　1994.3　881p　22cm

◇第二次世界大戦前の日本における戦傷病者リハビリテーションの歴史的研究　谷中誠著　〔横浜〕　〔谷中誠〕　〔1994〕　137p　27cm

◇伊丹市傷痍軍人会創立40周年記念誌　伊丹　伊丹市傷痍軍人会事務局　1993.3　164p　26cm

◇財団法人石川県傷痍軍人会四十年誌　金沢　石川県傷痍軍人会　1992.3　180p　図版12枚　21cm　〈三十年誌追補〉

◇二人三脚―傷痍の夫とともに　佐賀　佐賀県傷痍軍人妻の会　1991.8　126p　26cm

◇昭和の戦傷史―創立40周年記念誌　熊谷市傷痍軍人会, 熊谷市傷痍軍人妻の会編　熊谷　熊谷市傷痍軍人会　1990.8　107p　21cm

◇傷痍の記―傷痍軍人とその妻の文集　垂井町傷痍軍人会〔編〕　垂井町（岐阜県）　岐阜県傷痍軍人会不破支部垂井分会　1986.5　220p　22cm

◇いたつきの誌　益田　島根県傷痍軍人会益田支部　1986.3　271p　22cm　〈終戦四十周年記念〉

◇戦痍―創立30周年記念誌　熊谷　熊谷市傷痍軍人会　1985.8　92p　26cm　〈共同刊行：熊谷市傷痍軍人妻の会〉

◇傷痍の記録―戦後三十九年目の証言太平洋戦争終戦三十九年記念誌　〔大槌町（岩手県）〕　大槌町傷痍軍人会　1984.10　69p　26cm

◇天童市戦傷病者記録集　天童市傷痍軍人会編　天童　天童市傷痍軍人会　1984.3　193p　22cm　〈共同刊行：天童市傷痍軍人妻の会〉

◇こんどは戦争のない世に生まれてネ―ある傷痍軍人の妻の愛の記録　野際初恵著　叢文社　1983.6　200p　19cm　980円　⓪4-7947-0086-5

◇財団法人石川県傷痍軍人会三十年誌　金沢　石川県傷痍軍人会　1983.3　478p　図版28枚　22cm

◇創立二十周年記念誌　二十周年事業実行委員会記念誌編集委員一同編　いわき　福島県傷痍軍人会小名浜部会　1982.6　157p　26cm

◇傷痍の記録　傷痍の記録編集委員会編　青森　青森県傷痍軍人会　1982.3　295p　27cm

◇平和望みて―国際障害者年記念誌　加地重利編　三原町（兵庫県）　三原郡傷痍軍人会　1981.4　386p　27cm

◇井波町傷痍軍人会史　井波町（富山県）　井波町傷痍軍人会　1981.3　129p　22cm

◇三十年の歩み　仙台市傷痍軍人会編　仙台　仙台市傷痍軍人会　1980.12　259p　22cm
◇日本傷痍軍人会十五年史　戦傷病者会館　1967　538p　図版10枚　22cm

朝鮮戦争

　1950(昭和25)年〜1953(昭和28)年に朝鮮半島で起きた国際紛争。朝鮮動乱ともよばれた。また韓国では「六・二五動乱」、北朝鮮では「祖国解放戦争」とよばれる。日本の植民地支配から解放された朝鮮半島では、東西冷戦を反映し、北に朝鮮民主主義人民共和国(北朝鮮)、南に大韓民国、の2国が建国され分断国家となっていた。1950年6月25日未明、北朝鮮人民軍と韓国軍が38度線で衝突、北朝鮮は韓国に侵攻した。アメリカは直ちに軍事介入を決定する一方で国連に働きかけ、ソ連不在のまま安保理で北朝鮮非難決議を採択し国連軍総司令部の設置を決定した。開戦当初は北朝鮮が圧倒的優位のうちに進展し、たちまちソウルを占領して国連・韓国軍を半島南端に追いつめた。9月に国連軍の旗の下にアメリカ軍が仁川に上陸した後は形勢が逆転、10月には国連・韓国軍が38度線を越えて北上、平壌を占領し一部は中国国境の鴨緑江に迫った。しかし中国「義勇軍」が参戦して国連・韓国軍を押し戻す。以後38度線周辺で膠着状態に陥り、1953年7月27日に休戦となった。この戦争により朝鮮半島全体で100万人を超す死者を出し、南北分断体制は事実上固定化された。日本は参戦国ではなかったが、警察予備隊(自衛隊)発足・戦争特需など、戦後史における重大な転機となった。なお、朝鮮戦争の発端は北朝鮮の侵攻で始まったとするのが今日一般的である。だが北朝鮮側は韓国の北進で始まったとする従来の主張を変えていない。

◇写真が伝えた戦争—戦後60年 N.Y.デーリー・ニューズ写真コレクションから　ニュースパーク編　横浜　ニュースパーク　2005.3　125p　30cm　〈会期：2005年3月25日—6月26日〉　1905円
◇毛沢東の朝鮮戦争—中国が鴨緑江を渡るまで　朱建栄著　岩波書店　2004.7　456,6p　15cm　(岩波現代文庫　学術)　1300円　①4-00-600126-6
◇実録朝鮮戦争　崔極着　光人社　2004.3　319p　20cm　2000円　①4-7698-1175-6
◇朝鮮戦争と長野県民　新津新生著　上田　信州現代史研究所　2003.12　587p　22cm　〈年表あり〉　2100円
◇朝鮮戦争—休戦50周年の検証・半島の内と外から　赤木完爾編著　慶応義塾大学出版会　2003.11　383p　22cm　(慶応義塾大学東アジア研究所叢書)　4000円　①4-7664-1038-6
◇体験的朝鮮戦争—戦禍に飛び込んだ在日作家の従軍記　麗羅著　晩声社　2002.12　344p　19cm　〈年表あり〉　1600円　①4-89188-307-3
◇朝鮮戦争全史　和田春樹著　岩波書店　2002.3　492,37p　22cm　6600円　①4-00-023809-4
◇朝鮮戦争の謎と真実—金日成、スターリン、毛沢東の機密電報による　A.V.トルクノフ著,下斗米伸夫,金成浩訳　草思社　2001.11　422p　20cm　〈肖像あり〉　2200円　①4-7942-1091-4

◇国連軍の犯罪—民衆・女性から見た朝鮮戦争　藤目ゆき編・解説　編集復刻版　不二出版　2000.9　271p　19cm　3000円　ⓘ4-938303-25-6

◇朝鮮戦争と原爆投下計画—米極東軍トップ・シークレット資料　荒敬編・解説　現代史料出版　2000.9　254p　27cm　〈折り込み1枚〉　18000円　ⓘ4-87785-038-4

◇若き将軍の朝鮮戦争—白善燁回顧録　白善燁著　草思社　2000.5　454p　20cm　2600円　ⓘ4-7942-0974-6

◇朝鮮戦争　下　学習研究社　1999.12　185p　26cm　（歴史群像シリーズ　61号）　1500円　ⓘ4-05-602130-9

◇朝鮮戦争　上　学習研究社　1999.11　177p　26cm　（歴史群像シリーズ　60号）　1500円　ⓘ4-05-602129-5

◇朝鮮戦争の起源—国際共産主義者の陰謀　蘇鎮轍著　三一書房　1999.7　217p　20cm　2600円　ⓘ4-380-99207-1

◇わかりやすい朝鮮戦争—民族を分断させた悲劇の構図　三野正洋著　光人社　1999.6　321p　20cm　（新しい眼で見た現代の戦争　3）　〈他言語標題：Korean War 1950 - 1953〉　2200円　ⓘ4-7698-0852-6

◇朝鮮戦争のすべて—未公開秘蔵写真集　第1巻　藤井久〔ほか〕編　エムティ出版　1999.2　125p　31cm　ⓘ4-89614-805-3

◇朝鮮戦争のすべて—未公開秘蔵写真集　第2巻　藤井久〔ほか〕編　エムティ出版　1999.2　125p　31cm　ⓘ4-89614-805-3

◇朝鮮戦争のすべて—未公開秘蔵写真集　第3巻　藤井久〔ほか〕編　エムティ出版　1999.2　125p　31cm　ⓘ4-89614-805-3

◇朝鮮戦争のすべて—未公開秘蔵写真集　第4巻　藤井久〔ほか〕編　エムティ出版　1999.2　125p　31cm　ⓘ4-89614-805-3

◇朝鮮戦争のすべて—未公開秘蔵写真集　第5巻　藤井久〔ほか〕編　エムティ出版　1999.2　125p　31cm　ⓘ4-89614-805-3

◇朝鮮戦争—民族の受難と国際政治　ウィリアム・ストゥーク著, 豊島哲訳　明石書店　1999.1　547p　22cm　6800円　ⓘ4-7503-1127-8

◇史実で語る朝鮮戦争協力の全容　山崎静雄著　本の泉社　1998.11　335p　19cm　2300円　ⓘ4-88023-178-9

◇朝鮮戦争・多富洞の戦い—若き将兵たちの血戦　田中恒夫著　かや書房　1998.8　435p　19cm　2300円　ⓘ4-906124-34-8

◇勝利なき戦い朝鮮戦争　上巻　ジョン・トーランド著, 千早正隆訳　光人社　1997.7　366p　20cm　〈奥付のタイトル：勝利なき戦い〉　2900円　ⓘ4-7698-0810-0

◇勝利なき戦い朝鮮戦争　下巻　ジョン・トーランド著, 千早正隆訳　光人社　1997.7　387p　20cm　〈奥付のタイトル：勝利なき戦い〉　2900円　ⓘ4-7698-0811-9

◇朝鮮戦争—金日成とマッカーサーの陰謀　萩原遼著　文芸春秋　1997.6　375p　16cm　（文春文庫）　486円　ⓘ4-16-726003-4

◇朝鮮戦争/兵器ハンドブック　三野正洋〔ほか〕著　朝日ソノラマ　1996.8　348p　15cm　（新戦史シリーズ　89）　750円　ⓘ4-257-17309-2

◇朝鮮戦争—三八度線の誕生と米ソ冷戦　孫栄健著　総和社　1996.5　2冊　21cm　全3914円　ⓘ4-915486-52-4

◇「朝鮮戦争」取材ノート　萩原遼著　京都　かもがわ出版　1995.6　182p　19cm　1400円　ⓘ4-87699-183-9

◇朝鮮戦争　和田春樹著　岩波書店　1995.1　385,9p　22cm　（東京大学社会科学研究所研究叢書　第80冊）　4200円　ⓘ4-00-001369-6

◇写真追跡・知られざる板門店—43年前の未公開カラー発掘　山本皓一著　講談社　1994.10　211p　20cm　1900円　ⓘ4-06-207329-3

◇朝鮮戦争　マシュウ・B.リッジウェイ著, 熊谷正巳, 秦恒彦共訳　恒文社　1994.10

317p 図版25枚　19cm　〈新装版 著者の肖像あり〉　2800円　Ⓡ4-7704-0811-0
◇38度線はいつ開く―ビル・シンの朝鮮戦争　ビル・シン著　サイマル出版会　1993.6　419p　19cm　〈著者の肖像あり〉　2800円　Ⓡ4-377-30970-6
◇朝鮮戦争の真実―元人民軍工兵将校の手記　朱栄福著　悠思社　1992.10　454p　20cm　〈解説：林建彦〉　Ⓡ4-946424-35-0
◇体験的朝鮮戦争　麗羅著　徳間書店　1992.4　413p　16cm　（徳間文庫）　580円　Ⓡ4-19-597100-4
◇朝鮮戦争=痛恨の民族衝突―統一のための6・25動乱の歴史的分析　金学俊著,鎌田光登訳　サイマル出版会　1991.2　312p　19cm　〈著者の肖像あり〉　2600円　Ⓡ4-377-10874-3
◇朝鮮戦争―分断38度線の真実を追う　饗庭孝典,NHK取材班著　日本放送出版協会　1990.11　254p　20cm　（NHKスペシャル）　1300円　Ⓡ4-14-008746-3
◇朝鮮戦争―米中対決の原形　神谷不二著　中央公論社　1990.3　229p　16cm　（中公文庫）　360円　Ⓡ4-12-201696-7
◇朝鮮戦争―内戦と干渉　J.ハリデイ,B.カミングス著,清水知久訳　岩波書店　1990.2　257p　27cm　5200円　Ⓡ4-00-001359-9
◇原爆か休戦か―元韓国陸海空軍総司令官（陸軍大将）が明かす朝鮮戦争の真実　丁一権著　日本工業新聞社　1989.10　279p　20cm　〈著者の肖像あり〉　1800円　Ⓡ4-8191-0618-X
◇朝鮮戦争の六日間―国連安保理と舞台裏　瀬田宏著　六興出版　1988.2　281,3p　20cm　2200円　Ⓡ4-8453-8084-6
◇朝鮮戦争―米国の介入過程　小此木政夫著　中央公論社　1986.7　344p　21cm　3200円　Ⓡ4-12-001493-2
◇38度線・暁の砲声―朝鮮戦争・悲劇の攻防　小谷豪冶郎著　サンケイ出版　1985.12　270p　16cm　（世界大戦文庫スペシャル　4）　〈『朝鮮戦争』（昭和53年刊）の改題〉　460円
◇朝鮮戦争　3　児島襄著　文芸春秋　1984.8　477p　16cm　（文春文庫）　500円　Ⓡ4-16-714118-3
◇朝鮮戦争　2　児島襄著　文芸春秋　1984.7　471p　16cm　（文春文庫）　500円　Ⓡ4-16-714117-5
◇朝鮮戦争　1　児島襄著　文芸春秋　1984.6　442p　16cm　（文春文庫）　480円　Ⓡ4-16-714116-7
◇朝鮮戦争空戦史　ロバート・ジャクソン著,戦史刊行会訳　朝日ソノラマ　1983.7　270p　15cm　（航空戦史シリーズ　29）　500円　Ⓡ4-257-17029-8
◇朝鮮戦争　村上薫著　〔東村山〕　教育社　1978.8　248p　18cm　（教育社歴史新書）　600円
◇朝鮮戦争―写真集　国書刊行会編　国書刊行会　1978.7　222p　31cm　〈監修：佐々木春隆,森松俊夫〉　5000円
◇朝鮮戦争―38度線、悲劇の攻防　小谷秀二郎著　サンケイ出版　1978.2　207p　18cm　（第二次世界大戦ブックス　73）　〈背・表紙の書名：Korean war〉　800円
◇朝鮮戦争　韓国篇　下　漢江線から休戦まで　佐々木春隆著　原書房　1977.3　555p　20cm　2800円
◇朝鮮戦争と中ソ関係　ロバート・R.シモンズ著,林建彦,小林敬爾共訳　コリア評論社　1976.2　24,343p　18cm　（南北選書）
◇朝鮮戦争　韓国篇　上　建軍と戦争の勃発前まで　佐々木春隆著　原書房　1976　479p　20cm　2800円
◇朝鮮戦争　韓国篇　中　五〇年春からソウルの陥落まで　佐々木春隆著　原書房　1976　534p　20cm　2800円
◇朝鮮戦争　洞富雄著　新人物往来社　1973　203p　20cm　850円
◇アメリカと朝鮮戦争―介入決定過程の実証的研究　グレン・D.ペイジ著,関寛治

監訳　サイマル出版会　1971　381p　肖像　19cm

◇秘史朝鮮戦争　I.F.ストーン著, 内山敏訳　青木書店　1966　366p　図版　19cm　（青木現代選書　3）　850円

◇祖国解放戦争　金日成著, 現代朝鮮研究会編訳　青木書店　1953　277p　図版　15cm　（青木文庫　第128）

◇朝鮮戦記—婦人記者の従軍ルポルタージュ　マーグリット・ヒギンズ著, 〔読売新聞社欧米部訳〕　読売新聞社　1951　224p　図版　19cm

自衛隊

　日本の防衛のための軍事組織。昭和25（1950）年、朝鮮戦争勃発にともない、国内の治安維持のため、GHQの指令に基づき創設された警察予備隊を前身とする。27年に警察予備隊を保安隊に改編。吉田内閣の総辞職、再軍備を主張する鳩山内閣成立を受け、29年に自衛隊が発足した。直接・間接の侵略からの防衛と、必要に応じて公共の秩序維持にあたることを任務とする。戦前の陸軍・海軍の2軍編成から、陸上自衛隊・海上自衛隊・航空自衛隊の3軍編成となった。旧日本軍が統帥権の独立から軍部独走、侵略戦争に走った反省から、文民統制と専守防衛を原則とし、文民である内閣総理大臣が最高指揮監督者を務める。憲法第9条の戦力不保持との関係は発足当初から議論の的となり"戦力なき軍隊"と位置づけられた。東西冷戦下にあった昭和時代を通じて、自衛隊は在日アメリカ軍を補完する存在で、活動は国内に限られていた。冷戦終結後の平成時代に入ると、自衛隊の海外派遣や集団自衛権が大きな争点となっている。

◇護憲派のための軍事入門　山田朗著　花伝社　2005.10　229p　19cm　〈東京 共栄書房（発売）〉　1500円　ⓘ4-7634-0451-2

◇闘えない軍隊—肥大化する自衛隊の苦悶　半田滋著　講談社　2005.8　206p　18cm　（講談社+α新書）　〈年表あり〉　800円　ⓘ4-06-272331-X

◇兵士を追え　杉山隆男著　小学館　2005.8　510p　20cm　2200円　ⓘ4-09-389203-2

◇自衛隊知られざる変容　朝日新聞「自衛隊50年」取材班著　朝日新聞社　2005.5　485p　19cm　1800円　ⓘ4-02-250028-X

◇逃げたいやめたい自衛隊—現職自衛官のびっくり体験記　根津進司著　新装増補版　社会批評社　2005.5　248p　19cm　〈初版:現代書館1995年刊〉　1700円　ⓘ4-916117-66-2

◇新しい日本の安全保障を考える　坂本正弘, 吹浦忠正編著　自由国民社　2004.12　16,421p　20cm　（虎ノ門dojoブックス）　〈執筆:岡本智博ほか　年表あり〉　2000円　ⓘ4-426-12112-4

◇図解雑学自衛隊　髙貫布士, 斎木伸生, 田村尚也著　ナツメ社　2004.10　237p　19cm　〈奥付のタイトル:自衛隊〉　1300円　ⓘ4-8163-3783-0

◇自衛隊図鑑　2004‐2005　学習研究社　2004.5　201p　26cm　（Gakken rekishi gunzo series）　〈他言語標題:Japan Self Defense Force illustrated　背・表紙のタイトル:最新自衛隊図鑑〉　2100円　ⓘ4-05-603504-0

◇極東有事と自衛隊　自衛隊特別取材班編　アリアドネ企画　2004.4　222p　19cm　（Ariadne military）　〈東京 三修社（発売）〉　2200円　ⓘ4-384-03228-5

◇戦う！陸上自衛隊―イラク・サマワでの作戦行動を緊急リポート！　宝島社　2004.4　127p　26cm　〈別冊宝島〉〈他言語標題：JGSDF in action〉　933円　⑪4-7966-4024-X

◇航空自衛隊、最前線！―自衛隊の実力 戦力・任務・隊員　宝島社　2004.3　62p　30cm　〈別冊宝島〉〈付属資料：DVD-Video1枚（12cm）　自衛隊発足50周年特別企画〉　2667円　⑪4-7966-3952-7

◇そのとき自衛隊は戦えるか　井上和彦著　扶桑社　2004.3　318p　20cm　〈文献あり〉　1429円　⑪4-594-04549-9

◇図解でよくわかる自衛隊―最新装備から防衛システムまで陸・海・空自衛隊の本当の実力を徹底検証　志方俊之監修　日本文芸社　2004.2　111p　26cm　952円　⑪4-537-25194-8

◇いまこそ知りたい自衛隊のしくみ　加藤健二郎著　日本実業出版社　2004.1　222p　19cm　1300円　⑪4-534-03695-7

◇防衛ってなに―君は知ってるかな？ 自衛隊と日本の防衛　上田愛彦，杉山徹宗編著　鷹書房弓プレス　2004.1　274p　18cm　980円　⑪4-8034-0483-6

◇密着報告自衛隊―戦闘部隊としての行動と実力　加藤健二郎著　ぶんか社　2003.12　222p　21cm　1900円　⑪4-8211-0850-X

◇自衛隊はどのようにして生まれたか　永野節雄著　学習研究社　2003.7　290p　20cm　〈年表あり　文献あり〉　1600円　⑪4-05-401988-9

◇自衛隊誕生秘話　新人物往来社　2003.5　228p　21cm　〈別冊歴史読本　47号〉〈年表あり〉　1800円　⑪4-404-03047-9

◇今こそ知りたい！自衛隊の実力　別冊宝島編集部編　新版　宝島社　2003.3　299p　16cm　〈宝島社文庫〉　600円　⑪4-7966-3120-8

◇海上自衛隊50年史　資料編　海上自衛隊50年史編さん委員会編　防衛庁海上幕僚監部　2003.3　461p　31cm　〈年表あり〉

◇海上自衛隊50年史　本編　海上自衛隊50年史編さん委員会編　防衛庁海上幕僚監部　2003.3　685p　31cm

◇学校で教えない自衛隊―その歴史・装備・戦い方　荒木肇編著　並木書房　2002.8　231p　19cm　1600円　⑪4-89063-149-6

◇徹底図解陸海・海・空自衛隊―日本の防衛戦略を担う精鋭たち　成美堂出版　2002.8　176p　26cm　（Seibido mook）　1400円　⑪4-415-09745-6

◇こんな自衛隊に誰がした！―戦えない「軍隊」を徹底解剖　清谷信一著　広済堂出版　2002.3　262p　19cm　1400円　⑪4-331-50876-5

◇自衛隊は誰のものか　植村秀樹著　講談社　2002.1　209p　18cm　（講談社現代新書）〈文献あり〉　660円　⑪4-06-149584-4

◇「自衛隊」がわかる！　青春出版社　2001.12　140p　20cm　（大人の参考書）　850円　⑪4-413-03312-4

◇そこが変だよ自衛隊！　大宮ひろ志著，サトウ・ユウ画　光人社　2001.10　223p　19cm　1500円　⑪4-7698-0994-8

◇裸の自衛隊　別冊宝島編集部編　宝島社　1999.8　445p　16cm　（宝島社文庫）　533円　⑪4-7966-1564-4

◇私の佐世保戦後五十年史　志岐叡彦著　佐世保　馬郡喜商店　1998.12　379p　19cm　2000円

◇平成の自衛隊　岡芳輝著　産経新聞ニュースサービス　1998.11　309p　20cm　〈東京　扶桑社（発売）〉　1429円　⑪4-594-02602-8

◇戦後派二十五年兵よもやま物語―警察予備隊第一期生の回想　柏木康武著　光人社　1998.9　219p　19cm　（シリーズ93）　1500円　⑪4-7698-0877-1

◇兵士を見よ　杉山隆男著　新潮社　1998.9　493p　20cm　2200円　⑪4-10-406202-2

戦争と平和

◇兵士に聞け　杉山隆男著　新潮社　1998.8　666p　15cm　(新潮文庫)　819円　Ⓣ4-10-119013-5

◇災害と自衛隊—危機管理の論理　田中伯知著　芦書房　1998.1　149p　20cm　1905円　Ⓣ4-7556-1134-2

◇自衛隊史—祖国を護るとは　政治経済研究会　1997.9　598p　31cm　37143円

◇自衛隊遊モア辞典　防衛弘済会編　講談社　1996.6　312p　19cm　1600円　Ⓣ4-06-208176-8

◇自衛隊改造講座—世界人類のための平和活用　杉山徹宗著　原書房　1995.11　326p　20cm　1900円　Ⓣ4-562-02749-5

◇アジアの中の自衛隊　大塚智彦著　東洋経済新報社　1995.2　205p　20cm　1500円　Ⓣ4-492-21068-7

◇自衛隊—三八クラブ写真集　1994　三八クラブ編　かや書房　1994.6　127p　30cm　3200円　Ⓣ4-906124-07-0

◇自衛隊の歴史　前田哲男著　筑摩書房　1994.6　427p　15cm　(ちくま学芸文庫)　1300円　Ⓣ4-480-08142-9

◇自衛隊が軍隊になる日　柿谷勲夫著　展転社　1994.3　246p　19cm　1600円　Ⓣ4-88656-099-7

◇日本の軍隊—イラスト版オリジナル　下 (自衛隊編)　前田哲男文, 貝原浩絵　現代書館　1994.3　174p　21cm　(For beginnersシリーズ　67)　1236円　Ⓣ4-7684-0067-1

◇自衛隊をどうするか　前田哲男編　岩波書店　1992.1　211p　18cm　(岩波新書)　550円　Ⓣ4-00-430202-1

◇我々だけの自衛隊　松原正著　展転社　1991.12　390p　20cm　2500円　Ⓣ4-88656-070-9

◇陸上自衛隊車両装備史;1950〜1991　斉藤浩編　戦車マガジン　1991.11　147p　30cm　〈『戦車マガジン』別冊〉　3200円

◇これが自衛隊の実力だ　神浦元彰著　アイペックスプレス　1990.11　64p　17cm　(News package chase　38)　250円　Ⓣ4-87047-135-3

◇自衛隊に赤信号—日本防衛の深層を抉る　藤井治夫著　オリジン出版センター　1990.11　226p　19cm　1730円

◇自衛隊は何をしてきたのか？—わが国軍の40年　前田哲男著　筑摩書房　1990.7　316p　19cm　(ちくまライブラリー　42)　1340円　Ⓣ4-480-05142-2

◇聞書・海上自衛隊史話—海軍の解体から海上自衛隊草創期まで　鈴木総兵衛筆　水交会　1989.11　322p　21cm　1600円

◇自衛隊よ, 夫を返せ！—合祀拒否訴訟　田中伸尚著　社会思想社　1988.10　287p　15cm　(現代教養文庫　1272)　560円　Ⓣ4-390-11272-4

◇核軍事同盟と自衛隊　小泉親司著　新日本出版社　1988.8　213p　18cm　(新日本新書)　640円　Ⓣ4-406-01656-2

◇自衛隊—その実態と軍事大国化とは　林茂夫, 松尾高志著　増補版　東研出版　1987.9　204p　19cm　(高校生のための現代社会　3)　1100円

◇自衛隊図鑑—最新陸海空全装備/その戦術と組織の全貌　スコラ編　スコラ　1986.11　159p　29cm　〈スコラ特別編集　共同刊行・発売：講談社〉　1900円　Ⓣ4-06-102953-3

◇図説海の自衛隊　小川和久著　講談社　1986.11　190p　18cm　980円　Ⓣ4-06-201522-6

◇図説空の自衛隊　小川和久著　講談社　1986.11　190p　18cm　980円　Ⓣ4-06-201523-4

◇図説陸の自衛隊　小川和久著　講談社　1986.11　190p　18cm　980円　Ⓣ4-06-201521-8

◇自衛隊の戦力—GNP1％の実像　田岡俊次, 木下和寛著　〔東村山〕　教育社　1986.5　174p　18cm　(入門新書)　980円　Ⓣ4-315-50260-X

◇今、防衛とは　日本キリスト教団神奈川教区基地・自衛隊問題小委員会編　横浜　日本キリスト教団神奈川教区基地・自衛隊問題小委員会　1984.11　64p　26cm
◇自衛隊史　草地貞吾, 坂口義弘編著　日本防衛調査協会　1984.4　2冊　31cm
◇日本国自衛隊—24万人の実力と素顔　三根生久大著　広済堂出版　1984.3　258p　18cm　(Kosaido books)　680円
◇憲法九条と自衛隊法—有事・防衛の範囲で問われる　西修著　〔東村山〕　教育社　1983.4　189p　18cm　(入門新書)　〈『自衛隊法と憲法九条』(昭和53年刊)の改題改訂〉　600円
◇歴史と軍事——自衛官の思想　栂博著　原書房　1983.3　297p　20cm　〈著者の肖像あり〉　2700円　①4-562-01355-9
◇昭和日本軍—自衛隊の最新装備全科　週刊読売編集部編　読売新聞社　1982.12　198p　22cm　1200円
◇30年のあゆみ—一九八二年　陸上自衛隊秋田駐とん地30年のあゆみ編集委員会編　〔秋田〕　陸上自衛隊秋田駐とん地　1982.3　1冊(頁付なし)　31cm
◇討論自衛隊は役に立つのか　海原治〔ほか〕著　ビジネス社　1981.11　221p　20cm　1200円
◇自衛隊　土井寛著　朝日ソノラマ　1980.11　280p　19cm　980円
◇国の防衛と法—防衛法要論　西修著　学陽書房　1980.2　248p　19cm
◇海の防衛　松田次郎写真, 井上竜昇文　サンケイ新聞社　1979.10　197p　31cm　5000円
◇二十五年の歩み　浜松　航空自衛隊第2術科学校　1979.9　154p　27cm
◇核戦略体制と自衛隊　剣持一巳著　三一書房　1979.8　216p　20cm　1200円
◇自衛隊改造論—対談　麓保孝, 栗栖弘臣著　国書刊行会　1979.8　189p　20cm　1500円

◇私録・自衛隊史—警察予備隊から今日まで　加藤陽三著　「月刊政策」政治月報社　1979.7　318p　19cm　〈発売：防衛弘済会〉　1200円
◇自衛隊法と憲法9条　西修著　〔東村山〕教育社　1978.10　172p　18cm　(入門新書)　400円
◇素顔の自衛隊—1人の軍事ジャーナリストの目を通してみたありのままの"自衛隊"ルポルタージュ　菊池征男著　ワールドフォトプレス　1978.6　239p　19cm　980円
◇自衛隊は役に立つか　土田隆著　経済往来社　1975　242p　19cm　900円
◇これが自衛隊だ—戦力・戦略のすべて　小山内宏著　ダイヤモンド社　1974　265p　19cm　980円
◇自衛隊合憲論　清水伸著　永田書房　1974　375p　19cm　1800円
◇自衛隊と治安出兵—国民に銃を向けるな　藤井治夫著　三一書房　1973　237p　18cm　(三一新書)
◇戦後「日本軍」の論理　吉原公一郎著　現代史資料センター出版会　1973　258p　19cm　980円
◇自衛隊—その銃口は誰に　小西反軍裁判支援委員会編　現代評論社　1972　358p　20cm　750円
◇よみがえる日本海軍—海上自衛隊の創設・現状・問題点　上　ジェイムス・E.アワー著, 妹尾作太男訳　時事通信社　1972　252p　図　19cm　850円
◇よみがえる日本海軍—海上自衛隊の創設・現状・問題点　下　ジェイムス・E.アワー著, 妹尾作太男訳　時事通信社　1972　318p　図　19cm　850円
◇進め自衛隊—ある野戦将軍の回想と提言　塚本政登士著　軍事研究社　1971　391p　18cm　680円
◇自衛隊—この戦力　藤井治夫著　三一書房　1970　284p　18cm　(三一新書)　350円

◇自衛隊　朝日新聞社　1968　319p 図版　19cm　380円
◇自衛隊―日本の軍隊　日本共産党中央委員会出版部編　日本共産党中央委員会機関紙経営局　1967　300p 地図　19cm　360円
◇自衛隊と憲法の解釈　林修三，中村菊男編著　有信堂　1967　271p　19cm　(Yûshindô sôsho)　600円
◇自衛隊年表　防衛庁長官官房広報課〔1962〕　209p　21cm　〈折り込図表4枚〉

専守防衛

他国への攻撃を行わず、自国が攻撃された場合のみに自衛のための武力を用いること。日本国憲法第9条の戦争放棄の規定から、自衛隊の基本原則となっている。しかし、専守防衛の範囲については常に議論の争点となっている。

＊　　　＊　　　＊

◇憲法9条と専守防衛　箕輪登,内田雅敏著　梨の木舎　2004.6　150p　19cm　(教科書に書かれなかった戦争シリーズ　45)　1400円　①4-8166-0408-1
◇北東アジアの安全保障と日本　日本国際問題研究所　2004.3　112p　30cm
◇日本の電子防衛戦略―専守防衛方法論　桧山雅春著　ビジネス社　1984.12　248p　20cm　1800円　①4-8284-0219-5
◇専守防衛　外山三郎著　芙蓉書房　1983.11　279p　20cm　〈著者の肖像あり〉　2200円
◇日本ハリネズミ防衛論―在来兵器かミサイルか　土井寛著　朝日ソノラマ　1982.12　233p　19cm　980円　①4-257-03165-4

在日米軍基地

日本に駐留するアメリカ軍の基地。戦後、進駐軍として日本を占領したアメリカ軍は、昭和26年、サンフランシスコ平和条約と同日に調印された日米安全保障条約によって存在根拠を与えられ、在日アメリカ軍となった。在日アメリカ軍をめぐっては、戦後も長く占領下にあった沖縄県に日本全体の4分の3の基地がある地域的な偏在、日米地位協定にみる日本とアメリカの権限の不平等、思いやり予算に代表される日米間の経費負担などが議論の的となっている。

＊　　　＊　　　＊

◇沖縄米軍基地法の現在　浦田賢治編著　一粒社　2000.6　299,5p　22cm　〈執筆：本間浩ほか〉　3500円　①4-7527-0290-8
◇名護市民燃ゆ―市民投票報告集　新たな基地はいらない　名護市民投票報告集刊行委員会編　名護　海上ヘリ基地建設反対・平和と名護市政民主化を求める協議会　1999.5　262p　26cm　2381円
◇日本の安全保障と基地問題―平和のうちに安全に生きる権利　日本弁護士連合会編　明石書店　1998.11　463p　21cm　5800円　①4-7503-1095-6
◇日出づる国の米軍―米軍の秘密から基地の遊び方まで「米軍基地の歩き方」　メディアワークス　1998.4　265p　21cm　(オルタブックス)　〈東京　主婦の友社(発売)〉　1600円　①4-07-308264-7
◇これが米軍への「思いやり予算」だ！―「日米安保」読本　派兵チェック編集委員会編著　社会評論社　1997.10　142p　21cm　1200円　①4-7845-0495-8
◇在日米軍地位協定　本間浩著　日本評論社　1996.7　401p　22cm　6180円　①4-535-51072-5
◇在日米軍地位協定概論―地方自治体との関連で　本間浩著　横浜　神奈川県渉外部基地対策課　1993.6　172p　21cm　〈1986年刊の改訂版〉

◇基地と人権　横浜弁護士会編　日本評論社　1989.9　292p　21cm　2300円　①4-535-57788-9

◇米軍基地と市民法―軍用地法制論　田山輝明著　一粒社　1983.4　289,7p　19cm　2300円

◇これが米軍基地だ―ドキュメント　日本経済新聞社社会部編　日本経済新聞社　1970　229p　19cm　450円

◇在日米軍基地の総点検　第1　米軍基地の実態調査　公明党　1968　394p 図版　26cm

◇在日米軍基地の総点検　第2　基地周辺住民の意識調査　公明党　1968　530p　26cm

砂川事件

　昭和30年9月と翌年10月に起きたアメリカ軍基地拡張反対闘争。昭和30年8月、アメリカ軍立川基地飛行場の拡張を政府が決定し、これに反対する砂川町(現・立川市)の住民・労組・学生が9月に強制測量に抗議。警官隊と衝突して多くの負傷者を出した。翌年10月にも第二次測量をめぐって測量隊・警官と反対同盟が衝突、重軽傷者1200人を出した。警官隊による暴力は世論の非難を浴び、政府は測量中止を決定した。

　　　　＊　　　　＊　　　　＊

◇砂川闘争50年それぞれの思い　星紀市編　立川　けやき出版　2005.10　243p　21cm　〈文献あり〉　1800円　①4-87751-292-6

◇砂川闘争の記録　宮岡政雄著　御茶の水書房　2005.7　248p　19cm　〈年表あり〉　1700円　①4-275-00378-0

◇砂川闘争の記録―写真集　星紀市編　立川　けやき出版　1996.5　137p　26cm　3000円　①4-905942-94-2

◇戦後政治裁判史録　3　田中二郎〔ほか〕編集　第一法規出版　1980.10　486p　22cm　3300円

◇反軍住民訴訟資料　1　立川市政の基地協力をやめさせる会編著　立川　立川市政の基地協力をやめさせる会　1975　14,125p　26cm　〈付：立川市政の基地協力をやめさせる会・会報第1号　帝国主義軍隊と住民〉　1000円

◇立川基地　立川　立川市　1972　71p(図共)　26cm　〈企画：立川市役所企画財政部企画課〉

◇砂川闘争の記録　宮岡政雄著　三一書房　1970　229p　20cm　680円

原水爆禁止運動

　原爆・水爆といった核兵器の製造・実験・使用の禁止と廃棄を求める平和運動。昭和29年、アメリカの水爆実験でマグロ漁船が被曝し、久保山愛吉無線長が急性放射線症で死亡した第五福竜丸事件を契機に、日本で原水爆禁止を求める署名運動が全国的に広まり、翌30年8月に広島で第1回原水爆禁止世界大会が開かれた。当初は自民党から共産党まで含む超党派の運動であったが、昭和30年代に運動方針をめぐって組織が分裂、社会的影響力が低下した。

　　　　＊　　　　＊　　　　＊

◇第五福竜丸―ビキニ事件を現代に問う　川崎昭一郎著　岩波書店　2004.7　70p　21cm　〈岩波ブックレット　no.628〉　480円　①4-00-009328-2

◇第五福竜丸―2004年、平和の願い　焼津　焼津市歴史民俗資料館　2004　16p　21cm

◇非核平和の追求―松井康浩弁護士喜寿記念論集　浦田賢治編　日本評論社　1999.6　350p　23cm　6000円　①4-535-51203-5

◇原水爆に反対する斗争のために　津田一夫著　増補版　下関　梓書店　1996.7　55p　19cm　〈付・1995年の下関原水禁運動〉　300円

◇原水爆禁止運動資料集　第5巻　小林徹編・解説　緑蔭書房　1996.2　508p　27cm　〈複製〉

◇原水爆禁止運動資料集　第6巻　小林徹編・解説　緑蔭書房　1996.2　512p　27cm　〈複製〉

◇原水爆禁止運動資料集　第7巻　小林徹編・解説　緑蔭書房　1996.2　526p　27cm　〈複製〉

◇原水爆禁止運動資料集　第1巻　小林徹編・解説　緑蔭書房　1995.12　499p　27cm　〈複製〉

◇原水爆禁止運動資料集　第2巻　小林徹編・解説　緑蔭書房　1995.12　456p　27cm　〈複製〉

◇原水爆禁止運動資料集　第3巻　小林徹編・解説　緑蔭書房　1995.12　478p　27cm　〈複製〉

◇原水爆禁止運動資料集　第4巻　小林徹編・解説　緑蔭書房　1995.12　552p　27cm　〈複製〉

◇ドキュメント1945→1985—核兵器のない世界を　No more Hirosima Nagasaki 写真記録　被爆40年と原水爆禁止運動編集委員会編　原水爆禁止日本協議会　1987.1　314p　31cm　7800円

◇水爆実験との遭遇—ビキニ事件と第五福竜丸　川中竜介,斗ケ沢秀俊著　三一書房　1985.7　240p　20cm　1800円

◇原水爆禁止運動の根本問題　日本共産党中央委員会出版局　1984.5　48p　19cm　100円

◇83原水禁　83原水禁編集委員会編著　十月社　1983.5　123p　19cm　550円

◇核兵器廃絶のうねり—ドキュメント原水禁運動　岩垂弘著　連合出版　1982.3　254,5p　19cm　1600円

◇原水爆禁止運動　今堀誠二著　潮出版社　1974　280p　18cm　（潮新書）　480円

非核三原則

核兵器に関する日本の基本原則。「核兵器を持たず、作らず、持ち込ませず」の三原則を指す。昭和42年12月、佐藤栄作首相が従来の政策を明確化する形で表明した。以後の内閣でもこの三原則は堅持されている。しかし日本に寄港するアメリカ軍艦船の核兵器搭載の有無について、アメリカ軍は明らかにしない方針をとっており、「持ち込ませず」の空文化が懸念されている。

　　　　＊　　　＊　　　＊

◇非核三原則の立法化を　核軍縮を求める二十二人委員会著　岩波書店　1989.9　70p　21cm　（岩波ブックレット　no.143）　310円　①4-00-003083-3

◇あばかれた日米核密約　新原昭治著　新日本出版社　1987.7　148,9p　19cm　（新日本ブックレット）　750円　①4-406-01533-7

◇米極秘訓令電—日米核密約はあった！　日本共産党中央委員会出版局　1987.7　103p　21cm　（共産党ブックレット　9）　480円　①4-530-04212-X

◇国防問題研究会講演録集　第1号　日本国防の総点検.非核政策の虚妄を衝く　国防問題研究会事務局編　国防問題研究会　1981.10　63p　21cm　500円

◇核もち込み許さず—非核三原則の堅持と安保廃棄の国民運動を　日本共産党中央委員会出版局　1981.6　32p　26cm　100円

GNP1％枠

防衛費をGNP（国民総生産）比で1％以内に抑える政策。日本が軍事大国にならない歯止めとして、昭和51年に三木武夫首相が表明した。その後の内閣でも方針は継承されたが、低成長時代で成長率が低下する一方、防衛力整備計画による防衛費の着実な増加が見込まれ、1％枠内に抑えることは困難となった。62年に1.004％と

1%枠を突破、中曽根康弘首相は防衛費の所要経費総額を明示することで新しい歯止めとする方針を決めた。

＊　　＊　　＊

◇証言その時々　大岡昇平著　筑摩書房　1987.7　304p　19cm　1600円　①4-480-82233-X

◇GNP1%枠—防衛政策の検証　上西朗夫著　角川書店　1986.10　255p　15cm　（角川文庫）　380円　①4-04-163603-5

◇自衛隊の戦力—GNP1%の実像　田岡俊次, 木下和寛著　〔東村山〕　教育社　1986.5　174p　18cm　（入門新書）　980円　①4-315-50260-X

◇防衛費GNP1%枠死守のための資料特集　社会民主連合　1985.10　82p　19cm　〈監修：楢崎弥之助　付（別冊 30p 15cm）：正誤表及び追加資料〉　500円

◇軍費「GNP1%」とは何か　上田哲著　日本マスコミ市民会議　1985.7　244p　19cm　〈発売：双柿舎〉　1200円　①4-88029-500-0

非武装中立論

軍事力による防衛策をとらず、国際的に中立主義を貫く政策。戦後、昭和25年の警察予備隊創設で再軍備の流れが決まると、社会党が26年の党大会で中立・再軍備反対の方針を決定、以来、社会党の党是となった。58年に就任した石橋政嗣委員長は自著で打ち出した非武装中立実現の道筋を基に、中曽根康弘首相に論争を挑み、議論を呼んだ。翌年、社会党は自衛隊容認に転じ、非武装中立論は棚上げされた。

＊　　＊　　＊

◇穴だらけの非武装中立論—その恥部に鋭く迫る　日本社会党の党是を徹底解剖　神山吉光著　浦和　閣文社　1984.8　206p　19cm　800円　①4-87619-000-3

◇日本社会党と非武装・中立　十月社編　十月社　1984.5　32p　21cm　350円

◇内閣総理大臣中曽根康弘、防衛・憲法を語る—亡国の非武装中立論を撃つ　中曽根康弘〔述〕, 竹村健一編著　山手書房　1984.2　253p　20cm　1200円

◇逆想の「非武装中立」　上田哲著　広済堂出版　1983.12　298p　19cm　1300円

◇非武装中立論　石橋政嗣著　増補　日本社会党中央本部機関紙局　1983.12　270p　20cm　〈著者の肖像あり〉　1600円

◇非同盟・中立・自衛の政策こそ日本の平和と安全を保障する道—日本共産党の主張と提案　日本共産党中央委員会出版局　1983.11　32p　19cm　100円

◇まんが版・非武装中立論—軍隊では国は守れない　森哲郎著　日本社会党中央本部機関紙局　1983.11　102p　19cm　800円

◇「非」良心的兵役拒否の思想—非武装論の再生をめざして　村田豊明著　新泉社　1982.11　222p　19cm　1200円

◇非武装のための軍事研究—戦争と平和の論理　福島新吾著　彩流社　1982.2　294p　20cm　1800円

◇国家非武装されど我、愛するもののために戦わん　野坂昭如著　光文社　1981.9　206p　18cm　（カッパ・ブックス）　600円

◇民衆の中の防衛論—それでも非武装中立だ…　吉留路樹著　現代史出版会　1981.5　206p　19cm　〈発売：徳間書店〉　980円

◇今こそ非武装・中立を　高沢寅男編著　十月社　1981.2　223p　19cm　1200円

◇非武装中立論　石橋政嗣著　日本社会党中央本部機関紙局　1980.10　209p　18cm　（社会新書 3）　550円

◇非同盟・中立・自衛政策と憲法問題　日本共産党中央委員会出版局　1980.8　98p　19cm　150円

◇非武装の追求—現代政治における軍事力　福島新吾著　サイマル出版会　1969　319p　19cm　（サイマル双書）　680円

◇現代の中立　B.ガニューシキン著, 世界経済研究所訳　京都　三一書房　1959　266p　18cm　（三一新書）
◇中立—この民族の課題　山口房雄著　至誠堂　1959　226p　19cm　（現代人叢書　第3）

横井 庄一

大正4(1915).3.31～平成9(1997).9.22
　陸軍軍人。愛知県生まれ。昭和10年第一補充兵役に編入し4年後除隊。16年再召集され、満州を経て19年グァム島に配属、歩兵第38部隊伍長となる。8月グァム島の日本兵は玉砕。生き残った横井は敗戦を知らないまま28年間ジャングルに潜伏し、47年現地の漁師に発見され、2月2日帰還。帰国第一声の「恥ずかしながら、生きながらえて帰ってまいりました」は戦後社会に衝撃を与えた。
　　　　*　　　*　　　*
◇明日への道—全報告グァム島孤独の28年　横井庄一著　文芸春秋　1974　261p　図　肖像　20cm　750円
◇陸軍伍長横井庄一—その28年間のグァム島生活　サンケイ新聞・フジテレビ特別取材班著　サンケイ新聞社出版局　1972　210p　19cm　（サンケイドラマブックス）　500円
◇秘録化石の兵隊—横井元伍長・極限の二十八年　島村喬著　番町書房　1972　262p　肖像　19cm　560円
◇日本人その生と死—横井庄一奇蹟の二八年　伊藤忠彦著　日芸出版　1972　258p　19cm　690円
◇最後の一兵—グァム島取材記者団の全記録　毎日新聞社編　毎日新聞社　1972　254p　図　19cm　450円
◇グアムに生きた二十八年—横井庄一さんの記録　朝日新聞特派記者団著　朝日新聞社　1972　221p　図　肖像　19cm　450円

小野田 寛郎

大正11(1922).3.19～
　陸軍軍人。和歌山県生まれ。陸軍中野学校二俣分校で情報将校としての教育を受ける。昭和19年陸軍少尉としてルバング島に着任。「残置諜者として島に残れ」の命を守り、ジャングルでゲリラ戦を続ける。49年日本人青年との接触をきっかけに、元上官の「任務解除命令」を受けてフィリピン軍に「降伏」する形で戦いを終え、3月12日帰還。翌年ブラジルに渡り牧場を経営し、59年福島県で子供を対象にした小野田自然塾を開いた。
　　　　*　　　*　　　*
◇私は戦友になれたかしら—小野田寛郎とブラジルに命をかけた30年　小野田町枝著　清流出版　2002.9　245p　19cm　1600円　①4-86029-013-5
◇わが回想のルバング島　小野田寛郎著　朝日新聞社　1995.8　305p　15cm　（朝日文庫）　600円　①4-02-261109-X
◇たった一人の30年戦争　小野田寛郎著　東京新聞出版局　1995.8　238p　20cm　〈著者の肖像あり〉　1650円　①4-8083-0535-6
◇自分と戦った人々　辻村明著　高木書房　1993.4　282p　19cm　1700円　①4-88471-042-4
◇生きる　小野田寛郎述　伊勢　皇学館大学出版部　1992.3　64p　19cm　（皇学館大学講演叢書　第70輯）　300円
◇わが回想のルバング島—情報将校の遅すぎた帰還　小野田寛郎著　朝日新聞社　1988.8　255p　19cm　1200円　①4-02-255891-1
◇わがブラジル人生　小野田寛郎著　講談社　1982.12　278p　20cm　1300円　①4-06-145914-7
◇幻想の英雄　津田信著　図書出版社　1977.7　302p　図　肖像　20cm　980円
◇わがルバン島の30年戦争　小野田寛郎著　講談社　1974　248p　図　肖像　20cm　880円

中国残留日本人

昭和20年8月9日のソ連軍侵攻にともなう混乱のため満州から日本本土(内地)に引き揚げできず中国に残った日本人。終戦時、満州の開拓民は突然のソ連軍侵攻で大混乱に陥った。特にソ連との国境に近い地域では、栄養失調、集団自決などの苛酷な状況の中で、生き延びるため、数千人の子どもが中国人に預けられ、肉親と離ればなれになった。中国に残った人々のうち、20年8月時点で12歳以下の人を「中国残留日本人孤児」と呼ぶ。日中国交回復後、厚生省は昭和50年から調査を開始した。56年からは孤児を日本に招いての身元調査が始まった。しかし、戦後30年以上が経ち、来日調査を重ねるにつれ、身元判明率は低下している。また、身元が判明し日本に帰国した人々も、言葉の壁等のため、日本で安定した生活を送ることが難しいなど、多くの問題が残されている。

◇誰にも言えない中国残留孤児の心のうち 埜口阿文著 草思社 2005.11 221p 20cm 1600円 ④4-7942-1436-7

◇父母の国よ―中国残留孤児たちはいま 鈴木賢士写真・文 大月書店 2005.7 159p 19cm 〈年表あり〉 1400円 ④4-272-33043-8

◇終わりなき旅―「中国残留孤児」の歴史と現在 井出孫六著 岩波書店 2004.8 334p 15cm (岩波現代文庫 社会) 1100円 ④4-00-603095-9

◇中国残留日本人の研究―移住・漂流・定着の国際関係論 呉万虹著 日本図書センター 2004.6 267p 22cm (学術叢書) 〈折り込1枚 文献あり〉 3600円 ④4-8205-8770-6

◇ああわが祖国よ―国を訴えた中国残留日本人孤児たち 大久保真紀著 八朔社 2004.3 245p 20cm 2000円 ④4-86014-019-2

◇沈まぬ夕陽―満蒙開拓の今を生きる中島多鶴 中繁彦著 長野 信濃毎日新聞社 2004.3 347p 19cm 1500円 ④4-7840-9967-0

◇証言冷たい祖国―国を被告とする中国残留帰国孤児たち 坂本竜彦著 岩波書店 2003.8 207p 20cm 2000円 ④4-00-001397-1

◇二つの祖国・ひとつの家族―中国残留婦人とその家族が生きた日本・満州・中国 原田静著 宮崎 鉱脈社 2003.8 227p 19cm (みやざき文庫 21) 〈文献あり 年表あり〉 1400円 ④4-86061-068-7

◇中国残留孤児問題の今を考える―中国「残留孤児」という名の「日系中国人」二十世紀の遺産世紀を超えて問う 木下貴雄著 鳥影社 2003.6 138p 19cm 〈年表あり〉 1500円 ④4-88629-753-6

◇道なき帰路―中国残留婦人聞き取り記録集 中国帰国者の会企画・編集 中国帰国者の会 2003.5 104p 30cm 〈年表あり〉 1000円

◇二つの祖国―ある中国残留孤児の証言 北沢博史文と絵 秦野 夢工房 2002.8 163p 19cm 1500円 ④4-946513-81-7

◇大地の詩―中国残留一家の記録 石井静子著 松戸 大野鞆子 2000.3 229p 19cm 非売品

◇「中国帰国者」の生活世界 蘭信三編 京都 行路社 2000.2 446p 22cm 3200円

◇『大地の子』と私 山崎豊子著 文芸春秋 1999.6 270p 15cm (文春文庫) 514円 ④4-16-755605-7

◇中国残留婦人交流の会十年のあゆみ 山口 中国残留婦人交流の会 1999.1

戦争と平和

178p 26cm 〈付属資料：1枚〉

◇祖国に生きる―中国残留孤児帰国者自立生活の記録　浜口タカシ撮影取材，朝日新聞出版サービス編　中国残留孤児援護基金　1998.11　256p　27cm

◇日本の国籍を下さい　菅原幸助著，神奈川中国帰国者福祉援護協会編　三一書房　1998.3　273p　20cm　2000円　①4-380-98225-4

◇記録満州国の消滅と在留邦人　佐久間真澄著，柴田しず恵編　八王子　のんぶる舎　1997.9　438p　22cm　4000円　①4-931247-48-2

◇忘れられた人びと―中国残留婦人たちの苦闘の歳月　良永勢伊子著　国分寺　新風舎　1996.5　371p　19cm　1800円　①4-88306-700-9

◇祖国よ―「中国残留婦人」の半世紀　小川津根子著　岩波書店　1995.4　244p　18cm　（岩波新書）　〈主要参考文献：p237～239〉　620円　①4-00-430386-9

◇大地のアルバム―ある中国残留日本人家族　法村博人他著　社会思想社　1995.2　243p　20cm　2000円　①4-390-60384-1

◇氷晶のマンチュリア　河内美穂著　現代書館　1994.11　222p　20cm　2060円　①4-7684-6650-8

◇中国残留日本兵の記録　古川万太郎著　岩波書店　1994.10　358p　16cm　（同時代ライブラリー　203）　1100円　①4-00-260203-6

◇あなたは誰ですか―中国帰国者の日本　林郁著　筑摩書房　1993.4　268p　20cm　1700円　①4-480-81330-6

◇凍土に生きる―中国残留婦人の手記　田村久江著　大阪　プラザ　1993.4　231p　20cm　〈発売：青心社　著者の肖像あり〉　2400円　①4-87892-037-8

◇中国残留孤児の軌跡　遠藤満雄著　三一書房　1992.9　231p　18cm　（三一新書　1050）　800円　①4-380-92014-3

◇棄民のゆくえ―中国残留帰国者への戦後処理問題と戦争責任　新井利男，安藤鉄雄編　名古屋　おてんてん文庫　1990.5　47p　26cm　（伝書鳩通信別冊　6）

◇忘れられた女たち―中国残留婦人の昭和　中島多鶴，NHK取材班編　日本放送出版協会　1990.4　239p　19cm　（NHKスペシャル）　①4-14-008714-5

◇卡子―中国革命戦をくぐり抜けた日本人少女　上　遠藤誉著　文芸春秋　1990.2　283p　16cm　（文春文庫）　420円　①4-16-752101-6

◇卡子―中国革命戦をくぐり抜けた日本人少女　下　遠藤誉著　文芸春秋　1990.2　281p　16cm　（文春文庫）　420円　①4-16-752102-4

◇「日本人になれない」中国孤児―官僚と帰国者たち　菅原幸助著　洋泉社　1989.4　263p　19cm　1730円　①4-89691-052-4

◇春美16歳の日本―中国残留孤児二世の青春　大谷昭宏著　朝日ソノラマ　1989.1　287p　19cm　1200円　①4-257-03258-8

◇日中のはざまに生きて―自分で書いた残留孤児の記録　大道武司，鈴木ヒロノ著　新時代社　1988.8　294p　20cm　1500円　①4-7874-4017-9

◇満州棄民―孤児たちの"戦後"いまだ終らず　三留理男著　東京書籍　1988.8　266p　19cm　（日本への遠い道　第2部）　1600円　①4-487-75211-6

◇望郷―中国残留孤児の父・山本慈昭　和田登作，こさかしげる絵　くもん出版　1987.9　173p　21cm　（くもんのノンフィクション・愛のシリーズ　14）　1100円　①4-87576-237-2

◇中国残留孤児問題―その問いかけるもの　中野謙二著　情報企画出版　1987.6　214p　19cm　（ブックス・アイ　1）〈発売：東京官書普及〉　1200円

◇我是日本人　朝日新聞残留孤児取材班著　朝日新聞社　1987.4　230p　19cm　1100円　①4-02-255678-1

戦争と平和

◇中国残留孤児—これまでの足跡とこれからの道のり　厚生省援護局編　ぎょうせい　1987.3　159p　21cm　1600円　①4-324-00836-1

◇赤い夕日の大地で　良永勢伊子ほか著　読売新聞社　1986.12　301p　19cm　1100円　①4-643-74680-7

◇旧満州 幻の国の子どもたち—歴史を生きる残留孤児　菅原幸助著　有斐閣　1986.12　229p　19cm　（有斐閣選書766）　1200円　①4-641-18031-8

◇母と子でみる 中国残留日本人孤児　大場かをり,橋本進編　草の根出版会　1986.12　119p　21cm　（母と子でみるシリーズ 6）　1400円　①4-87648-011-7

◇避難地図の証言—中国残留日本人孤児　堀越善作著　佼成出版社　1986.11　413p　21cm　8500円　①4-333-00452-7

◇今はもう帰らない—中国残留日本人妻の40年　松原一枝著　海竜社　1986.7　234p　19cm　1300円　①4-7593-0155-0

◇中国・忘れえぬ日々　林滋子著　亜紀書房　1986.7　352p　19cm　1700円

◇満州・その幻の国ゆえに—中国残留妻と孤児の記録　林郁著　筑摩書房　1986.7　267p　15cm　（ちくま文庫）　400円　①4-480-02065-9

◇風雪の四十年—中国東北地区と残留日本人の記録 父よ母よ何処に！私は中国に生きている　日本中国友好協会全国本部　1986.6　151p　38cm　'86特別記念出版 写真撮影:野口英孝,川上康一〉　23000円

◇中国に残された子どもたち—祖国よ父母よ弟妹よ　古世古和子著　岩波書店　1986.5　210p　18cm　（岩波ジュニア新書）　580円

◇夢は中国残留孤児と共に　柴田正雄編著　札幌　日中友好帰国者援護会　1986.4　411p　19cm　1300円

◇遙かなる祖国への道—中国残留日本人孤児の叫び　渡辺珠江著　大阪　大阪書籍　1986.3　187p　19cm　〈著者の肖像あり〉　880円　①4-7548-9014-0

◇残された日本人　新井利男著　径書房　1986.2　239p　21cm　2200円

◇新聞記者が語りつぐ戦争 4 中国孤児　読売新聞大阪本社社会部編　角川書店　1985.7　229p　15cm　（角川文庫 6151）〈解説：落合恵子〉　380円　①4-04-156112-4

◇二つの祖国—中国残留日本人孤児の記録　浜口タカシ撮影,神奈川新聞社編　横浜　神奈川新聞社　1985.2　128p　26cm　〈発売：徳間書店〉　1300円　①4-19-143040-8

◇再会への道—中国残留孤児の記録part2　浜口タカシ撮影　朝日新聞社　1983.6　104p　26cm　1300円

◇帰り道は遠かった—満洲孤児三十年の放浪　竹川英幸著　毎日新聞社　1982.7　300p　20cm　1200円

◇37年目の再会—中国残留孤児の記録　浜口タカシ撮影,朝日新聞社編　朝日新聞社　1982.7　127p　26cm　980円

◇中国残留孤児—望郷の棄民　郡司彦編著　日中出版　1981.10　238p　19cm　1500円

◇再会—中国残留孤児の歳月　山本慈昭,原安治著　日本放送出版協会　1981.9　311p　20cm　1200円

◇父よ母よわが祖国よ—中国残留孤児の手紙　山村文子ほか編　朝日新聞社　1981.5　285p　19cm　980円

◇遙かなる祖国へ—中共残留者の手紙と手記　豊島与志雄,能智修弥共編　東和社　1952　263p　図版　19cm

有事法制

日本に対する侵略があった場合（有事）に備えて政府・自衛隊の活動を規定する法制度。昭和53年、防衛庁の来栖弘臣統合幕僚会議議長が「奇襲攻撃には"超法規的"に対処せざるを得ない」と発言したことをきっかけに、福田内閣は

有事立法の研究を防衛庁に指示した。しかし基本的人権の制約が含まれていたため実現しなかった。武力攻撃事態関連3法として有事法制が成立するのは平成15年のことである。

　　　＊　　　＊　　　＊

◇有事法制がまちにやってくる―だれをまもる国民保護計画？　田中隆著　自治体研究社　2005.2　130p　21cm　1500円　⓵4-88037-432-6

◇我が国防衛法制の半世紀―発展の軌跡と展望　西修〔ほか著〕　内外出版　2004.12　430p　22cm　〈年表あり〉　3334円　⓵4-931410-60-X

◇詳解有事法制―国民保護法を中心に　内外出版編, 西修監修　内外出版　2004.8　170,205p　21cm　1191円　⓵4-931410-70-7

◇「非戦の国」が崩れゆく―有事法制・アフガン参戦・イラク派兵を検証する　梅田正己著　高文研　2004.3　270p　19cm　〈年表あり〉　1800円　⓵4-87498-324-3

◇同時代への直言―周辺事態法から「有事法制」まで　水島朝穂著　高文研　2003.11　316p　19cm　2200円　⓵4-87498-314-6

◇有事法制の解説　西修解説　内外出版　2003.7　71p　21cm　600円　⓵4-931410-97-9

◇危ない！有事法制―「ブッシュの戦争」から見えてくるもの　日本共産党中央委員会出版局　2003.5　24p　21cm　（文献パンフ）　95円　⓵4-530-01543-2

◇有事法制とアメリカの戦争―続『有事法制のすべて』　自由法曹団編　新日本出版社　2003.4　222p　19cm　1500円　⓵4-406-03001-8

◇有事法制・国民保護法制―だれのため？なんのため？　自由法曹団編　学習の友社　2003.3　77p　21cm　（学習の友ブックレット　12）　667円　⓵4-7617-0412-8

◇有事立法―北朝鮮・中国への侵略戦争法逐条的に批判する　前進社出版部編　前進社　2003.3　197p　21cm　1000円

◇有事法制批判　憲法再生フォーラム編　岩波書店　2003.2　227p　18cm　（岩波新書）　740円　⓵4-00-430824-0

◇軍の論理と有事法制　西沢優, 松尾高志, 大内要三著　日本評論社　2003.1　208p　21cm　1900円　⓵4-535-58353-6

◇有事法制―私たちの安全はだれが守るのか　森本敏, 浜谷英博著　PHP研究所　2003.1　191p　18cm　（PHP新書）　720円　⓵4-569-62650-5

◇有事法制は、怖い―沖縄戦が語るその実態　大田昌秀著　那覇　琉球新報社　2002.12　279p　20cm　〈年表あり〉　1905円　⓵4-89742-048-2

◇有事法制を検証する―「9.11以後」を平和憲法の視座から問い直す　山内敏弘編　京都　法律文化社　2002.9　352p　21cm　2700円　⓵4-589-02600-7

◇有事法制Q&A―何が問題か？　弓削達監修, 反改憲ネット21編　明石書店　2002.6　129p　21cm　1000円　⓵4-7503-1591-5

◇有事法制とは何か―その史的検証と現段階　纐纈厚著　インパクト出版会　2002.3　261p　19cm　1900円　⓵4-7554-0117-8

◇「極東有事」で日本は何ができるのか―ガイドラインと有事法制　森本敏著　PHP研究所　1999.5　233p　20cm　1550円　⓵4-569-60468-4

◇最新有事法制情報―新ガイドライン立法と有事立法　社会批評社編集部著　社会批評社　1998.6　234p　19cm　1700円　⓵4-916117-32-8

◇有事立法問題資料集―北朝鮮「制裁」と有事体制づくり―その背景・問題点　労働者教育協会編　学習の友社　1994.8　65p　26cm　（学習資料　4）　1000円　⓵4-7617-1507-3

◇有事立法と日本の防衛　小谷豪治郎著　京都　嵯峨野書院　1981.7　254p　20cm　1600円

◇有事立法と日本の現状　京都憲法会議〔ほか〕編　京都　法律文化社　1979.5　227p　19cm　〈執筆：桑原博昭ほか〉　980円

◇有事立法とガイドライン　吉岡吉典著　新日本出版社　1979.4　297p　19cm　980円

◇全文・三矢作戦研究　林茂夫編　晩声社　1979.3　139p　21cm　（有事体制シリーズ　2）〈付：日米防衛協力のための指針〉　820円

◇有事立法が狙うもの　軍事問題研究会編　三一書房　1978.12　289p　19cm　1000円

事項名索引

【あ】

愛新覚羅溥儀　→溥儀 ………………… 237
赤紙　→召集令状 …………………………… 294
赤字国債 …………………………………… 160
『赤旗』　→日本共産党 …………………… 25
浅沼稲次郎刺殺事件 ……………………… 138
芦田均 ……………………………………… 105
『芦田均日記』　→芦田均 ………………… 105
阿南惟幾 …………………………………… 326
安部磯雄　→無産政党 …………………… 24
安倍晋太郎 ………………………………… 175
阿部信行 …………………………………… 57
荒木貞夫 …………………………………… 262
安保条約　→日米安全保障条約 ………… 194
池田勇人 …………………………………… 140
石井四郎　→731部隊 …………………… 291
石井部隊　→731部隊 …………………… 291
石橋湛山 …………………………………… 135
石原莞爾 …………………………………… 234
板垣征四郎 ………………………………… 263
市川房枝 …………………………………… 98
犬養毅
　　→立憲政友会 …………………………… 23
　　→犬養毅 ………………………………… 38
井上成美 …………………………………… 290
井上準之助 ………………………………… 33
井上日召　→血盟団事件 ………………… 35
宇垣一成
　　→三月事件・十月事件 ………………… 38
　　→宇垣一成 ……………………………… 264
宇垣軍縮　→宇垣一成 …………………… 264
A級戦犯　→東京裁判 …………………… 328
エノラ・ゲイ　→原子爆弾 ……………… 315
オイル・ショック　→石油ショック … 152
王道楽土　→満州国 ……………………… 222
大川周明 …………………………………… 50
大須事件 …………………………………… 121
大平正芳 …………………………………… 161
岡田啓介 …………………………………… 51
緒方竹虎 …………………………………… 131
沖縄戦 ……………………………………… 308
沖縄返還
　　→佐藤栄作 ……………………………… 141
　　→外務省機密漏洩事件 ……………… 205
　　→沖縄返還 ……………………………… 205
沖縄密約　→沖縄返還 …………………… 205
尾崎咢堂　→尾崎行雄 …………………… 70
尾崎秀実　→ゾルゲ事件 ………………… 185
尾崎行雄 …………………………………… 70
押しつけ憲法　→憲法改正問題 ………… 123
汚職事件
　　→昭電疑獄 ……………………………… 105
　　→造船疑獄 ……………………………… 122
　　→ロッキード事件 …………………… 154
　　→ダグラス・グラマン疑惑 ………… 163
　　→リクルート事件 …………………… 176
小沼正　→血盟団事件 …………………… 35
小野田寛郎 ………………………………… 354
思いやり予算　→在日米軍基地 ………… 350

【か】

『改造』　→横浜事件 …………………… 72
外務省機密漏洩事件
　　→外務省機密漏洩事件 ……………… 205
　　→沖縄返還 ……………………………… 205
革新知事
　　→美濃部都政 …………………………… 144
　　→蜷川府政 ……………………………… 145
学徒出陣 …………………………………… 295
片山哲 ……………………………………… 104
加藤シヅエ ………………………………… 97
金森徳次郎 ………………………………… 113
川島芳子 …………………………………… 238
関東軍
　　→関東軍 ………………………………… 217
　　→張作霖爆殺事件 …………………… 219
　　→満州事変 ……………………………… 220
関東軍防疫給水本部　→731部隊 ‥ 291
「寛容と忍耐」　→池田勇人 ………… 140
紀元2600年 ……………………………… 66
岸信介 ……………………………………… 137
貴族院
　　→国会議事堂 …………………………… 22
　　→貴族院 ………………………………… 115
北一輝 ……………………………………… 48
木戸幸一 …………………………………… 65
『木戸日記』　→木戸幸一 ……………… 65
君が代　→日の丸・君が代問題 ………… 126

363

事項名索引

逆コース ……………………… 118	→真崎甚三郎 ……………… 263
強制連行 ……………………… 73	康德帝　→溥儀 …………… 237
京大事件　→滝川事件 ……… 42	高度経済成長　→池田勇人 … 140
玉音放送　→ポツダム宣言 … 321	河野一郎 …………………… 143
極東国際軍事裁判　→東京裁判 328	公明党 ……………………… 145
金解禁 ………………………… 34	国債　→赤字国債 ………… 160
金大中事件 …………………… 207	国際連合
金輸出解禁　→金解禁 ……… 34	→鳩山一郎 ……………… 122
グラマン疑惑　→ダグラス・グラマ	→重光葵 ………………… 184
ン疑惑 ……………………… 163	→国際連合 ……………… 188
来栖発言　→有事法制 ……… 357	国際連盟
軍国主義　→ファシズム …… 35	→国際連盟 ……………… 179
軍閥　→張作霖爆殺事件 …… 219	→松岡洋右 ……………… 183
軍部大臣現役武官制	→満州事変 ……………… 220
→広田弘毅 ………………… 53	国体護持　→ポツダム宣言 … 321
→軍部大臣現役武官制 …… 265	国体明徴　→天皇機関説 …… 42
警察予備隊　→自衛隊 ……… 346	国鉄分割・民営化 ………… 169
「決断と実行」　→田中角栄 … 147	国本社　→平沼騏一郎 ……… 56
血盟団事件	55年体制 …………………… 131
→井上準之助 ……………… 33	御前会議 …………………… 320
→血盟団事件 ……………… 35	五族協和　→満州国 ……… 222
原子爆弾 ……………………… 315	児玉誉士夫 ………………… 158
原水爆禁止運動 ……………… 351	国会議事堂 ………………… 22
憲政の神様	国家神道　→政教分離 …… 171
→犬養毅 …………………… 38	国家総動員法 ……………… 60
→尾崎行雄 ………………… 70	後藤田正晴 ………………… 172
憲政の常道	近衛文麿
→普通選挙 ………………… 22	→近衛文麿 ……………… 54
→立憲政友会 ……………… 23	→大政翼賛会 …………… 61
→立憲民政党 ……………… 24	→八紘一宇 ……………… 62
憲兵政治　→東条英機 ……… 66	近衛新体制
憲法改正問題	→無産政党 ……………… 24
→日本国憲法 ……………… 106	→近衛文麿 ……………… 54
→憲法改正問題 …………… 123	→大政翼賛会 …………… 61
憲法調査会　→憲法改正問題 … 123	小林多喜二
小磯国昭 ……………………… 71	→日本共産党 …………… 25
五・一五事件	→三・一五事件 ………… 30
→犬養毅 …………………… 38	
→五・一五事件 …………… 40	
→大川周明 ………………… 50	【さ】
皇紀2600年　→紀元2600年 … 66	
公式参拝　→政教分離 ……… 171	西園寺公望 ………………… 63
公職追放 ……………………… 99	細菌戦部隊　→731部隊 …… 291
皇族首相　→東久邇宮稔彦王 … 82	最後の海相　→米内光政 …… 57
皇道派	最後の元老　→西園寺公望 … 63
→二・二六事件 …………… 43	斎藤隆夫 …………………… 59
→皇道派・統制派 ………… 262	斎藤実 ……………………… 41
→荒木貞夫 ………………… 262	

364

事項名索引

在日米軍基地
　→在日米軍基地 …………………… 350
　→砂川事件 ………………………… 351
桜会　→三月事件・十月事件 ……… 38
佐藤栄作 ……………………………… 141
サミット ……………………………… 210
三・一五事件
　→日本共産党 ……………………… 25
　→三・一五事件 …………………… 30
　→転向 ……………………………… 30
三月事件
　→三月事件・十月事件 …………… 38
　→大川周明 ………………………… 50
参議院
　→国会議事堂 ……………………… 22
　→参議院 …………………………… 115
三国同盟　→日独伊三国同盟 ……… 181
サンフランシスコ平和条約
　→吉田茂 …………………………… 100
　→レッド・パージ ………………… 118
　→池田勇人 ………………………… 140
　→宮沢喜一 ………………………… 173
　→東西冷戦 ………………………… 190
　→サンフランシスコ平和条約 …… 191
　→琉球政府 ………………………… 198
　→北方領土 ………………………… 200
　→沖縄返還 ………………………… 205
三無事件 ……………………………… 141
残留孤児　→中国残留日本人 ……… 355
自衛隊
　→自衛隊 …………………………… 346
　→専守防衛 ………………………… 350
GHQ …………………………………… 83
GNP1%枠 …………………………… 352
指揮権発動　→造船疑獄 …………… 122
重光葵 ………………………………… 184
自主憲法　→憲法改正問題 ………… 123
幣原喜重郎 …………………………… 95
幣原外交
　→立憲民政党 ……………………… 24
　→幣原喜重郎 ……………………… 95
　→幣原外交 ………………………… 180
支那事変　→日中戦争 ……………… 240
シベリア抑留 ………………………… 338
島木健作　→転向 …………………… 30
自民党　→自由民主党 ……………… 132
指紋押捺制度 ………………………… 171
シャウプ勧告 ………………………… 117

社会大衆党　→無産政党 …………… 24
社会党　→日本社会党 ……………… 134
社会民衆党　→無産政党 …………… 24
ジャパン・バッシング ……………… 211
上海事件 ……………………………… 239
十月事件
　→三月事件・十月事件 …………… 38
　→大川周明 ………………………… 50
衆議院
　→国会議事堂 ……………………… 22
　→衆議院 …………………………… 114
従軍慰安婦 …………………………… 250
自由党　→日本自由党 ……………… 117
自由民主党
　→55年体制 ………………………… 131
　→自由民主党 ……………………… 132
粛軍演説　→斎藤隆夫 ……………… 59
ジュネーブ軍縮会議　→斎藤実 …… 41
主要国首脳会議　→サミット ……… 210
傷痍軍人 ……………………………… 341
召集令状 ……………………………… 294
昭電疑獄
　→芦田均 …………………………… 105
　→昭電疑獄 ………………………… 105
小日本主義　→石橋湛山 …………… 135
昭和維新
　→ファシズム ……………………… 35
　→二・二六事件 …………………… 43
昭和電工事件　→昭電疑獄 ………… 105
昭和天皇 ……………………………… 15
食糧メーデー ………………………… 104
女性解放運動
　→加藤シヅエ ……………………… 97
　→市川房枝 ………………………… 98
女性議員
　→婦人参政権 ……………………… 96
　→加藤シヅエ ……………………… 97
　→市川房枝 ………………………… 98
女性参政権　→婦人参政権 ………… 96
女性党首　→土井たか子 …………… 177
新自由クラブ ………………………… 159
真珠湾攻撃 …………………………… 279
枢密院 ………………………………… 57
菅生事件 ……………………………… 121
鈴木貫太郎 …………………………… 81
鈴木善幸 ……………………………… 163
砂川事件 ……………………………… 351

365

スミソニアン合意　→ドル・ショック ………………………………… 147
政教分離
　　→立憲政友会 ……………… 23
　　→立憲民政党 ……………… 24
　　→政教分離 ………………… 171
青年将校
　　→五・一五事件 …………… 40
　　→二・二六事件 …………… 43
政友会　→立憲政友会 ………… 23
世界恐慌　→金解禁 …………… 34
世界最終戦論　→石原莞爾 …… 234
石油ショック …………………… 152
戦艦大和 ………………………… 313
戦後政治の総決算　→中曽根康弘 … 164
戦災孤児 ………………………… 341
専守防衛 ………………………… 350
戦陣訓 …………………………… 265
先進国首脳会議　→サミット … 210
戦争犯罪
　　→戦争犯罪 ………………… 327
　　→東京裁判 ………………… 328
全面講和　→サンフランシスコ平和条約 ……………………… 191
増税なき財政再建　→第二臨調 … 167
造船疑獄 ………………………… 122
祖国復帰　→沖縄返還 ………… 205
ゾルゲ事件 ……………………… 185

【た】

第五福竜丸　→原水爆禁止運動 … 351
第三セクター …………………… 170
大政翼賛会
　　→近衛文麿 ………………… 54
　　→大政翼賛会 ……………… 61
大東亜戦争　→太平洋戦争 …… 267
第二院クラブ　→市川房枝 …… 98
対日講和条約　→サンフランシスコ平和条約 ………………… 191
第二臨調 ………………………… 167
太平洋戦争 ……………………… 267
大本営 …………………………… 216
高橋是清 ………………………… 51
滝川幸辰　→滝川事件 ………… 42
滝川事件 ………………………… 42

ダグラス・グラマン疑惑 ……… 163
竹下登 …………………………… 173
立川基地　→砂川事件 ………… 351
田中角栄 ………………………… 147
田中義一
　　→立憲政友会 ……………… 23
　　→田中義一 ………………… 31
玉串料訴訟　→政教分離 ……… 171
團琢磨　→血盟団事件 ………… 35
炭鉱国有化　→片山哲 ………… 104
「男子の本懐」　→浜口雄幸 … 32
治安維持法
　　→治安維持法 ……………… 26
　　→三・一五事件 …………… 30
　　→横浜事件 ………………… 72
中国残留日本人 ………………… 355
忠魂碑訴訟　→政教分離 ……… 171
中選挙区制 ……………………… 22
張鼓峰事件 ……………………… 257
張作霖爆殺事件 ………………… 219
朝鮮戦争 ………………………… 343
朝鮮動乱　→朝鮮戦争 ………… 343
朝鮮特需　→朝鮮戦争 ………… 343
徴兵制　→召集令状 …………… 294
辻政信 …………………………… 261
帝国議会　→国会議事堂 ……… 22
帝国国策遂行要領　→御前会議 … 320
テロリズム
　　→浜口雄幸 ………………… 32
　　→井上準之助 ……………… 33
　　→血盟団事件 ……………… 35
　　→犬養毅 …………………… 38
　　→五・一五事件 …………… 40
　　→二・二六事件 …………… 43
　　→浅沼稲次郎刺殺事件 …… 138
転向 ……………………………… 30
天皇機関説 ……………………… 42
天皇制ファシズム　→ファシズム … 35
天皇人間宣言 …………………… 103
土井たか子 ……………………… 177
東京裁判 ………………………… 328
東京大空襲 ……………………… 304
東西冷戦 ………………………… 190
東条英機 ………………………… 66
統帥権干犯
　　→枢密院 …………………… 57
　　→統帥権干犯 ……………… 220
統制派

→二・二六事件 ……………… 43
　　→皇道派・統制派 …………… 262
東洋のマタハリ　→川島芳子 … 238
徳田球一 ………………………… 119
特別攻撃隊　→特攻隊 ………… 296
特別高等警察
　　→特別高等警察 ……………… 28
　　→横浜事件 …………………… 72
土光臨調　→第二臨調 ………… 167
特高　→特別高等警察 …………… 28
特攻隊 …………………………… 296
ドル・ショック ………………… 147

【な】

内大臣　→木戸幸一 ……………… 65
中曽根康弘 ……………………… 164
永田町　→国会議事堂 …………… 22
永田鉄山惨殺事件　→皇道派・統制
　派 ……………………………… 262
中野正剛 ………………………… 69
731部隊 ………………………… 291
南京事件　→南京大虐殺 ……… 246
南京大虐殺 ……………………… 246
二・二六事件
　　→二・二六事件 ……………… 43
　　→北一輝 ……………………… 48
ニクソン・ショック　→ドル・ショッ
　ク ……………………………… 147
西山事件　→外務省機密漏洩事件 … 205
日独伊三国同盟
　　→近衛文麿 …………………… 54
　　→米内光政 …………………… 57
　　→西園寺公望 ………………… 63
　　→日独伊三国同盟 ………… 181
日独防共協定　→広田弘毅 …… 53
日米安全保障条約
　　→東西冷戦 ………………… 190
　　→日米安全保障条約 ……… 194
　　→在日米軍基地 …………… 350
日米交渉　→近衛文麿 ………… 54
日米地位協定 …………………… 197
日韓基本条約 …………………… 204
日韓国交回復　→日韓基本条約 … 204
日ソ共同宣言 …………………… 199
日ソ国交回復

　　→鳩山一郎 ………………… 122
　　→河野一郎 ………………… 143
　　→日ソ共同宣言 …………… 199
日ソ中立条約 …………………… 182
日中共同声明　→日中国交回復 … 208
日中国交回復
　　→松村謙三 ………………… 143
　　→日中国交回復 …………… 208
日中戦争 ………………………… 240
日中平和友好条約 ……………… 209
蜷川虎三　→蜷川府政 ………… 145
蜷川府政 ………………………… 145
二・二六事件
　　→二・二六事件 ……………… 43
　　→北一輝 ……………………… 48
日本改造法案大綱　→北一輝 …… 48
日本共産党
　　→日本共産党 ……………… 25
　　→転向 ……………………… 30
　　→徳田球一 ………………… 119
日本国憲法
　　→日本国憲法 ……………… 106
　　→金森徳次郎 ……………… 113
日本社会党
　　→55年体制 ………………… 131
　　→日本社会党 ……………… 134
　　→土井たか子 ……………… 177
日本自由党 ……………………… 117
日本税制使節団　→シャウプ勧告 … 117
日本叩き　→ジャパン・バッシン
　グ ……………………………… 211
日本民主党 ……………………… 117
日本列島改造論 ………………… 152
日本労農党　→無産政党 ………… 24
ニューリーダー
　　→宮沢喜一 ………………… 173
　　→竹下登 …………………… 173
　　→安倍晋太郎 ……………… 175
人間宣言　→天皇人間宣言 …… 103
農民労働党　→無産政党 ………… 24
ノーベル平和賞　→佐藤栄作 … 141
野村吉三郎 ……………………… 265
ノモンハン事件 ………………… 258
野呂栄太郎　→日本共産党 …… 25

367

【は】

破壊活動防止法 …………………… 120
バカヤロー解散　→吉田茂 ……… 100
八紘一宇 ……………………………… 62
鳩山一郎
　　→滝川事件 …………………… 42
　　→鳩山一郎 ………………… 122
花岡事件 …………………………… 80
「話せば分かる」　→五・一五事件 … 40
破防法　→破壊活動防止法 …… 120
浜口雄幸
　　→立憲民政党 ………………… 24
　　→浜口雄幸 …………………… 32
林銑十郎 …………………………… 54
パリ不戦条約 …………………… 180
ハル・ノート ……………………… 266
パール・ハーバー　→真珠湾攻撃 … 279
パル判決　→東京裁判 ………… 328
反軍演説　→斎藤隆夫 ………… 59
飯米獲得人民大会　→食糧メーデー ……………………………………… 104
非核三原則 ……………………… 352
東久邇宮稔彦王 ………………… 82
引き揚げ ………………………… 334
引き揚げ船　→シベリア抑留 … 338
BC級戦犯 ………………………… 332
菱沼五郎　→血盟団事件 ……… 35
一人一殺　→血盟団事件 ……… 35
日の丸　→日の丸・君が代問題 … 126
非武装中立論 …………………… 353
ひめゆり部隊　→沖縄戦 ……… 308
平沼騏一郎 ……………………… 56
広田弘毅
　　→国会議事堂 ………………… 22
　　→広田弘毅 …………………… 53
ファシズム
　　→ファシズム ………………… 35
　　→大川周明 ………………… 50
　　→平沼騏一郎 ……………… 56
　　→中野正剛 ………………… 69
溥儀 ……………………………… 237
福田赳夫 ………………………… 160
婦人参政権
　　→普通選挙 ………………… 22

　　→婦人参政権 ………………… 96
　　→市川房枝 …………………… 98
普選法　→普通選挙 ……………… 22
普通選挙 …………………………… 22
部分講和　→サンフランシスコ平和条約 ………………………………… 191
プラカード事件　→食糧メーデー … 104
変動相場制　→ドル・ショック … 147
保安隊　→自衛隊 ……………… 346
防衛費　→GNP1%枠 …………… 352
保守合同　→自由民主党 ……… 132
ポツダム会談　→ポツダム宣言 … 321
ポツダム宣言
　　→鈴木貫太郎 ………………… 81
　　→ポツダム宣言 …………… 321
北方四島　→北方領土 ………… 200
北方領土 ………………………… 200
本土空襲 ………………………… 303
本土並み返還　→沖縄返還 …… 205

【ま】

真崎甚三郎
　　→二・二六事件 ……………… 43
　　→真崎甚三郎 ……………… 263
松岡洋右 ………………………… 183
マッカーサー …………………… 93
松村謙三 ………………………… 143
満州国
　　→斎藤実 …………………… 41
　　→満州国 …………………… 222
満洲国　→満州国 ……………… 222
満州事変 ………………………… 220
満州某重大事件　→張作霖爆殺事件 ……………………………………… 219
三木武夫 ………………………… 153
ミッドウェー海戦 ……………… 282
三矢作戦　→有事法制 ………… 357
美濃部達吉　→天皇機関説 …… 42
美濃部亮吉　→美濃部都政 …… 144
美濃部都政 ……………………… 144
宮沢喜一 ………………………… 173
民社党　→民主社会党 ………… 139
民主社会党 ……………………… 139
民主党　→日本民主党 ………… 117

民政局　→GHQ 83
民政党　→立憲民政党 24
無産政党 24
元日本兵
　→横井庄一 354
　→小野田寛郎 354

【や】

靖国神社
　→三木武夫 153
　→靖国神社 212
矢橋賢吉　→国会議事堂 22
山口二矢　→浅沼稲次郎刺殺事件 138
山下奉文 289
大和　→戦艦大和 313
山本五十六 287
山本宣治 25
有事立法　→有事法制 357
翼賛政治会　→翼賛選挙 70
翼賛選挙
　→東条英機 66
　→翼賛選挙 70
横井庄一 354
横浜事件 72
吉田茂 100
吉田学校　→吉田茂 100
米内光政 57

【ら】

ライオン宰相　→浜口雄幸 ... 32

ライシャワー 203
ラムゼイ機関　→ゾルゲ事件 ... 185
リクルート事件 176
立憲政友会 23
立憲民政党 24
リットン調査団　→満州事変 ... 220
琉球政府 198
柳条湖事件　→満州事変 220
緑風会　→参議院 115
臨時行政調査会　→第二臨調 ... 167
レッド・パージ
　→日本共産党 25
　→レッド・パージ 118
連合艦隊 284
連合国軍最高司令官総司令部　→GHQ 83
労働農民党　→無産政党 24
盧溝橋事件　→日中戦争 240
ロッキード事件 154
ロンドン海軍軍縮会議
　→若槻礼次郎 31
　→浜口雄幸 32
　→ロンドン海軍軍縮条約 ... 180
　→統帥権干犯 220
　→戦艦大和 313

【わ】

若槻礼次郎
　→立憲民政党 24
　→若槻礼次郎 31
渡辺福三　→国会議事堂 22

369

読書案内「昭和」を知る本 ①政治
── 軍国主義から敗戦、そして戦後民主主義へ

2006年9月25日 第1刷発行

発 行 者／大高利夫
編集・発行／日外アソシエーツ株式会社
〒143-8550 東京都大田区大森北1-23-8 第3下川ビル
電話(03)3763-5241(代表)　FAX(03)3764-0845
URL http://www.nichigai.co.jp/
発 売 元／株式会社紀伊國屋書店
〒163-8636 東京都新宿区新宿3-17-7
電話(03)3354-0131(代表)
ホールセール部(営業)　電話(03)5469-5918

電算漢字処理／日外アソシエーツ株式会社
印刷・製本／株式会社平河工業社

不許複製・禁無断転載　　《中性紙H-三菱書籍用紙イエロー使用》
〈落丁・乱丁本はお取り替えいたします〉
ISBN4-8169-1999-6　　Printed in Japan, 2006

本書はディジタルデータでご利用いただくことができます。詳細はお問い合わせください。

調べ学習、選書、読書指導に！
わかりやすい解説と、深く知るための関連図書

読書案内シリーズ

読書案内 「昭和」を知る本

①**政治**──軍国主義から敗戦、そして戦後民主主義へ
　　　　A5・380頁　定価7,140円（本体6,800円）　2006年9月刊行
②**社会**──金融恐慌・闇市から高度成長・バブル経済へ
　　　　A5・約400頁　予価7,140円（本体6,800円）　2006年10月刊行予定
③**文化**──昭和を彩った科学・芸術・文学・風俗
　　　　A5・約400頁　予価7,140円（本体6,800円）　2006年11月刊行予定

昭和天皇、二・二六事件、小津安二郎、美空ひばり、東京オリンピック、日本万国博覧会、まんが文化、バブル経済など、「昭和」という時代を知るためのキーワードの解説と、関連する図書情報を掲載したブックガイド。

読書案内 「明治」を知る本

A5・400頁　定価7,140円（本体6,800円）　2000年3月刊行

東京遷都、人力車、福沢諭吉、西南戦争、自由民権運動、鹿鳴館、日清戦争、日露戦争、夏目漱石など、「明治」という時代を知るためのキーワード300語の解説と、関連する8,000点の図書情報を掲載したブックガイド。

読書案内 国宝を知る本

絵画 編　　A5・380頁　定価8,190円（本体7,800円）　2001年11月刊行
彫刻 編　　A5・370頁　定価8,190円（本体7,800円）　2001年11月刊行
建造物 編　A5・370頁　定価7,875円（本体7,500円）　2001年3月刊行

高松塚古墳壁画、仏涅槃図、伝源頼朝像、東大寺 盧舎那仏坐像（大仏）、鑑真和上坐像、臼杵磨崖仏、中尊寺金色堂、出雲大社本殿、三十三間堂など、全国の国宝絵画・彫刻・建造物についての解説と、関連する図書情報を掲載したブックガイド。

データベースカンパニー
日外アソシエーツ
〒143-8550　東京都大田区大森北1-23-8
TEL．(03)3763-5241　FAX．(03)3764-0845　http://www.nichigai.co.jp/